Primo

Peter Gomez Marco Travaglio

Onorevoli Wanted

Storie, sentenze e scandali
di 25 pregiudicati, 26 imputati,
19 indagati e 12 miracolati
«eletti» dal Popolo Italiano

Prefazione di Beppe Grillo

Editori Riuniti

I edizione: giugno 2006

di The Media Factory srl
via Pietro Della Valle, 13 - 00193 Roma
www.editoririuniti.it
ISBN-13 978-88-359-5772-0
ISBN-10 88-359-5772-9

Indice

703 Raffaele Fitto
704 Pietro Franzoso
705 Franco Antonio Girfatti
706 Gaspare Giudice
711 Luigi Grillo
713 Lino Jannuzzi
715 Franco Malvano
717 Giovanni Mauro
719 Pasquale Nessa
720 Gaetano Pecorella
723 Antonio Tomassini
724 Roberto Tortoli
726 Denis Verdini

Ai politici onesti
che non fanno carriera

I politici hanno un'etica tutta loro.
Ed è una tacca piú sotto di quella di un maniaco sessuale
(Woody Allen)

All'estero ci vuole coraggio per commettere un reato,
in Italia ci vuole coraggio per rimanere onesti
(Piercamillo Davigo)

Senza giustizia che cosa sarebbero
in realtà i regni, se non bande di ladroni?
E che cosa le bande di ladroni, se non piccoli regni?
Anche una banda di ladroni infatti è un'associazione
di uomini nella quale è riconosciuto
un patto sociale e la divisione del bottino è regolata
secondo convenzioni e accordi.
Se questa associazione di malfattori cresce al punto di occupare un paese,
essa sottomette popoli e città e si arroga apertamente il titolo di regno,
titolo che le è assegnato non dalla rinuncia alla cupidigia,
ma dalla conquista dell'impunità...
Una volta fu portato al cospetto di Alessandro Magno
un famoso pirata fatto prigioniero. Alessandro gli chiese:
«Per quale motivo infesti i mari con tanta audacia e libertà?».
Il pirata rispose: «Per lo stesso motivo per cui tu infesti la terra;
ma poiché io lo faccio con un piccolo naviglio,
sono chiamato pirata;
perché tu lo fai con una grande flotta
sei chiamato imperatore».
(Sant'Agostino, *De Civitate Dei*)

Io sono un delinquente onesto.
Non ho mai fatto politica
(Al Capone)

Mangiate merda. Cinque miliardi
di mosche non possono avere tutte torto
(Anonimo)

Prefazione
di Beppe Grillo

Che dei pregiudicati mi rappresentino in Parlamento e che siano pure pagati con le mie tasse, non l'ho mai mandato giú. Estorsori, truffatori, evasori, mentitori, calunniatori. Il Parlamento è il nuovo Inferno di Dante con i suoi gironi, o meglio è il Paradiso dei delinquenti, dei prescritti, dei giudicati in primo e secondo grado in attesa di sentenza definitiva, degli indagati. Gente che fa le leggi dopo averle violate, o mentre le viola, o prima di violarle. È la via giudiziaria alla politica. Il Parlamento ridotto a comunità di recupero.

Ho provato a mandarli a casa con l'aiuto della Rete. Con l'iniziativa «Onorevoli Wanted». Ho pubblicato nomi-cognomi-reato dei parlamentari sul mio blog www.beppegrillo.it. Ho raccolto 60.000 euro grazie alle offerte dei lettori del blog per comprare una pagina su un quotidiano e denunciare questa situazione unica al mondo. Ho ricevuto il rifiuto degli editori italiani e di molte testate internazionali.

Dopo mesi di tentativi, ho finalmente pubblicato la lista sull'*Herald Tribune*. Ne hanno parlato la Bbc e giornali australiani e indiani. La Gandhi Peace Foundation, una tra le piú importanti organizzazioni nel mondo per la difesa dei diritti civili, mi ha citato e mi ha inviato una lettera: «Nel nostro Parlamento abbiamo scoperto 16 pregiudicati di cui alleghiamo le fotografie, ma li abbiamo subito cacciati via a calci nel sedere». Che, per dei non-violenti gandhiani, non è male. Dall'Uzbekistan mi hanno fatto sapere che il loro Parlamento arriva al massimo a 18 condannati: 25 parevano troppi anche a loro.

Tutti i giornali italiani hanno dovuto scrivere dell'iniziativa. Ma i parlamentari condannati sono ancora là, a ingrassarsi con i nostri soldi, a farsi chiamare onorevoli dal popolo piú servile del mondo. Anche loro, però, hanno una funzione sociale e un lato positivo. Quello di provocare scandalo e di far vendere libri a chi gli scandali li smaschera e li racconta, come gli ottimi Gomez e Travaglio con questo loro «Onorevoli Wanted».

Introduzione

Nel 79 dopo Cristo l'eruzione del Vesuvio sommerge Pompei in piena campagna elettorale. Ancor oggi, sui muri della città pietrificata dalla lava, si possono leggere, perfettamente conservati, gli slogan di quella vigilia del voto. «Vi prego di eleggere Lucio Rusticelio Celere, è degno della municipalità». «Geniale invita a votare Bruttio Balbo, conserverà la cassa municipale». «Vi prego di eleggere Giulio Polibio edile, fa del buon pane». Cose cosí. Del resto, l'etimologia della parola «candidato» deriva dalla veste bianchissima indossata dal cittadino che si presentava al popolo per farsi eleggere a una carica pubblica. La «candida». Immacolata. Simbolo di innocenza, di purezza, di pulizia, di sincerità.

Nella politica italiana di oggi, la candida è andata fuori moda. E anche il suo colore. A furia di parlare di «quote rosa», si rischia di trascurare una rappresentanza parlamentare ben piú rappresentativa, o ben piú rappresentata: quella degli eletti nei guai con la giustizia. Le «quote marron». I «diversamente onesti». Nella scorsa legislatura, fra Camera, Senato e Parlamento europeo, i soli pregiudicati erano 25, senza contare i condannati in primo e/o secondo grado, gli imputati rinviati a giudizio, gli indagati e i miracolati da prescrizioni, amnistie e leggi salvaladri. Nella nuova legislatura, fra conferme, bocciature e *new entry*, abbiamo mantenuto la quota di 25 condannati definitivi, piú 57 esponenti delle altre categorie penali: totale 82, ai quali vanno aggiunti i politici che prendevano soldi da Parmalat e che – come vedremo – incredibilmente non sono stati chiamati a risponderne (salvo un paio di eccezioni). Il che significa che, su 900 e rotti parlamentari, una novantina ha seri problemi con la legge. Uno su dieci. E la percentuale del 10 per cento è decisamente eccessiva anche per le aree piú disagiate del paese. Non esiste quartiere a rischio, o periferia metropolitana in cui un abitante su dieci sia stato condannato o sotto processo. In Parlamento sí, tant'è che forse varrebbe la pena dirottare i presunti «poliziotti di quartiere» lontano da quelle zone ingiustamente screditate, per impicgarli piú utilmente al pattugliamento delle aule parlamentari, dove statisticamente si rileva la presenza piú massiccia di devianza criminale.

Un tempo i condannati si dedicavano a lavori socialmente utili, come intrecciare cestini di vimini, per reinserirsi nella società. In Italia, da un certo censo in su, i condannati entrano in Parlamento. Una condanna, provvisoria o meglio ancora definitiva, ma anche un rinvio a giudizio, e persino un avviso di garanzia, fanno curriculum.

Il tutto in un paese dove chi ha un parente condannato non può fare il carabiniere. E chi è condannato in proprio non può fare il vigile urbano né il segretario comunale. Ma il parlamentare sí. Appena un facchino dell'aeroporto di Linate viene sospettato di metter le mani nei bagagli dei viaggiatori, o un dipendente dell'Anas finisce sotto inchiesta per qualche irregolarità, le rispettive società giustamente lo licenziano in tronco. Ma se sotto inchiesta o sotto processo ci finiscono i dirigenti delle società medesime, allora scatta il garantismo selettivo: presunzione d'innocenza fino alla sentenza di Cassazione, e poi di solito non accade nulla nemmeno quando questa arriva. Ogni anno la Corte dei conti segnala la presenza, nelle amministrazioni dei vari ministeri, di centinaia di condannati (non solo per reati contro la Pubblica amministrazione, ma anche per violenza sessuale e per pedofilia) e non c'è verso di mandarli a casa. Idem per il Parlamento: chi corrompe i giudici o aiuta la mafia o incassa tangenti a tutto spiano e poi (ma anche prima) ha l'accortezza di rifugiarsi in una delle due Camere, diventa intoccabile. Come i furfanti nelle chiese e nei conventi del Medioevo.

La legge proibisce ai condannati a pene complessivamente superiori a 2 anni per delitti contro la Pubblica amministrazione di candidarsi nei consigli comunali, provinciali e regionali; e prevede la sospensione degli eletti nei tre enti locali in caso di condanna al primo grado, e la loro decadenza in caso di condanna passata in giudicato. La regola, però, non vale per i parlamentari, per i ministri, per i presidenti del Consiglio. Una strana dimenticanza che ha una sola spiegazione: le leggi non le fanno i consigli comunali, provinciali e regionali. Le fa il Parlamento. Cosí i condannati che non possono piú metter piede negli enti locali trasmigrano alla Camera, al Senato, al Governo e all'Europarlamento. Lí si può tutto. Non si butta via niente.

Spesso ci raccontano che «abbiamo la classe politica che ci meritiamo». Può darsi che sia cosí, anche se le elezioni dovrebbero servire a selezionare il meglio che c'è in giro, non il peggio. Altrimenti i parlamentari, anziché eleggerli con gran dispendio di denaro e di energie, tanto varrebbe sorteggiarli. Cosí, in un paese che ha tre regioni e mezza controllate dalla criminalità organizzata, verrebbe garantita un'adeguata rappresentanza anche alla mafia, alla camorra, alla 'ndrangheta, alla Sacra corona unita. Senza contare altri fenomeni criminali di un certo peso: pedofilia, stupri, furti, scippi, rapine, traffici di droga, di armi, di carne umana, terrorismo e cosí via. Ma forse la democrazia non è questo. Non è neppure andare a votare a scadenze piú o meno regolari. Democrazia è votare sapendo tutto di chi ci chiede il voto. In Italia, per i noti fattori che inquinano l'informazione, soprattutto televisiva, questo è impensabile. E la nuova legge elettorale (proporzionale senza preferenza) ha di gran lunga peggiorato le cose, espropriando gli elettori del diritto di scelta. I cosiddetti «eletti» vengono in realtà nominati a tavolino dai segretari di partito, che decidono chi andrà in Parlamento e chi no a seconda dell'ordine in cui i singoli candidati vengono inseriti nelle liste. Il tutto ben *prima* che il presunto «popolo sovrano» si rechi alle urne: in quel momento ormai i giochi sono fatti, e all'elettore non resta che vidimare con il suo voto una scelta fatta da altri, altrove, in precedenza, in base a criteri piú o meno imperscrutabili. Il candidato in *pole position* non ha alcun motivo per incontrare i suoi potenziali elettori e per convincerli a votarlo, visto che ha già la poltrona assicurata. Quello in mezzo o al fondo della lista, idem: ha la bocciatura assicurata. Cosí le liste diventano inutili crittogrammi che si possono tranquillamente dare per letti: l'elettore infatti non ha alcuna possibilità di premiare il candidato meritevole e di punire il non meritevole. Si sceglie la lista, a scatola chiusa.

Del resto nessuno può sapere chi sono, che storia hanno, che cosa han fatto o non fatto i personaggi che compaiono negli elenchi. Per scoprire quante liste, per dire, non contengono condannati o indagati, bisogna connettersi con il blog di Beppe Grillo. O andare a vedere uno spettacolo di Daniele Luttazzi o di Sabina Guzzanti. Insomma rivolgersi ai comici, gli unici rimasti a parlare di cose serie in Italia. Maurizio Crozza, altro comico, ha chiesto che la scheda elettorale contenga, come il menu dei ristoranti per il pesce surgelato, un asterisco di fianco ai candidati nei guai con la giustizia e un rimando a piè di pagina con le imputazioni complete. In attesa che venga varata la sacrosanta (e dunque impossibile) riforma, abbiamo pensato di provvedere noi con questo libro. Le informazioni che contiene non si trovano, purtroppo, nella «Navicella», la raccolta delle biografie ufficiali dei nostri parlamentari. Per le «quote marron» occorre una contro-Navicella, che abbiamo intitolato «Onorevoli Wanted». Oltre ai condannati e ai prescritti definitivi, la cui posizione giudiziaria non potrà piú mutare, abbiamo inserito anche i condannati provvisori, i rinviati a giudizio e i semplici indagati: questi, da un momento all'altro, potrebbero pure essere assolti, o prosciolti, o archiviati, o a loro volta prescritti. E, a questo proposito, tre avvertenze s'impongono.

Primo. Prescrizione non è sinonimo di assoluzione, anzi è il contrario: quando il giudice prescrive il reato, vuol dire che il reato c'è stato e l'indagato l'ha commesso, ma non può piú essere sanzionato. Il prescritto, dunque, non è un innocente: è un colpevole miracolato. E chi non vuole uscire dal processo con la scappatoia della prescrizione può rinunciarvi (come del resto all'amnistia) e chiedere di essere processato e assolto nel merito. Ma, per farlo, conviene essere innocenti.

Secondo. I lettori troveranno una bella galleria di personaggi e un variopinto campionario di reati, quasi tutti estranei all'attività politico-parlamentare. Il solo delitto che abbiamo tenuto fuori dalla lista degli indagati è la diffamazione, anche se non sempre attiene alla sfera delle opinioni (e in ogni caso è giusto che il parlamentare che ha infamato un cittadino venga processato senz'alcuna immunità o insindacabilità). Ci siamo concessi però un'eccezione: quella del senatore Lino Jannuzzi, che della diffamazione dei migliori magistrati d'Italia ha ormai fatto una professione; e quella dell'onorevole Giovanni Mauro, che a una condanna definitiva per diffamazione aggiunge tre condanne in primo grado per delitti ben piú gravi.

Terzo. Il fatto di comparire in questo libro non significa essere colpevoli. Significa semplicemente che, al momento dell'elezione, queste persone avevano sulle spalle quantomeno un pesante sospetto di aver violato la legge. Una condizione che, in un qualunque altro paese civile, ne avrebbe impedito o sconsigliato la candidatura e l'elezione. Nei paesi civili, infatti, chi finisce sotto inchiesta abbandona la politica, o almeno la carica che ricopre, in attesa di chiarire la sua posizione dinanzi alla legge. Se poi la chiarisce, dopo essersi difeso con le nude mani, senza coinvolgere il partito o le istituzioni che rappresenta, ritorna in campo. Altrimenti se ne resta a casa, o eventualmente in carcere. In Parlamento, meglio di no. Il Parlamento come alternativa all'ora d'aria non è un bello spettacolo. Non c'è nulla di peggio che vedere le Camere messe all'asta al miglior offerente (dal caso Parmalat al caso Fiorani-Fazio, dalle leggi-vergogna di Berlusconi & C. ai tanti scandali di Tangentopoli) per ottenere leggi su misura. Parafrasando una fortunata campagna della nettezza urbana a Milano, «il Parlamento è anche tuo: aiutaci a tenerlo pulito».

P. G. M. T.

Ps. Ringraziamo, per l'aiuto che ci hanno dato a reperire notizie e documenti utili, alcuni colleghi e amici: Sandra Amurri, Giuseppe Baldessaro, Gianni Barbacetto, Paolo Biondani, Michele Brambilla, Stefano Caselli, Domenico Castellaneta, Cristina Catarinicchia, Andrea Cinquegrani, Luigi Ferrarella, Giovanni Francione, Michela Gargiulo, Luca Gigli, Giuseppe Giustolisi, Roberto Gugliotta, Marco Lillo, Mauro Liscia, Adriano Mollo, Salvo Palazzolo, Rita Pennarola, Marco Preve, Carlo Ruta, Gianluca Sales, Franca Selvatici, Tommaso Siani, Chiara Spagnuolo, Gian Antonio Stella, Luigi Vicinanza.
Un grazie speciale a Emanuela Pierini, nostro angelo custode.

Onorevoli Wanted

Quote marron

Dove sono	
Camera	49
Senato	26
Parlamento europeo	7

Categorie penali*	
Condannati definitivi (o patteggiamenti)	25
Prescritti definitivi	10
Assolti per legge**	1
Prosciolti per immunità***	1
Condannati in I grado	8
Imputati in I grado	17
Imputati in udienza preliminare	1
Indagati in fase preliminare	19
Totale	*82*

* Quando un parlamentare ha piú processi, abbiamo registrato quello in fase piú avanzata (la prescrizione prevale sulle indagini in corso, ma non sulle condanne anche provvisorie).

** Il dato non tiene conto dei casi Berlusconi, Previti, Brancher e altri, usciti dai loro processi in base a leggi da essi stessi votate, perché rientrano anche in altre categorie penali per altri processi.

*** Si tratta della insindacabilità che ha salvato il leghista Speroni da un processo per reati ritenuti compiuti nell'esercizio delle funzioni parlamentari.

L'hit parade dei partiti

Forza Italia	29
Alleanza nazionale	14
Udc	10
Lega Nord	8
Movimento per l'autonomia	1
Dc	1
Psi	1
Gruppo misto****	1
Totale Destra	*65*
Margherita	6
Ds	6
Udeur	2
Rifondazione comunista	2
Rosa nel pugno	1
Totale Sinistra	*17*

La classifica dei reati***

Corruzione	18
Finanziamento illecito	16
Truffa	10
Abuso d'ufficio, falso	9
Associazione mafiosa	8
Bancarotta fraudolenta, turbativa d'asta	7
Associazione a delinquere, resistenza a pubblico ufficiale, falso in bilancio	6
Attentato alla Costituzione, attentato all'unità dello Stato, struttura paramilitare fuorilegge	5

**** Andreotti, pur iscritto al Gruppo misto, è stato candidato del centrodestra alla presidenza del Senato.

***** Qui il totale dei reati non corrisponde a quello dei parlamentari «marron», perché abbiamo inserito tutti i reati di cui è accusato ciascuno, e molti devono rispondere di varie fattispecie delittuose.

Favoreggiamento, concussione, frode fiscale	4
Diffamazione, abuso edilizio, lesioni personali	3
Banda armata, corruzione giudiziaria, peculato, estorsione, rivelazione di segreti	2
Omicidio, associazione sovversiva, istigazione a delinquere, favoreggiamento mafioso, aggiotaggio, percosse, violenza a corpo politico, incendio aggravato, calunnia, falsa testimonianza, voto di scambio, appropriazione indebita, violazione della privacy, oltraggio, fabbricazione di esplosivi, violazione diritti d'autore, frode in pubblico concorso, adulterazione di vini	1

Venticinque «diversamente onesti»: condanne e patteggiamenti definitivi

1. Berruti Massimo Maria (FI): favoreggiamento.
2. Biondi Alfredo (FI): evasione fiscale (*reato poi depenalizzato*).
3. Bonsignore Vito (Udc): corruzione.
4. Borghezio Mario (Lega Nord): incendio aggravato.
5. Bossi Umberto (Lega Nord): finanziamento illecito e istigazione a delinquere.
6. Cantoni Giampiero (FI): corruzione e bancarotta.
7. Carra Enzo (Margherita): falsa testimonianza.
8. De Angelis Marcello (An): banda armata e associazione sovversiva.
9. D'Elia Sergio (Rosa nel pugno): banda armata e concorso in omicidio.
10. Dell'Utri Marcello (FI): false fatture, falso in bilancio e frode fiscale.

11. Del Pennino Antonio (FI): finanziamento illecito.
12. De Michelis Gianni (Psi): corruzione e finanziamento illecito.
13. Farina Daniele (Prc): fabbricazione, detenzione e porto abusivo di ordigni esplosivi, resistenza a pubblico ufficiale, lesioni personali gravi e inosservanza degli ordini dell'autorità.
14. Jannuzzi Lino (FI): diffamazione aggravata.
15. La Malfa Giorgio (FI): finanziamento illecito.
16. Maroni Roberto (Lega Nord): resistenza a pubblico ufficiale.
17. Mauro Giovanni (FI): diffamazione aggravata.
18. Nania Domenico (An): lesioni volontarie personali.
19. Patriciello Aldo (Udc): finanziamento illecito.
20. Pomicino Paolo Cirino (Dc): corruzione e finanziamento illecito.
21. Previti Cesare (FI): corruzione giudiziaria.
22. Sterpa Egidio (FI): finanziamento illecito.
23. Tomassini Antonio (FI): falso in atto pubblico.
24. Visco Vincenzo (Ds): abuso edilizio.
25. Vito Alfredo (FI): corruzione.

La Banda Parmalat

Il lattaio che comprò il Parlamento

Questi sul banco degli imputati non ci sono saliti. E, salvo un paio di casi, forse non ci saliranno mai. Per la legge italiana non ci sono prove. Certo, secondo la Procura di Parma, è sicuro che Calisto Tanzi a partire dal 1993 abbia fatto uscire dalle esangui casse del gruppo Parmalat almeno 12 milioni di euro per finanziare illecitamente «membri del Parlamento nazionale, consiglieri regionali, provinciali e comunali, presidenti, segretari e direttori politici e amministrativi dei partiti». E altrettanto sicuro è che tutto questo denaro non sia stato speso per semplice amicizia. Collecchio foraggiava la politica per avere a disposizione le persone giuste a cui rivolgersi nel momento del bisogno. Cioè sempre, visto che già a partire dall'anno della sua quotazione in Borsa, il 1990, il gruppo era tecnicamente fallito. Sarebbe bastata una verifica approfondita da parte della Consob, della Guardia di finanza o della magistratura di Parma per rendersene conto. E invece, nel corso degli anni, il buco Parmalat si gonfiò a dismisura. Le banche italiane ed estere lo finanziarono fino a fargli toccare la quota record di 14 miliardi di euro, per poi provare a scaricare il debito sul parco buoi dei risparmiatori, convinti di acquistare i bond di un'azienda fondamentalmente sana.

Era il novembre del 2003 e, a quel punto, anche gli amici piú potenti non potevano fare piú nulla. Il «sistema di protezione» creato da Tanzi elargendo denaro a destra e manca o, piú modestamente, regalando «viaggi-omaggio a uomini politici, funzionari di banche e di società finanziarie», non poteva piú funzionare. Doveva badare a proteggere solo se stesso. Nello scandalo potevano rimanere invischiati Tanzi, qualche banca, molte società di revisione, ma non la politica. E cosí è stato.

Per Tanzi, che con tutta probabilità non tornerà mai in carcere dopo i pochi mesi di custodia cautelare, fioccano i processi e le richieste di rinvio a giudizio. Anche per violazione della legge sul finanziamento pubblico ai partiti. Ma per le decine di parlamentari tirati in ballo nei suoi verbali per quelle generose elargizioni, non c'è stato neppure bisogno di archiviazioni. Tutti i politici, salvo gli ex ministri Gianni Alemanno ed Enrico La Loggia, nell'indagine condotta dall'ex procuratore *pro tempore* di Parma Vito Zincani, sono entrati e usciti in punta di piedi. Da semplici testimoni. E, soprattutto, senza che nessuno dicesse una parola.

Uno scandalo in sordina

Strana bestia la televisione italiana. Per mesi pende dalle labbra di un falso conte che fa le pulizie al mercato ortofrutticolo di Brescia e si spaccia per il regista dell'operazione Telekom Serbia. Ma poi, quando si trova di fronte il piú famoso imprenditore agroalimentare italiano, cestina le sue parole come cartocci di latte scaduto. L'immagine di Igor Marini, il calunniatore che accusava Romano Prodi, Lamberto Dini e Piero Fassino di essersi spartito le inesistenti tangenti di Telekom Serbia, ha imperversato per mesi su tutti i tg. Quella di Calisto Tanzi, no. O meglio le tv e buona parte dei giornali hanno finto di ignorare che il Gran Lattaio, nei primi interrogatori a Milano subito dopo il suo arresto, non puntava l'indice solo contro le banche, ma anche contro la politica. Come Marini, Tanzi diceva: «Ho pagato Romano Prodi». Ma poi aggiungeva: «Ho finanziato anche Berlusconi, Fini, Casini, Alemanno, La Loggia, Castagnetti e altri venti personaggi della politica e del giornalismo. Ho aiutato destra e sinistra, prima e seconda Repubblica». Reazioni? Neanche un *plissé*. Dibattiti? Zero. I media si girano dall'altra parte.

Una disparità di trattamento che inquieta: le balle di Marini, lanciate da *Il Giornale* della famiglia Berlusconi, finivano dritte e filate nel tubo catodico, a reti unificate. Le parole di Tanzi, tutte da verificare ma sicuramente provenienti da una fonte autorevole, non hanno mai bucato il video. Pare un incubo. Tanzi fa i nomi, e che nomi, ma nessuno lo sente. Nell'acquario dell'informazione, le sue accuse diventano bolle d'aria che piano piano scompaiono. E cosí, quando le indagini si concludono nel 2005 senza che gli investigatori siano riusciti ad accertare un bel niente, o quasi, nessun commentatore prova ad avanzare le domande piú ovvie: ma se Tanzi mentiva, perché i politici che ha tirato in ballo non l'hanno denunciato per calunnia? E ancora: il silenzio dei tg, diretti da giornalisti di nomina politica, c'entra per caso col fatto che Tanzi ha accusato quasi tutti i partiti? Insomma ancora una volta ha vinto l'*inciucio* e ha perso l'opinione pubblica?

Vediamo che cosa ha detto il Gran Lattaio e che cosa hanno risposto gli accusati. Con un'avvertenza. Come ha sottolineato la Procura di Parma,

> è plausibile che Tanzi, nel momento della caduta e del crollo del suo impero industriale, da sempre fondato anche sul favore politico, abbia voluto lanciare un messaggio ai suoi protettori, peraltro mascherando la loro identità all'interno di un elenco nutrito di nomi, comprensivo anche di coloro che avevano ricevuto modesti finanziamenti e di episodi risalenti nel tempo.

Insomma, su molte delle prime dichiarazioni di Tanzi, poi non approfondite e a volte addirittura ridimensionate nei successivi interrogatori, aleggia l'ombra di un grande ricatto al Parlamento.

Berlusconi, Forza Latte

> Quando è stata fondata Forza Italia sono stato chiamato da Berlusconi e l'ho incontrato ad Arcore. Berlusconi mi chiese se volessi entrare nel gruppo dei suoi sostenitori. Aggiunse che l'impresa che voleva portare avanti con la creazione di un partito era piuttosto onerosa. E mi chiese se il mio gruppo poteva aiutarlo sia dal punto di vista finanziario che organizzativo. Io gli risposi che non era mia intenzione schierarmi con lui ufficialmente, ma che ero comunque disponibile a contribuire finanziariamente al progetto Forza Italia. Insieme concordammo di utilizzare il canale della pubblicità per finanziare occultamente il nuovo partito.

Il conflitto d'interessi irrompe nei verbali di Tanzi quando l'imprenditore di Collecchio affronta la «questione Berlusconi». Ai magistrati spiega di essere stato contattato dal Cavaliere nel 1993, alla vigilia della creazione di Forza Italia. Berlusconi lo voleva al suo fianco nell'agone politico. Ma il Gran Lattaio era perplesso. Troppi rischi. Troppi problemi nell'esporsi personalmente. E, anche se a Berlusconi non si poteva dire di no, in piena Mani pulite era impensabile effettuare versamenti in contanti al nascente movimento politico. Cosí i due uomini d'affari che già sette anni prima, nel 1986, stavano per diventare di fatto soci in Rete 4, trovano una soluzione diversa. Racconta Tanzi:

> In buona sostanza trasferimmo quote di pubblicità Rai a Publitalia. Di questo particolare non sono sicurissimo. Certamente però l'accordo con Berlusconi prevedeva che le tariffe degli spot non godessero di particolari sconti e/o promozioni, cosí come un'azienda come la nostra, che aveva un budget pubblicitario cosí rilevante, era in grado di ottenere.

La pratica dei mancati sconti, secondo Tanzi, è andata avanti per questi dieci anni, durante i quali Parmalat ha sopportato

> un maggior costo della pubblicità [...] pari a circa il 5 per cento di quanto ci ha complessivamente fatturato il gruppo Mediaset. L'accordo originale non è mai stato modificato tranne che negli ultimi due anni quando, avendo aumentato il budget della pubblicità, pensavamo di aver diritto a qualche sconto.

Secca la smentita di Mediaset: «Tanzi ha ricevuto un trattamento analogo a quello riservato agli altri grandi inserzionisti». Ma, di fronte alla richiesta di quantificare il taglio dei prezzi, il gruppo Berlusconi si trincera dietro il segreto: «Si tratta di un dato riservato».

Qualcosa però lo ha capito la Guardia di finanza, che nei suoi rapporti evidenzia non solo come gli sconti concessi dalla Sipra (la concessionaria della Rai) siano stati molto piú alti rispetto a quelli di Publitalia, ma anche come Parmalat abbia progressivamente preferito Mediaset alla Rai.

Della faccenda, che se vera ha permesso a Forza Italia di incassare almeno 4 milioni di euro in dieci anni, secondo Tanzi si occuparono Marcello Dell'Utri e il direttore commerciale di Parmalat Renato Barili in un incontro avvenuto nel 1993. Ma Barili – si legge nella richiesta di archiviazione della Procura di Parma – ha

> negato ogni favoritismo nei confronti di Publitalia. Pur ammettendo di aver avuto rapporti con Publitalia e con Dell'Utri, afferma di non ricordare l'episodio di cui parla Tanzi. Nella veste di direttore commerciale della Parmalat, egli era certamente responsabile del budget pubblicitario. La spiegazione che dà dello squilibrio nella ripartizione dell'investimento pubblicitario tra reti Rai e reti Mediaset, squilibrio registrato da rilevazioni inoppugnabili, è diversa da quella fornita da Tanzi; egli fornisce giustificazioni di carattere esclusivamente commerciale. Non esclude che vi sia stata una sollecitazione a favorire Mediaset e ricostruisce le rilevanti differenze riscontrate negli sconti praticati da Publitalia rispetto a quelli praticati da Sipra in termini non molto chiari.

Barili insomma non spiega. Anzi, con tutta probabilità mente. E infatti davanti ai magistrati dichiara:

> Che io non ricordi il discorso fattomi da Tanzi di favorire Mediaset non deve meravigliare perché oltre il tempo trascorso si trattava di indicazioni che in azienda erano ricorrenti [...]. Prendo atto che Tanzi ha dichiarato di aver incontrato Berlusconi ad Arcore quando fu fondata Forza Italia e di aver concordato con lo stesso di utilizzare il canale della pubblicità per finanziare occultamente il nuovo partito [...]. Escludo che Tanzi mi abbia raccontato in dettaglio il suo incontro con Berlusconi e degli accordi presi in quella sede.

Il procuratore Zincani «a questo punto mostra all'indagato i grafici realizzati sulla dislocazione della pubblicità Parmalat dal 1997 al 2003 da cui risulta un andamento significativo di spostamenti ingenti di quote pubblicitarie in favore di Publitalia soprattutto nel 1995, nel 1997 e in modo vertiginoso dal 1999 in poi». Ma Barili non fa marcia indietro. E sostiene che tutto questo è avvenuto per volontà dell'agenzia di gestione media cui Parmalat si rivolgeva per effettuare i suoi investimenti:

> Utilizzavamo la Mind Share la quale per sua decisione ripartiva automaticamente la pubblicità sulle reti Mediaset al 70 per cento ed al 30 per cento sulla Rai. La presenza di queste agenzie era da noi accettata come intermediazione.

Zincani insiste. E fa presente a Barili che «nella fatturazione non si trova menzione di questi intermediari e che non sono stati rinvenuti contratti relativi a questi rapporti». Poi, documenti alla mano, dimostra che la Sipra, proprio come racconta Tanzi, concedeva a Parmalat sconti molto piú alti rispetto a quelli praticati da Publitalia. Barili è irremovibile:

> Prendo atto che anche con riferimento agli sconti emerge dalle proiezioni contabili una netta preferenza per Publitalia, posto che secondo le tabelle da voi redatte lo sconto medio percentuale negli anni 2000 e 2001 sarebbe rispettivamente del 37 e del 33 per cento per Publitalia e del 57,63 e del 62,87 per la Sipra. Il dato è molto suggestivo, ma a mio avviso va approfondito poiché il sistema degli sconti è molto complesso. Esso consiste nell'abbassare i prezzi di tariffa per quegli orari, quei programmi e quei periodi dell'anno in cui si registra un minore ascolto. In questo caso le reti televisive propongono di mantenere il numero di spot programmati scontando il prezzo inizialmente pattuito. Quando invece un programma è di massimo ascolto si paga il prezzo quasi pieno.

Zincani è perplesso. Infatti, nella richiesta di archiviazione, scrive:

> Resta il fatto che il gruppo Parmalat ha progressivamente dislocato quote crescenti di pubblicità a favore delle reti Mediaset a discapito di quelle Rai. Tali trasferimenti iniziano a partire dal 1995 e divengono particolarmente evidenti negli anni 2000-2003. Gli stessi sconti praticati da Publitalia sono risultati largamente inferiori a quelli praticati da Sipra. Lo scostamento è tale da apparire a un sommario esame poco comprensibile sulla base di semplici ragioni commerciali.

Ma tutto questo non gli basta per chiedere il processo:

> Le conclusioni che se ne traggono non permettono tuttavia di ritenere provata la responsabilità di Barili per il reato di illecito finanziamento. Se, infatti, le dichiarazioni di Calisto Tanzi sulla decisione di favorire le reti Mediaset hanno trovato riscontro oggettivo evidenziato nei grafici sull'andamento della spesa pubblicitaria, oltre che riscontro soggettivo nelle stesse dichiarazioni di Barili, il quale ha detto di non escludere che si fosse parlato, appunto, di favorire Publitalia, ciò non dimostra che si tratti di finanziamento indiretto alla formazione politica Forza Italia.

In ogni caso Zincani decide di non ascoltare né Berlusconi, né Dell'Utri. Né tantomeno di disporre un confronto tra Tanzi e il presidente del Consiglio. La questione Publitalia viene trasmessa per competenza a Milano. E agli atti restano i finanziamenti regolarmente registrati nei bilanci di Forza Italia provenienti da 4 diverse società del gruppo Parmalat: 400 milioni di lire nel 2001.

Anche qui però non mancano le sorprese. La legge prevede che chi eroga denaro ai partiti debba far deliberare il versamento dagli organi societari. Le società di Tanzi non l'hanno fatto pur iscrivendo le donazioni a bilancio. Da questo punto di vista i finanziamenti sono quindi illegali. Ma le possibili conseguenze non ricadono sul partito di Berlusconi. Scrive a questo proposito la Procura di Parma:

> Il principio della buona fede impone che siano considerati leciti i finanziamenti percepiti, non essendo possibile ricavare dalla norma di legge un ulteriore dovere di controllo circa l'avvenuta regolare deliberazione da parte degli organi societari in capo al percettore delle somme, pur restando penalmente perseguibile l'illecita erogazione.

Al di là delle questioni squisitamente giuridiche, resta il fatto che Berlusconi e Forza Italia facevano parte a pieno titolo della lobby messa in piedi da Tanzi per proteggere il gruppo. E infatti il Gran Lattaio ammette di essersi rivolto al premier nel 2003 per tentare di allontanare lo spettro del crac. Lo fa davanti ai pm di Milano il 27 gennaio del 2004.

L'Ufficio chiede al sig. Tanzi se risponde a verità quanto affermato dal figlio Stefano nel corso di un interrogatorio effettuato il 26 gennaio 2004, in ordine ad un recente incontro con il presidente del Consiglio.
Risposta: Effettivamente telefonai a Berlusconi per chiedergli un incontro a Roma per verificare la possibilità di un intervento o del governo o suo personale in aiuto alla crisi del mio gruppo. Berlusconi mi ha ricevuto a palazzo Grazioli vicino a piazza Venezia a Roma, dove mi sono recato insieme a mio figlio Stefano, verso la fine di novembre 2003. L'incontro è stato cordiale. Io ho detto a Berlusconi che stavamo attraversando un momento molto brutto, che stavamo in «piena bufera» e che avevamo bisogno del suo intervento presso le banche e presso la Consob che stava facendo troppe domande che poi venivano rese pubbliche.
Non ho parlato, come avrebbe voluto mio figlio, dell'esatta entità e della estrema gravità della situazione finanziaria. Berlusconi mi ha detto che sulle banche poteva «fare poco», mentre invece avrebbe telefonato alla Consob. L'incontro è terminato poi rapidamente per i suoi impegni dopo aver fatto due chiacchiere sul calcio. Devo precisare che l'aiuto di Berlusconi e/o del governo sulle banche era la prima volta che veniva da me richiesto mentre, in precedenza, mi sembra verso settembre, avevo telefonato a Letta per chiedergli di intervenire sulla Consob. Devo aggiungere che in occasione di un incontro che ho avuto in Consob insieme all'avv. Tracanella successivamente alla nomina di Bondi, ho potuto constatare che la Consob mi ha trattato con gentilezza e mi ha dato tempo per chiarire gli aspetti della vicenda Parmalat.

Prodi e l'uomo del pullman

Sia in occasione delle elezioni politiche del 1996 sia recentemente, circa un anno fa, ho fatto erogare al presidente Romano Prodi del denaro. Si è trattato di due versamenti da 150 milioni di lire cadauno. Il finanziamento mi venne richiesto direttamente da Gianni Pecci, amico personale di Prodi, il quale ricevette il denaro da Pietro Tanzi [solo omonimo di Calisto, *nda*] che è il capo della mia segreteria. Il denaro venne prelevato dalle casse della Parmalat Spa in contanti. Poi siamo anche entrati come Boschi [una società del gruppo, *nda*], unitamente ad altri imprenditori (Cremonini, Zonin, Rovagnati, Veronesi e Gazzoni), in Nomisma sottoscrivendo un aumento di capitale e nominando Paolo De Castro [ministro delle Risorse agricole nel governo D'Alema, *nda*]. Questo ingresso faceva parte di un preciso discorso consistito nel contribuire al salvataggio della predetta società che sapevamo essere legata a Prodi. Fu De Castro a parlarmene. L'operazione avvenne quando Prodi era già presidente dell'Unione europea. L'ingresso in Nomisma, da un lato, serviva ad ottenere la benevolenza di Prodi e, dall'altro, rientrava in un progetto finalizzato ad usare Nomisma come lobby per trattare a livello governativo ed a livello europeo le questioni agro-alimentari che ci interessavano.

È Tanzi a puntare l'indice contro Romano Prodi. Poi il suo segretario particolare conferma in parte le accuse. Pietro Tanzi assicura però di non aver versato nulla a Prodi nel 1996: dal 1992 al 1999, dice, rimase fuori gioco perché sotto inchiesta per un altro finanziamento illecito scoperto a Milano dal pool Mani pulite. Poi ricominciò a consegnare le buste con banconote. A verbale racconta:

> Avvenne quando morí Sergio Piccini [uno degli ufficiali pagatori di Tanzi, *nda*]. Lui operava prevalentemente su Roma, e non faceva mistero dei suoi contatti con soggetti politici. Ebbene, accadde che, dopo la morte tragica del Piccini, avvenuta nel 1999, il Tanzi Calisto mi chiese nuovamente di provvedere a specifiche consegne di denaro contante. Voglio però precisare che io mi occupavo solo delle consegne di denaro da effettuare a Collecchio, nel senso che non mi è mai capitato di portare con me buste di denaro da consegnare in altre città all'infuori degli uffici di Collecchio. Per quanto riguarda [...] Prodi Romano, ricordo di aver erogato, in 3 o 4 consegne distanziate nel tempo, a cavallo tra il 2002 e il 2003, la somma complessiva di 50 mila euro, gran parte consegnata nel 2002, con una «coda» di 5-10 mila euro nel febbraio-marzo del 2003. Il denaro, su precisa disposizione di Calisto Tanzi, venne da me personalmente consegnato, in Collecchio, a tale Pecci di Bologna che sapevo essere referente del Prodi. Tanzi mi disse espressamente e chiaramente che i soldi erano destinati al Prodi e che li avrebbe per suo conto presi il Pecci. Non mi disse le ragioni del versamento, né io gliele chiesi, né tanto meno il Pecci me lo disse. Prendo atto che il Tanzi ha dichiarato di aver consegnato, per mio tramite, al Pecci, nel 2003, la somma di 150 milioni di vecchie lire, tuttavia io ricordo la cifra che le ho indicato, peraltro ripartita tra il 2002 ed il 2003. Prendo atto, altresí, che ha parlato anche di altri 150 milioni di vecchie lire nel 1996, tuttavia, come ho già detto, in quell'anno non mi occupavo dei pagamenti ai politici.

A questo punto il pm Zincani ascolta Gianni Pecci. L'ex collaboratore di Prodi smentisce tutto, ma le sue dichiarazioni dimostrano come nessuno in questa storia sia disposto a raccontare la verità. Pecci sostiene di aver ricevuto nel 1995 dalla Parmalat solo 9 milioni di lire in due *tranches*. E assicura che a consegnargli il denaro fu Pietro Tanzi. Dunque l'ex segretario particolare di Calisto mente quando afferma di aver cessato di versare denaro ai politici tra il '92 e il '99? È possibile. Racconta Pecci:

> Nel 1995 ho costituito un comitato detto «Per l'Italia che vogliamo» che si proponeva, anche mediante la raccolta di fondi, delle finalità politico-culturali [...]. Tra le persone con cui entrammo in contatto vi fu Calisto Tanzi [...]. Pur

non avendone forse strettamente l'obbligo, decidemmo di attenerci alle regole fissate dalla legge elettorale per i finanziamenti ai partiti. Per conseguenza quando Calisto Tanzi, col quale parlai direttamente, mi chiese in che modo poteva contribuire, dissi che i contributi al di sotto di 10 milioni di lire potevano restare anonimi, mentre quelli sopra tale soglia sarebbero stati segnalati. Calisto Tanzi a questo punto mi accompagnò nella stanza del suo collaboratore Pietro Tanzi. Rimasto solo in compagnia di quest'ultimo, dopo aver ripetuto quanto avevo detto a Calisto Tanzi in tema di contributi, mi comunicò che mi avrebbe ricontattato. Ciò avvenne due o tre settimane dopo. Ricevetti una prima busta con la somma per contanti di 4 milioni di lire e una seconda busta il mese successivo, contenente 5 milioni in contanti. Le buste erano chiuse e io non le aprii in presenza di Pietro Tanzi per delicatezza. Prendo atto che Calisto Tanzi ha dichiarato che i versamenti diretti a Prodi, per mio tramite, sarebbero stati due, per 150 milioni di lire cadauno, ma devo smentire questa circostanza. La verità è quella che ho appena detto. Prendo atto che Pietro Tanzi dichiara di avermi consegnato, a cavallo tra il 2002 e il 2003, la somma complessiva di 50 mila euro destinati a Prodi. Anche questa circostanza non è vera. La stessa data dei fatti la rende incredibile. Invero io, a partire dal 1999, per aver fatto una dichiarazione di voto a favore di Giorgio Guazzaloca, mio buon amico, quale candidato sindaco di Bologna, mi sono trovato a interrompere i rapporti politici con Prodi. A partire da tale data non ero piú notoriamente referente di Prodi. Sarebbe dunque stato incongruo che il denaro destinato a Prodi fosse raccolto da me.

Il procuratore aggiunto Vito Zincani, nonostante l'evidente contraddizione tra le parole di Pecci e quelle del segretario particolare del Gran Lattaio, decide di non disporre un confronto tra i due. Da una parte gli eventuali finanziamenti illeciti del '96 sono abbondantemente prescritti. Dall'altra è evidente che un'indagine basata tutta sulla raccolta di dichiarazioni non può portare molto lontano. Oltretutto le fughe di notizie (il quotidiano *Libero*, pressoché ignorato dal resto dei media, ha pubblicato i verbali di Tanzi a puntate) hanno permesso a molti dei protagonisti dell'inchiesta d'incontrarsi per discuterne i particolari. Ad ammetterlo è proprio Romano Prodi nella sua deposizione del 23 novembre 2004:

Prendo atto che ho l'obbligo di dire la verità e che Calisto Tanzi ha dichiarato di aver erogato due versamenti da 150 milioni di lire cadauno [...]. Ovviamente conoscevo già queste dichiarazioni per averle lette sulla stampa alcuni mesi fa. Ne avevo parlato con Gianni Pecci, con il quale da diversi anni non ho piú alcun rapporto politico o professionale (è notorio che egli si è staccato dalla mia area politica). Egli mi ha confermato di aver avuto solo due finanziamenti per rispettivamente 5 e 4 milioni di lire erogati in occasione del pullman che precedette la campagna elettorale del 1996 [...]. Non so se tali somme siano state segnalate. Non lo credo perché erano sotto il limite di legge

[...]. Posso comunque affermare che dissi ai miei collaboratori di rispettare le leggi sul finanziamento nel raccogliere fondi. Prendo atto che Pietro Tanzi, già segretario di Calisto Tanzi, ha dichiarato di aver erogato in tre o quattro occasioni a cavallo tra il 2002 ed il 2003 la somma complessiva di 50 mila euro a Pecci quale mio referente. Al riguardo posso smentire di aver ricevuto alcunché. Tengo a precisare che a quell'epoca, anno 2002, ero già presidente della Commissione europea, e non avevo alcun rapporto con Tanzi e con lo stesso Pecci [...]. Faccio inoltre presente che, al momento della mia nomina a presidente della Commissione europea, non ho avuto piú alcuna struttura politica in Italia che avesse necessità di denaro per alimentare le proprie attività. Non riesco a comprendere come Pietro Tanzi possa aver detto le cose che mi sono state lette. Tengo ad escludere che Pecci possa aver abusato del mio nome perché lo conosco come persona corretta [...]. Per quanto concerne l'acquisizione di una partecipazione azionaria in Nomisma da parte di una controllata Parmalat insieme ad altri azionisti facenti capo a diversi industriali italiani, non ho nulla da dichiarare poiché alla data dei fatti ero da tempo presidente della Commissione europea e nulla avevo piú a che fare con Nomisma. Aggiungo che di tale società in passato ero semplice presidente del comitato scientifico, non avendo quindi nessuna partecipazione al capitale sociale della società.

Zincani, spiegando che è impossibile trovare riscontri alle accuse di Calisto Tanzi, decide di archiviare tutto:

In primo luogo, le dichiarazioni di Tanzi sono incongrue anche con quelle di Piergiovanni Tanzi detto «Pietro», ovvero con quelle del suo segretario incaricato della materiale consegna del denaro, il quale invece ha dichiarato di aver erogato a Pecci la somma complessiva di 50 mila euro in tre o quattro occasioni a cavallo tra il 2002 e il 2003. In secondo luogo le stesse dichiarazioni di «Pietro Tanzi» sembrano di per sé imprecise poiché, negli anni indicati, Prodi era ormai divenuto presidente della Commissione europea e i suoi rapporti politici con Pecci si erano da tempo interrotti, essendo questi passato ad altro schieramento politico. Anche l'ingresso della controllata Boschi nel capitale sociale di Nomisma non presenta aspetti di rilevanza penale. Le dichiarazioni rese sul punto da Paolo De Castro chiariscono che si trattò di una normale operazione di sottoscrizione di capitale da parte di numerosi imprenditori, oltre che di Calisto Tanzi. Complessivamente dunque difettano nella fattispecie i necessari requisiti di coerenza intrinseca e di verificabilità sulla base di riscontri esterni che soli possono conferire dignità di prova alle dichiarazioni provenienti dagli indagati.

Certo, in questa occasione come in molte altre, la Procura di Parma avrebbe potuto battere strade diverse. Per esempio acquisire i tabulati telefonici di Gianni Pecci per vedere se nel 2002-2003 risultavano contatti con i due Tanzi. Ma Vito Zincani sceglie il basso profilo. È un magistrato prudente e lo dimostra nella strategia seguita in tutta l'indagine sui politici. Nessuna delle persone tirate in ballo dal Gran Lattaio viene ascoltata nelle vesti di indagato. Tutti sono sentiti come semplici testimoni. Il perché lo spiegherà lo stesso pm nella richiesta di archiviazione:

> Prescindendo dal fatto che molti di loro non risultavano neppure identificabili senza ulteriori indagini (nell'elenco sono stati inseriti anche i nomi di persone risultate da tempo defunte), nelle dichiarazioni di Tanzi, confessorie per quanto attiene al reato di illecito finanziamento di partiti da lui commesso nell'erogare somme non regolarmente deliberate, non si è ritenuto di ravvisare notizia di reato a carico dei potenziali percettori delle somme, non essendovi prova della loro necessaria consapevolezza in ordine all'origine illecita dei finanziamenti stessi [...]. Tali erogazioni, in quanto riconducibili a Tanzi quale persona fisica, non rientrano nella portata dell'art. 7 della legge 195/74 sul finanziamento illecito il cui ambito di applicazione soggettiva riguarda le società. Non risulta in atti che i destinatari delle somme fossero consapevoli della loro provenienza dalle casse della Parmalat, tantomeno che fossero frutto di distrazioni. Al contrario, in ragione della entità delle somme percepite e del livello economico di Tanzi, sarebbe stato ragionevole ritenere che le stesse provenissero direttamente dal patrimonio di questi come persona fisica.

Erano proprio ingenui questi politici: pensavano che Tanzi, essendo ricco, li finanziasse tutti di tasca sua, anziché dalle casse della società. La legge sul finanziamento pubblico ai partiti persegue penalmente solo chi non dichiara i contributi che arrivano dalle società. Se invece il politico non dichiara il denaro ricevuto da un privato cittadino, non commette alcun reato. Per questo Zincani decide di non indagare nessun politico.

La scelta è quantomeno discutibile. Su queste basi, il processo milanese per la maxitangente Enimont non sarebbe mai nato. È del tutto ovvio che chi si ritrova accusato di aver intascato mazzette neghi. E, stando cosí la legge, è altrettanto ovvio che di fronte all'evidenza dei fatti sostenga di aver pensato che quel denaro era di un privato e non di una società. Per questo l'ex ministro della Giustizia Claudio Martelli, processato e condannato per il denaro di Enimont consegnatogli da Carlo Sama, raccontò al Tribunale di Milano che, passandogli il malloppo, Sama gli aveva detto: «Oh, guarda Claudio che sono soldi miei». Una dichiarazione subito smentita da Sama, che non serví a evitargli la condanna.

Tutti dentro

I primi finanziamenti alla Dc, il partito cui era stato iscritto fin da ragazzo, Tanzi li ha versati negli anni 60. Poi, a poco a poco, sono venuti tutti gli altri. I primi verbali del Gran Lattaio sono un lungo elenco di nomi, seguiti da una raffica di smentite. Il 23 gennaio 2004, di fronte ai pm di Milano, Tanzi afferma:

> Per dimostrare la mia intenzione di chiarire tutti i rapporti politici ed istituzionali che ho intessuto nel corso della mia vita, sia a livello locale che a livello nazionale, che hanno permesso di realizzare un sistema di protezione del mio gruppo finalizzato allo sviluppo dello stesso anche con riferimento al credito bancario, indico i seguenti capitoli che intendo sviluppare nel corso dei miei prossimi interrogatori:
> 1. *Finanziamenti illeciti a personalità politiche.* Sono partito da un livello locale intorno a metà degli anni 60 (ho finanziato ad esempio Bori, Duce, Ubaldi, Fabbri e sicuramente altri che mi riservo di indicare, essendo ora io stanco per gli esami medici cui sono stato sottoposto) per passare anche ad un livello nazionale finalizzato sia alle protezioni ed accesso al credito bancario che all'adozione di leggi di settore e questioni concernenti il mondo agroalimentare, per passare alle nomine bancarie, avendo io fattivamente contribuito ad esempio alla nomina di Silingardi alla presidenza di Cariparma e, su richiesta di Geronzi, alla nomina di Pellegrino Capaldo alla presidenza della Banca di Roma (spiegherò questa circostanza nel capitolo rapporti Geronzi-Capitalia).
> Il rapporto con il sistema politico a livello nazionale è durato ininterrottamente sino al 2003 e posso dire che nel tempo ho finanziato le seguenti persone (preciso che l'elenco non è completo, sempre per un problema di mera memoria e stanchezza): Colombo Emilio (tramite Crocetta); Sanza; Scotti; Evangelista; De Mita (tramite Maggiali); Signorile; Gava; Goria; Androni; Sanese; Gargani; Bonalumi; Citaristi; Mannino; D'Alema; Minniti; Castagnetti; Tabacci; Buttiglione (tramite Duce); Fini; Casini; Alemanno; La Loggia (tramite un contratto di consulenza legale).
> Ovviamente le modalità di finanziamento sono state diverse e in alcuni casi realizzate in maniera indiretta. Mi riservo di dettagliarle nel prossimo interrogatorio. Gli «ufficiali pagatori» sono stati prevalentemente Piccini Sergio, persona deceduta, e successivamente Bernardoni Romano. Per creare le provviste in passato utilizzavamo prevalentemente il conto valori bollati, mentre con l'avvento di Bernardoni abbiamo utilizzato le sponsorizzazioni.

Due giorni dopo torna sull'argomento:

> In ordine ai rapporti politico istituzionali, sciogliendo la riserva da me formulata nel precedente interrogatorio, ritengo di poter aggiungere all'elenco da me già fatto le seguenti personalità: Dini; Cirino Pomicino; Lusetti; Misasi; Salabè con il quale abbiamo trattato un'operazione commerciale (si tratta dell'acquisto del villaggio Papa Elios). Questi si è presentato come «uomo» di Scalfaro.

Poi parla della Lega Nord:

Ho conosciuto il tesoriere Stefani nonché Bossi e Speroni, ma in ordine ad eventuali pagamenti ho affidato l'incombenza a Mistrangelo, membro del cda di Parmalat Finanziaria, che per l'appunto me li aveva presentati. Voglio altresí precisare che un deputato indicato nel precedente interrogatorio come Androni in realtà si tratta di Andreoni.

E spiega che il suo rapporto con la politica, e con la Democrazia cristiana in particolare, era cosí forte da spingere i banchieri a rivolgersi a lui per ottenere le raccomandazioni necessarie a fare carriera:

Il rapporto con Geronzi si è consolidato quando mi ha chiesto di intercedere presso la Dc per far nominare Pellegrino Capaldo presidente della Cassa di Risparmio di Roma, cosa che io riuscii a fare convincendo De Mita, Goria e Andreotti. Analoga operazione fu da me condotta prima della creazione della Banca di Roma quando Geronzi mi chiese di chiedere alla Dc di non interferire nell'operazione di fusione. Io, in questa circostanza, parlai solo con De Mita e Goria chiedendo di non ostacolare l'operazione. Preciso che, come meglio spiegherò, Goria era un mio intimo amico cosí come De Mita. In tale modo riuscii a cementare un rapporto di amicizia con Geronzi che si è protratto negli anni fino a quando mi fece entrare nel Cda di Capitalia. Con Geronzi condussi le operazioni Eurolat e Ciappazzi. In cambio, in tutti questi anni, Banca di Roma-Capitalia ha sempre aiutato il nostro gruppo: in particolare, all'inizio, ha messo a disposizione importanti linee di credito per finanziare lo sviluppo del gruppo.

In quei primi giorni di gennaio, rinchiuso nel carcere di San Vittore, Tanzi aggiunge nomi su nomi a ogni interrogatorio. Svela particolari inediti e promette che, col procedere delle indagini, sarà piú preciso. Il 27 gennaio dice:

Ci sono altre persone che sono state finanziate dal gruppo Parmalat. In particolare mi ricordo Forlani, finanziato attraverso Piccini che versava il denaro al suo tesoriere di cui non ricordo il nome. Inoltre a livello locale abbiamo finanziato i suoi uomini ed in particolare le campagne elettorali di Mora e Bonferroni; Fontana Gianni, ex ministro dell'Agricoltura, finanziato sempre da Piccini che era un suo grande amico; Fracanzani, ex ministro delle Partecipazioni statali, finanziato attraverso Maggiali; Fabbri, ex ministro, finanziato attraverso Barili; Segni Mario, al quale ho consegnato direttamente, piú volte, in occasione degli incontri avuti con lui a Parma e/o Roma, ogni volta una somma variabile da 50 a 100 milioni di lire.

Poi quando i pm gli leggono alcuni passi delle dichiarazioni del suo segretario particolare Pietro Tanzi, Calisto aggiunge:

> Quanto affermato da Piergiovanni Tanzi è vero. Confermo che la provvista a «Pietro» per i pagamenti di cui vi ho detto gliela forniva Franco Gorreri, prelevandola dalle casse della Parmalat Spa. Gorreri, inoltre, per conto del gruppo, effettuava alcuni pagamenti a politici e giornalisti. In particolare, Gorreri aveva finanziato alcuni giornalisti di testate locali per evitare attacchi alla Parmalat. Inoltre mi ha riferito di un finanziamento erogato a Pierluigi Bersani che era suo amico. Devo dire che me lo ha presentato in Parmalat. Credo che il finanziamento sia stato effettuato tre o quattro anni fa. Gorreri ha sempre finanziato i socialisti, sia quelli della «prima Repubblica» quando il partito ancora esisteva, sia quelli che successivamente sono entrati in nuove formazioni. Non ricordo i nomi ma lui potrà essere piú preciso [...]. Abbiamo dovuto integrare il denaro che già avevamo dato a Bernardoni attraverso le sponsorizzazioni, perché non bastava. Bernardoni si occupava dei finanziamenti a Fini e, successivamente, ad Alemanno. I motivi dei finanziamenti da me erogati, nel corso della mia attività imprenditoriale, erano finalizzati a tenere «buoni rapporti» con il mondo politico-governativo e in particolare per favorire l'adozione di provvedimenti che ci interessavano [...]. Anche Casini è stato finanziato da Bernardoni con il quale aveva un rapporto consolidato. A livello locale finanziammo anche la sua corrente attraverso i pagamenti erogati da Pietro Tanzi a Libè. Bernardoni si è occupato della sponsorizzazione della Fondazione Italianieuropei [di Massimo D'Alema e Giuliano Amato, *nda*], sponsorizzazione che non ho seguito direttamente. D'Alema, attraverso Minniti, è stato invece finanziato da Piccini.

Buona parte di queste dichiarazioni verranno da Tanzi successivamente ridimensionate. Appena la competenza sulle indagini passerà da Milano a Parma, il protagonista della truffa del secolo comincerà a fare melina, a rinviare gli interrogatori di approfondimento per ragioni di salute, a specificare di non aver mai corrotto nessuno, ma di essersi limitato a un'attività di lobby sganciata da provvedimenti specifici. Al resto penseranno i suoi collaboratori: gli ufficiali pagatori, che lo contraddiranno sulla portata di alcuni finanziamenti (mantenendoli spesso sotto i limiti di legge), fino a negare l'evidenza. Scrive tra l'altro il pm Zincani:

> Quali ragioni abbiano indotto Calisto Tanzi nei suoi primi interrogatori in carcere a rivelare di aver finanziato con continuità e ad ampio raggio la politica italiana, fornendo un lungo elenco di nomi agli inquirenti, ma al tempo stesso mantenendo le sue rivelazioni su un piano estremamente generico ed approssimativo per poi sostanzialmente rifiutare, una volta pervenuti gli atti a questo ufficio di Procura, il completamento fino al definitivo chiarimento del percorso intrapreso, non è ben chiaro.

Certo, suscita stupore la decisione dell'ex presidente della Repubblica Francesco Cossiga di visitare Tanzi nel carcere di Parma. In passato simili visite servivano a comunicare all'indagato la solidarietà del «sistema». Quando negli anni 80 finí a San Vittore Antonio Natali, padre politico di Bettino Craxi e gran manovratore delle tangenti sulla Metropolitana milanese, il solo annuncio di una visita in carcere dell'allora presidente del Consiglio socialista bastò a convincerlo a continuare a tacere. In questo caso però Cossiga rivendica pubblicamente la sua amicizia con Tanzi. E negli atti il nome del presidente emerito compare solo una volta, per una presunta sponsorizzazione a un gruppo d'imprenditori proprietari di un'industria di yogurt, intenzionati a vendere la propria impresa alla Parmalat. Racconta il direttore finanziario di Parmalat, Fausto Tonna:

> Nel 1995 o nel 1996, il gruppo Parmalat ha dovuto acquistare, per decisione del Tanzi, la società Margherita Yogurt Srl. Si trattava di una società costituita con fondi della legge per l'imprenditoria giovanile, che aveva da poco ultimato la costruzione di un impianto per la produzione di yogurt. Tale impianto non aveva neanche mai iniziato ad operare, essendone stati solamente eseguiti uno o due collaudi. L'acquisto non aveva alcun senso per la Parmalat. In quel momento nessuna società poteva avere interesse a rilevare quell'impianto, in quanto tutte le imprese operanti nel settore (Danone, Yomo, Gino) erano già dotate di proprie strutture. La Parmalat acquistò quindi per 3 o 4 miliardi una società del tutto inutile ed inoltre indebitata per alcuni miliardi. L'unica ragione dell'operazione risiedeva, per quanto mi venne riferito dal Tanzi, in una raccomandazione dell'onorevole Cossiga, che aveva parenti od amici tra i soci della Margherita. Ricordo che alcuni di tali soci erano di origine sarda e si chiamavano Riccardi.

Quella della Margherita Yogurt pare dunque una vicenda minore, da cui è difficile trarre conclusioni. Un fatto però, secondo la Procura, è assodato:

> Il finanziamento del sistema politico rappresenta un aspetto [niente] affatto secondario nella ricostruzione delle circostanze che hanno determinato la vertiginosa espansione e la crisi del gruppo Parmalat, conclusa con il *default*. Al contrario tale indagine è determinante per comprendere alcuni aspetti altrimenti inspiegabili della vicenda. Quel che stupisce non è infatti il ricorso di un imprenditore in difficoltà all'uso improprio di strumenti finanziari e falsificazioni di vario genere per fronteggiare i deficit di bilancio, quanto il fatto, ormai inconfutabile, che una società che ha accumulato sin dai primi anni di attività perdite ingenti sia riuscita a sopravvivere per tanto tempo.

La rilevanza dell'argomento emerge dagli stessi interrogatori di Calisto Tanzi che definisce «attività di lobbying» la messa a disposizione del sistema politico di ingenti somme e ne descrive, pur sommariamente e senza mai entrare nei particolari, i metodi e le finalità. Proseguono i magistrati:

> Con larga approssimazione, il sistema dei finanziamenti può essere distinto a seconda degli obiettivi:
> – nel fine di avere accesso al credito, essendo il sistema bancario ancora largamente influenzato dal mondo politico;
> – nel suggerire ed appoggiare provvedimenti normativi ed amministrativi, a livello nazionale e comunitario, funzionali agli interessi del gruppo;
> – nella creazione di un sistema di potere trasversale in grado di condizionare a tutti i livelli le scelte politiche ed ottenere appoggi e favori di varia natura.
> Trattandosi di fatti che risalgono nel tempo, in gran parte essi non sono direttamente rilevanti a fini di indagine penale e, tuttavia, sono utili alla comprensione della vicenda Parmalat, fornendo chiavi di lettura di una realtà altrimenti inspiegabile [...].
> È da ritenere provato (alle dichiarazioni di Tanzi si aggiungono le dichiarazioni di altri protagonisti oltre che precisi risconti di natura oggettiva) che Calisto Tanzi ha svolto per decenni una costante e pervasiva attività di lobbying (la definizione è dello stesso Tanzi) volta a rappresentare gli interessi della Parmalat e a orientare le scelte politico-amministrative. Tale attività è avvenuta con modalità diverse:
> – alcune assai semplici, come quella della partecipazione a manifestazioni pubbliche o di diretto sostegno economico;
> – altre lecite e prevedibili essendo del tutto normale che una grande impresa rappresenti correttamente i propri interessi in sede politica;
> – altre invece illecite e realizzate in forme estremamente sofisticate.
> Il disegno complessivo sotteso al sistematico finanziamento politico si disvela compiutamente per le esplicite indicazioni dello stesso Tanzi, il quale ha dichiarato che la Parmalat aveva deciso di finanziare partiti e uomini politici di ogni orientamento. La copertura a 360 gradi di ogni richiesta di intervento doveva tuttavia intervenire con modalità riservate, poiché non vi era nessuna certezza che il finanziamento erogato avrebbe ottenuto il favore dei destinatari, mentre era certo che la sua pubblicità avrebbe suscitato l'ostilità di tutti gli altri. Per tale ragione, benché la legge sul finanziamento dei partiti, al fine di garantire la trasparenza, preveda l'obbligo per le società di iscrivere a bilancio i finanziamenti politici, previa regolare deliberazione, ciò non avvenne se non in casi del tutto eccezionali.
> Per queste ragioni e per diretta iniziativa di Calisto Tanzi fu costituita e tenuta in piedi per anni una vera e propria struttura parallela operante all'interno della Parmalat destinata a mantenere rapporti in forma riservata con il mondo politico. Struttura articolata in forme particolarmente sofisticate con precisa ripartizione di ruoli, che vedeva in Tanzi il centro direttivo di tutte le decisioni, in Gorreri Franco la persona preposta a procurare le provviste, in alcuni fidati collaboratori, quali Pier Giovanni Tanzi, compiti esecutivi di materiale consegna delle somme ed in altre persone, segnatamente Sergio Piccini

fino a due anni prima della sua morte avvenuta nel 2000 e Romano Bernardoni negli anni successivi (dal 1998 in poi), il compito di intrattenere la complessa rete di relazioni ed i pagamenti riservati su cui si è fondato in gran parte il successo del gruppo Parmalat.

La risposta del sistema

Sono i democristiani, neo o ex, la prima e piú avanzata trincea del «sistema di protezione» ideato da Tanzi. Interrogati, però, o smentiscono o minimizzano, assicurando di aver ricevuto solo finanziamenti al di sotto della fatidica soglia dei 10 milioni di lire, quella che per legge non è obbligatorio dichiarare. Con un'eccezione: Mariotto Segni. Il padre del referendum per il maggioritario è l'unico ad ammettere tutto. La legge infatti non prevede che i contributi versati per finanziare le campagne referendarie debbano essere registrati. Cosí Segni non ha difficoltà a confermare *in toto* le parole di Tanzi. E la sua isolata ammissione alimenta i dubbi sulle negazioni di tutti gli altri: possibile che il Gran Lattaio sia stato preciso solo nel suo caso? Messo di fronte alle parole di Tanzi, che parla di un centinaio di milioni versati in contanti, Segni dichiara:

> Sono al corrente per averlo appreso dai giornali che Tanzi ha fatto il mio nome come destinatario di finanziamenti. In effetti ho ricevuto da Tanzi contributi in due occasioni: una prima volta in occasione della campagna referendaria 1990-93 e una seconda volta nella campagna referendaria 1998-2000. In entrambe le occasioni il contributo fu erogato non a me, ma al comitato promotore per i referendum. Il comitato ha regolarmente iscritto il contributo nella propria contabilità interna. Pur non essendo il comitato tenuto agli adempimenti previsti dalla legge sul finanziamento dei partiti, non potendo neppure essere considerato articolazione politico-amministrativa di un partito, per maggiore trasparenza abbiamo trasmesso alle Camere i dati generali della nostra contabilità. L'ammontare delle somme, vado a memoria, sono 65 milioni di lire divisi in due *tranches*, una di 50 milioni e una di 15 milioni nella campagna referendaria del 1998-2000, l'altro di gran lunga inferiore, non ricordo con esattezza l'importo, nella campagna referendaria precedente.

Tutti gli altri invece negano e soprattutto non ammettono alcun finanziamento illecito: come se Tangentopoli non fosse mai esistita. Vito Zincani riassume cosí le varie posizioni:

> L'esame, quali persone informate sui fatti, dei personaggi politici indicati come beneficiari dei finanziamenti ha fornito ulteriori indicazioni utili alla rico-

struzione complessiva dei fatti. Al riguardo converrà distinguere per gruppi le diverse posizioni.
Ad un primo gruppo appartengono coloro che hanno negato di aver ricevuto contributi (Stefani, Speroni, D'Alema, Dini, Fini, De Mita, Tabacci, Sanza, Scalfaro, Bersani, Lusetti, Gargani).
Ad un secondo gruppo coloro che hanno ammesso di aver ricevuto finanziamenti nei limiti previsti dalla legge sul finanziamento dei partiti politici e quindi di importi inferiori alla soglia di 5 mila euro, per cui non v'è neppure obbligo di denuncia, ovvero finanziamenti regolarmente deliberati. A questo gruppo appartengono: Casini, Libè, Prodi, Buttiglione, Ubaldi, Castagnetti, Duce, Segni, Sanese [...].
Ad un terzo gruppo coloro che hanno intrattenuto rapporti con Tanzi in epoche passate ben oltre il limite di prescrizione dei reati eventualmente commessi (Forlani, Colombo, Pomicino, Fabbri, Signorile, Mannino, Fracanzani).
Nessuno, ovviamente, ha ammesso di aver ricevuto illeciti finanziamenti.

Resta un interrogativo: ma se dalle casse di Parmalat, come hanno accertato i magistrati, sono davvero usciti 12 milioni di euro destinati ai partiti, chi se li è intascati? La domanda rimarrà per sempre senza risposta. Ma spiega bene perché il Parlamento si sia ben guardato dal costituire una commissione d'inchiesta sul piú grave crac della storia italiana.

Vediamo dunque le deposizioni dei vari politici citati nelle carte della Procura di Parma.

Francesco Cossiga

Ho conosciuto Calisto Tanzi da sempre, essendo egli un giovane militante cattolico e della Dc. L'ho sempre considerato un mio amico e tuttora lo considero tale. Nulla mi ha mai offerto, né io ho mai avuto occasione di chiedergli alcunché, salvo l'uso di un suo aereo per il quale io avevo optato, pur avendo non solo il diritto, ma anche l'obbligo di volare con aerei di Stato, per un viaggio nei Paesi Baschi. Ciò avvenne perché in quel periodo non volevo esporre il governo, non essendoci rapporti di cordialità con il presidente spagnolo Aznar, che mi imputava il mio sostegno alla causa basca e la mia vicinanza al partito nazionale basco, partito democratico cristiano nazionalista. Per questo viaggio, volli che venisse fatta la dichiarazione di legge che produco, considerandola una somministrazione di servizio. In seguito, come riportato anche dalla stampa, ho ritenuto di rifondere l'amministrazione straordinaria della Parmalat dal costo del volo maggiorato di interessi, ritenendomi moralmente obbligato per aver, anche se involontariamente, concorso ad incrementare il deficit Parmalat.

Cossiga nega però con decisione di aver chiesto a Tanzi di acquistare la Margherita Yogurt. Calisto, del resto, dell'ex presidente nei suoi verbali non parla mai. E cosí l'ex Picconatore lascia intendere al magistrato che la vicenda sia frutto di un equivoco. Scrive il procuratore Zincani:

> Cossiga ha spiegato che la società suddetta era di proprietà dei familiari dell'avv. Paolo Riccardi di Sassari amico dell'avvocato d'affari Franco Berlinguer. L'omonimia del cognome potrebbe aver indotto a confusione circa il possibile interessamento per l'affare Margherita Yogurt, nella quale peraltro nessun parente di Cossiga ha mai avuto interessi.

Angelo Sanza

Negli anni 80 Angelo Sanza, demitiano, è sottosegretario agli Interni con delega ai servizi segreti. Durante Mani pulite viene accusato di aver ricevuto 200 milioni dal bancarottiere Florio Fiorini, socio di Calisto Tanzi in una finanziaria, la Sidit (Società italo-danubiana d'investimenti e trading), e soprattutto acquirente dalla Parmalat di Odeon Tv, la rete che costerà al Gran Lattaio una perdita di 80 milioni di euro (1988-89). Interrogato da Di Pietro nel luglio del 1994, Sanza ammette il finanziamento illecito. Ma, grazie a un escamotage giuridico, viene prosciolto. Vicinissimo all'ex presidente Cossiga aderisce all'Udr, poi entra in Forza Italia e nel 2001 viene eletto alla Camera, dove fa ritorno nel 2006. A Parma, ascoltato come testimone, Sanza dichiara:

> Non ho mai intrattenuto con Tanzi rapporti particolarmente intensi, anche perché egli era vicino all'allora segretario del partito. Non ho mai ricevuto direttamente da Parmalat o da Tanzi alcun finanziamento. Prendo atto che egli mi indica come uno dei destinatari di finanziamenti, ma penso che si sbagli e mi dolgo per la citazione.

Pierluigi Castagnetti

Già segretario del Ppi, Pierluigi Castagnetti è uno dei leader della Margherita. Ma la sua carriera politica è lunga:

> Sono stato segretario regionale della Dc [in Emilia Romagna, *nda*] negli anni 80. In tali vesti ho avuto rapporti con Tanzi il quale era, oltre che un noto imprenditore, iscritto al partito. All'epoca ero vicino all'onorevole De Mita, il quale aveva stretti rapporti con Calisto Tanzi. Fu proprio lui a presentarmelo. [...] Contributi economici credo di averne avuti proprio in quegli anni, ora non ricordo se per le elezioni del 1987 o in quelle del 1992. Sono altrettanto sicuro di aver avuto un contributo non superiore ai 5 milioni di lire. Dico questo perché, consultando la documentazione dell'epoca, dalla quale risultano tutti i finanziamenti eccedenti tale somma, in ossequio al det-

tato della legge in materia, non ho rintracciato il nome di Tanzi o della Parmalat [...].

Poi Castagnetti passò con Mino Martinazzoli, diventò capo della sua segreteria e da quel momento assicura di non aver piú avuto rapporti con Tanzi. Il fatto che nella sua contabilità non risultino versamenti superiori ai 5 milioni non è comunque risolutivo. Nel 2003, come vedremo, un'inchiesta aperta dalla Procura di Ancona per una presunta tangente da 15 milioni di lire si è conclusa con il proscioglimento: non nel merito, ma per prescrizione.

Nicola Maria Sanese

Esponente di spicco di Comunione e Liberazione, legato a Roberto Formigoni, Nicola Maria Sanese non ammette finanziamenti illeciti, ma spiega ai magistrati come funzionava la lobby di Tanzi:

> Non ho attualmente cariche politiche, sono segretario regionale della Regione Lombardia [*sic*]. Dal 1983 al 1987 e successivamente dal 1989 al 1991 sono stato sottosegretario all'Agricoltura. In tale qualità ho conosciuto Tanzi. Egli era sempre accompagnato da tale Sergio Piccini che viveva a Roma e svolgeva attività di Pr per il gruppo Parmalat. È assolutamente la norma che i grandi gruppi si servano di lobbisti per rappresentare i propri interessi in sedi politiche e istituzionali [...]. Ebbi modo di apprezzare le qualità umane di Calisto Tanzi, che si presentava come uomo probo e di solidi valori familiari, per questo divenimmo amici tanto che fui inviato al matrimonio della figlia. Faccio presente che io vengo da Comunione e Liberazione e che pertanto la mia vicinanza ai valori cattolici mi accomunava a Tanzi [...]. Quanto ai finanziamenti, essendo io stato eletto per cinque legislature, ho ricevuto direttamente da Calisto Tanzi contributi liberali per spese elettorali nei limiti delle somme di legge (non ricordo ora quale fosse l'importo, mi pare 5 o 10 milioni) che ho provveduto a dichiarare alla Camera. Tanzi, anche su mia sollecitazione, ha finanziato il meeting di Rimini. Il meeting iniziò a ricevere la sponsorizzazione della Parmalat verso la seconda metà degli anni 80. Dopo il 1992 non me ne sono piú occupato e nel 1994 ho lasciato la politica. La somma annua complessiva per la sponsorizzazione era intorno a 500 milioni.

Rocco Buttiglione

Filosofo, ministro della Cultura del governo Berlusconi, anche lui vicinissimo a Cl, non fa mistero di essersi rivolto a Tanzi per chieder soldi. Ma assicura di aver sempre rispettato la legge. Poi, quando gli spiegano che Piccini, con cui si è visto spesso, era il lobbista di Tanzi e il suo ufficiale pagatore, Buttiglione cade dalle nuvole:

> Sono stato leader del Partito popolare e poi del Cdu, partito a sua volta confluito nell'Udc. In tale veste, per obbligo statutario che ho sempre rispettato, non ho mai maneggiato denaro. Tali incombenze spettano al tesoriere. All'epoca dei miei rapporti con Tanzi, mi pare di ricordare che il periodo sia 1994-1996, tesoriere era l'onorevole Duce. Egli era di Parma e per tale ragione contattò Tanzi anche per avere sostegno economico. Io stesso, all'epoca, ho avuto rapporti diretti con Tanzi, il quale non faceva mistero della sua vicinanza all'area politica della Dc. Nel corso delle nostre conversazioni egli manifestò un orientamento di simpatia verso l'intera area del centro, anche se le sue idee erano piú vicine ad altre componenti dell'area democristiana, piuttosto che la mia. Quanto invece al sostegno finanziario, è ovvio che si è parlato anche di questo, in quanto la politica ha bisogno di risorse. Egli sembrò essere disponibile ad un intervento economico. Tuttavia questo intervento non si concretizzò, posso pensare che la ragione vada ricercata nella disposizione che io avevo dato reiteratamente a Duce di accettare solo finanziamenti che fossero iscrivibili al bilancio del nostro partito secondo le leggi vigenti. Ero infatti convinto e lo sono tuttora che attenersi scrupolosamente alla legge sui finanziamenti ai partiti evita possibili ricatti, oltre che essere un preciso dovere di tutti. Mi parve di capire che Tanzi fosse disponibile a forme di finanziamenti riservate. Per quanto ne so, il finanziamento che abbiamo ricevuto dal cavalier Tanzi è di 5 milioni di lire, se ben ricordo. È peraltro verificabile in quanto iscritto a bilancio. Ho ritenuto che fosse un gesto di correttezza restituire tale somma alla procedura [fallimentare, *nda*], cosa che ho fatto. Non ho invece memoria di un viaggio aereo da me fatto sull'aereo di Tanzi il 18 aprile 1995 sulla tratta Adelfia-Matera-Pescara [il viaggio risulta dai piani di volo sequestrati, *nda*]. Per quanto ricordo non ho mai fatto questo viaggio né altri sull'aereo di Tanzi [...]. Avevo conosciuto anche un tale, se ben ricordo, Piccini. Egli passava a trovarmi per avere con me scambi di opinione di natura politica, ma poi non vi erano sviluppi concreti. Poiché la Signoria Vostra me lo chiede, in effetti il Piccini faceva ampi discorsi di carattere politico, elaborando progetti complessi che rimanevano allo stato teorico. Non ho mai avuto il sospetto che ciò servisse per sondare le mie opinioni da riferire a terzi. Non ho mai saputo che Piccini fosse definito l'ufficiale pagatore di Tanzi e che svolgesse per suo conto un'attività di lobbying politica. Io l'ho sempre conosciuto ed egli si presentava come un consigliere politico di Tanzi.

Alessandro Duce

Parmigiano doc, capolista dell'Udeur di Clemente Mastella alla Camera nelle elezioni del 2006, Duce dichiara ai magistrati:

> Attualmente non rivesto cariche politiche [...]. Ricevetti un finanziamento di 10 milioni di lire non prima del 1993, mi pare dal 1993 al 1995, nella qualità

di tesoriere del Cdu. Il denaro mi fu dato in contanti tramite Pietro Tanzi. Lo ricevetti come finanziamento proveniente personalmente da Calisto Tanzi, non dalla Parmalat. Ho letto dai giornali che Buttiglione avrebbe dichiarato che il finanziamento ricevuto era di 5 milioni, ma ricordo bene che era di 10 milioni. Successivamente [...] nel 2001 accettai la candidatura nella lista del centrodestra alla Camera dei deputati [...]. Avevo pochissime disponibilità finanziarie e sollecitai un sostegno elettorale da Calisto Tanzi che mi fece avere la somma, non ricordo se di 4 o 5 milioni di lire, sempre tramite Pietro Tanzi. Anche questo finanziamento proveniva da Calisto Tanzi come persona fisica in quanto era mio amico [...].

A parte l'assicurazione di aver avuto finanziamenti al di sotto dei limiti di legge e di averli comunque ricevuti da Tanzi persona fisica e non dalla sua società, le parole di Alessandro Duce contrastano con quelle di Pietro Tanzi. Il segretario particolare di Calisto ha infatti affermato di non essersi occupato di versamenti di denaro ai politici tra il 1992 e il 1999.

Ciriaco De Mita

Fra i politici, Ciriaco De Mita era forse il miglior amico di Calisto Tanzi. Proprio per questo, in passato, il nome dell'ex presidente del Consiglio è stato piú volte accostato a quello di Tanzi in molti atti giudiziari. L'imprenditore Edoardo Longarini, protagonista della Tangentopoli marchigiana, ha sostenuto di essere entrato al fianco di Tanzi in Odeon Tv su sua sollecitazione. «Tanzi – si legge in uno dei suoi verbali – mi portò a parlare con De Mita (era il 1987), il quale mi chiese di dare una mano a Tanzi pure dicendomi: "È il partito che te lo chiede" o "lo devi fare per il partito" o una frase del genere». L'ingresso in Odeon Tv comportò per il costruttore marchigiano un impegno di circa 40 miliardi di vecchie lire, ma gli fruttò – spiega Longarini – «l'appoggio» di De Mita «per poter utilizzare per i vari piani di ricostruzione i fondi stanziati da diversi anni con una precedente legge. In quest'ambito furono emanati alcuni decreti legge». La Parmalat, per De Mita, era insomma quella che si definisce un'impresa di riferimento. Ma l'ex leader della sinistra Dc, capolista della Margherita in Campania alle elezioni politiche del 2006, nega di essere mai stato finanziato da Tanzi. Dice infatti il 27 ottobre 2004 al procuratore Zincani:

Dichiaro di non aver mai percepito da Tanzi, direttamente o indirettamente, alcun finanziamento. Mi riferisco con ciò alla mia persona, perché non escludo che Tanzi possa avere erogato finanziamenti alla Dc tramite il segretario amministrativo del partito, ma in questo caso ritengo che si tratti di finanziamenti registrati nei bilanci del partito. Quanto a Maggiali [Rino, un imprenditore amico sia di Tanzi sia di De Mita, *nda*] [...], non ho ricevuto per suo tramite alcun finanziamento [...]. Non riesco a comprendere le ragioni per cui Tanzi possa aver detto di aver finanziato me tramite Maggiali. Faccio notare che io avevo una familiarità molto stretta con Tanzi e, pertanto, non vi sarebbe stata ragione di ricorrere agli intermediari per far pervenire a me dei finanziamenti. Per quanto attiene alla nomina di Silingardi quale presidente della Cassa di risparmio di Parma, è necessario contestualizzare la vicenda. Infatti all'epoca il sistema delle Casse di risparmio era organizzato in modo da risentire delle indicazioni che venivano dalla periferia, indicazioni che in qualche modo riflettono gli equilibri politici locali. Le nomine erano sottoposte ad un giudizio di idoneità da parte della Banca d'Italia. Ricordo che a Parma era stata proposta una persona il cui nome non aveva avuto il *placet* da parte di Bankitalia, almeno credo, e per di piú a livello locale la Banca del Monte veniva considerata come attratta nell'area socialista e pertanto, per ragioni di equilibrio, si ritenne di accogliere le indicazioni che venivano fatte nei confronti di Silingardi da parte della Dc locale. È pertanto vero che io espressi al ministro Goria, all'epoca ministro del Tesoro, un parere favorevole alla nomina di Silingardi. È altrettanto vero che si trattava di prassi politiche usuali su tutto il territorio nazionale. Per quanto riguarda la realizzazione di uno stabilimento Parmalat a Nusco [il paese di De Mita nell'avellinese, *nda*], si tratta di una vicenda alla quale io sono rimasto estraneo. In primo luogo perché la domanda per l'insediamento a Nusco credo che fosse stata fatta prima che io conoscessi Tanzi. In secondo luogo perché si trattava di un'iniziativa imprenditoriale avallata dalla Confindustria che rientrava nei programmi d'investimento per il Mezzogiorno e di cui io non potevo che compiacermi [...]. Ricordo che andai all'inaugurazione dello stabilimento. Risponde al vero che alcune volte ho viaggiato sull'aereo di Tanzi, il quale mi ha offerto ospitalità a bordo e non mi sono mai preoccupato che ciò potesse essere illecito. Quanto ad Odeon Tv, quando conobbi Tanzi, lui aveva già la televisione e ne era titolare. Non ho mai avuto nessun ruolo nella gestione di Odeon Tv né ho mai sollecitato Tanzi a prendere alcuna decisione in merito alla televisione. Ci tengo a precisare che con Tanzi ho avuto un rapporto di amicizia e di stima, per cui non riesco a capire come possa essere accaduto quello che viene riportato dai giornali. Aggiungo che mai egli mi ha palesato le sue difficoltà per sollecitare un aiuto, che pure avrebbe potuto fare stante i rapporti di amicizia che c'erano fra noi.

Arnaldo Forlani

L'ex segretario della Dc all'epoca del Caf, ora «padre nobile» (si fa per dire) dell'Udc, è stato condannato definitivamente a 2 anni e 4 mesi nel processo per la maxitangente Enimont: a tirarlo in ballo fu l'ex cassiere del partito, Severino Citaristi, che spiegò di aver incassato 8,5 miliardi da Carlo Sama dopo che Forlani si era accordato con lui. Ascoltato a Parma sulle rivelazioni di Tanzi, minimizza. E assicura di non sapere nulla dei finanziamenti Parmalat:

> Da molti anni non vedo Calisto Tanzi [...]. A causa della mia posizione di segretario della Dc ho subito un procedimento penale e, senza voler rivangare una vecchia storia, mi reputo ancora innocente, anche se ho riportato la condanna. Infatti all'epoca mi limitai a dire a Sama, che mi aveva manifestato l'intenzione di dare un aiuto al partito, ma avrei detto la stessa cosa a chiunque avesse voluto dare un sostegno finanziario al partito, di rivolgersi al segretario amministrativo. Per conseguenza escludo che Tanzi si sia rivolto a me personalmente per aiuti finanziari al partito: in caso contrario me lo ricorderei. Non so chi sia Sergio Piccini [il lobbista e ufficiale pagatore di Tanzi, *nda*]. Prendo atto che Tanzi lo indica come suo prestanome per seguire le vicende politiche, ma io non l'ho mai conosciuto. Avendo avuto lettura delle dichiarazioni di Tanzi laddove egli dice che Piccini avrebbe versato denaro al mio tesoriere, non so cosa dire. Intanto io non ho alcun tesoriere. Se poi si riferisce al segretario amministrativo della Dc, a suo tempo era Citaristi, ma io non ho mai ricevuto da lui nessuna notizia di finanziamenti erogati da Tanzi.

Giuseppe Gargani

Ex democristiano demitiano, poi nel Ppi, infine responsabile per la Giustizia di Forza Italia e ora europarlamentare, Peppino Gargani racconta ai magistrati di Parma:

> Sono stato buon amico di Calisto Tanzi [...]. Questo rapporto di amicizia si accompagnava a stima per le qualità umane e professionali di Tanzi, la cui probità era per me fuori discussione. Per tali ragioni non ho mai avuto difficoltà ad accettare la sua ospitalità. Ho anche fruito alcune volte di viaggi sul suo aereo personale, ma anche in questo caso si trattava di atti di amicizia e che ho sempre considerato tali, che Calisto Tanzi faceva spontaneamente e con grande premura e che io ho accettato senza pormi il problema che potessero consistere in erogazione di servizi ricompresi nella legge sul finanziamento, cosí come la mia casa veniva messa a sua disposizione. Aggiungo ad ogni buon conto che tali viaggi non erano relativi a campagne elettorali da me svolte, bensí a spostamenti privati. Lo stesso scambio di regali natalizi era la prova della totale trasparenza dei nostri rapporti [...]. Non ho avuto invece finanziamenti diretti da Tanzi e dalla Parmalat. Del resto presumo che Tanzi avesse rapporti con i segretari di partito, De Mita, Forlani, Martinazzoli [...]. Quindi eventuali rapporti di sostegno finanziario al partito, ove fossero avvenuti, non erano a mia conoscenza. So che Tanzi si serviva per mantenere rapporti con il modo politico di Sergio Piccini [...]. Posso dichiarare che era Piccini che preparava l'agenda degli incontri di Tanzi [...]. Era Piccini che consigliava modalità, contenuti e riferimento degli incontri. So anche che il rapporto con Piccini si era incrinato circa due anni prima della sua morte avvenuta in un incidente stradale [...]. So, per averlo appreso dallo stesso Piccini, che nel frattempo il posto da lui occupato era stato preso dal Bernardoni [...].

Sapevo che Piccini era amico di Pollari [Niccolò, dal 2002 direttore del Sismi e prima ai vertici della Guardia di finanza e del Cesis, *nda*] e che si vedeva frequentemente con l'alto ufficiale.

Calogero Mannino

Sotto processo per mafia a Palermo (lo vedremo meglio nel capitolo che lo riguarda), Calogero Mannino è considerato una delle architravi del sistema di potere di Calisto Tanzi. Secondo l'ex direttore finanziario della Parmalat Fausto Tonna, l'acquisto della società siciliana Cipro sarebbe avvenuto proprio su richiesta dell'ex ministro Mannino. Rivela infatti Tonna:

> Quello della società Cipro Sicilia è un altro acquisto operato dalla Parmalat su sollecitazione politica. La società aveva controllate e controllanti che producevano concentrato di succo d'arancia. Per la Parmalat, che stava decidendo di espandersi nel settore, sarebbe stato sufficiente acquisire solamente la materia prima. Abbiamo invece acquistato anche il gruppo e ci siamo ritrovati 150 miliardi di debiti da pagare per avere un solo stabilimento operativo, peraltro male localizzato, in quanto distante dalla zona di produzione. Il gruppo apparteneva a tale Timpone e godeva della sponsorizzazione di Calogero Mannino. Anche tale acquisto fu dovuto, a dire del Tanzi, alla suddetta sponsorizzazione.

Mannino, interrogato, nega tutto. Anche di aver ricevuto denaro da Tanzi:

> Sono stato ministro dell'Agricoltura in due periodi [...]. In tale veste e per ragioni istituzionali ho avuto rapporti con Tanzi e sono anche stato una volta a casa sua a Collecchio: ricordo che era presente un commissario della Comunità europea, un francese. Ho anche usufruito in diverse occasioni, prevalentemente istituzionali, della messa a disposizione dell'aereo personale di Tanzi. A tale proposito si deve considerare che all'epoca la presidenza del Consiglio non disponeva di molti mezzi per fronteggiare tutte le esigenze, né tanto meno tali mezzi erano a disposizione del ministero dell'Agricoltura. La necessità di spostarsi rapidamente anche in ambito europeo per il ministro era frequente e fu lo stesso Tanzi a porre a disposizione il suo aereo personale a titolo di favore personale. Non mi sembrava che l'accettazione di tali piccoli atti di riguardo potesse apparire sconveniente perché all'epoca Tanzi era a tutti noto come persona integerrima, a capo di un gruppo sano ed estremamente attivo [...].
> Non ho invece avuto alcun ruolo nell'acquisto da parte del gruppo Parmalat degli stabilimenti del gruppo Aranca di Termini Imerese. Ho già smentito ogni mio interessamento quando il quotidiano *Libero* ha pubblicato una stralcio delle dichiarazioni di Tonna che mi indicavano come coinvolto in questa operazione [...]. Quindi non so nulla dell'accollo di 150 miliardi di lire che la Parmalat avrebbe subito per l'acquisto di Aranca né vedo come io

avrei potuto indurre o obbligare Tanzi ad accollarsi tali debiti. Non ho conosciuto né Catelli né Fioravanti, ma soltanto Piccini Sergio. Di quest'ultimo so che egli si presentava come uomo di pubbliche relazioni della Parmalat. È vero che mi sono recato qualche volta negli uffici di Piccini a Roma, ma ritenevo che si trattasse degli uffici per le pubbliche relazioni della Parmalat [...]. Il motivo della mia frequentazione degli uffici di piazza San Lorenzo in Lucina dove lavorava Piccini (credo di esserci stato un paio di volte) era strettamente privato. Infatti, una volta uscito dal carcere, ho voluto salutarlo perché lui mi aveva espresso solidarietà per l'accaduto.

Carlo Fracanzani

Già leader della sinistra Dc nel Veneto, ex ministro delle Partecipazioni statali, anche Carlo Fracanzani nega tutto:

Ho cessato la mia attività politica nel 1994 [...]. Sono anche stato ministro delle Partecipazioni statali. Prendo atto che Tanzi dichiara di aver finanziato anche me attraverso Maggiali. Nego di aver mai ricevuto finanziamenti dalla Parmalat o da Calisto Tanzi, né attraverso Maggiali, né direttamente, né attraverso altre persone. Ho conosciuto Maggiali a Roma. Si chiamava Rino e svolgeva l'attività d'imprenditore [...]. Non ho mai conosciuto Sergio Piccini, almeno non ricordo di averlo conosciuto.

Paolo Cirino Pomicino

L'ex ministro del Bilancio che – come vedremo – può vantare una condanna per finanziamento illecito (Enimont), un patteggiamento per corruzione e un buon numero di prescrizioni, minaccia di querelare Tanzi, anche se poi non risulta averlo fatto. Ma davanti ai magistrati dichiara:

Non ho mai ricevuto finanziamenti direttamente o indirettamente da Tanzi. Aggiungo che non l'ho piú visto da almeno 15 anni. L'ultima volta che lo incontrai era a Parma verso la metà degli anni '90. Non comprendo come Tanzi possa indicare anche me tra i destinatari di finanziamenti. Al riguardo chiedo che mi sia consentito di acquisire copia delle sue dichiarazioni riservandomi il diritto di querelarlo [...]. Non rientrava nella competenza del ministero del Bilancio deliberare le nomine bancarie se non nella qualità di componente del Comitato per il credito e il risparmio. In tale periodo il Cicr non è mai stato convocato con all'ordine del giorno le nomine bancarie.

Emilio Colombo

Il senatore a vita Emilio Colombo, secondo Tanzi, veniva finanziato attraverso una terza persona, indicata nei verbali riassuntivi della Procura di Milano con il nome di Crocetta. Nel suo interrogatorio, Colombo rivendica l'amicizia con l'imprenditore di Collecchio: «Mi considero tuttora suo amico, e la vicenda che lo ha interessato mi sembra incredibile». Poi assicura:

> Posso affermare di non aver mai compiuto atti di favoritismo nei suoi confronti. Il nostro rapporto era di natura politica e di amicizia personale, ma egli mai mi ha sollecitato provvedimenti a suo favore, né io sono mai intervenuto nella mia veste istituzionale, a mia memoria. È vero che [...], certamente prima degli anni 70, nominai Duce alla presidenza della Cassa di Risparmio di Parma [...]. In questo caso non fu Tanzi ad influire in qualche modo su questa nomina. Se in quel periodo la mia corrente ha ricevuto finanziamenti non sono in grado di confermarlo o di escluderlo, non avendone precisa memoria a causa del tempo trascorso. Se è avvenuto, non c'è stato nulla d'illecito poiché si tratta di contributi dati liberamente nell'ambito del sostegno che ciascun cittadino può dare alle forze politiche cui si sente vicino. Quello che posso escludere con certezza è di aver ricevuto denaro da parte di Tanzi e della Parmalat a partire da quella data in cui la legge aveva definito come illeciti i contributi se non deliberati [cioè dal 1974, *nda*] [...]. La mia vicinanza personale e politica rispetto alle attività imprenditoriali di Tanzi può dirsi conclusa molto prima che la Parmalat si quotasse in Borsa [1990, *nda*]. In precedenza Tanzi aveva insediato un'attività produttiva in Lucania avvalendosi della legislazione speciale post terremoto [...]. Anche in questo caso io non esercitai nessuna influenza [...]. Stante la mia amicizia con Tanzi posso aver sicuramente encomiato ed incoraggiato la sua iniziativa [...]. Quanto a Crocetta [l'intermediario indicato da Tanzi come l'uomo che materialmente riceveva il denaro destinato a Colombo, *nda*] egli è stato mio collaboratore diretto e fedele per molti anni. Egli è attualmente in pensione, dopo essere stato presidente di sezione della Corte dei conti. Sono certo che Crocetta potrà dire le stesse cose che ho detto io in ordine ai finanziamenti. Egli si chiama Dario e vive a Roma.

Vincenzo Scotti

L'ex ministro degli Interni, democristiano napoletano, ultimamente rientrato in politica con un nuovo partito chiamato «Terzo Polo», viene tirato in ballo da Tanzi per una consulenza che risulta essere stata stipulata dopo la sua momentanea uscita dalla scena pubblica. Interrogato, spiega di aver avuto nel 1995 un contratto con Villaggi Vacanze, una delle società di Tanzi, ma assicura di non avere nulla a che fare con l'acquisto del residence Paraelios costruito dall'architetto Salabè, definito dal Gran Lattaio «uomo di Scalfaro» e già coinvolto nello scandalo dei fondi neri del Sisde. Scotti, davanti al pm di Parma, dichiara:

Non posso nascondere la mia distanza dall'architetto Salabè, persona che mi ha coinvolto ingiustamente in un procedimento dal quale sono stato infine prosciolto da ogni addebito. Infatti, quale ministro degli Interni, io mi limitai a dare un parere sull'utilizzo dei fondi riservati cosí come previsto dalla legge e dalla circolare Craxi. Purtroppo Salabè e i suoi complici commisero illeciti di cui io ero del tutto all'oscuro. Per conseguenza, ove io fossi stato a conoscenza che la Villaggi Vacanze stava trattando l'acquisto del villaggio turistico Paraelios da Salabè, io li avrei messi in guardia invitandoli a diffidare [...]. Il contenuto della mia consulenza si esprimeva in appunti e partecipazioni a riunioni tecniche nel corso delle quali esprimevo il mio parere sulle politiche d'investimento della società in relazione ai singoli progetti. Ricordo di aver seguito un progetto d'investimento per l'acquisizione di un villaggio in Sardegna, il cui nome ora non ricordo, acquisizione che non fu fatta per contrasti insorti durante le trattative. Ho anche seguito progetti di realizzazione di villaggi turistici alle Seychelles. Partecipai anche ad alcune riunioni per la riorganizzazione della Cit. Pertanto è da respingere in radice ogni sospetto che la mia fosse una consulenza di comodo.

Oscar Luigi Scalfaro

L'ex presidente Oscar Luigi Scalfaro, al contrario di Scotti, nutre «stima» nei confronti di Salabè, ma assicura di non sapere nulla della vicenda Paraelios. Anche perché, all'epoca, era ancora capo dello Stato:

Non ho mai incontrato privatamente e direttamente Calisto Tanzi [...]. L'architetto Salabè mi fu presentato nel 1983 quando fui nominato ministro dell'Interno, in quanto persona di fiducia che si occupava di progettare impianti di sicurezza, poligoni ed altri interventi consimili per tutte le forze di polizia e dei servizi di sicurezza. Quando venni eletto presidente della Repubblica, mia figlia Marianna si occupò di tutti i problemi di ordinaria e straordinaria manutenzione del palazzo del Quirinale. Al riguardo è bene precisare che, nella storia della presidenza della Repubblica, è stato uno dei periodi in cui meno si è speso. Avendo necessità di acquistare arredi ed altri materiali, mia figlia fu indirizzata dagli uffici a rivolgersi all'architetto Salabè insieme ad altre persone. In effetti Salabè si rivelò persona di grande competenza professionale. Avvenne poi che egli fu fotografato assieme a mia figlia mentre si recavano ad acquistare stoffe per arredi. Ne nacque una speculazione scandalistica che non merita attenzione in questa sede. Salabè si era in precedenza occupato dei lavori per la sicurezza della tenuta presidenziale di Castel Porziano. A seguito delle polemiche nate sull'onda della campagna scandalistica, vennero sospesi i pagamenti per il lavoro che lui aveva fatto. Per di piú nacque ulteriore speculazione sul fatto che alcuni compensi, secondo quanto si sosteneva, sarebbero stati erogati in forma riservata. Di questo non so nulla. Non comprendo dunque in quale modo si possa indicare come «mio uomo» l'architetto Salabè. Prendo atto che Tanzi [...] dice che egli si presentò come «uomo di Scalfaro». Al riguardo non posso che ribadire la mia stima per Salabè, ma nessun incarico io gli ho mai dato e nulla nei nostri rapporti giustifica una siffatta attribuzione. Se poi egli si è presentato come tale, non lo so. Non so nulla dell'acquisto del villaggio Paraelios. Non so neppure quale ruolo abbia avuto Vincenzo Scotti in questa operazione. Prendo atto che nel resoconto stenografico della seduta del Senato relativa alla domanda di autorizzazione a procedere nei confronti di Vincenzo Scotti per reati di peculato ed altro commessi in concorso con Salabè, l'onorevole Mancuso [Filippo, allora di Forza Italia, *nda*] fu uno di coloro che con insistenza tentò di strumentalizzare i miei rapporti con Salabè. Le sue affermazioni altro non sono che insinuazioni da respingere.

Mauro Libè

Sono attualmente capo della segreteria politica dell'Udc. In precedenza sono stato dal '94, per almeno 5 anni, segretario provinciale nonché fondatore del Ccd a Parma [...]. Dichiaro di aver ricevuto in una sola occasione, esattamente nel giugno del 1994, un'offerta di contributo elettorale da parte di due signori i cui nomi mi erano stati indicati da Pietro Tanzi [...]. In effetti uno o due giorni dopo il colloquio avuto con Pietro Tanzi, ricevetti dallo stesso, a nome di una persona il cui nome non ricordo, ma so essere uno dei due signori che ora indicherò, un contributo di 10 milioni di lire e da un altro signore contributi di pari importo. In effetti entrambi i contributi furono registrati uno a nome Buffetti e uno a nome Ferrarini [...]. Non ho difficoltà a dire che ho sollecitato il sostegno di Tanzi al nuovo gruppo politico di area che ritenevamo vicina al suo orientamento. Proprio in forza di ciò, egli mi fece contattare dal suo segretario Pietro Tanzi per l'erogazione del contributo volontario sopra indicato. Fu lo stesso Pietro Tanzi a chiarire che il contributo sarebbe stato effettuato da persone da loro indicate senza neanche spiegarmi i motivi. Ricordo che le parole usate da Calisto Tanzi furono piú o meno le seguenti: «Parlerò con qualche amico per vedere di farti avere un aiuto». In seguito non abbiamo avuto ulteriori contributi [...]. Desidero aggiungere che anche le cose che ho appena detto non mi sono sembrate rilevanti fino a quando non è scattata una campagna di stampa su di esse, tanto che non avevo neppure ritenuto necessario informare il segretario del partito Casini, essendo operazioni di competenza esclusiva della sezione provinciale

Pierferdinando Casini

Calisto Tanzi, nei suoi interrogatori, è chiaro ed esplicito: la maggior parte delle mazzette Parmalat venivano versate da intermediari.

I finanziamenti sono stati erogati prevalentemente da Piccini; Bernardoni e Mistrangelo, questi solo relativamente alla questione Lega. Bernardoni ha incominciato ad operare circa tre o quattro anni fa, già prima che morisse Piccini. Ho conosciuto Bernardoni nel mondo della Formula 1, essendomi stato presentato da Sante Ghedini che allora era il team manager della Ferrari. Negli anni successivi, ho instaurato un rapporto di amicizia ed ho potuto constatare che aveva stretti ed intensi collegamenti con il mondo politico ed istituzionale. Infatti era molto amico di Fulvio Conti dell'Enel e di D'Isanto e Pollari della Gdf, nonché di diversi generali dei carabinieri tra i quali Fugaro; mi ha anche presentato tutti i generali della Gdf che sono passati per Bologna e, successivamente, ho potuto constatare anche che aveva intensi rapporti con diversi politici tra i quali Fini e Casini. Il Bernardoni è un commerciante di auto.

Il Gran Lattaio aggiunge poi che i contributi all'allora presidente della Camera Pierferdinando Casini sono passati per le mani di Bernardoni. L'indagine ha permesso di stabilire che effettivamente questo strano rivenditore di auto di lusso con solidi rapporti con uomini della criminalità organizzata, come il re del contrabbando di tabacco Gerardo Cuomo, e con dirigenti delle Forze armate e dei servizi segreti, effettivamente ha ricevuto denaro dalla Parmalat. Anche attraverso sponsorizzazioni sportive gonfiate. Ma il 7 luglio 2004 Pierferdinando Casini esclude di aver mai incassato finanziamenti illeciti. È vero che Bernardoni gli ha versato un contributo, ma regolarmente registrato:

Ho conosciuto Calisto Tanzi, come molti altri imprenditori della mia regione, pur senza aver mai intrattenuto con lui rapporti privati [...]. Non ho mai avuto modo d'incontrarlo per un colloquio a quattr'occhi. Non ho mai chiesto né ricevuto da Tanzi o da società a lui riconducibili finanziamenti, né mai sono stato destinatario di richieste di favori, che io ricordi. Leggo che Tanzi dichiara di aver finanziato, tra gli altri uomini politici, anche me, anche se non specifica modalità e circostanze. Al riguardo [...] aggiungo due osservazioni: il dottor Mauro Libè cui si fa riferimento è stato segretario del Ccd di Parma dal momento della sua fondazione in poi. Sono certo, conoscendone lo scrupolo e la correttezza, che potrà dare tutte le informazioni richieste. Conosco Romano Bernardoni, imprenditore bolognese, da tanti anni condividendo tra l'altro il tifo per la locale squadra di calcio. Nel corso dell'anno 2001 Bernardoni erogò un finanziamento al partito politico che presiedevo, il Ccd, quale erogazione liberale ai sensi di legge [...] la dichiarazione congiunta è disponibile presso la Camera. Bernardoni non mi ha mai richiesto alcuna cortesia, né per sé, né per conto di Tanzi. Solo successivamente ho appreso dei loro rapporti dagli articoli dei giornali che a seguito dello scandalo Parmalat definivano il Bernardoni quale intermediario di Calisto Tanzi per i rapporti con i politici.

Lamberto e Donatella Dini

Calisto Tanzi include anche l'ex presidente del Consiglio ed ex direttore generale della Banca d'Italia nell'elenco dei politici finanziati. Poi però specifica di aver dato a sua moglie Donatella Zingone l'esclusiva per la distribuzione dei prodotti Parmalat in Costa

Rica. L'ex direttore finanziario Fausto Tonna, sostanzialmente, conferma. Include Donatella Dini tra i «personaggi politici di riferimento del Tanzi» e spiega:

> La moglie dell'onorevole Dini possiede supermercati in Costa Rica. Per i suoi buoni uffici il Tanzi Calisto assunse un consulente di nome Ottone che ci fece acquistare, proprio in Costa Rica, uno stabilimento a dir poco «osceno». La Parmalat investí denaro proveniente dalla Parmalat Nicaragua che, una volta finito nelle mani dell'Ottone, venne versato dallo stesso nella società a titolo personale. A seguito delle nostre denunce, l'Ottone si diede alla latitanza. Apprendemmo, in seguito, che l'Ottone aveva avuto guai con la giustizia in Italia già prima della raccomandazione della sig.ra Dini.

Ma Donatella Dini prende le distanze dal Gran Lattaio:

> I miei rapporti con Calisto Tanzi sono pressoché inesistenti [...]. Ho incontrato Tanzi del tutto occasionalmente in relazione ad eventi pubblici [...]. In Costa Rica decisi di trasformare un immobile in un centro commerciale [...] decisi d'importare noti marchi alimentari come Barilla, San Pellegrino e quindi anche Parmalat [...]. In quell'occasione ebbi un colloquio con Tanzi [...]. Da quel momento in poi iniziammo la vendita di prodotti italiani [...]. Si può dunque ricostruire, sotto il profilo documentale, che i miei rapporti commerciali con la Parmalat sono iniziati ben prima che io conoscessi il mio attuale marito, onorevole Lamberto Dini, col quale mi sono sposata nel 1985 [...]. Non risponde al vero quanto dichiarato da Tonna secondo cui sarei stata io a far assumere come consulente di Tanzi un certo Ottone, persona a me sconosciuta [...]. È vero che io ho viaggiato una volta sull'aereo di Tanzi. La cosa è avvenuta in occasione dell'inaugurazione dell'Expo di Lisbona, credo nel 1996. Mi sono recata in visita all'esposizione e lí ho incontrato vari esponenti del mondo politico e imprenditoriale italiano, tra cui Francesco Cossiga, Gian Carlo Elia Valori ed altri. Una volta lí mi dissero che l'aereo di Tanzi, che aveva portato a Lisbona Cossiga ed altre persone, sarebbe rientrato in Italia vuoto. Accettai pertanto di rientrare da Lisbona a Roma. Ho letto su *il Giornale* che Uva [il manager della Parmalat per l'America centrale, *nda*] ha dichiarato che a Collecchio avrebbero bloccato una sua iniziativa per l'importazione di prodotti in Costa Rica in quanto un mio nipote sarebbe stato danneggiato da questa iniziativa. Si tratta di pura fantasia. Intanto non ho nessun nipote. Quanto a mio figlio, egli non si interessa di import-export.

Il marito Lamberto batte la stessa linea. Definisce «inesistenti» i suoi rapporti con Tanzi e non si dà pace: «Non capisco come Tanzi possa avermi indicato tra i destinatari dei finanziamenti da lui erogati».

Fabio Fabbri

Piú volte ministro, già presidente dei senatori socialisti, oggi vicino allo Sdi, Fabio Fabbri dichiara ai magistrati:

> La mia attività politica è cessata nel 1994, data in cui fui ministro della Difesa nel governo Ciampi [...]. Prendo atto che Tanzi ha dichiarato di aver erogato finanziamenti politici anche nei miei confronti tramite Barili. Non sono in grado di affermare con certezza di non aver ricevuto contributi elettorali nei limiti dei 5 milioni di lire da Barili. Ricordo che in occasione delle campagne elettorali, la prima delle quali nel 1976, il mio comitato elettorale raccolse contributi nei limiti di legge ed è probabile che Barili, che è mio amico da sempre, sia stato tra i sottoscrittori. Ricordo anche che Barili, che è mio compaesano e coetaneo e uno dei miei migliori amici, quando fui candidato al Senato la prima volta nel 1976 e forse nella campagna successiva, mi aiutò impegnandosi per predisporre tutto l'impianto grafico ed i testi delle mie comunicazioni agli elettori e mi assistette anche nella preparazione delle interviste televisive. Gli incontri per preparare con grande cura questo materiale avvenivano in Parmalat. Barili mi dedicava molto tempo e Tanzi non aveva nulla da rilevare.

Claudio Signorile

Neanche l'ex leader della cosiddetta «sinistra ferroviaria» del Psi, coinvolto negli anni 80 nello scandalo Eni-Petromin e da qualche anno rientrato in politica con lo Sdi e poi con la Rosa nel pugno, assicura di non aver mai saputo nulla delle mazzette Parmalat:

> Sono rimasto molto sorpreso nel leggere che Tanzi aveva fatto il mio nome quale destinatario di finanziamenti ai politici [...]. Devo dire di non aver mai avuto né direttamente né indirettamente finanziamenti da Parmalat o da Tanzi. Per quanto ho memoria, faccio questa premessa perché sono passati vent'anni, quando ero ministro dei Trasporti [...] fui sollecitato a verificare la disponibilità della Banca nazionale delle comunicazioni ad entrare in una cordata di sostegno finanziario alla Parmalat, in relazione alle esposizioni che il gruppo aveva per effetto dell'acquisizione del polo televisivo Odeon tv. La sollecitazione proveniva da ambienti politici democristiani storicamente vicini a Tanzi (De Mita) ed era rivolta a me perché la Banca nazionale delle comunicazioni faceva parte del sistema aziendale delle Ferrovie dello Stato. Feci verificare dai vertici della banca tale prospettiva e la risposta fu negativa.

Latte padano

Quando affronta la questione Lega, Calisto Tanzi non è troppo chiaro. Sostiene di aver conosciuto Umberto Bossi, Stefano Stefani e Francesco Speroni, ma poi dice che le eventuali mazzette sarebbero state versate da uno dei manager milanesi di Parmalat, Piero Alberto Mistrangelo:

> Della Lega ho conosciuto il tesoriere Stefani nonché Bossi e Speroni, ma in ordine ad eventuali pagamenti ho affidato l'incombenza a Mistrangelo, membro del cda di Parmalat Finanziaria che per l'appunto me li aveva presentati. Non ricordo invece se Mistrangelo, per effettuare i pagamenti alla Lega Nord, si sia rivolto direttamente a Gorreri ovvero sia passato attraverso Pietro Tanzi. Ricordo solo che mi disse di aver finanziato il tesoriere della Lega al tempo del primo governo Berlusconi. In particolare, mi aveva detto di aver conosciuto non ricordo se Speroni o Stefani, i quali gli avevano chiesto un finanziamento. Successivamente ebbi degli incontri con Stefani e Speroni in un ristorante di Milano, di cui non ricordo il nome, e con Bossi presso la sede amministrativa della Parmalat Finanziaria. In particolare Bossi, nel corso dell'incontro, si è informato sulle potenzialità di commercializzazione all'estero del latte lombardo.

Ma Mistrangelo, ascoltato come indagato, smentisce. Cosí il pm Vito Zincani, nella sua richiesta di archiviazione, scrive:

> Mistrangelo ha negato di aver svolto tale incombenza e nella assenza di qualunque riscontro, le sole dichiarazioni di Tanzi non sono sufficienti a sostenere l'accusa nei confronti degli esponenti della Lega, i quali hanno a loro volta negato di aver ricevuto finanziamenti. Nel suo interrogatorio Mistrangelo ha ammesso unicamente di aver incontrato Formentini, Pagliarini, Speroni, Bossi e Maroni, concordando due incontri di esponenti leghisti con Tanzi. Al primo incontro, avvenuto in un ristorante a Milano, avrebbe partecipato Speroni e forse Maroni, al secondo avrebbe partecipato anche Bossi. Le ragioni di un simile avvicinamento da parte di Calisto Tanzi verso esponenti leghisti sono state indicate nella prospettiva di acquisizione della centrale del latte di Milano. Resta il fatto che Mistrangelo ha ricevuto cospicui importi, giustificati dal solito contratto di consulenza triennale per euro 160 mila l'anno, a partire dal 1996. Le attività di consulenza svolte da Mistrangelo per giustificare tali compensi sono per la loro evanescenza piuttosto inconsistenti, ma ciò non basta per dimostrare che si trattasse di provviste destinate al finanziamento politico. Vero è che la consulenza, seppure fosse stata reale, sarebbe stata svolta, a detta dello stesso Mistrangelo, per conto di società diverse da quelle che corrisposero i relativi importi (a pagare era Parmalat, ma egli si sarebbe occupato di Rimigliano e Sata). Tutto questo trova peraltro adeguata collocazione nella relativa contestazione di concorso in fatti di bancarotta rivolta a Mistrangelo nel procedimento 5934/04 per i quali si procede separatamente.

Viste le premesse gli interrogatori dei due leghisti coinvolti da Tanzi si risolvono piú che altro in una formalità.

Stefano Stefani

L'ex sottosegretario al Turismo e alle Attività produttive Stefano Stefani, vicentino doc, dichiara ai magistrati:

> Non ho mai conosciuto Tanzi [...]. Ricordo solo che, quando ero sottosegretario alle Attività produttive con il ministro Marzano, ebbi una delega ad occuparmi del caso latte Frescoblu [...]. Mi giunse a un certo punto notizia che Tanzi mi aveva cercato per telefono. Essendo la mia posizione fermamente contraria alla commercializzazione di un latte trattato come fresco, mi feci negare [...]. Non sono mai stato tesoriere della Lega. Non ho mai conosciuto Mistrangelo, persona che ritengo non aver mai incontrato neppure per caso. In conclusione, nego di aver ricevuto qualunque finanziamento lecito o illecito dal gruppo Parmalat.

Francesco Speroni

Anche l'europarlamentare Francesco Speroni, sebbene Mistrangelo sostenga di averlo incontrato (ma non finanziato), esclude di averlo mai visto:

> In effetti ho conosciuto Tanzi [...]. Non mi chiese alcun favore. In seguito con Tanzi non ho piú avuto alcun rapporto. Nego di aver avuto da lui alcun finanziamento. Quanto a Mistrangelo, non sapevo neppure della sua esistenza. Questo nome è stato da me letto per la prima volta sul quotidiano *Libero*, al quale ho intentato causa per gli articoli che ha pubblicato in merito al presunto finanziamento della Lega tramite la mia persona.

La mano sinistra di Calisto

Il patròn di Collecchio cercava referenti anche a sinistra. E lo dichiara a verbale, raccontando di aver finanziato anche l'attuale ministro dell'Industria dei Ds Pierluigi Bersani e quello degli Esteri Massimo D'Alema (tramite il suo braccio destro Marco Minniti). Il denaro sarebbe arrivato alla Fondazione Italianieuropei, che effettivamente, tramite la pubblicità sull'omonima rivista, risulta aver ricevuto finanziamenti da Parmalat. Tanzi spiega:

> Bernardoni si è occupato della sponsorizzazione della Fondazione Italianieuropei, sponsorizzazione che non ho seguito direttamente. D'Alema attraverso Minniti è stato invece finanziato da Piccini.

Ma Piccini è morto, Bernardoni non parla dei Ds e Franco Gorreri, il manager attraverso cui Tanzi sostiene di aver finanziato

Bersani, quando lo interrogano sui politici è estremamente vago. Per anni è stato al tempo stesso responsabile della tesoreria di Parmalat e vicesegretario provinciale del Psi. Nel 1992 è stato anche nominato presidente della Banca del Monte di Parma, su indicazioni dell'allora ministro del Tesoro Giuliano Amato. Dice dunque Gorreri ai magistrati:

> Tanzi periodicamente mi chiedeva di effettuare dei prelievi di contante [...]. Noi facevamo degli assegni a doppia firma [...]. Questi assegni venivano contabilizzati in una prima nota di cassa, dove si dava una contropartita che fosse facilmente individuabile che consisteva in «valori bollati» e che poteva consentire in un secondo momento all'amministrazione la corretta imputazione. All'incirca prelevava un miliardo e mezzo di lire l'anno. Il denaro in contante, una volta prelevato, veniva consegnato in una busta al cavalier Tanzi o a Pietro Tanzi. Quando mi veniva chiesto il denaro, io non sapevo che uso se ne facesse. Posso dire che nel periodo delle campagne mi rendevo conto che c'era piú fervore e che venivano preparati piú plichi.

Poi parla di qualche modesto (e prescritto) finanziamento al Psi. E non aggiunge altro. Nei verbali depositati agli atti dell'indagine archiviata sui finanziamenti alla politica, il nome di Bersani non ricorre mai.

Pierluigi Bersani

Cosí, contro il ministro diessino, ci sono solo le parole di Tanzi. E Bersani, interrogato, non ha difficoltà a negare tutto:

> Prendo atto delle dichiarazioni di Tanzi che mi riguardano e posso affermare [...] che, in primo luogo, non potrei essere definito un amico di Tanzi. Questo non perché non ci fossero rapporti di cordialità e di reciproca considerazione, essendo lui un grande imprenditore della mia regione ed io un uomo politico che ha ricoperto importanti incarichi istituzionali, bensí perché ha sempre militato in un'area politica diversa [...]. Anche Franco Gorreri è una persona a me nota con cui ho intrattenuto rapporti cordiali, ma l'avrò visto in tutto tre o quattro volte. Prendo atto che sarebbe stato per il tramite di Gorreri che avrei ricevuto dei finanziamenti. Escludo nel modo piú categorico di aver ricevuto finanziamenti illeciti da Gorreri. Non ho memoria né conoscenza di contributi elettorali inferiori alla soglia di legge perché scatti l'obbligo di denuncia congiunta. In previsione di questo esame mi sono premurato di controllare i resoconti dell'ultima campagna elettorale e posso affermare di non aver mai rinvenuto il nome di Gorreri tra i contributori. Non posso essere altrettanto categorico per le precedenti campagne elettorali, anche se tenderei ad escluderlo perché me lo ricorderei.

Massimo D'Alema

Anche l'ex presidente del Consiglio e neoministro degli Esteri Massimo D'Alema respinge ogni accusa di mazzette, ma spiega che effettivamente il bimestrale della Fondazione Italianieuropei ha venduto spazi pubblicitari alla Parmalat. Quale fosse l'interesse commerciale del gruppo di Collecchio a finanziare questo tipo d'inserzioni, non è ben chiaro. Ad ogni buon conto, dalla deposizione di D'Alema si evince che nelle casse del periodico entra ogni anno circa un milione di euro di pubblicità da vari inserzionisti. D'Alema dice:

> Non ho mai percepito alcun finanziamento da parte del gruppo Parmalat e o personalmente dal cavalier Tanzi né direttamente né attraverso l'onorevole Minniti il quale non ha mai raccolto soldi per mio conto da nessuno. D'altro canto mi risulta da dichiarazioni apparse sulla stampa che lo stesso Minniti ha smentito la circostanza riferita da Tanzi. La Fondazione Italianieuropei non ha mai ricevuto sovvenzioni o finanziamenti dalle società del gruppo Tanzi. La Solaris Srl, società editrice del bimestrale Italianieuropei della quale sono condirettore unitamente al presidente Giuliano Amato, ha stipulato contratti annuali di acquisto di pagine pubblicitarie da pubblicare sulla rivista con il gruppo Parmalat. I contratti in oggetto sono relativi agli esercizi 2002, 2003 e 2004 e gli importi relativi sono lire 50 milioni per il 2002, euro 25.822 per il 2003 e euro 26 mila per il 2004. A fronte della pubblicazione delle pagine pubblicitarie come da contratto, la società ha percepito solo l'importo relativo al 2002. Per quanto riguarda il 2004, si è convenuto con lo staff del dottor Bondi di considerare decaduto il contratto. Per quanto riguarda il 2003, i compensi non sono stati corrisposti e dopo aver maturato il credito nei confronti del gruppo Parmalat di euro 12.393, la società editrice Solaris ha disposto la cessazione della pubblicità. In ordine a tali crediti la Solaris Srl ha chiesto l'insinuazione al passivo presso il Tribunale civile di Parma. In nessuna circostanza sono stato mai su un aereo del cavalier Tanzi, tanto meno nella data che voi mi dite. Tengo a precisare che la rivista ha un fatturato pubblicitario la cui consistenza è pari a circa 20 volte le cifre soprammenzionate e che ha diffusione ampiamente sufficiente a giustificare gli importi delle inserzioni pubblicitarie. Consegno una nota redatta dall'ufficio della fondazione con allegate copie di contratti pubblicitari e la relativa fatturazione da cui è possibile ricostruire nei minimi dettagli l'intera operazione.

Latte nero bollente

È Romano Bernardoni l'uomo individuato da Tanzi per tenere i rapporti con i big della Seconda Repubblica. Amico di Enrico La Loggia, ministro degli Affari regionali del governo Berlusconi, del suo consigliere giuridico Maria Concetta Caldara, dell'ex ministro delle Politiche agricole Gianni Alemanno, Bernardoni finanzia ufficialmente tramite le proprie società sia Casini, sia l'ex sottosegretario alla Difesa Filippo Berselli (An). E, secondo Tanzi, passa anche denaro a Gianfranco Fini. Ma Bernardoni, interrogato, conferma ben poco. Agli atti ci sono anche delle intercettazioni che dimostrano come la sua segretaria abbia distrutto della documentazione «sul latte». Con tutta probabilità, si tratta di carte relative al pressing condotto su Alemanno e La Loggia a colpi di finanziamenti per far ottenere alla Parmalat il permesso di vendere come latte fresco il latte microfiltrato «Frescoblu»: un prodotto non nocivo, ma non certo paragonabile a quello «vero». Bernardoni, uomo di destra, comunque spiega ben poco. Scrive di lui il pm Zincani:

> Fin dai primi interrogatori, Calisto Tanzi riferí che il denaro erogato a Bernardoni per contanti tramite Pietro Tanzi si era rivelato insufficiente. Secondo Tanzi i finanziamenti erano finalizzati a tenere «buoni rapporti» con il mondo politico governativo ed in particolare a favorire l'adozione di provvedimenti che interessavano Parmalat, come nel caso del latte Frescoblu, che «era costato una montagna di soldi in pubblicità». Fu quindi necessario integrare gli importi attraverso le sponsorizzazioni. Il meccanismo della sponsorizzazione viene ripreso da Tanzi nell'interrogatorio del 27 marzo 2004 precisando che si trattava di «un contratto di sponsorizzazione al team automobilistico di sua [di Bernardoni] figlia [...] il cui importo era di 600 milioni annui». Di tale importo Bernardoni disponeva in piena autonomia per le necessità del caso.
>
> Con indubbia faccia tosta, Bernardoni ha affermato che il contratto di sponsorizzazione era stato stipulato tra Parmalat e la squadra corse Alfa Romeo, di cui sua figlia Romana era pilota ufficiale. La somma di 600 milioni di lire annue corrisposta nel 2001 e nel 2002, per conseguenza, sarebbe stata interamente introitata dalla squadra corse che non avrebbe provveduto ad alcun ristorno né a lui stesso né alla figlia. Manifestando la propria indignazione per le dichiarazioni di Tanzi, egli ha perfino fatto riserva di procedere per vie legali.
>
> Le prove documentali dimostrano, al contrario, inoppugnabilmente che cifre consistenti furono fatte confluire in conti nella disponibilità di Bernardoni che ne ha disposto a suo piacimento. Dell'importo totale di euro 1.120.900 nulla è stato impiegato per la causale sponsorizzazione.

Per questo, secondo Vito Zincani,

> Romano Bernardoni è uno dei personaggi principali dell'intera vicenda. Ben prima della morte di Sergio Piccini egli ne ereditò il ruolo di «ufficiale pagatore» di Calisto Tanzi. A lui viene affidato il ruolo di effettuare pagamenti riservati ai personaggi politici da finanziare occultamente. Figura importante, dunque, ed al centro di una fitta rete di contatti ad ogni livello, la cui natura ambigua risalta per la stessa cortina di falsità, reticenze, soppressione di pro-

ve e vera e propria omertà che ha contrassegnato l'atteggiamento processuale dell'inquisito, Bernardoni appare in una dimensione di alto spessore criminale. L'ingresso di Bernardoni con ruoli di grande rilevo negli affari di Calisto Tanzi non trova giustificazioni imprenditoriali.
Egli è un commerciante di automobili, discusso e non del tutto limpido, cui vengono affidati compiti di crescente importanza, fino a divenire amministratore dell'intero gruppo delle società del turismo (Hit e poi Parmatour): non si comprenderebbe come ciò possa essere avvenuto se non ripercorrendo alcuni episodi, già oggetto di indagini da parte di altri uffici giudiziari, che rivelano la singolare ed opaca collocazione del personaggio, intimo amico e frequentatore di ambienti istituzionali (con spiccata preferenza per alti ufficiali della Guardia di finanza e dei carabinieri, questori, prefetti, funzionari e uomini politici). Piú volte Bernardoni è stato inquisito per fatti che, pur prescindendo dal loro esito processuale, denotano attitudini e frequentazioni incompatibili con la figura di un manager di alto livello cui siano affidate altissime responsabilità gestionali.

La verità, finalmente, emerge dalle confessioni di Tanzi e dai relativi riscontri:

La necessità di sostituire Piccini porta ad individuare in Bernardoni l'elemento giusto cui affidare il ruolo di «contatto» per relazioni riservate, pagamenti di carattere illecito e «favori» cui la Parmalat ha da sempre affidato gran parte del proprio (discutibile) successo. Oltre le menzogne ed i tentativi di minimizzare, sta la semplice evidenza dei fatti.
Egli ha ricevuto somme ben diverse da quelle che con impudenza ha tentato di spacciare per rimborsi di regalie natalizie. Le dichiarazioni di Pietro Tanzi non lasciano dubbi: egli consegnò a Bernardoni la somma di euro 80 mila («Ho consegnato personalmente a Bernardoni in piú circostanze nel corso del 2003 la somma complessiva di circa 80 mila euro [...]. So che [Bernardoni] era quello che manteneva i contatti con i politici a Roma», verbale del 27 gennaio 2004). In proposito Bernardoni ha dichiarato palesemente il falso. Egli ha affermato di aver finanziato in proprio Casini e Berselli con un contributo di 50 milioni di lire ciascuno, nonché il partito Forza Italia, dichiarando le somme ai sensi dell'art. 4 della legge 659, ma di non aver ricevuto neppure un euro da Tanzi. La tesi difensiva si rivela insostenibile di fronte alla sicurezza dei ricordi di Pietro Tanzi. La somma indicata rappresenta peraltro solo una minima parte degli importi erogati dalla Parmalat attraverso Bernardoni, posto che ben diversi sono i conteggi delle somme uscite dai conti destinati a procurare le provviste.
L'esito delle indagini sulle somme elargite a titolo di sponsorizzazione dimostrano del resto incontrovertibilmente che Calisto Tanzi disse il vero quando indicò tale meccanismo come uno di quelli escogitati per far giungere denaro ai destinatari e che le deposizioni di Bernardoni sono mendaci. Gli accertamenti disposti sulle somme erogate a titolo di sponsorizzazione non lasciano spazio a dubbi. Particolare significato acquistano alcune circostanze di fatto.
Del resto il ruolo assunto da Bernardoni nel rappresentare gli interessi della Parmalat presso il ministero delle Politiche agricole non troverebbe alcuna spiegazione lecita. L'intensità dei contatti telefonici e diretti, non soltanto con il

ministro Alemanno, ma anche e soprattutto con i funzionari incaricati di seguire l'iter amministrativo della commercializzazione del latte Frescoblu, documentati dai tabulati (due telefonate il 1.12.2003 al ministero delle Politiche agricole e forestali n. 0646653001, altra lo stesso giorno al n. 3298310820, una l'8 dicembre 2003 al n. 335350320, 11.12.2003 al 3298310820 ed allo 064824840, il 12.12.2003 allo 0646655001 ed allo 064873458, il 15.12 allo 0648734583 per 4 volte consecutive al 335350320, il 19.12 allo stesso numero ed allo 0646653002, il 23.12 al 3298310820, allo stesso numero il 25 dicembre ed altri numerosissimi) non ha ragion d'essere. Bernardoni non aveva alcuna veste per occuparsi della pratica, non ricoprendo in Parmalat alcuna carica; egli per di piú non possiede alcuna competenza tecnica in materia.
In realtà sappiamo dalle stesse dichiarazioni di Tanzi quale fosse il ruolo di Bernardoni ed in quale veste egli tenesse tali rapporti. È appunto al suo «intermediario» che Tanzi si rivolge chiamandolo precipitosamente dal Sudafrica per sbloccare la situazione venutasi a creare con il divieto di commercializzazione del prodotto latte Frescoblu della Parmalat. Anche in questo caso Bernardoni si attiva prontamente. Non è possibile stabilire esattamente quali siano stati i suoi interventi, ma la precipitosa decisione di distruggere «le carte del latte», appena venuto a conoscenza delle indagini in corso, dimostra inequivocabilmente la loro natura illecita, che nessuna puerile menzogna sulle motivazioni e le circostanze in cui tale documentazione venne soppressa riesce a mascherare. Analoghe considerazioni possono farsi per gli interventi sul ministro La Loggia.

Gianfranco Fini

Nemmeno contro il leader di An Gianfranco Fini, vicepremier nel governo Berlusconi, la Procura di Parma riesce a raccogliere elementi significativi. Tanzi l'accusa di aver preso soldi tramite Bernardoni. Ma Fini, caso piú unico che raro, reagisce sporgendo denuncia contro l'imprenditore di Collecchio. E, quando viene ascoltato, lo fa presente ai magistrati di Parma:

> Ho presentato querela nei confronti di Tanzi poiché io non ho mai ricevuto dallo stesso alcun finanziamento illecito. Per la verità non ne ho ricevuti neanche di leciti. Prendo atto che Tanzi nei suoi successivi interrogatori davanti alla Signoria Vostra su richiesta di precisare modalità, tempi, luoghi e circostanze di tali finanziamenti, ha dichiarato di non aver mai dato denaro a me. Non posso che compiacermene. Quanto alla persona di Bernardoni, questo nome non mi dice nulla, se non che l'ho visto pubblicato su *Libero*. Detto articolo riporta il contenuto del verbale dell'interrogatorio di Tanzi ed ipotizza che io avessi avuto intensi rapporti con il Bernardoni suddetto. Non posso escludere di averlo conosciuto, poiché nella mia attività politica incontro moltissime persone e non posso ricordarli tutti. Escludo invece nel modo piú assoluto di aver avuto con costui intensi rapporti. A maggior ragione, di aver avuto da Bernardoni qualsivoglia finanziamento.

Gianni Alemanno ed Enrico La Loggia

Davanti ai pm di Milano, Calisto Tanzi sembra categorico:

> Sul ministro Gianni Alemanno sono intervenuto personalmente e inoltre, tramite Romano Bernardoni, ho erogato allo stesso delle somme di denaro. Ho anche attivato Enrico La Loggia [allora ministro degli Affari Regionali, Forza Italia, *nda*] perché intervenisse su di lui, altresí prevedendo a finanziare La Loggia attraverso una consulenza legale conferita dalla Parmalat.

Poi spiega che tutti quegli sforzi avevano un unico obiettivo: ottenere l'ok alla commercializzazione del latte microfiltrato Frescoblu come latte fresco. In quell'affare Parmalat aveva investito centinaia di milioni di euro e non si poteva permettere che un no del ministero mandasse tutto in fumo. Proprio per questo, stando alle sue prime dichiarazioni, Parmalat si era anche decisa a entrare, attraverso la sua controllata Boschi, nel capitale di Nomisma, la società di consulenza fondata da Romano Prodi, e aveva contribuito a eleggere presidente di Nomisma l'ex ministro dell'Agricoltura Paolo De Castro. L'investimento aveva infatti un duplice obiettivo:

> Da un lato serviva a ottenere la benevolenza di Prodi, dall'altro rientrava in un progetto finalizzato a utilizzare Nomisma come lobby per trattare a livello governativo e a livello europeo le questioni agroalimentari che ci interessavano. In particolare abbiamo incaricato De Castro di trattare con Alemanno la questione Frescoblu e la questione del contributo comunitario sulla trasformazione del pomodoro.

Ma due mesi dopo, il 27 marzo 2004, quando ormai i primi accertamenti hanno appurato che davvero Alemanno ha ricevuto un finanziamento di 85 mila euro sotto forma di acquisti di spazi pubblicitari sulla sua rivista *Area*, Tanzi fa marcia indietro. E quello che sembrava un episodio di corruzione diventa qualcos'altro. Qualcosa di molto piú sfumato. Quasi un non-reato. Dice infatti Tanzi:

> La questione del latte Frescoblu non ha alcuna attinenza con il finanziamento da noi fatto alla politica. Infatti il prodotto è microfiltrato a freddo e quindi, secondo noi, ha tutti i requisiti del latte fresco. Semmai il ministero dell'Agricoltura è andato contro di noi quando, con i suoi provvedimenti, tendeva a classificare questo prodotto diversamente. Mi trovavo in Sudafrica quando mi fu data la notizia che il ministro dell'Agricoltura aveva impedito la commercializzazione del prodotto. La cosa era grave perché avevamo speso molto

in pubblicità e altro abbiamo speso in seguito. Si parla di somme molto ingenti. Ero quindi preoccupatissimo. Presi contatto allora, tramite Bernardoni, con La Loggia per vedere cosa fosse possibile fare per sbloccare la situazione. A tal fine gli fu conferito successivamente un incarico di consulenza professionale retribuito. Il contatto con il ministro Alemanno, anche attraverso La Loggia, che era suo collega di governo, rivelò che vi erano forti opposizioni da parte di Confagricoltura e di aziende concorrenti prive della necessaria tecnologia. La nostra azione fu rivolta a dimostrare la legittimità della assimilazione del nostro prodotto al latte fresco. Pertanto non vi fu nessuna ipotesi di corruzione. Quanto ai fondi erogati a favore di Alemanno, essi furono successivi ed erogati dalla Bonatti in forma di pubblicità a pagamento su una rivista che faceva capo all'area politica del ministro. Fu Bernardoni a fare da tramite tra me e Alemanno.

Dopo la parziale ritrattazione di Tanzi, le cose per Alemanno sembrano mettersi bene. Ma poi le indagini fanno inaspettatamente precipitare la situazione. Gli investigatori infatti scoprono che il ministro di An è persino andato in vacanza gratis a Zanzibar con tutta la famiglia in occasione del Natale 2003. Lo dimostra una fattura, spuntata tra le centinaia che documentano i viaggi gratis offerti dalla Parmatour della famiglia Tanzi. «Tali viaggi», scrive la Guardia di finanza in una nota del 2 novembre del 2004, «sono stati regolarmente fatturati ai clienti, ma mai pagati. Tra i vari nominativi spicca quello del ministro Alemanno, il quale ha usufruito di un viaggio per un importo di euro 14 mila e 253 in data 28 dicembre del 2002, a Dongwe».

Basta digitare questo nome su Internet per scoprire un paradiso tropicale. «Il Dongwe club – si legge sul sito – sorge sulla costa orientale dell'isola di Zanzibar, sapientemente inserito in uno spettacolare giardino che scende fino all'incantevole spiaggia». Il sito magnifica il centro benessere, la piscina e il ristorante dove i cuochi danzano insieme a bionde mozzafiato, cantando l'inno del villaggio dal titolo accattivante: «Abbrustoliscimi». Cosí sulla graticola del Tribunale dei ministri finisce Alemanno. Anche perché al rapporto della Finanza sono allegati altri documenti imbarazzanti. A partire dall'elenco delle persone che viaggiavano gratis. Accanto alla data 28 dicembre c'è scritto: «Giovanni Alemanno, Isabella Rauti (consigliere Pari opportunità e moglie) e M. (figlio)». Non basta: alla data del 1° marzo 2003, sempre secondo gli atti Parmalat, è partita per le Seychelles la segretaria particolare del ministro, Alessandra Lippiello, che poi non avrebbe pagato il conto (3.900 euro). Per le Fiamme gialle anche la scelta dei tempi è sospetta: «La data di partenza del 28 dicembre 2002 coincide con il termine dei lavori della seconda commissione interministeriale sul latte microfiltrato», quella che diede il via libera al latte Frescoblu su cui Tanzi aveva puntato centinaia di milioni di euro.

E poi c'è Pietro Tanzi, il segretario particolare di Calisto, che racconta: «Bernardoni mi chiese di prenotare e mettere a disposizione (con addebito alla Parmalat) dell'Alemanno un aereo privato perché quest'ultimo si era infortunato e necessitava di un rapido intervento chirurgico». E persino Bernardoni finisce per ammettere che gli 85 mila euro di pubblicità acquistati sulla rivista *Area*, della corrente di Alemanno, erano stati approvati «anche su mio consiglio da Tanzi come giusta riconoscenza dell'operato del ministro».

Per inquadrare meglio questo *tourbillon* di quattrini e contratti, bisogna ricostruire i percorsi dell'affare Frescoblu. Alla fine del 2001 la Parmalat sommerge l'Italia di spot su un latte presentato come fresco, ma in realtà imbottigliato a Gransee, in Germania, anche due settimane prima della vendita. I produttori italiani, Granarolo in testa, insorgono. Il governo all'inizio si schiera con loro. Il sottosegretario competente, il leghista Gianpaolo Dozzo, va in tv a «Unomattina» e dichiara solennemente: «Se il latte dura piú di quattro giorni, non è fresco». D'accordo con Dozzo, l'ispettorato antifrode del ministero multa la Parmalat. È in quel momento che Tanzi si rivolge a Bernardoni e lo incarica di agganciare Alemanno. La data chiave è il 13 marzo 2002. Quel giorno Alemanno diffida da un lato la Parmalat a distribuire il Frescoblu, ma dall'altro firma con il collega della Salute Girolamo Sirchia il decreto per l'istituzione di una commissione per studiare la questione. «Il ministro si assunse in prima persona la responsabilità della vicenda», ricorda il sottosegretario Dozzo. «Resto dell'idea che quel latte non doveva essere venduto. D'altro canto oggi non esiste piú grazie a un decreto del 2004 che ha vietato di chiamarlo "fresco"». Il 13 marzo Alemanno scrive a Tanzi:

> Egregio Cavaliere, mi riferisco alla problematica del latte microfiltrato della quale abbiamo avuto modo di parlare recentemente anche a Verona. Al riguardo Le confermo la mia intenzione di approfondire i vari aspetti della questione sulla base della normativa attualmente vigente. [...] La invito a presentare tutta la documentazione idonea a consentire le valutazioni.

Il 19 aprile iniziano i lavori della commissione. Nelle carte, acquisite dai finanzieri al ministero, c'è anche un appunto, probabilmente scritto dai rivali di Parmalat, nel quale si legge: «Frescoblu

Parmalat comporta per una parte del latte due trattamenti termici contrariamente a quanto previsto dalla vigente legge che prescrive un solo trattamento termico di pastorizzazione per la produzione di latte fresco». Ma la commissione non è d'accordo. Il 17 maggio approva la microfiltratura e un mese dopo, sulla base della relazione, Alemanno dà il via libera per decreto. È la svolta. Il 4 giugno, alla Camera, Alemanno dice che forse il latte microfiltrato dovrebbe avere il diritto di chiamarsi «fresco». Il 2 ottobre il direttore generale del ministero, Giuseppe Ambrosio, scrive all'Avvocatura dello Stato per esortarla a difendere a spada tratta il decreto sul latte. Proprio in quel periodo, secondo gli investigatori, i telefoni del ministero si fanno bollenti. Tra il marzo 2002 e il dicembre 2003 si registrano piú di 200 telefonate tra Bernardoni e le utenze del ministro (un paio), della sua segreteria particolare, del direttore generale Ambrosio (decine), del capo di gabinetto Vincenzo Castiglione e del sottosegretario Teresio Delfino (Udc). Non basta. A Natale Tanzi si spreca in regali: ad Alemanno e al direttore generale Ambrosio vanno due *cachepot* da 270 euro piú Iva. Al capo del dipartimento Castiglione e al capo ufficio stampa Cristiano Carocci arrivano un vaso e un portaombrelli. Poi ci sono 270 casse di generi alimentari, otto confezioni di vini e 60 ceste inviate a funzionari e impiegati, per oltre 6 mila euro. Poca cosa rispetto a quanto incassa un amico del ministro La Loggia, il legale palermitano Gianfranco Amenta, che su segnalazione del ministro si vede assegnare dalla Parmalat due consulenze: la prima da 47 mila euro per un parere sulle arance siciliane; la seconda, da 63 mila euro, proprio sul latte Frescoblu. Sulla regolarità di questi compensi si dovrà pronunciare il Tribunale dei ministri di Palermo. Che il 15 giugno 2006 proscioglierà La Loggia.

Quanto al latte Frescoblu, come ha detto Tanzi, «la vicenda si chiuse in senso a noi favorevole». Il latte ottenne la lunga scadenza di 11 giorni nel febbraio 2003. Gli altri produttori non protestarono perché incassarono l'allungamento della scadenza del latte fresco fino a otto giorni. Solo dopo il crac Parmalat e i verbali di Tanzi la questione torna attuale. E Alemanno ingrana la retromarcia, varando un nuovo decreto. «Il marchio "Frescoblu" della Parmalat», dichiara, «non potrà piú essere utilizzato». È il 22 maggio 2004. Tanto ormai la Parmalat non è piú del Cavalier Calisto.

Una volta esploso lo scandalo, il ministero fa precipitosamente marcia indietro con la stessa disinvoltura con cui, quando Tanzi era in auge, si era affrettato a dire sí alla commercializzazione del

Frescoblu. Chi ricostruisce meglio di tutti l'accaduto è il rappresentante legale della Granarolo, Luciano Sita, ascoltato dai magistrati il 20 agosto 2004. Sita afferma esplicitamente di aver riscontrato diverse anomalie nell'iter amministrativo.

> In primo luogo, il latte Frescoblu venne immesso sul mercato italiano con denominazione che a noi sembrò ingannevole e non corrispondente ai principi della legge 169 del 1989, in quanto era latte prodotto in Germania e sottoposto a un procedimento che a nostro avviso prevedeva una doppia pastorizzazione e non era conforme alla legge [...]. Perdipiú, che io sappia, la società tedesca Molkerei Gmbh che produceva tale latte non aveva mai ottenuto l'autorizzazione dalle autorità federali tedesche, né le autorità italiane si sono mai preoccupate di verificare il processo produttivo in Germania. Per questo motivo ritenemmo che la commercializzazione in Italia di tale prodotto come latte fresco fosse illegale.

La Granarolo si rivolge al Tribunale di Bologna e il 19 aprile 2002 ottiene un'ordinanza che blocca le vendite di Parmalat. A quel punto la vicenda si complica. Con una celerità che Sita giudica straordinaria, «il 13 aprile 2002 viene istituita una commissione scientifica dei ministeri della Salute e delle Politiche agricole che conclude i lavori in tempi rapidissimi con una relazione depositata il 17 maggio». La commissione dà ragione all'azienda di Collecchio. Gli «esperti» dicono che il latte Frescoblu può essere venduto come latte fresco. Ma, ricorda Sita, la decisione viene presa «solo in base a documenti forniti dalla Parmalat». Secondo la Granarolo, non vengono disposti accertamenti autonomi. Ma non basta: alla Granarolo non viene «permesso di prendere visione dei verbali della commissione per poter verificare sulla base di quali criteri avesse lavorato». La rabbia di Sita e degli altri manager aumenta quando scoprono che tra «i consulenti che facevano parte della commissione» ce n'erano due «che a noi risultavano essere consulenti della Parmalat in altre vicende e in questa in particolare [...]. In parole povere, visto che erano consulenti pagati dalla Parmalat avrebbero dovuto quantomeno astenersi».

È su queste basi traballanti che il ministero dà l'ok alla commercializzazione. La Granarolo potrebbe fare ricorso. Ma decide che è inutile continuare nello scontro. Parmalat è troppo forte. Anche perché con il gruppo di Collecchio lavora Romano Bernardoni, il commerciante d'auto che concorderà il finanziamento di 85 mila euro ad Alemanno (sotto forma di inserzioni pubblicitarie ad *Area*) e darà una consulenza legale a uno studio di avvocati di

Palermo legati al ministro La Loggia. «Bernardoni – ricorda Sita – è stato sempre presente ai vari passaggi ministeriali in cui si è discussa la vicenda Frescoblu. Alla mia meraviglia, dal momento che non mi risultava fosse un tecnico del settore lattiero caseario, Bernardoni rispose che era consulente di Calisto Tanzi».

La Granarolo comprende di non avere alcuna *chance*. Rinuncia a opporsi al decreto ministeriale sul Frescoblu e viene parzialmente risarcita con l'autorizzazione ad allungare fino a un massimo di 8 giorni la vendita del proprio latte fresco. Per Parmalat è un bel sollievo: un eventuale ricorso avrebbe ottime possibilità di riuscita. Secondo Sita infatti tutta la procedura è viziata da «una pesante anomalia a livello comunitario». Stando alla legge, il decreto in favore di Tanzi per diventare efficace necessiterebbe della «preventiva autorizzazione della competente autorità sanitaria della Commissione europea». Ma viene applicato ugualmente, anche se nessuno l'ha presentato in Europa.

Gianni Alemanno è in difficoltà. Nel settembre 2004 viene ascoltato a Parma come testimone. Assicura che è tutto regolare. Ma poi cade in parecchie contraddizioni:

> Non ho intrattenuto con Tanzi relazioni particolari. Conosco invece Romano Bernardoni da diverso tempo, essendosi lui presentato come una persona di destra, imprenditore dinamico, molto vicino alle posizioni politiche del mio partito [...]. Bernardoni è una persona molto espansiva ed è stato lui a intessere con me un rapporto piú assiduo, telefonandomi spesso, manifestando la volontà d'impegnarsi politicamente e sollecitando anzi il conferimento di un ruolo piú significativo in ambito politico. Pur sapendo che collaborava con Tanzi, egli non si è mai presentato a me come emissario o esponente del gruppo Parmalat.

Strano, perché Bernardoni si presenta al fianco di Tanzi quando un'intera delegazione di Parmalat incontra il ministro Alemanno per perorare la causa del latte Frescoblu. A ricordarlo è lo stesso Alemanno, il quale però assicura di essersi limitato a invitare l'azienda a chiedere le prescritte autorizzazioni ministeriali. Insomma, per lui, se il Frescoblu ha avuto l'ok è una questione che riguarda solo tecnici ed esperti. Ma allora perché, una volta esploso lo scandalo Parmalat, il ministero ha fatto marcia indietro? «Abbiamo fatto una nuova legge», risponde Alemanno:

> Abbiamo deciso di farla perché in ambito comunitario ci è stato imposto il principio di reciprocità e quindi si correva il rischio che latte prodotto in qualunque paese dell'Unione con denominazione di fresco all'origine avrebbe potuto essere importato in Italia mantenendo questa denominazione.

I magistrati, piuttosto perplessi, prendono atto della spiegazione. Alemanno aggiunge:

> Naturalmente tutta questa vicenda è avvenuta nel solo interesse generale dell'economia nazionale e nessuna contropartita, favore o compenso di qualunque altra natura è stato erogato da Parmalat o da chiunque altro. Non corrisponde al vero che Tanzi mi abbia erogato direttamente o per interposta persona, finanziamenti.

Come spiegare allora gli 85 mila euro di pubblicità acquistati dalla Bonatti, un'azienda di costruzioni partecipata al 35 per cento da Tanzi, sulle pagine di *Area*, la rivista della corrente di Alemanno? Il ministro non lo spiega. O meglio fornisce una versione che ha del fantascientifico. Da una parte assicura di non aver saputo che dietro la Bonatti c'era Tanzi. Dall'altra giura che l'iniziativa fu tutta di Bernardoni:

> Lui mi disse che voleva dare un sostegno al partito. Sapendo che la rivista *Area*, come molte analoghe testate di settore, non aveva molte risorse, gli ho suggerito di trovare un finanziamento pubblicitario. Lui mi disse che non c'era problema e che avrebbe trovato il modo per farlo. Proprio perché c'era stata questa vicenda del latte microfiltrato mi raccomandai di non chiedere contributi alla Parmalat, per evitare che qualcuno potesse associare impropriamente il nome Parmalat all'esito dell'iter amministrativo.

Peggio ancora va un anno dopo, il 23 settembre 2005, quando Alemanno viene ascoltato a Roma dal Tribunale dei ministri, questa volta nelle vesti di indagato. Dovendo spiegare la scelta singolare di due consulenti della Parmalat come «esperti» ministeriali per valutare il latte Frescoblu, si barcamena:

> Furono selezionati in base a un'istruttoria fatta dagli uffici, alcuni di questi si incontrano ai convegni [...]. Che fossero consulenti Parmalat noi non lo sapevamo sicuramente, tutti ignoravano questa cosa, credo che la contestazione vada rivolta a loro.

E resta sul vago anche a proposito di un suo viaggio sull'aereo privato di Tanzi per andare a farsi curare una ferita a una mano da uno specialista a Parma:

> Questo rientra negli atteggiamenti amicali di Bernardoni. Avendo io avuto un trauma a una mano, lui si offrí: «Vieni a farti vedere a Parma». Io non avevo una nozione precisa di chi fosse la proprietà dell'aereo.

Poi ribadisce di aver sempre ignorato che le pubblicità su *Area* provenissero da una società di Tanzi:

> Io dissi a Bernardoni: «Vedi se trovi qualcuno che ci fa un po' di pubblicità». Mi raccomandai di non coinvolgere Parmalat perché eravamo nel pieno di quella vicenda delicata molto attenzionata dai giornali.

Seppe poi della conclusione del contratto?

> Vagamente, nel senso che non vidi né il contratto né altro, non me ne occupai io.

L'altro ministro dell'Agricoltura tirato in ballo da Tanzi, predecessore di Alemanno nel governo Prodi, è Paolo De Castro. Anche lui nega tutto, ma non può non ammettere di essere stato davvero «un consigliere del ministro delle Politiche agricole Alemanno»: un ruolo ricoperto senza «alcun incarico formale». Ed è anche vero che la Boschi di Tanzi gli ha pagato una consulenza, regolarmente fatturata. Non però per la questione Frescoblu, ma per risolvere dei problemi sulla commercializzazione del pomodoro. E l'elezione alla presidenza di Nomisma? Secondo De Castro, Tanzi non ha avuto alcun ruolo. La sua partecipazione nella società era troppo piccola per poter imporre un presidente. Quindi, assicura De Castro, «non corrisponde al vero che la mia persona sia stata collocata da Tanzi in Nomisma al fine di svolgere una funzione d'influenza sulle questioni agricole presso il ministero...». De Castro, nel maggio 2006, è tornato al ministero delle Risorse agricole nel secondo governo Prodi.

Parmalat Granturismo

Non era solo Alemanno a usufruire dei viaggi vacanza gratuiti regalati dal Cavalier Tanzi. Accanto a lui (che nel 2006 si è finalmente deciso a saldare il conto) c'è una lunga lista di politici e *grand commis* dello Stato. Nella sua richiesta di archiviazione, il pm Vito Zincani la riporta senza alcun condizionale, anche se poi conclude per «l'irrilevanza penale» della vicenda. Al di là dell'aspetto penale, resta la questione di malcostume: all'estero i personaggi pubblici scoperti a ricevere doni di quell'entità da aziende private, si dimettono immediatamente, ancor prima che qualcuno li costringa a farlo. È accaduto per esempio in Germania: per il Capodanno 2001, la notte dell'introduzione dell'euro, la Dresdner Bank aveva invitato a Berlino i big della finanza, tra i quali il numero uno della Bundesbank, Ernst Weltke. Il quale portò la moglie e anche il figlio piú piccolo. E, siccome non poteva lasciarlo solo, si fece accompagnare dal figlio piú grande e dalla di lui fidanzata in veste di babysitter. Tutti alloggiarono nel lussuoso albergo Adlon, a ridosso della Porta di Brandeburgo, per quattro notti. Spesa totale: 7.661,20 euro (poi restituiti). Il 16 aprile 2004, poco dopo l'esplosione del caso, Weltke si dimise da governatore della Banca centrale.

In Italia invece decine di personaggi pubblici che, secondo gli elenchi scoperti dalla Guardia di finanza alla Parmatour, non risultano aver saldato il conto dei viaggi a sbafo, non hanno subíto conseguenza alcuna. Eppure, stando alle dichiarazioni di Camillo Fiorini, uno dei manager del settore vacanze di Collecchio, questi «viaggi venivano offerti gratuitamente per motivi di pubbliche relazioni». E non si trattava di cifre da poco. Gli investigatori scrivono che i biglietti gratis per politici, funzionari dello Stato, calciatori, banchieri, esponenti di primo piano di Publitalia (la concessionaria pubblicitaria di Mediaset), amici degli amici, magistrati e giornalisti hanno finito per far maturare, tra il 1998 e il 2003, «un credito complessivo nei confronti di clienti per i viaggi cosiddetti premio che ammonta alla data odierna (1.10.2004) a circa 4.062.975,77 euro». Otto miliardi di lire.

Ecco dunque i personaggi piú noti che emergono dagli elenchi allegati al rapporto delle Fiamme gialle. Con un'avvertenza: alcuni di loro potrebbero aver saldato successivamente il dovuto, comunque dopo l'esplodere dello scandalo. Altri potrebbero aver viaggiato gratis nell'ambito di scambi di natura pubblicitaria.

Hit International Spa per clienti Club Vacanze Spa

Giancarlo Armati (giudice del Tribunale di Roma) euro 4.264 per due viaggi nel 1998 e nel 1999;
Federico Armati (indicato come figlio del magistrato) euro 4.999;
Ottavio Fugaro (generale dei Carabinieri in procinto di andare a lavorare alla Parmatour) euro 12.539;
Eduardo Giliberti (presidente Mondadori Pubblicità) euro 13.678;
Maurizio Giunco (presidente dell'Associazione tv locali) euro 8.532.

Hit Holding Italiana turismo Spa

Giovanni Alemanno (ministro Risorse agricole) e sua moglie Isabella Rauti (consigliere Pari opportunità) euro 14.253 [Alemanno dopo che il suo caso è

stato pubblicato da *L'Espresso* ha prima minacciato querele, poi ha saldato il conto, *nda*];
Natale Bellati (direzione sport Publitalia) euro 5.890;
Romano Bernardoni (ufficiale pagatore di Tanzi e manager del settore turismo) euro 83.310;
Maria Concetta Caldara (consigliere giuridico ministero Affari regionali) euro 7.399;
Salvatore Cuffaro (presidente della Regione Sicilia) il 5 agosto 2000 va con la famiglia in un villaggio a Pantelleria. Stando all'elenco, l'importo «non pagato» è di 9.375 euro;
Giovanni Dell'Elce (sottosegretario al ministero delle Risorse agricole per Forza Italia ed ex componente, nel 1996, della commissione parlamentare per il Turismo) il 25.12.2001 va a Zanzibar e, almeno fino al 2003, non paga 7.238 euro;
Ottavio Fugaro (ex generale dei carabinieri) nel luglio del 2002 va a Karpatos in Grecia, importo viaggio non pagato 1.238 euro;
Maurizio Gasparri (ministro delle Telecomunicazioni) il 28 dicembre del 2001 parte con altri due familiari per Milos (Grecia), l'importo non pagato euro 8.050;
Eduardo Giliberti (Mondadori) per il capodanno del 2000 non paga 6.404 euro;
Maria La Loggia (moglie del ministro per gli Affari regionali Enrico La Loggia) il 1° agosto 2002 va nell'isola di Favignana. Importo non pagato 2.104 euro;
Francesco Massa (top manager Enel amico di Bernardoni) euro 9.321;
Adriano Padula [magistrato del Tribunale di Parma che nel 1997 archivia un'indagine riguardante il gruppo di Collecchio e le banche locali, *nda*] il 21 luglio 2002 parte con la moglie per il Paraelios di Tropea, importo non pagato sino al 2003 euro 6.038;
Fulvio Pravadelli (amministratore di Publitalia) va in vacanza piú volte con familiari e amici per un totale non pagato di 33.434 euro;
Rossella Sensi (figlia del presidente della Roma, Franco Sensi) parte nel febbraio 2002 con tre amici per le Maldive, totale euro 13.372.

Parmatour Spa

Alessandra Lipiello (segretaria particolare di Alemanno), il 1° marzo 2003, euro 3.973.

Viaggi vacanze gratuiti fatturati da Hit Spa a Itc Spa a titolo di «spese di rappresentanza»

Natale Bellati (direzione sport Publitalia) euro 14.549;
Sebastiano Brucato (dirigente Bipop-Carige) va di continuo alle Maldive con la famiglia, totale euro 75.566, viaggia gratis anche un suo amico per un totale di oltre 13.000 euro;
Romy Gai (dirigente della Juventus) euro 8.658;
Fulvio Pravadelli (Publitalia) piú famiglia, totale euro 43.831 [oltre a lui negli elenchi spuntano molte persone segnalate come suoi amici o parenti, per altre migliaia di euro, *nda*].

Viaggi fuori Cee dal 1999 al 2002

Natale Bellati (direzione sport Publitalia) euro 48.669;
Susanna Dell'Elce (moglie del sottosegretario alle Politiche agricole) euro 6.492;
Fulvio Pravadelli (Publitalia) euro 34.312;
Adriano Galliani (amministratore delegato Milan) rinuncia a un viaggio a Sant Barth con familiari e amici il 25.12.2000. Stando all'elenco dovrebbe pagare una penale di 18.410 euro (pratica intestata Gianni Radice);
Mauro Tavola (dirigente Milan) euro 1.180.

Hit/Sestante Sport

Maria Concetta Caldara (segretario giuridico del ministro La Loggia) tra il gennaio del 2002 e il gennaio del 2003 vola da Roma a Parma 37 volte, spesso con un'altra persona, totale 6.835 euro;
Giovanni Alemanno (ministro delle Risorse agricole) il 28.12.2002 vola a Nairobi con la famiglia, totale: 13.555 euro [leggendo gli elenchi sequestrati non è chiaro se si tratti dello stesso viaggio a Zanzibar, *nda*];
Enrico La Loggia (ministro per gli Affari regionali) va a Nizza il 28 dicembre del 2002, totale viaggio 14.528;
Adriano Padula (magistrato Parma) biglietti aerei e trasferimenti a Malta e a Budapest per un totale di 6.643 euro.

Calisto e la libera stampa

Lo scandalo dei viaggi gratis Parmalat non lascia tracce a livello giudiziario, né politico, e nemmeno giornalistico. Nessuno ne parla. Forse perché Tanzi, in Parlamento, godeva di una lobby assolutamente trasversale. O forse perché il Gran Lattaio ha sempre pagato anche la stampa.

C'era chi, nei giornali locali, si faceva finanziare per smettere di attaccarlo. E chi se lo ritrovava come co-editore e finanziatore su richiesta di Capitalia. Secondo Tanzi, quando la banca presieduta da Cesare Geronzi era «esposta» con un giornale per un debito non pagato, chiedeva a lui di intervenire mettendo mano al portafogli. È il caso del *Manifesto* del quale il gruppo di Collecchio è azionista per 250 milioni di lire dal 1995. Fondi cospicui andavano anche ad altri giornali. «Su consiglio di Riccardo Riccardi di Meliorbanca» mette a verbale Tanzi, «abbiamo dato 500 milioni a *Liberal*». Da Ferdinando Adornato, che nel 1996 ha fondato il settimanale e che dal 2001 al 2006 presiede la commissione Cultura della Camera in quota Forza Italia, nessuna risposta.

Poi c'è Giuliano Ferrara, direttore de *Il Foglio*, protagonista di un caso diverso da tutti gli altri. Anche *Il Foglio* ha problemi con Geronzi. Vende poco, raccoglie scarsa pubblicità, la sua posizione è considerata «a rischio». Per questo Geronzi preme perché Tanzi entri nel capitale sociale del quotidiano edito da Veronica Berlusconi. Ma il patròn di Parmalat non vuole saperne: «Non avevo soldi per fare un'operazione del genere, ma feci sapere che sarei stato disponibile ad aiutare in qualche modo». La faccenda fu chiusa, stando a Tanzi, con un finanziamento *brevi manu*: una borsa di soldi contenente dai 500 milioni al miliardo di lire (Tanzi non ricorda bene). La consegna – dice il Gran Lattaio – è avvenuta nell'ufficio di Geronzi a Roma: Ferrara, dopo aver educatamente ringraziato, se ne andò con la borsa e «da allora non si è fatto piú vivo». Almeno per qualche tempo. Poi quando Tanzi, dopo il crac, finisce in manette, *Il Foglio* si lancia immantinente in una campagna per la sua scarcerazione. Ferrara rammenta addirittura agli arrestati che «non collaborare» con i magistrati significa «esercitare un proprio diritto». E attacca chi cavalca lo scandalo che ha messo sul lastrico migliaia di risparmiatori: basta con i «giudizi moralistici» e gli «sputtanamenti su larga scala». Pare una battaglia garantista disinteressata, una volta tanto non a difesa di Berlusconi. Poi però *Libero* pubblica i verbali di Tanzi su quella borsa di tela piena di banconote. Ecco, stavolta Ferrara non difendeva Berlusconi. Difendeva se stesso.

La Banda Furbetti

Il banchiere che comprò il Parlamento

Gianpiero Fiorani ha ballato una sola estate. La sua carriera, come quella di molti altri «furbetti del quartierino», si è chiusa con le manette e le inchieste della magistratura. Nel giro di sei mesi il rampante banchiere di Lodi è passato dai successi di Borsa alle dimissioni e al carcere. Nel luglio del 2005 tutti danno per scontato che già abbia in mano la maggioranza della Banca Antonveneta: che, cioè, il numero uno di un piccolo istituto di credito di provincia, la Banca Popolare di Lodi, abbia fatto fessi gli olandesi del colosso bancario Abn Amro. Ma ad agosto lo scenario è già tutt'altro. Meno di sessanta giorni d'intercettazioni telefoniche disposte dalla magistratura milanese sono bastati per dimostrare che dietro Fiorani c'è almeno un regista: il governatore della Banca d'Italia Antonio Fazio, con la sponsorizzazione di molti politici e soprattutto con una pervicace tendenza generale all'illegalità. Fiorani, dal canto suo, rubava soldi dai conti correnti dei clienti (quelli vivi e persino quelli morti), violava sistematicamente le norme che regolano il mercato, nonché le leggi fiscali e morali. Le azioni Antonveneta vengono sequestrate. Fiorani si dimette. E poco dopo viene giú tutto. Fazio compreso.

Un epilogo tutt'altro che scontato. Perché quando inizia questa grande storia italiana fatta di soldi, banche, giornali e potere, Fiorani ha dalla sua la maggioranza di governo piú un pezzo pesante dell'opposizione. Appena, nei primi giorni del 2005, gli olandesi di Abn Amro, stanchi dei no del governatore, decidono di lanciare l'Opa su Antonveneta, Fiorani è già pronto. Rastrella di nascosto azioni dell'istituto di credito padovano (grazie a una collaudata rete di prestanomi e teste di legno) e guarda compiaciuto Fazio mentre tira in lungo, rinviando alle calende greche le previste autorizzazioni ad Abn Amro. Poi, quando finalmente gli olandesi ricevono l'ok, manda a monte la loro Opa: la maggioranza dei titoli Antonveneta è ormai da tempo della Popolare di Lodi e dei suoi soci, palesi e occulti.

Ma il 15 gennaio 2005 accade di piú e di peggio. Quel venerdí Silvio Berlusconi riceve a pranzo a Palazzo Chigi Antonio Fazio. Il governatore si presenta all'incontro accompagnato dal senatore forzista Luigi Grillo, presidente della commissione Telecomunicazioni. Si siede a tavola e discute con il premier, con il sottosegretario alla presidenza del Consiglio Gianni Letta e con il neoministro dell'Economia Domenico Siniscalco. È un pranzo di riappacificazione. Per quasi due anni, dopo i *crac* Parmalat e Cirio, il vecchio ministro dell'Economia Giulio Tremonti ha additato Fazio come uno dei maggiori responsabili di quelle bancarotte che hanno contribuito non poco a mettere in ginocchio il paese. In Parlamento si è formato un bel gruppo di deputati e senatori che premono per riformare delle leggi sul risparmio e, soprattutto, per abolire l'anacronistico mandato a vita del governatore di Bankitalia. Ma gli antifazisti, a poco a poco, hanno perso terreno. Persino Tremonti, l'ex fiscalista del Cavaliere al corrente di un bel po' dei suoi segreti, è stato costretto alle dimissioni da una congiura di palazzo. Ora bisogna correre ai ripari.

Al termine del pranzo, Berlusconi offre ai presenti un bicchiere di Sciacchetrà, un prelibato vino dolce delle Cinque Terre. È il brindisi finale (o iniziale, secondo i punti di vista). Il senatore Grillo esce in strada e incontra i giornalisti. Riferisce che «il clima era sereno», che il premier e il governatore hanno raggiunto una «sostanziale sintonia di vedute» e che «non si parlerà piú di mandato a termine del governatore». Il tutto con la scusa della «difesa dell'italianità delle banche».

Subito dopo, oltre a quella di Fiorani all'Antonveneta, partono altre due scalate: quella di Stefano Ricucci alla Rizzoli-Corriere della sera e quella di un gruppo di immobiliaristi romani alla Bnl (già sotto Opa da parte degli spagnoli del Banco di Bilbao, Bbva). Ricucci, ex odontotecnico di Zagarolo già finito nei guai per esercizio abusivo della professione di dentista e divenuto immensamente ricco con modalità e capitali mai chiariti, arriva a detenere in luglio il 20 per cento della società editrice del quotidiano di via Solferino. Gli immobiliaristi romani Caltagirone, Coppola, Statuto e Ricucci sembrano invece impantanarsi a metà del guado di Bnl. Ma a rilevare le loro azioni provvede l'Unipol, la compagnia di assicurazioni della Lega cooperative, punta di diamante della «finanza rossa», interessatissima a «sposare» la vecchia banca romana.

Sembrano tutti felici e contenti. Hanno la politica e la Banca d'Italia dalla loro parte. Contro, ci sono soltanto un pezzo di stampa e qualche industriale di peso. E, visto che si violano le leggi, la magistratura. Intercettazione dopo intercettazione, gli investigatori dimostrano che le tre scalate della calda estate del 2005, se non sono la stessa cosa, poco ci manca. Un po' tutti i protagonisti (compresi gli uomini dell'Unipol) hanno partecipato agli stessi affari e si sono scambiati diversi favori (illeciti). Ricucci ha rastrellato azioni Antonveneta per conto di Fiorani, Fiorani ha finanziato quasi per intero la scalata alla Rcs. Scrive Peppino Turani sulla *Repubblica*:

> Sul piano politico i piú avvertiti si rendono conto che c'è stato un piano per dare l'assalto alle banche del Nord (attraverso la creazione di un megagruppo guidato da Fiorani) e alla Rcs (e quindi al *Corriere della sera*), cioè a quello che si è soliti definire come l'establishment del Nord, poco in sintonia con il governatore (ma anche con la maggioranza di governo).

Non per niente gli scalatori ottengono l'appoggio della Lega Nord. Inizialmente ostile a Fazio, il partito di Bossi diventa un suo grande sponsor un attimo dopo che Fiorani interviene per salvare dal fallimento la Credieuronord, un piccolo istituto di credito fondato dagli uomini del Carroccio. Al soccorso padano si aggiungono i favori del resto della Casa delle libertà e di molti importanti esponenti dei Democratici di sinistra.

Come nasce una lobby

La lobby dei furbetti del quartierino è trasversale. Ma le responsabilità politiche e quelle eventualmente penali di chi appoggia il disegno che, nell'estate del 2005, doveva ridisegnare il capitalismo italiano appaiono molto diverse tra loro. C'è chi tifava. C'è chi tramava nell'ombra. C'è chi riceveva soldi dalla Banca Popolare di Lodi (in maniera a volte lecita, a volte no). C'è chi era semplicemente in rapporti (milionari) d'affari con Fiorani, Ricucci e gli altri protagonisti delle scalate ad Antonveneta, Bnl e Rcs. Un fatto comunque, ancor prima dei processi, è certo: anche Gianpiero Fiorani, come già Calisto Tanzi, aveva radunato intorno a sé un partito multicolore e *bipartisan*, pronto a sostenerlo. Il gip Clementina Forleo, nell'ordinanza in cui concede gli arresti domiciliari a Fiorani e al suo vice Gianfranco Boni, spiega che i due banchieri, nei loro interrogatori in carcere, sono arrivati

> progressivamente a lumeggiare intensi ed inquietanti rapporti illeciti tra il sistema bancario e finanziario nazionale ed il sistema politico, concordemente interessati a mantenere i confini italiani impermeabili all'ingresso di entità straniere [...], all'evidente fine di continuare a tutelare interessi piú ampi e facenti capo anche ad altri settori del sistema istituzionale [...]. In particolare emergeva che il governatore di Banca d'Italia Antonio Fazio, interessato ad incidere sulla normativa che prevedeva il mandato a termine della sua carica e a manovrare a suo arbitrio il sistema bancario nazionale, si era costantemente circondato di personaggi politici di rilievo da cui poteva trarre incondizionata protezione. La contropartita era rappresentata sia dagli illeciti vantaggi che il sistema politico poteva trarre dal controllo del sistema bancario e finanziario, sia anche da versamenti da alcuni dei detti personaggi di somme di denaro di una certa consistenza.

Quando gli olandesi di Abn Amro avevano pensato di rilevare la Banca Antonveneta,

> era stato Fazio ad incoraggiare Fiorani e Boni, anche in occasione di settimanali incontri presso la sua abitazione privata, a stoppare in qualsiasi modo la concorrenza [straniera, *nda*], suggerendo di suggellare alleanze con Ennio Doris [socio di Silvio Berlusconi in Mediolanum, *nda*] e Gilberto Benetton, con Giovanni Consorte [numero uno di Unipol, *nda*], con Chicco Gnutti [*big boss* di Hopa, la finanziaria bresciana detta «bicamerale della finanza», perché controllata e amministrata da uomini di Berlusconi e da uomini legati a D'Alema, *nda*]. Lo stesso Fazio [era arrivato] a suggerire l'allocazione delle azioni rastrellate presso fondi siti all'estero. Non solo. Il governatore era anche giunto a coinvolgere il Fiorani e il Boni pure nella vicenda Bnl, in occasione del lancio dell'Opa da parte della banca spagnola Bbva.

Interrogando Fiorani e Boni, sia pure tra molte reticenze, i magistrati scoprono che il progetto della Popolare di Lodi di scalare l'Antonveneta era nato già nell'estate del 2004 e che al corrente di quell'operazione non c'era solo Fazio, ma anche il presidente del Consiglio Berlusconi. Il quale, il 15 gennaio 2005 durante il pranzo dello Sciacchetrà a Palazzo Chigi, aveva assicurato al governatore Fazio «il mandato a vita in cambio di un suo atteggiamento favorevole sullo stato dei conti pubblici».

Ma non è tutto. Fiorani riferisce dettagliatamente gli appoggi politici che avevano supportato l'operazione, e i suoi finanziamenti a molti parlamentari dell'allora maggioranza di governo, all'evidente e dichiarato scopo di «ottenere il loro aiuto o di ingraziarseli» per il futuro.

La Cassa delle libertà

Il grande sponsor di Fiorani e di Fazio nell'assalto ad Antonveneta è Berlusconi. Con lui il banchiere di Lodi intrattiene rapporti diretti dai primi anni 90. Ma, nel caso delle scalate bancarie, i *trait d'union* fra i due sono i senatori Luigi Grillo e Marcello Dell'Utri, ai quali – come vedremo – sarebbero stati versati 200 mila euro in contanti a testa. Scrive Clementina Forleo sulla base delle confessioni del banchiere:

> Fiorani ha riferito di aver avuto con Berlusconi tre incontri. Il primo, di «presentazione» era avvenuto nell'agosto del 2004 in Sardegna, nella villa del presidente alla presenza di Luigi Grillo e Cesare Previti. Si era trattato di un pranzo con le rispettive mogli, prima del quale Grillo e Previti avevano messo al corrente il presidente del progetto di Fiorani, il quale nell'occasione aveva anche mostrato delle diapositive che aveva portato con sé. All'esito dell'incontro il presidente aveva risposto che «l'operazione si poteva fare se c'era l'accordo con il governatore». Successivamente Fiorani era stato, tramite Grillo, invitato da Berlusconi a Genova, nel periodo del Salone nautico. Qui il presidente gli aveva chiesto che cosa avesse detto agli inquirenti in relazione alla vicenda Hdc [la società che faceva capo al sondaggista personale del Cavaliere, Luigi Crespi, travolta da una bancarotta fraudolenta, *nda*] [...]. Di seguito Grillo introdusse il discorso della scalata di Fiorani e il presidente concluse che vi era il suo placet. L'ultimo incontro era avvenuto nel dicembre 2004-gennaio 2005 ad Arcore. Successivamente era stato siglato il «patto dello Sciacchetrà».

Il calvario del cactus

Il racconto della prima visita di Fiorani a villa La Certosa, a Porto Rotondo, pare uscito da un film di Fantozzi. Il banchiere ne parla nel suo interrogatorio dell'8 febbraio 2006. Ecco la trascrizione testuale:

> *Pm Greco* – Lei quindi parte da luglio 2004?
> *Fiorani* – Sí, parto da lí perché è lí che ho fatto il primo schema del progetto,

l'idea, non ancora il progetto, parliamo di idea. Nella quale avevo ipotizzato di costruire, con la Banca Popolare di Lodi ed Antonveneta, la Banca Popolare Italiana. È un'idea fatta di dieci pagine, ma neanche... Illustrate velocemente, comunicate... il primo che l'ha saputo in assoluto è stato il senatore Grillo, in assoluto, prima ancora del governatore. E c'è un pranzo fatto a casa, in Sardegna, con il presidente del Consiglio [...].

Pm – Quindi a casa di?

Fiorani – Di Berlusconi.

Pm – Vicino al teatro?

Fiorani – Vicino, sí... la zona...

Pm – In mezzo ai cactus.

Fiorani – In mezzo ai cactus, fatta in quella...

Pm – A luglio, quindi?

Fiorani – Fatta a luglio, sí, fatta a luglio, alla presenza mia, alla presenza di Grillo, di Berlusconi e di Previti.

Pm – Previti?

Fiorani – E di Previti, sí, c'era anche Previti.

Pm – Quindi eravate in quattro?

Fiorani – Eravamo in quattro piú le mogli. Lo scopo dell'incontro era stato non ben chiarito preliminarmente, alla fine però Gigi Grillo ha preso in disparte Berlusconi, ha detto: «Guarda che vuole parlarti Fiorani, di questa idea che ha in testa». Berlusconi aveva risposto, allora in quella circostanza, e questa è la frase, l'ha ridetta anche quando l'ho visto a Genova verso l'autunno, quando poi... «L'operazione, l'idea è una bella idea, un bel progetto, ma tanto lei comunque ha l'appoggio del governatore, ha il governatore con sé, per cui ne parli con...».

Pm – Scusi lei ha parlato in quell'occasione di cosa?

Fiorani – Di mettere insieme Lodi con Antonveneta.

Pm – Ah, ecco, quindi parlavate già di questo?

Fiorani – Sí, sí, sí.

Pm – Quindi del progetto...

Fiorani – Ma in maniera molto generica, perché non c'era ancora... non c'era neanche una cifra, non c'era ancora nulla. Quattro *slide*, come piaceva a Berlusconi...

Pm – Ma gliele ha fatte vedere le *slide*?

Fiorani – Sí, ho fatto vedere le *slide*.

Pm – Ma scusi, voi avete mangiato, no, era a pranzo o a cena?

Fiorani – A pranzo.

Pm – Ah, a pranzo, quindi nel primo pomeriggio, quando di solito la gente vuole andare a dormire...

Fiorani – Prima.

Pm – Ah, prima di pranzo.

Fiorani – Prima io ho dato... Gigi Grillo mi ha chiesto di tenerle lui, le carte.

Pm – Ah, prima del pranzo?

Fiorani – Sí.

Pm – E dove l'avete fatta questa riunione?

Fiorani – A casa di...

Pm – Sí, ho capito, la casa, abbiamo visto sui giornali, che è enorme, no?

Fiorani – No, ma lui ha... si è messo in disparte Grillo con Berlusconi...

Pm – Ma all'aperto, nel patio o dentro una camera da letto? Non lo so.
Fiorani – In una... era una stanza, un soggiorno dove Berlusconi... ha un soggiorno suo, uno dei tanti soggiorni che aveva lí, che poi mi sono andato a vedere tutta la... lui era... Gigi Grillo... io sono rimasto in disparte, mi ricordo la scena come è avvenuta, no, io sono rimasto in disparte. Gigi Grillo: «Guarda queste carte, da' un'occhiata a queste carte». Cesare Previti, insieme a Grillo, diceva: «Da' un'occhiata a queste carte», perché Cesare Previti già allora aveva detto a Gigi Grillo: «Se poi l'operazione va in porto, mi raccomando, che sia mio figlio a prendersi l'incarico di fare il legale». Berlusconi era abbastanza...
Pm – Previti, scusi, Previti prima aveva parlato solo con Grillo o anche con lei?
Fiorani – Prima solo con Grillo. Io Previti non l'ho mai conosciuto, solo in quella circostanza.
Pm – Quindi in quell'occasione Previti...
Fiorani – L'ho conosciuto.
Pm – ...L'ha conosciuto e ha anche caldeggiato.
Fiorani – A Grillo, il fatto...
Pm – E a Berlusconi pure, mi pare di aver capito, no?
Fiorani – Sí, sí, ha detto: «È anche un bel progetto...». Io li vedevo che parlavano loro tre, io ero distante, ero rimasto distante... forse perché Berlusconi non aveva confidenza con me, e quindi si era messo in disparte. Poi Berlusconi ci ha preso tutti quanti, su questi suoi pulmini, ci ha fatto visitare tutto il suo giardino, 'sto parco enorme, tre ore di visita [...]. C'era una zona, un'isola che lui aveva creato, con una cascata...
Pm – L'isola era nel lago?
Fiorani – Sí, quel lago famoso che è una piscina-lago. E poi c'era questa camera fatta tutta di un legno particolare che ha fatto arrivare non so da dove, e... mi ricordo che ci ha fatto vedere, ci ha illustrato tutti... conosceva, ci raccontava che ci diceva le piante una per una, nominandole per nome, sapendo che ogni pianta era stata...
Pm – Presa in Australia...
Fiorani – Presa in Turchia, in Australia, dappertutto... si era fatto... alle due e mezza, tre meno un quarto.
Pm – Poi siete andati a mangiare.
Fiorani – Siamo andati a pranzo, sí, ma questo dalla mattina. La conversazione era molto forbita, riguardava di questa sua casa, delle sue passioni che aveva, in particolare di questi cactus.
Pm – Faceva caldo?
Fiorani – Enorme. Enorme, un caldo afoso, tant'è che... le racconto un particolare che non c'entra nulla, ma glielo racconto per dire come mi ricordo tutti i particolari, che quando Gigi Grillo mi ha detto: «Ma cosa gli portiamo a Berlusconi?», io ho detto: «Mah, non lo so, non ho assolutamente idea»... no, un cactus di quelli... che io ero andato a prendere, tra l'altro, di mattina in un negozio che c'era lí. E quando siamo andati alla mattina e siamo arrivati col «tenderino» fino al molo dove c'era... perché siamo andati non con la macchina, ma siamo entrati... Previti è arrivato con la macchina, io e Grillo siamo entrati invece con una barchettina che aveva preso lui.
Pm – Col cactus?
Fiorani – Col cactus nel cartone. E io ho detto a Berlusconi, ho detto... Grillo

gli ha detto alle guardie che ci hanno accolto al molo, ha detto: «Guardi questo sarebbe il presente per il presidente del Consiglio». E loro ci hanno detto: «Prego, portatelo pure su». Ma questo pesava, mi ricordo, non so se quaranta chili di cactus, per cui insomma... per cui ci siamo messi lí... veramente, abbiamo fatto un dislivello di 400 o 500 metri sotto il peggior sole, era il 10 luglio... o l'11 luglio, San Lorenzo. Sono arrivato... Grillo era, non so perché aveva questa energia enorme, era ancora in forma, io sono arrivato letteralmente bagnato, completamente bagnato. Ve lo racconto solo per darvi la cronistoria di come è avvenuta la verità dei fatti: bagnato, ma bagnato fradicio, mi ricordo...

Pm Fusco – Eravate in giacca e cravatta, magari?

Fiorani – No, perché il protocollo era previsto di stare tutti in bianco, camicia bianca e pantaloni bianchi. Per cui siamo entrati... è stata una cosa incredibile. Sono arrivato lí e ho detto, lui aveva appena fatto il trapianto, aveva appena fatto 'sto...

Pm Fusco – Ci aveva...?

Fiorani – La bandana no, aveva il cappello... tipo safari. Comunque...

Pm Fusco – Ma bermuda o pantalone?

Fiorani – Pantalone lungo. Per cui sono arrivato lí e ho detto: «Adesso come faccio a salire in queste condizioni, mi caccia via», infatti avevo chiesto ai domestici se potessi entrare in una saletta dove potevo riprendermi un attimo, prima che arrivassero.

Pm Greco – Quando si comincia a sudare è micidiale, si continua, uno prova in tutti i modi, no? Fermi immobili (*parole incomprensibili, voci sovrapposte*).

Fiorani – Peggio, peggio, peggio. Allora dopo aver depositato il cactus, le guardie sempre dietro, non hanno fatto neanche una piega, perché...

Avv. Mazzola – Manco un aiuto, niente?

Fiorani – Assolutamente. Allora Grillo è andato fuori come... Previti nel frattempo è arrivato, hanno parlato con Berlusconi e sono rimasti un po' lí (*pp. ii., a bassa voce*). Io non ce la faccio. Continuo a buttare fuori sudore, piú penso ad asciugarmi piú butto fuori sudore, vado fuori, faccio finta di niente. Appena ho cercato di andare fuori le guardie mi hanno subito ripreso che non potevo muovermi, sono rimasto in questa stanzetta fino a che... fino a che è arrivato dopo lui, mi ha visto un po' cosí, non ha fatto particolari commenti, li avrà fatti nella sua mente, ma con me non li ha fatti. Io ero... ero distrutto dal caldo e dal sudore. Gli diamo questo cactus, lui comincia... si apparta un attimo con Previti e con Grillo, guardano queste carte, ma lui si dimostra disinteressato, non piú di tanto a queste carte, e comincia invece a farci vedere la casa, a illustrarci la casa, e tutto quanto.

Pm Fusco – L'unico nuovo era lei?

Fiorani – Sí, sí, io, si vedeva che ero proprio spaesato, completamente, e loro erano molto in confidenza... molto in confidenza.

Pm Greco – Ma c'erano già stati gli altri due.

Fiorani – Sicuramente perché Previti conosceva tutto quanto, Grillo non...

Pm Greco – Lei non era allenato a portare i cactus da Berlusconi.

Fiorani – Una cosa allucinante, poi lei immagina portare un cactus cosa vuol dire?

Pm Greco – Ma c'era il cartone, non è che c'erano le spine.

Fiorani – Ha detto bene, c'era anche il cartone, con la differenza che le spine

pungono [...]. Gli ho detto a mia moglie, l'altro giorno, è venuta a trovarmi, le ho detto: «Guarda...» [*pp. ii., a bassa voce*].
Pm Fusco – Tutto è nato da quel cactus.
Fiorani – Gli ho detto cosí: «C'è ancora la camicia quella... tienila per ricordo, va là, cosí, quella bucata» perché poi si è tutta bucata.
Pm Fusco – Si era bucata?
Fiorani – Si era bucata.
Avv. Mazzola – Ma si era ferito? Scusi, se si buca la camicia.
Fiorani – Certo, ma certo. Non me lo sono mica... pungeva e pungeva parecchio, la camicia era bucata dalle punte del cactus. Ma comunque... e l'abbiamo ancora lí questa camicia bianca. Non l'ho piú indossata, ma l'ha conservata. Ma gliel'ho detto per dire, tutto è partito da lí.
Pm Greco – Lei ha detto il 14 luglio?
Fiorani – Era il 10 o l'11 luglio. Mi ricordo questa circostanza.
Avv. Mucciarelli – Ha detto che era San Lorenzo?
Fiorani – Sí, sí. Era il giorno piú caldo in assoluto da...
Pm Perrotti – San Lorenzo è il 10 agosto.
Avv. Mucciarelli – L'11 luglio è il lunedí in cui arriva l'autorizzazione.
Fiorani – Perché io ero in vacanza in Sardegna, lui era in vacanza in Sardegna, quindi era agosto.
Pm Greco – Agosto 2004, San Lorenzo.
Pm Fusco – Giornata indimenticabile.
Pm Greco – Ma almeno un bagno in piscina, niente?
Fiorani – Ci ha messo sui pulmini e ci ha... [*interventi inintelligibili a causa di voci sovrapposte*].
Pm Fusco – Putin, doveva ricevere Putin.
Fiorani – Stavano finendo l'anfiteatro, insomma, lui continuava a raccontarmi, a raccontare, a me no perché mi ignorava, ma raccontava a Previti che questo anfiteatro sarebbe stato bellissimo, insomma... va be'. E cominciamo, comunque, facciamo 'sto pranzo, in questo pranzo loro... dalla fine del pranzo Previti e Grillo si mettono da parte, mi ricordo, sotto a questa veranda, e cominciano a raccontargli ancora di questo progetto, gli spiegano un po' questo progetto, e la cosa finisce lí. Lui mi saluta, non mi accenna piú di tanto, mi accenna appena la frase: «Ma comunque lei basta che vada a vedere il governatore, se è d'accordo il governatore... so che il governatore con lei ha un eccellente rapporto, per cui se ne parla con lui, a me sembra una bella idea». Punto, finisce lí.
Pm Fusco – Le *slide* non gliele fa vedere?
Fiorani – Le fa vedere Grillo, è una fotocopia che lui non trattiene...

Un banchiere per amico

L'idea berlusconiana di appoggiare Fiorani si affina col tempo. Il banchiere di Lodi vanta ottimi rapporti, oltreché con Grillo, Dell'Utri e Previti (di cui possiede il numero di cellulare), anche con Romano Comincioli, senatore di Forza Italia eletto a Lodi, ex compagno di classe di Berlusconi, e con il sottosegretario forzista alle Riforme Aldo Brancher, ex manager Fininvest. Inoltre, anche se è solo una piccola banca, la Lodi ha antichi legami con Berlusconi e famiglia. Sessantacinque milioni di euro: spicciolo piú, spicciolo meno, a tanto ammonta il fiume di denaro che la Bpl, nel corso degli anni, ha prestato a persone o società legate al Cavaliere.

Il maggior beneficiario è Paolo Berlusconi. Il quale utilizza l'istituto di Fiorani per pagare la multa che gli consente di patteggiare la pena nel processo per la discarica di Cerro Maggiore. La proposta, protocollata con il numero 053141, viene avviata dalla sede milanese della Bpl:

> Come è noto il dottor Berlusconi ha in essere un procedimento giudiziario che andrà a definizione mediante patteggiamento per un importo complessivo di poco piú di 50 milioni di euro. Di questa somma il richiedente è nella disponibilità di 20 milioni di euro e pertanto ci viene chiesta la parte residua necessaria.

I funzionari della banca ritengono l'operazione priva di rischi, ma aggiungono: «A maggior garanzia acquisiamo firma del dottor Silvio Berlusconi, il cui spessore patrimoniale è di indiscusso valore». Un «grande fido», come viene definito dalla banca, al tasso del 7,25 per cento. Paolo Berlusconi restituisce il denaro pochi mesi dopo. Ma nell'ottobre dello stesso anno il fratello del Cavaliere chiede un altro prestito: 10 milioni di euro «per generiche e momentanee esigenze di liquidità». Come garanzia questa volta Berlusconi junior offre dei titoli.

L'elenco prosegue con l'affare Medusa. Nel 1999 la società di produzione e distribuzione cinematografica ottiene un fido da 10 miliardi di lire. Una normale operazione finanziaria, certo. Medusa ha alle spalle un gruppo molto solido, ma la relazione della banca evidenzia che la società «non ha ancora raggiunto una dimensione ottimale dei ricavi». C'è poi la società editrice del quotidiano *Il Foglio* che da Fiorani e soci ha ottenuto un fido di 4,55 milioni di euro. C'è pure il Milan (altri 5 milioni di euro, ricevuti su un conto utilizzato esclusivamente per le operazioni legate all'impianto di Milanello). E ci sono le società personali del Cavaliere, come l'immobiliare Dolcedrago, proprietaria tra l'altro di villa La Certosa. Nel 1991, quando la Bpl acquista la Banca Rasini (l'istituto di credito dove lavorava il padre di Berlusconi), alla Dolcedrago viene concesso un fido da un miliardo di lire. E a seguire la pratica è proprio Fiorani. L'allora giovane banchiere, dopo aver condotto le trattative per l'acquisizione della Rasini, ne diventa per qualche mese direttore.

Fiorani insomma, agli occhi del premier, è uno di cui ci si può fidare. Non per niente nel 2002 la Lodi ha l'onore di concedere un prestito di 15 milioni di euro a Forza Italia. La faccenda la segue il Cavaliere in persona. Quel denaro serve per ripianare i debiti del partito nei confronti della Hdc di Luigi Crespi, il sondaggista personale di Berlusconi, che è a corto di liquidità e già rischia di saltare. Quando poi nel 2003 si arriva al fallimento di Hdc (di cui la Lodi è divenuta socia tramite Efibanca, la banca d'affari della Bnl che negli anni '80 aveva prestato soldi a profusione alle società berlusconiane, prima di confluire anche essa nella Bpl), il presidente del Consiglio teme di venire coinvolto nell'indagine sul *crac*. Per questo incontra di nuovo Fiorani: per domandargli notizie riservate sull'indagine condotta dalla Procura di Milano sul suo ex sondaggista in bancarotta. È sempre Fiorani a raccontarlo:

Pm Greco – Incontro a Genova, quindi?
Fiorani – Sí, incontro a Genova, l'ho visto a Genova, me l'ha combinato Grillo al Salone [nautico, *nda*].
Pm Fusco – (*pp. ii., voci sovrapposte*) Salone.
Fiorani – Era per il Salone, e me l'ha fatto incontrare sul suo aereo privato che era lí all'aeroporto di Genova, l'ho incontrato e mi aveva chiesto due cose [...]. Quindi Grillo mi aveva chiesto, mi ha detto che il presidente voleva vedermi, ma il presidente voleva vedermi per sapere quello che era successo nell'incontro con la Guardia di finanza per l'Hdc.
Pm Greco – (*pp. ii, fuori microfono*).
Fiorani – Per la perquisizione e il riciclo e nel frattempo...
Pm Greco – Che cosa voleva sapere?
Fiorani – Mi aveva chiesto che cosa gli avevano, cosa avevano chiesto in merito alle telefonate, che lui sapeva che avevano trovato, tra Berlusconi e me. E io gli ho risposto: «Guardi...» [...]. Lui, Berlusconi, era al corrente del fatto che ci fossero state, avessero trovato nel brogliaccio una telefonata, o due telefonate, che lui aveva fatto a me.
Pm Greco – Brogliaccio di Mondani [il segretario personale di Fiorani, *nda*]?
Fiorani – Mondani, sí. E mi aveva detto che cosa avevano chiesto in quella circostanza, e io gli ho risposto: «Guardi, mi hanno chiesto la motivazione delle telefonate del presidente del Consiglio. Io ho risposto che mi aveva telefonato per, una volta per dirmi che questo signore sciagurato aveva bisogno di un finanziamento perché Forza Italia...»
Pm Greco – Scusi, mi faccia capire meglio. Berlusconi ha detto: «Io so che

durante la perquisizione hanno preso il brogliaccio di Mondani», questo ha detto?
Fiorani – Il nome di Mondani non l'ha fatto.
Pm Greco – No, Mondani...
Fiorani – Lui sapeva che... era al corrente, il presidente del Consiglio, che nelle perquisizioni che hanno fatto in banca, avevano trovato le telefonate, la telefonata o le telefonate, che lui aveva fatto a me. La o le, le dico, perché ne ha fatte due sull'argomento specifico.
Pm Greco – E questo era vero?
Fiorani – Sí, era vero.
Pm Greco – Le avevano chiesto qualcosa?
Fiorani – Sí.
Pm Greco – Ma chi gli aveva chiesto qualcosa? Perché lei non è stato interrogato.
Fiorani – No. Io sono stato... no, perché no? Io sono stato... la mattina sí, c'erano...
Pm Greco – La Guardia di finanza?
Fiorani – No, c'erano anche direttamente...
Pm Greco – I colleghi?
Fiorani – Sí.
Pm Greco – E le hanno chiesto?
Fiorani – Come mai il presidente del Consiglio ha telefonato, perché il presidente del Consiglio ha telefonato, adesso non mi ricordo esattamente, ma della conversazione che c'è stata.
Pm Greco – Durante la perquisizione?
Fiorani – Durante la perquisizione: «Di che cosa avete parlato?», e io... perché alla mattina quando è avvenuta la perquisizione in casa, io mi ricordo che ho detto al maggiore della Guardia di finanza: «Ma come...»
Pm Greco – Chi glielo ha detto a Berlusconi?
Fiorani – Eh, questo non lo so.
Pm Greco – Lei ne aveva parlato con Grillo?
Fiorani – No. Del fatto che avessero preso [le telefonate fra me e] Berlusconi, no. Ma lui era al corrente de... io ho avuto l'impressione in quell'incontro che lui fosse abbastanza al corrente dell'avanzamento del problema Hdc. Perché non ha parlato, come dire...
Pm Fusco – Quando parla... che significa dell'avanzamento di Hdc?
Fiorani – Cioè ho avuto l'impressione che lui...
Pm Fusco – Il problema dell'Hdc bancario o dell'indagine Hdc?
Fiorani – No, no, io ho avuto l'impressione che... io le parlo di impressione eh, perché...
Pm Greco – No, no, non dica l'impressione, dica quello che le ha chiesto.
Fiorani – Proprio questo stavo per dire.
Pm Greco – Lui era al corrente del fatto che i magistrati, dopo aver trovato un brogliaccio, le avevano chiesto: «Com'è che le ha telefonato?».
Fiorani – Esattamente, e che io...
Pm Greco – Lei è rimasto colpito da 'sto fatto?
Fiorani – No, no.
Pm Greco – No?
Fiorani – No, no, io...

Pm Greco – Cioè per lei era plausibile che il presidente del Consiglio dovesse sapere questo?
Fiorani – Sinceramente in quel momento lí... l'incontro è durato un quarto d'ora, non mi sono posto il fatto che lo sapesse o no, ho detto: «Guardi, mi è stato chiesto di indicare le telefonate, e io ho risposto che...»
Avv. Mazzola – Ma le hanno trovate lí al momento della perquisizione, le telefonate?
Fiorani – Sí, sí. E io ho risposto il fatto del... ho risposto che le telefonate le aveva fatte, l'aveva fatto per perorare la causa di questo signore, di un finanziamento da concedere a questo dottor Crespi, perché Forza Italia aveva avuto un problema, che si era fatto male un tesoriere di Forza Italia, non so cosa è successo, con l'elicottero... me l'ha spiegato cosí lui, ma era vero, e quindi aveva dei pasticci e non potevano onorare il pagamento di una fattura.
Pm Greco – Quindi lei ha riferito a Berlusconi quello che aveva detto ai magistrati?
Fiorani – Esattamente.
Pm Greco – E poi?
Fiorani – Adesso non mi ricordo se era ai magistrati o se l'ho riferito all'esponente della Guardia di finanza, comunque in quella circostanza lí. Perché non mi ricordo...
Pm Fusco – La perquisizione quando è avvenuta? Se lo ricorda?
Avv. Mazzola – Io mi ricordo 28 o 29 settembre del 2004.
Pm Fusco – E quindi lei incontra Berlusconi...
Fiorani – Subito dopo.
Pm Fusco – ...subito dopo il 10, quand'è? I primi giorni di ottobre, quando si fa... il Salone di Genova?
Pm Greco – Eh, in quel periodo.
Pm Fusco – 10 ottobre, prima decade di ottobre.
Fiorani – Ottobre, e dopo di che, quindi in seconda battuta, gli faccio presente che: «Guardi che il problema, per quanto mi riguarda, era che il soggetto era finanziabile, non può farlo fallire perché era finanziabile solo per garanzia, che non ha prestato», per cui noi abbiamo chiesto il fallimento di questo Crespi, per tutte le sue società che erano collegate. Basta, lui non ha detto niente altro.

•

Se questi sono i rapporti di Berlusconi con Fiorani, è ovvio che siano buoni anche quelli con Ricucci, impegnato nell'assalto al *Corriere*, grazie a un prestito Bpl di 570 milioni di euro garantito dai titoli Rcs appena acquistati dall'ex odontotecnico baciato dalla fortuna. Il premier e il marito di Anna Falchi s'incontrano in Sardegna. E agli atti finisce anche una telefonata tra l'immobiliarista e Adriano Galliani, amico e collaboratore del premier.

Galliani – ...Il grande presidente [si riferisce a una dichiarazione di Berlusconi, *nda*] mi sembra che t'ha fatto un assist mica da poco, eh?
Ricucci – E ssí, ma, domani... Domani lo vedo.

Ma se Fiorani e Boni di Antonveneta parlano molto, del *Corriere della sera* dicono pochissimo. L'interesse di Berlusconi a sconvolgere l'assetto azionario del quotidiano, che lui considera ostile, in quei mesi è palese. Ma i due non chiariscono perché la Popolare di Lodi abbia sostenuto per tutto il 2005 Ricucci in quell'assalto disperato. Quel che è certo è che al premier l'operazione sta molto a cuore: dalle carte dell'indagine spunta almeno una telefonata inquietante. È la notte del 12 luglio 2005: Fiorani chiama l'amico Emilio Gnutti, il *raider* bresciano che nel '99 scalò la Telecom insieme a Roberto Colaninno e Giovanni Consorte. Fiorani ha appena mandato un «bacio in fronte» al governatore Fazio, non appena questi l'ha chiamato per dirgli di aver firmato l'autorizzazione all'Opa della Lodi su Antonveneta. In quelle ore Gnutti è seduto con il premier Berlusconi (suo socio in Hopa tramite la Fininvest) al tavolo di una villa a Valeggio sul Mincio. Chiuso il telefono con il governatore, Fiorani chiama Gnutti, gli racconta dell'ok tanto atteso e parla con il Cavaliere. Gnutti rivela a Fiorani: «Ho sentito il presidente commosso della cosa, gli ho detto che andremo avanti con Rcs e che ci deve dare una mano». È una telefonata che Berlusconi dirà di non rammentare. Ma tutti gli altri protagonisti delle scalate estive la ricordano benissimo. Ricordano, ma non spiegano.

La verità di Boni

Il 13 dicembre 2005 Fiorani e Boni finiscono a San Vittore. L'uomo di fiducia del banchiere di Lodi, il manager Bpl Silvano Spinelli, va agli arresti domiciliari. E racconta ai pm – come riassume la Procura – che nell'istituto di credito era stata creata

> una «cassa nera» gestita dallo stesso Spinelli e alimentata dai prelievi effettuati sui conti di una serie di clienti privilegiati. Spinelli ha suddiviso gli utili della cassa nera in 3 quote:
> 1) quanto al 20 per cento circa retrocesso ai predetti clienti;
> 2) quanto al 40 per cento circa utilizzato per arricchimenti personali;
> 3) quanto al residuo 40 per cento utilizzato quale «fondo» a disposizione di Fiorani per il pagamento della protezione politico-istituzionale della banca.

Gianfranco Boni, messo alle strette, conferma:

Nell'anno 2000 avevamo dovuto affrontare il problema del sostegno del titolo Bpl e della ricapitalizzazione della banca. Come poi spiegherò, la situazione della banca era caratterizzata da una certa tensione finanziaria che deprimeva anche il corso del titolo. Nello studiare un'azione di sostegno del corso del titolo, decidemmo di utilizzare i conti di alcuni clienti che facevano riferimento a Spinelli, nonché altri conti sui quali oltre agli aumenti di capitali, abbiamo anche parcheggiato delle perdite (Sechi, Galerati ed altri). [...] Nell'anno 2002 l'operatività su questi conti cominciò a maturare delle plusvalenze. Sostanzialmente operavo con operazioni in derivati, cosicché cominciammo a pensare di utilizzare questi soldi nel seguente modo: un paio di volte l'anno io redigevo un elenco nel quale segnavo il nominativo della persona, il conto, il saldo del conto e le plusvalenze. Portavo questo elenco a Fiorani e poi a Spinelli il quale prelevava quanto gli occorreva per saldare le esigenze dei suoi referenti, stornava una parte che metteva a disposizione di Fiorani e divideva tra di noi la restante somma. Sostanzialmente, le percentuali della divisione corrispondono a quelle indicate da Spinelli e cioè: 40 per cento a noi tre, 20 per cento ai clienti e 40 per cento per le esigenze riservate della banca che Fiorani provvedeva ad utilizzare.
Non sono in grado di quantificarle l'importo complessivo messo a disposizione di Fiorani in questi anni. Prendo atto che Spinelli parla di 7,5/8 milioni di euro e che la S.V. ritiene che tale somma sia calcolata in difetto attesa l'entità dei movimenti in contanti fino ad oggi accertata dalla polizia giudiziaria, ma devo riflettere per poterle dare una quantificazione tendenzialmente esatta.
Confermo peraltro che il motivo per cui si era creata questa sorta di fondo riservato dell'amministratore delegato è quello che indica Spinelli e cioè di effettuare all'occorrenza pagamenti riservati a uomini politici e delle istituzioni. Effettivamente Spinelli ha ragione quando sostiene che in banca c'era il timore di essere «scoperti», sia in ordine alla tenuta dei conti, sia in ordine alla «rottura» delle procedure, e che la creazione di questo fondo in un certo senso serviva a realizzare uno scudo protettivo. Preciso sin da ora che non ho idea di come Fiorani lo abbia concretamente realizzato, anche se sono stato testimone di alcuni episodi che mi hanno fornito una chiave di lettura.

Questione erogazione di denaro a Giorgetti Lega Nord

Nel marzo-aprile del 2005 Fiorani mi aveva dato un appuntamento a Roma presso il Senato. Devo dire che Fiorani era solito effettuare attività di lobbismo e che addirittura nei primi mesi del 2004, quando era in discussione alla Camera la legge sul risparmio, praticamente mi diceva che in quel periodo viveva a Roma dentro al Senato. Comunque nel 2005 l'esigenza primaria di Fiorani era quella di aggregare un consenso sull'operazione Antonveneta. Arrivai a Roma nel primo pomeriggio e fu lo stesso Fiorani a introdurmi al Senato. Lo ricordo perché era la prima volta che ci entravo ed anzi rimasi colpito, quasi spaventato, dal constatare che Fiorani si muoveva come se fosse a casa sua dal momento che tutti lo conoscevano, dai commessi ai senatori. Fiorani mi fece strada nell'ufficio di Pedrizzi, senatore di Alleanza nazionale il cui figlio ricopre diverse cariche quale consigliere nelle società del gruppo Bpl. Ricordo che all'inizio la conversazione riguardò una solita raccomandazione per l'assunzione di una persona sponsorizzata dal Pedrizzi, mi sembra a Latina. Ma il vero motivo dell'incontro era la richiesta che Fiorani avanzò di creare un collegamento con il presidente Cardia della Consob, al quale Pedrizzi era vicino. Ricordo che Cardia venne chiamato davanti a noi e Pedrizzi raccomandò la nostra Banca e l'operazione che stavamo conducendo, chiedendo attenzione e condivisione. Terminata la telefonata salutammo Pedrizzi e ci recammo nell'ufficio di Tarolli [Ivo, senatore dell'Udc, *nda*] il quale chiamò e ci fece conoscere anche il coordinatore economico della Margherita, del quale non ricordo il nome. Con entrambi parlammo del progetto di aggregazione di reti bancarie e Antonveneta e spiegammo i termini dell'operazione. Usciti dall'ufficio di Tarolli, incontrammo anche il senatore Grillo che ci accompagnò per un pezzo di corridoio. Usciti dal Senato ci recammo, se non ricordo male, presso lo studio dell'avvocato Gianni con il quale dovevamo discutere alcune questioni tecniche relative alla scalata. Al termine dell'incontro [...] ci recammo a Montecitorio dove Fiorani disse di aspettarlo. In particolare affermò: «Sto andando da Giorgetti per lasciargli giú dei soldi». Ricordo che rimasi colpito perché era la prima volta che Fiorani mi diceva che stava portando dei soldi a un parlamentare. Disse la frase a bassa voce per non farsi sentire dall'autista. Rimanemmo fuori da Montecitorio per circa 30-40 minuti e fummo poi raggiunti da Fiorani, il quale mi raccontò alcuni particolari dell'incontro con Giorgetti. In primo luogo mi disse che si era spaventato a morte quando era stato costretto a far passare il borsello con i soldi nell'apparecchio dei raggi X della Camera. Era infatti consapevole che le banconote hanno dei filamenti ed un bollino metallici e temeva di essere scoperto. Aggiunse che Giorgetti in un primo momento non voleva ricevere il denaro, ma che lo aveva convinto e che Giorgetti aveva detto che prendeva il denaro per finanziare una polisportiva di Varese. In ordine ai rapporti con Giorgetti, devo aggiungere che ai primi del 2004 Fiorani mi mise a parte della sua attività per ostacolare l'approvazione del disegno di legge sul risparmio nella parte in cui prevedeva il mandato a termine per il governatore [come vedremo piú avanti Fiorani spiegherà però che Giorgetti gli restituí il contante, *nda*].

Questione ddl risparmio. Operazione Credit Euronord
Nei primi mesi del 2004 Fiorani mi riferiva che, sostanzialmente, viveva dentro il Senato della Repubblica. Ricordo che mi telefonava spesso per aggiornarmi sull'andamento della sua attività lobbistica e mi è rimasta impressa una telefonata che diceva di fare dai bagni. Non mi ha mai voluto riferire sull'incarico che aveva ricevuto da Fazio, nel senso che non posso dire, dovete chiederlo a lui se agiva su richiesta di Fazio ovvero spontaneamente. Sta di fatto che Fiorani si aggirava con un foglio di parlamentari che aveva e stava contattando per convincerli a votare in favore di Fazio. Ricordo anche che, nel corso della telefonata dal bagno, mi aveva detto che era riuscito a convincere La Malfa, mentre stava tentando in tutti in tutti i modi di convincere anche Tabacci che era il piú resistente. Devo aggiungere che Fiorani sosteneva che i suoi principali punti di riferimento, ovviamente d'accordo con lui nel sostenere Fazio, erano Alemanno e Giorgetti. Mentre nulla so dei suoi rapporti con Alemanno, confermo che con Giorgetti e la Lega Nord avevamo realizzato l'operazione di salvataggio della banca Credit Euronord [Credieuronord, *nda*] e che tale salvataggio era finalizzato ad ottenere il consenso del partito Lega Nord sulla posizione del mandato a termine per il governatore. Ricordo che di questa storia me ne parlò Fiorani quando mi mise a parte della necessità di acquistare la banca che, a fronte di 40 milioni circa di impieghi, pre-

sentava 8 milioni di perdite e 24 di sofferenze. Non vorrei commentare, ma si tratta di un record mondiale. Non so se la richiesta di acquistare sia pervenuta da Fazio ovvero se Fiorani sia intervenuto immaginando spontaneamente di «comprare» in questo modo il consenso della Lega. Sta di fatto che Fiorani mi disse che con Giorgetti aveva stabilito un preciso impegno, nel senso che noi intervenivamo nel salvataggio a patto che loro modificassero l'atteggiamento tenuto fino a quel momento di ostilità nei confronti del governatore. Aggiungo che Giorgetti e mi pare altri parlamentari fossero nel consiglio di amministrazione della Credit Euronord. L'operazione di salvataggio è stata curata da Vismara su incarico di Fiorani.
Non conosco né ho mai parlato con Fiorani in ordine a quali «argomenti» di persuasione abbia utilizzato per convincere tanti parlamentari a schierarsi con lui e Fazio. L'unica cosa che posso dire è che, quando mi chiamava, manifestava la sua gioia nell'indicare i successi che stava ottenendo e cioè il numero di parlamentari che riusciva a persuadere e controllare. Ricordo che particolare soddisfazione ebbe nell'essere riuscito a convincere La Malfa e per gli ottimi rapporti che aveva instaurato con Alemanno e Giorgetti. Comunque non ho mai parlato con Fiorani di «sollecitazioni» economiche per creare il consenso, né ho notato un incremento del fondo nero dell'amministratore delegato. Ricordo che questa attività legata alle vicende del decreto sul risparmio fu programmata nei particolari e Fiorani si avvalse dell'aiuto del suo segretario Mondani, il quale aveva un elenco di parlamentare dove, per ognuno dei quali, si segnalava il canale di contatto da utilizzare. Ricordo di aver preso visione di una bozza dell'elenco in lavorazione, ma Mondani potrà sicuramente essere piú preciso.

Grillo, Tarolli, Palenzona
Effettivamente si tratta di persone che, in un modo o nell'altro, hanno ricevuto denaro dalla nostra banca [...]. Ricordo che, al termine dell'operazione che si era conclusa con un successo di Fiorani, lo stesso mi ebbe a dire che sia Fazio che la signora Cristina lo avevano caldamente ringraziato per l'opera di persuasione che aveva posto in essere. L'operazione ha permesso a Fiorani di diventare un punto di riferimento anche politico e ne ho avuto, come ho già detto, la dimostrazione quando sono andato con lui in giro al Senato dove veniva trattato come se fosse Pera. Probabilmente il successo dell'operazione ha maturato in Fiorani una sindrome di potenza che ci ha condizionato nell'operazione Antonveneta sia per le dimensioni della stessa sia per, direi, una sorta di consapevolezza di poter fare ciò che ci pareva. Io peraltro mi tiro fuori da questo discorso perché, come ho già riferito, ero l'unico del *board* della banca perplesso se non contrario all'operazione.

Questione Gambarotta
Il secondo episodio di dazione di denaro con i fondi neri dell'amministratore delegato cui ho assistito non riguarda un pagamento di un uomo politico, bensí di un giornalista, tale Gambarotta, direttore del *Mondo*. Ricordo che mi trovavo da Fiorani quando Mondani annunciò l'arrivo di Gambarotta ed in particolare ricordo che Fiorani tirò quattro accidenti e disse: «Gli devo dare dei soldi». Non ho idea del motivo del pagamento e non so se il gruppo abbia pagato altri giornalisti per una buona stampa.

La lista della spesa

Il 6 gennaio 2006 viene ascoltato Fiorani. E ridimensiona la portata delle dichiarazioni di Boni. Non nega però che una serie di parlamentari o di uomini strettamente legati alla politica, come il numero due di Unicredito ed esponente della Margherita Fabrizio Palenzona, siano stati pagati per mettere in piedi la lobby pro Fazio:

> Un fondo a disposizione dell'amministratore delegato per le operazioni riservate non c'era. Gli unici pagamenti riservati sono quelli che andrò ad elencare precisando, peraltro, che tutte le volte che ho effettuato un pagamento riservato, ho messo al corrente Spinelli quanto a destinatario e motivazione perché volevo che rimanesse testimonianza del mio operato.

Poi però comincia a redigere una lista della spesa che si arricchisce, verbale dopo verbale, di particolari sempre nuovi. Si parte con Luigi Grillo (Forza Italia) e Ivo Tarolli (Udc).

> Al senatore Grillo nel 2004 ho versato 200 mila euro per ringraziarlo dell'attività da lui condotta a favore di Fazio, avendo il senatore necessità per le proprie attività politico-elettorali. Devo precisare che la somma richiesta da Grillo era di 100 mila euro e che la restante somma da me erogata era per l'onorevole Dell'Utri, amico di Grillo e, unitamente a Previti, collegato alla lobby parlamentare che stavo costruendo a favore di Fazio. Inoltre devo ricordare che nel 2005 chiesi a Boni di veicolare sul conto di Grillo delle operazioni in derivati sicure che dovrebbero aver maturato una plusvalenza intorno ai 100 mila euro.

L'investimento, secondo Fiorani, dà i suoi frutti. Perché Grilllo esercita «una importante azione di lobbismo in relazione ai lavori parlamentari che hanno portato alla promulgazione degli emendamenti della legge sul risparmio favorevoli alla posizione del governatore» e riceve «direttamente dal presidente del Consiglio» l'incarico di seguire l'iter legislativo di un emendamento che correggesse quello contro il governatore». Secondo Fiorani, Grillo gli avrebbe detto «di aver a sua volta incaricato De Mattia [uno dei funzionari di Bankitalia più vicini a Fazio, *nda*], di redigere la bozza». Poi considera:

> Trovo del tutto verosimile che ciò sia realmente avvenuto e, per quel che ricordo, Grillo mi disse di aver trasmesso la bozza direttamente al presidente del Consiglio Berlusconi.

Ma non è tutto. Grillo concorda con Fiorani anche quello che il premier deve dire alla stampa. Fiorani, davanti ai magistrati, parla di un'intervista a *Panorama Economy* il cui contenuto era stato preventivamente discusso con Grillo:

> Queste dichiarazioni di Berlusconi ai media ricalcavano esattamente le indicazioni date al premier da Grillo, cosí come da me concordate con il senatore.

L'intervento di Tarolli invece, secondo Fiorani, è decisamente meno costoso:

> A Ivo Tarolli ho dato un contributo di 30-40 mila euro sotto forma di pagamento di una fattura relativa a una pubblicazione. La fattura è stata annotata dalla Bpl [...]. Inoltre anche a Tarolli abbiamo fatto passare delle operazioni titoli sicure sul suo conto.

L'esame delle carte bancarie fornisce agli investigatori un primo riscontro alle accuse di Fiorani.

> Inoltriamo la presente [proposta di fido, *nda*] alla delibera in virtú delle elevate disponibilità della controparte sul nostro istituto, nonché dei corposi redditi del senatore Tarolli, pur consci che non si tratta di forma tecnica adeguata ad un'operazione immobiliare.

Con questa formulazione anomala, la Popolare Italiana (com'è stata ribattezzata nell'estate del 2005 la Popolare di Lodi) rilasciava a Tarolli, vicepresidente del gruppo Udc al Senato, un fido di cassa da 300 mila euro. Stando ai documenti, i soldi servivano per comprare all'asta un appartamento a Roma, senza smobilizzare gli investimenti in gestioni patrimoniali.

È il 5 luglio 2005, in piena bagarre per il controllo di Antonveneta e pochi giorni prima del famoso 11 luglio, quando appena scoccata la mezzanotte il governatore Fazio telefona a Fiorani per comunicargli il via libera all'Opa. I finanziamenti emergono grazie alle verifiche degli ispettori della Banca d'Italia e della divisione Controlli della Bpl. Il 3 dicembre 2004 Tarolli, con un bonifico di quasi 500 mila euro, ha aperto un conto presso l'istituto di Fiorani e nel giro di un mese ne ha investiti 400 mila tra fondi Bpl e titoli. Nessun movimento per oltre un mese. Poi, con valuta 3 febbraio, il senatore fazista dell'Udc (piú volte intercettato dalla Finanza mentre parla con la moglie di Fazio) vende alcuni titoli incassando 250 mila euro, 100 dei quali subito reinvestiti.

Lo stesso 3 febbraio 2005 anche il senatore Grillo, affidato dalla Popolare di Lodi fin dall'ottobre 2004 per 250 mila euro (sempre per compiere operazioni immobiliari), cede titoli e incassa 152 mila euro. Il 3 febbraio, tra l'altro, è proprio il giorno in cui la Bpl chiede alla Banca d'Italia l'autorizzazione per acquistare il 14,9 per cento di Antonveneta. E un altro movimento in conto corrente che unisce le sorti di Grillo e Tarolli avviene con valuta 15 luglio: quel giorno entrambi sottoscrivono, nell'ambito di un aumento di capitale, titoli per 48 mila euro. Proprio lo stesso giorno si chiude la ricapitalizzazione della neonata Popolare Italiana, necessaria per lanciare l'assalto all'Antonveneta. Operazioni e affidamenti in apparenza normali, ma che stranamente sono stati autorizzati dall'amministratore delegato in persona o dalla direzione Crediti, quando in realtà sarebbe bastato un semplice funzionario.

Foto di gruppo azzurro-verde

Marcello Dell'Utri

Contro lo storico braccio destro di Berlusconi, ideatore e organizzatore di Forza Italia, per il momento c'è solo la parola di Fiorani. Oltre a una strana visita che il deputato siciliano e Luigi Grillo rendono a Fazio il 17 maggio 2005. Di Dell'Utri il banchiere di Lodi racconta:

> Ho avuto conferma della circostanza che Grillo aveva consegnato la parte di competenza di Dell'Utri [200 mila euro, *nda*] quando, incontrandolo fuori dalla casa del senatore Previti, ebbe a dirmi: «ci dobbiamo incontrare perché la debbo ringraziare». Ricordo che tale affermazione avvenne il giorno in cui ero andato a casa di Previti su invito di Grillo a prendere un caffè subito dopo pranzo. Aggiungo che tramite Grillo, Previti mi aveva fatto sapere che avrebbe avuto piacere che suo figlio Stefano entrasse nel novero dei consulenti della Banca. Successivamente incontrai Grillo e Stefano Previti a Lodi.

Aldo Brancher e Roberto Calderoli

Il sottosegretario alle Riforme Aldo Brancher è uno dei personaggi chiave per capire i meccanismi con cui Fiorani ha messo in piedi la sua lobby. Collaboratore storico di Berlusconi, Brancher è l'uomo che nel 1999 ha permesso al Cavaliere di riallacciare i rapporti con la Lega (tanto che siederà tra i cosiddetti «saggi di Lorenzago» che riscriveranno la Costituzione italiana in una baita del Cadore). Donato Patrini, il manager che sino al 2002 ha curato i rapporti di Fiorani con i politici, sostiene che era Brancher a indicare quali parlamentari foraggiare:

> Devo precisare che incontravo il Brancher (con il quale mi sono visto molte volte, penso almeno in una quindicina di occasioni) presso il suo ufficio in via Paleocapa a Milano [sede Fininvest, *nda*] e, negli ultimi anni, al ministero delle Riforme istituzionali. Una volta lo incontrai nella sede della Lega Nord a via Bellerio.

Fiorani conferma:

> Con Brancher ho avuto diversi rapporti economici ed in particolare:
> – Erogazione di una somma nel 2003 sul conto di Luana Maniezzo [la compagna del sottosegretario, *nda*] derivante da una partita viaggiante organizzata da Boni;
> – Nel 2004 ho erogato 100 mila euro che ho consegnato in ufficio a Lodi per ringraziarlo per l'attività svolta in Parlamento per aiutare Fazio;
> – 100 mila euro nel 2005 a Roma secondo le modalità che descriverò in relazione ai rapporti con Giorgetti;
> – 200 mila euro a Lodi, quando ho consegnato la busta a Brancher che la doveva dividere con Calderoli. Ricordo che Brancher e Calderoli erano accompagnati da una donna. Ricordo ancora che quella sera Calderoli doveva tenere un comizio a Lodi per le amministrative. Ho consegnato la busta a Brancher, il quale mi disse che doveva dividere con Calderoli perché il ministro aveva bisogno di soldi per la sua attività politica. A differenza di Dell'Utri, il ministro [Calderoli, *nda*] non mi ha mai ringraziato. [...]. Calderoli è stato da noi pagato due volte, la prima tramite Patrini-Brancher, la seconda in occasione della sua visita a Lodi [...], ma non conosco i termini della successiva divisione.
> Brancher l'ho conosciuto nel 1992-93 dopo la sua carcerazione [per Tangentopoli, *nda*]. All'epoca aveva un ufficio in via Paleocapa e in parte svolgeva attività di imprenditore e in parte di manager Fininvest. Siamo rimasti in contatto e successivamente ho saputo che aveva avviato una nuova attività imprenditoriale con la società Plastecopack. Nel 2001, prima delle elezioni, Brancher mi chiamò dicendomi che aveva bisogno di soldi per le sue attività politiche ed io approfittai per chiedere che nel mio collegio elettorale di Lodi fosse candidata una persona di nostro gradimento al posto dell'onorevole Di Giovane. Ed infatti Brancher riuscí ad inserire nel collegio di Lodi Falsitta [Vittorio Emanuele Falsitta, figlio di uno storico commercialista di Berlusconi, *nda*], che trovammo di nostro gradimento. Il denaro venne consegnato a Brancher da Patrini, con provvista sempre creata da Spinelli. Successivamente nel 2003 Brancher ci chiese altro denaro (credo una somma intorno ai 200 mila euro) come contributo e sostegno della sua attività politica. Quando ci fu la discussione sul disegno di legge sul risparmio, Brancher fu una delle persone che contattai per primo e si dimostrò disponibile a sostenere il «partito

di Fazio». Brancher controllava una serie di parlamentari sia di Forza Italia sia della Lega. In cambio del sostegno che prometteva, concordammo la cifra di 300 mila euro che per l'appunto consegnai in tre tranche secondo le modalità che ho descritto. L'ulteriore consegna di denaro avvenuta unitamente a Calderoli, venne motivata dal Brancher con la necessità di sostenere l'operazione e l'attività del ministro Calderoli e del suo partito.

A complicare la posizione di Calderoli (che respinge con sdegno le accuse), c'è anche un minaccioso messaggino sms inviato dall'ex ministro a Donato Patrini:

> Quando avevate bisogno di me io vi ho sempre aiutato e ora che vi ho chiesto un piccolo favore vi siete defilati. Mi ricorderò in futuro di voi.

Patrini l'ha conservato nella memoria del suo cellulare. E ha raccontato ai magistrati:

> Ho conosciuto Calderoli nel 2000 su richiesta di Brancher, il quale mi aveva detto di contattare Calderoli perché aveva bisogno di un sostegno finanziario. Ne parlai con Fiorani, il quale si mostrò d'accordo e mi invitò ad incontrare Calderoli e ad istruire una pratica di fido [...]. Andai da Calderoli per dirgli che era possibile affidarlo, tuttavia Brancher mi fece sapere successivamente che il Calderoli non voleva aprire dei rapporti affidati e io compresi che suggeriva di regolare la cosa in contanti. Andai di nuovo da Fiorani, il quale mi disse che si poteva fare l'operazione e di andare da Spinelli per farmi consegnare la provvista in contanti. Mi ricordo che si parlò di circa 100-150 milioni di lire. Io feci passare del tempo perché la cosa non mi piaceva e non so se qualcuno vi abbia comunque provveduto. Ho avuto successivamente altri colloqui con Calderoli e non abbiamo mai parlato di questa storia. Tuttavia ha chiesto altri due favori: una casa a Lodi in affitto o acquisto (incaricai di trovare la casa il geometra Negri di Bpl Real Estate); e un affidamento di 800 mila euro garantito da ipoteca a favore dell'azienda della sua nuova compagna che era in difficoltà con Unicredit. Mi rivolsi a Fiorani mandandogli una relazione scritta, ma lui non volle portare avanti la cosa e Mondani, suo segretario, mi disse che i rapporti con la Lega ormai erano tenuti con Giorgetti divenuto intimo di Fiorani. Dopo un po' di tempo mandai un messaggio via sms al Calderoli per chiedere come stava. Mi rispose con un messaggio piuttosto «incazzato» del seguente tenore: «Quando avevate bisogno di me io vi ho sempre aiutato e ora che vi ho chiesto un piccolo favore vi siete defilati. Mi ricorderò in futuro di voi». Aggiungo che mi risulta che il rapporto tra Fiorani e Calderoli ora è tornato ottimo.

Anche sul conto di Brancher sembrano affiorare alcuni riscontri documentali. L'ispettore della Banca d'Italia Ferdinando Cutino ha infatti spiegato ai pm:

Tra la metà del 2002 e la fine del 2004, la Maniezzo [la compagna di Brancher, *nda*] ha ricevuto un premio di 300 mila euro derivante dalla vendita di un'opzione da parte della banca. Tale premio, insieme con altri 100 mila euro di cui ora non ricordo la provenienza, sono stati girocontati sul conto di Aldo Brancher per estinguere una posizione debitoria sorta a seguito della escussione di una garanzia da questi rilasciata a favore della Plastecopack. La Maniezzo ha ancora una posizione [...] aperta.

Paolo Romani

Brancher si occupa anche di un altro problema: c'è almeno un parlamentare di Forza Italia che non è in sintonia con la Bpl. Lo racconta Fiorani al gip Clementina Forleo:

Fiorani – [Nel 2000] la banca doveva allora [...] avviarsi a una campagna acquisti importante e c'era un personaggio, l'onorevole Giovine di Lodi, di Forza Italia, che era particolarmente a noi ostile. Quindi tutti i giorni ci bersagliava addosso. Brancher mi aveva detto che poteva intercedere sull'onorevole Paolo Romani, che allora era il responsabile regionale di Forza Italia, per far sí che questa persona rientrasse un po' nei ranghi, quindi fosse assolutamente, fosse messo un po' a tacere [...]. Allora in quella circostanza un affidamento in contanti l'abbiamo fatto a Romani [...], perché ci desse una copertura politica sul nostro progetto di crescita industriale.
Gip – Quindi fu fatto questo finanziamento a Romani, questo finanziamento ovviamente anomalo, cioè non era un finanziamento che poteva essere fatto a me, dico a chiunque?
Fiorani – Sí, praticamente un finanziamento senza avere una ragione economica.

Dai documenti bancari della Lodi emerge che il prestito a Romani (poi divenuto presidente della commissione della Camera Trasporti e telecomunicazioni) è stato di circa 200 mila euro. Fiorani sostiene che fino al 2006 non era ancora stato del tutto restituito.

Romano Comincioli

Già compagno di classe di Berlusconi, senatore di Forza Italia eletto proprio nel collegio di Lodi, Comincioli è affettuosamente chiamato «zio Romi» da Ricucci. Le intercettazioni dimostrano che l'immobiliarista lo considera il canale privilegiato per parlare direttamente con il premier della scalata Rcs. Anche Comincioli ottiene un prestito dall'istituto di Fiorani. In occasione dell'acquisto di una barca e in attesa di alcune entrate, nel 2004 Comincioli ha chiesto alla Bpl un aumento di fido da 25 a 50 mila euro, compatibile del resto con le sue entrate. A questa richiesta si somma un affidamento indiretto da 150 mila euro, ricevuto per la «To do Outdoor Srl», società partecipata al 19 per cento da Comincioli e specializzata nella pubblicità sui taxi delle grandi città. Nei dossier della banca, il nome del senatore di Forza Italia s'incrocia con quello di Aldino Quartieri, discusso sindaco della Bpl e commercialista di fiducia di Fiorani: risulta che Quartieri, nell'aprile 2001, aveva aperto un conto a suo nome per promuovere l'elezione di Comincioli.

Ma Fiorani di Comincioli praticamente non parla. E subito dopo il suo arresto, in occasione delle vacanze di Natale del 2005, il senatore approfitta del suo *status* di parlamentare per entrare a San Vittore e rendere visita al banchiere detenuto. Il faccia a faccia, al quale ha assistito una guardia carceraria, sorprende non poco gli inquirenti. È una semplice visita, o qualcosa di piú? Impossibile rispondere. Fatto sta che Fiorani, della questione Ricucci-Rcs, sostanzialmente non parla. E anzi spiega tutta la vicenda con una versione a dir poco minimalista: un'idea «partita dalla mente di Ricucci come logica di potere». La Popolare di Lodi ha prestato a Ricucci oltre 500 milioni di euro per dare l'assalto al *Corriere*, ma Fiorani insiste nell'affermare di non aver mai saputo se l'immobiliarista si fosse mosso per conto terzi:

> È la cosa piú inverosimile del mondo, mi rendo conto quando lo dico, [ma la scalata Rcs, *nda*] è stata pensata e organizzata da lui [Ricucci, *nda*], per quanto sappia io, cercando di trovare alleanze anche in noi... cercando di trovare alleanze in alcuni poteri esterni al sistema bancario, ma al quale io non ho mai partecipato né dal punto di vista ideologico, né dal punto di vista della dialettica. Non ho mai incontrato nessuno che mi abbia detto: «Guarda, allora appoggia Ricucci perché questa operazione con Ricucci creiamo».

Poi però, di fronte alle intercettazioni che dimostrano il forte interesse di Berlusconi per il *Corriere*, il banchiere ricorda quello che gli avrebbero detto Gnutti e Ricucci:

> Gnutti è stato contattato da Ricucci – parliamo di forse due o tre settimane prima dell'inizio della scalata – perché comprasse [...] azioni Rcs. L'idea di Ricucci qual era? «Compri un po' di azioni tu come Gnutti [...]. Qualche azione la faccio comperare alla Popolare di Lodi. Qualche altra azione la faccio comperare da una mano amica e poi offriamo il pacchetto delle azioni Rcs al miglior offerente». In quella circostanza, aggiungo un passaggio in piú, Gnutti risponde in maniera ferma, secca, a Ricucci: «Io non faccio niente finché non chiudo l'operazione Bnl ed Antonveneta. Non ci penso proprio a farlo». E poi gli aggiunge, perché me lo ha riferito il dottor Gnutti: «Parlerò

> con il presidente Berlusconi per sentire lui cosa pensa di questa operazione». In quella circostanza – sempre cose che mi ha riferito Ricucci, però non mi ha riferito Gnutti –, Ricucci diceva che attraverso il senatore Comincioli aveva contattato il presidente Berlusconi e gli aveva fatto [...] presente questo progetto [...]. Ricucci dice: «Ho informato Comincioli». E il senatore Comincioli aveva riferito a Ricucci, che poi lo aveva detto a me tra le tante cose, che il presidente poteva essere interessato... La frase esatta è stata: «Il presidente è interessato che Rcs rimanga in mani italiane».

Un interesse generico. Dopo l'ormai celebre cena di Valeggio in cui Gnutti dice al telefono «Ho detto al presidente che si va avanti su Rcs», Fiorani sostiene di essersi reso conto che Ricucci giocava in proprio:

> Il giorno dopo, io ho incontrato Gnutti [e gli ho chiesto, *nda*]: «Ma che cosa ti ha detto il presidente Berlusconi? Cosa ti ha risposto lui?». E lui mi ricordo, la risposta è stata questa, molto semplice: «Ma avete chi vi finanzia? Avete chi vi sta dietro?». E gli ho detto: «Guarda, non parliamone adesso – la risposta mia al dottor Gnutti – non parliamone adesso. Portiamo avanti la nostra operazione».

Insomma, stando a Fiorani, Ricucci voleva solo rastrellare azioni per poi rivenderle al miglior prezzo possibile:

> Doveva essere il regista per raccogliere una serie di pedine che poi portassero il pacchetto, io dico, al miglior offerente. A meno che il senatore Comincioli, che era il vero referente in questo caso tra Berlusconi e Ricucci, non avesse fatto un passaggio diverso.

La reticenza di Fiorani sull'intera questione Rcs e sui rapporti, anche economici, con Comincioli è evidente. Soprattutto se paragonata all'estrema loquacità con cui racconta le altre due scalate (Antonveneta e Bnl) e i retroscena dei rapporti con gli uomini dei partiti per creare la lobby pro Bankitalia.

Giancarlo Giorgetti

È il segretario nazionale della Lega Nord, nonché ex componente del consiglio di amministrazione di Credieuronord, e fino a maggio del 2006 presidente della commissione Bilancio della Camera: quanto basta per fare di Giancarlo Giorgetti uno degli uomini chiave della lobby fazista. Fiorani, davanti ai magistrati, sostiene di averlo incontrato nel novembre 2004 nell'ufficio del ministro del Lavoro Roberto Maroni assieme a Calderoli: «Si parlò della posizione della Lega in merito al progetto sul ddl del risparmio, fino a quel momento decisamente avverso nei confronti dei poteri del governatore su concorrenza bancaria e mandato a vita». Poi si arrivò «all'idea del salvataggio di Credieuronord da parte nostra». Un'idea che «nacque da Alberto Brambilla, sottosegretario al Lavoro e promotore finanziario di Bpl. Un sabato, a Lodi, incontrai lui e Giorgetti». «Seppure non posi la questione in termini espliciti», prosegue Fiorani, «era chiaro nei miei intendimenti che il salvataggio di Credieuronord si legava alla ricerca di un consenso della Lega» su due fronti: «Prima nei confronti dei progetti di Bpl, poi per modificare la posizione ostile della Lega nei confronti del governatore». E cosí alla fine, secondo Fiorani, Giorgetti s'impegna «a sostenere il governatore in cambio del salvataggio della banca».

Giorgetti, però, le buste piene di banconote non le vuole prendere. E infatti, quando i magistrati gli leggono le dichiarazioni del suo vice Gianfranco Boni, Fiorani chiede di «fare una precisazione»:

> È vero che sono entrato in Parlamento con i soldi e che gli stessi sono passati sotto i raggi X. Quando sono entrato nell'ufficio di Giorgetti gli ho detto che ero passato per ringraziarlo per l'appoggio che aveva dato a Fazio e per quello che speravo potesse dare per l'operazione Antonveneta. Io ho lasciato un giornale con dentro una busta contenente 100 mila euro sulla sua scrivania. Lí per lí Giorgetti, pur sapendo che gli stavo dando una busta [...], non ebbe alcuna reazione. Tuttavia la sera stessa mi telefonò con aria preoccupata dicendomi che dovevo passare subito da lui. Poiché ero già in aeroporto, mi impegnai a ritornare da lui qualche giorno dopo, cosa che feci recandomi nel suo ufficio a Montecitorio. In quell'occasione Giorgetti mi disse che non voleva assolutamente ricevere denaro perché lui era contrario volendo moralizzare la prassi del partito. Aggiunse che, se volevo, potevo aiutare la polisportiva Varese con una sponsorizzazione. Io ritirai la busta e mi recai da Brancher.

Il finanziamento al Varese Calcio arriva. Nel 2004 il club, sull'orlo del fallimento, viene acquistato da Riccardo Sogliano, imprenditore con un passato di calciatore del Milan, ma soprattutto cliente da molti anni della Banca Popolare e amico di Giorgetti. Per avvalersi del «lodo Petrucci» (i bilanci sono in rosso per diversi milioni di euro), il Varese ha un bisogno disperato di un «salvagente» di 100 mila euro per iscriversi al campionato di eccellenza. E proprio 101 mila euro giungono grazie a fidi della Lodi.

I rapporti bancari (leciti) tra Fiorani e il partito di Bossi, del resto si sprecano: la scuola leghista di Varese e il prato di Pontida, proprio quello che si riempie di bandiere verdi per i torrenziali comizi del Senatúr, sono stati comprati con soldi della Bpl. Denaro che il Carroccio ha ricevuto a cominciare dagli anni '90: un totale, tra fidi e finanziamenti, di 10 milioni di euro, cui va aggiunto circa un altro milione proveniente dalla Banca Popolare di Crema (controllata dalla Lodi). Il tutto ottenuto offrendo in pegno la storica sede milanese del Carroccio, il palazzo di via Bellerio. La Lega comincia ad appoggiarsi a Lodi a metà degli anni '90. Lo fa direttamente oppure attraverso società che fanno riferimento al partito. In particolare una finanziaria dal nome inequivocabile: Pontida Fin Srl. Tra i soci, con lo 0,01 per cento, c'è Umberto Bossi. Amministratore unico è il commercialista Ugo Zanello. E proprio la Pontida Fin (anche attraverso la controllata Target Srl) è destinataria di finanziamenti consistenti. Il primo, del 1995, è di 3,6 miliardi di lire. La Lega paga il debito affannosamente. A ogni scadenza viene richiesta «la proroga dell'affidamento». Si va avanti cosí, sempre sull'orlo del baratro finanziario.

Poi, nel 1999, la svolta. Per i maligni la data non sarebbe casuale, visto che coincide con due avvenimenti piuttosto significativi. Primo: l'arrivo di Fiorani al timone dell'istituto lodigiano. Secondo: il riavvicinarsi della Lega al Polo e il profilarsi dell'accordo per le elezioni regionali in Lombardia. Si racconta di accordi al ragú siglati nella casa romana dell'onorevole Brancher, dove un gruppo di futuri ministri – Calderoli, Maroni e Tremonti – si cimentava in gare culinarie. Voci, nient'altro che voci. Di sicuro c'è il fatto che, in quei mesi, i *lumbard* tirano un sospiro di sollievo. I segnali, come accade spesso in questi casi, si avvertono dai dettagli: in via Bellerio – si racconta – riapre la mensa. Passano pochi mesi ed ecco un'altra domanda di finanziamento: «Presentiamo richiesta per la concessione di un finanziamento di 3 miliardi [...] per l'acquisto di due appezzamenti di terreno ubicati a Pontida e utilizzati per i meeting e le manifestazioni politiche di partito». Infine, nel 2004, il partito padano acquista la sede della scuola di via Stadio a Varese, un immobile comprato per 2,5 milioni di euro grazie a un altro fido. La Lega paga le rate del mutuo e offre in ipoteca la sede di via Bellerio. Tutto regolare. Resta però il fatto che Fiorani ha in mano il destino del partito.

Su tutto questo si staglia la lunga ombra di Credieuronord, il sogno della banca padana nato nel 2000 grazie a una campagna a tappeto nelle sezioni della Lega. Ma il bilancio del 2003 si chiude con 8 milioni di euro di perdite, 12 di sofferenze su 47 di impieghi. La tecnica creditizia è singolare: la metà delle sofferenze fanno capo a cinque soggetti, tra cui la società Bingo.net che ha tra i soci l'allora sottosegretario all'Interno, Maurizio Balocchi. Che è pure il tesoriere della Lega e, insieme con il sottosegretario all'Ambiente Stefano Stefani, amministratore della Credieuronord. Il crollo della banca coinvolgerebbe una mezza dozzina di deputati del Carroccio. Ma ecco arrivare al galoppo il cavaliere bianco, anzi verde: il ragionier Fiorani. E la Lega, fino a quel momento schierata in Parlamento con chi voleva fissare un termine al mandato a vita del governatore Fazio, cambia idea.

Il partito di Fazio

Ma il partito fazista è trasversale, e vanta importanti appoggi anche nel centrosinistra. L'uomo chiave è Fabrizio Palenzona, contemporaneamente banchiere (vicepresidente Unicredit), amico del costruttore Marcellino Gavio e uomo politico della Margherita (è l'ex presidente della Provincia di Alessandria). Palenzona si muove da sempre al fianco di Fiorani. In passato ha appoggiato una serie di scalate minori della Popolare di Lodi e per questo, secondo Fiorani, ha ricevuto denaro sia in Italia sia all'estero:

> A parte il primo versamento di 5 miliardi del 1999 le cui motivazioni sono da me già state descritte, il denaro che abbiamo versato nel 2004 in parte derivava da investimenti che conducevamo assieme e in parte serviva a finanziare la sua attività di lobbista. Infatti Palenzona, esponente della Margherita, era il canale di collegamento con La Malfa, Patria [Renzo Patria, ex presidente della commissione Finanze della Camera, eletto ad Alessandria con la Casa delle libertà, *nda*], Cossiga ed altri, ed inoltre ha deciso di aiutarmi perché tramite Fazio ha potuto entrare nel consiglio di amministrazione di Mediobanca. Fui io a organizzare un incontro tra Palenzona e Fazio affinché [Fazio, *nda*] intervenisse su Salvatori [di Unicredito, *nda*] per far nominare Palenzona in Mediobanca. In cambio Palenzona s'impegnava a svolgere la sua attività di lobbista a favore dello stesso Fazio nella discussione parlamentare del disegno di legge sul risparmio. Sostanzialmente nel 2004 abbiamo erogato estero su estero circa 1.200.000 euro e in Italia 850 mila euro in contanti [...]. Il miglior risultato ottenuto da Palenzona è stato quello di far cambiare idea a La Malfa. Sul punto devo dire che Palenzona e La Malfa si erano spesi in precedenza nella difesa di Maranghi (Mediobanca) contro l'asse allora formato da Fazio e Geronzi [Cesare Geronzi, numero uno di Capitalia, prima storico alleato del governatore e poi suo nemico, *nda*]. In quel periodo si erano incrinati i rapporti tra La Malfa e Fazio e conseguentemente anche quelli di Palenzona con Fazio.

La battaglia in Parlamento, però, è tutt'altro che semplice. Fiorani – come racconta lui stesso – si muove su piú tavoli.

Dopo l'esito negativo della votazione in commissione, dove a causa delle ambigue assenze di esponenti di Forza Italia era passato un emendamento che aveva introdotto il mandato a termine, emendamento proposto dalla sinistra, Fazio organizzò una cena alla quale partecipai unitamente a Grillo e Tarolli. Ci confrontammo sulla strada da percorrere per creare una maggioranza favorevole al governatore. Grillo e Tarolli, oltre ad esporre la situazione che si era creata al Senato, si dichiararono convinti di poter aggregare una maggioranza. Verificammo le persone da contattare e Fazio, in quell'occasione e successivamente, mi mise in contatto con Alemanno, Armani [Pietro, An, protagonista di un furibondo attacco alle Procure quando esploderà lo scandalo delle scalate bancarie, *nda*], Pedrizzi. Autonomamente raggiunsi (attraverso Zoncada) Lunardi [l'allora ministro delle Infrastrutture Pietro Lunardi ha ottenuto nel corso degli anni fidi e affidamenti per le società di famiglia per oltre 2 milioni di euro, *nda*], La Malfa (attraverso Palenzona) e Tabacci che già conoscevo. Contattai anche Falsitta in quanto eletto nel collegio di Lodi. Contavamo già sui voti della Lega [...].
Autonomamente decisi di prendere contatti anche con alcuni esponenti della sinistra che già conoscevo, tra i quali Bersani, Benvenuto e Violante [tutti e tre Ds, *nda*]. Constatai che a sinistra c'era una situazione di spaccatura. Preciso che, quando parlavo del disegno di legge sul risparmio, cercavo sempre di collegare il discorso all'operazione Antonveneta, perché intanto portavo acqua anche al mio mulino ed inoltre facevo comprendere ai miei interlocutori che in quel modo sarei potuto diventare il quinto banchiere italiano, sul quale potevano contare per un atteggiamento favorevole in futuro. Ricordo ancora che Bersani mi aveva suggerito di convincere il governatore che il progetto di autoriforma della Banca d'Italia era l'unica soluzione praticabile per difendere il governatore stesso e io mi dichiarai d'accordo con lui. Tuttavia Fazio non voleva assolutamente avere un atteggiamento di mediazione, convinto che le cose dovessero restare uguali a prima, sia per quanto riguarda il mandato, sia per quanto riguarda la concorrenza bancaria. Era sostanzialmente irremovibile. Fu per questo che passai molto tempo a Roma a creare il consenso sulla posizione di Fazio, soggiornando spesso negli uffici di Tarolli e Grillo e dedicandomi a continui contatti e a verificare che tutte le persone che si schieravano con me mantenessero gli impegni. Tutta questa attività è durata sette giorni, ma si è conclusa con successo perché tutti gli impegni che i parlamentari avevano assunto con me sono stati mantenuti.
Non ho avuto bisogno di prendere i contatti con i leader dei partiti, perché Tarolli sosteneva di aver messo al corrente e di tenere i contatti con Casini e Follini; Grillo diceva di tenere i contatti con Berlusconi; Alemanno e Giorgetti erano di fatto dei leader. Coinvolsi in un certo senso anche Gnutti perché ci aiutasse con Tremonti in quanto, anche tramite Zulli [commercialista, socio dello studio Tremonti, *nda*], Tremonti era stato suo consulente nella vicenda Bell [cioè la scalata Telecom da parte di Gnutti, *nda*] [...]. L'interessamento di Tremonti l'avevo chiesto, peraltro sempre in quel periodo, per la scalata Antonveneta. Situo il rapporto Gnutti-Tremonti nel febbraio-marzo del 2005. Ricordo che ne parlai una sera a Brescia a margine di un concerto e Gnutti mi disse: «Stai tranquillo, ho parlato con Tremonti il quale mi ha detto: "Figurati se vado contro i miei clienti"».

Soccorso Rosso

Unipol risponde subito sí all'appello. Il numero uno e il numero due della compagnia, Giovanni Consorte e Ivano Sacchetti, sono abituati da anni a concludere affari con il gruppo dei furbetti del quartierino. Con la Hopa di Chicco Gnutti hanno partecipato prima alla scalata Telecom e poi alla cessione della società telefonica dalle mani di Roberto Colaninno a quelle di Marco Tronchetti Provera. Operazione conclusa con un introito personale di ben 50 milioni di euro (25 a testa), che i due manager «rossi» giustificheranno come il compenso per fantomatiche «consulenze». Secondo Fiorani, invece, Gnutti aveva girato loro quel denaro all'estero come contropartita per essersi «interessati in precedenza anche per ottenere i "giusti appoggi" finanziari e politici» nel quadro della necessità «di permettere un consenso politico della parte che fa riferimento a Unipol e all'impero Tronchetti». Cioè, in qualche modo, per garantirsi la benevolenza di parte della sinistra. Versione sempre smentita da Consorte.

Nel caso della scalata Antonveneta la situazione è simile. Unipol è azionista dell'istituto padovano e per Fiorani è necessario averla con sé per sbarrare il passo all'Opa degli olandesi di Abn Amro. A Consorte e Sacchetti invece serve l'appoggio di Fiorani per l'assalto alla Bnl. A tutto questo si aggiunge un interesse economico (Sacchetti e Consorte intascheranno alcuni milioni di euro) e uno politico (cercare di ottenere il consenso della sinistra alle scalate e ai loro registi). Fiorani non ne fa mistero dinanzi ai pm:

Pm Greco – Allora, stavo dicendo una cosa, costituiva per lei motivo di interesse solo e unicamente per il 2 per cento [di Antonveneta, *nda*] o anche per, come dire, un canale... l'attivazione di un canale politico che poteva, in un certo senso, favorire anche il ruolo dell'opposizione [di centrosinistra, *nda*], sia nella scalata Antonveneta che nel consenso Fazio? Una domanda un po'...
Fiorani – No, no, la domanda è chiarissima. La posizione...
Pm Greco – Cioè lei ne ha parlato con Consorte di questo?
Fiorani – Sí, sí, io con Consorte ho parlato, non si è mai detto in maniera specifica «con la tua presenza nel nostro nucleo per Antonveneta noi ci garantiamo per la copertura o una nuova posizione della sinistra». Cioè: non ho mai fatto uno specifico riferimento al fatto che la presenza sua fosse per noi di copertura. Ne ho parlato, invece, di questo argomento con Gnutti, per dire: il fatto che Unipol si schiera in favore nostro nell'operazione Antonveneta ci dà la garanzia, comunque, che il mondo della sinistra è con noi. Il rapporto Consorte era già un rapporto consolidato.
Pm Greco – Sí, ma lei ne ha parlato con Consorte di questo?
Fiorani – Eh... no.
Pm Greco – Diciamo, voglio dire... mi sembra molto strano che lei, che va a

fare il giro delle sette chiese in tutti questi mesi per, come dire, parlare bene di Fazio, vendere il progetto, perché questa è la sostanza, proprio con Consorte, che poteva teoricamente garantire un appoggio di una parte consistente del Parlamento italiano, seppure in minoranza...

Fiorani – Per il governatore, dice lei.

Pm Greco – Ma anche per lei.

Fiorani – Ne ho parlato. Allora, per quanto mi riguardava, la posizione Antonveneta l'ho accennata: era il fatto di non avere la sinistra che potesse ostacolare il nostro progetto. Per la parte del Governatore, invece, io ne ho parlato con Consorte in maniera esplicita...

Pm Greco – Anche per l'Antonveneta ne aveva parlato?

Fiorani – Anche per l'Antonveneta.

Pm Greco – Per tutte e due?

Fiorani – Sí, sí, sí. In maniera molto esplicita. Ma Consorte mi aveva spiegato, ripetuto, direi senza nessun cedimento, senza nessun ripensamento, che la posizione dei Ds era quella espressa da Bersani, che poi io personalmente l'ho verificato. Cioè che loro sul Governatore volevano portare avanti la proposta dell'autoriforma della Banca d'Italia.

Pm Greco – Ma lei, a parte Bersani, non ha mai incontrato altri?

Fiorani – Violante.

Pm Greco – Non anche altri leader della sinistra?

Fiorani – No.

Pm Greco – Sicuro?

Fiorani – Io mi ricordo di Violante.

Pm Greco – Dalle carte che abbiamo in ufficio, e che poi andremo a rivedere, perché secondo me adesso ci abbiamo... sicuramente lei ha cercato di contattare D'Alema tramite De Bustis [Vincenzo De Bustis, il banchiere dalemiano che dirigeva prima la Banca del Salento-Banca 121, poi il Monte dei Paschi di Siena e infine è passato alla Deutsche Bank, e che nel 2001 faceva parte del comitato elettorale di D'Alema a Gallipoli, *nda*]. Mi pare strano che lei...

Fiorani – Sí, sí.

Pm Greco – Scusi, ma perché tramite De Bustis e non tramite Consorte?

Fiorani – È lui che mi ha chiamato, no è De Bustis che mi ha chiamato. De Bustis, quando è venuto in banca da noi, piú di una volta, voleva prendere l'incarico, come De Bustis, del...

Pm Greco – Ma lei comunque non si è mai incontrato con D'Alema?

Fiorani – Mai, mai. Una volta sola avevo fatto un appuntamento, una volta combinato, poi l'autista è arrivato in ritardo a prendermi una mattina, l'appuntamento è saltato.

Pm Greco – Quel povero autista ha fatto una brutta fine, anche.

Fiorani – Ma l'altra volta lei me lo aveva detto, ma guardi che lui (*pp.ii., pronuncia affrettata*) che ho chiesto a mia moglie: «Ma che fine ha fatto Stefano?» perché oggi mi dicono che sia bel tranquillo a fare il capo della reception lí a Lodi.

Pm Greco – Sí, ho capito, va be', è stato degradato.

Fiorani – No, è anche un impiegato di prima...

Pm Greco – Chi glielo ha raccontato? (*pp.ii., fuori microfono*) è esagerato?

Fiorani – No, no, be'... direi proprio di sí, anzi perché... è un ragazzo tra l'altro al quale ero molto affezionato, c anche altre volte...

Pm Greco – Va be'.
Fiorani – D'Alema io non l'ho mai visto, mai incontrato.
Pm Greco – Va bene.
Fiorani – Sí, non l'ho mai incontrato e mai visto. Violante l'ho visto presentandogli il progetto. Bersani altrettanto, l'avevo visto... Bersani lo conoscevo già, lo stimavo già per tanti motivi, insomma. Però la posizione dei Ds me l'aveva detta espressamente Consorte, in maniera molto chiara e specifica, che è quella dell'autoriforma, che era quella forse in assoluto... piú intelligente.
Pm Greco – (*verbalizza*) «...mentre vedevano con favore il progetto Antonveneta». Ecco, a quel momento, cioè stiamo parlando del dicembre 2004, quando lei andava a piazzare il progetto Antonveneta, diceva solamente: «Vogliamo salire, noi e i nostri alleati, in una posizione di maggioranza, non assoluta ma relativa, che però ci permetta il controllo»?
Fiorani – Sí.
Pm Greco – Cioè: vogliamo controllare l'Antonveneta?
Fiorani – Sí.
Pm Greco – Al posto degli olandesi.
Fiorani – Al posto... vogliamo raggiungere una quota complessiva inferiore al 30%.
Pm Greco – (*verbalizza*) «...avremmo potuto controllare la banca [...]. Il canale De Bustis, in quanto era stato proprio D'Alema a richiedere, tramite di lui, un incontro...»
Fiorani – È il contrario, è De Bustis che aveva detto che voleva portarmi da D'Alema.
Pm Greco – E invece gli incontri, di cui ha già parlato, con Bersani, Violante?
Fiorani – Bersani lo conoscevo di persona, l'ho incontrato io senza problemi. Violante l'ho incontrato [...]. Violante me l'ha fatto conoscere invece una persona... della Coldiretti [...]. Era un funzionario della Coldiretti.
Pm Greco – E Fassino non lo voleva incontrare? Non le interessava?
Fiorani – Cioè, non mi sono mai posto...
Pm Greco – Era un segretario di partito, insomma... va be'.
Fiorani – Non nascondo che, per me, avere di fianco a noi Unipol voleva dire avere sostanzialmente...
Pm Greco – (*verbalizza*) «...sostanziale appoggio della sinistra».
Fiorani – (*pp.ii., a bassa voce*).
Pm Greco – Be', sa, come dire, lei li ha cercati insistentemente. Un motivo, a meno che non stesse lí a perdere tempo, c'era, che è un motivo personale, cioè (*pp.ii., fuori microfono*) diventa un punto di riferimento; o è un motivo istituzionale, cioè «io porto avanti un progetto condiviso anche dal mondo politico»; e un motivo anche di necessità perché, da come ho ricostruito un po' le cose, motivo di necessità perché la sorte di Fazio dipendeva dal mondo politico, e la sorte di Fazio incideva sull'operazione. Quindi per questi tre motivi, secondo me, lei si è mosso: cioè il prestigio personale, perché un banchiere in Italia è importante se ha all'occhiello tanti amici politici, io non capisco perché, ma pare che sia cosí; motivo, come dire, istituzionale: in Italia le operazioni finanziarie devono avere l'avallo del mondo politico; e un motivo di interesse piú brutale: «Difendo Fazio per difendere me stesso».
Fiorani – La domanda già me lo sono posta. Me lo sono posta adesso nella vicenda di Bnp su Bnl [l'acquisizione della Banca Nazionale del Lavoro da par-

te del gruppo bancario francese Bnp Paribas, al quale l'Unipol del dopo Consorte cede le proprie quote, *nda*]. Ma me la sono posta io.
Pm Greco – Sí, ne troviamo tante di domande sulla questione Bnp.
Fiorani – Ecco, io mi chiedo, sulla base del ragionamento che abbiamo fatto l'altra volta con lei, l'ultima volta nell'interrogatorio: ma è possibile che un'operazione del genere sia avvenuta, facendo straguadagnare tutti, a dei prezzi in cui hanno fatto utili tutti, in maniera spropositata, compresi gli argentini famigerati e quant'altro, chissà cosa hanno guadagnato, e questa operazione sia avvenuta semplicemente, come viene raccontata, senza... senza chiedere nessun appoggio, nessun avallo politico preliminare? Ma io non ci crederò mai, dottor Greco, mi scusi la mia franchezza, io non ci crederò mai, non crederò mai che possa avvenire che...
Pm Greco – Fiorani...
Fiorani – Scusi, eh, non è per divagare, solamente per dire come le cose funzionano.

Tale è il trasporto dei Ds verso la scalata Unipol da ottenebrare le menti dei massimi dirigenti del partito a proposito non solo degli immobiliaristi, ma persino di Fiorani. Anche dopo la pubblicazione delle sue intercettazioni con Fazio & C. a luglio e agosto del 2005. Anche dopo la sua incriminazione per associazione per delinquere e altri gravissimi reati. Ecco, testuali, gli elogi che Pierluigi Bersani tributa a Fiorani il 27 settembre, in un singolare duetto con il forzista-fazista Luigi Grillo a *Porta a Porta*, difendendo ancora una volta l'«italianità» delle banche (con tanti saluti alla libera concorrenza) e denunciando il «razzismo» di cui sarebbe stato vittima Ricucci:

Su Fiorani, io non lo conosco abbastanza per dare un giudizio. Certamente è un personaggio molto dinamico, molto capace, sveglio, attivo e cosí via... C'è questa cosa della magistratura, faccio notare che anche Consob ha dato un'occhiata a questa cosa e quindi credo, io intendiamoci quando... Quando si può appena avere una risposta ai problemi del paese da soggetti italiani è sempre meglio. Ma questo non significa in nessun modo che dobbiamo inventarci delle cose se non ne abbiamo... Su Ricucci una cosa in piú volevo dire. Insomma... questi personaggi sono il segno di una fase. Un periodo di bolla immobiliare, un periodo di tassi bassi. Cioè è successo un fenomeno che ha ridistribuito ricchezza in modo micidiale. Dai consumatori piú deboli, dalle imprese soggette alla competizione, verso meccanismi finanziari di rendita, eccetera. Quindi, certo, van tassati, ma bisogna fare qualcosa anche in piú. Dare un'occhiata al meccanismo che comincia a girare un po' per un altro verso, perché queste sono cose abbastanza impressionanti. Dopodiché anche io sono per dire «è questo che deve fare un governo, le leggi devono essere rispettate» eccetera. Poi razzismi particolari non piacciono neanche a me perché poi, alla fine, chi vive, chi campa su queste compravendite finanziarie non tassate non c'è solo Ricucci in questo paese qui...

Qualche giorno prima, il 7 settembre 2005, quando ormai cani e porci chiedono a Fazio di andarsene, Bersani lo implora di restare, di «non cedere a una confusa canea» (cioè alla sacrosanta campagna di alcuni giornali italiani e internazionali perché levasse il disturbo).

Quanto a D'Alema, Fiorani aggiunge che Consorte gli avrebbe detto: «Rapporti con D'Alema come li ho io non li ha nessun altro». Una frase pronunciata nel dicembre 2004, quando Fiorani ancora temeva che i Ds potessero appoggiare gli olandesi nella scalata ad Antonveneta: «Ero convinto – spiega Fiorani – che Abn Amro fosse una banca vicina a D'Alema e quindi contavo d'incontrarlo per parlare della nostra iniziativa». Ma il faccia a faccia con il presidente Ds salta perché, come sappiamo, Fiorani perde l'aereo per Roma per colpa dell'autista. Cosí il suo unico vero interlocutore a sinistra rimane Consorte:

> Parlai con Consorte della necessità che lui intervenisse sulla parte politica a lui piú vicina, sia per appoggiare il governatore, sia per far conoscere e ottenere il consenso al progetto Antonveneta.

Con i vertici di Unipol, del resto, la questione piú difficile da risolvere è solo economica:

> Io Consorte e Sacchetti per un po' di tempo non li avevo piú sentiti [...]. Poi un giorno ci siamo incontrati all'aeroporto di Bologna e ho detto loro: «Sentite, ragazzi, qui bisogna che aumentate la vostra partecipazione [in Antonveneta, *nda*], perché alla fine il vostro 2 per cento non ci può servire a nulla nell'ipotesi di poter costruire un progetto serio...» [...]. «E a noi che cosa ce ne viene in tasca?» [mi hanno chiesto, *nda*]. E allora ci siamo guardati in faccia io e Boni e abbiamo detto: «Va be', ma...». [Consorte e Sacchetti rispondono:] «No, bisogna fare quattro conti, bisogna vedere d'inventarsi qualche operazione per farci un tornaconto economico del nostro investimento, quindi noi come Unipol saliamo dal 3 e 40 per cento, però personalmente vogliamo avere un ritorno economico di una certa...».
> *Pm Greco* – Cosa ci viene in tasca a noi come Unipol o come persone fisiche?
> *Fiorani* – Come persone fisiche, esattamente. E allora noi abbiamo detto con Boni, abbiamo detto: «Va be', vediamo un attimo di studiare cosa possiamo fare e poi ne parliamo», eh [...]. Siamo tornati a casa e Boni ha detto: «Potremmo accendere due affidamenti, due linee di credito, una Sacchetti e una Consorte [...]» [...].
> *Pm Greco* – Allora la sostanza è questa, voi gli aprite 'sti due conti per fargli avere dei soldi? Con assegni, circolari, sí...
> *Fiorani* – Sí, che dopo loro hanno prelevato... ah, scusate che dopo loro hanno prelevato e li hanno versati nelle loro società immobiliari [...].

Pm Greco – Ecco, ma questa richiesta economica da parte di Sacchetti e Consorte... ha, come dire, ha una sua normalità negli affari oppure...
Fiorani – Con... è la prima volta [...] con noi banca.
Pm Greco – Con Fiorani è la prima volta.
Fiorani – La prima volta. Con la circostanza invece, diciamo, di altre operazioni precedenti, per quanto io posso sempre immaginare e per quanto posso ricordare, senza andare... perché non saprei dire la dinamica dell'operazione, io so che avevano fatto, che era stata definita una regolazione di spettanze tra Gnutti e Consorte e Sacchetti ancora legati alle operazioni precedenti...
Pm Greco – Quali?
Fiorani – Telecom.
Pm Greco – Telecom.
Fiorani – Telecom. Legati ancora alla vecchia operazione Telecom. Perché questo io lo so? Perché sui nostri conti sono girati acquisti e vendite di azioni, fatte, adesso non saprei dirle le controparti quali fossero, so che le controparti erano sicuramente Hopa e Gpi, e dall'altra parte Consorte e Sacchetti; che avevano fatto questi conti su cui c'era stata una plusvalenza [...]. E nascevano come una sorta di corrispettivo, di conguaglio che doveva essere dato...
Pm Greco – Ecco, ma perché? Cioè quasi 50 milioni di euro? [...].
Fiorani – Per quanto mi aveva accennato, mi aveva riferito Gnutti, era quell'operazione la chiusura dell'operazione Telecom, l'hanno venduta a Tronchetti Provera.
Pm Greco – Scusi, ma questi soldi li tira fuori Gnutti o li tira fuori Tronchetti Provera?
Fiorani – No, i soldi li tira fuori Gnutti [...].
Pm Greco – Ma che significa conguaglio, scusi?
Fiorani – L'operazione Telecom, quando l'hanno fatta, secondo me tutti, hanno tutti... cioè per il consenso finale sull'operazione Telecom e poterla vendere a Tronchetti Provera, da quanto ho capito io, loro non c'erano, non partecipavano, non erano neanche facenti parte del gruppo, secondo me hanno dovuto fare un accordo forte e l'appoggio che hanno dato a Consorte, allora vicepresidente...
Pm Greco – Cosa intende lei con accordo forte?
Fiorani – Eh, il consenso da parte di Consorte che consentisse sia la vendita di Telecom a certe condizioni, Consorte ha avuto il ruolo di regista nell'operazione Telecom, ma molto importante nei confronti del Monte dei Paschi di Siena [anch'esso socio di Gnutti e Consorte in Hopa, *nda*], che è quello che ha finanziato a quell'epoca pesantemente l'operazione. Io sto raccontando cose che ho subíto e che ho visto...
Pm Greco – È un consenso forte solo economico o anche politico?
Fiorani – Eh, per questo dovrò basarmi sulla memoria di quanto mi hanno raccontato: lui lo vendeva come accordo anche politico, Consorte. Però, vede, ai tempi di Telecom io non conoscevo ancora Gnutti se non marginalmente, poiché aveva un rapporto molto modesto presso di noi. Queste operazioni sono avvenute successivamente.
Pm Greco – Però Consorte, che è «sangue del suo sangue», lo conosceva un po' meglio [...]. Voglio dire, ne ha parlato con Consorte.
Fiorani – Dopo sí, dopo sí [...].
Pm Greco – Il motivo per cui Consorte doveva avere questi soldi è perché lui

ha fatto da garante finanziario e politico dell'operazione portata avanti da Tronchetti Provera di acquisizione della Telecom?
Fiorani – Cosí mi ha riferito, anche perché lui ha partecipato molto attivamente in quelle circostanze al buon fine dell'operazione.
Pm Greco – Al buon fine significa mettere d'accordo il Monte dei Paschi di Siena, il sistema politico, l'accettazione quindi anche di Tronchetti Provera?
Fiorani – Il quale [Consorte] però dice che trattava direttamente con lui [Tronchetti] ed era molto caldo sull'operazione [...]. Questo è sempre quanto mi ha riferito.
Pm Greco – L'ultima operazione che voi fate in banca invece è una «stecca», tra virgolette, che vi chiedono Consorte e Sacchetti per partecipare al «concerto» [il patto occulto per la scalata Antonveneta, *nda*].
Fiorani – Sostanzialmente è stata una...
Gip – Una «stecca».
Fiorani – «A noi che cosa ci viene in tasca?».

I furbetti del Botteghino

Le indagini della magistratura non hanno finora appurato se, dietro l'appoggio di una serie di esponenti della sinistra alle scalate Antonveneta e Bnl, ci fosse solo il «tifo» per gli amici dell'Unipol coinvolti in entrambe le operazioni, o anche, più prosaicamente, l'obiettivo di spartirsi con loro il bottino. Al momento il tesoro da oltre 50 miliardi accumulato dal duo Consorte-Sacchetti non risulta essersi mosso troppo. L'inchiesta tenta di far luce sui loro rapporti con l'immobiliarista massone Vittorio Casale, legato a vari personaggi dell'*entourage* di D'Alema. Dalle intercettazioni telefoniche dell'estate 2005 e dalle dichiarazioni pubbliche di una serie di leader, appare comunque chiaro che di contatti con i «furbetti del quartierino» ne aveva parecchi anche una certa sinistra. Basti pensare che Unipol, dopo aver cambiato i suoi vertici e aver venduto il suo pacco di azioni Bnl ai francesi di Bnp Paribas, non si è ancora decisa a intentare un'azione di responsabilità nei confronti degli ex amministratori presunti infedeli Consorte e Sacchetti.

I tifosi piú accaniti degli scalatori erano essenzialmente quattro: Piero Fassino, Massimo D'Alema, Ugo Sposetti e Nicola Latorre.

Piero Fassino

Il segretario Ds parla spesso con Consorte e per tutta l'estate difende pubblicamente non solo la scalata alla Banca Nazionale del Lavoro, ma anche gli immobiliaristi compagni di strada dell'assicurazione rossa. Le sue telefonate intercettate, ma non trascritte perché ritenute penalmente irrilevanti, sarebbero cinque. Il 2 gennaio 2006 *Il Giornale*, di proprietà di Paolo Berlusconi, ne pubblica una non depositata agli atti. Il colloquio risale al 18 luglio 2005. È Fassino che chiama Consorte e va subito al dunque: «E allora, siamo padroni di una banca?». Consorte: «È chiusa, sí, è fatta». Il segretario Ds a quel punto si corregge: «Siete voi i padroni della banca, io non c'entro niente». Consorte: «Sí, sí è fatta, è stata una vicenda, credimi, davvero durissima... però sai... [parola incomprensibile, *nda*]». Fassino: «Già, ormai è proprio fatta». Poi si fa spiegare dal punto di vista tecnico l'operazione. E invita Consorte a non denunciare chi ha criticato la scalata dicendo: «Prima di denunciare aspetta, prima portiamoci a casa tutto» e continua ad esitare tra il tra il «noi» e il «voi»: «Perché il problema adesso è dimostrare che noi abbiamo... che voi avete un piano industriale».

Il fatto inquietante è che poi Consorte rivela al segretario che l'Unipol ha «già in mano il 51 per cento, ovvero la maggioranza [di Bnl] prima ancora del lancio dell'Opa». Il che è vietato dalla legge Draghi, che impone di lanciare l'offerta pubblica appena raggiunto il 30 per cento (non il 51) della società scalata. Fassino però non fa una piega di fronte alla confessione di Consorte: prende appunti e non solleva obiezioni sul «concerto» occulto e illecito.

Massimo D'Alema

Il Giornale parla anche di due colloqui tra Consorte e Massimo D'Alema. In entrambi i casi D'Alema avrebbe utilizzato un cellulare del fedelissimo senatore pugliese Nicola Latorre. In una delle due chiacchierate, secondo il quotidiano della famiglia Berlusconi, il 15 luglio il presidente Ds «avrebbe pronunciato una frase che rimane ancora tutta da decifrare: "Poi ti devo dire – questo il senso dell'affermazione intercettata – qualcosa a proposito delle comunicazioni"». Una frase che insospettisce subito gli inquirenti, anche perché sembra alludere alle intercettazioni in corso, proprio mentre anche Fazio ne viene informato da una misteriosa talpa. I pm milanesi chiedono conto alla Guardia di finanza della fuga di notizie che ha compromesso la segretezza delle indagini. Ma alla fine decideranno di non procedere contro D'Alema per favoreggiamento. Fiorani, citando fonti indirette, dirà che ad avvertire Ricucci delle intercettazioni era stato il suo avvocato, l'allora sottosegretario alla Giustizia di An Giuseppe Valentino.

Strenuo difensore, durante l'estate, del buon diritto di Unipol a scalare Bnl, ma anche prodigo di elogi a Chicco Gnutti e agli immobiliaristi, D'Alema finisce nella bufera delle polemiche anche per un fido aperto presso la Banca Popolare di Lodi per finanziare l'acquisto di Ikarus, il suo nuovo 18 metri a vela. Il presidente Ds si appoggia infatti a un conto Bpi per pagare – insieme con un socio – 8.068 euro di leasing ogni mese. Una somma che viene bonificata alla Bpi attraverso un altro conto che lo stesso D'Alema ha aperto presso Unipol Banca. Il leader diessino spiega cosí la vicenda:

> Sono andato, insieme ai miei due soci, al cantiere Stella Polare di Fiumicino. Ogni cantiere si appoggia a una società di leasing nautico e le società di leasing nautico in Italia non sono piú di tre o quattro. Una di queste è la Ducato. Io, che non avevo i soldi per comprare la barca, ho optato per il leasing e loro mi hanno detto che dovevo fare riferimento alla Ducato. Cosí ho fatto. Ho acceso il contratto di leasing con la Ducato, la quale mi ha chiesto la cortesia di aprire un conto presso la Bpi, cioè la banca alla quale si appoggia per questo tipo di finanziamenti. Ho aperto il conto, ma non conosco nessuno della Bpi e non ho mai visto un solo dirigente della banca lodigiana.

Silvio Berlusconi però lo accusa di essersi incontrato con i vertici delle assicurazioni Generali per discutere della scalata Unipol a Bnl (le Generali detenevano circa l'8 per cento della banca romana). Poi, dopo aver testimoniato in Procura a Roma, il premier specifica di non aver riferito «fatti penalmente rilevanti» e di non aver mai parlato di pressioni da parte di D'Alema o Fassino per convincere le Generali a vendere le proprie azioni a Unipol. L'indagine nata dalle parole di Berlusconi viene subito archiviata.

Nicola Latorre

Il senatore dalemiano viene piú volte intercettato mentre discute con il numero uno di Unipol (che ha il telefono sotto controllo). Le telefonate però sono *top secret*, salvo (per errore) un sms di Latorre che si complimenta con Consorte per l'apparente riuscita della scalata Bnl. Coperte da *omissis* sono anche due chiamate di Ricucci a Latorre il 7 e l'8 luglio 2005. Ma in un caso, alle 12.08 dell'8 luglio, Ricucci riassume subito dopo il suo colloquio con Latorre parlando con il vicepresidente del Monte dei Paschi, Stefano Bellaveglia. Ecco il brogliaccio delle Fiamme gialle:

Stefano dice che ha appena parlato con Nicola [Latorre, *nda*] e gli ha detto che Fassino li ama, anche perché hanno servito la Bnl, Unipol... Stefano dice di avergli detto che la prossima volta ci mettono dentro la Monte Paschi di Siena, ma d'altra parte nel senso che non sarà lei a comprare, ma loro e lui sembra aver capito.

Ricucci è comprensibilmente entusiasta della posizione assunta da Fassino, il quale il 7 luglio ha rilasciato un'intervista al *Sole-24 Ore* sulla scalata al *Corriere* e ha difeso con passione gli immobiliaristi:

È tanto nobile costruire automobili o essere concessionario di telefonia, quanto operare nel settore finanziario o immobiliare. Quello che conta è che ognuno rispetti le leggi e le regole di mercato.

Un parere che nemmeno Consorte condivide, tanto che in una telefonata con Pierluigi Stefanini, oggi suo successore in Unipol, dice di non gradire la compagnia degli immobiliaristi:

Bisogna tirarli fuori. Lo sai non sono uno snob né ho la puzza sotto il naso, ma a tutto c'è un limite. Sono lontani da noi come gennaio dalle pesche.

Ugo Sposetti

Il tesoriere dei Ds, dalemiano doc, nel 2005 non è parlamentare. Dunque i suoi colloqui sono tranquillamente intercettabili e pubblicabili. Sposetti si sente spessissimo con Consorte nelle settimane calde della scalata Bnl. Il 10 luglio dice tra l'altro: «Se non fosse stato per noi, Fazio sarebbe stato perso». Quattro giorni prima, il 6 luglio, l'amico Consorte gli aveva annunciato che l'operazione Unipol era in dirittura di arrivo. E Sposetti lo aveva invitato a non scendere in troppi particolari con Fassino.

Consorte – Gli immobiliaristi vanno fuori tutti. L'operazione la fanno Unipol, le banche e le cooperative! Lo dico a te perché sei l'unico di cui mi fido.
Sposetti – Grande Gianni.
Consorte – Se riesco a chiudere la parte finanziaria è la piú bella operazione fatta in Italia negli ultimi 15 anni.
Sposetti – Incrocio le dita...
Consorte – Adesso poi chiamo Fassino perché questo mi chiama s'incazza che tutte le volte – dice – chiama lui. Vabbè, però ho paura persino a dirglielo.
Sposetti – Tu però devi essere... dice: stiamo tentando, la cosa può andare bene però...
Consorte – Esatto, senza andare nei dettagli.

Ecco: mentre D'Alema, Latorre e Sposetti seguono la cosa fin dall'inizio, il segretario del partito viene tenuto all'oscuro dei particolari praticamente fino all'ultimo minuto. Verrà informato, come abbiamo visto, soltanto il 18 luglio. Curiosamente, questo atteggiamento reticente del tesoriere ai danni del segretario non solo non danneggerà la carriera di Ugo Sposetti, ma la aiuterà non poco: infatti, nel 2006, Sposetti sarà candidato alla Camera in un posto sicuro, e dunque eletto deputato. L'ex ministro Franco Bassanini invece, che si era opposto alla scalata Bnl, verrà clamorosamente trombato.

La Banda Berlusconi

Silvio Berlusconi
Il Cavalier Prescrizioni

La prima volta che Silvio Berlusconi incontra, suo malgrado, la Legge è il 24 ottobre 1979. Da un anno e mezzo indossa il grembiulino di giovane piduista (tessera numero 1816) nascosto sotto i pantaloni a zampa di elefante. La Legge assume le sembianze di tre nerboruti ufficiali della Guardia di finanza e lo coglie negli uffici della sua azienda, la Edilnord Centri Residenziali, madre di tutte le Fininvest (che, come ognun sa, sono di padre incerto). Lui, comprensibilmente sbigottito dall'inopinata intrusione, si fa trovare in un sottoscala con una squadretta in mano e si spaccia per «un semplice consulente». In realtà è il proprietario unico della società, intestata al suo prestanome prediletto Umberto Previti (padre di Cesare). Ma i militari abboccano e chiudono in tutta fretta l'ispezione. Come vedremo piú avanti, faranno una discreta carriera.

Ma nel 1983 eccone altri, di finanzieri. Nell'ambito di un'inchiesta su un traffico internazionale di droga, controllano i telefoni del palazzinaro brianzolo alla ricerca di notizie utili. Nel loro rapporto del 30 maggio 1983, si legge:

> È stato segnalato che il noto Silvio Berlusconi finanzierebbe un intenso traffico di stupefacenti dalla Sicilia, sia in Francia che in altre regioni italiane (Lombardia e Lazio). Il predetto sarebbe al centro di grosse speculazioni in Costa Smeralda avvalendosi di società di comodo aventi sede a Vaduz e comunque all'estero. Operativamente le società in questione avrebbero conferito ampio mandato ai professionisti della zona.

Ma per 8 anni l'indagine, seguita inizialmente dal pm Giorgio Della Lucia (poi passato all'Ufficio istruzione, oggi imputato per corruzione in atti giudiziari insieme al finanziere Filippo Alberto Rapisarda, ex datore di lavoro ed ex socio di Marcello Dell'Utri) viene praticamente dimenticata. E alla fine, nel 1991, il gip milanese Anna Cappelli archivia tutto.

Il terzo, seccante incontro ravvicinato fra il Cavaliere e la Legge risale al 1984. Tre pretori, di Torino, Roma e Pescara, hanno la pretesa di applicare le norme che regolano l'emittenza televisiva e che il Cavaliere ha deciso di aggirare trasmettendo in contemporanea gli stessi programmi su tutto il territorio nazionale. I tre magistrati fanno presente che è vietato, non si può. E sequestrano le attrezzature che consentono le trasmissioni fuorilegge. Sinceramente incredulo di fronte a tanto zelo, il Cavaliere scatena il popolo dei Puffi e di Dallas auto-oscurando le sue emittenti (per dare la colpa ai pretori) e lanciando uno slogan che tante soddisfazioni gli riserverà negli anni a venire: «Vietato vietare» (l'idea è del suo confratello piduista Maurizio Costanzo, che lo rilancia nel suo show serale su Canale 5). Lo slogan è indirizzato, fin da allora, alla magistratura. Che infatti viene prontamente messa in riga dal presidente del Consiglio Bettino Craxi. Questi abbandona una visita di Stato a Londra per precipitarsi in Italia e varare un decreto legge *ad personam* (il famoso «decreto Berlusconi») che riaccende immantinente le tv illegali del suo compare d'anello. La cosa è talmente enorme che, persino nel pentapartito, qualcuno non ci sta. Cosí il decreto decade. E due dei tre pretori replicano il sequestro. Craxi allora partorisce il secondo decreto Berlusconi, agitando davanti ai riottosi partiti alleati lo spauracchio della crisi di governo e delle elezioni anticipate, in caso di mancata conversione in legge. Provvederà poi lo stesso Caf a legalizzare l'illegale monopolio berlusconiano della televisione commerciale, con la legge Mammí, detta anche «legge Polaroid» per l'alta fedeltà con cui fotografava lo status quo.

1. P2, falsa testimonianza

Nel 1988 Berlusconi finisce per la prima volta in tribunale. Ma nella veste del tutto eccezionale di testimone, anzi di presunta parte lesa. È uscita infatti per gli Editori Riuniti la sua prima biografia non autorizzata, *Berlusconi. Inchiesta sul signor Tv* di Giovanni Ruggeri e Mario Guarino, dove si racconta fra l'altro del suo tormentato rapporto con la Legge. Il Cavaliere querela anche chi ha osato recensirlo. Ne nasce una causa davanti al Tribunale di Verona, dove lui, il querelante, viene chiamato inopinatamente a giurare di dire tutta la verità. Lui giura, poi però racconta un sacco di frottole a proposito della sua iscrizione alla loggia P2: «Non ricordo – dice – la data esatta della mia iscrizione alla P2, ricordo comunque che è di poco anteriore allo scandalo [...]. Non ho mai pagato una quota di iscrizione, né mai mi è stata richiesta». Peccato che lo scandalo sia del 1981, e la sua iscrizione alla pia confraternita (tessera 1816) risalga al 1978, con tanto di pagamento della quota («lire 100 mila in contanti in data 5 maggio 1978»). Cosí, da parte offesa, il Cavaliere si tramuta in imputato per falsa testimonianza. Ma viene prosciolto in istruttoria. Il 25 febbraio '90, alla vigilia dell'appello, scrive a *L'Espresso*: «Spero che la prossima amnistia, che si annunzia non rinunciabile, non mi tolga il piacere di veder confermata la sentenza di proscioglimento». Invece, in secondo grado, viene dichiarato colpevole. Ma l'amnistia del 1990 (peraltro rinunciabile), approvata dal Parlamento con la scusa di festeggiare il nuovo codice di procedura penale del 1989, gli toglie il piacere di essere condannato per aver giurato il falso in tribunale. La decisione della Corte d'appello di Venezia arriva nel maggio 1990. Nelle motivazioni depositate il 22 ottobre seguente, si legge:

> Ritiene il Collegio che le dichiarazioni dell'imputato non rispondano a verità [...], smentite dalle risultanze della commissione Anselmi e dalle stesse dichiarazioni rese del prevenuto avanti al giudice istruttore di Milano, e mai contestate [...]. Ne consegue quindi che il Berlusconi ha dichiarato il falso, [rilasciato] dichiarazioni menzognere e compiutamente realizzato gli estremi obiettivi e subiettivi del delitto di falsa testimonianza.

Ma, appunto, «il reato va dichiarato estinto per intervenuta amnistia». Anziché chiedere alla Cassazione di essere assolto nel merito, Berlusconi rinuncia a impugnare la sentenza, che diventa definitiva nel 1991. In seguito, entrato in politica, tuonerà piú volte contro quell'«amnistia rossa» (alludendo alla sanatoria sull'«oro di Mosca» al Pci), come se non l'avessero voluta i partiti di governo, insieme all'opposizione, per cancellare le rispettive ruberie. E, di rimbalzo, anche le sue bugie sotto giuramento. Oggi, naturalmente, quella sentenza è sepolta e dimenticata. Forse perché dimostra che la giustizia s'è interessata a Berlusconi ben prima (cinque anni prima) della sua discesa in campo. O forse perché la falsa testimonianza, all'estero, comporta l'espulsione dalla vita pubblica. Negli Stati Uniti, ad esempio, la falsa testimonianza comporta l'*impeachment*: come dimostra il caso Clinton, chi mente ai giudici rischia di uscire dalla Casa Bianca. In Italia, entra a Palazzo Chigi. Anche se è stato riconosciuto colpevole di una serie di reati, ma s'è salvato perché li ha lui stesso depenalizzati o perché è riuscito a tirare cosí in lungo i processi da mandarli in prescrizione.

2. Corruzione della Guardia di finanza

L'inchiesta sulle mazzette alle Fiamme gialle nasce per puro caso la sera del 26 aprile 1994. Un giovane e onesto brigadiere, Pietro Di Giovanni, impegnato in una serie di verifiche fiscali all'Edilnord, si presenta ai magistrati del pool Mani pulite per raccontare che cinque giorni prima il suo capopattuglia, il maresciallo Francesco Nanocchio, l'ha avvicinato dicendogli: «Quelli dell'Edilnord vogliono farti un regalino». Di Giovanni, di fronte a quelle parole, ha protestato. Ma Nanocchio non ha voluto sentire ragioni. Per lui il regalino promesso dall'Edilnord è una «sciocchezza» e ha detto al giovane brigadiere di essersi già dichiarato pronto a riceverlo.

Nel pomeriggio del 26 aprile Nanocchio consegna a Di Giovanni una busta con 2 milioni e mezzo. Tanta sicurezza viene però punita. Di Giovanni, con il denaro in mano, va prima dai suoi superiori e poi da Antonio Di Pietro a raccontare tutto. Le perquisizioni fanno il resto. A casa Nanocchio saltano fuori 47,5 milioni, il resto della mazzetta. Il maresciallo viene arrestato. Prima tenta di negare. Sostiene che l'Edilnord con quei soldi non c'entra nulla. Che la somma è frutto di non meglio specificate consulenze. Poi ammette di aver dato 2 milioni e mezzo a Di Giovanni per saggiarne la corruttibilità. E aggiunge che il denaro proveniva da mazzette ricevute nel corso d'indagini svolte sul fondo pensioni Cariplo. È la prima di tre diverse versioni che spingeranno i magistrati a indagare ad ampio respiro e a scoprire come piú o meno tutte le maggiori aziende italiane sborsassero tangenti per ammorbidire le verifiche fiscali. Alla fine Nanocchio racconta che il denaro gli è stato consegnato da un collega come compenso per l'atteggiamento «benevolo» tenuto in due diverse indagini. Una era quella disposta nel 1994 dalla Procura di Roma e dal Garante per l'editoria sulla reale proprietà di Telepiú: la quarta, presunta tangente Fininvest. La piú recente.

Confessione dopo confessione, il pool Mani pulite individua in Salvatore Sciascia, responsabile degli affari fiscali del gruppo Fininvest, l'ufficiale pagatore incaricato di versare mazzette ai finanzieri. Sciascia, una volta arrestato, ammetterà di aver pagato per tre verifiche, ma negherà di aver mai saputo niente dei soldi versati per addomesticare l'indagine su Telepiú.

Silvio Berlusconi intanto, a metà maggio, si è insediato a Palazzo Chigi. L'inchiesta lo preoccupa. Prima di formare il governo, ha anche tentato di ingaggiare Di Pietro, offrendogli il ministero dell'Interno. Ma Tonino ha rifiutato. Poco prima di scoprire le mazzette Fininvest alle Fiamme gialle.

La sera dell'8 giugno 1994, dopo la riunione del Consiglio dei ministri, Berlusconi riceve a Palazzo Chigi un suo vecchio collaboratore: l'avvocato siciliano Massimo Maria Berruti, l'ex capitano della Guardia di finanza che per conto del gruppo Fininvest si occupa delle società off-shore nei paradisi fiscali. Berruti è uno degli uomini piú vicini al Cavaliere. Il 24 ottobre 1979, l'abbiamo già accennato, quando ancora indossava la divisa delle Fiamme gialle, conobbe Berlusconi nel corso dell'ispezione all'Edilnord ordinata dall'Ufficio italiano cambi. Per tre settimane i militari agli ordini suoi e del suo braccio destro, il maresciallo Alberto Corrado, rovistarono tra le carte della società, negli uffici di Foro Bonaparte a Milano per cercar di capire se davvero il Cavaliere avesse violato le leggi valutarie. E gli chiesero spiegazioni su una serie di fideiussioni personali da lui rilasciate in favore di alcune misteriose società svizzere che risultavano detenere il capitale dell'Edilnord. Berlusconi, senza scomporsi, si spacciò per uno che passava di lí per caso:

> Dell'Edilnord sono un semplice consulente [...]. Ho svolto un ruolo molto importante nei confronti dell'Edilnord centri residenziali e della Società generale attrezzature Sas, perché entrambe le società mi hanno fin dall'inizio affidato l'incarico professionale della progettazione e della direzione del complesso residenziale Milano 2.

In realtà era il proprietario. Ma la pattuglia dei finanzieri prese per buone le sue fandonie, chiuse l'ispezione a tempo di record (meno di un mese) nonostante le anomalie finanziarie riscontrate e tutto venne archiviato con una relazione all'acqua di rose. Il 12 marzo 1980 Berruti si dimise dal corpo. E, dopo qualche mese, cominciò a lavorare per il Cavaliere. Il colonnello Salvatore Gallo, che firmò la frettolosa archiviazione, risultò poi iscritto alla loggia P2 insieme al «semplice consulente» Berlusconi. E il capitano Alberto Corrado? Verrà arrestato nel '94 insieme a Berruti per i depistaggi nell'inchiesta sulle mazzette Fininvest alla Guardia di finanza. Perché è proprio a Berruti che Berlusconi si affida nell'estate del '94, quando le indagini sulla Guardia di finanza minacciano di coinvolgerlo in prima persona.

Depistaggio a Palazzo Chigi

Alle 21 dell'8 giugno '94, dunque, mentre il tam tam giudiziario si fa sempre piú martellante intorno al nuovo premier, Berruti e Berlusconi s'incontrano a Palazzo Chigi. Lo dimostra un «passi» ritrovato dagli inquirenti in un'agenda sequestrata all'ex finanziere, su cui è appuntata l'ora d'ingresso: 20.45. Meno di un'ora dopo, alle 21.29, Berruti riaccende il cellulare e, appena uscito dal palazzo, compone il numero di casa di Alberto Corrado, il suo ex commilitone ormai in pensione. L'indomani Corrado e Berruti si vedono a Milano, in via Turati, davanti alla sede del Milan. Al suo vecchio collaboratore, Berruti chiede un favore. Vuole che parli con un colonnello della Guardia di finanza, Angelo Tanca, da poco divenuto capo del centro operativo della Dia (Direzione investigativa antimafia) a Milano. Berruti sa che Tanca ha ricevuto tangenti dalla Fininvest durante una verifica fiscale alla Mondadori. E chiede a Corrado:

> Parla con Tanca e digli, nel caso venisse coinvolto nell'inchiesta, di tacere assolutamente sul caso Mondadori. Se parlasse, danneggerebbe la politica di Berlusconi e di Forza Italia [...]. Digli anche che il suo comportamento otterrà un riconoscimento adeguato.

Il 10 giugno Corrado e Tanca s'incontrano nella sede della Dia, come risulta dal registro visitatori. Corrado dice a Tanca:

> Mi mandano perché lei ha fatto la verifica Mondadori. Mi hanno detto che, se dovesse succederle qualcosa, lei dovrebbe tenerli fuori dalla verifica. Per loro sarebbero grossi problemi d'immagine. Il Cavaliere è in politica. Loro le saranno riconoscenti.

Tanca promette: «Sarò una tomba». In quei giorni però gli arresti tra i finanzieri si susseguono a tamburo battente. E in quel clima nessuno è in grado di garantire alcunché. Confessano un po' tutti: militari, imprenditori, commercialisti. Le mazzette si contano a centinaia. Il 5 luglio anche Tanca finisce nel carcere militare di Peschiera del Garda. Comincia a collaborare. Ammette di essere un corrotto. Fornisce un lungo elenco di aziende che l'hanno pagato. Ma, fedele alla consegna del silenzio, non parla della Fininvest. Il 7 luglio, durante l'ora d'aria, avvicina il maresciallo Livio Ballerini, pure lui detenuto, che aveva partecipato alle verifiche alla Mondadori. Ed esegue il mandato ricevuto da Corrado: «Taci sulla Mondadori, o non ne verrai fuori».

Ma la valanga delle confessioni è inarrestabile. Se Tanca tace sul Biscione, parlano gli altri. E cosí sui verbali finisce il nome di Salvatore Sciascia. Il 13 luglio Oreste Dominioni, uno dei legali del gruppo Fininvest, si presenta in Procura. Tenta di trattare con Di Pietro la presentazione spontanea di Sciascia. Ma trova la porta sbarrata. In Procura si lavora a pieno ritmo. Sul tavolo del gip Andrea Padalino sono già arrivate 49 richieste di arresto per militari e imprenditori. Compresi due «big» come Alberto Falk e Giuseppe Tramontana (Rinascente, gruppo Fiat). Ma anche Sciascia.

In serata, il colpo di scena. Mentre a Milano si chiude il cerchio attorno al top manager della Fininvest e ad altri personaggi eccellenti dell'industria e della finanza, e mentre gli italiani sono distratti dalla semifinale dei mondiali di calcio tra Italia e Bulgaria, a Roma il governo Berlusconi vara il decreto Biondi. Passerà alla storia come «decreto salvaladri», visto che proibisce la custodia in carcere per una serie di reati, fra cui la corruzione e la concussione. Ma ormai è tardi per fermare la valanga. I magistrati hanno raccolto le confessioni di decine di finanzieri. Sono convinti che la Fininvest abbia pagato quantomeno per le verifiche a Videotime, Mediolanum e Telepiú. Il 23 luglio, appena il governo ritira a furor di popolo il decreto Biondi su pressione di Bossi e Fini, scatta il blitz: mandati di cattura per Sciascia, Paolo Berlusconi e tanti altri. Tanca disubbidisce a Corrado e a Berruti, e confessa anche le mazzette targate Fininvest.

Paolino il parafulmine

Sciascia è uccel di bosco. Anche Paolo Berlusconi non si fa trovare. In realtà, come emergerà nel corso dell'inchiesta, la Fininvest sta prendendo tempo. Tanto che gli avvocati dei due latitanti si recano ad Arcore e incontrano il presidente del Consiglio Berlusconi con gli altri top manager del gruppo, per discutere della costituzione dei propri assistiti. Un fatto di gravità inaudita, che finisce sui giornali e mette a dura prova la sopravvivenza del governo.

Il 25 luglio Sciascia si consegna ai giudici e confessa. Ammette di aver pagato per le verifiche Mediolanum, Mondadori e Videotime, ma nega di aver versato denaro per influenzare le indagini su Telepiú. Ovviamente dichiara di essere un «concusso», cioè una vittima dei terribili marescialli della Finanza. E, quando si tratta di dire chi nel gruppo lo abbia autorizzato a versare tangenti, assicura:

> Sono andato da Paolo Berlusconi. Gli ho rappresentato la situazione, gli ho detto quello che mi stava succedendo [...], che il non pagare avrebbe comportato un danno rilevante per la società. E il dottore [...] mi ha detto che mi avrebbe fatto ovviamente avere la somma di denaro [...]. Lui diceva: «Va bene, te la farò avere presso le casse della società, casse Istifi».

Una settimana dopo Paolo, finalmente arrestato, conferma:

> È evidente che per questioni cosí delicate e riservate come il pagamento di tangenti alla Gdf era bene che non venissero interessati i manager del gruppo [...]. Era bene facessero carico direttamente a me come rappresentate della proprietà.

Lo rilasciano subito. Lui esce dalla Procura nascosto nel bagagliaio di un Fiorino giallo. Ma le sue, per i giudici, sono balle. Per quanti sforzi faccia, il Berluschino (come lo chiama Indro Montanelli) non riuscirà a convincerli che in Fininvest comandava lui e le mazzette le autorizzava lui. Né tantomeno che il gruppo era concusso, cioè taglieggiato e costretto dai marescialli a pagare: le mazzette venivano versate in un clima spensierato, in occasione di pranzi offerti dalla Fininvest ai sottufficiali. Circostanze poco assimilabili al racket. In realtà Paolo Berlusconi si è immolato, accusandosi di reati mai commessi, per salvare il fratello Silvio e Forza Italia. Cosí almeno stabilirà il Tribunale: la sua confessione al momento dell'arresto «era chiaramente destinata a provocare un notevole vantaggio politico al coimputato [Silvio] e al partito politico di cui quest'ultimo era all'epoca, ed è tuttora, esponente di rilievo». Aggiungerà la Corte d'appello:

> La maldestra confessione di Paolo Berlusconi, funzionale al salvamento del fratello, intrinsecamente ed estrinsecamente inaffidabile, vale ad escludere che tale imputato abbia autorizzato le dazioni [...]. Il mandato è stato conferito a Silvio Berlusconi.

Il quale aveva autorizzato le mazzette «una volta per sempre». Assumendo cosí «un ruolo decisivo nell'illecito mercimonio di pubbliche funzioni» da parte dei finanzieri a libro paga. Poi però la Cassazione rimetterà tutto in discussione.

«Silvio, il vero regista»

Nel processo in tribunale, il pm Gherardo Colombo dimostra come Berlusconi si occupasse di aspetti anche secondari della vita del gruppo. Cita i verbali dei «Comitati corporate», le riunioni dei vertici delle varie società del Biscione presiedute dal Cavaliere, che aveva l'ultima parola su tutto, anche sulle questioni minime. Scorrendoli, si scopre che Silvio ha mentito di fronte al Tribunale di Torino quando – sentito come teste al processo Dell'Utri – ha spiegato di aver dedicato i suoi sforzi soltanto «alle decisioni strategiche di ampio respiro e alla cura dell'immagine esterna del gruppo». Al contrario, risulta che s'interessava personalmente persino del costo dei decoder per la pay-tv e della retribuzione spicciola dei manager. E Paolo? I giudici scoprono che il fratello parafulmine, quando è stato processato per le tangenti versate dall'Edilnord ad alcuni amministratori comunali di Pieve Emanuele e Pioltello, aveva assicurato che il denaro proveniva da una provvista in nero di circa 2 miliardi e mezzo. Quel denaro era stato affidato a Sergio Roncucci, un ex funzionario del Pci poi passato al servizio di Berlusconi. Roncucci, interrogato, era stato perentorio: con quella provvista furono comprati solo i favori degli amministratori comunali dei due paesi dell'hinterland milanese. Dunque, se questo è vero, i soldi delle tangenti alla Finanza non venivano da lí. Non erano di Paolo. Quindi Paolo e Sciascia mentono per coprire Silvio.

Non basta. Proprio Sciascia, nei suoi interrogatori, spiega che le buste piene di soldi usate per ungere le ruote alle Fiamme gialle gli venivano recapitate da Giuseppino Scabini, cassiere centrale del gruppo Fininvest. Ed era Silvio ad avere «un diretto interesse, in quanto espressione della proprietà del gruppo, a un controllo superficiale e addomesticato da parte dei militari della Gdf». Il Cavaliere, poi, aveva con Sciascia «intensi rapporti di frequentazione, in un contesto caratterizzato da frequenti scambi di denaro». E si fidava di lui a tal punto da regalargli nel 1988, «all'insaputa del fratello Paolo, la considerevole somma di 500 milioni per una causale che il direttore centrale dei servizi fiscali Fininvest non ha voluto indicare». L'ennesima prova che Paolo, sulle questioni serie, non contava nulla.

I finanzieri, poi, venivano pagati per uno scopo ben preciso: non indagare troppo a fondo. Non arrivare a scoprire quel complesso sistema di accantonamento di fondi neri che permetteva a Berlusconi di disporre di «un'ingente quantità di denaro, depositata su libretti di risparmio al portatore, le cui modalità di movimentazione rivelano, *ex se*, la loro destinazione, in tutto o in parte, a finalità illecite». Aggiungono i giudici d'appello:

> Tali movimentazioni per scopi mai disvelati dall'interessato, sono tra l'altro avvenute pressoché sistematicamente attraverso Giuseppino Scabini (e cioè quella stessa persona che, nel racconto di Sciascia, ha provveduto in piú occasioni a fornirgli in busta chiusa [...] la provvista necessaria per il pagamento delle tangenti in questione).

Due mazzette per Videotime risultano versate proprio nel periodo in cui Scabini, tramite un complesso sistema, rendeva «liquidi» 2 miliardi. E, «a fronte di questo grave dato indiziante, non è stata neanche prospettata un'astratta possibilità di una diversa destinazione di quelle somme di denaro».

Sciascia, come abbiamo visto, ha sempre negato di aver versato tangenti per ammorbidire l'indagine Telepiú. Sia in primo grado sia in appello, però, i giudici non gli hanno creduto: Sciascia pagò anche quella tangente. Ma per la Corte d'appello non è provato con certezza che, anche quella volta, l'abbia fatto su ordine di Berlusconi. Anche Renato Della Valle, immobiliarista amico e socio del Cavaliere, aveva interesse che i militari non fossero troppo scrupolosi. Infatti era formalmente proprietario della quota di maggioranza della pay-tv: grazie a finanziamenti estero su estero da parte di Berlusconi, aveva investito circa 600 miliardi in Telepiú. In pratica era un prestanome del Cavaliere (che aveva dovuto passargli le sue quote per aggirare la legge Mammí). Indagini approfondite delle Fiamme gialle avrebbero finito per danneggiare anche lui. Dunque, secondo i giudici d'appello, la mazzetta potrebbe pure averla ordinata Della Valle.

Per questo, nel dubbio, la Corte d'appello assolve Berlusconi, in virtú dell'articolo 530 comma 2 (la vecchia insufficienza di prove), dall'accusa di aver autorizzato anche la tangente Telepiú. Un'operazione di chirurgia giudiziaria che si rivela fondamentale ai fini della prescrizione. Infatti la Corte decide pure di regalare al Cavaliere le attenuanti generiche, con la curiosa motivazione che le tre mazzette accertate fanno parte di

> un contesto di diffusa illegalità, ove il mercanteggiamento di pubbliche funzioni per il soddisfacimento di interessi privati e la violazione dei doveri di imparzialità, correttezza e fedeltà, da parte dei Pubblici ufficiali, erano elevati a vero e proprio sistema.

Ora, si sa che le generiche dimezzano i termini di prescrizione, che per la corruzione scendono cosí da 15 a 7 anni e mezzo. Se poi viene a cadere anche la mazzetta piú recente, quella del 1994 per Telepiú, il gioco è fatto. L'ultima diventa quella del '92 per Mondadori, dunque la prescrizione scatta nel '99. E il processo d'appello si chiude nel 2000. Tutto prescritto, dunque. Colpa dei tempi biblici della giustizia italiana? No, stavolta no.

Nessuno lo può giudicare

«Mai visto un innocente darsi tanto da fare per farla franca», scherza Daniele Luttazzi. In effetti la prescrizione del Cavaliere è stata fortemente voluta. La storia del dibattimento Guardia di finanza è l'emblema della giustizia all'italiana, almeno quando l'imputato è un «colletto bianco». Una corsa a ostacoli tra agguati, colpi di scena e continui rinvii. Una gimkana. Il solo primo grado dura ben 31 mesi, mentre Berlusconi, i suoi media e i suoi avvocati creano intorno all'aula un clima pesantissimo.

Il 14 ottobre '95 il gup Fabio Paparella rinvia a giudizio gli imputati. Il 17 gennaio '96 inizia il processo davanti alla I sezione del Tribunale. Berlusconi è in aula. Una vera rarità: infatti da allora non metterà piú piede in tribunale fino al 2003 (quando comparirà al processo Sme per le famose dichiarazioni spontanee). Subito la sua difesa tenta di far spostare il dibattimento a Brescia. L'istanza viene ripresentata piú volte. Finché, il 24 febbraio '98, anche la Corte di Cassazione dice che la sede naturale è Milano.

Poi si passa alle istanze di ricusazione del collegio. E alla fine, dopo 10 mesi di processo, quando ormai si sta per chiudere la discussione, i legali berlusconiani hanno partita vinta. Un microfono di Canale5 lasciato acceso al termine di un'udienza registra la voce del presidente Carlo Crivelli. Il quale decide di venire incontro alle richieste della difesa nel compilare il calendario dei testimoni. E dice al pm Colombo, che chiede di tenere un'udienza in un'altra data: «È la tecnica del bastone e della carota». È chiaro che il giudice tenta di accontentare un po' tutti, una volta la difesa e un'altra l'accusa. Invece, apriti cielo. Un fatto normale, che può accadere in qualsiasi processo, diventa uno scandalo nazionale sol perché l'imputato è Berlusconi, amplificato a dovere dalle sue tv e dai suoi giornali. Il 4 novembre la Corte d'appello respinge l'istanza di ricusazione presentata dagli avvocati, ma critica il comportamento di Crivelli. Il 20 gennaio '97 Crivelli opta per l'astensione. Il processo, ormai agli sgoccioli, deve ricominciare da capo. Intanto la prescrizione galoppa.

Il 5 febbraio '97 si riparte. Presidente del nuovo collegio: Francesca Manca. È davanti a lei che il Cavaliere estrae un altro asso dalla manica. Accusa il pool Mani pulite di aver fabbricato prove false. In pratica, i pm avrebbero compilato il «passi» che dimostra la visita di Berruti a Palazzo Chigi l'8 giugno '94 per inserirlo poi nell'agenda dell'avvocato per incastrare sia lui sia il premier. Nessuno lo dice apertamente. Ma per mesi gli avvocati del Cavaliere lo insinuano in aula, mentre lui si dice a conoscenza di misteriose «notizie agghiaccianti».

I due marescialli

Nel settembre '96, la svolta. Giovanni Strazzeri e Felice Corticchia, due ex carabinieri già in servizio al Palazzo di giustizia di Milano, vengono interrogati in gran segreto dalla Procura di Brescia. Strazzeri si presenta spontaneamente e consegna un memoriale, nel quale afferma che il famoso passi è stato compilato da Antonio Di Pietro in persona, cioè falsificato. Poi aggiunge di aver assistito, nel novembre '94, a una telefonata tra Di Pietro e il futuro presidente della Camera Luciano Violante, nella quale i due concordavano tempi e modi della notifica a Berlusconi del primo invito a comparire: quello che colse il Cavaliere alla famosa conferenza anticrimine dell'Onu a Napoli. A conferma di queste e altre «rivelazioni» Strazzeri cita come testimoni il suo ex collega Corticchia e una giornalista, Renata Fontanelli, cronista giudiziaria del *Manifesto* e de *Il Mondo*.

Corticchia, buon amico del direttore del Tg4 Emilio Fede, si è dimesso da poco dall'Arma. Ha affittato un costoso appartamento nel centro di Milano. Ha iniziato a pagare le rate per acquistare una casa ai Caraibi. E, quando viene interrogato, conferma tutto. La giornalista invece no: di fronte alle domande del pm di Brescia che le chiede se davvero, come riferiscono i due carabinieri, Di Pietro l'avesse addirittura molestata sessualmente, si spaventa. Torna a Milano e chiede di incontrare i magistrati del pool. A loro spiega che, qualche mese prima, Corticchia le aveva offerto l'assunzione al Tg4 come inviata, in cambio di una falsa deposizione contro gli uomini del pool. Lei non aveva preso la cosa molto sul serio, anche perché Corticchia sosteneva di aver incontrato Berlusconi in persona. Ma, ad ogni buon conto, aveva registrato di nascosto uno dei colloqui.

Renata Fontanelli non mente. Le indagini dimostrano incontri fra Fede e Corticchia ed evidenziano come l'ex carabiniere, sempre in bolletta, da circa un anno continuasse a versare in banca milioni su milioni. Ed è vero che Corticchia ha visto il Cavaliere ad Arcore. A confermarlo sarà proprio Emilio Fede, che ammetterà di aver organizzato lui stesso l'incontro, telefonando per l'appuntamento alla segretaria del leader del Polo. I giudici di primo grado nel processo Guardia di finanza scriveranno che Berlusconi

> ha cercato di screditare chi conduceva le indagini e cercato di influire sul regolare svolgimento delle indagini con un comportamento che, pur non ricoprendo carattere d'illiceità, non può non essere apprezzato negativamente.

Una conclusione ovvia, che però non verrà ritenuta sufficientemente provata dagli esigentissimi giudici d'appello. Per loro non si può dire «con assoluta certezza che era Silvio Berlusconi il mandante di Corticchia». L'inchiesta sui due ex carabinieri, infatti, passata per competenza alla Procura di Brescia, si chiude con due patteggiamenti. Strazzeri e Corticchia riescono a concordare con i pm una mite condanna a 20 mesi ciascuno per calunnia. Senza neppure l'obbligo di rivelare l'identità del loro mandante e del loro munifico finanziatore.

Le presunte «notizie agghiaccianti» di Berlusconi finiranno per sempre nel cestino il 17 maggio 2001, quando il gip di Brescia Carlo Bianchetti archivierà, su richiesta della stessa Procura, la denuncia del Cavaliere contro il pool Mani pulite per «attentato a organo costituzionale», cioè per aver ordito un colpo di Stato contro il suo governo. Motivo: le inchieste sulla Fininvest «avevano preceduto, e non seguito, la discesa in campo» del Cavaliere; e l'invito a comparire a Berlusconi, del tutto «estraneo» alla caduta del suo governo, era nient'altro che un «atto dovuto».

Quanto al «passi» della discordia, il pool dopo molte difficoltà trova il nome del funzionario di Palazzo Chigi, un certo Mangiavalori, che l'aveva compilato. E questi conferma in aula che la prova non era un falso fabbricato dai pm: era un documento autentico.

Tre sentenze contraddittorie

Ricapitolando. Per la corruzione della Guardia di finanza, Berlusconi viene condannato in primo grado nel 1998 a 2 anni e 9 mesi per tutte e quattro le tangenti contestate, senza attenuanti generiche, insieme a Sciascia e ai marescialli Nanocchio, Arces e Capone. Assolto invece il fratello Paolo. Il 9 maggio 2000 la II sezione della Corte d'appello, piú magnanima, concede le attenuanti al Cavaliere e dichiara provate ma prescritte le prime tre tangenti, mentre lo assolve con formula dubitativa per la quarta. Le motivazioni, comunque, sono durissime:

> Le risultanze acquisite [...] consentono di ritenere provata la responsabilità di Silvio Berlusconi, a titolo di concorso morale, nel pagamento delle tangenti Videotime, Mondadori e Mediolanum [...]. Il giudizio di colpevolezza dell'imputato poggia su molteplici elementi indiziari, certi, univoci, precisi e concordanti, perciò dotati di rilevante forza persuasiva, tali da assumere valenza probatoria [...]. Non si tratta di attribuire a Silvio Berlusconi una (inammissibile) responsabilità di natura oggettiva, in ragione di una mera presunzione di conoscenza e di autorizzazione al mercimonio, derivante unicamente dalla sua posizione di vertice in seno alla Fininvest, ma di prendere atto che gli elementi acquisiti, valutati nel loro nesso logico, danno sicura certezza di una sua autorizzazione alle illecite dazioni ai finanzieri [...]. La prova [deriva] da indizi gravi, precisi e concordanti.

Quindi non solo la Fininvest ha versato tangenti alle Fiamme gialle per ammorbidire le verifiche fiscali nelle società del gruppo: mazzette allungate per autoridursi le tasse e, soprattutto, per evitare che occhi troppo curiosi andassero a scavare tra bilanci e movimentazioni finanziarie destinate a rimanere segrete. Ma ad autorizzarle era il Cavaliere in persona: 100 milioni versati nel 1989, piú 130 nel 1991 e 100 nel 1992, in occasione delle visite dei finanzieri rispettivamente negli uffici di Videotime, Mondadori e Mediolanum. Sebbene i giudici d'appello parlino di «oggettiva gravità dei fatti», Berlusconi se la cava con poco: cioè con il pagamento delle spese processuali (4 milioni e mezzo di lire da rifondere allo Stato, in solido con il maresciallo Arces).

Ma la VI sezione della Cassazione, il 19 ottobre 2001, subito dopo il ritorno di Berlusconi a Palazzo Chigi, ribalta almeno per lui le due sentenze che lo dichiaravano colpevole. E lo assolve con formula dubitativa anche per le tre mazzette superstiti. Secondo i supremi giudici, non è sufficientemente dimostrato che sia stato proprio Silvio (e non Paolo, reo confesso, ma già assolto e dunque non piú processabile per gli stessi fatti) ad autorizzare i manager della Fininvest a pagarle. Che si tratti di insufficienza di prove lo dimostrano ben due passaggi della sentenza. Prima i giudici citano esplicitamente l'«articolo 530 cpv»: dove «cpv» significa «capoverso», cioè comma 2 («prova contraddittoria o insufficiente»). Poi, a scanso di equivoci, vogliono essere ancora piú chiari a 12 righe dalla fine: «Tenuto conto di quanto già osservato sulla insufficienza probatoria, nei confronti di Berlusconi, del materiale indiziario utilizzato dalla Corte d'appello...».

Le tre tangenti, peraltro, sono accertate: tant'è che Sciascia viene definitivamente condannato per aver pagato i finanzieri durante le verifiche fiscali a Mediolanum, a Mondadori e a Videotime. E, secondo la Cassazione, è «non manifestamente illogica» la sentenza d'appello, là dove stabilisce che «Sciascia operava per il gruppo [...] per l'illecito vantaggio del gruppo [...] e non a titolo personale» in base a una serie di «pertinenti elementi», fra i quali la

> predisposizione della Fininvest a gestire in modo programmato le situazioni oggetto di causa, anche con la formazione di fondi per pagamenti extra bilancio e la designazione di uno specifico soggetto [Sciascia] delegato a tenere opportuni contatti

con i finanzieri da corrompere. Una condotta reiterata, sistematica, «programmata» di «corruzione propria». È pure accertato che Berruti tentò di depistare le indagini, dopo la famosa visita a Palazzo Chigi: infatti viene condannato a 8 mesi definitivi per favoreggiamento. Resta misterioso il mandante di tutto lo scandalo: forse Silvio (prove insufficienti), forse Paolo (ormai improcessabile). Chissà. Un fatto è certo: difficilmente i manager della Fininvest potevano prendere iniziative cosí compromettenti di testa propria, e ancor piú difficilmente potevano pagare i finanzieri a colpi di 100 milioni di tasca propria, autotassandosi dal loro stipendio.

Chiunque abbia ordinato o autorizzato quelle tangenti, è assodato che la Fininvest corrompeva la Finanza soprattutto per impedire indagini troppo approfondite sulla contabilità del gruppo. Come spiega con chiarezza la sentenza di primo grado

> è stata accertata l'esistenza di elevatissime quantità di contanti e di fondi non contabilizzati nell'ambito del gruppo, certamente gestiti su disposizione di Silvio Berlusconi.

Fondi completamente occulti, nascosti in Italia e nei paradisi fiscali in giro per il mondo. In Italia il sistema di accantonamento ruotava intorno a 105 libretti al portatore accesi presso il Monte di Paschi di Siena, la Banca Popolare di Abbiategrasso, la Banca Rasini e la Banca Commerciale Italiana. Tra il 1988 e il 1995 i libretti, materialmente in possesso di Giuseppino Scabini che amministra il patrimonio personale di Silvio Berlusconi, registrano movimentazioni per 130 miliardi in entrata e 126 in uscita. Questo sistema resiste fino ai primi anni 90, quando entrano in vigore le norme antiriciclaggio. Poi il «nero» viene trasferito in Svizzera.

«Il sistema dei libretti – scrive il Tribunale – si interconnetteva con le società». I soldi che uscivano servivano per ripianare «erogazioni di cassa» fatte dall'Istifi, la tesoreria centrale Fininvest, a favore delle varie società del gruppo.

> Ciò significa che Istifi metteva a disposizione delle varie società denaro in contanti (da un miliardo a un miliardo e mezzo) di cui si perdeva traccia [...]. Il contante veniva ritirato da Scabini [...] e quindi venivano ripianate le uscite di cassa di contante con assegni prelevati dai libretti al portatore [...]. Analizzando le contabili delle relative operazioni ci si rende conto che da un lato arrivavano contanti e dall'altro ritornavano assegni [...]. Nel conto cassa delle società non è stata trovata alcuna giustificazione dell'impiego; l'uscita di contanti, quindi, non aveva nessun giustificativo economico [...]. Naturalmente non è stato possibile accertare la destinazione del contante uscito da Istifi, che poteva essere a conoscenza soltanto di Scabini e Livio Gironi, che però non l'hanno rivelata. Talvolta il denaro veniva portato direttamente ad Arcore; sono state trovate annotazioni nelle contabilità delle società che facevano trasporto dei valori del tipo «trasportati ad Arcore».

Che cosa se ne facesse Silvio Berlusconi di tutti quei soldi *cash*, è un mistero. I suoi uomini hanno solo spiegato ai giudici qual era la consuetudine: consegnare a villa San Martino (Arcore) mezzo miliardo al mese. *Argent de poche* con cui il Cavaliere avrebbe provveduto alle spesucce correnti per la manutenzione della villa. Strano, in un'epoca in cui tutti i dipendenti vengono solitamente pagati con assegni o bonifici bancari. Ancora i giudici di primo grado:

> Nessuno ha fornito la benché minima prova della destinazione delle somme. Somme che, secondo la ricostruzione del capitano della Guardia di finanza Antonio Martino su base documentale, ammontavano a diverse decine di miliardi nell'arco di pochi anni e non alle inferiori cifre indicate dagli interessati. Scabini ha parlato di generiche esigenze personali di Silvio Berlusconi; ma non ha fornito nessuna specificazione né alcun elemento di prova, né ha indicato i motivi di assoluta urgenza di tali spese d'importo considerevole, per far fronte alle quali sarebbe stato predisposto un meccanismo che coinvolgeva la cassa centrale del gruppo Fininvest [...] che imponeva dei sospesi di cassa a società del gruppo, e causava una sottrazione di liquidità e una conseguente perdita d'interessi. Tutto ciò a fronte di notevolissime disponibilità di contanti facenti parte del patrimonio personale di Silvio Berlusconi, che poi di fatto veniva utilizzato.

La conclusione lascia aperta la porta a molti interrogativi:

> A fronte di un meccanismo cosí articolato e complesso, l'immediata disponibilità di notevoli somme di denaro per esigenze personali sarebbe stata possibile attraverso un sistema ben piú semplice e lineare: il prelevamento del denaro direttamente dai libretti.

Non è vero, dunque, ciò che affermano i collaboratori di Berlusconi, e cioè che tutto questo avveniva «per comodità». Quell'incredibile e complicatissimo marchingegno era invece stato messo in piedi per

> la volontà di occultare la destinazione del contante e la provenienza del denaro utilizzato per i ripianamenti e quindi impedire o quantomeno rendere estremamente difficoltosa la ricostruzione dei passaggi.

Il sistema dei libretti al portatore e dei sospesi di cassa ha il suo periodo di fulgore tra il 1988 e il 1992. Dopodiché entrano in vigore le leggi antiriciclaggio, che rendono obbligatoria la segnalazione da parte delle banche dei movimenti di capitali superiori ai 20 milioni. Cosí il Cavaliere prontamente si adegua, ma non certo per rendere piú trasparenti i suoi affari. Tutt'altro: scrivono i giudici che

> la formazione e gestione del nero è passata a meccanismi diversi, approdando alle società off-shore, gestite principalmente tramite l'avvocato inglese David Mills e i dipendenti Fininvest Vanoni, Foscale, Gironi e Messina, attraverso le quali il denaro perveniva alle diverse destinazioni.

Insomma, per i giudici del processo Guardia di finanza, anche all'estero la Fininvest aveva

> denaro non risultante ufficialmente contabilizzato, abbondantemente disponibile anche per effettuare pagamenti illeciti. E in effetti anche il successivo sistema relativo alle società estere, cosí come il primo sistema relativo all'utilizzo dei libretti, trova spiegazione logica proprio nella finalità di non consentire la ricostruzione dei flussi.

Entrate e uscite in cerca d'autore. Probabilmente inconfessabili.

L'imputato processa i giudici

Anziché spiegare dove prendeva e come utilizzava quei soldi, Berlusconi si dà un gran da fare per dimostrare che i soldi li hanno presi i suoi accusatori. Uno, soprattutto: Di Pietro. Lo aiutano, nell'impresa, i trombettieri del suo impero mediatico, televisivo e stampato. Ed ecco, pronto per l'uso, il presunto scandalo Di Pietro-Pacini Battaglia nell'autunno '96, in pieno processo Fiamme gialle. Di Pietro, con l'amico avvocato Giuseppe Lucibello, avrebbe «sbancato» Pacini, intascando 4 miliardi all'estero (forse in Austria), in cambio della garanzia di impunità. Sembra dirlo, in una controversa intercettazione telefonica, Pacini. E lo sostiene, alla sua maniera, anche il costruttore Antonio D'Adamo, ex amico di Di Pietro e soprattutto socio di Berlusconi. La Procura di Brescia apre l'ennesima inchiesta e dispone ben 58 perquisizioni alla ricerca del «tesoro» di Tonino. L'orchestra nera del Biscione fa la sua parte, mentre D'Adamo si produce – previa visita ad Arcore – in mirabolanti «rivelazioni» sulle presunte manovre dell'allora magistrato per garantirsi una serena vecchiaia a spese sue e di Pacini. Peccato che non sia vero niente.

Il 18 febbraio 1999 il gup di Brescia, Anna Di Martino, respinge la richiesta di rinvio a giudizio per concussione e corruzione avanzata dalla Procura e proscioglie Di Pietro con formula piena. La motivazione è un durissimo atto di accusa per i mandanti dell'operazione D'Adamo: Berlusconi e Previti.

> La genesi della risoluzione alla confessione ed alle accuse [di D'Adamo] nei confronti degli altri compartecipi del presunto patto corruttivo rinviene dai sedimentati risentimenti nutriti, a torto o a ragione, da Silvio Berlusconi nei confronti dell'ex magistrato, risultando poi «per tabulas» che proprio Berlusconi (ed il collega di partito Cesare Previti) sospinse il dichiarante a «parlare» con la Procura di Brescia, utilizzando ogni mezzo e facendo leva sull'antico rapporto di lavoro subordinato e sullo stato di dipendenza finanziaria e psicologica in cui D'Adamo trovavasi a causa degli aiuti ad effetto economico direttamente o indirettamente ricevuti.

D'Adamo, aggiunge il gup, «inizialmente tacque al pm sugli interventi garantiti dall'on. Berlusconi, privilegiando ed enfatizzando le spinte ideali che lo avevano mosso». Le spinte, ad accusare Di Pietro, in realtà erano molto piú prosaiche: gli aiuti economici che il Cavaliere procurava a D'Adamo a getto continuo, «ancora fino alla data del 23 ottobre 1997». Tradizione rispettata: chi calunnia Di Pietro tende a diventare ricco.

3. All Iberian, finanziamento illecito e falso in bilancio

Di Pietro fa risalire l'inizio della campagna di delegittimazione contro di lui a un momento particolare: 3 ottobre 1994, giorno dell'interrogatorio di Giorgio Tradati, amico d'infanzia e prestanome dei conti svizzeri di Bettino Craxi. È grazie alle parole di Tradati che a poco a poco si comincia a indagare su uno strano conto aperto presso la Sbs da una società delle Isole del Canale: la «All Iberian Ltd». Un conto che piú tardi risulterà di proprietà della Fininvest e che costerà a Berlusconi una condanna in primo grado a 2 anni e 4 mesi di reclusione per violazione della legge sul finanziamento pubblico ai partiti (21 miliardi al segretario del Psi), poi cancellata in appello dall'immancabile prescrizione.

Torniamo al 3 ottobre 1994. Dopo mesi di latitanza, Tradati si consegna al pool di Milano e accetta di parlare del conto «Northern Holding» acceso presso la Claridien Bank di Ginevra. A poco a poco rivela tutti (o quasi) i retroscena del sistema di depositi esteri gestiti prima da lui e poi da Maurizio Raggio, ex ristoratore di Portofino, sui quali Bettino ammassava i miliardi delle sue tangenti personali. Parla anche del conto «International Gold Coast», acceso presso la Banker Trust di Ginevra. E dei conti «Constellation Financière» e «Arano» aperti alla Sbs. Grazie alle rogatorie internazionali e agli interrogatori, i magistrati scoprono che «Craxi s'informava sempre dettagliatamente dello stato dei conti esteri». E che, come si legge nella sentenza d'appello All Iberian, disponeva

> prelievi sia a fini d'investimento immobiliare (l'acquisto di un appartamento a New York) sia per pagare gli stipendi ai redattori dell'«Avanti!», sia per versare alla stazione tv Roma Cine Tivú (di cui era direttrice generale Anja Pieroni, legata a Craxi da rapporti sentimentali) un contributo mensile di cento milioni, [sia per ordinare] l'acquisto di una casa e di un albergo in Roma, intestati alla Pieroni.

Quello di Tradati è un contributo fondamentale all'inchiesta. Le sue parole non bastano però a chiarire, almeno inizialmente, chi abbia bonificato 10 miliardi a Bettino. Di quel bonifico Tradati ricorda soltanto la genesi. Tutto ha inizio in una suite dell'hotel Raphael a Roma, tra l'ottobre e il novembre '91. Lí il segretario del Psi spiega a Tradati che sui suoi conti svizzeri, nei giorni successivi, sarebbero arrivati, in tranche da 2 miliardi ciascuna, 10 miliardi da girare su un conto acceso presso la Bil (Banca Internazionale del Lussemburgo). Tradati è tranquillo. Sa che a Ginevra il suo amico Ugo Cimenti, responsabile della Banker Trust, gestisce con precisione il rendiconto dei bonifici. Per questo la sorpresa è grande quando Cimenti, arrivato a Milano, chiede d'incontrarlo. C'è un problema. A Ginevra sono stati bonificati piú soldi del previsto: 15 miliardi. I due non sanno che fare. Poi, agitatissimi, scendono in un mezzanino della metropolitana e da un telefono pubblico, per evitare di essere intercettati, chiamano Craxi per raccontargli l'accaduto. Bettino ordina: «Rimandate 5 miliardi al mittente».

La rogatorie in Svizzera dimostreranno che Tradati non mente. Il 18, il 21 e il 31 ottobre 1991, sul conto 7105 Northern Holding, quei soldi sono effettivamente arrivati. I documenti raccontano che il denaro corre veloce, prima verso un conto acceso alla Banker Trust, per poi arrivare, nel gennaio 1992, fino al conto Bellhart aperto alla Bil del Lussemburgo. I soldi provenivano dalla Sbs, dove una società off-shore, la All Iberian Ltd delle Isole del Canale aveva aperto, già il 25 luglio '89, il conto Q5-772077. Ma che roba è questa All Iberian? E, soprattutto, a chi appartiene? Sulle prime corre voce che faccia capo a Salvatore Ligresti. Poi, però, spulciando nei rendiconti delle banche, si scopre che a chiedere l'apertura del conto cifrato era stata Candia Camaggi, responsabile della Fininvest Service di Lugano. Nel marzo '90, in occasione della rinegoziazione del conto corrente, un avvocato di Lugano,

Giorgio Cattaneo, aveva depositato la sua firma in qualità di procuratore indicato come «avente diritto del conto il gruppo Fininvest c/o Fininvest Service SA, via Besso 86, Massagno (Lugano)».

Il conto, insomma, è della Fininvest. Lo dicono anche i testimoni, che spiegano come All Iberian sia una società off-shore del Biscione di cui, in barba alla legge, non c'è traccia nei bilanci.

Lontan dagli occhi, lontan dal codice

David Mackenzie Donald Mills, un avvocato londinese che lavora per la Fininvest dagli anni 80, rivela di aver costituito nel 1989 sia All Iberian sia molte altre società off-shore domiciliate nelle Isole del Canale, nelle Isole Vergini e in altri paradisi fiscali, su ordine della Camaggi e di Giorgio Vanoni, il responsabile del comparto estero del gruppo Berlusconi. All Iberian fu costituita con

> azioni registrate in relazione alle quali figurava una dichiarazione di «trust» in favore di Giancarlo Foscale [il cugino di Silvio Berlusconi], indicato da Candia Camaggi come «persona simbolo della Fininvest».

All Iberian originariamente avrebbe dovuto operare nella commercializzazione di film, come società consolidata – cioè registrata a bilancio – della Fininvest. Poi però i programmi cambiarono. E Vanoni cominciò a utilizzarla, scrivono i giudici

> con il dichiarato intento di servirsene per effettuare acquisti alla Borsa di Milano, eludendo la normativa Consob che impone di dichiarare l'acquisto di pacchetti azionari superiori al 2 per cento del capitale delle società quotate.

Fu cosí che All Iberian cominciò a svolgere il ruolo «di tesoreria del gruppo di società», cioè delle off-shore (una decina) che Mills aveva costituito per conto della Fininvest. Tra la «Silvio Berlusconi Finanziaria Sa», una società lussemburghese regolarmente registrata a bilancio, e All Iberian c'erano rapporti economici. Molto denaro usciva dai conti aperti in Lussemburgo, transitava su quelli di un'altra off-shore aperti dalla Fininvest alle Isole Vergini, la Principal Finance, e approdava infine ad All Iberian. Cosí, nei bilanci del gruppo Berlusconi, All Iberian figurava come «società terza». In questo modo – ricordano i giudici parafrasando Mills – la società

> fu anche utilizzata, sotto il profilo operativo, nell'ambito dell'operazione Telepiú, concepita insieme con Vanoni e Messina (dirigente e poi amministratore delegato del gruppo Fininvest) per consentire al Gruppo Fininvest di mantenere, in spregio alla legge Mammí, il controllo sull'emittente.

Anche i fiduciari svizzeri che avevano la firma sul conto aperto da All Iberian confermano di aver sempre eseguito disposizioni giunte da uomini Fininvest. Uno di loro, l'avvocato Cattaneo, una volta esplosa l'inchiesta, arriva persino a protestare per iscritto, nel '95, con Segrate per quanto è accaduto. Cattaneo non vuole che la sua reputazione venga danneggiata dalle malefatte del Biscione. Per tutta risposta Livio Gironi, uno dei responsabili del comparto estero, gli scrive di stare tranquillo, che è tutto regolare

> ma nel contempo gli fornisce rassicurazioni sull'indennizzo delle spese legali in cui sarebbe eventualmente incorso, con l'intesa che, se interrogato dalla magistratura italiana, si sarebbe appellato al segreto professionale.

1000 miliardi, la lista della spesa

Tutto questo avviene all'estero. In Italia All Iberian e le altre società off-shore hanno dato procura a operare all'avvocato Giorgio Grandi. Anche lui dichiarerà di essersi mosso per conto della Fininvest. Insomma, anche da questo punto di vista, All Iberian è della Fininvest. Non può far niente se non su ordine del gruppo berlusconiano. E, risultando formalmente e falsamente «terza», viene autorizzata per operazioni «riservate». Sul suo conto, nel corso di sei anni, transitano in nero quasi mille miliardi. Con quali destinazioni?

Anzitutto, si pagano 23 miliardi a Craxi. Si danno soldi di nascosto a Renato Della Valle e a Leo Kirch, con «finalità di elusione della normativa antitrust mediante il finanziamento di altri partner prescelti»: in pratica, non potendo per legge detenere piú del 10 per cento di Telepiú, Berlusconi finanzia occultamente i «soci» che rilevano le sue quote eccedenti. Si acquista – come evidenziano le relazioni della società di revisione Arthur Andersen – «il capitale azionario di Telecinco, in misura superiore al limite del 25 per cento fissato dalla legge anti-trust spagnola» (di qui il processo in corso a Madrid). Si costituiscono società in segreto con Raul Gardini e Giulio Margara, il presidente dell'Auditel e direttore dell'Upa, l'associazione utenti pubblicitari. Si girano 16 miliardi a

Previti – secondo l'accusa – anche per comprare giudici e sentenze. Si scalano i gruppi La Rinascente, Standa e Mondadori in barba alla normativa Consob. E cosí via.

All Iberian, quindi, viene utilizzata per violare le regole del mercato capitalistico e politico. La società riceve 177 miliardi nel 1990, 427 nel 1991, 126 nel 1992, 9 nel 1993 e solo 1 miliardo e 80 milioni nel 1994. A versare il denaro sono sempre le off-shore di Berlusconi. Secondo la Guardia di finanza, poi, ci sono 80 miliardi di cui non si è identificata la provenienza: 18 dei quali versati in contanti, in tranche da 495 milioni alla volta.

Ma non basta. Come risulta dalle carte sequestrate, una delle principali fonti di finanziamento per All Iberian è Silvio Berlusconi in persona. Il denaro, secondo i giudici, arriva in Svizzera tramite i soliti spalloni, dopo una complessa operazione di riciclaggio che ruota intorno al «mandato 500», un «mandato fiduciario aperto presso la Fiduciaria Orefici in data 17 gennaio 1991, sottoscritto a firma di Berlusconi Silvio con contestuale ampia delega a favore di Giuseppino Scabini».

Il «mandato 500», a partire dal luglio di quell'anno, viene alimentato con circa 90 miliardi in assegni. Poi altri 56 miliardi arrivano dall'estero. I primi 90 vengono trasformati in Bot e Cct. I titoli sono poi trasportati da furgoni della società portavalori di Bergamo «Fidelitas», che li consegna a una fiduciaria di San Marino. A San Marino i titoli diventano subito contante. La Fidelitas, con 15 viaggi tra l'agosto 1991 e il gennaio 1992, trasporta una montagna di sacchi di denaro e li consegna a Scabini.

È una tipica operazione di riciclaggio, con qualche particolare inquietante. Il titolare della Fidelitas racconta che uno dei responsabili della Fininvest non volle che il servizio fosse fatturato e, in pagamento, gli consegnò una busta di denaro contante. Uno degli autisti ha spiegato che,

> in occasione del primo viaggio, ebbe una discussione con Scabini, destinatario dei valori in Segrate, poiché questi rifiutava di firmare la ricevuta e lo fece solo dopo che egli minacciò, in caso contrario, di riportare indietro il denaro.

I responsabili della Fiduciaria Orefici raccontano che, quando furono incaricati di reperire i Bot e i Cct poi inviati a San Marino, Mario Moranzoni (un dirigente Fininvest) disse loro: «I politici costano, c'è in ballo la Mammí». Cioè la legge sull'emittenza. Per le presunte tangenti Fininvest in cambio della Mammí, la magistratura romana aveva indagato Gianni Letta e Adriano Galliani. Ma poi aveva archiviato tutto.

Taraq Ben Ammar, chi era costui?

Al processo All Iberian, Berlusconi è imputato non solo per violazione della legge sul finanziamento pubblico ai partiti. Ma anche per il reato, ben piú grave, di falso in bilancio. L'abilità dei suoi avvocati e un'ingenuità della Procura di Milano, però, regalano al Cavaliere altro tempo prezioso, annullando il dibattimento per il secondo capo d'imputazione e facendolo ricominciare da capo nel 1999. I pm si erano dimenticati di citare la Fininvest come parte offesa dei falsi in bilancio del suo proprietario, Silvio Berlusconi. Il quale ha preteso di essere convocato, oltreché come imputato, anche come vittima (dei suoi stessi reati). Sembra incredibile, ma è tutto vero.

All'inizio dell'ultima udienza prima della sentenza All Iberian, un giovane avvocato, Massimo Montesano, sempre presente in aula nelle fasi cruciali del dibattimento, si alza in piedi e, in rappresentanza della Fininvest, fa notare che alla società non è stata data la possibilità di costituirsi parte civile contro il suo unico azionista: Berlusconi. Alla Fininvest non è stato notificato né l'avviso di inizio dell'udienza preliminare né del processo. È ben difficile immaginare la Fininvest che chiede la condanna alla galera e il risarcimento dei danni al Cavalier Padrone. Oltretutto la Fininvest non è certo all'oscuro del processo in corso. Ma tant'è. Il codice parla chiaro. E cosí tutta la parte riguardante il falso in bilancio contestata a Berlusconi e ai suoi uomini viene azzerata. E, per i finanziamenti illeciti a Craxi (reato meno grave), la prescrizione scatta con largo anticipo.

In ogni caso la sentenza d'appello, che il 20 ottobre 1999 dichiara prescritto il reato, sbugiarda platealmente il Cavaliere. Il quale ha sempre fatto di tutto per dissipare il solo sospetto di aver passato dei soldi sottobanco all'amico Bettino. Il 25 novembre 1995, ad esempio, il leader del Polo affronta i giornalisti in una lunga conferenza stampa. E sostiene che il caso All Iberian è frutto di un equivoco. Il comparto estero del gruppo gli ha confermato l'esistenza di un contratto per la commercializzazione in Francia di diritti televisivi tra una società Fininvest, la Principal Communication, e una società olandese, la Accent Investment, del produttore egiziano Taraq Ben Ammar. All Iberian, che non c'entra nulla con la Fininvest, si è limitata a versare dei soldi alla Accent. Ma visto che sia la Accent sia Taraq «hanno lo stesso avvocato del Psi», e questo avvocato per ricevere il denaro «ha utilizzato un conto aperto da piú soggetti», i magistrati si son fatti l'idea di aver a che fare con una tangente a Craxi. Anche Taraq Ben Ammar, intervistato dal servizievole Tg5, ovviamente in esclusiva, dice piú o meno le stesse cose. Insomma: un colossale equivoco.

Peccato che siano tutte bugie. Sia in primo sia in secondo grado, i giudici lo sottolineano con forza. Il presunto contratto tra Fininvest e Taraq, nonostante le pubbliche promesse di Berlusconi, non è mai stato consegnato ai magistrati. Il produttore televisivo italo-arabo non si è mai fatto interrogare. Ai revisori dei conti dell'Arthur Andersen nessuno ha mai parlato del contratto con la Accent. Quindi, scrivono i giudici, «appare inverosimile che i revisori non siano stati informati di un accordo – formalizzato o meno – con Taraq Ben Ammar che incideva in maniera significativa sul valore di bilancio dei diritti francesi». Neanche David Mills, consulente legale del gruppo per la contrattualistica internazionale, ha mai visto né sentito parlare del patto con la Accent.

Del resto, a processo inoltrato, perfino la difesa di Berlusconi dimostra di credere poco a quella ridicola versione. In aula i legali sostengono, in «via subordinata», la tesi difensiva della «dazione personale a favore di un partito politico». Traduzione: se Berlusconi ha pagato Craxi, l'ha fatto con soldi suoi, dalle sue tasche, non con fondi della società. Un modo come un altro per far scattare la non punibilità prevista in questi casi dalla legge. Ma nemmeno questa è la verità. Secondo i giudici d'appello, il leader del Polo è colpevole, ma prescritto. Come confermerà la Cassazione nella sentenza definitiva del 22 novembre 2000:

> Le operazioni societarie e finanziarie prodromiche ai finanziamenti estero su estero dal conto intestato alla All Iberian al conto di transito Northern Holding furono realizzate in Italia dai vertici del gruppo Fininvest Spa, con il rilevante concorso di Berlusconi quale proprietario e presidente, da Foscale quale amministratore delegato, da Vanoni quale responsabile del settore estero.

Dunque All Iberian è in tutto e per tutto riferibile alla Fininvest di Berlusconi. Assolverlo nel merito? Nemmeno per sogno: «Non emerge dagli atti processuali l'estraneità dell'imputato». Il quale dunque, condannato a 2 anni e 4 mesi in primo grado, non è piú punibile in appello, grazie alla solita concessione delle attenuanti generiche. Ma è colpevole: infatti viene «condannato al pagamento delle spese processuali» sia in secondo grado, sia in Cassazione.

L'altro processo, quello parallelo per falso in bilancio, dopo gl'infiniti rinvii seguiti all'annullamento per quel vizio di forma, nasce morto. Nel 2001 l'imputato principale, Berlusconi, diventa presidente del Consiglio e in pochi mesi «riforma» il falso in bilancio, in parte depenalizzandolo in parte abbassandone le pene e dunque i termini di prescrizione. Cosí, il 26 settembre 2005, la II sezione del Tribunale di Milano è costretta a prosciogliere lui e i suoi coimputati «perché il fatto non è *piú* previsto dalla legge come reato». Detto in altre parole: tra il 1989 e il 1994 Berlusconi ha falsificato la contabilità, ma non può essere condannato perché ha cancellato il suo reato. Ma dalle carte bancarie, come sottolinea il pm Francesco Greco nella requisitoria, la All Iberian fu imbottita di 1200 miliardi in sei anni per compiere ardite scalate in Italia e all'estero: 456 miliardi per acquisire l'86 per cento della madrilena Telecinco tramite prestanomi; 637 per finanziare altre teste di legno per controllare abusivamente Telepiú; 16 a Previti per quelle che lui chiama «parcelle» e invece, in parte, sono tangenti a giudici; 23 a Craxi dopo la legge Mammí; e altri miliardi «per fare acquisti alla Borsa di Milano, eludendo la normativa Consob che impone di dichiarare nuovi pacchetti superiori al 2 per cento di società quotate»: Rinascente, Standa e Mondadori.

Kpmg, il nuovo Kgb

Nonostante le parole inequivocabili della Cassazione su All Iberian, il Cavaliere continuerà comicamente a negare di averne mai saputo nulla. «Ho dichiarato pubblicamente – dice il 23 novembre '99 – nella mia qualità di leader politico responsabile quindi di fronte agli elettori, che di questa All Iberian non conoscevo neppure l'esistenza. Sfido chiunque a dimostrare il contrario». Il 7 dicembre 2000 ribadisce: «All Iberian? Mai conosciuta. Vi pare che, col mio senso estetico, avrei potuto accettare una società con quel nome?». «Non c'è stato ricorso a società estere», rincara il 15 marzo 2001. Poi, un mese dopo, si rimangia tutto: «Sí, è vero, ho società all'estero: servono a pagare meno tasse, che male c'è?». Negare ancora, d'altra parte, sarebbe come contestare l'esistenza del Duomo di Milano. Il quotidiano *la Repubblica*, il 7 aprile, ha pubblicato ampi stralci del rapporto stilato dalla Kpmg – forse la piú antica e prestigiosa società di revisione di bilanci del mondo – per conto della Procura di Milano e depositato, dopo due anni e mezzo di lavoro, il 23 gennaio. Un documento fondamentale per l'accusa nel processo che vede imputati i vertici Fininvest, Silvio Berlusconi in testa, per 1.550 miliardi di falsi in bilancio sul consolidato del gruppo. Ottocento pagine che raccolgono l'analisi tecnico-contabile di sette anni di bilanci del gruppo Fininvest (1989-1996). La Fininvest ufficiale («Gruppo A»), quella che compare nei libri contabili, ma soprattutto il «Gruppo B», cioè la Fininvest sommersa, occulta, nascosta all'estero: quest'ultima formata da ben 64 società «very discreet» (molto riservate), perlopiú fantasma, sparpagliate nei paradisi fiscali di mezzo mondo (isole britanniche, Caraibi, Svizzera, Malta, Lussemburgo), in grado di movimentare nei sette anni esaminati qualcosa come 3.500 miliardi fra erogazioni e incassi, con un flusso netto di 884,5 miliardi. Il che significa, in parole povere, che in sette anni sono stati stornati dai bilanci Fininvest almeno 884,5 miliardi attraverso il Gruppo B. Ma la cifra è parziale, necessariamente approssimata per difetto, visto che la documentazione rinvenuta da Kpmg è largamente incompleta. Il tutto – scrivono gli esperti Kpmg – «per alterare la rappresentazione della situazione economica, finanziaria e patrimoniale nel bilancio consolidato Fininvest». E per poter agire indisturbati in una serie impressionante di «operazioni riservate», possibili soltanto se si riusciva a fare in modo che «il collegamento con il gruppo Fininvest rimanesse segreto».

La Kpmg individua 64 società off-shore, suddivise in tre livelli: 29 nel primo (che comprende All Iberian), 13 nel secondo (società controllate da quelle del primo livello), 22 nel terzo. Tutte coordinate dalla finanziaria Cmm, «costituita a Londra nel 1982 dallo studio Carnelutti» e custodita dall'avvocato David Mills. Tutte «prive di organizzazione propria e dipendenti». E questo perché «gli organi amministrativi sono formali e la gestione amministrativa spetta ad altri e non a chi figura nei registri ufficiali». A chi? «Ad amministratori e personale del gruppo Fininvest». Cosí come i beneficiari delle 64 società, tutti compresi fra «amministratori, dirigenti, consulenti o società Fininvest». E dalla Fininvest «dipende quasi esclusivamente il loro finanziamento, che avviene attraverso le medesime banche».

Che tipo di operazioni effettuavano, le 64 società fantasma? Transazioni «di importanza strategica ed economica». Ovviamente segretissime, inconfessabili. L'elenco stilato da Kpmg è impressionante:

La funzione del comparto riservato era:
1) Esercitare un controllo con interposta persona o fiduciari su quote di partecipazione in emittenti tv che le normative italiane ed estere non avrebbero permesso.
2) Alterare la rappresentazione del bilancio consolidato Fininvest.
3) Detenere quote di partecipazione in società quotate senza informare la Consob e le società partecipate.
4) Detenere quote di partecipazione in società non quotate italiane tramite interposta persona.
5) Erogare finanziamenti tramite terzi.
6) Effettuare pagamenti riservati a terzi.
7) Intermediare tra società del gruppo Fininvest l'acquisizione di diritti televisivi ed interporsi come fornitore di diritti tv.
8) Ricevere fondi da terzi per il finanziamento di operazioni effettuate da Fininvest per conto di terzi.

Sapeva, tutto questo, Berlusconi? Il buonsenso lascerebbe intendere di sí. E anche qualche traccia documentale.

Primo. Nel 1991-92 All Iberian riceve in Svizzera un accredito di 74,7 miliardi per le imprecisate «operazioni riservate». Il trasferimento ha un punto di partenza ben preciso: «Il mandato di gestione è il numero 500 aperto da Silvio Berlusconi presso la Fiduciaria Orefici [il famoso «Mandato 500»], ancorché l'operazione nel suo complesso abbia riguardato altri mandati di gestione conferiti da Silvio Berlusconi a vari intermediari». Il denaro arrivò in Svizzera «con operazioni di spallonaggio e di compensazione sul conto di All Iberian». Cioè, tanto per cambiare, in contanti.

Secondo. Il 1° dicembre 1994, quando il Cavaliere è presidente del Consiglio (ancora per poco), quattro società occulte del Gruppo B, con sede in Gran Bretagna passano di mano: si tratta di «News & Sport Television Ltd, Libra Communications Ltd, Silvio Berlusconi Entertainment e Reteitalia Ltd, appartenenti al gruppo Fininvest», che «vengono cedute a B. Sheibani». Ma, secondo Kpmg, è tutta una finta: «Le vendite di azioni si devono ritenere fittizie». A che scopo? Nascondere anche queste società dal bilancio consolidato Fininvest del 1994.

Terzo. Nello stesso 1994 si diradano progressivamente i flussi finanziari tra il comparto societario ufficiale e quello riservato della Fininvest. Strana coincidenza: proprio in quel periodo, «nel mese di luglio», sempre nel pieno del primo governo Berlusconi, vengono accesi nuovi conti correnti presso la banca Finter di Nassau. Kpmg ipotizza una fuga del tesoro occulto della Fininvest dalle ormai pericolose banche svizzere e lussemburghesi a quelle del piú impenetrabile dei paradisi fiscali: le Bahamas. Quanti soldi arrivino realmente a Nassau non si sa: la documentazione bancaria è assai carente. Ma di certo si sa che furono almeno «103 miliardi, ritirati in contanti in Svizzera».

La Fininvest risponde negando ancora l'evidenza: «Le società del comparto B non appartengono al gruppo». E parla di «campagna diffamatoria». Il solito complotto comunista, targato questa volta Kpmg. La società di revisione infatti è colpevole di collaborare con la Procura, supportando l'accusa nella lunga udienza preliminare del processo per il falso consolidato Fininvest, seguita alla richiesta di rinvio a giudizio avanzata il 23 gennaio 2001 dal pm Francesco Greco per Berlusconi, Confalonieri, Galliani & C. Ma c'è anche un aspetto politico. Perché, nel 1996, quando perde le elezioni con Romano Prodi, Berlusconi è alla canna del gas. La sua Fininvest, in rosso per 2.396 miliardi, è a corto di liquidità e le banche non paiono piú disposte ad aprire i cordoni. Non resta, per salvare la baracca, che staccare i gioielli piú pregiati e piazzarli subito sul mercato di Borsa. Nasce cosí la Mediaset, la nuova subholding che raggruppa le tre tv del Biscione. Ma c'è il rischio che la Consob, vista la montagna di processi che rischia di travolgere il gruppo, ponga il veto alla quotazione. Invece questa, il 10 giugno '96, si accontenta di accennare a questi guai giudiziari in una sola riga del prospetto di collocamento delle azioni Mediaset:

> La società [Mediaset] non può escludere che sui corsi delle azioni Mediaset possano influire sia un eventuale esito negativo dei suddetti procedimenti, inclusi quelli relativi all'azionista di controllo [Berlusconi], sia l'attenzione da parte dei mezzi di comunicazione.

Sulle accuse di falso in bilancio, nemmeno un accenno esplicito. E dire che il patrimonio di Mediaset, nel 1996, consiste quasi esclusivamente nei suoi diritti televisivi: proprio il comparto, secondo i magistrati, piú inquinato dagli illeciti (che ruotano intorno ad alcune strane società maltesi). E attenzione: il grosso dei misfatti è già noto in quel periodo, dopo la clamorosa confessione dell'avvocato Mills (16 aprile 1996) ai detective inglesi sul sistema All Iberian. Eppure la generosa Consob, praticamente, non batte ciglio. La Consob risponde al governo, cioè – in quel momento – al ministro del Tesoro Carlo Azeglio Ciampi. Il quale dà il via libera alla quotazione in Borsa di Mediaset e al conseguente salvataggio del boccheggiante gruppo Fininvest. Pochi mesi dopo, destra e sinistra si ritroveranno amorevolmente abbracciati nella commissione Bicamerale per la riforma della Costituzione. E, nel 1999, la soave corrispondenza di amorosi sensi proseguirà nella plebiscitaria elezione di Ciampi alla presidenza della Repubblica.

4. Falsi in bilancio: consolidato 1 e 2, Lentini

Dal rapporto Kpmg scaturisce un altro processo, quello per i falsi in bilancio nel «consolidato» Fininvest. Ma la controriforma del 2002 approvata in tutta fretta dal governo Berlusconi polverizzerà anche quello. Il gup Fabio Paparella è costretto a dichiarare prescritti, sempre grazie alle nuove regole della nuova legge sul falso in bilancio, i presunti fondi neri accantonati dal gruppo Berlusconi sulle 64 società off-shore («comparto B della Fininvest») non incluse nel consolidato del gruppo. Nelle motivazioni della sentenza, Paparella scrive che

> la lettura degli atti, ossia delle relazioni della Gdf e dei relativi allegati, degli atti delle numerose rogatorie internazionali espletate, dei conti correnti sequestrati [...], dei relativi movimenti, di tutta la documentazione in sequestro ed altresí delle carte di lavoro della Arthur Andersen, società di revisione, dei verbali delle dichiarazioni rese a sommarie informazioni testimoniali, dei verbali degli interrogatori degli indagati, non permette certo di ritenere palese e chiara l'insussistenza dei fatti reato di falso in bilancio, né di ritenere palese e incontestabile l'estraneità ai medesimi dei soggetti cui gli stessi sono addebitati.

Berlusconi & C. non sono dunque innocenti. Hanno semplicemente cancellato per legge anche questo processo.

La stessa fine fa un processo gemello per falso in bilancio e appropriazione indebita a carico di Silvio e Paolo Berlusconi e dei manager Confalonieri, Sciascia, Foscale e Vanoni: archiviato dallo stesso gup Paparella grazie alla prescrizione «abbreviata» dal governo dell'imputato numero uno.

Idem come sopra per un altro processo per falso in bilancio: quello per i fondi neri nell'acquisto del centrocampista Gianluigi Lentini, passato dal Torino al Milan nel 1992. Secondo l'accusa, la società rossonera all'epoca in cui il suo dominus era ancora il suo presidente Silvio Berlusconi, pur di accaparrarsi il prezioso calciatore, versò al presidente del Torino Gianmauro Borsano un fuoribusta di 10 miliardi di lire, oltre ai 20 del prezzo dichiarato. Ma alla fine la riforma del falso in bilancio spazza via anche quel dibattimento: prescrizione per Berlusconi, Galliani e Berruti, complici le solite attenuanti generiche (ne riparleremo meglio nel capitolo dedicato a Berruti).

5. Medusa, fondi neri

Dicevamo dei famigerati e misteriosi libretti al portatore del Cavaliere. Almeno in qualche caso, gli investigatori sono riusciti a ricostruire l'origine del denaro che Berlusconi vi aveva versato nel corso degli anni. Un esempio tipico è quello dell'operazione Medusa, ovvero l'acquisto della omonima casa di produzione e distribuzione cinematografica. Reteitalia, società del gruppo Fininvest, la compra nel 1988 pagandola 28 miliardi e 800 milioni. Il prezzo però è gonfiato ad arte. Il venditore restituisce sottobanco alla Fininvest 10,2 miliardi, che vengono accantonati su libretti al portatore chiamati «Adige», «Po», «Estate», «Autunno» e «25» con assegni circolari intestati a nomi di fantasia. Nei bilanci di Reteitalia, ovviamente, questa somma non compare. È un ritorno occulto. Berlusconi lo sa bene, tant'è che si guadagna un'attenuante risarcendo i 10 miliardi (piú 8 di interessi) alla sua stessa società, Reteitalia. Cosí si salva dall'accusa di appropriazione indebita per prescrizione, ma non da quella di falso in bilancio. In primo grado, il 3 dicembre 1997, viene condannato a 1 anno e 4 mesi di reclusione. In secondo grado, invece, nel 1999, la II sezione della Corte d'appello, pur ritenendo sussistente il reato, condanna soltanto Carlo Bernasconi (un manager del gruppo) e non il Cavaliere, assolto con la solita formula dubitativa (articolo 530 comma 2). Stupefacente la motivazione: il prezzo fu effettivamente gonfiato, ma non si può provare che Berlusconi fosse al corrente del rientro del denaro sui suoi libretti personali, perché il versamento del denaro sui libretti era «da rapportare a Luigi Berlusconi», il padre. E, soprattutto

> la molteplicità dei libretti riconducibili alla famiglia Berlusconi, la polverizzazione della somma su cinque libretti e le notorie rilevanti dimensioni del patrimonio di Silvio Berlusconi [...] postulano l'impossibilità di conoscenza sia dell'incremento sia – e soprattutto – dell'origine dello stesso.

Il Cavaliere, insomma, sarebbe cosí ricco che poter persino non accorgersi dell'arrivo di 10 miliardi. Complimenti (a lui e ai giudici).

6. Macherio, fondi neri

Fra le numerose dimore sparse per l'Italia e il mondo, Silvio Berlusconi ne possiede ben due in Brianza. La prima è villa San Martino ad Arcore (dove vive il Cavaliere, raggiunto di tanto in tanto dai due figli di primo letto, Marina e Piersilvio detto «Dudi»): gliela cedette nel 1973, per un pezzo di pane, la marchesina Annamaria Casati Stampa, assistita per l'occasione dal fedelissimo (a lei, ma soprattutto al Cavaliere) pro-tutore Cesare Previti. La seconda, villa Belvedere Visconti a Macherio (residenza in stile barocco dove vivono Veronica e i tre eredi di secondo letto di Silvio: Barbara, Eleonora e Luigi), è altrettanto onusta di storia, ma di acquisto piú recente: nel 1989 Sua Emittenza la compra all'asta per 6 miliardi complessivi, inclusi i 120 mila metri quadri di parco. Ma poi si sente un po' allo stretto, cosí rileva un altro appezzamento attiguo, 286 mila metri quadri. Ufficialmente lo paga 575 milioni, in realtà allunga al proprietario altri 4,4 miliardi in nero. Ma un brutto giorno il venditore si mette in regola col condono fiscale, ed è costretto a svelare che Berlusconi gli ha pagato fior di fuoribusta. Di qui le accuse di frode fiscale, appropriazione indebita e falso in bilancio per le due società berlusconiane coinvolte: le immobiliari Idra e Buonaparte. E il rinvio a giudizio del Cavaliere. Ma il Tribunale di Milano, nel 1998, lo assolve dalla frode fiscale e dall'appropriazione indebita (pagò in nero, ma senza produrre ricchezza, e usò soldi suoi). Restano i falsi in bilancio delle due immobiliari, ai quali ha «indubbiamente concorso Berlusconi». Ma il danno erariale è coperto da un vecchio condono tombale e il giudice concede le attenuanti generiche, che abbreviano i termini di prescrizione a 7 anni e mezzo: il Cavaliere si salva perché il reato è prescritto. In appello lo assolvono anche dal falso di Idra, mentre quello di Buonaparte, pur sussistendo, è dichiarato coperto da amnistia. La seconda amnistia salva-Berlusconi, naturalmente «rossa».

7. Telecinco, evasione e falso in bilancio

Telecinco, la tv spagnola di Berlusconi, nasce nel 1989. Ma le sue azioni non fanno che passare di mano in mano. Sarà perché la Spagna, a differenza dell'Italia, ha una legge antitrust piuttosto seria: all'epoca nessun privato può possedere piú del 25 per cento di un'emittente televisiva. Berlusconi, secondo la Procura (Fiscalía) anticorruzione di Madrid, ha fatto il furbo e controllato almeno l'86 per cento della società con il solito sistema dei prestanome. Con la differenza che in Italia, per il caso analogo di Telepiú, è sempre riuscito a farla franca. In Spagna non proprio. Il 23 luglio 1997 il fiscal Baltasar Garzón – sulla base degli elementi emersi nell'inchiesta del pool di Milano su All Iberian – apre un fascicolo su Berlusconi, Marcello Dell'Utri (presidente di «Publiespaña», la concessionaria pubblicitaria «figlia» di Publitalia) e altri trenta manager Fininvest. Berlusconi avrebbe acquistato le quote illegali da Javier De la Rosa, un finanziere plurinquisito, e le avrebbe poi girate fittiziamente allo stesso De la Rosa, al suo amico tedesco Leo Kirch e alla Once, la ricchissima associazione dei ciechi spagnoli (il cui presidente, Miguel Duran, accusato degli stessi reati di Berlusconi, finisce in galera e ne esce soltanto dietro cauzione).

Intanto un altro procuratore anticorruzione, Carlos Castresana, apre un'istruttoria parallela su un presunto finanziamento illecito berlusconiano in Svizzera ai partiti Popolare e Socialista spagnoli (Ppe e Psoe), in cambio di un'amnistia e del non ritiro della licenza pubblica alla tv fuorilegge. Certo, è strano che nel 1995-96, per ben due volte, Garzón abbia chiesto inutilmente lumi al fisco sulle evasioni fiscali accertate su altrettante società spagnole controllate dalla Fininvest, e che per ben due volte il fisco si sia ricordato di rispondergli soltanto dopo la prescrizione dei reati. Ed è ancor piú strano che la revoca della concessione a Telecinco, che per legge avrebbe dovuto essere pressoché automatica, non sia mai scattata per l'inerzia delle autorità spagnole.

Garzón accusa i vertici del Biscione di evasione fiscale (per almeno 15 miliardi di pesetas, pari a circa 80 milioni di euro, sottratte al Ministerio de Hacienda), di sei falsi in bilancio in altrettante società e di varie irregolarità finanziarie, oltre alla violazione dell'antitrust. E chiede per quattro volte di poter interrogare Berlusconi. Ma questi prende tempo. Prima si fa eleggere al Parlamento europeo e al Consiglio d'Europa insieme al suo coimputato Dell'Utri, con relative immunità. Poi entra trionfalmente nel Ppe (il gruppo dei popolari europei, a cui aderiscono tanto il premier spagnolo Aznar quanto la nuova presidente dell'Europarlamento, Nicole Fontaine, che provvede a riservargli un trattamento di tutto favore, evitando di soddisfare le richieste dei magistrati spagnoli). Infine si presenta, una volta sola e per un'ora soltanto, il 12 novembre 1998, davanti al giudice. Nessuna domanda, praticamente un monologo, concluso con un «la gita è finita, torniamo a lavorare» e con la promessa di inviare un fantomatico memoriale scritto. Ma anche con il versamento di una cauzione di 32 miliardi.

Berlusconi, al suo ritorno, spiega che la Fininvest, sebbene controllasse l'86 per cento della tv, non doveva pagare una lira di tasse: «le imposte toccavano ad altri soci». Insomma è tutto un equivoco, anzi un complotto delle toghe rosse milanesi che, non contente di perseguitarlo in patria, osano collaborare anche con i colleghi spagnoli, «venendo meno all'elementare senso patriottico che dovrebbe legare i connazionali». Testuale. Il Cavaliere racconta poi di aver «chiesto tempo per esaminare gli atti». Ma da allora, nonostante le frequenti puntate a Madrid per pranzare con l'amico premier Josemaría Aznar o per far da testimone di nozze al genero del premier, Alejandro Agag, leader dei Popolari europei, in tribunale non lo rivedranno piú. Intanto il Parlamento europeo, con incredibili cavilli e giochetti da azzeccagarbugli, rinvia sine die la decisione sull'immunità europea che blocca il processo. E minaccia di far scattare la prescrizione. Almeno finché il quotidiano conservatore spagnolo *El Mundo*, in piena campagna elettorale italiana (29 aprile 2001), rivela le nuove carte in mano a Garzón: le prove del fatto che Berlusconi avrebbe svuotato le esangui casse dell'emittente spagnola (in grave crisi finanziaria) per rimpinguare le proprie, cioè quelle di alcune società off-shore della «Fininvest parallela». Un salasso di 21 miliardi di pesetas (252 miliardi di lire), realizzato, secondo l'accusa, nella prima metà degli anni 90 facendo pagare all'emittente spagnola cifre spropositate per diritti sportivi e cinematografici a una rete di imprese con sede nei paradisi fiscali e controllate dal gruppo Berlusconi. Il che, oltre a dimostrare che il Cavaliere ha mentito ai giudici spagnoli, negando di possedere società off-shore, configurerebbe reati piú gravi e difficilmente prescrivibili. Almeno in Spagna.

Dopo il ritorno di Berlusconi a Palazzo Chigi, nel 2001, il giudice Garzón chiede al governo italiano di farlo processare in patria o, in alternativa, di privarlo dell'immunità in modo da poterlo giudicare in Spagna. Ma non riceve risposta. Anzi, il governo italiano ritarda per anni la ratifica del mandato di arresto europeo per paura, sostiene qualcuno, che la magistratura iberica possa farsi venire strane idee in proposito. Cosí nel 2003 le toghe spagnole decidono di congelare il processo Telecinco, con relativa prescrizione, in attesa che il Cavaliere smetta di essere capo del governo. Il che accade nel maggio 2006, quando il processo riprende da dov'era stato interrotto. E Berlusconi dovrà tornare a rispondere di falso in bilancio, frode fiscale e violazione della legge antitrust (rischia fino a 20 anni di reclusione), mentre altri dirigenti del gruppo Fininvest come Dell'Utri sono accusati «soltanto» di reati contabili. Sempreché la fabbrica dell'italica impunità non inventi per i due super-imputati qualche altro salvacondotto.

8. Sme-Ariosto, corruzione giudiziaria

I processi «toghe sporche» nascono dalle rivelazioni di Stefania Ariosto, già compagna dell'ex avvocato berlusconiano e capogruppo forzista alla Camera Vittorio Dotti, sulla corruzione al Palazzo di giustizia di Roma. E riguardano tre sentenze in odor di tangenti: quelle che nei primi anni 90 risolsero, sempre a favore dei clienti o degli amici dell'avvocato Cesare Previti, tre mega cause civili. La causa Sme e la causa Mondadori, a tutto vantaggio di Silvio Berlusconi. E la causa Imi-Sir, a beneficio della famiglia Rovelli. Il Cavaliere, dunque, viene indagato per corruzione giudiziaria nella prima e nella seconda. Previti, come vedremo, in tutte e tre.

Stefania Ariosto arriva davanti al pool di Milano per puro caso. I pm stanno indagando sui libretti al portatore del Cavaliere. Uno di questi registra un esborso di denaro all'avvocato Dotti, il quale spiega che si tratta di un'anticipazione di parcella che Berlusconi gli ha versato e che lui ha girato alla sua fidanzata, in pagamento di alcuni mobili di antiquariato acquistati nel di lei negozio. La donna viene convocata nei primi mesi del 1995 dalla Guardia di finanza per confermare il racconto del suo compagno. Lei conferma. Ma poi arricchisce il suo racconto con una serie di particolari sui lunghi anni trascorsi al seguito di Craxi e Berlusconi, fra Milano, Roma, Portofino e Porto Cervo. Ormai schifata da quel mondo, la Ariosto denuncia alcune notizie di reato di cui sarebbe stata testimone. A quel punto entrano in scena i magistrati del pool.

Anzitutto la «teste Omega» racconta una serie di scambi di denaro fra Previti e Renato Squillante, il capo dei gip di Roma: una volta al Circolo canottieri Lazio, l'altra durante una cena a casa dell'avvocato in via Cicerone (ne parliamo diffusamente nel capitolo dedicato a Previti). E poi inviti, frequentazioni, regali ad altri giudici. E il famoso viaggio a New York, organizzato da Previti nel 1988 per conto del Psi, per festeggiare Craxi premiato come «Uomo dell'anno» dall'associazione italo-americana «Niaf». Presenti alcuni fra i piú noti magistrati romani, e non solo: c'era pure il giurista e futuro presidente della Corte costituzionale Antonio Baldassarre. Scriverà il gup Alessandro Rossato nel mandato di cattura per Previti inviato alla Camera l'11 dicembre 1997:

> La donna ha raccontato quanto segue: aveva appreso da Previti che a metà degli anni 80 Silvio Berlusconi, avvalendosi della collaborazione di Previti e dell'avvocato Pacifico, aveva a «libro paga» una serie di magistrati per ottenerne favori di vario genere attinenti le loro funzioni. Fra questi in particolare Renato Squillante fungeva da collettore [cioè riceveva per sé e per altri il denaro che poi ridistribuiva, *nda*]; la donna indicava poi in Attilio Pacifico la persona che, sempre su incarico di Previti e Berlusconi, manteneva i contatti con i pubblici ufficiali.

Secondo la teste Omega, Craxi voleva costituire, attraverso Previti, «una lobby di magistrati». Un *harem* giudiziario di fedelissimi, pronti per ogni evenienza.

Una cimice nel Tombini

Su queste accuse il pool indaga segretissimamente, insieme allo Sco della polizia, per otto mesi. Finché, il 21 gennaio '96, il giudice Squillante, mentre prende il caffè con la collega Augusta Iannini (moglie di Bruno Vespa) e l'avvocato Fininvest Vittorio Virga al bar Tombini di Roma, scopre una microspia vicino al suo tavolo. E capisce subito che è per lui. E si attiva, in preda al panico, per scoprire chi l'ha piazzata. Mobilita (e inguaia) persino il procuratore capo Michele Coiro e il pm Francesco Misiani, che cominciano a fare domande indiscrete in giro. Ma senza esito. Squillante fa appena in tempo a mandare il figlio e la nuora a ritirare, in contanti, i 9 miliardi che tiene depositati su un conto svizzero (e che si aggiungono a sontuosi investimenti e disponibilità liquide in Italia). Poi, il 15 marzo, viene arrestato. Presto lo raggiungono in cella gli avvocati Giovanni Acampora e Attilio Pacifico, mentre Previti e Berlusconi – essendo parlamentari – non possono essere arrestati e vengono indagati a piede libero per la stessa accusa: corruzione in atti giudiziari. A causa di quella microspia ritrovata per puro caso, l'effetto-sorpresa delle indagini è ormai svanito ed è iniziata – diranno i giudici – un'intensissima attività di inquinamento probatorio.

Silvio e Cesare respingono, sdegnati, ogni accusa. Ma basta dare un'occhiata ai movimenti bancari dell'ex ministro della Difesa e a quelli dei suoi amici avvocati e giudici, tutti regolarmente muniti di conti in Svizzera e in altri paesi esteri, per scoprire un incredibile *tourbillon* di passaggi di denaro, diretti e indiretti. Roba di miliardi. Carta canta: la migliore smentita a chi parla di «processo politico» e il migliore riscontro alle accuse della Ariosto. Che ricevono altre importanti conferme dall'inesauribile e irresistibile album fotografico di Stefania, pubblicato a puntate dall'*Espresso*; dalla testimonianza dell'ex sottosegretario ed ex magistrato Giorgio Casoli, al quale la Ariosto aveva confidato – ben prima di presentarsi ai giudici – «di avere assistito a una o piú dazioni di denaro effettuate da Previti a Squillante». E cosí pure a Dotti, che conferma le confidenze dell'ex fidanzata e ciò che gli risulta personalmente:

> Previti, per le vicende giudiziarie romane, è sempre stato il principale punto di riferimento di Berlusconi [...]. Nel caso Sme non svolse alcun ruolo formale, ma era solito «accompagnare» l'iter dei processi, suggerendo e fornendo alcuni consigli che dimostravano una buona conoscenza degli ambienti giudiziari romani...

Ma il vero salto di qualità gli inquirenti lo compiono quando abbinano le date di alcuni versamenti ai giudici sospettati con quelle di alcune cause civili molto chiacchierate: Sme, Mondadori e Imi-Sir.

Le tangenti alimentari

Nel 1985 la Buitoni di Carlo De Benedetti vuole acquistare dall'Iri il colosso alimentare pubblico Sme (che controlla gli storici marchi Motta, Alemagna, Bertolli, Pavesi, Cirio e De Rica). Ma il tentativo, sia pure ben avviato, va in fumo a causa di una serie di manovre ostruzionistiche del duo Craxi-Berlusconi e di sentenze negative della magistratura romana. Sentenze, secondo il pool, in parte comprate. Alle presunte tangenti, i pm milanesi arrivano con le loro gambe: senza l'aiuto della Ariosto (che del caso Sme non sa nulla), ma indagando sul finanziere Franco Ambrosio e, di qui, sul conto zurighese usato da Pietro Barilla per pagare tangenti a Dc e Psi. Da quel conto, il 2 maggio e il 26 luglio 1988, partono due bonifici rispettivamente di 750 milioni e di 1 miliardo di lire per l'avvocato Pacifico, che ne gira 850 a Previti e 100 a Squillante (trattenendone 50 per sé). Perché? Guido Barilla, figlio del defunto Pietro, convocato dai pm, non sa spiegare perché mai suo padre avesse versato tutto quel denaro a due avvocati che non avevano mai lavorato per lui, oltreché a un giudice penale che non si occupava di lui. Basta però dare un'occhiata alle date per capire molte cose: coincidono con quelle delle tappe decisive dell'infuocata vicenda giudiziaria intorno alla Sme. Che ha visto impegnati, a vario titolo, tutti i protagonisti di quel giro di denaro. Eccola, in sintesi, secondo la ricostruzione dei pubblici ministeri.

Il 7 maggio 1985, grazie ai buoni uffici di Enrico Cuccia, De Benedetti firma con Prodi un pre-contratto per rilevare dall'Iri il 54,3 per cento del gruppo Sme al prezzo di 497 miliardi. Il consiglio d'amministrazione dell'Iri ratifica il patto. Il presidente del Consiglio Bettino Craxi, nemico acerrimo dell'Ingegnere, non gradisce e si mette di traverso. Ordina all'amico Silvio, l'imprenditore piú craxiano che ci sia, di mettere i bastoni fra le ruote all'Ingegnere. Organizzano tutto il commercialista craxiano Pompeo Locatelli e l'architetto delle tangenti Silvano Larini, che mobilitano il Cavaliere per l'occorrenza. Ma la scadenza dei termini per la controfferta è imminente. Bisogna guadagnare tempo, in attesa di mettere in piedi la cordata alternativa. Cosí Berlusconi – che vuole restare dietro le quinte – telefona a Previti. Questi gli segnala un avvocato-commercialista semisconosciuto, suo compagno di scuola, tale Italo Scalera. Il 23 maggio Scalera comunica all'Iri il rilancio – con una controfferta di appena il 10 per cento in piú (550 miliardi) – per conto di un non meglio precisato «imprenditore». Solo 12 anni dopo, davanti al pool di Milano, svelerà l'arcano:

> Il noto imprenditore di cui ho parlato era Silvio Berlusconi. Ribadisco di aver ricevuto una telefonata da Berlusconi con la quale mi chiedeva di mandare all'Iri un'offerta a nome di operatori finanziari che non dovevano essere indicati [...]. Berlusconi mi disse che era interessato lui personalmente all'acquisto di Sme insieme ad altri imprenditori.

Prodi riapre la trattativa perché – dirà al pool nel '93 – era subissato da «pressioni da ambienti politici, economici e giudiziari». Intanto l'uomo di Arcore, con uno dei suoi blitz, invita a cena in un ristorante di Broni due degli inserzionisti pubblicitari piú affezionati delle sue tv, Pietro Barilla e Michele Ferrero. E li convince seduta stante a costituirsi con lui in una nuova società, la «Iar», che si propone di rilevare la Sme al prezzo di 600 miliardi: il minimo rilancio possibile rispetto a quello di Scalera. La nuova offerta viene ufficializzata dal trio Fininvest-Barilla-Ferrero nell'ultimo giorno utile, il 25 maggio: il ministro delle Partecipazioni statali Clelio Darida si assenta dalla stanza dove sta per avvenire la firma del contratto Prodi-De Benedetti per ricevere, al telefono, l'improvviso rilancio: «Il 29 maggio – racconterà – alla convocazione finale all'Iri, mi fu detto da Berlusconi (ma non posso escludere di averne parlato anche con Previti) di soprassedere, perché era stata presentata un'altra offerta». Quella della Iar.

Il trucco è perfettamente riuscito. L'Ingegnere, furibondo, chiede il sequestro delle azioni Sme, in attesa che il suo contratto con l'Iri venga dichiarato valido. Ma il 25 giugno il Tribunale, presieduto da Carlo Guglielmo Izzo, respinge la sua richiesta. Il 17 gennaio '86 l'Iri si rimangia la delibera e dichiara valida solo l'offerta della Iar. Il resto lo fa la I sezione civile del Tribunale di Roma, presieduta da Filippo Verde (affiancato dal collega Paolo Zucchini), che il 19 luglio '86 annulla l'affare: il protocollo Prodi-De Benedetti «non segnava il perfezionamento di un contratto». La Cassazione conferma la decisione nel maggio '88: l'accordo Iri-Buitoni non era valido senza il benestare di Darida. La Sme resterà all'Iri per un altro po', prima di essere privatizzata «a spezzatino». Ma Berlusconi è contento ugualmente: il suo primo scopo, secondo gli ordini di Craxi, era quello di impedire a De Benedetti – già titolare della Buitoni – di allargare il suo gruppo alimentare.

Ora, risulta che sia Izzo, sia Zucchini, sia Verde fossero molto amici di Previti, avvocato civilista e vicepresidente della Fininvest. Izzo – secondo la Ariosto – partecipò al pellegrinaggio previtiano a New York in onore di Craxi. Zucchini, iscritto alla loggia P2 come Berlusconi eppure assurto negli anni 80 alla presidenza del Tribunale dei ministri di Roma, viene descritto da diversi testimoni come un assiduo frequentatore dei festini in casa Previti e della sua barca, il celeberrimo «Barbarossa»; e dalle carte bancarie risulta tenutario di un conto cifrato a Montecarlo, sul quale nel '93 pervennero 200 milioni da un deposito svizzero del solito Pacifico. Quanto a Verde, futuro capo di gabinetto del ministero di Grazia e giustizia con il guardasigilli socialista Giuliano Vassalli, verrà poi condannato a Perugia in primo e secondo grado (condanna prescritta in Cassazione) per corruzione. Secondo il pool di Milano, ha ricevuto versamenti su un suo conto italiano per almeno 200 milioni senza riuscire a giustificarli. Per l'accusa, erano una parte dei 750 milioni bonificati da Barilla a Pacifico e da questi ritirati in contanti e portati in Italia. Il tutto all'indomani della sentenza della Cassazione sul caso Sme (2 maggio '88). I 100 milioni a Squillante e gli 850 a Previti giungono invece a destinazione subito dopo il deposito delle motivazioni della sentenza di Cassazione sul caso Sme (26 luglio '88).

Coincidenze? Investimenti? Eredità? Incarichi fiduciari? Parcelle? Normali transazioni finanziarie? «Compensazioni» in Italia di quattrini nascosti oltre confine? I titolari dei conti esteri ne hanno dette un po' di tutti i colori per giustificare quegli allegri scambi di denaro tra giudici e avvocati che si ritrovavano al mattino in tribunale, teoricamente su fronti contrapposti, la sera al Circolo canottieri Lazio o a casa Previti per spensierate libagioni, e magari nei weekend a Lugano o a Chiasso per curare i propri affari in comune. Sempre per la serie «giusto processo» e «terzietà del giudice». Alla fine nessun'accusa verrà mossa né a Izzo né a Zucchini. Verde invece verrà rinviato a giudizio insieme a Berlusconi, a Previti e a Pacifico, per corruzione giudiziaria. Ma sempre assolto.

Storia di un processo a ostacoli

Il processo «Sme-Ariosto» inizia in udienza preliminare nel 1999 e per qualche mese si trascina nelle solite questioni procedurali. Stancamente. Finché il 10 novembre 2000, dopo mesi di calma apparente, Berlusconi riparte all'attacco della magistratura: «I comunisti si apprestano a muovere nuovamente la cavalleria, cioè quei magistrati di sinistra usati per eliminare dalla scena gli avversari politici». Un attacco a freddo: le cronache di quei giorni non riportano alcunché di nuovo, sul tema. Che cosa è accaduto? Semplicemente, l'imputato Berlusconi Silvio sa benissimo che presto o tardi, quando i suoi avvocati avranno esaurito l'infinito repertorio di eccezioni defatiganti, cavilli procedurali, manovre dilatorie e marchingegni perditempo per non far entrare nel vivo il processo, i pm di Mani pulite aggiungeranno un altro capitoletto al capo di imputazione. Un capitoletto che, per lui, non è certo una sorpresa: riguarda un triplo bonifico di 434.404 dollari partiti da un conto elvetico della All Iberian, cioè della Fininvest («Ferrido», presso il Credito Svizzero di Chiasso), confluiti in un conto di Previti («H8545 Mercier» presso la banca Darier Hentsch & Cie di Ginevra) e di lí, subito dopo, bonificati in quello del giudice Squillante («Rowena Finance SA» presso la Sbt di Bellinzona). Il tutto nel giro di un'ora o poco piú, il 6 aprile 1991. Un versamento che non sembra collegato a nessuna sentenza in particolare, ma che dimostra quanto ha raccontato Stefania Ariosto: e cioè che la Fininvest aveva sul «libro paga» il giudice Squillante per ogni evenienza ed esigenza. A disposizione.

Il 17 novembre 2000, esaurite tutte le manovre difensive, i pm possono finalmente prendere la parola per integrare il capo di imputazione con la nuova contestazione. Che non solo dimostra il rapporto diretto fra Berlusconi, Previti e Squillante. Ma, essendo riferita a un bonifico del 1991, sposta in avanti il termine di prescrizione. Fino a quel momento, le accuse del processo Sme-Ariosto riguardavano fatti avvenuti sino al 1989. Dunque, presunti reati che si sarebbero prescritti al massimo nel 2004 (o addirittura nel 1997, con le attenuanti generiche). Anche perché nel 1989 non esisteva ancora, nel codice penale, la corruzione in atti giudiziari, punita con pene piú severe (fino a 8 anni) rispetto alla corruzione «normale» (fino a 5 anni). Quella nuova fattispecie fu istituita soltanto nell'aprile '90. Contestare quel versamento del '91, dunque, significa aggravare l'accusa, passando da corruzione a corruzione in atti giudiziari, e allungare il termine di prescrizione a 15 anni, spostandolo al 2006 (anche se i giudici avessero accordate ai condannati le attenuanti generiche). Tanto quanto dovrebbe bastare, anche con i tempi medi della giustizia italiana, per esaurire i tre gradi del giudizio.

Insomma, chi sperava di uscire indenne dal processo per motivi diversi dall'innocenza deve cambiare strategia. Cosa che il Cavaliere fa, grazie alla collaborazione straordinaria del presidente Ds della Camera Luciano Violante, il quale nel 1999, in piena udienza preliminare, solleva un conflitto di attribuzioni fra poteri dello Stato dinanzi alla Consulta contro il gup Alessandro Rossato: il giudice è accusato di aver indebitamente considerato valide tre sedute dell'udienza preliminare di Imi-Sir, sebbene Cesare Previti fosse «impegnato» in aula a votare imprescindibili provvedimenti. Se la Consulta aderisse alla tesi Previti-Violante, il processo fin qui celebrato sarebbe nullo e dovrebbe ripartire da capo, sin dall'udienza preliminare (durata un anno e mezzo). Le sedute riguardavano l'Imi-Sir, quindi lo Sme-Ariosto dovrebbe essere salvo. Ma, per uno spiacevole errore, il reclamo della Camera comprende ingiustificatamente anche alcune udienze Sme-Ariosto. Nelle quali Previti non poteva accampare alcun impedimento, in quanto era impegnato soltanto a parlare in aula e non a votare. Cosí il rischio è che la Consulta cada anch'essa in errore, e rimandi indietro, davanti al gup, anche quel processo. Nel 2001 la Corte costituzionale stabilirà che Rossato non poteva dichiarare preminente l'interesse del Tribunale a processare Previti rispetto all'interesse della Camera ad avere Previti in aula. I due poteri dello Stato devono trovare un punto di equilibrio. La Consulta affida comunque al Tribunale il compito di decidere la sorte di quelle udienze in bilico. E il Tribunale di Milano, sia per il processo Sme sia per l'Imi-Sir, dichiarerà che le udienze non vanno annullate, perché non contenevano alcuna decisione che riguardasse specificamente Previti. I processi, insomma, potranno proseguire.

La legge anti-rogatorie

Saltato un ostacolo, eccone subito pronto un altro. Il 12 maggio 2000, nell'aula del processo Sme-Ariosto, l'avvocato Filippo Dinacci, che difende il Cavaliere insieme a Pecorella e Ghedini, chiede al Tribunale di gettare via tutti gli atti trasmessi per rogatoria dalle magistrature straniere. Secondo il legale, i documenti sarebbero inutilizzabili perché «manca il numero di pagina», oppure perché si tratta di «fotocopie semplici» senza una «specifica certificazione di conformità». I giudici, alla luce dei trattati internazionali e delle prassi europee consolidate da decenni, respingono l'istanza. Ma il 3 agosto 2001, subito dopo le elezioni vinte dalla Casa delle libertà, i parlamentari forzisti Marcello Dell'Utri, Lino Jannuzzi e Paolo Guzzanti presentano un emendamento alla ratifica della convenzione italo-svizzera sulle rogatorie, modificando il codice di procedura penale sulla falsariga dell'eccezione presentata dall'avvocato Dinacci e bocciata dal Tribunale. La nuova legge viene approvata a tappe forzate il 3 ottobre 2001. Risultato, almeno sulla carta: circa 7 mila rogatorie da rifare (tra queste, 252 inoltrate alla Svizzera dal pool Mani pulite e ancora pendenti, 810 per delitti di mafia, 1045 per traffico di droga, 746 per corruzione e 66 per delitti di terrorismo).

Le nuove norme prevedono, fra l'altro, l'inutilizzabilità di tutti gli atti recapitati dalle autorità giudiziarie straniere che non siano «in originale» oppure «autenticati» con apposito timbro, pagina per pagina. Non solo: qualunque documento trasmesso via fax, o via mail, o *brevi manu*, o in fotocopia, o con qualche lieve irregolarità formale, o direttamente da giudice svizzero a giudice italiano senza passare per i ministeri degli Esteri e della Giustizia, è sanzionato nella forma piú grave: l'inutilizzabilità. Anche se l'imputato non ha mai eccepito sulla loro autenticità, le carte estere – documenti bancari, verbali di interrogatorio e di perquisizione, perizie tecniche e cosí via – finiscono nel cestino e si deve ricominciare tutto da capo (ammesso che, nel frattempo, la banca o l'autorità straniera non abbia distrutto la documentazione). Se poi queste carte sono l'unica prova a carico di un imputato, questi dev'essere assolto. E, se sono l'unico elemento in base al quale una persona è detenuta, scatta la scarcerazione. Si gioca pure sull'espressione «in originale», sommamente equivoca. Lo spiega il procuratore generale di Ginevra, Bernard Bertossa: «È impossibile trasmettere l'originale di un estratto conto bancario: ciò di cui disponiamo è sempre un tabulato stampato, cioè una copia. L'originale è l'hard disk della banca, e quello non possiamo proprio trasmetterlo all'Italia...».

All'articolo 18, l'ultima e decisiva innovazione: «Le disposizioni della presente legge si applicano anche ai procedimenti in corso». Cioè alle indagini, alle udienze preliminari, ai dibattimenti di primo, secondo e terzo grado iniziati con le vecchie regole. Per la prima volta, in decenni di storia del diritto, viene disatteso il principio latino *tempus regit actum* (non si cambiano le regole a partita iniziata) che presiede a ogni riforma di procedura. La legge è retroattiva, per poterla applicare ai processi «toghe sporche» contro Berlusconi e Previti.

Il 4 ottobre 2001 la legge sulle rogatorie, approvata il giorno 3, viene trasmessa a Palazzo Chigi per la firma di Berlusconi. Ventiquattr'ore dopo è già sul tavolo del capo dello Stato. Ciampi ha un mese di tempo per firmarla, ma lo fa subito, in un batter d'occhio, verso le 15. Poi telefona a Berlusconi per dargli l'annuncio. Il giorno dopo, sabato 6 ottobre, la legge viene stampata in tutta fretta sulla Gazzetta ufficiale. Di solito, per pubblicare una legge, occorrono in media dai 30 ai 60 giorni, ai quali se ne aggiungono sovente altri 15 di *vacatio legis*. Per quella contro le rogatorie, nulla di tutto questo. Il 9 ottobre, al processo Previti, i difensori la usano subito per chiedere di cestinare tutti gli atti giunti dall'estero. Commenta sarcastico Armando Spataro, membro del Csm: «L'avvocato eccepisce, il Tribunale respinge, la Camera approva».

Il Tribunale di Roma contesta la costituzionalità della riforma davanti alla Consulta. Altri, come quelli di Torino, Napoli e Milano, fanno invece prevalere sulla nuova normativa i trattati e le prassi internazionali degli ultimi trent'anni. E stabiliscono che, per certificare l'autenticità delle carte giunte per rogatoria, basta la lettera di accompagnamento firmata dal giudice straniero che le ha trasmesse. Cosí si salvano centinaia di processi.

Il 5 dicembre 2001, visto che la legge non è servita a bloccare i processi «toghe sporche», la maggioranza al Senato approva una mozione programmatica sulla giustizia in 12 punti, introdotta da un preambolo che censura esplicitamente le inchieste del pool su Berlusconi e le ordinanze della I e della IV sezione del Tribunale di Milano, quelle che giudicano il caso Sme e l'Imi-Sir, sulla sentenza della Consulta (a proposito delle udienze contestate) e sulle rogatorie. Lo scontro istituzionale è senza precedenti. Mai, neppure sotto il fascismo, il Parlamento italiano aveva censurato i provvedimenti di un tribunale. Infatti la mozione suscita l'immediata protesta scritta di 300 docenti di diritto (fra i quali moltissimi avvocati) di 25 università italiane, che definiscono «false» le accuse al Tribunale di Milano, «plausibili alla luce del diritto vigente» le decisioni dei giudici milanesi e «grave e intimidatoria» la mozione del Senato, «un evento mai verificatosi nella storia parlamentare dell'Italia unita, che mette a repentaglio le stesse fondamenta dello Stato costituzionale». La giunta dell'Anm si dimette in blocco, protestando contro quella «risoluzione in contrasto con il modello di giurisdizione e di assetto dei poteri disegnato dalla Costituzione». L'Anm si era sciolta soltanto un'altra volta: nel 1924, dopo il delitto Matteotti e la svolta autoritaria di Mussolini. Quello dei senatori della maggioranza è un chiaro abuso di potere, tantopiú che la Corte di Cassazione, di lí a poco, confermerà che i tribunali fanno benissimo a disapplicare le norme sulle rogatorie, in quanto queste violano apertamente i trattati e le prassi internazionali, che prevalgono sulla legislazione ordinaria. Almeno questa legge vergogna, dunque, non produrrà altri effetti.

Fuori un giudice

Ma il governo dell'imputato Berlusconi una ne fa e cento ne pensa. Il 31 dicembre 2001, mentre gli italiani preparano il cenone di Capodanno, il ministro della Giustizia Roberto Castelli, sollecitato con «urgenza» dai difensori di Previti, nega contro ogni prassi la proroga in Tribunale al giudice Guido Brambilla, membro del collegio giudicante del processo Sme-Ariosto, e dispone la sua «immediata presa di possesso» a partire dal 2 gennaio 2002 al Tribunale di sorveglianza, dov'è stato trasferito. Cosí il processo a Berlusconi, Previti, Pacifico e Squillante dovrà ricominciare da capo. La decisione viene annunciata in aula, il 3 gennaio, dagli stessi difensori degli imputati. Il Tribunale, la Procura e Brambilla non ne sanno ancora nulla. Il procuratore aggiunto Gerardo D'Ambrosio è indignato: «Decisione incredibile, siamo entrati nella notte della democrazia». Castelli lo minaccia di azione disciplinare. La Corte d'appello rimedierà all'obbrobrio «applicando» Brambilla al Tribunale ordinario fino al termine del processo Sme. E anche questa vergognosa manovra fallisce. Ma ce n'è subito pronta un'altra.

Legge Cirami: spostare i processi

Dopo aver tentato piú volte la carta della ricusazione dei collegi giudicanti nei processi Imi-Sir/Mondadori e Sme-Ariosto, all'inizio del 2002 Berlusconi e Previti chiedono lo spostamento a Brescia dei due dibattimenti perché a Milano tutti i magistrati (circa 500) sarebbero prevenuti contro di loro. Il 30 maggio 2002 le sezioni unite della Cassazione che esaminano le loro istanze di rimessione ad altra sede ricorrono a un compromesso: i processi restano a Milano e possono proseguire (le difese ne chiedevano la sospensione), ma intanto viene accolta un'eccezione di legittimità costituzionale. La Consulta dovrà decidere se l'articolo 45 del codice di procedura che dal 1989 regola la rimessione dei processi ad altra sede senza piú prevedere la vecchia «legittima suspicione» sia o no conforme alla Costituzione. Ma i *berluscones* non possono attendere. Cosí il 9 luglio il senatore Melchiorre Cirami (Udc) presenta il disegno legge n. 1578 che reintroduce la formula vaghissima del «legittimo sospetto». A suo dire, la proposta nasce perché la Cassazione, chiedendo l'intervento della Consulta, avrebbe segnalato un «vuoto normativo». Naturalmente non è vero. Ma il 18 luglio 2002, forzando i regolamenti, il presidente del Senato Marcello Pera mette immediatamente in discussione la Cirami.

Dopo un'estate burrascosa di ostruzionismi parlamentari e «girotondi» in piazza in difesa dell'indipendenza della magistratura, la nuova legge vergogna viene approvata dal Senato il 24 ottobre 2002. Qui, come denuncia la Margherita, una ventina di parlamentari «pianisti» della maggioranza votano anche per i colleghi assenti. Ma di fronte allo scandalo dei pianisti il presidente Pera fa sapere che tutto è regolare: «Non delegittimate il Senato», dice, come se a delegittimare l'istituzione non fosse chi vota al posto dei colleghi, ma chi lo denuncia. La Cdl comunque (con l'appoggio dei Ds) decide di approvare il verbale della seduta. Il 5 novembre la Cirami, con un emendamento restrittivo voluto dal Quirinale (il trasferimento dei processi dev'essere motivato con «gravi situazioni locali»), passa anche alla Camera. Due settimane dopo la Consulta respinge in quanto «inammissibile» la questione di legittimità costituzionale sollevata da Pecorella e dalla Cassazione il 30 maggio. Insomma, non c'era alcun «vuoto normativo» da colmare con una nuova legge. La Cirami era nata solo per mettere in mano alle difese una carta in piú per far saltare i processi. Ma il 29 gennaio 2003 la Cassazione stabilisce che a Milano il clima è perfettamente sereno e i giudici sono del tutto imparziali: i processi a Berlusconi e Previti non traslocano a Brescia.

Lodo Maccanico: il premier impunito

Fallite le leggi vergogna sulle rogatorie e sul legittimo sospetto, Berlusconi e i suoi sodali sono davvero nell'angolo. Nessuna delle norme *ad personam* ha funzionato e le sentenze si avvicinano. Il premier rischia di essere condannato insieme a Previti e Squillante per corruzione nel processo Sme-Ariosto. Sarebbe uno smacco enorme per un presidente del Consiglio che, dal 1° luglio 2003, assumerà per sei mesi anche la presidenza dell'Unione europea.

In un paese normale l'opposizione chiederebbe di risolvere l'imbarazzante questione con le immediate dimissioni del premier che rischia di infangare l'Italia in Europa e che può essere tranquillamente sostituito con un uomo pulito del suo schieramento. Ma nessuno osa proporre una soluzione cosí ragionevole. Anzi entra (o rientra) in gioco una vecchia idea di Antonio Maccanico, senatore della Margherita, già ministro delle Poste, autore nel 1998 di una legge sulle tv tanto favorevole a Berlusconi da essere poi dichiarata incostituzionale dalla Consulta. Maccanico, amico di Ciampi, propone una legge che garantisce l'assoluta immunità da qualunque processo penale alle cinque massime cariche dello Stato (presidenti della Repubblica, della Camera, del Senato, della Corte costituzionale e del Consiglio) per tutta la durata del loro incarico. Di fatto, è l'ennesima legge salva-Berlusconi: il premier è infatti l'unica alta carica sotto processo. Il tutto, in barba al principio di eguaglianza di tutti i cittadini sancito dall'articolo 3 della Costituzione. Il 29 maggio 2003 il testo viene presentato al Senato dal capogruppo di Forza Italia Renato Schifani, sotto forma di emendamento alla legge Boato (che allarga l'immunità parlamentare in tema di intercettazioni e tabulati telefonici). Il 6 giugno 2003 la legge Boato-Maccanico passa al Senato. I sí sono 152, i no 107. Anche Sdi e Udeur sono favorevoli, ma escono dall'aula al momento del voto. Incredibilmente l'opposizione decide di non fare ostruzionismo, consentendo alla Casa delle libertà di approvare le norme nel giro di due giorni.

Ora si attende l'approvazione alla Camera, ma la sentenza Sme è ormai questione di giorni. Berlusconi, per evitare che il verdetto arrivi prima del Lodo Maccanico, fa saltare una serie d'udienze inventandosi una raffica di «legittimi impedimenti» legati al suo status di premier e di futuro presidente dell'Ue. Poi, il 5 maggio, si presenta per la prima volta nell'aula del processo Sme-Ariosto per rendere una «dichiarazione spontanea» di 51 minuti, rifiutando – com'è suo diritto – di rispondere a qualsiasi domanda. Al termine fa sapere che, da quel momento in poi, vuole presenziare a tutte le udienze. Che non potranno piú celebrarsi in sua assenza. Dopodiché scompare di nuovo dalla circolazione per un mese e mezzo, improvvisando variopinte «missioni istituzionali inderogabili» in Italia e all'estero per disertare le convocazioni dei giudici, in attesa dell'approvazione definitiva del sospirato Lodo. Poi il 24 maggio assicura che sarà in aula l'11 giugno per proseguire le sue dichiarazioni spontanee.

La «melina» induce il Tribunale a stralciare la sua posizione dal processo principale, per evitare che le continue assenze impediscano di giudicare anche gli altri imputati. Infatti, nonostante le promesse, nemmeno l'11 giugno Berlusconi si presenta in aula. I suoi legali chiedono al Tribunale di rinviare tutto *sine die*, «anche tenendo conto della nuova legge che – salvo imprevisti – sospenderà il processo. E a luglio non si sa, vedremo con il semestre europeo...». Il pm Boccassini, «a nome dello Stato che ritengo di rappresentare», insorge: «L'imputato Berlusconi vuole soltanto sottrarsi al processo e intanto lancia accuse e insinuazioni gravissime all'estero, senza che possano essere vagliate nell'unica sede legittimata: il processo». Il Tribunale respinge come «non assoluto» l'impedimento istituzionale del giorno (incontro di un'ora al Cairo con il presidente egiziano Mubarak, proprio nella data indicata dallo stesso premier per la seconda puntata delle dichiarazioni spontanee), in quanto l'imputato «disattende il criterio di reciproca collaborazione sancito dalla Corte costituzionale nel 1991» provocando uno «stallo della giurisdizione». L'udienza dunque riprende e, di questo passo, la parola potrebbe passare al pm per la requisitoria, con l'eventualità che la sentenza arrivi prima del Lodo. A questo punto Pecorella e Ghedini chiamano precipitosamente Berlusconi e, all'improvviso, si materializza una data utile per le sue dichiarazioni bis: il 17 giugno, alla vigilia del voto definitivo della Camera sul Lodo.

Quel giorno Berlusconi irrompe nell'aula magna del Tribunale di Milano e si produce in un'altra ora di monologo, attaccando ancora i giudici, la Procura, la polizia giudiziaria, Prodi, De Benedetti, Stefania Ariosto e Vittorio Dotti. Poi, dopo essersi autodefinito «un cittadino piú uguale degli altri», se ne va di corsa a Roma per incontrare il premier greco Kostas Simitis. Ma annuncia che non ha ancora finito: «Garantisco che sarò di nuovo qui il 25 giugno, per continuare e per fissare altre udienze». Lui, infatti, si finge contrario al Lodo Maccanico («Non ho espresso parere favorevole, anche se ci sono insistenze...»). Ma, appena esce, gli onorevoli avvocati Pecorella e Ghedini chiedono di rinviare l'udienza perché impegnati nel pomeriggio in «votazioni alla Camera»: le votazioni per approvare la norma che eliminerà il processo al Cavaliere e renderà impossibile anche l'udienza per le dichiarazioni spontanee tris appena chiesta da Berlusconi per il 25 giugno. In serata, infatti, la Camera vota la costituzionalità della legge Boato con annesso il Lodo Maccanico-Schifani. Ventiquattr'ore dopo la legge è approvata definitivamente con 302 sí, 13 astenuti (fra i quali Maccanico e Boato) e 17 contrari (gli ulivisti rimasti in aula, mentre la gran parte esce per protesta).

Resta da sistemare Cesare Previti che, non essendo un'alta carica ma «soltanto» un senatore semplice, è tagliato fuori dal Lodo. Cosí la Cdl presenta un disegno di legge costituzionale per estendere l'impunità a tutti i parlamentari, che però non vedrà mai la luce. Intanto il premier canta vittoria:

> Finalmente l'Italia si è messa in linea con gli altri paesi europei. Il Lodo mette un limite all'uso di armi improprie che non sono parte della democrazia che si basa sulla sovranità popolare. Ora bisogna riformare tutto l'ordinamento giudiziario per dare agli italiani la certezza di non poter subire i calvari che io ho provato in prima persona.

Naturalmente non è vero niente: non esiste alcun paese europeo in cui il capo del governo sia improcessabile per reati comuni (fra l'altro commessi prima del suo mandato e slegati da qualunque motivazione politica). Il 20 giugno 2003 il presidente Ciampi firma la legge blocca-processi a tempo di record. Una legge talmente indecente che nessuno vuole assumersene la paternità. La maggioranza preferisce chiamarla «Lodo Maccanico», l'opposizione «Lodo Schifani».

Ovviamente la Corte costituzionale, dinanzi all'eccezione di incostituzionalità sollevata dal Tribunale di Milano, annullerà il Lodo nel gennaio 2004, perché viola il principio di eguaglianza e altri articoli della Costituzione. Ma intanto il Cavaliere ha potuto liberarsi del suo processo durante il semestre di presidenza europea. Il suo dibattimento-stralcio ricomincia separatamente da quello principale. Quest'ultimo si conclude il 22 novembre 2003 con la condanna di Previti, Pacifico e Squillante, ma «solo» per il bonifico di 434 mila dollari del 1991 e per lo strano versamento di 100 milioni a Squillante dopo la sentenza della Cassazione sulla Sme nel 1988. Assolti invece tutti gli imputati, compreso Filippo Verde, per la causa civile intorno alla Sme.

E Berlusconi? Il processo-stralcio riprende stancamente davanti a un collegio diverso da quello che ha condannato gli altri negando loro le generiche: nuovo presidente, Francesco Castellano (lo stesso giudice che nel 2005 verrà accusato di aver rivelato notizie riservate sull'inchiesta sulle scalate bancarie a Giovanni Consorte, presidente dell'Unipol, e sarà per questo trasferito dal Csm lontano da Milano). E si chiude in primo grado il 10 dicembre 2004 con l'ennesima prescrizione: il Tribunale infatti concede per la sesta volta le attenuanti generiche al Cavaliere e dichiara accertata ma prescritta la corruzione commessa il 6 marzo 1991 con il bonifico di 434.404 dollari Fininvest-Previti-Squillante. Quanto alla presunta compravendita della sentenza Sme, il premier viene anche lui assolto, ma solo ai sensi dell'articolo 530 comma 2 (la vecchia insufficienza di prove). Assoluzione piena, infine, per i due versamenti di denaro liquido a Squillante effettuati, secondo la testimone oculare Stefania Ariosto, tramite Previti in casa di quest'ultimo e al circolo Canottieri Lazio: impossibile dimostrarli.

Nelle motivazioni della sentenza si legge, tra l'altro, che «il quadro indiziario [a carico di Berlusconi per i 434 mila dollari a Squillante] non consente una pronuncia assolutoria nel merito». Quel denaro non può essere – come sostiene Previti – la tranche di una «maxiparcella» corrisposta dalla Fininvest a Previti per le sue attività in Italia e all'estero: la movimentazione dei conti dimostra che l'operazione «appare destinata, sin dall'inizio, al beneficiario» Squillante, che «l'ha prontamente utilizzata». I giudici non credono neppure che i dirigenti del gruppo Berlusconi avessero effettuato «in piena autonomia» un bonifico «all'apparenza già «predestinato» a un giudice» col quale personalmente non avevano alcun contatto: «diversamente è stato acclarato come Squillante avesse un rapporto di conoscenza con Silvio Berlusconi». L'ex magistrato aveva i numeri di telefono di Arcore, giudicò e assolse Berlusconi in un processo nel 1984 e nel '96 il Cavaliere gli offrí una candidatura al Senato per Forza Italia.

Ma, dopo queste condivisibili considerazioni, i giudici assolvono il Cavaliere per l'altro versamento a Squillante, cioè per i 100 milioni bonificatigli da Pacifico (dalla provvista Barilla di un miliardo) dopo la sentenza di Cassazione nella causa Sme. Che «sussista il fatto corruttivo», il «pagamento tangentizio», è indubbio, come indubbio è che Barilla non conoscesse né Pacifico né Squillante, mentre Berlusconi e Previti li conoscevano benissimo. E allora perché Barilla, alleato di Berlusconi nella cordata Iar per l'acquisto della Sme dall'Iri, paga Pacifico e Squillante? Mistero. Per i giudici,

> non c'è la «necessaria certezza» sulla volontaria determinazione di tutti i soggetti del gruppo (Iar) al raggiungimento dell'interesse comune con metodi corruttivi laddove, come per l'imputato Silvio Berlusconi, non risulti provata anche per lui la dazione della somma corruttiva. [...] Sussistono invero indici di sospetto in merito alla partecipazione dell'imprenditore Berlusconi alla corruzione del giudice Squillante, a motivo del suo intervento nell'iniziale conoscenza tra l'imprenditore Barilla e il legale Fininvest, avv. Cesare Previti, ma il sospetto non assume dignità di prova e va relegato, pertanto, al piano di pura illazione. [...] Alla luce delle risultanze in atti, si impone l'assoluzione di Silvio Berlusconi dal pagamento corruttivo in oggetto per non aver commesso il fatto.

Quanto invece al bonifico di 434 mila dollari, il reato è accertato, ma va considerato prescritto grazie alla concessione delle attenuanti generiche (che dimezzano i tempi di prescrizione da 15 a 7 anni e mezzo).

> All'imputato possono essere riconosciute le circostanze attenuanti generiche, sia in considerazione del fatto che lo stesso è incensurato, sia perché l'impianto accusatorio, costruito principalmente intorno alla vicenda Sme, non ha trovato riscontro per quanto riguarda la posizione di Silvio Berlusconi [...]. Inoltre il Tribunale ritiene che per l'imputato debba essere valorizzato il dato relativo alle condizioni di vita individuale e sociale.

I giudici ricordano pure che la Corte d'appello di Milano, già nella sentenza Mondadori,

> ha riconosciuto all'imputato le circostanze attenuanti generiche, con espresso riferimento alla sua condotta di vita successiva al reato contestato... E sono

proprio le condizioni di vita individuale e sociale di Silvio Berlusconi rimaste immutate, e non la carica istituzionale da lui ricoperta, a fondare il giudizio del Tribunale di meritevolezza delle riconosciute attenuanti generiche.

Attenuanti che invece l'altro collegio della stessa I sezione del Tribunale ha negato a Previti per gli stessi fatti, condannandolo a 6 anni (lo vedremo tra poco). Il mandante della corruzione nonché fornitore della provvista la fa franca. Il mediatore e il destinatario del pagamento invece no. Una disparità di trattamento che induce la Procura di Milano a impugnare in appello la prescrizione per Berlusconi, nonché l'assoluzione per la Sme. Ma ecco pronto l'onorevole avvocato Pecorella per la bisogna.

Pecorella: abolito l'appello del pm

Il 12 gennaio 2006, alla vigilia della scadenza della legislatura e del processo d'appello Sme-Ariosto, il legale di Berlusconi nella doppia veste di presidente della commissione Giustizia della Camera partorisce a tempo di record una leggina che cancella i dibattimenti di secondo grado nel caso in cui l'imputato sia stato assolto o prescritto in Tribunale. Proprio il caso del suo illustre assistito. È una garanzia in piú per il premier che, in caso di una diversa valutazione sulla concessione delle attenuanti, corre il rischio di essere condannato in secondo grado. Il 21 gennaio 2006 però il presidente della Repubblica Carlo Azeglio Ciampi rinvia alle Camere la legge Pecorella perché «palesemente incostituzionale». Ma Berlusconi chiede e ottiene, con un lungo braccio di ferro col Quirinale, di prolungare il funzionamento delle Camere oltre la data già fissata del 29 gennaio per il loro scioglimento, spiegando esplicitamente che uno dei motivi è la necessità di far riapprovare tale e quale la norma sull'inappellabilità appena respinta da Ciampi: «un grande principio di civiltà e democrazia». Al capo dello Stato, ormai privato del potere di rinvio, non resta che firmarla. E con questa ennesima legge vergogna si chiude la legislatura.

Il 26 aprile 2006, all'indomani delle elezioni vinte dall'Unione, la Corte d'appello di Milano dichiara defunto il processo d'appello Sme a carico di Berlusconi, respingendo l'istanza della Procura generale che chiedeva di sollevare questione di legittimità costituzionale sulla legge Pecorella per la palese disparità di trattamento fra il pm (che non può impugnare i proscioglimenti) e la difesa (che può impugnare le condanne). Alla pubblica accusa non resta che l'arma estrema del ricorso in Cassazione, contro una sentenza, quella di Castellano, che Ilda Boccassini giudica viziata da «manifesta illogicità» e «sistematica atomizzazione degli elementi di prova».

9. Corruzione giudiziaria: Mondadori

Il processo Mondadori è, per gli imputati (Berlusconi, gli avvocati Previti, Acampora e Pacifico, i giudici Renato Squillante e Vittorio Metta), il piú bruciante di tutti. Perché potrebbe rimettere in discussione il panorama editoriale italiano, sol che si appurasse che la sentenza che risolse il caso nel gennaio 1991 fu comprata a suon di tangenti. Si tratta infatti della sentenza che consegnò al Cavaliere il controllo della Mondadori, fino ad allora nelle mani dell'eterno rivale Carlo De Benedetti.

Tutto comincia nel 1988. Berlusconi, che già da tempo ha messo un piede nella piú grande e gloriosa casa editrice italiana rilevando le azioni del suo alleato Leonardo Mondadori, ripete a tutti: «Non voglio restare sul sedile posteriore». In pratica, vuole portare a casa l'intera posta. Ma l'Ingegnere non ci sta. Il 21 dicembre 1988 Cristina Formenton Mondadori (figlia di Arnoldo Mondadori e vedova di Mario Formenton) e i figli Luca, Pietro, Silvia e Mattia stipulano una convenzione in cui si impegnano a riconoscere a De Benedetti il ruolo di imprenditore di riferimento nella Mondadori e a vendergli entro il 30 gennaio 1991 il loro 26,9 per cento dell'Amef (il sindacato di controllo dell'azienda). Meno di un anno dopo, a metà novembre 1989, il ribaltone: contravvenendo al patto, i Formenton fanno blocco con Berlusconi, che il 25 gennaio 1990 può insediarsi alla presidenza della Mondadori. Quella che ne deriva è una violenta guerriglia giudiziaria, tutta incentrata su un punto nodale: la convenzione del 21 dicembre 1988 è ancora valida, oppure no? Le due parti in causa si affidano a un collegio di tre arbitri: il professor Pietro Rescigno designato da De Benedetti, il professor Natalino Irti per i Formenton-Berlusconi, e il dottor Carlo Maria Pratis, con funzioni di presidente del collegio, nominato il 28 febbraio 1990 dal primo presidente della Corte di Cassazione.

Il lodo arbitrale viene comunicato il 20 giugno 1990: ha ragione De Benedetti, irrilevanti tutte le eccezioni contrarie. Ergo i Formenton devono rispettare la convenzione. Quindi le azioni Amef tornano all'Ingegnere, insieme all'effettivo controllo del gruppo. La sera del 29 giugno 1990 (nove giorni dopo il lodo) Berlusconi decade da presidente e fa le valigie. Gli subentra un commercialista nominato dal Tribunale di Milano, Giacinto Spizzico. E il 10 luglio gli equilibri di vertice si ribaltano, con l'ingresso di due nuovi amministratori delegati, Carlo Caracciolo e Antonio Coppi, e di un nuovo direttore generale, Corrado Passera, manager della Cir (la finanziaria di De Benedetti che controlla il gruppo Espresso e, da quel momento, di nuovo la Mondadori). Ma il Cavaliere non accetta la sconfitta: il collegio arbitrale andava bene a tutti, ma ha commesso l'errore di dargli torto. Dunque, non vale. Il 10 luglio i suoi alleati Formenton impugnano il lodo davanti alla Corte d'appello di Roma, assistiti da un gruppo di legali guidato dal professor Agostino Gambino (futuro «saggio» nominato nel '94 dal premier Berlusconi per il suo grottesco progetto di «blind trust», e futuro ministro delle Poste nel governo Dini). Il caso finisce davanti alla I sezione civile della Corte, quella presieduta da Arnaldo Valente, il giudice col papillon indicato dalla Ariosto come un frequentatore di casa Previti. Ma, soprattutto, il giudice relatore ed estensore della sentenza è Vittorio Metta, intimo di Cesare e futuro collaboratore del suo studio.

Una sentenza annunciata

La sentenza Metta è attesa per fine gennaio del 1991. Ma già diverse settimane prima le voci si rincorrono con sempre maggiore insistenza, con effetti altalenanti sulla Borsa. Il 24 gennaio *La Stampa* titola: «Quei giochi proibiti per Segrate. Mondadori, tra intrighi e voci si va verso la sentenza Cir-Formenton. I bookmaker scommettono su Berlusconi». E spiega: «Tarda la sentenza sul lodo Mondadori [...]. Tarda e tutti sono nervosi, qualcuno nervosissimo. I pronostici, a giudicare dai soliti "bene informati", sono tutti per Formenton, ovvero per Berlusconi». Previsione azzeccata. Quel mattino anche il mercato azionario conferma gli oracoli giornalistici, facendo perdere il 2,27 per cento al titolo Cir, che a fine giornata crollerà fino al 7 per cento. Del resto, dal 2 gennaio, il titolo è piombato in meno di venti sedute da 2.500 a 2.060 lire. Segno che nessuno è pronto a scommettere una lira su una sentenza favorevole a De Benedetti. La sentenza esce proprio il 24 gennaio. Ecco il resoconto che ne fa l'indomani *Il Sole-24 Ore*: «Con una sentenza molto "annunciata", nel senso che da mesi si raccoglievano le voci dell'accoglimento del ricorso dei Formenton, i magistrati romani hanno annullato il lodo arbitrale...». E a preannunciare in qualche modo l'esito del verdetto, un mese prima che venga emesso, è stato addirittura il presidente della Consob (l'organo che dovrebbe vigilare sulla trasparenza della Borsa): Bruno Pazzi, andreottiano di ferro. A chi? Al legale della Cir, Vittorio Ripa di Meana, nel dicembre '90: lasciate perdere – era il senso della sua «amichevole» esortazione –, la partita è perduta, lasciate stare le carte bollate e mettetevi d'accordo con Berlusconi per spartirvi la casa editrice. Racconta Ripa di Meana a Ilda Boccassini l'11 dicembre '97:

> Avevo esternato al presidente della Consob la mia tranquillità sull'esito del ricorso che la Fininvest aveva avanzato contro il lodo arbitrale che ci dava ragione, ma per tutta risposta Pazzi mi disse che non dovevo stare affatto tranquillo, perché la sentenza sarebbe stata a noi sfavorevole. Rimasi allibito da queste affermazioni, al punto che gli chiesi da chi era stato informato.

Questo il discorso che Pazzi avrebbe rivolto all'avvocato dell'Ingegnere:

> Vi parlo da amico, vi dico queste cose perché voglio dimostrare la mia amicizia nei confronti di Carlo De Benedetti e perché sappiate in anticipo come regolarvi per arrivare a una transazione verso la quale il presidente Andreotti è molto favorevole.

Pazzi avrebbe pure avvertito Ripa che Andreotti avrebbe di lí a poco indicato il presidente della Corte d'appello Carlo Sammarco, prossimo alla pensione, come suo successore al vertice della Consob. Tanto per far intendere quanto fosse annunciata quella sentenza. Dice De Benedetti a fine '97 davanti alla Boccassini:

> In quel periodo nell'ambiente degli avvocati dicevano che la sentenza sul lodo Mondadori era stata scritta a macchina nello studio dell'avvocato Acampora. Si diceva anche che la sentenza era costata 10 miliardi, piú la promessa della Consob per Sammarco [...]. Oltre al nome di Acampora io ho sentito per la prima volta, proprio con riferimento alla vicenda Mondadori, anche il nome di Cesare Previti, come persona vicina a Berlusconi e notoriamente molto introdotta negli uffici giudiziari romani [...]. Ho da tempo maturato la convinzione che quella sentenza sia stata comprata.

Nonostante il trionfo, però, i *berluscones* non riescono a portare a casa l'intera torta. Andreotti, che vede crescere troppo il potere di Craxi sul mondo dell'editoria (Berlusconi e Previti sono notoriamente legati a Bettino), impone una trattativa per un accordo di spartizione fra i due contendenti. E mette a disposizione il mediatore: il suo amico Giuseppe Ciarrapico. La mediazione destinerà *la Repubblica*, *L'Espresso* e la catena dei giornali locali al gruppo Caracciolo-De Benedetti; e *Panorama*, *Epoca* e l'intero ramo libri al gruppo Fininvest.

Anche il pool di Milano è convinto che quella sentenza sia stata comprata. Nella richiesta di rinvio a giudizio del novembre '99 si legge:

> Con piú azioni esecutive del medesimo disegno criminoso Berlusconi, Previti, Acampora e Pacifico, agendo in concorso fra loro, promettevano e versavano somme di denaro a Vittorio Metta [...] affinché questi violasse i propri doveri di imparzialità, segretezza, indipendenza e probità nell'espletamento della propria funzione, allo scopo di favorire la famiglia Mondadori-Formenton (e in conseguenza Silvio Berlusconi) nel giudizio che la vedeva opposta alla Cir, società riconducibile al gruppo dell'ingegner Carlo De Benedetti.

Insomma, secondo l'accusa, il Cavaliere avrebbe acquistato per 400 milioni la sentenza del giudice Vittorio Metta, che il 24 gennaio '91 gli fece vincere la «guerra di Segrate». Come? Compiendo una serie di «articolate operazioni finanziarie», attraverso «società e/o conti bancari riconducibili al cosiddetto «comparto estero» del gruppo Fininvest per alimentare il conto svizzero di Previti (con 3 miliardi e rotti bonificati il 14 febbraio 1991), che avrebbe poi fatto pervenire, attraverso tortuosi passaggi mediati da Acampora e Pacifico, i 400 milioni a Metta. In contanti.

Una provvidenziale eredità

Dai documenti bancari trasmessi per rogatoria dai giudici elvetici, risulta che dal febbraio '91, subito dopo il verdetto della Corte d'appello, un fiume di denaro comincia a scorrere sui conti correnti di alcuni indagati. Il 14 febbraio, dalle casse della solita All Iberian, parte un bonifico di 3 miliardi e 36 milioni di lire che approda sul conto Mercier di Previti. Di lí, il 26 febbraio, parte un altro bonifico di 1 miliardo e mezzo destinato al conto Careliza Trade di Acampora. Questi il 1° ottobre bonifica 425 milioni a Previti. Il quale li dirotta in due tranche (11 e 16 ottobre) sul conto Pavoncella di Pacifico. Questi ne preleva 400 milioni in contanti il 15 e il 17 ottobre e li fa recapitare in Italia a un misterioso destinatario. Che, secondo l'accusa, è Metta. Il quale, nei mesi successivi, fa diverse spese (tra cui l'acquisto e la ristrutturazione di un appartamento per la figlia Sabrina e l'acquisto di una nuova auto Bmw), utilizzando soprattutto denaro contante di provenienza imprecisata. Poi si dimette, diventa avvocato e va a lavorare, con la piccola Sabrina, nello studio Previti.

Dell'ultimo passaggio di denaro – da Pacifico a Metta – mancano i riscontri documentali. Né potrebbero esistere, trattandosi di un'operazione per contanti. Ma, secondo il pool, ogni giustificazione fornita dall'ex giudice sulla provenienza dell'improvvisa, abbondante liquidità è stata smentita dai fatti. Fra l'altro Metta sostiene di avere stretto legami con Previti solo nel 1994, dopo essere andato in pensione. Ma Ilda Boccassini scopre e gli rinfaccia una serie di telefonate con Previti già nel 1992-93, che rivelano una grande familiarità fra i due e che Metta non è in grado di giustificare. Metta sostiene pure che i 400 milioni erano frutto di un'eredità: glieli avrebbe lasciati prima di morire un amico magistrato, Orlando Falco. Ma non si sa bene quell'eredità dove sia finita. La conferma arriva da un interrogatorio condotto dall'allora procuratore federale della Confederazione svizzera, Carla Del Ponte, nel giugno '99. La giudice interroga l'avvocato-finanziere-mediatore elvetico Charles Poncet, colui che dopo la morte del giudice Orlando Falco gestí il passaggio del denaro dai suoi conti svizzeri a quello dei suoi eredi: il giudice Metta e l'avvocato romano Carlo Sanvitale. Metta e Sanvitale erano assistiti, per il recupero del denaro, da un altro avvocato romano: Giovanni Acampora, lo stesso sui cui conti svizzeri transitano – secondo i pm – una parte dei soldi inviati da Berlusconi a Metta, come segno di gratitudine per la sentenza Mondadori. Poncet racconta di aver versato sul conto di Sanvitale, il «Financiera Amiata», 2 milioni e mezzo di dollari e altrettanti su quelli di Metta. Strano – obietta la Del Ponte – visto che dalla documentazione bancaria del conto di Metta, il «Palomar», risultano esserne arrivati soltanto 240 mila. E altrettanti su quello di Sanvitale. Poncet cade dalle nuvole: «Non me lo spiego». Inutile chiedere spiegazioni a Metta, che a lungo si avvale della facoltà di non rispondere. Insomma: mancano all'appello 2 milioni e 300 mila dollari, usciti dal conto del giudice defunto e mai giunti alla destinazione «ufficiale».

Nello stesso periodo – ma non s'è mai dimostrato alcun legame fra i fatti – gli ormai famosi 434 mila dollari passavano da un conto cifrato di Previti a uno di Squillante (marzo 1991) e il giudice Verde riceveva 500 milioni di lire dall'avvocato Pacifico, sempre con un bonifico estero su estero (30 aprile 1991).

A questa ricostruzione della pubblica accusa, il gup di Milano Rosario Lupo non crede. O, almeno, giudica troppo labili i sospetti di corruzione a proposito della sentenza Mondadori: cosí labili da non giustificare neppure una verifica dibattimentale. E il 19 giugno 2000, al termine della lunga udienza preliminare, assolve tutti gli imputati perché «il fatto non sussiste». Lupo è subentrato al gup storico dei processi «toghe sporche», Alessandro Rossato, costretto ad abbandonare quel fascicolo dalla nuova legge sull'incompatibilità fra gip e gup, approvata appena in tempo dall'Ulivo fra gli applausi del Polo. Molto apprezzato dai Previti *boys* anche il combinato disposto di altre due riforme del centrosinistra: la legge Carotti e il «giusto processo», che allargano i poteri del gup fino a consentirgli di prosciogliere non solo quando le accuse sono palesemente infondate, ma anche quando non lo sono ma, in dibattimento, rischiano di non bastare per produrre una condanna. Proprio il caso del processo Mondadori.

Assolti, anzi imputati (tranne uno)

La formula usata dal gup Lupo al termine della lunga udienza preliminare è infatti quella dubitativa del comma 2 dell'articolo 530. Gli avvocati Pecorella e Ghedini, che solo qualche giorno prima minacciavano di denunciarlo alla Corte europea dei diritti dell'uomo per non aver voluto interrogare i testimoni che a loro garbavano «vanificando la riforma del giusto processo» e «negando all'on. Berlusconi il diritto di difendersi», ora magnificano Lupo come un «vero giudice», un «giudice finalmente terzo» che «non può certo essere accusato di simpatie politiche», anzi ha smantellato l'orrenda «macchinazione politico-giudiziaria del pool».

Ma non tutte le ciambelle riescono col buco. Dopo il proscioglimento generale in udienza preliminare, si scopre un particolare in piú, davvero avvincente. La sentenza che annullava il lodo Mondadori fu depositata da Metta alla velocità della luce: non il 24 gennaio 1991, come risultava ufficialmente, e cioè dieci giorni dopo la conclusione della camera di consiglio e la lettura del dispositivo, avvenuta il 14 gennaio. Ma addirittura il 15 gennaio, appena un giorno dopo la decisione. Centosessantotto pagine scritte a mano in ventiquattr'ore (l'altro giudice a latere ricorda che, prima, Metta non aveva predisposto alcuna bozza di sentenza). Un'impresa che nemmeno Mandrake o Speedy Gonzales. Figurarsi per un giudice. Una rapidità incompatibile con gli standard medi dei tribunali italiani e dello stesso Metta, che di solito impiegava per le motivazioni dai 2 ai 3 mesi, e solo in pochi casi (9 su 56) aveva depositato sentenze in meno di un mese: ma si trattava di testi di 8 o 9 pagine, non certo di 168. Questo aumenta il sospetto che quel verdetto fosse stato redatto prima, e altrove. Anche perché nessuna segretaria ricorda di aver battuto a macchina una sentenza nei 6-7 giorni lavorativi utili compresi fra il 15 (quando Metta aveva consegnato il manoscritto) e il 22 o il 23 gennaio, quando il cancelliere ricorda che il giudice gli aveva portato il dattiloscritto definitivo.

Sono cosí smentite le dichiarazioni rese da Metta al pool il 26 maggio 1998: «La sentenza fu dattiloscritta nella segreteria della Corte d'appello dalla dattilografa Gabriella B. Man mano che procedevo nella stesura della motivazione, a lei consegnavo parte del manoscritto, che veniva battuto in videoscrittura». Nessuna segretaria ha confermato il suo racconto. E, sul registro della Corte, nella colonna «Passato al presidente», si legge «15 gennaio», mentre nella colonna «Restituito dal presidente» c'è scritto «21 gennaio». Uno o due giorni dopo, Metta arrivò con il dattiloscritto. Metta aveva forse portato la sentenza manoscritta fuori dal palazzo per riconsegnarla sei giorni dopo? E, se sí, dove e da chi l'aveva fatta mettere in bella copia?

Un ulteriore, quanto inatteso, contributo alla comprensione dei fatti giunge poi da una fonte piú che insospettabile: Fedele Confalonieri. Il quale, intervistato da Curzio Maltese per *la Repubblica* il 25 giugno 2000, dichiara testualmente: «La verità è che, se Berlusconi non fosse entrato in politica, se non avesse fondato Forza Italia, noi oggi saremmo sotto un ponte o in galera con l'accusa di mafia. Col cavolo che portavamo a casa il proscioglimento nel lodo Mondadori...». Piú che una dichiarazione, una confessione.

Contro il proscioglimento del gup Lupo, il pool ricorre in secondo grado. E il 25 giugno 2001 la Corte d'appello di Milano accoglie il ricorso, rinviando a giudizio tutti gli imputati tranne Berlusconi. Appena tornato alla presidenza del Consiglio, il Cavaliere si salva un'altra volta per prescrizione. Perché lui sí e gli altri (Pacifico, Acampora, Metta e Previti) no? Grazie a un'interpretazione del codice penale molto discussa e criticata da insigni giuristi, anche se confermata il 16 novembre 2001 dalla Cassazione. In sostanza, tutti gli imputati – presunti corrotti e presunti corruttori – rispondono di corruzione in atti giudiziari (articolo 319-ter del codice penale). Tutti tranne uno: Silvio Berlusconi. Motivo: fra il 26 aprile 1990 e il 7 febbraio 1992, il codice penale prevedeva espressamente l'aggravante della corruzione in atti giudiziari solo per il «corrotto magistrato», e non per il «privato corruttore». Dunque Berlusconi deve rispondere di corruzione semplice. Previti, invece, mediatore fra Berlusconi («privato corruttore», per dirla con i giudici) e Metta (presunto «corrotto magistrato»), è attratto dalla sorte del secondo. E risponde, come Metta, dell'ipotesi piú grave: corruzione in atti giudiziari (pena piú alta e prescrizione dopo 15 anni, cioè nel 2006, con o senza le attenuanti generiche). La corruzione semplice, invece, con le generiche si prescrive dopo 7 anni e mezzo (nel 1998). E, secondo i giudici, il Cavaliere merita quelle attenuanti. Per tre motivi.

1) È ormai «evidente un sistema di mercimonio delle pronunce giudiziarie nell'area romana»; dunque, se anche Berlusconi si è adeguato all'andazzo, merita «una valutazione favorevole in termini di gravità del fatto e di capacità criminosa». In fondo lui «sceglie un professionista (Previti) per ottenere una pronuncia favorevole», spende «somme di denaro anche ingenti», «paga onorari cospicui» e poi lascia fare al suo avvocato, magari senza informarsi «dei reali sistemi dell'attività professionale usati» per vincere la causa. Dunque «l'intensità del dolo deve ritenersi diminuita a causa della preesistente e pericolosa corruttibilità dell'ambiente giudiziario competente». E poi, aggiungono i giudici, da quegli anni bui è passato molto tempo. Il «cosí fan tutti», anziché un'aggravante, diventa un'attenuante.

2) «L'imputato [Berlusconi] ha, all'epoca della vicenda e successivamente alla pronuncia incriminata, favorito la composizione degli interessi patrimoniali derivanti dal Lodo all'origine della lite giudiziaria, addivenendo a un accordo con l'attuale parte offesa [De Benedetti]». È un po' – commenterà qualcuno – come premiare il ladro d'auto che, una volta rubata una macchina, gentilmente restituisce ai derubati il volante, il cambio, un sedile...

3) «Il privato [Berlusconi] ha agito nell'ambito di una attività economica e imprenditoriale di importanza nazionale, le cui zone d'ombra non possono condurre a una preconcetta valutazione ostativa alla concessione delle attenuanti generiche», soprattutto «per le attuali condizioni di vita individuale e sociale il cui oggetti-

vo di per sé giustifica l'applicazione» delle attenuanti. Insomma: il presidente del Consiglio, par di capire, merita un trattamento particolare. «Di per sé».

Berlusconi, gli altri imputati e la Procura generale ricorrono in Cassazione. Il Cavaliere perché esser definito «privato corruttore», sia pure prescritto, non fa piacere nemmeno a lui. Previti, Pacifico, Acampora e Metta per chiedere di essere prosciolti subito. La Procura per far rinviare a giudizio anche Berlusconi negandogli le attenuanti. Ma la Suprema Corte respinge tutti i ricorsi (condannando Previti al pagamento di 1 milione di ammenda). E ribadisce che il Cavaliere non è innocente, ma salvo per prescrizione: è «ragionevole» e «logico» che il mandante della tangente al giudice Metta per comprare la sentenza Mondadori fosse proprio lui. Giustamente – scrive la Cassazione – la Corte d'appello ha rinviato a giudizio Previti, Metta & C., visto che l'ipotesi della colpevolezza è «piú probabile rispetto a quella dell'innocenza»: i giudici di secondo grado, «dopo avere preso in considerazione le ipotesi ricostruttive dei fatti favorevoli alla difesa, hanno ragionevolmente ritenuto che la prospettiva accusatoria fosse quella avente il maggior grado di probabilità logica». Infatti la loro sentenza di rinvio a giudizio «non presenta al riguardo alcun vizio logico».

Insomma, se non fosse per un fatto puramente tecnico come le attenuanti generiche, anche Berlusconi dovrebbe sedere insieme agli altri sul banco degli imputati. Ma, anche per la Cassazione, merita le generiche. Non perché all'epoca, a Roma, si usasse comperare i giudici («la presunta corruttibilità dell'ambiente giudiziario non potrebbe attenuare le responsabilità del corruttore, il quale anzi ne avrebbe approfittato ribaltando a suo favore l'esito del giudizio di prima istanza», cioè il lodo arbitrale). E nemmeno perché da allora è passato tanto tempo («elemento neutro ai fini della valutazione della gravità del fatto o della capacità di delinquere del soggetto»). Bensí perché l'accordo privato fra Berlusconi e De Benedetti «ha comportato una riduzione dell'ipotetico danno subíto» dal secondo. E perché in seguito Berlusconi si è comportato bene, come dimostrano «le attuali condizioni di vita individuale e sociale del soggetto». Non per le «cariche istituzionali» ricoperte (la presidenza del Consiglio), ma «semplicemente per la condotta di vita successiva all'ipotizzato delitto». In questo senso «il rilievo dato alle attuali condizioni di vita sociale ed individuale del soggetto [Berlusconi], valutato dalla Corte d'appello come decisivo, non appare per nulla incongruo». Attenuanti, insomma, per buona condotta. E prescrizione, almeno per lui, del reato.

«C'è poco da esultare, comunque», commenta Giuliano Pisapia, deputato di Rifondazione e avvocato di parte civile per De Benedetti: «considerati il suo ruolo istituzionale e i continui proclami di innocenza, Berlusconi avrebbe avuto la possibilità, oltreché forse il dovere morale, di rinunciare alla prescrizione per tentare di ottenere, al processo, l'assoluzione nel merito». Ma il Cavaliere se ne guarderà bene.

Il processo agli imputati superstiti, accorpato a quello per lo scandalo Imi-Sir, inizia il 7 ottobre 2001. E anch'esso si trasforma subito in una corsa a ostacoli, per dribblare i continui impedimenti parlamentari di Previti e la raffica di leggi *ad personam* gettate dal governo e dalla maggioranza del centrodestra sulla strada dei giudici. Per far saltare le prove o, meglio ancora, il dibattimento tourt court. O almeno per propiziare la sospirata prescrizione. Ma, fra una selva di ricusazioni, istanze di rimessione, cavilli e manovre dilatorie di ogni genere, la IV sezione del Tribunale di Milano riesce a condurre la barca in porto. E nell'aprile 2003 condanna tutti gli imputati di corruzione per il caso Mondadori e per il caso Imi-Sir (tranne il giudice Verde).

In secondo grado, però, la Corte d'appello assolve tutti per il capitolo Mondadori, confermando le condanne per Imi-Sir. La Cassazione, infine, nel 2006 disporrà un nuovo appello per Mondadori, annullando le precedenti assoluzioni. Eccezion fatta per la prescrizione, ormai definitiva, del Cavaliere. Il beneficiario finale dell'affare.

10. Diritti Mediaset: falso in bilancio, frode fiscale e altro

Ma Berlusconi, secondo la Procura di Milano, non ha smesso di falsificare i bilanci delle sue società nemmeno quando è stato scoperto. All'inizio del 2006, davanti al gup Fabio Paparella, prende il via un'udienza preliminare in cui sono imputati il Cavaliere, il presidente di Mediaset Fedele Confalonieri e molti manager del gruppo. I reati contestati sono i «soliti»: falso in bilancio, frode fiscale, appropriazione indebita. Berlusconi risponde di tutti e tre, mentre Confalonieri «soltanto» del primo. Secondo l'ipotesi dei pm Alfredo Robledo e Fabio De Pasquale, il Cavaliere avrebbe continuato, anche dopo l'ingresso in politica nel '94, a esercitare di fatto il ruolo di *dominus* nelle sue aziende. Oggetto dell'indagine: una serie di operazioni finanziarie di acquisto di diritti cinematografici e televisivi dalle *majors* americane. Diritti che, invece di essere comperati direttamente alla fonte, venivano acquistati a Hollywood da società che, secondo l'accusa, facevano capo a prestanomi e venivano poi rivenduti ad altre scatole vuote con sede nei paradisi fiscali prima di finire a Cologno Monzese. In questo modo, di passaggio in passaggio, il costo dei film e dei programmi televisivi sarebbe stato gonfiato per centinaia di milioni di euro. Una differenza di prezzo poi finita su società off-shore riconducibili al Cavaliere e a una serie di manager del gruppo, i quali avrebbero incassato il denaro facendolo in molti casi prelevare in contanti. Il meccanismo, secondo i pm, ha anche permesso al gruppo Berlusconi di beneficiare degli sconti fiscali previsti dalla legge Tremonti, approvata nel 1994 dal primo governo dello stesso Berlusconi per detassare gli utili reinvestiti dalle imprese. Cosí si è giunti al capo d'imputazione. Per quanto riguarda l'appropriazione indebita gli imputati, dal 1988, si sarebbero impossessati

> di risorse finanziarie della società Fininvest Spa e, dal '95, di Mediaset Spa effettuando plurime operazioni di trasferimento di ingenti somme di denaro – aventi la clausola in tutto o in parte fittizia del pagamento dei diritti televisivi – dai conti correnti della Silvio Berlusconi Finanziaria SA (dal 1995 Société Finacière Investissement) e dai conti correnti della società International Media Services Ltd (posseduta da Mediaset al 99 per cento) a favore dei conti bancari gestiti da fiduciari di Berlusconi,

e dei conti delle società di Frank Agrama (un produttore di origine libanese, considerato socio di fatto del Cavaliere) e di Daniele Lorenzano (un ex manager Fininvest). La Procura, in questo capitolo, parla di 276,9 milioni di dollari, 9,4 miliardi di lire, 13,5 milioni di franchi svizzeri, 2 milioni di franchi francesi e 548 mila fiorini olandesi, a cui si aggiungono altre somme ancora da quantificare.

Poi c'è la frode fiscale. Per l'accusa, ammonterebbe a quasi 130 miliardi di lire e per realizzarla gli imputati di sarebbero serviti di un sistema «elaborato negli anni 80, e da allora costantemente seguito fino al '95». Il falso in bilancio, infine, sarebbe stato attuato per mascherare «ingenti fondi neri» costituiti in Svizzera, nel Principato di Monaco e alle Bahamas. Il Cavaliere, in particolare, avrebbe gonfiato i prezzi di acquisto in modo da poter intascare – tramite due società off-shore intestate ai figli Marina e Piersilvio (indagati per riciclaggio), create e gestite dall'avvocato inglese David Mills – almeno 170 milioni di dollari.

Grazie all'approvazione a fine 2005 della legge ex Cirielli, buona parte dei reati contestati è caduta in prescrizione. Il 15 maggio 2006 il pm De Pasquale ha comunque ribadito le sue richieste di rinvio a giudizio e ha prodotto un'eloquente tabellina. Per ogni imputato sono elencate le accuse per cui si chiede il rinvio a giudizio e quelle ormai coperte dalla prescrizione. Il Cavaliere, secondo i pm, va processato per due accuse di appropriazione indebita, una di frode fiscale e una di falso in bilancio, relative agli anni 1998 e 1999, mentre le appropriazioni e i falsi commessi nel 1996 e 1997 sono già estinti dalla prescrizione. Tra gli altri imputati per cui viene chiesto il rinvio a giudizio c'è Confalonieri, accusato di falso in bilancio: anche per lui il biennio 1996-97 è prescritto. Ma la prospettiva di una condanna definitiva è molto improbabile. Anche per i reati superstiti, la prescrizione abbreviata della ex Cirielli farà sentire presto i suoi effetti: i delitti datati 1998 si cancellano a settembre 2006, quelli del 1999 nel 2007. E cosí di tutto il lungo, complicato e costoso lavoro sul lato oscuro del Biscione, l'unico processo che forse non andrà in fumo sarà quello che, in un fascicolo a parte, vede Berlusconi accusato di aver corrotto l'avvocato Mills per addomesticarne la testimonianza. Un disturbo che, se nel 1997 avesse previsto la ex Cirielli, il Cavaliere si sarebbe davvero potuto risparmiare.

11. Diritti Mediaset, corruzione giudiziaria di Mills

L'accusa è gravissima: «Non meno di 600 mila dollari», versati «nel 1997 da Carlo Bernasconi» (manager Fininvest morto nel 2001), «a seguito di disposizioni di Silvio Berlusconi e al fine di favorire Silvio Berlusconi», su conti svizzeri dell'avvocato inglese David Mills affinché costui, chiamato a testimoniare in due processi milanesi contro il Cavaliere, «dichiarasse il falso, negasse il vero o tacesse in tutto o in parte fatti a sua conoscenza» in altrettante deposizioni dinanzi al Tribunale di Milano: il 20 novembre 1997 nel dibattimento sulle tangenti Fininvest alla Guardia di finanza e il 12 dicembre 1998 al processo All Iberian. È questo il capo d'imputazione contenuto nell'invito a comparire notificato a Berlusconi il 30 novembre 2005. Nell'atto la Procura di Milano contesta la corruzione in atti giudiziari del teste (il testimone di un processo è equiparato a un pubblico ufficiale) e il concorso nella falsa testimonianza addebitata a Mills. Anche questa inchiesta, aperta in seguito alla scoperta di una lettera indirizzata da Mills al suo fiscalista, in cui l'avvocato inglese ammette di aver ricevuto 600 mila dollari dalla Fininvest alla vigilia delle sue testimonianze, è approdata nel 2006 all'udienza preliminare.

La prova regina l'ha involontariamente fornita lo stesso Mills quando, in preda al panico per un'indagine avviata nel gennaio 2004 dal fisco inglese, scrive al commercialista Bob Drennan una lunga missiva in cui ripercorre i suoi rapporti con Berlusconi («Mr B.») e il gruppo Fininvest. Il documento, datato 2 febbraio 2004, è stato consegnato da Drennan agli investigatori del Serious Fraud Office. Eccolo:

> Caro Bob,
> in breve i fatti rilevanti si possono cosí riassumere: nel 1996 mi sono ritrovato con un dividendo di circa 1,5 milioni di sterline, al netto delle tasse e degli onorari dovuti, proveniente dalle società di Mr B. Ogni mia azione è stata condotta a titolo personale: io mi sono accollato tutti i rischi tenendone lontani i miei soci [dello studio legale, *nda*]. Saggiamente o meno, ho informato i miei soci di quello che avevo fatto e, dal momento che per loro si trattava sostanzialmente di un guadagno inaspettato, mi ero offerto di corrispondergli (penso) circa 50 mila o 100 mila sterline a testa, il che mi sembrava un gesto alquanto generoso. Ciò dimostra quanto ci si possa sbagliare, visto che loro insistettero sul fatto che la transazione avrebbe dovuto essere trattata alla stregua di un profitto della società. Per evitare controversie legali (ci eravamo appena fusi con Whiters) acconsentii a depositare la somma nella mia banca fino al momento in cui loro si fossero convinti che non sarebbe piú stata reclamata da terzi. Nel 2000 fu chiaro che non ci sarebbe stata nessuna domanda da parte di terzi (io ne ero sempre stato perfettamente consapevole) ed i soldi furono prelevati dalla banca e distribuiti; io mi tenni poco meno di 500 mila sterline su quelli che erano ormai diventati 2 milioni di sterline. Cosí tutti quei rischi e costi per un magro compenso. Il costo piú grosso fu quello di lasciare Whiters. Non mi fu chiesto di lasciare, ma io mi sentivo decisamente a disagio lí – non da ultimo perché i miei soci di Mackenzie Mills si erano accaparrati la maggior parte dei benefici a rischio zero – tanto che non potevo davvero restare.
> Nel 1998-99 e 2000 lavorai autonomamente ed era evidente che i processi sarebbero proseguiti, ci sarebbero stati avvocati da pagare e ci sarebbe sempre stato il rischio di essere accusato di qualcosa, che è proprio quello che sta per succedere ora, in seguito all'ultima indagine della quale sei al corrente. Io mi sono tenuto in stretto contatto con le persone di B. e loro conoscevano la mia situazione. Erano consapevoli, in particolare, di come i miei soci si fossero intascati la maggior parte del dividendo; sapevano bene che *il modo in cui io avevo reso la mia testimonianza (non ho mentito, ma ho superato curve pericolose, per dirla in modo delicato) avesse tenuto Mr B. fuori da un mare di guai nei quali l'avrei gettato se solo avessi detto tutto quello che sapevo. All'incirca*

alla fine del 1999 mi fu detto che avrei ricevuto dei soldi, che avrei dovuto considerare come un prestito a lungo termine o un regalo: 600 mila dollari furono messi in un *hedge fund* e mi fu detto che sarebbero stati a mia disposizione, se ne avessi avuto bisogno (i soldi furono collocati nel fondo perché la persona collegata all'organizzazione di B. era qualcuno con il quale avevo discusso in molte occasioni di questo fondo, e si trattava di un modo indiretto per rendere disponibile la somma). Per ovvie ragioni (io in quel momento ero ancora un testimone dell'accusa, ma la mia testimonianza era già stata resa), era necessario che tutto fosse fatto con discrezione. E questa era una strada indiretta per raggiungere lo scopo.
Alla fine del 2000 volevo investire in un altro fondo e la mia banca mi fece un prestito per l'ammontare, garantito dalla mia abitazione etc., di circa 650 mila euro. Io l'ho ripagato liquidando i 600 mila dollari. Allego una copia del conto in dollari. *Consideravo il pagamento come un regalo. Di cos'altro poteva trattarsi?* Non ero un loro dipendente, non li rappresentavo, non stavo facendo nulla per loro, avevo già reso la mia testimonianza ma sussisteva ancora il rischio di futuri costi legali (cosí come ce ne erano già stati) e di una grossa dose di ansia (che certamente c'è stata). La faccenda proseguiva da otto anni. Il mio contatto era consapevole del fatto che la mia capacità di generare reddito era stata danneggiata e nel 1998 e 1999 fu in grado di inviare fatture a certe società, fatture che furono pagate ed aumentarono il mio reddito. Ma questo era diverso. Dal momento che ero sicuro del fatto che la mia posizione fiscale relativamente al *capital gain* fosse complessivamente negativa, stupidamente non ho dichiarato nessuna transazione. Se qualcuna di esse fosse guardata da vicino (ad esempio: da dove arrivarono i soldi per comprare le azioni della Centurion?), sono ovviamente preoccupato di come comportarmi e gestire al meglio questa situazione. Allego i documenti fondamentali. Sinceramente. David Mills

Quando, il 18 luglio 2004, negli uffici della Procura di Milano, i pm esibiscono a Mills la lettera, il legale crolla. E ammette:

Nell'autunno del '99 Carlo Bernasconi [il responsabile per la Fininvest dell'acquisto dei diritti tv, *nda*] mi disse che Silvio Berlusconi, a titolo di riconoscenza per il modo in cui ero riuscito a proteggerlo nel corso delle indagini giudiziarie e dei processi, aveva deciso di destinare a mio favore una somma di denaro.

Anche se insiste nel sostenere che quei soldi non erano una tangente, la sua è una confessione in piena regola. Su un punto però resta sul vago: il percorso esatto seguito dai 600 mila dollari. Con tutta probabilità si rende conto che, se fosse troppo preciso, finirebbe per parlare anche del ruolo ricoperto da sua moglie al momento del rientro dei capitali in Inghilterra. E sua moglie, Tessa Jowell, è ministro della Cultura del governo Blair. La donna ha firmato una serie di mutui immobiliari per coprire l'origine della somma. E questo, per un ministro inglese, può essere molto imbarazzante.

Il 7 novembre 2004 Mills si ripresenta in Procura e, dopo essersi inutilmente proposto come confidente, consegna un memoriale con cui tenta di ritrattare la sua confessione. Sostiene che i 600 mila dollari gli furono consegnati da un altro cliente italiano, Diego Attanasio, un armatore condannato a Napoli in primo grado per corruzione. Consegna nuovi documenti e cita come testimoni in suo favore altri due clienti: Flavio Briatore e Paolo Marcucci (fratello di Marialina, già vicepresidente Ds della Regione Toscana, oggi alla testa del consiglio di amministrazione de *l'Unità*). Ma i tre, interrogati, lo smentiscono su tutta la linea. Pure Mills, del resto, alla propria ritrattazione sembra credere poco. Tanto che nel memoriale giustifica cosí la lettera-confessione al proprio commercialista e le prime dichiarazione ai pm:

> All'epoca, per una ragione di scrupolo che oggi faccio in parte fatica pure io a comprendere, avevo ritenuto opportuno occultare il nome del soggetto che effettivamente mi aveva corrisposto la regalía, e al suo posto avevo individuato un altro mio amico, Carlo Bernasconi, che ritenevo altrettanto credibile come fonte del regalo.

Tanto basta, però, per confondere le acque. Anche perché non è chiaro il percorso seguito dai 600 mila dollari. Il denaro è effettivamente transitato per i conti di Attanasio, che però insiste di non aver mai saputo nulla di quei soldi. Anzi, ricorda che Mills aveva in mano una serie di fogli in bianco da lui firmati, grazie ai quali poteva gestire come gli pareva il suo patrimonio. La questione è complicata. Ma un fatto è certo: Mills si è incontrato piú volte con Berlusconi o con suoi emissari mentre, negli anni 90, veniva ascoltato come testimone dai magistrati. Lo dimostrano altri documenti sequestrati in casa sua e in un suo computer dalla polizia inglese, o acquisiti direttamente presso gli uffici del fisco di Sua Maestà.

Agli atti è finita anche una relazione degli ispettori delle tasse, in cui i funzionari riassumono un colloquio domanda-risposta avuto con Mills il 22 luglio 2004 (quattro giorni dopo la sua prima confessione davanti ai pm di Milano). Nel documento si legge, tra l'altro: «all'epoca della perquisizione del Serious Fraud Office» [a Londra, nell'aprile 1996, inizio ufficiale dell'inchiesta All Iberian, sulle società off-shore della Fininvest, *nda*], Berlusconi ha discusso con Mills che cosa si sarebbe potuto fare per frapporre ulteriore distanza fra se stesso e quelle società». Una dichiarazione che fa a pugni con tutte le prese di posizione pubbliche del Cavaliere. Mills? «Non lo conosco, mai incontrato», ha ripetuto Silvio Berlusconi per anni, negando anche di aver mai saputo nulla di All Iberian.

Anche Mills era sempre rimasto piú o meno sulla stessa linea. Aveva ammesso un unico, fugace, incontro ad Arcore e un colloquio di pochi secondi al telefono nel '95. E sotto giuramento, davanti ai giudici italiani e inglesi, aveva confermato che con il Cavaliere di All Iberian non aveva mai approfonditamente parlato. Nel luglio del 2004, però, agli uomini delle tasse Mills racconta tutt'altra storia. La storia di un colloquio a tu per tu avuto nel '96 con Berlusconi su richiesta di quest'ultimo, proprio per discutere come allontanare da sé («to further distance himself») quelle off-shore con cui, all'epoca, la Fininvest negava qualunque rapporto. Un colloquio avvenuto nei mesi caldi dell'avvio dell'inchiesta All Iberian (finita poi con la prescrizione).

A distanza di anni e a processo finito, Mills ammette che delle «35-40 società off-shore costituite con la galassia Fininvest, metà di esse divennero parte del gruppo Fininvest consolidato, e metà no». E definisce «una decisione disperatamente sbagliata», fatta all'epoca «per lealtà verso il cliente», quella d'aver «accettato di andare al fisco a dire che era lui [Mills] ad avere il controllo e la gestione delle off-shore». E non è tutto. Il legale, anche se rivendica di aver «risposto completamente in modo veritiero» (senza cioè dire mai il falso) nelle tre testimonianze nei processi a Berlusconi del 1997, 1998 e 2003, aggiunge d'aver «evitato di coinvolgere il proprio cliente». Come? «Trattenendo qualcosa di ciò che sapeva», perché «i fatti totali avrebbero causato davvero molti e piú seri imbarazzi in quel momento a Mr Berlusconi». Insomma Mills – riassumono gli ispettori delle tasse – «economizzando sulla verità, ha reso la vita molto piú facile per Mr Berlusconi».

Davanti al fisco l'avvocato però sostiene che i 600 mila dollari non arrivano da Berlusconi, ma dal solo Bernasconi. E, rispetto a quanto aveva detto solo quattro giorni prima ai pm di Milano, cambia anche la causale. Non piú una donazione per aver salvato il Cavaliere con una testimonianza particolarmente accorta. Ma un regalo di Bernasconi per una felice speculazione su «hedge fund» resa possibile da una preziosa «dritta» che Mills dice d'aver dato al manager Fininvest dopo averla ricevuta da un «amico avvocato in pensione, Palladino». Il cognome è quello del custode delle azioni

Enimont, arrestato nel 1993 e condannato per aver corrotto il giudice milanese Diego Curtò. Come siano andate realmente le cose, a questo punto, lo potranno dire soltanto le rogatorie internazionali. E i giudici. Un fatto però è certo. Mills è stato un testimone quantomeno reticente. Ha detto poco. Solo l'indispensabile. E ha deciso di comportarsi cosí dopo gli incontri avuti con Berlusconi. Il quale, naturalmente, ha sempre negato di averlo mai visto né conosciuto.

12. Forza mafia

Alla fine del 1993, pochi mesi dopo l'estate delle stragi politico-mafiose di Milano, Firenze e Roma, si consegna alla giustizia Salvatore Cancemi, capomandamento della famiglia di Porta Nuova: è il primo membro della Cupola a pentirsi, iniziando a collaborare con le Procure di Palermo e di Caltanissetta. Di qui, nel marzo '94, il pm Ilda Boccassini trasmette ai colleghi di Palermo il verbale del 18 febbraio in cui Cancemi parla dei rapporti della mafia con Dell'Utri e Berlusconi. Una notizia di reato che imporrà a Caselli l'iscrizione sul registro degli indagati del braccio destro del Cavaliere, il quale intanto è «sceso in campo» e a fine mese affronterà la sua prima sfida elettorale. L'iscrizione di Dell'Utri e Berlusconi, però, non è immediata: verrà disposta soltanto un anno dopo, nel luglio '95, «retrodatata» con decorrenza 5 agosto '94. Ma si comincia a lavorare fin da subito per cercare i riscontri alle parole di Cancemi. Una «talpa» interna alla Procura, specializzata in fughe di notizie su Berlusconi e i suoi cari, ma questa volta male informata, dà la cosa per fatta e avverte la stampa: cosí Berlusconi può buttare tutto in politica. Sono le 20.48 del 19 marzo '94 quando, a otto giorni dalle elezioni politiche, l'Ansa diffonde il primo dispaccio sulle dichiarazioni di Cancemi contro Dell'Utri, riscontrate da altri due pentiti, Gioacchino La Barbera e Giuseppe Marchese, e ipotizza l'iscrizione quantomeno del manager berlusconiano per concorso esterno. La Procura «non può né confermare né smentire». La Fininvest insorge. Forza Italia strilla. Due giorni dopo, una gaffe del presidente dell'Antimafia Luciano Violante – che chiacchiera con il giornalista Augusto Minzolini de *La Stampa* su presunte inchieste a Catania a carico di Marcello Dell'Utri e del gemello Alberto – getta altra benzina sul fuoco (Violante è costretto a dimettersi). Nasce in quel momento un copione che si riprodurrà infinite volte, sempre uguale a se stesso.

Caselli entra nel mirino. Tanto in quello del Polo delle Libertà (con l'eccezione della Lega Nord, che stravede per i giudici antimafia) quanto in quello della mafia. A Catania, nei giorni a cavallo delle elezioni del 27 marzo, si dà da fare un gruppo di cui fanno parte gli uomini d'affari Aldo Papalia e Felice Cultrera (quest'ultimo ritenuto vicino al boss Nitto Santapaola). Dalle intercettazioni della Dia, questi risultano in rapporti con i gemelli Alberto e Marcello Dell'Utri. Papalia, responsabile provinciale per il territorio e le relazioni esterne di Forza Italia, il 20 febbraio telefona al suo socio Franco La Rosa: «Sono stato con Giancarlo Innocenzi. Presto sarà onorevole» (uomo Fininvest e poi parlamentare di Forza Italia, Innocenzi diventerà sottosegretario alle Telecomunicazioni nel 2001 e membro dell'Authority delle comunicazioni dal 2005).

Poi i due parlano di Dell'Utri che – dice La Rosa – ha dei problemi per via delle fatture false (è infatti sotto indagine, per questo, a Torino e a Milano), «ma sono tutte stronzate». Comunque il nuovo governo dovrà «mettere un freno alla magistratura». Due giorni prima delle elezioni Papalia si sfoga con Cultrera:

> Il giorno in cui Berlusconi salirà, cosí come ho detto in una cena alla presenza anche di Marcello [Dell'Utri, *nda*], si dovranno prendere tante di quelle soddisfazioni [...], fra cui l'annientamento dell'amministrazione, perché sono gruppi di comunisti!

A metà maggio del '94 Silvio Berlusconi presenta il suo governo alla Camera e al Senato, promettendo lotta senza quartiere alla corruzione e alla criminalità organizzata, garantendo sostegno illimitato ai giudici di Milano e Palermo. Ma sono belle parole. I fatti dicono tutt'altro. Attacchi sempre piú feroci contro i magistrati, soprattutto quelli di Milano, ma anche contro la Procura di Palermo che ha chiesto il rinvio a giudizio per mafia della quintessenza incarnata del Potere: Giulio Andreotti. Intanto decine, centinaia di mafiosi si arrendono allo Stato e collaborano con la giustizia, cominciando ad accennare ai possibili «mandanti occulti» delle stragi del 1992-93, sulle quali indagano le Procure di Caltanissetta e Firenze. Ma i pm palermitani aprono un fascicolo sui «Sistemi criminali» che fanno da sfondo ai mandanti occulti: un dossier che fin dal titolo allude a scenari non solo mafiosi, ma anche istituzionali della vecchia e della nuova politica. Intanto proseguono in gran segreto le indagini su Dell'Utri e Berlusconi.

Il 18 aprile 1996 l'Italia torna alle urne in un clima avvelenato dal recente arresto di Squillante e Pacifico per corruzione giudiziaria, mentre Berlusconi e Previti sono indagati per lo stesso reato. Come se ciò non bastasse, ancora una volta, proprio alla vigilia delle urne, la talpa annidata nella Procura di Palermo si produce in un'altra fuga di notizie targata Fininvest: quella sull'iscrizione di Berlusconi e Dell'Utri nel registro degli indagati per concorso esterno in associazione mafiosa e riciclaggio di denaro sporco. Un atto dovuto (che però, come si è visto, risale al luglio '95), in seguito alle dichiarazioni rese sul Cavaliere dai pentiti Cancemi, Mutolo, Di Carlo, Calogero Ganci, Anzelmo e Pennino (che parla dei presunti investimenti di Stefano Bontate nelle tv del Biscione). Dichiarazioni che si aggiungono a quelle di diversi altri collaboratori di giustizia sul conto di Dell'Utri. Caselli ha fatto di tutto per tenere nascosta la cosa: al punto da iscrivere i due illustrissimi personaggi senza i loro nomi, ma con sigle di copertura (rispettivamente XXXXX e YYYYY). Ma la talpa viene a saperlo comunque e spiffera tutto al *Foglio* di Giuliano Ferrara e al Tg5 di Enrico Mentana, che sparano la notizia il 15 marzo. A nulla valgono le smentite di Caselli, anche perché la notizia è vera, ancorché vecchia di un anno.

Berlusconi la butta in politica tuonando contro «l'ennesima interferenza giudiziaria a orologeria nella campagna elettorale: una manovra a tenaglia che da Nord a Sud punta a distruggere la mia immagine». La Procura interrogherà Mentana, Ferrara, i loro corrispondenti palermitani e il coordinatore forzista siciliano Gianfranco Micciché, nel tentativo di smascherare la talpa che, secondo l'accusa, avrebbe addirittura violato il sistema informatico della Procura. Ma le fonti dei giornalisti, ovviamente, sono segrete e nessuno le rivelerà. Mentana si limiterà a far capire che l'informatore era un magistrato.

L'inchiesta su Berlusconi verrà poi archiviata il 19 febbraio 1997, dopo due anni di indagini (1994-96), dal gip Gioacchino Scaduto perché sono decorsi i termini massimi per indagare (il 5 agosto '96) senza che la Procura abbia potuto raccogliere prove sufficienti per chiedere di processare il Cavaliere. Nello stringato provvedimento, una pagina e mezza, si legge che

> pur essendo emersi ad oggi diversi elementi che sembrano sostenere l'ipotesi accusatoria, la palese incompletezza delle indagini non consente di valutarne appieno il valore indiziario.

E questo perché i pm non hanno avuto tempo sufficiente per riscontrare gli «elementi indiziari contenuti nell'enorme mole di materiale raccolto». Come scrivono i pm nella richiesta, inoltrata il 7 novembre 1996

> sono emersi vari elementi utilizzabili a sostegno dell'ipotesi di accusa [...]. Tuttavia le indagini sono particolarmente complesse per la vastità dei fatti da verificare, fatti prospettati dalle fonti di prova con riferimento a vicende, situazioni e relazioni illecite in un lungo arco di tempo. [...] Anche per tali motivi allo spirare del termine non sono ancora state completamente evase le deleghe di indagini conferite alla Polizia giudiziaria. [...] In data prossima alla scadenza sono state acquisite rilevanti dichiarazioni riguardanti, direttamente o indirettamente, il Berlusconi, in relazione alle quali non è stato possibile procedere alle verifiche necessarie proprio per il breve periodo di tempo rimasto; [...] quindi gli elementi raccolti entro la scadenza del termine non possono ancora ritenersi, allo stato degli atti, idonei a sostenere utilmente l'accusa in dibattimento, ai fini di un'affermazione della responsabilità per il reato associativo.

Nessuna «giustizia a orologeria» per le elezioni del '96, comunque: la fuga di notizie targata Fininvest è molto tardiva, addirittura a ridosso della richiesta di archiviazione, che sarà presentata dalla Procura al gip il 7 novembre. A quel punto le strade degli indagati si separano: richiesta di rinvio a giudizio per Dell'Utri e l'inseparabile Gaetano Cinà; richiesta di archiviazione per Berlusconi. Alcune dichiarazioni di pentiti sul Cavaliere – rileva il gip Scaduto – sono state raccolte proprio a ridosso del termine ultimo di scadenza fissato dalla legge. L'inchiesta è ancora incompleta e incompiuta, meriterebbe ulteriori approfondimenti, ma il gip non li può piú richiedere. Nei mesi successivi, la Procura raccoglierà altre notizie di reato, sempre sull'ipotesi di riciclaggio, e iscriverà altre quattro volte Berlusconi sul registro, sempre nello stesso fascicolo 6031/94.

Ricapitolando: la Procura chiede la prima archiviazione per Berlusconi e per il finanziere colluso Filippo Alberto Rapisarda (concorso esterno e riciclaggio) il 7 novembre 1996; il gip Gioacchino Scaduto la dispone il 19 febbraio 1997. Poi il Cavaliere, in seguito alle dichiarazioni di vari collaboratori di giustizia, subisce la seconda iscrizione per riciclaggio insieme a Dell'Utri e al boss Ignazio Pullarà, in concorso con i capimafia (nel frattempo uccisi) Stefano Bontate e Mimmo Teresi. Nella terza iscrizione compaiono solo i nomi di Berlusconi e Dell'Utri. Nella quarta Berlusconi, Dell'Utri, Vito Ciancimino, Francesco Paolo Alamia (finanziere legato a Ciancimino e Rapisarda), i boss Vincenzo Piazza e Giuseppe Graviano. Nella quinta, solo Berlusconi.

Nel 1998 il vicedirettore della Banca d'Italia Francesco Giuffrida, nominato consulente della Procura, e il maresciallo della Dia Giuseppe Ciuro vengono sguinzagliati per vari mesi nelle sedi della Fininvest e di alcune banche (la Popolare di Lodi, che ha inglobato la Rasini, la Popolare di Abbiategrasso e la Bnl) alla ricerca dei documenti contabili e societari sulla nascita delle innumerevoli «Holding Italiana» (numerate dalla 1 alla 22, ma poi se ne scopriranno una quarantina) che stanno dietro al gruppo del Biscione, e soprattutto a caccia delle fonti di finanziamento e di capitalizzazione. Mentre Berlusconi siede al fianco di D'Alema nella Bicamerale, intento a riscrivere la Costituzione repubblicana, i finanzieri gli perquisiscono le società per cercar di capire dove ha preso i soldi che gli consentirono, fra la fine degli anni 70 e i primi anni 80, il balzo decisivo nel firmamento delle tv. Con polemiche a non finire contro la Procura di Palermo, accusata di disturbare i manovratori ri-costituenti.

Alla fine, il 26 ottobre 1998, la Procura chiede di archiviare anche le quattro nuove indagini, con motivazioni identiche. Il gip Scaduto firma i decreti di archiviazione, anche questi con lo stampino, il 25 novembre 1998. Berlusconi esce cosí da tutti e cinque i procedimenti palermitani a suo carico. La consulenza Giuffrida e quella della Dia si interrompono sul piú bello: verranno comunque trasfuse nel processo Dell'Utri, iniziato il 5 novembre 1997. Il consulente dell'accusa alza le braccia in segno di resa a proposito di 113 miliardi di lire dell'epoca (pari a circa 300 milioni di euro) entrati nelle Holding berlusconiane tra il 1970 e il 1983 e di cui «si ignora la provenienza». Denaro che in parte – 8 miliardi dell'epoca (oltre 20 milioni di euro) – arrivarono addirittura «in contanti».

Il 26 novembre 2002 il Tribunale di Palermo che sta processando Dell'Utri si reca in trasferta a Roma per interrogare il premier Berlusconi in qualità di testimone (ma in veste di indagato di reato connesso archiviato), insieme ai pm, agli avvocati difensori e di parte civile. Il Cavaliere li riceve a Palazzo Chigi, ma si avvale fin da subito della facoltà di non rispondere. Il pm Ingroia cerca di stuzzicarlo, facendo presente che «la deposizione del presidente Berlusconi sarebbe particolarmente preziosa perché potrebbe dare un importante contributo all'accertamento della verità in questo processo». E inizia a snocciolargli le questioni che giudici e pm avevano deciso di sottoporgli: «i rapporti fra il senatore Dell'Utri e Filippo Alberto Rapisarda, fra il senatore Dell'Utri e Gaetano Cinà», oltre naturalmente all'assunzione del mafioso Vittorio Mangano nella villa di Arcore, alle minacce mafiose piú volte subíte dal Cavaliere e alla provenienza di quei famosi capitali... Ma a interromperlo interviene il legale del premier, onorevole avvocato Niccolò Ghedini, che ribadisce l'intenzione dell'illustre cliente di tenere la bocca chiusa. Ai giudici, ai pm e agli avvocati non resta che tornarsene a Palermo a mani vuote.

Dell'Utri verrà poi condannato in primo grado per concorso esterno in associazione mafiosa l'11 dicembre 2004. E nella sentenza depositata il 5 luglio 2005 (che vedremo meglio nel capitolo dedicato al senatore condannato), i giudici scriveranno parole durissime anche a riguardo di Silvio Berlusconi, proprio sui punti sui quali costui s'era avvalso della facoltà di tacere. Il suo gruppo – secondo il Tribunale di Palermo – ricevette finanziamenti «non trasparenti» a cavallo fra gli anni 70 e 80. E versò «per diversi anni somme di denaro nelle casse di Cosa nostra». Dell'Utri infatti

> anziché astenersi dal trattare con la mafia [...], ha scelto, nella piena consapevolezza di tutte le possibili conseguenze, di mediare tra gli interessi di Cosa nostra e gli interessi imprenditoriali di Berlusconi (un industriale, come si è visto, disposto a pagare pur di stare tranquillo).

Nel 1974, lo stesso Berlusconi incontrò i boss di Cosa nostra Stefano Bontate e Mimmo Teresi a Milano, al momento di ingaggiare Vittorio Mangano, assunto da Dell'Utri «pur conoscendone lo spessore delinquenziale, e anzi proprio per tale sua "qualità", con l'avallo compiaciuto di Bontate e Teresi». Quando poi, nel 1993, la Fininvest si tramutò in Forza Italia, il capo di Cosa nostra Bernardo Provenzano «ottenne garanzie» che lo convinsero a «votare e far votare per Forza Italia», con cui aveva «agganci» anche il boss stragista Leoluca Bagarella. Garanzie fornite dallo stesso Dell'Utri, che da trent'anni svolge un'«attività di costante mediazione tra il sodalizio criminoso piú pericoloso e sanguinario del mondo e gli ambienti imprenditoriali e finanziari milanesi, in particolare la Fininvest», nonché una «funzione di "garanzia" nei confronti di Berlusconi». Nei «momenti di crisi tra Cosa nostra e la Fininvest» Dell'Utri fa da mediatore, «ottenendo favori» dalla mafia e «promettendo appoggio politico e giudiziario».

Quanto all'origine delle fortune di Berlusconi, i sospetti della Procura e dei suoi consulenti sono condivisi dal Tribunale:

> La scarsa trasparenza o l'anomalia di molte operazioni Fininvest negli anni 1975-84 non hanno trovato smentita dal consulente della difesa Dell'Utri; non è stato possibile risalire [...] all'origine, qualunque essa fosse, lecita o illecita, dei flussi di denaro investiti nella creazione delle Holding Fininvest. E allora le «indicazioni» dei collaboranti e del Rapisarda [sul riciclaggio di denaro mafioso, *nda*] non possono ritenersi del tutto «incompatibili» con l'esito degli accertamenti svolti.

Poteva chiarire tutto Berlusconi. Ma, avvalendosi della facoltà di non rispondere,

> si è lasciato sfuggire l'imperdibile occasione di fare personalmente, pubblicamente e definitivamente chiarezza sulla delicata tematica, incidente sulla correttezza e trasparenza del suo precedente operato di imprenditore che solo lui, meglio di qualunque consulente o testimone, e con ben altra autorevolezza e capacità di convincimento, avrebbe potuto illustrare. Invece, ha scelto il silenzio.

13. Concorso in strage

I guai del Cavaliere in tema di mafia non finiscono con le archiviazioni palermitane. Prima a Firenze e poi a Caltanissetta, i nomi di Berlusconi e Dell'Utri vengono iscritti nel registro degli indagati addirittura con l'ipotesi di concorso nelle stragi del 1992 (Capaci e via D'Amelio) e del '93 (Milano, Firenze, Roma). Sono le indagini sui cosiddetti «mandanti esterni». Per evitare fughe di notizie, sul registro delle notizie di reato vengono usati nomi in codice: a Firenze, Berlusconi è «Autore 1» e Dell'Utri «Autore 2»; a Caltanissetta i due sono, rispettivamente, «Alfa» e «Omega».

L'indagine fiorentina, avviata nel luglio '96, ipotizza che Berlusconi, tramite le amicizie mafiose di Dell'Utri, abbia partecipato a un disegno finalizzato a una

> campagna stragista continentale avente come obiettivo strategico (anche) quello di ottenere una revisione della normativa che invertisse la tendenza delle scelte dello Stato in tema di contrasto alla criminalità mafiosa.

Campagna realizzata con l'attentato a Maurizio Costanzo (Roma, via Fauro, 14 maggio '93) e con le stragi di via dei Georgofili a Firenze (27 maggio '93), di via Palestro a Milano (27 luglio '93), di San Giovanni in Laterano e San Giorgio al Velabro a Roma (28 luglio '93), oltre al fallito eccidio allo stadio Olimpico di Roma (novembre '93) e all'attentato al pentito Totuccio Contorno a Formello (Roma, 14 aprile '94). L'indagine si chiude il 7 agosto 1998 con la richiesta di archiviazione dei pm Gabriele Chelazzi e Giuseppe Nicolosi, accolta dal gip Giuseppe Soresina il 14 novembre dello stesso anno. Nel decreto di archiviazione, il gip osserva che il «progetto stragista» del '93, cioè lo sbarco della mafia nel Continente,

> appare omogeneo ad una utilizzazione politica esterna rispetto a Cosa nostra, coincidente con la nascita di una nuova formazione politica [Forza Italia, *nda*], con la ricerca di nuovi referenti politici da parte di Cosa nostra, con l'obiettiva convergenza degli interessi politici di Cosa nostra rispetto ad alcune qualificanti linee programmatiche della nuova formazione (art. 41 bis O.P., legislazione sui collaboratori di giustizia, recupero di garantismo processuale, asseritamente trascurato dalla legislazione dei primi anni 90). [...] [Si sono acquisiti] risultati significativi in ordine all'avere Cosa nostra agito in seguito ad input esterni, a conferma di quanto già valutato sul piano strettamente logico; all'avere i soggetti di cui si tratta [Berlusconi e Dell'Utri, *nda*] intrattenuto rapporti non meramente episodici con soggetti criminali cui è riferibile il programma stragista realizzato; all'essere tali rapporti compatibili con il fine perseguito dal progetto. [...] [Va] rilevato come l'ipotesi iniziale [l'accusa di concorso in strage, *nda*] abbia mantenuto e semmai incrementato la sua plausibilità [...]. Ma gli elementi raccolti non sono idonei a sostenere l'accusa in giudizio e solo l'emergere di nuovi elementi potrà attribuire concretezza all'ipotesi.

Nel frattempo si muove sulla stessa ipotesi d'accusa, per le stragi Falcone e Borsellino, la Procura di Caltanissetta. Il 22 luglio 1998 i pm Paolo Giordano, Luca Tescaroli, Anna Palma e Nino Di Matteo iscrivono sul registro degli indagati, ancora per concorso in strage, Berlusconi e Dell'Utri. Qui le accuse provengono da Cancemi, ma anche da altri pentiti come Siino, Cannella, Pennino, La Barbera, Brusca e Avola. La Procura chiederà l'archiviazione nel marzo 2001, dopo un duro scontro fra Tescaroli e il procuratore capo Giovanni Tinebra: Tescaroli vorrebbe inserire nella richiesta gli elementi negativi comunque emersi a carico di Dell'Utri; il capo invece propende per una richiesta «morbida». Tescaroli lascerà Caltanissetta per trasferirsi a Roma, spiegando che nel capoluogo nisseno «non esistono piú le condizioni» per lavorare liberamente. Dopo molti mesi di riflessione, il gip Giovanbattista Tona disporrà l'archiviazione solo il 3 maggio 2002. E solo dopo avere scritto che

> gli atti del fascicolo hanno ampiamente dimostrato la sussistenza di varie possibilità di contatto tra uomini appartenenti a Cosa nostra ed esponenti e gruppi societari controllati in vario modo dagli odierni indagati [Berlusconi e Dell'Utri, *nda*]. Ciò di per sé legittima l'ipotesi che, in considerazione del prestigio di Berlusconi e Dell'Utri, essi possano essere stati individuati dagli uomini dell'organizzazione quali eventuali nuovi interlocutori [...]. [Ma] la friabilità del quadro indiziario impone l'archiviazione.

Parole addirittura piú pesanti ha usato la Corte d'assise d'appello di Caltanissetta, che il 23 giugno 2001 ha condannato 37 boss mafiosi per la strage di Capaci: in un capitolo intitolato esplicitamente «I contatti tra Salvatore Riina e gli on. Dell'Utri e Berlusconi», i giudici scrivono che la mafia intrecciò con i due «un rapporto fruttuoso quanto meno sotto il profilo economico»: talmente fruttuoso che poi, nel 1992, «il progetto politico di Cosa nostra sul versante istituzionale mirava a realizzare nuovi equilibri e nuove alleanze con nuovi referenti della politica e dell'economia». Cioè a «indurre nella trattativa lo Stato ovvero a consentire un ricambio politico che, attraverso nuovi rapporti, assicurasse come nel passato le complicità di cui Cosa nostra aveva beneficiato».

Cesare Previti
Se lo conosci lo Previti

Non era mai accaduto prima, ma un giorno o l'altro doveva pur capitare: un deputato agli arresti domiciliari. È l'onorevole (si fa per dire) Cesare Previti, già dirigente e avvocato della Fininvest, braccio destro del Cavaliere, ministro della Difesa nel '94 (doveva andare alla Giustizia, poi Scalfaro lo guardò in faccia e si oppose), rieletto nel '96 sebbene indagato per corruzione giudiziaria, nel 2001 sebbene imputato e nel 2006 sebbene condannato. Nel 1998, grazie alla generosità dei colleghi parlamentari del centrodestra e in parte anche del centrosinistra, scampò alla custodia cautelare chiesta dai giudici di Milano perché inquinava le prove. Nel 2006 però è finito in carcere, almeno per una settimana, in esecuzione della sua prima condanna definitiva: quella a 6 anni per la corruzione dei giudici nel caso Imi-Sir. Poi è tornato a casa, ai domiciliari, grazie a una legge approvata appena in tempo dalla sua maggioranza, con il suo voto, prima che scadesse la legislatura: la ex Cirielli che, fra l'altro, proibisce il carcere per i detenuti ultrasettantenni. Cioè a lui. Ora è in attesa della seconda sentenza definitiva, quella per la corruzione del giudice Squillante (processo Sme-Ariosto) con denaro della Fininvest, che in appello gli è costata una condanna ad altri 5 anni. Aveva un processo anche a Roma, per corruzione giudiziaria di un perito del caso Imi-Sir, ma la stessa legge ex Cirielli, che abbrevia anche i termini di prescrizione per gli incensurati, l'ha mandato in fumo prim'ancora che cominciasse. E rischia la prescrizione anche il nuovo appello per il caso Mondadori (corruzione di giudici anche lí), che dovrà celebrarsi a

Milano dopo che la Cassazione ha annullato l'assoluzione decretata nel precedente appello per tutti gli imputati.

1. Sme-Ariosto: corruzione giudiziaria

A spalancare al pool di Milano le porte dello scandalo «Toghe sporche» è Stefania Ariosto, l'ex fidanzata di Vittorio Dotti, avvocato della Fininvest e poi capogruppo forzista. Nei diciannove verbali dei suoi interrogatori, resi in gran segreto tra l'estate '95 e il febbraio '96, la «teste Omega» rivela: «Ho assistito a consegne di denaro a Squillante in due occasioni, a casa dell'avvocato Previti in via Cicerone, e al circolo Canottieri Lazio dopo una partita di calcetto». Gli episodi piú gravi raccontati dalla supertestimone risalgono a fine 1988-inizio 1989.

Ecco il primo. Via Cicerone, casa Previti, cena a base di aragoste e champagne. La solita tavolata. A un certo punto Previti, Squillante e Pacifico si scusano con gli altri ospiti e si appartano in una stanza attigua. La Ariosto, che gira per casa, li vede in piedi intorno a un tavolino sul quale ci sono mazzette di banconote fascettate. Capta il giudice Squillante mentre dice: «Sí, ci penso io». Chiede scusa quando la vedono, le rispondono di non preoccuparsi. La testimone ricorda che

> l'occasione della riunione conviviale era stata un'importante decisione giurisdizionale che era stata presa. Anzi, la riunione era stata fatta proprio per festeggiare tale decisione. Non ricordo quale questione fosse. Ricordo che a un certo punto telefonarono a Berlusconi per comunicare la loro gioia per la vittoria. A tale felicità partecipavano anche i magistrati presenti.

Il secondo episodio si svolge sul Lungotevere Flaminio, all'uscita del circolo Canottieri Lazio, del quale Previti è presidente e Squillante ospite fisso per le partite di calcetto. Al termine di un match, con le signore sugli spalti a fare il tifo, Silvana Pompili in Previti (la moglie di Cesare, che comprensibilmente si fa chiamare «Panfili») è in ambasce.

> Silvana mostrò per tutto il tempo della partita molta apprensione, perché mi disse che avevano del denaro da consegnare a Squillante, riferendomi anche che era consuetudine che venissero pagati i magistrati. Non deve sembrare strano che la signora Previti mi facesse queste confidenze, perché in quell'ambiente, nel periodo in cui lo frequentavo, e soprattutto nell'entourage di Previti, era scontato che si dovessero pagare i magistrati per ottenere dei favori.

A fine partita, arriva il momento del commiato:

Nel parcheggio del Circolo, mentre salivo sulla mia auto, ho visto Previti mentre consegnava a Squillante una grande busta gialla dicendo: «A Rena', te stai a dimentica' questa». Poiché la busta non era chiusa, potei constatare che era piena di denaro. Squillante la prese e la consegnò a un'altra persona che già stava sulla sua autovettura [...]. Previti si è spesso vantato con me di aver corrotto alcuni magistrati [...]. Ho visto alcuni di loro mentre ricevevano il denaro direttamente, in contanti, da Previti e dal suo collaboratore Pacifico; altri invece avevano rapporti diretti con Efibanca. Previti ebbe a dirmi piú volte che tale situazione era cominciata agli inizi degli anni 80 e che Squillante era il collettore del denaro frutto della corruzione, in quanto lo riceveva sia per sé, sia per ridistribuirlo ad altri colleghi.

Cesare e Stefania si sono conosciuti nei primi anni 80:

In quel periodo mi recavo spesso a Roma e partecipavo a cene e feste organizzate da Previti e da altri personaggi della capitale. Nei salotti romani, in particolare nel «salotto» di Previti, conobbi numerosi magistrati che ambivano a costituire il suo entourage. Renato Squillante era sempre presente.

E quando Previti le dà della visionaria, della calunniatrice prezzolata e altre galanterie, lei porta ai magistrati l'album con le fotografie delle sue serate mondane. Da quelle dei ritrovi sullo yacht di Cesarone, il «Barbarossa», a quelle che immortalano l'allegra brigata di giudici, avvocati, politici e faccendieri in un memorabile viaggio negli Stati Uniti nell'ottobre '88: per festeggiare Bettino Craxi, eletto uomo dell'anno dalla fondazione italoamericana «Niaf». Puntigliosa, la Ariosto ricorda:

A proposito di questo viaggio, segnalo che sulle mie agende ci sono precisi riferimenti (20 e 21 ottobre '88) in ordine ai nostri spostamenti negli alberghi utilizzati. Il giorno 21 siamo partiti e, come risulta dall'agenda, io mi accompagnavo con Cesare Previti, Enrico Manca e Bettino Craxi. Sull'aereo viaggiavano alcuni magistrati invitati da Previti, mentre gli altri sono partiti con altro volo. Il viaggio, organizzato da Previti, fu gratuito per tutti. Era presente anche Antonio Baldassarre, poi eletto alla Corte costituzionale, come risulta dalle foto che ho già prodotto [...]: mi ricordo che tempestava di richieste Previti, anche perché voleva farsi presentare a Craxi e per questo riuscí a farsi invitare negli Stati Uniti. A New York venimmo alloggiati presso l'Hotel Plaza (tutti quanti, compresi i magistrati e Baldassarre). La sera del 21 venimmo invitati a casa di Previti [che ha pure uno studio a New York, *nda*], che offrí una cena [...]. In casa Previti erano presenti tutti i magistrati di cui alle fotografie che ho già prodotto, e anche Baldassarre. Il giorno successivo ci siamo recati nella capitale e la sera c'è stata la premiazione e la cena di cui alla predetta fotografia. I magistrati erano stati invitati in quanto c'era un progetto elaborato da

Previti e Craxi di creare una lobby dei giudici sui quali contare per il controllo della magistratura, considerato che anche Craxi non aveva un buon rapporto con la magistratura. Si trattava di creare le condizioni per un collegamento piú diretto. L'atteggiamento dei magistrati invitati e di Baldassarre era piuttosto servile, nel senso che era chiara la loro soggezione a Craxi. A Washington c'era anche Silvano Larini [il postino delle tangenti craxiane, *nda*]».

Chi pagò l'allegra scampagnata?

Previti dovrebbe aver pagato il viaggio [ma Squillante ha prodotto documenti che smentiscono il pagamento per lui, *nda*]. Invece la permanenza negli Stati Uniti dovrebbe essere stata finanziata dalla Niaf. A New York si tenne una festa in casa di Previti in occasione del suo compleanno. Ho delle fotografie al riguardo.

L'indimenticabile trasvolata con ricevimento era vieppiú nobilitata dalla presenza di altri giudici come Filippo Verde, Roberto Napolitano, Antonio Vinci, Mario Marvasi, Carlo Izzo e Rosario Priore (quello dell'inchiesta-fiume su Ustica, giunto però negli Usa a spese proprie).

Attenti a quei tre

Non ci sono dubbi sul fatto che Previti, Pacifico, Squillante e altri magistrati si conoscessero e si frequentassero. Ma alle dichiarazioni della Ariosto i giudici hanno trovato altri copiosi riscontri. Scrive il gip Alessandro Rossato nella richiesta di autorizzazione all'arresto di Previti, inoltrata alla Camera sul finire del 1997:

Per il viaggio in America specifici accertamenti venivano richiesti dal pm al Custom Service (servizio doganale Usa) per accertare la presenza sul suolo americano per quei giorni delle persone sottoposte a indagini. L'esito è stato positivo, essendo risultata la presenza di Previti, Pacifico e Squillante e di numerosi altri soggetti tra cui magistrati. Lo stesso Previti ha fornito un indiretto riscontro della veridicità delle dichiarazioni della Ariosto: la donna ha infatti ricordato che era intenzione dell'onorevole Craxi «creare una lobby di magistrati»: circostanza fermamente contestata. Nel corso dell'interrogatorio in data 23 settembre 1997 Previti ha dichiarato: «Mi sono occupato dell'organizzazione di questo viaggio, io credo che [...] l'onere della spesa lo abbia in principio sostenuto, per molti di questi magistrati, il Partito socialista [...]. L'ho pagato io, ma con denaro del Partito socialista».

Il pool domanda a Previti se avesse staccato un assegno da un suo conto corrente, come risulta dai documenti. L'avvocato risponde:

È probabile che ho avuto il contante dal Partito socialista [...]; sostanzialmente queste persone erano invitate dal Partito socialista, perché, in questa occasione Niaf, veniva festeggiato Craxi e della cosa si è occupato prevalentemente Squillante. [...] Essendo io in dimestichezza con gli Stati Uniti, ho organizzato io questo viaggio e il denaro per l'operazione è venuto dal Partito socialista, in parte; poi alcuni hanno ritenuto di rimborsare, altri invece non hanno rimborsato.

Quanto alle cene nel salotto di Previti, il giudice aggiunge:

Il racconto è quindi veritiero e riscontrato dallo stesso avvocato Previti e ciò non può non essere preso in considerazione per valutare la complessiva attendibilità della donna. Sulle cene a casa Previti, riscontri indiretti al racconto della Ariosto sono venuti dalla deposizione di Giorgio Casoli (già sindaco di Perugia, senatore della Repubblica e sottosegretario, oltre che in precedenza magistrato). Casoli ammetteva di aver frequentato casa Previti partecipando a cocktail serali. Ricordava la presenza di altri magistrati, tra cui indicava Squillante [...]; ammetteva di essere stato informato dalla Ariosto della collaborazione con l'autorità giudiziaria milanese [...]; ma aggiungeva anche: «La Ariosto effettivamente mi accennò a una o piú dazioni di denaro effettuate da Previti a Squillante. Ciò accadde in epoca che ho difficoltà a collocare con precisione, alcuni anni fa».

Ma c'è di piú: lo stesso Casoli, ex socialista e amico della Ariosto, racconta

di aver conosciuto Previti nel 1983-84 e di essere stato ospite della sua casa di via Cicerone, constatando che in piú occasione era frequentata da magistrati, tra i quali citava Squillante, Verde, e altri; di aver avuto frequentazioni piú intense nel periodo in cui era stato eletto senatore (e quindi dopo il 1987) e di aver diradato le sue frequentazioni intorno al 1989-90. Proprio nell'epoca in cui era senatore, la Ariosto gli aveva riferito di piú dazioni di denaro effettuate da Previti a Squillante.

Un'altra importante conferma alle dichiarazioni della Ariosto arriva da un testimone d'eccezione: l'avvocato Vittorio Dotti, suo ex fidanzato, all'epoca capogruppo di Forza Italia alla Camera, che ha fornito «un ulteriore riscontro». E poi c'è il ruolo dell'avvocato Attilio Pacifico, del tutto sconosciuto fino alle rivelazioni della teste Omega:

Va considerata di notevole significato l'introduzione nella vicenda di un personaggio del tutto sconosciuto alle cronache, l'avvocato Attilio Pacifico. Si può dire che il contributo piú significativo recato dalla Ariosto, dopo lo svelamento della natura dei rapporti Previti-Squillante, sia stato proprio il far emergere il ruolo dell'avvocato Pacifico e la natura dei rapporti Pacifico-

Squillante-Previti. Le indagini svolte dal Servizio centrale operativo della polizia di Stato hanno permesso di accertare una quotidiana frequentazione tra Renato Squillante e Attilio Pacifico. [...]. Le successive indagini hanno portato una lettura tutt'altro che lecita dei rapporti tra Pacifico e Squillante e quindi a una conferma integrale del quadro delineato dalla Ariosto [...]. Vengono in particolare rilievo gli esiti delle rogatorie estere sui conti correnti (conti dei quali Squillante ha significativamente taciuto nel corso del suo primo interrogatorio). Per ciò che riguarda l'ipotesi del reato in contestazione sarà sufficiente osservare che, nel periodo in considerazione, Squillante ha ricevuto, tramite bonifici, quasi 200 mila franchi svizzeri (tutti provenienti da conti di Pacifico) e 150 mila dollari sui conti accesi presso la Società bancaria ticinese. Le affermazioni della Ariosto riguardanti Pacifico sono state tutte riscontrate.

Squillante, appena arrestato nel marzo '96, viene dipinto da amici e testimoni a difesa come un terziario francescano, povero in canna. Poi però

gli autonomi accertamenti compiuti dal pubblico ministero su Squillante hanno portato ad accertare ingenti disponibilità finanziarie all'estero, ammontanti in circa 9 miliardi di lire, come disponibilità liquide alla data del 7 febbraio 1996 presso la Società bancaria ticinese di Bellinzona; somma precipitosamente prelevata dalla banca dopo la scoperta di una microspia al bar Tombini di Roma il 21 gennaio 1996 [...]. È accertato che vi sono stati degli accrediti diretti di Cesare Previti a Squillante (il 6 marzo 1991 poco piú di 434 mila dollari) e che altro denaro è affluito sui conti correnti di Squillante proveniente da Cesare Previti attraverso Attilio Pacifico. Tutto ciò costituisce diretto riscontro delle dichiarazioni della Ariosto.

È dalla Svizzera che arrivano per Previti le piú cocenti delusioni: da quando, a partire dalla primavera del 1996, con costante regolarità, giungono a Milano le risposte alle rogatorie richieste dal pool Mani pulite al procuratore generale svizzero Carla Del Ponte. Le prove documentali di tutta una vita passata a trafficare con la Fininvest, ad accumulare miliardi nelle grandi e piccole banche di Ginevra (dalla Sbs alla Darier Hentsch), a inventare con l'amico e collega Pacifico complicate compensazioni tra le due frontiere. Funzionava cosí: Previti versava soldi a Pacifico in Svizzera, per riceverne il controvalore, in contanti, in Italia. Ma perché? Che bisogno c'era di quel tortuoso sistema per operazioni che poteva compiere qualunque banca? Perfino nell'aprile '94, dopo la vittoria elettorale di Forza Italia e poco prima dell'ascesa di Previti al ministero della Difesa, ecco 5,5 milioni di franchi svizzeri passare di mano tra i due avvocati. E addirittura dopo il giuramento di fedeltà alla Repubblica, sui conti del neo ministro confluiscono un altro miliardo e 600 milioni di lire, sempre girati da Previti a Pacifico.

Passaggi di denaro sospetti, secondo la Procura, che proprio sulla base delle indagini bancarie internazionali muoverà a Previti, Pacifico e al loro collega Acampora un'accusa precisa: aver corrotto magistrati romani per ottenere una sentenza favorevole alla Sir della famiglia Rovelli, in una causa che la contrapponeva all'Imi, l'Istituto mobiliare italiano, all'epoca di proprietà dello Stato.

Fatti pesanti come macigni che danno ragione alla Procura di Milano, e che il clan Previti tenta di offuscare con una cortina fumogena di dossier e calunnie. Contro Stefania Ariosto e contro i magistrati milanesi.

Calunniate, calunniate, qualcosa resterà

L'11 gennaio 1998, alla vigilia del voto alla Camera sulla richiesta d'arresto per Cesare Previti, l'*Avanti!* pubblica un dossier da cui risulterebbe che l'Ariosto è da oltre dieci anni un'agente prezzolata dai servizi segreti. La tesi è supportata da alcuni presunti rapporti della Criminalpol e della Procura di Roma. Peccato che siano tutti falsi di sana pianta. Per averli fabbricati, viene indagato e rinviato a giudizio un ex spione della Marina, Angelo Demarcus, già coinvolto in un falso dossier contro Luciano Violante e nelle indagini sul clamoroso furto al caveau della banca interna del Palazzo di giustizia di Roma (i ladri cercavano documenti nelle cassette di sicurezza di magistrati e avvocati). Ma nel dossier Ariosto, sequestrato in originale a casa Demarcus, gli inquirenti trovano l'indirizzo di Previti. Demarcus rivela che l'ex ministro gli forní parte dei documenti falsi. Previti, indagato e messo a confronto con lui, conferma. Ma sostiene di averli ricevuti per posta, in forma anonima. E nega di aver dato incarico a Demarcus di farne un dossier. A mettere in contatto i due sarebbe stato il giornalista piduista Giorgio Zicari, vecchio collaboratore dei servizi. L'8 febbraio 2001 la Procura di Roma chiede al gip l'archiviazione della posizione di Previti: indizi a suo carico ce ne sono, ma contradditori e comunque insufficienti a sostenere un processo. Quel che è certo è che Stefania Ariosto è stata calunniata. E si capisce bene il perché.

Anche i pm Gherardo Colombo e Ilda Boccassini si dovranno difendere in sede disciplinare, dinanzi al Csm, e in sede penale, dinanzi alla Procura di Brescia, dall'accusa di aver occultato nel fascicolo-madre del caso Toghe Sporche, il 9520/95, le prove dell'innocenza di Previti e Berlusconi. Verranno totalmente prosciolti. Anche i due funzionari di polizia che pedinarono e intercettarono Squillante e Misiani al bar Tombini (dove i due magistrati parlavano dei miliardi accantonati dal capo dei gip in Svizzera) saranno denunciati prima a Roma e poi a Perugia con l'accusa di aver addirittura «manipolato» la bobina della conversazione. Accuse false e calunniose anche queste: gli agenti saranno prosciolti da ogni addebito.

L'odore dei soldi

Intanto le indagini della Guardia di finanza di Milano fanno luce sul sistema di trasferimento di svariati miliardi di lire in Svizzera e su un personaggio all'apparenza «minore», stretto collaboratore dello studio Previti: un certo Mario Iannilli. È lui che cura i rapporti con gli sportelli bancari italiani, presso i quali l'avvocato berlusconiano ha acceso i suoi numerosi conti. Iannilli, dal 1977 capo della segreteria dello studio legale di Previti, entra spesso in banche romane portando con sé una grossa valigia, dalla quale estrae pacchi di biglietti da 50 o 100 mila lire, e in qualche caso anche di taglio sorprendentemente piú piccolo. Cosí, su tre conti aperti alla Bnl, alla Rolo Banca e alla Comit e intestati all'ex ministro della Difesa, sono state depositate quasi 200 mila banconote nel giro di sette anni e mezzo. Piú di 17 miliardi e 804 milioni in contanti, di provenienza del tutto oscura, che Iannilli, a partire dal 1990 (anno dell'entrata in vigore delle norme antiriciclaggio, che impongono la registrazione di tutte le operazioni superiori a venti milioni), aveva cura di versare a colpi di 19 milioni e 900 mila lire alla volta.

Di fronte a un simile tourbillon di denaro contante, al quale si devono aggiungere altri 21 miliardi in assegni, gli investigatori del tenente colonnello Federico Maurizio D'Andrea rimangono sorpresi. Infatti, se l'analisi delle carte sequestrate in Svizzera ha stabilito che il conto «Mercier» – acceso da Previti alla banca Darier Hentsch di Ginevra e utilizzato per bonificare quattrini al giudice Squillante – era alimentato anche da trasferimenti di denaro provenienti dal comparto estero del gruppo Fininvest, totalmente misterioso resta il giro di soldi liquidi sui depositi italiani. Da dove arriva quel fiume di soldi sui conti «nazionali» del deputato azzurro? Mistero. Una girandola miliardaria che, secondo l'accusa, conferma per l'ennesima volta il racconto di Stefania Ariosto a Ilda Boccassini:

> Previti sembrava disporre di fondi illimitati di denaro messo a disposizione, a suo dire, da Silvio Berlusconi [e] disponeva di credito presso Efibanca e le sue collegate in quanto in rapporto intensissimo con il direttore generale Aurelio Lai.

Efibanca è un istituto di credito a medio termine controllato dalla Bnl con il quale, secondo la Ariosto, intrattenevano «rapporti diretti» alcuni giudici romani che stavano sul libro paga di Previti. L'ex direttore Lai, ora in pensione, viene interrogato nel maggio '96 e nel luglio '97. Spiega di aver conosciuto Previti già nel 1970 e che questi divenne ben presto un «consulente esterno di Efibanca». Intorno al 1975 Previti presentò Berlusconi a Lai, e da allora Efibanca diventò l'istituto di credito a cui si rivolgevano gli uomini di Segrate per ottenere finanziamenti da utilizzare prima per gli investimenti nel campo dell'edilizia e poi, dal 1979, in quello televisivo. Con Lai, iscritto come Previti al circolo Canottieri Lazio, i rapporti erano frequentissimi: il manager ricorda di aver partecipato a numerose cene a casa dell'avvocato del Cavaliere, presenti anche «il dottor Paolo Ciancimino, mio predecessore come direttore generale di Efibanca, e il dottor Ettore Torri, magistrato [oggi procuratore aggiunto a Roma, *nda*]».

Il 16 luglio 1997, in un'esplosiva relazione di servizio, le Fiamme gialle sottolineano come il rapporto tra Fininvest e Efibanca, rafforzato da quelle frequentazioni conviviali, presenti numerose e gravi anomalie. Dal 1982 al 1995, otto diverse società del gruppo berlusconiano (Mediolanum Factor, Mondadori Leasing, Mondadori Factor, Fininvest Spa, Silvio Berlusconi Finanziaria Sa, Euromercato, Standa e Videotime) si sono viste erogare mutui per

> circa 230 miliardi netti. I finanziamenti erogati prescindono dalla prestazione delle garanzie effettive. Per alcuni, nelle relative cartelle, non vi è traccia delle modalità con le quali sarebbe avvenuta l'estinzione che, pure, risulta in documenti riepilogativi. Per altri è possibile ipotizzare un diretto collegamento, risultando la concessione di «nuovi» finanziamenti subordinata al rimborso dei precedenti in scadenza: il rimborso e la (nuova) concessione avvengono in pari data e con valuta compensata. In tali casi l'esborso delle società beneficiarie dei finanziamenti è stato, in pratica, limitato al pagamento dei soli interessi.

Efibanca precisa di non avere conti correnti e di avere sempre intrattenuto con la Fininvest «normali rapporti su base creditizia, regolati dagli usuali contratti di finanziamento». Ma le indagini della Finanza e gli interrogatori dei manager dell'istituto evidenziano che Efibanca emette certificati di deposito al portatore (quindi virtualmente anonimi) che partono da pochi milioni per arrivare alle centinaia. Certificati che di fatto si trasformano in una sorta di libretti al portatore.

Bulli, pupe e regalucci

L'analisi dei rapporti bancari targati Previti riserva altre sorprese. Accanto ai 17 miliardi e 804 milioni in contanti depositati dall'avvocato tra il gennaio 1986 e il maggio 1992, spunta anche una girandola di assegni in entrata per oltre 21 miliardi. Nel 1991, sul conto corrente 30956 acceso da Previti alla Rolo Banca di Roma, risultano essere stati versati oltre 291 milioni di titoli di credito girati da uno dei personaggi chiave dell'inchiesta sulla corruzione al Palazzo di giustizia: il gioielliere Carlo Eleuteri. Ovvero l'uomo al quale, secondo la supertestimone Ariosto, Berlusconi era solito rivolgersi per acquistare gioielli e preziosi da regalare a magistrati della capitale. Racconta infatti la teste Omega:

> Per quanto riguarda i magistrati, vi era la consuetudine di elargire regali di valore, in alcuni casi di enorme valore, in concomitanza di festività. E consistenti in oggetti di antiquariato o gioielli o pezzi di argenteria o micro-mosaici. Uno dei fornitori di Previti era l'antiquario Cesare Lampronti di Roma. A ricevere i regali di Previti erano i magistrati. Per i gioielli Previti ha anche utilizzato i gioiellieri romani Carlo e Egidio Eleuteri. Considerati i miei rapporti di amicizia con i fratelli Eleuteri, da loro stessi ho appreso che i gioielli erano stati acquistati da Previti e regalati a molti magistrati [...]. Sono sicura che gli stessi abbiano ricevuto gioielli in regalo come sopra specificato. [...]. I gioielli venivano scelti da Previti e Berlusconi Silvio. Dal 1984 al 1986-87 Eleuteri Egidio si recava a casa di Berlusconi con i gioielli. Qui venivano mostrati a Berlusconi e Previti che li sceglievano, ogni gioiello prescelto veniva assegnato alla moglie di un magistrato, informando i gioiellieri. Questi provvedevano a fare i singoli pacchetti, appuntando a matita su ognuno il nome del destinatario. Dopodiché il tutto veniva portato alla signora Marinella Brambilla, segretaria di Berlusconi, che provvedeva a smistarli. Dal 1987 in poi a questa prassi ha preso parte anche Eleuteri Carlo. Queste circostanze mi sono state riferite dai fratelli Eleuteri e ricordo che gli stessi mi hanno mostrato all'interno del loro negozio un vassoio pieno di pacchetti confezionati in carta argentata sui quali era appuntato il nome dei magistrati. Questo episodio lo colloco nel

1987, non so se in occasione delle festività natalizie o pasquali. Presumo però in occasione del Natale, perché di solito si faceva coincidere il rituale del regalo nel periodo natalizio, anche se sporadicamente avveniva anche in occasione della Pasqua.

L'esame dei conti correnti rivela alla Guardia di finanza che Previti non aveva rapporti soltanto con gli Eleuteri. Tra i personaggi in affari con lui ne figurano anche di molto meno raccomandabili. È il caso del notaio Michele Di Ciommo, destinatario di un assegno da 113 milioni di lire. Il nome di Di Ciommo – professionista di fiducia del cassiere della banda della Magliana Enrico Nicoletti – rinviato a giudizio nel 1994 per riciclaggio di denaro sporco, emerge dalla ricostruzione della movimentazione del conto corrente 9363 aperto da Previti alla Bnl di Roma: un deposito utilizzato «esclusivamente per la compravendita di titoli» e come polmone finanziario dove rifornirsi di denaro contante.

Agli sportelli della Bnl il fedele Mario Iannilli risulta aver versato, tra il 1986 e il 1991, piú di 6 miliardi in contanti, piú 1 miliardo 727 milioni e 350 mila lire rovesciati da sconosciuti sulle scrivanie della banca. Nello stesso periodo Previti preleva 3 miliardi e 382 milioni mediante assegni intestati a se stesso, anche di importo molto cospicuo. Il 12 luglio 1989, per esempio, al Monte dei Paschi di Siena ne viene negoziato uno (n. 3283563) da un miliardo, al quale ne seguirà in ottobre un altro da 540 milioni versato sul conto 2035/1 aperto proprio da Previti alla Banca popolare commercio e industria di Roma. Il 16 aprile 1991 l'avvocato di Berlusconi si rivolge alla Banca Antoniana per incassare altri 620 milioni.

Tirando le somme, il ricchissimo ex ministro della Difesa risulta aver emesso assegni per 31 miliardi e 823 milioni nel giro di sette anni e mezzo, e prelevato contanti per 4 miliardi e mezzo. Soldi a pacchi. Anzi a valigiate, come sottolineano gli investigatori. Denaro ancor piú misterioso di quello transitato in Svizzera.

La paranoia di Renato

È il momento di conoscere piú da vicino un altro protagonista dello scandalo: l'allora capo dei gip romani Renato Squillante.

Stefania Ariosto comincia a parlare davanti al pool di Milano nell'estate '95. In gran segreto. Eppure sia Berlusconi, sia Previti lo vengono a sapere già in tarda estate, da una misteriosa «talpa» mai individuata, ben prima che la notizia diventi pubblica. Squillante, invece, scopre di essere entrato nel mirino degli investigatori la mattina di domenica 21 gennaio 1996, all'ora del caffè. Mentre chiacchiera amabilmente al bar Tombini, a due passi dal tribunale, con gli amici di sempre – l'avvocato Vittorio Virga (difensore di Paolo e Silvio Berlusconi) e tre magistrati (il gip Augusta Iannini, moglie di Bruno Vespa e futuro direttore degli Affari penali al ministero della Giustizia nel secondo governo Berlusconi; il procuratore di Grosseto Roberto Napolitano; il procuratore di Cassino Orazio Savia) – un cameriere scopre una microspia sotto un posacenere dietro il tavolo dov'è seduta l'allegra combriccola. E Squillante, con una buona dose di coscienza sporca, intuisce che l'aggeggio è lí per lui.

Da quel momento, il giudice piú potente di Roma, già commissario della Consob, già consigliere giuridico di Cossiga al Quirinale e di Craxi a Palazzo Chigi, va in cortocircuito. Telefona a tutti, parla con tutti, si consiglia con tutti per capire chi e perché lo sta tenendo d'occhio. Quale Procura ha piazzato la cimice. Vive due mesi di totale paranoia, finendo per coinvolgere due magistrati, Francesco Misiani e Raffaele de Luca Comandini, di idee e frequentazioni assai diverse dalle sue. Le intercettazioni di quei giorni convulsi sui suoi telefoni squadernano uno spaccato di vita quotidiana del giudice piú potente e chiacchierato della Capitale. Lo chiama Paolo Berlusconi per sapere come comportarsi nelle inchieste in cui è indagato. E poi Silvio, con il quale il giudice discute un'eventuale candidatura per Forza Italia. E poi Gianmarco Moratti, che gli chiede consigli su chi nominare avvocato di San Patrignano. Lui, Squillante, chiede a Giuliano Amato e Antonio Maccanico se accettare o no di entrare nelle liste del Polo, come da tempo vorrebbe l'amico Silvio.

Ma ci sono pure i contatti con l'avvocato Pacifico, prima e dopo la scoperta della microspia. Pacifico, nell'attività professionale, ricorre ad accorgimenti inusuali: nel suo studio c'è una linea telefonica che lui chiama «telefono nero», usata soltanto per ricevere le chiamate, mai per farle. Le segretarie non sono autorizzate a rispondere quando lui è assente. Se telefona qualcuno, lui riattacca e richiama con un cellulare Gsm il cui contratto è stato stipulato a Montecarlo: impossibile intercettarlo, o anche solo documentarne il traffico, se non dopo una lunghissima e complicata rogatoria internazionale.

Negli incontri a quattr'occhi, Pacifico e Squillante sembrano due 007 da fumetto, non due amici. Il 2 febbraio 1996 il magistrato chiama sul «telefono nero» presentandosi con il nome di «Lauro». Quasi sempre, come il 1° e 4 febbraio, i due si vedono sotto casa del giudice, restano a parlare in strada, anche sotto la pioggia, poi si chiudono in un'automobile a leggere documenti. Perché tutti questi sotterfugi? Semplice paranoia da spiati? Qualcosa da nascondere? Pacifico va spesso in Svizzera. Il suo ultimo viaggio prima dell'arresto lo compie venerdí 8 marzo 1996. Come ricorda il giudice Rossato, è pedinato da investigatori in borghese:

> L'avvocato Pacifico entra in territorio elvetico, viene seguito, arriva a Lugano e alle 11.14 entra nella sede della Società di Banca Svizzera. Gli operanti accertano che egli non era agli sportelli siti al piano terreno; alle 12.10 viene visto uscire dalla banca. Dopo le 13.50 l'avvocato si dirige in Bellinzona ed entra nella sede dell'Agenzia della Società di Banche Ticinesi [dove poi si scopriranno i conti di Squillante, *nda*]. Anche in questo istituto egli si reca direttamente agli uffici superiori e non agli sportelli di cassa.

Gli agenti dello Sco tallonano Pacifico anche nei giorni successivi, fino a quando, rientrato in Italia e preso un aereo a Milano, «giunge a Roma alle ore 14 circa e si reca a casa della segretaria».

Il segreto del Biscione

Alle 22 del 10 marzo Pacifico e Squillante parlano al telefono.

Pacifico – Sono io, come va?
Squillante – Non c'è male e tu?
Pacifico – Io... io sono arrivato adesso.
Squillante – Ah, sí?
Pacifico – È... niente... va bene... ho fatto tutta la pratica. Ho saputo delle cose molto interessanti per... lo svolgimento e direi che... molto buone... niente... però mo' a quest'ora è molto tardi e... domani mattina ci possiamo vedere?
Squillante – ...un po' sul tardi perché io devo fare delle cose... devo andare dal dentista.

Rossato ne deduce che

> si delinea un quadro da cui emerge l'effettuazione di operazioni all'estero che vede interessato anche Squillante. L'importanza di tali accadimenti si comprende se si tiene presente che sia Pacifico sia Squillante hanno negato di avere disponibilità finanziarie all'estero.

Non è solo Squillante a sapere con largo anticipo dell'indagine in corso. I documenti dimostrano che lo sanno anche i piani alti del gruppo Berlusconi. A Segrate qualcuno ha capito, già nell'estate '95, che la partita giudiziaria ingaggiata con i magistrati di Milano sta inesorabilmente mettendosi al peggio. Una spia ha rivelato che Stefania Ariosto sta parlando. Una talpa, dunque. Ma chi? E dove? Forse a Palazzo di giustizia? Previti, nel suo interrogatorio, dice di aver saputo tutto da Giorgio Casoli, ma solo pochi giorni prima della scoperta della microspia al bar Tombini. Casoli però smentisce:

> È totalmente falso. Ribadisco di aver saputo da Stefania Ariosto, soltanto a fine gennaio, che stava facendo delle dichiarazioni a Milano. Lei me ne parlò in modo generico. E la microspia era già stata scoperta. Non so perché Previti mi chiami in causa, non posso che smentire le sue dichiarazioni.

Anche per questo il gip Rossato ha chiesto inutilmente al Parlamento di poter arrestare Previti: per impedire nuovi inquinamenti probatori nella fase cruciale delle indagini, e per superare «le indubbie resistenze psicologiche derivanti dall'alta rappresentatività della funzione svolta» dal Previti deputato. Anche perché, almeno in questa inchiesta, l'avvocato di Berlusconi di reati ne avrebbe commessi molti, ma sempre «al di fuori dell'esercizio della funzione parlamentare». E non lo dice soltanto l'accusa o il gip. Lo afferma la Corte di Cassazione, quando scrive a proposito di Squillante (respingendone un'istanza di scarcerazione):

> La condotta antidoverosa ipotizzata è stata identificata nel piegare l'organizzazione dell'ufficio e la gestione del medesimo a vantaggio di un gruppo economico («in quanto stabilmente retribuito perché ponesse le sue pubbliche funzioni al servizio degli interessi degli erogatori [...], società aventi sede a Milano...»), in modo da far risultare l'ufficio stesso in un rapporto strumentale rispetto a interessi esterni all'amministrazione della giustizia, e far apparire il proprio ruolo e quello di alcuni componenti dell'organizzazione giudiziaria in stretto collegamento con persone esponenziali del gruppo imprenditoriale.

Traduzione: Squillante era regolarmente stipendiato dalla Fininvest. Proprio quel che si dice un giudice «terzo». Per questo, oltreché per aver pilotato la sentenza Sme a favore della Fininvest, l'ex capo dei gip viene processato nel dibattimento «Sme-Ariosto» (nell'altro, l'«Imi-Sir», sarà accusato di pressioni per ottenere sentenze favorevoli alla famiglia Rovelli in cambio di denaro.

Il primo grado

Il 22 novembre 2003 si chiude, in primo grado, il processo Sme-Ariosto. Dopo 3 anni e 8 mesi di dibattimento, la I sezione del Tribunale di Milano (presidente Luisa Ponti, a latere Guido Brambilla e Carmen D'Elia) emette la sentenza. Berlusconi è stato «stralciato» per i continui impedimenti che accampa come premier e presidente di turno dell'Unione europea. Restano gli altri imputati, che vengono in parte assolti e in parte condannati. Assolti per il capitolo Sme, cioè per l'accusa di aver comprato la sentenza del giudice Filippo Verde che di fatto annullava, nel 1986, il precontratto fra Buitoni (De Benedetti) e Iri (Prodi) per la cessione dell'azienda pubblica agroalimentare. «Il fatto non sussiste» per Previti, Pacifico, Verde e Squillante. Quest'ultimo, peraltro, ricevette 100 milioni da Barilla (alleato di Berlusconi nella cordata anti-Buitoni) tramite Pacifico e Previti: ma solo il 29 luglio 1988, dopo la conferma in Cassazione della sentenza Verde. Il quale, nello stesso periodo, ricevette somme di denaro in Italia. Che però, secondo i giudici, non sono collegabili con certezza alla sua sentenza di due anni prima.

Tutti condannati, invece, gli imputati per il capitolo «Ariosto», cioè per la sistematica corruzione del giudice Squillante da parte della Fininvest, dimostrata da famoso bonifico di 500 milioni di lire (434.404 dollari) passato, in poche ore il 6 marzo 1991, da un conto estero del gruppo Berlusconi (Ferrido) al conto svizzero di Previti (Mercier) a uno dei conti elvetici di Squillante (Rowena). Per questa gravissima accusa infliggono 5 anni a Previti, 4 a Pacifico e 8 a Squillante (l'ex capo dei gip romani rispondeva di corruzione aggravata in atti giudiziari, che nel 1991 era prevista solo per i giudici corrotti e non ancora per i privati corruttori, che fino al '92 rispondevano di corruzione semplice). Salvati dalla prescrizione i figli di Squillante, Mariano e Fabio, che si diedero da fare per occultare i fondi svizzeri del padre. Assolta dalla stessa accusa la moglie di Fabio, Olga Savtchenko, «per non aver commesso il fatto». Assolto anche l'ex pm Francesco Misiani, accusato di favoreggiamento per aver brigato con Squillante per scoprire notizie riservate sull'inchiesta: «il fatto non sussiste» nemmeno per lui. Quanto ai risarcimenti, nessun danno riconosciuto alla Cir di De Benedetti per la vicenda Sme; ma 1 milione di euro, con provvisionale di 300 mila euro, per i danni causati da corrotti e corruttori allo Stato, rappresentato dalla parte civile Presidenza del Consiglio.

Le motivazioni, depositate il 9 marzo 2004, sono pesantissime. Scrivono i giudici nelle 216 pagine di sentenza:

> La corruzione di un magistrato che per denaro o per altra utilità sottomette il proprio dovere di imparzialità e terzietà agli interessi di parte che agitano il piano processuale è devastante per lo stesso sistema democratico stabilito, in cui il valore essenziale della giurisdizione è proprio quello dell'autonomia e imparzialità del giudice.

È dimostrato che il denaro della corruzione proveniva anche dal gruppo Fininvest, oltreché dalla Barilla, ma non è dimostrato che sia servito anche per comprare la sentenza Verde del 1986 sulla Sme. In compenso è certo che Squillante ha venduto la sua «funzione dietro corrispettivo»: cioè in cambio di denaro versatogli da Previti e da Pacifico, ma proveniente dalla Fininvest o dai di lei alleati. C'è, come abbiamo visto, il bonifico di 434 mila dollari del 6 marzo '91 da Fininvest a Previti a Squillante, con riferimento «Orologio».

> Esaminate sotto tutti gli aspetti e possibili profili, le dichiarazioni degli imputati a proposito del bonifico «Orologio» risultano senza alcun riscontro né documentale né testimoniale, né di natura logico-deduttiva e sono inoltre smentite, sotto un profilo di compatibilità e adeguatezza, da dati certi di natura documentale. Può dunque concludersi tranquillamente circa la non veridicità delle dichiarazioni difensive degli imputati, e per contro circa la permanente significanza probatoria di un bonifico, assolutamente certo, da Previti a Squillante, con provvista Fininvest, che costituisce eclatante riscontro del contesto di rapporti e di pagamenti rappresentati dalla testimonianza Ariosto.

E poi c'è il doppio bonifico Barilla della primavera-estate '88: 1 miliardo suddiviso fra Pacifico (50 milioni), Previti (850 milioni) e Squillante (100 milioni), piú altri 750 milioni versati ancora sul conto di Pacifico. Insomma, nelle due partite Squillante ricevette 500 piú 100 milioni fra il 1988 e il '91:

> Risulta provata la circostanza contestata dall'accusa che attribuisce ai corruttori un agire per conto della Fininvest – e sue correlate, collegate o partecipate [...]. Previti, Pacifico e Squillante in sostanza ricevono bonifici la cui provvista proviene dalla Fininvest direttamente in un caso; e nell'altro da Barilla, in quanto socio Iar, cui partecipa la stessa Fininvest con tutta l'ovvia comunanza di interesse a che la società risulti vincitrice nella causa giudiziaria cui partecipa «ad adiuvandum» l'Iri.

Oltre allo stipendio aggiuntivo che la Fininvest gli passava in Svizzera, Squillante fu pagato dagli avvocati della Fininvest, con i soldi della Barilla, anche dopo la sentenza Sme, anche se non è chiaro a quale titolo. Perché mai Pietro Barilla, che non conosce né Squillante, né Pacifico, versa a quest'ultimo 1 miliardo e 750 milioni in tutto, dopo aver vinto la causa Sme insieme a Berlusconi? E che c'entra Squillante con quella causa, se nessuna sentenza fu comprata? Qualcosa di losco c'era per forza, anche perché Squillante non ha saputo giustificare credibilmente quei 100 milioni provenienti da Barilla: «Tale versamento quindi resta oggettivamente leggibile come remunerazione a Squillante nel ruolo attribuitogli nel capo di accusa». Cioè come giudice

> stabilmente retribuito da Berlusconi Silvio, Pacifico Attilio e Previti Cesare, per conto di Fininvest Spa e società sue controllate, partecipate e collegate, affinché compisse una serie di atti contrari ai suoi doveri d'ufficio ed in particolare: ponesse le sue pubbliche funzioni al servizio dei loro interessi, cosí violando i doveri di probità, imparzialità e indipendenza tipici della funzione giudiziaria in tutti i procedimenti ed in ogni altra attività della quale fosse richiesto; violasse il segreto d'ufficio e comunque il dovere di riservatezza fornendo le informazioni a lui richieste; intervenisse su altri appartenenti agli uffici giudiziari al fine di indurli a compiere atti contrari ai doveri del loro ufficio, in modo da favorire le società predette o comunque gli erogatori in violazione dei già citati doveri di imparzialità, probità e indipendenza, anche trasferendo o facendo pervenire a questi altri pubblici ufficiali denaro.

Non è vero dunque che il Tribunale, assolvendo gli imputati per il caso Sme, abbia stabilito che la causa civile fra De Benedetti e Berlusconi si svolse in maniera regolare e immacolata. Tutt'altro. Li ha assolti dall'accusa di aver corrotto Verde in cambio della sua sentenza, ma li ha condannati per aver corrotto Squillante, che anche in quel caso vigilò (magari millantando un po' credito con Barilla insieme a Previti e a Pacifico) perché tutto filasse liscio per la cordata Iar (Berlusconi, Barilla e Ferrero).

> L'unica esclusiva conclusione logica è che la causale dei bonifici di cui trattasi stia all'interno della vicenda giudiziaria Iar, che è l'unico punto di collegamento tra Barilla e Previti; il soggetto che poteva coinvolgere l'amico e collaboratore a tutto campo Pacifico e attivarlo per la ricezione del denaro e che ha provveduto a smistarlo. Anche perché l'erogazione di denaro in questione è intervenuta in una data particolarmente significativa (dopo l'udienza in un caso, dopo il deposito della sentenza in un altro) rispetto a quella vicenda giudiziaria in cui, su ricorso della Buitoni, soccombente anche nel giudizio di

appello, la Corte di Cassazione aveva trattato il ricorso all'udienza del 19.4.88, ed ha depositato la sentenza confermativa della precedente pronuncia d'appello in data 11.7.88. Pare pertanto tutt'altro che un'illazione ritenere che, anche per la vicenda giudiziaria che doveva stabilire le sorti delle intese De Benedetti-Prodi – e quindi della Sme che aveva al suo interno società operanti nel settore di interesse di Barilla –, costui [Barilla] abbia avuto la stessa disponibilità a pagare per ottenere quel risultato che gli stava tanto a cuore: e cioè, per cominciare, che sull'essenziale piano giudiziario venisse acclarata la non validità delle intese Buitoni-Prodi. E se così è, pare al Tribunale necessitata allo stato degli atti, la conclusione che il miliardo erogato da Barilla, e finito nella disponibilità di Previti, Pacifico e Squillante, nonché i 750 milioni versati sul conto di Pacifico, a risultato ottenuto, non possa che leggersi come l'adempimento di obbligazione assunta correlativamente al promesso intervento in favore della Iar. Promessa in cui si è attivato il legale Fininvest [Previti, l'unico a conoscere Barilla pur non avendo mai lavorato per lui, *nda*], mettendosi a disposizione dell'interesse comune con Barilla; il legale che poteva fruire della collaborazione operativa di Pacifico, e che aveva a disposizione Squillante che aveva assunto l'impegno a priori di attivarsi nell'interesse della parte processuale di interesse del corruttore.

Per i giudici, dunque, è

pacifico il fatto che i bonifici Barilla attestino un pagamento con finalità *ab origine* corruttiva con l'intento di ottenere una pronuncia di favore per la Iar nella causa Buitoni-Iri. [...] Se Barilla ha pagato in coincidenza della definizione favorevole della causa giudiziaria Buitoni-Iri, non può essere altro che in esecuzione di una assicurata, da parte di Previti, capacità di intervento sui magistrati competenti alla trattazione della causa stessa, in modo da ottenere un esito favorevole per la Iar. Previti aveva «a disposizione» Squillante, a mo' di testa di ponte, nei confronti di altri magistrati e poteva godere della collaborazione operativa di Pacifico, che ha messo a disposizione il suo conto non solo per far pervenire a Squillante e a Previti la loro quota, ma anche per occultare, mediante il prelevamento in contanti, la destinazione della somma di 750 milioni versata sin dal maggio 1988. Ma per valutare la sussistenza del fatto corruttivo contestato con riferimento specifico alla emissione della sentenza del Tribunale di Roma di cui Verde è stato presidente ed estensore, non basta la constatazione che la triade Previti-Pacifico-Squillante si sia attivata. Questo dato certo di per sé nulla dice a proposito di effettive intervenute corruzioni dei magistrati – che tra l'altro sono molti – che hanno contribuito a decidere la causa Iri-Buitoni: e nulla dice in particolare in merito alla corruzione di Verde. Basti considerare che non è neppure affermabile con certezza, essendo solo probabile che i 750 milioni di cui trattasi siano andati effettivamente a chissà quali magistrati: può bene essere che il livello di intervento di Squillante sia stato quello, sempre illecito, ma di ingerenza informativa per sondare gli orientamenti di questo o quel collegio, cosicché può ben anche essere che vi sia stato un clamoroso millantato credito, utilmente speso proprio per la disponibilità di un alto magistrato della sede giudiziaria interessata dalla vicenda giudiziaria che stava a cuore alla Iar.

Sul fatto che Squillante fosse «stabilmente stipendiato» dalla Fininvest, la «fonte prima di prova dell'accordo intervenuto tra Previti e Squillante» sono le dichiarazioni di Stefania Ariosto, testimone «faticoso», ma che il Tribunale ritiene sincero, genuino, non manovrato né ricompensato per la sua «scelta di parlare». Dichiarazioni, le sue, «poi riscontrate, nello specifico, da altre oggettive emergenze, prima di indagine e poi dibattimentali» che hanno offerto «un racconto di ambiente, situazioni, personaggi, che attiene ad un lungo periodo». Uno spaccato ritenuto credibile anche per «confidenze» fatte alla donna da Previti, a proposito della «lobby, creata appositamente su indicazione anche di Craxi, che voleva disporre di "magistrati amici" per l'aggiustamento dei processi».

> Nel «mare magnum» di circostanze, fatti, nomi e quant'altro riferiti dall'Ariosto hanno rilievo fondamentale unicamente le circostanze limitate a Renato Squillante, [...] riscontrate nello specifico da altre oggettive emergenze, prima di indagine e poi dibattimentali. Il nucleo portante nel dire dell'Ariosto consta della esplicitazione di confidenze fatte dall'avvocato Previti che la teste ha riferito con parole anche diverse, ma che hanno in sé una valenza sostanziale unica e incontestabile.

Tra le confidenze fatte da Previti alla Ariosto, c'è anche questa:

> che lui corrompeva i magistrati, che li aveva a libro paga, che costoro erano al suo servizio e che tale situazione era iniziata nel 1980. Disse in particolare che Squillante era a sua disposizione ed era anche il collettore del denaro frutto della corruzione in quanto lo riceveva sia per sé sia per distribuirlo ad altri colleghi. [...]. Questo è un aspetto fondamentale della messa a disposizione, in quanto Squillante [...] non solo prende i soldi per sé, ma anche per gli altri colleghi per far loro avere il prezzo della loro propria corruzione.

Secondo i giudici, «pare non potersi seriamente dubitare» che questo di Squillante fosse un «comportamento sistematico ed abituale».

Infine, il capitolo Sme. La sentenza Verde, scrivono i giudici, fu confermata sostanzialmente anche in appello e in Cassazione e «non presenta [...] alcuna anomalia, tanto meno significativa di un precedente accordo corruttivo che fosse specifico per tale atto». E i 200 milioni che, secondo il pool di Milano, Verde ricevette in Italia in contanti, nel 1988, *brevi manu* da Pacifico che aveva appena prelevato parte dei 750 milioni versatigli in Svizzera dalla seconda provvista Barilla? Non c'è prova che le due partite siano sovrapponibili. I soldi confluiti sul conto di Verde potrebbero essere anche frutto di operazioni finanziarie condotte dal figlio del giudice, Camillo, per la sua squadra di basket. E comunque, nel dubbio, si assolve:

> Non c'è prova [...] che possa collegare l'asserita ricezione a un accordo di messa a disposizione aprioristica da parte di Verde della propria funzione giudiziaria a favore di Previti, che nella specie avrebbe agito per conto della Iar.

Non è vero, però, quel che ha sostenuto Berlusconi nelle sue fantasmagoriche dichiarazioni spontanee, e cioè che lui non aveva alcun interesse a rilevare, tramite la Iar (Fininvest-Ferrero-Barilla), la Sme dall'Iri al posto della Buitoni debenedettiana. La cordata Iar, secondo i giudici, nacque su *input* di Craxi (che «non condivideva affatto l'operazione» della cessione della Sme alla Buitoni e «considerava De Benedetti amico dei suoi avversari politici») e su iniziativa di Berlusconi «per impedire» l'acquisizione di Sme da parte di Buitoni, ma anche per «valutare la convenienza dell'affare che, invece di De Benedetti, poteva fare la Fininvest».

> Quindi deve ritenersi innanzitutto, e per certo, che l'iniziativa di costituire una cordata per impedire che fosse autorizzata l'esecuzione delle intese De Benedetti-Prodi sia stata assunta da Silvio Berlusconi [...]. Silvio Berlusconi ha detto che lui non aveva alcun interesse nella vicenda giudiziaria, dopo aver ottenuto, in sostanza, attraverso l'offerta poi formalizzata Iar, che il ministro delle Partecipazioni Statali bloccasse l'esecuzione delle intese intervenute tra De Benedetti e Prodi. Ma sta di fatto che la Iar, di cui era azionista la Fininvest insieme a Barilla, è intervenuta in tutti i gradi del giudizio.

E non solo: anche dopo «l'abbandono della compagine sociale [Iar] da parte di Barilla e Ferrero», la Fininvest continuò a coltivare la causa avviata il 24 settembre '87, chiedendo che il Tribunale di Roma dichiarasse il trasferimento a suo favore «della proprietà dei titoli azionari Sme-Sidalm». Dunque «non si può dire, a maggior ragione, che la Fininvest non avesse interesse alla vicenda giudiziaria originariamente attivata da Buitoni».

L'unico che si comportò correttamente in quella vicenda politico-finanziaria fu l'allora presidente dell'Iri Romano Prodi, e l'averlo tirato in ballo con accuse gravissime quanto infondate, da parte di Berlusconi, Previti & C., «a quasi vent'anni di distanza, è argomento meramente suggestivo e comunque del tutto pretestuoso».

Gli imputati avevano chiesto le attenuanti generiche, in quanto incensurati. Il Tribunale però è di tutt'altro avviso. Anzitutto c'è

> la estrema gravità delle condotte contestate. La corruzione di un pubblico ufficiale altera il corretto rapporto tra i cittadini e la pubblica amministrazione, e come tale è sempre un reato grave. La corruzione di un magistrato, che per denaro o per altra utilità sottomette il proprio dovere di imparzialità e terzietà agli interessi di parte che agitano il piano processuale, è devastante inoltre per lo stesso sistema democratico stabilito, in cui il valore essenziale della giurisdizione è proprio quello della autonomia e imparzialità del giudice. Nel caso di specie in cui l'accordo corruttivo è a priori e sistematicamente promesso, per ogni esigenza processuale di una parte, nessuna altra pena è adeguata se non quella massima prevista dal legislatore, anche considerando che un accordo corruttivo che si sostanzia in una messa a disposizione indiscriminata e perdurante denota un elemento soggettivo particolarmente intenso. [...] Per nessuno degli imputati sussistono gli estremi del riconoscimento di circostanze degne di considerazione ai fini di una attenuazione della pena. [...] È vero che i tribunali sono soliti considerare ai fini della concessione delle generiche il dato della incensuratezza degli imputati – sempre peraltro in casi di non particolarmente rilevante gravità della condotta – e questo perché tale dato consente di presumere che al di fuori della condotta illecita per cui si procede il soggetto non abbia commesso altri reati. Nel caso di specie questa presunzione è impossibile, giacché le emergenze processuali danno la certezza contraria, essendo emerso che tutti gli imputati, per un lungo periodo di tempo e in relazione ad importi assai rilevanti, hanno commesso quanto meno il reato di illecita esportazione di capitali, in un contesto sociale e legislativo in cui tale reato era punito assai gravemente per i suoi gravi effetti sull'economia del paese; per non parlare della evasione fiscale.

La stessa sezione del Tribunale, presieduta da Francesco Castellano, non userà lo stesso metro per giudicare Silvio Berlusconi nel processo-stralcio. Il Lodo Maccanico che gli ha sospeso il processo Sme per sei mesi, costringendo il collegio presieduto da Luisa Ponti a stralciare la sua posizione e a giudicare i suoi coimputati, è dunque decisivo per il «salvataggio» del Cavaliere. Il collegio Ponti, infatti, dopo aver condannato Previti & C., si dovrà astenere dal giudizio nel processo stralcio, passando il premier nelle mani piú «morbide» di Castellano. Il quale gli regalerà le attenuanti generiche e la conseguente prescrizione, per gli stessi identici fatti per i quali Previti & C. se la sono vista negare rimediando pesanti condanne.

L'appello

Il 2 dicembre 2005 la II sezione della Corte d'Appello di Milano (presidente Erminia La Bruna, a latere Rosa Luisa Polizzi e Rosario Spina) conferma la sentenza di primo grado del processo Sme-Ariosto: ancora 5 anni a Previti e 4 a Pacifico, mentre Squillante scende da 8 a 7. Confermate l'assoluzione di Verde (anche in appello, sulla causa Sme, «non è provata» la sua corruzione: dagli atti «non emerge con certezza» che i 750 milioni di Barilla siano andati in parte al giudice estensore della sentenza che in primo grado diede torto a De Benedetti) e la prescrizione per i figli di Squillante. «Rispetto questa sentenza come si rispetta un colpo di pistola, è un'esecuzione pianificata», commenta sempre sereno Previti.

Ma a pianificare la sua presunta «esecuzione», come si legge nelle 581 pagine di motivazioni della sentenza depositate il 28 marzo 2006, non sono le toghe rosse: è il suo conto svizzero, dal quale partivano i soldi per alcuni giudici. Per esempio il «passaggio quasi diretto» di 500 milioni «da un conto Fininvest a un conto del giudice Squillante tramite transito per il conto Mercier dell'avvocato Previti». I giudici d'appello condividono «integralmente le corrette argomentazioni e le conclusioni» dei colleghi del Tribunale a proposito di quel bonifico. E sostengono che gli imputati hanno mentito, per tentare di scalfire la «permanente significanza probatoria di un bonifico, assolutamente certo, da Previti a Squillante, con provvista Fininvest, che costituisce eclatante riscontro del contesto di rapporti e di pagamenti rappresentati dalla testimonianza Ariosto». La teste Omega, anche per la corte d'appello, è pienamente «attendibile» sull'«accordo corruttivo» fra Previti e Squillante.

> Natura dell'accordo e stabilità della retribuzione dell'ex giudice, come riferite dalla teste Omega trovano riscontro da un lato nelle stesse funzioni che rivestiva Squillante, dall'altro nella circostanza che già i singoli episodi di dazione (in contanti e tramite bonifici) accertati nel presente processo depongono per sistematicità di pagamento.

Previti era il «corruttore», Pacifico il «concorrente consapevole», Squillante il «corrotto»

> riguardo ai soggetti nel cui interesse Previti agiva corruttivamente ovvero la Fininvest e società alla stessa collegate, nella specie Barilla socio della Fininvest dell'ambito della Iar.

Fatti talmente «gravi» da giustificare anche in appello la negazione delle attenuanti generiche, nonostante l'incensuratezza degli imputati. In controtendenza con le generose decisioni della Corte d'appello e del Tribunale, che hanno concesso a Berlusconi le attenuanti generiche sia nel processo Mondadori sia in quello Sme-Ariosto, i giudici La Bruna, Polizzi e Spina sostengono che è ora di finirla di regalare le generiche «secondo un meccanismo automatico, in presenza del requisito dell'incensuratezza».

> La riduzione della pena che le attenuanti generiche comportano deve essere ancorata a elementi positivi di considerazione diversi da quelli addotti dalle difese; ed invero sarebbe paradossale ritenere degna di considerazione una condizione che dovrebbe caratterizzare ogni cittadino e, segnatamente, gli imputati in oggetto – un magistrato e due avvocati – al fine della concessione del beneficio richiesto.

In questa vicenda, lo status di incensurato non è un merito da premiare, ma un fatto «normale» per la professione svolta dagli imputati e

> non può che soccombere di fronte alla gravità dei fatti. La vendita della funzione di magistrato, l'asservimento della stessa allo scopo dei privati, l'attività di corruzione svolta utilizzando il canale di conoscenza e di frequenza offerto dalla professione di avvocato, sono fatti idonei a minare la fiducia del cittadino nello Stato in genere e specificamente in quel settore, l'ordinamento giudiziario, che è istituzionalmente preposto a garantire il rispetto della legge e quindi ad assicurare la convivenza civile.

Si chiude cosí, in attesa della Cassazione, il processo Sme-Ariosto. Intanto, in contemporanea, è arrivato a sentenza definitiva quello parallelo su altre due sentenze comprate, quella sul Lodo Mondadori (ne abbiamo parlato nel capitolo su Berlusconi) e quella sul caso Imi-Sir.

2. Imi-Sir/Mondadori: corruzione giudiziaria

«Non staccherò mai quell'assegno», ripeteva ossessivamente Luigi Arcuti, presidente dell'Imi, durante l'eterna causa che per dodici anni lo impegnò contro la Sir, il colosso chimico del petroliere Nino Rovelli da sempre legato ad Andreotti, in un'annosa controversia contrattuale. Ma alla fine, nel novembre '94, quando la telenovela si concluse in suo sfavore con una strana sentenza della Cassazione, quell'assegno lo dovette staccare. Dopo avervi scritto la cifra di 972 miliardi di lire (678 al netto, piú 294 di tasse): tanti lo Stato italiano ne dovette sborsare a titolo di risarcimento. Il piú alto risarcimento mai versato da un ente pubblico a un privato. «La vicenda non è ancora conclusa», tuonò Arcuti. E almeno questa profezia l'azzeccò: perché quel maxirisarcimento e la retrostante maxitangente a giudici e avvocati (68 miliardi: il 10 per cento) ha originato a Milano il piú clamoroso processo del filone «toghe sporche». Quello iniziato l'11 maggio 2000 a carico di Previti, Pacifico e Acampora, degli ex giudici romani Squillante, Verde e Metta, ma anche di Primarosa Battistella e Felice Rovelli, vedova e figlio di Nino (morto nel 1990). Tutti accusati di corruzione in atti giudiziari.

Il caso Imi-Sir, che pareva chiuso e sepolto sotto quella cascata di miliardi, si riapre all'improvviso nel 1996 dopo le rivelazioni di Stefania Ariosto. La quale però fornisce soltanto il «contesto», il fondale di scena. Al resto provvedono le confessioni di Primarosa Battistella e di Felice Rovelli. Il loro racconto è sconvolgente. Nel dicembre '90, prima di sottoporsi a un intervento chirurgico, il vecchio Nino informa la moglie di avere un debito con Pacifico e la prega «di provvedere al pagamento nel caso in cui non fosse sopravvissuto all'intervento». Il che puntualmente accade: Rovelli muore il 30 dicembre '90. E un mese dopo Pacifico si presenta a Felice, battendo cassa per una trentina di miliardi. Aggiunge che anche gli amici Previti e Acampora avanzano svariati miliardi dalla buonanima. Gli eredi tergiversano, spiegano di non avere disponibilità immediate, chiedono tempo fino alla definizione della causa. E cosí avviene. All'inizio del '94, ben 68 miliardi confluiscono sui conti svizzeri di Previti (21 miliardi), Acampora (14) e Pacifico (33).

Dall'analisi dei tabulati telefonici arriva la conferma: fra il gennaio e il febbraio del '92 Rovelli jr. ha piú volte parlato con i tre avvocati, proprio in coincidenza con alcune udienze cruciali del processo Imi-Sir in Cassazione. E dopo la sentenza definitiva, fra il marzo e il giugno '94, sono partiti i bonifici. Il che significa – fra l'altro – che Previti incassò le ultime tranche in Svizzera quand'era già ministro della Difesa. Il tutto, senza che né lui né i suoi due compari abbiano mai avuto incarichi formali dai Rovelli, né per quella causa (la Sir era rappresentata dagli avvocati Mario Are e Michele Giorgianni) né per altre.

Appena la notizia diventa pubblica, Previti dice ai giornalisti: «Quei soldi erano la parcella di una vita». Ventuno miliardi e rotti di parcella. Poi nega di aver mai parlato di parcelle e farfuglia di fantomatiche «prestazioni professionali». Quel che è già assodato è che, su quella sommetta, Previti si è scordato di pagare le tasse: l'ha confermato lo stesso ex ministro in Parlamento, nel 1998, chiedendo agli onorevoli colleghi di salvarlo dalla galera. Una confessione che all'estero l'avrebbe catapultato fuori dall'aula, per sempre. In Italia, invece, passa inosservata. Anzi, la Camera a maggioranza Ulivo respinge la richiesta d'arresto per Cesare

Intanto si scopre che, sui suoi conti esteri, di quella mega-stecca sono rimasti solo gli spiccioli: 1 miliardo e 800 milioni. Il resto, quasi 20 miliardi, si è disperso in decine e decine di bonifici. E cosí Previti dinanzi al pool, nel 1997, cambia ancora versione:

> Ho conosciuto l'ingegner Rovelli negli anni 70. Come legale ho curato la difesa Efibanca seguendo l'iter di un finanziamento alla Sir. Nel 1990 ho ricevuto da Nino Rovelli un mandato professionale per eseguire una serie di pagamenti per suo conto. Ero rimasto d'accordo che avrei trattenuto l'importo di una parcella a me dovuta per precedenti prestazioni professionali.

Ma Rovelli chi doveva pagare? Previti si cuce la bocca: «Sapevo solo che non erano pubblici ufficiali o addirittura magistrati; si trattava di somme che Rovelli doveva per fatti personali a persone non solamente italiane». Poi, quando i pm insistono per conoscere i nomi dei destinatari, risponde imbarazzato: «Sí... però... vede... io credo che gli inquirenti i nomi li possano ricavare dai documenti in loro possesso». Dalle carte, però, questi nomi non si ricavano. E ancora, fra i vari destinatari finali dei 21 miliardi versati dai Rovelli a Previti, c'è lo stesso Pacifico, che riceve 5 milioni e mezzo di franchi svizzeri sul conto Codava Anstalt presso la Verwaltungs & Privat Bank di Vaduz. Ma la Codava è stata costituita da Pacifico nel 1994. Come poteva Nino Rovelli, morto a fine '90, indicare quel conto a Previti per effettuare il pagamento? E poi: che senso aveva versare in maniera tanto tortuosa 5 milioni e mezzo di franchi a Pacifico, quando gli eredi Rovelli avevano già provveduto a liquidargli direttamente i «suoi» 33 miliardi? A queste domande Previti non risponde. È chiaro che sta mentendo.

Un ministro un po' evasivo

Al dibattimento, il 28 settembre 2002, Cesare cambia un'altra volta versione, ammettendo di aver mentito ai magistrati e al paese per nascondere le sue evasioni fiscali. Come se fosse normale che un ex ministro e parlamentare della Repubblica faccia di tutto per «proteggersi» dal fisco.

Previti – Io, in un primo momento quando uscí sui giornali il passaggio di denaro tra Rovelli e me, io dichiarai immediatamente quel che era la verità, cioè che si trattava di una parcella. Ma in una dichiarazione ufficiale utilizzabile, anche su consiglio dei professionisti che mi assistevano, io decisi di dare una versione nella quale non venisse fuori la parola parcella, perché mi è stato spiegato che questo avrebbe potuto effettivamente scatenare il fisco nei miei confronti con effetti evidentemente rovinosi. E' quindi ho parlato di mandato perché mi sembrava la situazione piú, come dire?, anonima e cosí le dichiarazioni conseguenti naturalmente sono state, diciamo, improvvisate alla circostanza proprio per evitare questo rischio gravissimo [quello di dover pagare le tasse, *nda*]. [...] Quindi ritenendo, come ritengo, e come so, di essere completamente estraneo alle vicende della causa Rovelli-Imi, in quella occasione nel dovere spiegare un movimento di denaro che nulla aveva a che vedere con questa vicenda ho pensato, a tutela della mia posizione, soprattutto fiscale ma anche di immagine, di parlare di mandato [di pagamento a terze persone, *nda*]. [...]
Pm Boccassini – Quindi, attestandoci alla nuova versione che oggi viene fornita in dibattimento, lei è in grado di fornire come riscontro oggettivo documentazione attestante il mandato professionale che ha ricevuto da Nino Rovelli [...]?
Previti – Non credo che nessun avvocato si faccia rilasciare dichiarazioni dal cliente né sulle parcelle né su altro. Il rapporto è ovviamente fiduciario, il rapporto è rimesso al rapporto interpersonale e quindi se lei parla di una documentazione attinente alla conclusione, diciamo, di quella fase del rapporto con Rovelli, certamente non ce l'ho e non la posso avere.
Pm – Va bene. Senta, lei ha affermato che Felice Rovelli, il figlio di Nino Rovelli, lo conosce soltanto in epoca successiva alla morte.
Previti – Esatto.
Pm – Lei, nel momento in cui ha avuto conferma, come dice lei, da Felice Rovelli che vi era questo credito, ha preteso da Felice Rovelli, persona che lei non conosceva, una documentazione attestante il reale credito che lei vantava, addirittura dagli anni 70?
Previti – Assolutamente no, [...] per me era piú che sufficiente, né evidentemente potevo pretendere altro, che Felice Rovelli mi avesse detto che il padre gli aveva parlato del suo debito e che lui lo avrebbe soddisfatto e che avrebbe rispettato in tutto e per tutto la volontà del padre. Detto questo, se io gli avessi chiesto un documento avrei fatto proprio veramente un fuor d'opera, era un rapporto fiduciario col padre, ero contento del fatto che si mantenesse fiduciario anche con il figlio né poteva essere di altra natura.
Pm – Ma, visto che risulta che lei è stato pagato soltanto nel 1994, quindi a distanza di quattro anni rispetto alla data del decesso dell'ingegner Nino Rovelli, quali garanzie le hanno dato gli eredi, e cioè in questo particolare momento Felice Rovelli, rispetto al fatto che avrebbero poi pagato quello che le spettava, e perché lei è stato disponibile ad aspettare quattro anni?

Previti – Non avevo alcun'altra possibilità che essere disponibile [...]. Proprio non vedo perché avrei dovuto in qualche modo, diciamo cosí, forzare la mano. Non l'ho fatto e non ho ritenuto di farlo ma soprattutto non penso che sia una cosa aderente alla situazione nella quale mi sono trovato. Quindi... poi in effetti Rovelli, con grande tranquillità e correttezza, nel '94 mi ha chiamato e mi ha detto: «Sono pronto». Ho rifatto i conteggi con il mio commercialista, li abbiamo rifatti, sono andato... non ricordo dove, mi sembra a Lugano e glieli ho portati [...].
Pm – Senta, lei quando ha giurato fedeltà alla Repubblica diventando ministro di questa Repubblica: nel '94?
Avv. Sammarco – C'è opposizione alla domanda, non c'entra nulla col processo, è soltanto un modo di demonizzare mediaticamente l'imputato.
Presidente Carfí – Comunque che sia diventato ministro nel 1994 è fatto notorio. Prego.
Pm – Senta, lei però già a quella data risultava avere la disponibilità di 18 milioni di franchi [...]. Lei li ha dichiarati anche in Italia questi 18 milioni di franchi?
Previti – No.
Pm – Perché?
Previti – Ho già risposto a questa domanda.
Pm – Non credo [...]. Quindi non voleva pagare le tasse, è questo?
Previti – Io vorrei... vorrei con il permesso... no, scusa, vorrei (*parole incomprensibili, sovrapporsi voci*) dal Tribunale su queste domande che non hanno attinenza alcuna con il processo.
Pm – Sí, presidente, sulla personalità degli imputati è un diritto del pubblico ministero fare domande anche che rendono un quadro su quella che è la personalità dei vari imputati...
Avv. Sammarco – C'è opposizione.
Pres. – Io direi, direi... scusate...
Avv. Sammarco – No, vorrei... scusi presidente, sono domande auto-incriminanti [...]. Non si può chiedere all'imputato «Lei non voleva dichiarare...».
Pm – Il reato è prescritto, comunque, avvocato.

Un regalo da mille miliardi

Per capire il perché di quella mega-mazzetta, bisogna fare un salto indietro nel tempo. Il gruppo Sir di Nino Rovelli, detto il «Clark Gable della Brianza», crolla nei primi anni 80 per via di un indebitamento record di almeno 3 mila miliardi. Nel 1982 Rovelli fa causa all'Imi, accusando l'istituto di aver fatto affondare il suo gruppo, violando una serie di patti contrattuali in cui si era impegnato a concedergli linee di credito. Nel 1986 il Tribunale di Roma (collegio presieduto da Filippo Verde) accoglie la tesi di Rovelli sul fatto che la Sir è in credito con l'Imi e rimanda a un giudizio separato il calcolo del *quantum*.

Dell'entità del risarcimento si discute, in un'altra sezione del Tribunale, nella primavera 1989. Senonché, al momento di formare il collegio giudicante, accade un fatto davvero singolare. Il presidente designato Carlo Minniti, che ha appena finito di studiare l'enorme malloppo di carte processuali, intende disporre una nuova perizia sul *quantum*. L'ha confidato a Carlo Sammarco, presidente della Corte d'appello e amico di Previti, pochi giorni prima dell'udienza fissata per il 4 aprile. Guarda caso, proprio il 4 aprile Minniti viene convocato d'urgenza al ministero della Giustizia (dove Verde è diventato capo di Gabinetto) per una «improrogabile» riunione sui problemi dell'edilizia giudiziaria. Tenta di rinviarla, ma gli rispondono che è impossibile. Cosí delega alla collega Aida Campolongo l'incarico di presiedere l'udienza su Imi-Sir, pregandola di disporre un rinvio in attesa del suo ritorno. La riunione al ministero si rivela una bufala: dura un'ora, non porta a nulla di concreto e non viene neppure verbalizzata. Alla fine Minniti si precipita in Tribunale e scopre con suo grande stupore che la collega – su insistenza degli avvocati – ha regolarmente tenuto l'udienza. Decidendo in sua assenza la cifra che Rovelli dovrà incassare: 650 miliardi e rotti.

Seconda stranezza: nel novembre '90 la Corte d'appello (relatore della sentenza: Vittorio Metta, lo stesso che sarà imputato per aver venduto nello stesso periodo anche la sentenza Mondadori) condanna nuovamente l'Imi a pagare a Rovelli: il conto è di circa mille miliardi, comprese le spese e gli interessi. L'Imi, ovviamente, ricorre in Cassazione (prima sezione civile). La difesa Rovelli però eccepisce su quel ricorso, sollevando un'eccezione di improcedibilità perché, nel fascicolo della difesa Imi, mancherebbe la «procura speciale ad litem» dei difensori. Su quell'incredibile sparizione, l'Imi presenta un esposto alla Procura di Roma, che apre un'indagine contro ignoti. Intanto, dopo alcuni rinvii, il 27 maggio '93 la Cassazione sposa la tesi della Sir, dichiara improcedibile il ricorso dell'Imi e rende definitiva la sentenza d'appello che condanna la banca a sborsare tutti quei miliardi alla Sir. L'Imi sporge un'altra denuncia, sostenendo che la procura speciale non mancava affatto: c'era eccome, ma qualcuno l'aveva fatta sparire appositamente per far saltare il terzo grado di giudizio.

Terza «anomalia»: prima della decisione finale, il 18 marzo '93, s'è tenuta una strana udienza della Cassazione. Il presidente designato, il giudice Mario Corda, studiate tutte le carte del fascicolo, prepara un appunto manoscritto in cui evidenzia i punti sui quali la Corte è chiamata a pronunciarsi, invita gli altri colleghi a presentarsi preparati e prospetta la possibilità di modificare la giurisprudenza fin lí seguita e di dichiarare ammissibile il ricorso dell'Imi. L'appunto, segretissimo, viene fotocopiato con l'aiuto di una segretaria, chiuso in quattro buste sigillate e recapitato nelle caselle della posta dei quattro giudici del collegio. Ma, nel marzo '93, il primo presidente della Cassazione Antonio Brancaccio e lo stesso Corda ricevono un esposto anonimo: il «corvo» scrive che Corda ha anticipato il giudizio sulla causa e afferma di possedere una copia del manoscritto.

Corda, per puro scrupolo, prepara una bozza di lettera in cui si dice disposto ad astenersi dall'udienza, convinto che la proposta verrà respinta: invece il primo presidente Brancaccio coglie la palla al balzo e lo rimpiazza su due piedi con un altro giudice. L'anonimo «corvo» torna a farsi vivo con un'altra lettera recapitata a Brancaccio, al Procuratore generale della Cassazione Vittorio Sgroj e allo stesso Corda: contiene copia della famosa procura speciale, ma «monca» del margine sinistro e del lembo superiore (dove di solito vengono apposti i timbri di deposito). Ora tutto sembra chiaro: qualcuno che parteggia per la Sir, e che si avvale di notizie e di carte segrete e di prima mano dall'interno della Cassazione, ha fatto in modo che la procura speciale non venisse depositata, cosí da rendere definitiva la condanna all'Imi a pagare mille miliardi alla Sir.

Una chat line molto calda

Fra i riscontri scoperti dal pool, c'è un tourbillon di telefonate incrociate fra Previti, Pacifico, il giudice Squillante e Rovelli nei giorni piú caldi (1992-93) del processo Imi-Sir in Cassazione. Eppure, almeno ufficialmente, i due avvocati e il giudice non c'entrano nulla. Rovelli è rappresentato dagli avvocati Are e Giorgianni. E il giudice Squillante si occupa di processi penali. Non solo: risultano ben 16 telefonate fra l'avvocato Francesco Berlinguer e il duo Squillante-Rovelli nei giorni decisivi del febbraio '92, quando la Cassazione rimette gli atti alla Corte costituzionale per un'eccezione di illegittimità. Convocato per fornire spiegazioni, fra mille reticenze, Berlinguer ammette che Squillante gli chiese di incontrare Rovelli: i due si videro due o tre volte all'hotel Hassler di Roma. Una volta c'era anche Berlinguer, che racconta:

Rovelli mi disse se potevo avvicinare un membro del collegio della Suprema Corte – la dottoressa Simonetta Sotgiu – per avere notizie da quest'ultima sull'andamento della causa, ossia quali decisioni avevano in mente di prendere rispetto al ricorso che era stato presentato. Sia Squillante che Rovelli hanno insistito a che io avvicinassi la Sotgiu [di cui Berlinguer era amico, *nda*]. Rovelli mi promise una buona parcella... credo 500 milioni.

Dal telefono di Berlinguer risultano pure diverse chiamate, nello stesso periodo, verso lo studio Previti. Per i pm, se ancora ve ne fosse bisogno, tutto ciò

> dimostra ulteriormente l'attendibilità delle dichiarazioni della Ariosto, nella parte in cui indica l'alto magistrato [Squillante] come persona che, insieme a Previti e a Pacifico, non casualmente coinvolti nella vicenda in esame, svolge un'attività corruttiva anche nel senso dell'intermediazione, nell'interesse di privati, verso altri magistrati del distretto romano, con la conseguenza che la pregnanza accusatoria delle dichiarazioni dell'Ariosto nei confronti di Previti viene ulteriormente corroborata e costituisce altro elemento di prova.

Poi ci sono i passaggi di denaro. E non solo i 68 miliardi gentilmente versati dagli eredi Rovelli sui conti svizzeri di Previti, Acampora e Pacifico. Ma anche quelli, un po' piú tortuosi, sul conto «Master 811», aperto da Pacifico per Filippo Verde il 30 aprile '91 presso la Società bancaria ticinese di Bellinzona, con un primo deposito di 500 milioni datato 2 maggio '91: una somma che giunse – secondo le rogatorie acquisite dal pool – «da una provvista proveniente dal conto di Previti» (il famigerato Mercier di Ginevra). È la prova – secondo il pool – dei «collegamenti finanziari fra Previti e Verde». E non basta. Il 31 maggio '94, mentre i tre avvocati ricevono i bonifici dagli eredi Rovelli, il conto di Verde si arricchisce di 280 milioni di lire, «verosimilmente versati da Pacifico», che in quel periodo «stava distribuendo la somma proveniente da Rovelli». Tantopiú che – scrivono sempre i pm – «Verde non disponeva di 280 milioni in contanti in Italia». Quanto a Squillante, come vedremo, in concomitanza con la causa Imi-Sir riceve 133 milioni di lire estero su estero.

Le sentenze Metta sull'Imi-Sir e sul Lodo Mondadori, tra la fine del 1990 e l'inizio del 1991, sono quasi contemporanee. E cosí i versamenti di denaro che, secondo l'accusa, il giudice ricevette in cambio dei due verdetti venduti. Perciò, essendo i protagonisti delle due vicende sovrapponibili, il processo Imi-Sir e quello sul Lodo Mondadori vengono accorpati in uno solo.

Il primo grado

La sentenza di primo grado arriva, faticosamente, il 29 aprile 2003. La pronuncia la IV sezione del Tribunale di Milano (presidente Paolo Carfí, a latere Maria Luisa Balzarotti ed Enrico Consolandi). Il processo è durato 2 anni e mezzo per le indagini (iniziate nell'estate del 1995), 2 anni per la sola udienza preliminare, 2 anni e 11 mesi per il dibattimento. In tutto 88 udienze, durante le quali Previti ha dispiegato una miriade di manovre diversive per allontanare il verdetto ed evitare la condanna: 7 richieste di ricusazione, 2 di astensione, 2 di rimessione ad altra sede, 2 conflitti di attribuzione fra poteri dello Stato, vari esposti al Csm e denunce penali contro i pm e contro la teste Ariosto, e diverse leggi *ad hoc* per mandare a monte il processo (rogatorie, falso in bilancio, Cirami sul legittimo sospetto, patteggiamento allargato, a cui si aggiungeranno, dopo il giudizio di secondo grado, la ex Cirielli e la Pecorella sull'abolizione dell'appello del pm).

Previti e Pacifico vengono condannati a 11 anni per corruzione in atti giudiziari, Vittorio Metta a 13. Erano tutti e tre imputati sia per Imi-Sir sia per Mondadori. L'avvocato Acampora, già condannato separatamente col rito abbreviato a 6 anni per Imi-Sir, si prende altri 5 anni e 6 mesi per Mondadori. Filippo Verde, imputato solo per Imi-Sir, viene assolto per entrambi gli episodi contestati (non c'è prova che la sua sentenza del 31 ottobre 1986, che condannò l'Imi in primo grado, sia stata comprata, dunque «il fatto non sussiste», mentre non è dimostrato che abbia organizzato lui il vertice al ministero della Giustizia il 4 aprile 1989 per distrarre dalla causa il giudice Corda, quindi viene assolto «per non aver commesso il fatto» con la formula dubitativa del comma 2 dell'articolo 530). L'altro giudice imputato (solo per Imi-Sir), Renato Squillante, è invece condannato a 8 anni e 6 mesi. La vedova di Nino Rovelli, Primarosa Battistella, e il figlio Felice, si prendono rispettivamente 4 anni e mezzo e 6 anni. Ma non ci sono solo le pene detentive. Il Tribunale

> condanna Battistella, Rovelli, Previti, Pacifico, Squillante e Metta in solido fra loro a risarcire alla costituita parte civile Imi-San Paolo il danno cagionato che si liquida in euro 516 milioni oltre alle refusione delle spese di lite, che si liquidano in euro 66.894,13 oltre Iva e Cpa [...]. Condanna Previti, Pacifico, Acampora e Metta in solido fra loro a risarcire alla costituita parte civile Cir [Carlo De Benedetti, *nda*] il danno cagionato che si liquida in euro 380 milioni oltre alla rifusione delle spese di lite che si liquidano in euro 444.361,03

> [...]. Condanna Battistella, Rovelli, Previti, Pacifico, Squillante e Metta in solido fra loro a risarcire alla costituita parte civile presidenza del Consiglio danno cagionato dalla corruzione nella vicenda giudiziaria Imi-Sir che si liquida in euro 1.290.000 oltre alla rifusione delle spese di lite, che si liquidano in euro 45 mila. [...] Condanna Previti, Pacifico, Acampora e Metta a risarcire alla costituita parte civile presidenza del Consiglio il danno cagionato dalla corruzione nella vicenda giudiziaria Lodo Mondadori che si liquida in euro 129 mila oltre alla rifusione delle spese di lite, che si liquidano in euro 32 mila [...]. Condanna gli stessi imputati a risarcire alla parte civile ministero della Giustizia il danno cagionato dalla corruzione nella vicenda giudiziaria Lodo Mondadori che si liquida in euro 129 mila oltre alla rifusione delle spese di lite, che si liquidano in euro 32 mila.

Nelle 534 pagine di motivazioni (piú 77 di allegati) depositate il 5 agosto 2003, il Tribunale ricostruisce minuziosamente le due cause vendute e le loro «impressionanti analogie»: due casi di «corruzione devastante», di «degrado della giustizia che, da cieca, fu trasformata in giustizia ad uso privato». Ma, prima di entrare nel merito delle vicende, i giudici si levano qualche sassolino dalle scarpe, rispondendo alle infinite accuse, insulti e calunnie subite nei quasi tre anni di dibattimento, «durato per un tempo sicuramente poco compatibile con il dettato costituzionale di cui l'art. 111» sul «giusto processo». Ma non tutto il male – aggiungono beffardi – viene per nuocere: «È anche vero che al tribunale è stato "concesso" molto tempo per studiare in modo capillare e approfondito fino al giorno prima della camera di consiglio tutto l'enorme materiale processuale», aiutandolo a scoprire – come vedremo – alcune carte decisive che erano sfuggite persino alla pubblica accusa. Il che sfata «la leggenda secondo cui le prove "vere" sarebbero state "occultate" – chissà dove e chissà perché – al collegio».

> Lo studio (ciò che solo conta) di tutti questi atti permette di sfatare una delle tante «leggende» che sono state da qualcuno alimentate al di fuori dell'aula di udienza, e cioè quella secondo la quale il procedimento in oggetto quasi consisterebbe in una sorta di «abuso processuale», non essendo basato su «prove piene e certe», ma solamente su un magmatico, indistinto e insufficiente quadro indiziario.

Un quadro che venne paragonato «a un chiacchiericcio da bar» da uno dei difensori di Previti. Altro che chiacchiere: qui ci sono prove granitiche. Soprattutto documentali, che fanno giustizia di un'altra delle «tante leggende», alimentata «da qualcuno fuori dell'aula di udienza»: quella dell'«abuso processuale» basato su un «magmatico, indistinto e insufficiente quadro indiziario» e non, invece, su «prove piene e certe». Ma l'accusa «piú infamante» che i tre giudici respingono con forza è «quella, non poche volte propalata, di essere non al servizio della legge, ma al soldo di una parte politica». A questo «vociare» che intorno al processo «travalicava ogni limite anche del piú doveroso e sacrosanto diritto di critica» e «dimentico delle minimali regole di rispetto a chiunque dovute», il Tribunale non ha mai voluto replicare:

> Per un magistrato la sede «istituzionale» dove rispondere a «critiche» e accuse è la motivazione della sentenza, che sola (condivisa o meno che sia) può dare conto della «onorabilità» di un Tribunale della Repubblica. Onorabilità che, a vantaggio non del singolo magistrato, ma di ben altri superiori interessi dovrebbe forse essere presunta, fino a prova contraria.

Il quadro che emerge dalle carte è, scrivono i giudici citando Previti,

> quello della «piú grande corruzione nella storia dell'Italia repubblicana e forse anche di piú», se si dovesse seguire l'opinione di uno degli imputati di questo processo: «Si parla di corruzione che non ha l'eguale nella storia d'Italia e forse nel mondo» (cosí Cesare Previti nell'interrogatorio al pm del 23.9.1997). Certo è che si tratta di un caso di corruzione devastante, atteso che tocca uno dei gangli vitali di uno stato democratico: quello della imparzialità della giurisdizione.

Non va mai dimenticato, infatti, che i principali imputati sono proprio tre magistrati romani: questo

> principalmente è – ed è sempre stato – un processo ad alcuni magistrati della corte d'appello di Roma, al loro modo di concepire la funzione cui sono stati chiamati, ai loro inconfessabili rapporti con un gruppo di «avvocati d'affari» e a ciò che ne è conseguito, fino al punto di poter parlare – in questo caso sí – di un degrado della giustizia che da cieca fu trasformata in «giustizia ad uso privato».

Nessuna attenuante, dunque, vista la gravità dei fatti e il comportamento degli imputati sia quando delinquevano, sia durante il processo: essi, a parte gli eredi Rovelli (che, dopo la morte del capostipite Nino, agirono «in un certo senso "iure ereditario", trovandosi inseriti in un "iter criminoso" già in avanzato stato di realizzazione»), non meritano le generiche, ma

> un giudizio drasticamente negativo perché hanno violato doveri sulla cui osservanza è possibile fondare – e richiedere – fiducia nella istituzione Giustizia. Appare assolutamente evidente come gli imputati Metta, Squillante, Previti,

Pacifico e Acampora avessero eletto la corruzione in atti giudiziari a vero e proprio sistema di vita, a metodo attraverso il quale conseguire nel modo piú facile – ma anche tra i piú sordidi – quella ricchezza materiale evidentemente mai sufficiente, ponendo la loro professione, le loro capacità e le loro intelligenze al servizio ora di questo ora di quello tra i «clienti» disposti a pagare qualsiasi cifra pur di raggiungere il loro scopo. Tutto ciò nella piú assoluta indifferenza dei danni enormi causati non solo alla Giustizia, ma all'intera tenuta morale di una comunità. [...] Sarà anche moralismo, ma da Previti, Squillante, Metta, Pacifico, Acampora non può essere addotta alcuna «scusante»: nessuno e nulla (né le condizioni familiari, né quelle sociali, né quelle economiche) ha imposto loro di vendere in tal modo la loro imparzialità, correttezza e professionalità.

A questo va aggiunto

un comportamento processuale a dir poco pessimo, volto a negare qualsiasi circostanza, anche la piú evidente, cosí dimostrando una assoluta mancanza di un sia pur minimo «ripensamento» della loro condotta di vita. Comportamento che si è concretizzato in una serie di tentativi volti esclusivamente ad impedire lo svolgimento del processo, strumentalmente utilizzando gli istituti previsti dal codice: una serie infinita di ricusazioni per i piú diversi motivi fin sulla soglia della camera di consiglio, la revoca del mandato ai propri difensori nel novembre 2001 in risposta alle ordinanze di questo Tribunale sulle rogatorie e sulle problematiche poste dalla sentenza 225/2001 della Corte Costituzionale [sui presunti impedimenti parlamentari di Previti, *nda*], manovre dilatorie di ogni genere. Reati gravissimi, anche e soprattutto da un punto di vista soggettivo; condotta processuale pessima da qualsiasi parte la si osservi; si può ribaltare agli astanti la domanda: su quali basi giuridiche potrebbero essere concesse le invocate attenuanti generiche?

Ma come si è arrivati alla condanna di tutti gl'imputati, tranne uno? Con l'esame delle infinite anomalie che costellarono le due cause, certo. Con l'analisi dei conti bancari di corrotti e corruttori. Ma anche con la «scoperta» di carte trascurate dai pubblici ministeri nei faldoni 4 e 5 del fascicolo processuale, «vere e proprie miniere di sorprese». Lí c'è la prova documentale non solo che i giudici e gli avvocati occulti furono pagati dai Rovelli, ma anche che la sentenza Metta che, in appello, diede torto all'Imi e ragione alla Sir fu «concordata» attraverso «varie fasi di elaborazione che hanno coinvolto persone estranee al collegio giudicante». Quale prova? Fra i documenti sequestrati a suo tempo nello studio Pacifico, si nasconde «una minuta della sentenza stessa». O meglio «diverse versioni» della minuta, redatte in momenti diversi del processo, «delle quali molte frasi sono confluite, parola per parola, nella decisione del Tribunale». Versioni «veicolate» dallo stesso Metta, «l'unico che aveva il controllo sulla motivazione "ufficiale"». E dai due faldoni saltano fuori altri «documenti molto interessanti». Fra questi alcuni promemoria e lettere «che evidenziano come alla redazione della sentenza abbiano partecipato piú persone prima ancora della discussione» e come sia stata «concordata», o comunque «preannunciata» la diminuzione, rispetto alla sentenza di primo grado, della valutazione finale del gruppo Sir, base per la determinazione del «risarcimento» dell'Imi.

Indizi? Teoremi? No, la classica «pistola fumante» che in ogni giallo che si rispetti inchioda il colpevole senz'ombra di dubbio: la «prova documentale» delle sentenze scritte, suggerite o dettate «dagli avvocati di una parte» (Sir e Fininvest) fuori dal palazzo di giustizia e poi ricopiate da Metta, il giudice-amanuense che si limitava ad aggiungere qua e là qualche ghirigoro stilistico, da «violinista virtuoso», per non dare nell'occhio. Poi passava alla cassa. Senonché le bozze di quelle sentenze sono rimaste incautamente negli studi Pacifico e Acampora. E sono finite in mano ai giudici. Che le hanno confrontate con le sentenze «ufficiali», scoprendovi straordinarie analogie. L'hanno chiamata ironicamente «esegesi delle fonti della motivazione Metta & altri». E l'hanno raccontata come un *thriller*.

Imi-Sir atto I. Nel 1982 il petroliere Rovelli denuncia l'Imi perché lo risarcisca di un presunto, mancato finanziamento che avrebbe prodotto il crac del gruppo Sir. Nel 1986 il Tribunale di Roma, chiamato a decidere se il risarcimento sia dovuto («*an debeatur*»), gli dà ragione. L'appello nel 1988 conferma. L'entità del rimborso («*quantum debeatur*») dipende da una perizia sul valore della Sir, che i giudici affidano a tre «esperti»: questi gonfiano a dismisura quel dato, cosí nel 1989 il Tribunale condanna l'Imi a pagare 771 miliardi. Tre le anomalie.

1) Tre avvocati romani, ufficialmente estranei alla causa, verranno trovati in possesso di documenti del caso Imi-Sir. A Pacifico li sequestra la polizia. Acampora ne produce uno spontaneamente, convinto (a torto) che gliel'abbiano sequestrato. Previti, deputato, non è perquisibile. Ma il suo factotum, Mario Iannilli, si lascia sfuggire in aula che nello studio Previti ci sono faldoni intitolati «Imi-Sir».

2) Uno dei periti del Tribunale di Roma, Pasquale Musco, riceve appunti e telefonate da Pacifico (senza contare i bonifici all'estero dai conti di Previti e Pacifico).

3) Uno dei documenti sequestrati a Pacifico sembrerebbe una copia della perizia sulla Sir, ma le somiglia soltanto: «è una bozza che precede la stesura definitiva». In una comparazione fra i due testi affiancati, come nelle versioni di greco e latino a scuola, i giudici evidenziano concordanze e divergenze. E concludono: «È sconvolgente: la perizia è stata concordata da almeno un perito (Pasquale Musco) con una delle parti in causa». Una perizia talmente traballante da indurre il presidente del Tribunale, Carlo Minniti, a disporne un'altra. Minniti confida le sue intenzioni – come abbiamo visto – al presidente della Corte d'appello, Carlo Sammarco. Ma poi, alle soglie della camera di consiglio, viene convocato per una riunione-fantasma al ministero. Cosí, al suo posto, decide un altro giudice. E tutto resta com'era.

Imi-Sir atto II. Nel dicembre 1989 le cause Imi-Sir sull'*an* e sul *quantum*, dopo ricorsi e annullamenti, approdano in appello davanti al giudice relatore Vittorio Metta. Il quale, il 26 novembre '90, le unifica e, ignorando i rilievi della Cassazione, ricondanna l'Imi a risarcire la Sir: 528 miliardi piú interessi. Anche qui «c'è chi si muove dietro le quinte». Altre due anomalie.

1) Acampora e Pacifico conservano un «appunto anonimo» che somiglia tanto alla sentenza Metta, ma non lo è. Riguarda le fasi introduttive del processo d'appello della causa Imi-Sir, in seguito al rinvio disposto dalla Cassazione. Un documento senza firma che circolava nell'autunno del 1989 o poco dopo (mentre veniva redatto e depositato l'atto di riassunzione della causa in Corte d'appello) e che presenta «molte identità e poche differenze» con parte della motivazione che sarà depositata un anno dopo da Vittorio Metta. «Intere pagine» e lunghi «brani assolutamente identici», anche «nella punteggiatura e nella sottolineatura», inframmezzati da qualche «pignoleria» del giudice, che doveva pure guadagnarsi le mazzette. Parti delle pagine 28, 29 e 30 della sentenza Metta «sono pressoché totalmente uguali all'appunto anonimo rinvenuto ad Acampora e Pacifico». A un certo punto, nella sentenza Metta come pure nell'appunto, si cita la sentenza della Cassazione, in cui compare l'aggettivo «riformata». Ma nella sentenza della Cassazione, non ancora pubblicata al momento della compilazione del documento anonimo, quella parola sarà poi cancellata e sostituita con «ritenuta». Che cosa può essere accaduto? Come si spiega tutto ciò? Per i giudici, la conclusione è «assolutamente univoca»: se nell'appunto sequestrato ad Acampora e Pacifico è scrit-

ta la parola sbagliata («riformata») e non quella esatta («ritenuta»), vuol dire che i due legali occulti di Rovelli avevano a disposizione una copia della motivazione della Cassazione «già dattiloscritta, ma non ancora corretta», prima che fosse depositata. Metta, un anno dopo, nella stesura definitiva della sua sentenza, si basò sull'appunto che gli avevano passato gli avvocati, dunque non si accorse della correzione inserita *in extremis* dalla Suprema Corte, e continuò a riportare la parola sbagliata «riformata» che, tra l'altro, secondo il Tribunale di Milano, «nel suo contesto è completamente priva di senso». L'amanuense copiava talmente in fretta da non preoccuparsi nemmeno di scrivere qualcosa di sensato.

2) Nello studio Pacifico vengono sequestrati altri cinque appunti: quattro sull'*an* e uno sul *quantum* del risarcimento. Confrontandoli con la sentenza d'appello, emerge che anche qui Metta «ha copiato interi capitoli da quel che altri, non solo lui, avevano deciso e già scritto ben prima della decisione collegiale in favore della parte Rovelli». Metta, «giudice eterodiretto e prono, per esclusivi motivi di lucro, agli interessi di una parte», si limitò a firmare la sentenza (che divenne definitiva, in Cassazione, grazie ad altre rocambolesche «anomalie»). «Un'opera dal finale già scritto», una «sentenza venduta» che fruttò a Metta poche centinaia di milioni, contro i 67 miliardi a Previti, Pacifico e Acampora. La polpa ai protagonisti, le briciole al «copista».

Mondadori atto unico. Due mesi, non di piú, e quelli che i giudici milanesi chiamano «i soliti ignoti che agivano a livello occulto e illegale» tornano in pista con un altro audace colpo. Il 14 gennaio '91 Metta esce dalla camera di consiglio con una nuova sentenza storica: annulla il Lodo Mondadori e trasferisce il colosso editoriale dalle mani di De Benedetti a quelle di Berlusconi. L'indomani il giudice-turbo è già pronto con la minuta della motivazione, 167 pagine dattiloscritte in 24 ore, «record assoluto nella storia della magistratura italiana». Scritte da chi? «*Pacificamente* – affermano i giudici, con un avverbio malizioso – da un terzo estraneo all'ambiente istituzionale». Cioè non da Metta. Stavolta, neppure la fatica di copiare. Una prova? L'ennesimo autogol, stavolta dell'avvocato Pettinari, difensore del giudice. Il quale, in aula, esibisce «una copia della sentenza diversa dall'originale»: manca, rispetto alla sentenza ufficiale, una correzione a pagina 69. Metta ha sempre negato che esistessero copie diverse del suo verdetto. E allora? La verità, per il Tribunale, è che «mentre ancora Metta incassava il prezzo della sentenza Imi-Sir», già lavorava per «vendere quella Mondadori». Ormai era «stabilmente a libro paga della lobby descritta dalla tanto criticata Stefania Ariosto». Stavolta lo liquidarono con «almeno 400 milioni» e con un posto nello studio Previti, dove si trasferí insieme alla figlia Sabrina quando di lí a poco lasciò la magistratura. Poca roba, su una provvista Fininvest di 3 miliardi. Il piú ignoto dei soliti ignoti.

Dunque, concludono i giudici a proposito di Imi-Sir:

> La comparazione dei documenti in atti e il loro studio ha permesso di arrivare alla conclusione, basata su precise prove documentali (che vanno ad aggiungersi a quel quadro indiziario portato dalla pubblica accusa già di per sé avente la caratteristica di concordanza, precisione e univocità assolute) che la causa civile Imi-Sir fu tutta frutto (quanto meno a partire dall'espletamento della perizia sul «quantum debeatur» in primo grado nel 1987) di una gigantesca opera di corruzione [...] che si è spinta fino al punto di concordare, tra il giudice Metta e gli avvocati occulti di Nino Rovelli, la preventiva decisione della controversia e la conseguente stesura della motivazione della sentenza d'appello del 26.11.1990 che poi diverrà definitiva.

Sempre lo studio e la comparazione degli atti ha permesso, per il capitolo Mondadori

> di constatare, pure qui con un quadro che definire gravemente indiziario è dire poco, che anche la coeva causa Mondadori presenta impressionanti analogie (per l'«iter processuale» e la presenza sempre degli stessi «protagonisti») con ciò che si è appurato rispetto alla «gemella» controversia Imi-Sir.

I soldi. Un capitolo della sentenza è dedicato al racconto di Stefania Ariosto, definita credibile, anche se non si deve essere «tanto ingenui o sprovveduti da pensare che la donna abbia preso la decisione di parlare solo e unicamente per desiderio di giustizia»: lo fece anche per rivalsa. I giudici descrivono i movimenti bancari, per spiegare come tutti i versamenti intercorsi nel '91 e nel '94 dai Rovelli (68 miliardi) a Previti, ad Acampora e a Pacifico e i 3 miliardi bonificati al solo Previti «da un conto riservato della Fininvest» si giustifichino soltanto come «provviste» pagate dagli imprenditori (cioè dai Rovelli e da Silvio Berlusconi) per vincere le due rispettive cause. Di questi passaggi di denaro gl'imputati non hanno fornito una spiegazione e, quando l'hanno data, «è risultata documentalmente insostenibile».

È il caso dei 400 milioni di lire con cui Vittorio Metta pagò in contanti un appartamento per la figlia: l'ex giudice non ha spiegato «il continuo flusso di denaro sui suoi conti». E «maldestro e non documentato» è il tentativo di Squillante («magistrato miliardario») di spiegare il suo enorme patrimonio accumulato in Svizzera – a suo dire – con guadagni in Borsa o investimenti fortunati. Squillante «si avvaleva abitualmente della collaborazione dell'amico Pacifico» per compiere operazioni illecite, come l'import-export di capitali in barba alle leggi italiane. Altrettanto provati sono, per il Tribunale, i rapporti economici tra Squillante e Previti, che «quasi contestualmente» ricevono da Pacifico la stessa somma (133 milioni di lire) proveniente da una prima tranche della «provvista Rovelli». In cambio di che cosa fu pagato Squillante? L'ex giudice era «inserito nel generale progetto corruttivo» in quanto offriva «le proprie capacità di influenza, penetrazione e, dunque di interferenza» nel mondo giudiziario romano: per esempio mettendo in contatto Felice Rovelli con l'avvocato Francesco Berlinguer perché quest'ultimo avvicinasse la giudice Sotgiu.

Lo stesso discorso vale per la causa Mondadori. È quella, per il Tribunale, la causale del versamento di 3 miliardi effettuato nel 1991 dal conto All Iberian (Fininvest) al conto Mercier (Previti). Causale che «non può che rinvenirsi nel contributo fornito da Previti all'esito favorevole» della controversia Mondadori. Altro che «normale parcella in nero» per le sue prestazioni professionali «anche al di fuori di un regolare mandato», come sostiene l'ex ministro: quella era una

> provvista pagata dalla Fininvest di Silvio Berlusconi per regolare rapporti di natura illecita – corruzione del giudice Metta – strettamente connessi alla causa Mondadori.

Dunque, ricapitolando, nelle due cause gemelle «comprate e vendute», si stagliano tre diverse figure criminali: corruttori, corrotti e intermediari.

I corruttori. Sono Primarosa Battistella e suo figlio Felice per l'Imi-Sir, mentre Berlusconi per Mondadori è già uscito grazie alla prescrizione (il suo nome, nella sentenza, compare 27 volte). I due eredi Rovelli raccontano di aver versato 68 miliardi di lire a Pacifico (che poi trattenne ne 33 e ne girò 21 a Previti e 14 Acampora) per onorare un debito su mandato del capofamiglia Nino, espresso poco prima della sua morte. Ma, per i giudici, è inverosimile che una persona dia denaro ad un'altra, senza conoscere il motivo, fidandosi dell'indicazione del creditore solo per onorare la memoria di un defunto che quel debito aveva ammesso, ma senza quantificarlo.

I corrotti. I giudici che si fecero corrompere sono due: Vittorio Metta, relatore delle sentenze Imi-Sir e Mondadori, e Renato Squillante. Metta è un

giudice «bravo» – in relazione alla difesa con orgoglio del suo passato di magistrato –, anche perché le soluzioni le pensava avvalendosi dell'aiuto di terzi estranei e, per quel che piú da vicino ci interessa, in piena collaborazione con la difesa Rovelli.

Squillante invece è un «magistrato miliardario» che non si occupava di civile, ma di penale, eppure si impicciava anche nelle cause civili che interessavano a Previti e a Pacifico, come fece nel caso Imi-Sir: anche lui era inserito «nel generale progetto corruttivo», per il quale era retribuito in maniera piú o meno stabile, come dimostra quel bonifico da 133 milioni.

Filippo Verde, seppure assolto, resta per i colleghi milanesi un giudice «sospetto»:

L'espressione «giudice a libro paga» riferita a Verde non è forse distante dalla realtà, ma non è possibile un certo collegamento fra il suddetto versamento di denaro nel 1994 e la causa Imi-Sir.

Insomma la sua assoluzione è per insufficienza di prove, ed è provato che ricevette soldi da Pacifico «senza una apparente causale» e su un conto estero, «aperto e gestito per suo conto» dal legale romano.

Gli intermediari. Sono gli «avvocati d'affari» Previti, Pacifico e Acampora, che ricevono da Sir e da Fininvest – le parti vincitrici delle due cause civili – «molto denaro» sebbene «del tutto estranei al contenzioso». Infatti, a proposito dei loro presunti rapporti professionali con le persone coinvolte nelle due cause, non sono riusciti a «esibire il benché minimo principio di prova». Se ne conclude che il loro ruolo era ben altro: quello di trait d'union tra corruttori e giudici.

I comprimari. Nelle motivazioni della sentenza, oltre agli imputati, compaiono sullo sfondo delle due vicende altri personaggi del mondo giudiziario, politico e finanziario. Per esempio l'ex presidente della Corte d'Appello di Roma, Carlo Sammarco: potrebbe essere stato teoricamente lui a convocare riunioni come quella che il 4 aprile del 1989 «distrasse» il presidente Minniti designato a decidere sul *quantum* della causa Imi-Sir. Verde, imputato per l'episodio della convocazione di Minniti, è stato assolto con formula dubitativa perché «altri ne avevano possibilità e interesse». E una possibile alternativa è proprio Sammarco, che aveva «tutte le possibilità di "provocare" riunioni» di questo genere e che, secondo Minniti, era presente a quella dell'aprile '98 ed era al corrente della sua intenzione di rinnovare la perizia. Per la vicenda Mondadori, i giudici citano Arnaldo Valente, presidente del collegio che in appello annullò il Lodo con la sentenza del relatore Metta: indagato a Milano dopo le rivelazioni dell'Ariosto, il caso era stato poi archiviato. Nel '96 aveva «negato nel modo piú assoluto» di conoscere Previti,

> con una dichiarazione che sembra in verità tesa ad allontanare da sé il piú possibile la sola idea di qualsiasi rapporto con il citato imputato, tanto da affermare che quando questi fu eletto senatore, pensava trattarsi di «un avvocato settentrionale».

E, al processo, si era avvalso della facoltà di non rispondere:

> Purtroppo, e questo maggiormente colpisce trattandosi di un alto magistrato, indicato dalla teste Ariosto – in incidente probatorio – come in buoni rapporti anche extraprofessionali, con Cesare Previti, ha rifiutato di rendere l'esame.

Seri dubbi i giudici nutrono anche sulla testimonianza dell'ex presidente della Consob, Bruno Pazzi, a proposito delle confidenze che avrebbe fatto al legale debenedettiano, Carlo Ripa di Meana, sull'esito negativo della sentenza sul Lodo. Pazzi ha negato, spiegando che non era interessato alla questione. Ma, secondo il Tribunale,

> sembra quasi cercare di allontanarsi il piú possibile da tutto ciò che concerne la vicenda Mondadori. Si stava decidendo il destino del piú grande gruppo editoriale italiano di cui facevano parte alcune delle piú importanti società quotate in Borsa, infuriavano le polemiche politiche [...] E il presidente dell'organo di controllo delle società quotate in Borsa che fa? Se ne disinteressa totalmente, al punto di ricordare «vagamente» anche come ebbe a finire la controversia. E questo francamente appare un po' troppo.

Come «un po' troppo» è immaginare che davvero, come assicura Pazzi, lui non abbia mai affrontato l'argomento col suo amico e sponsor Giulio Andreotti. Pazzi «nega troppo, nega tutto». Ma «dice il falso». Se i giudici non hanno disposto la trasmissione degli atti alla Procura per procedere contro di lui per falsa testimonianza è solo perché il processo è durato talmente a lungo che il reato sarebbe comunque prescritto.

L'appello

Il 23 maggio 2005 la II sezione della Corte d'appello di Milano (presidente Roberto Pallini, giudici a latere Marta Malacarne e Sergio Piccinni Leopardi) condanna gli imputati per il caso Imi-Sir, ma assolve tutti per il capitolo Mondadori, sia pure con la formula dubitativa dell'articolo 530 comma 2. Sette anni a Previti e Pacifico, 6 anni a Metta, 5 a Squillante; la Battistella se la cava con 2 anni e il figlio Felice Rovelli con 3 (le tangenti del 1991 sono cadute in prescrizione). Acampora, per l'Imi-Sir, è stato nel frattempo ricondannato a 5 anni e 4 mesi. Sfuma cosí il risarcimento di 380 milioni di euro concesso in primo grado alla Cir di De Benedetti. Revocati anche i risarcimenti di 516 milioni concesso all'Imi e di un milione e 290 mila alla presidenza del Consiglio dei ministri: saranno i giudici civili a determinare quanto gli imputati complessivamente dovranno risarcire.

Nelle 865 pagine di motivazioni, depositate il 5 luglio 2005, a proposito di Imi-Sir si legge:

> La Corte non può che sottolineare l'estrema, per non dire l'eccezionale gravità dei fatti. [...] Una vera ferita al sistema Giustizia. Tale giudizio non muta per il fatto che le condotte sono risalenti nel tempo, in quanto, come attesta anche l'inconsueto interesse «mediatico» che la vicenda processuale continua a mantenere a distanza di anni, i fatti e i suoi protagonisti a tutt'oggi sono di singolare rilievo [...]. Il danno è stato rilevantissimo, posto che la causa Imi-Sir vedeva contrapposte due parti di spicco nel panorama industriale e creditizio del paese e di fatto una dovette l'enorme somma di mille miliardi di lire del 1994 [...]. Tale preordinazione della condotta non può che essere sintomo di un dolo particolarmente intenso.

Pertanto anche la Corte d'appello nega le attenuanti generiche agli imputati principali, i giudici corrotti e gli avvocati corruttori. «L'incensuratezza e le condizioni personali degli imputati» non possono costituire un titolo di merito, anzi tutt'altro: «quell'operazione corruttiva non poteva certo essere decisa, gestita e portata a termine da pregiudicati o comunque soggetti ai margini della società». Come già il Tribunale, anche la Corte respinge poi l'accusa di essersi «fatta condizionare» da fattori esterni al processo: «né avrebbe potuto, essendo suo solo dovere applicare la legge indipendentemente dalle conseguenze concrete, dalla "sindrome della prescrizione"».

I giudici non hanno «alcun dubbio» sulla colpevolezza dei condannati: i Rovelli, prima con il capofamiglia Nino e poi, dopo la sua morte, con i suoi eredi, grazie alla disponibilità del giudice Squillante e alla mediazione di Previti, Pacifico e Acampora, hanno «cercato dall'inizio e sino alla sua conclusione di condizionare l'esito della causa civile» contro l'Imi con «concreti atti di "intromissione", culminati con la dettatura della sentenza» a Metta.

Parecchie pagine sono dedicate a Stefania Ariosto: «La conclusione è che il narrato dell'Ariosto è del tutto "verosimile" e che la sua "personalità" spiega convincentemente» come possa aver ricevuto le confidenze di Previti sui rapporti da lui «intrattenuti con i giudici romani».

Dove la sentenza si discosta radicalmente da quella di primo grado, è sul capitolo Mondadori. La formula resta dubitativa (mancanza, insufficienza o contraddittorietà della prova): e nel dubbio si decide di assolvere, perché esisterebbero spiegazioni alternative e diverse dalla corruzione a proposito del denaro confluito in contanti sui conti del giudice Metta dopo la sentenza che consegnava la Mondadori a Berlusconi.

> Ritiene la Corte che la disamina [...] della vicenda processuale Lodo Mondadori e delle movimentazioni finanziarie ad essa riferibili non consenta di concludere della sussistenza di un complesso di indizi gravi, precisi e concordanti tali cioè da comprovare l'esistenza di un patto corruttivo commissionato dalla Fininvest, intermediato dagli imputati Acampora, Pacifico e Previti e concluso con il magistrato designato quale relatore della causa di appello avverso la decisione arbitrale prima ed estensore della sentenza che accolse le ragioni della stessa Fininvest [...] poi: Vittorio Metta.

È vero che molti elementi farebbero pensare a un verdetto quantomeno sospetto: «Sia la sentenza di primo grado che l'accusa pubblica e privata hanno evidenziato l'identità dei protagonisti, la contiguità temporale» delle cause Mondadori e Imi-Sir, seguite occultamente da Previti, Pacifico e Acampora e risolte da sentenze coeve firmate da Metta. La Corte, sul punto, non disconosce la valenza processuale, oltre che di suggestione, di siffatta argomentazione, ma reputa che tale tipo di prova, di natura prettamente logica e quindi foriera di gravi pericoli (quale il rischio di confondere il giudizio sulla colpevolezza con quello sulla personalità), vada valutata con estrema prudenza.

Lette le motivazioni, che paiono contradditorie e illogiche a proposito di Mondadori, la Procura generale di Milano fa appello in Cassazione chiedendo che, per la battaglia di Segrate, l'assoluzione venga annullata con rinvio ad altro processo. Intanto, per allontanare da sé l'amaro calice di una sentenza definitiva, Previti continua a difendersi «dal» processo. Il servizievole Pierferdinando Casini, presidente della Camera, solleva dinanzi alla Consulta un secondo conflitto di attribuzioni (sulla falsariga di quello già proposto da Violante nella precedente legislatura), contestando al Tribunale di Milano di non aver sospeso a suo tempo l'udienza preliminare in un paio di occasioni per i «legittimi impedimenti» di Previti, che sosteneva di dover partecipare ai lavori di Montecitorio. Ma anche questa volta, il 13 dicembre 2005, la Corte Costituzionale accoglie solo in parte il conflitto: riconosce che l'impegno parlamentare non dev'essere messo in second'ordine rispetto alle esigenze della giustizia, ma poi affida ai giudici di merito il compito di trovare un giusto equilibrio fra i due poteri dello Stato. E, soprattutto, respinge la richiesta di Previti, tramite Casini, di annullare *in toto* le condanne subite dal deputato-imputato per Sme e per Imi-Sir. Entrambi i processi, dunque, possono approdare in Cassazione.

La Cassazione

Il 4 maggio 2006, all'indomani delle elezioni politiche perse da Silvio Berlusconi e a 11 anni dall'inizio dell'inchiesta Toghe Sporche, il processo Imi-Sir/Mondadori si conclude in Cassazione davanti alla VI sezione presieduta da Giangiulio Ambrosini. Ma la sentenza è definitiva solo per il capitolo Imi-Sir, mentre per la Mondadori la Suprema Corte annulla con rinvio le assoluzioni in appello, disponendo un altro processo di secondo grado dinanzi a una diversa sezione della Corte milanese (una corsa contro il tempo, visto che per quella corruzione giudiziaria, risalente al 1991-92, la prescrizione scatta dopo 15 anni: cioè nella primavera del 2007).

Quanto a Imi-Sir, con un'operazione chirurgica, i giudici espiantano dal quadro accusatorio l'episodio Squillante, cioè il prodigarsi del magistrato presso l'avvocato Berlinguer perché avvicinasse la giudice Sotgiu e il conseguente pagamento di 133 milioni di lire. Accogliendo l'inedita tesi giuridica del pg Francesco Mauro Iacoviello, la Corte ritiene che quello di Squillante fu, sí, un comportamento «deplorevole», ma a titolo di «intermediatore privato». Condotta sanzionabile a livello disciplinare, ma non penale, anche se fu seguita da un versamento di denaro proveniente da una delle due parti in causa. Cosí Squillante viene assolto e gli altri imputati si vedono lievemente ridurre le pene. Previti e Pacifico passano da 7 a 6 anni, Acampora da 5 anni a 3 anni e 8 mesi. Confermati i 6 anni per Metta. Tutti e quattro sono interdetti in perpetuo dai pubblici uffici. Primarosa Battistella viene invece assolta, mentre il figlio Felice Rovelli ottiene la prescrizione grazie alle attenuanti generiche.

Nulla, ormai, può salvare dal carcere gli imputati condannati. Infatti, all'indomani della sentenza, Cesare Previti si presenta a Rebibbia, anticipando l'ordine di esecuzione della pena in arrivo dalla Procura generale di Milano. Ben presto lo raggiungono nella casa circondariale romana Pacifico, Acampora e Metta. Ma non per molto. La legge ex Cirielli, l'ennesima legge *ad personam*, riserva ai detenuti ultrasettantenni la possibilità di trascorrere la detenzione agli arresti domiciliari. Cosí, con fulminea rapidità, decide il Tribunale di sorveglianza di Roma. Il 10 maggio, dopo appena 5 giorni trascorsi in cella con un incessante pellegrinaggio di esponenti politici (compresi l'ex presidente del Senato Marcello Pera e l'ex presidente della Repubblica Francesco Cossiga), il detenuto Previti Cesare torna nella sua casa di piazza Farnese. Lo stesso accade per Pacifico, mentre Metta compirà i fatidici 70 anni solo ad agosto. Il giudice di sorveglianza, che per scarcerarli ha dovuto ricorrere a un'interpretazione estensiva dell'ex Cirielli (scritta coi piedi, non prevedeva alcuna scarcerazione automatica degli ultrasettantenni, nonostante le intenzioni dei malaccorti legislatori), ha pure concesso all'onorevole detenuto due ore quotidiane di libera uscita per «soddisfare le sue indispensabili esigenze di vita». Come se Previti fosse un diseredato senza famiglia e solo al mondo, impossibilitato a mandare qualcuno a fare la spesa al posto suo.

Lo stesso giorno si chiude il processo romano del filone Imi-Sir, quello per la corruzione del perito Musco. E si chiude con la prescrizione del reato di corruzione giudiziaria, grazie ai termini opportunamente abbreviati dalla stessa ex Cirielli. Il gip Roberta Palmisano respinge la richiesta dei difensori di assolvere gli imputati nel merito, e scrive che «dagli atti acquisiti non può certo dirsi che risulti "evidente" l'innocenza degli imputati». Ricorda che la Procura, nel luglio 2005, aveva sostenuto «la sussistenza di pesanti elementi di accusa a carico degli indagati, che non consentivano di ritenerne l'innocenza». Anche qui, parlano da soli i bonifici bancari giunti a suo tempo per rogatoria dalla Svizzera al pool di Milano, e poi trasmessi per competenza nella Capitale. Il commercialista Pasquale Musco, perito dei giudici romani accusato di aver gonfiato nel 1988, a favore degli eredi Rovelli, la stima dei danni patiti dalla Sir, ricevette su un suo conto estero cifrato, il «Pietralate», ben nove bonifici provenienti dai conti elvetici «Mercier» di Previti e «Pavoncella» di Pacifico: 1 miliardo e 295 milioni di lire in tutto, tra l'aprile 1988 e il marzo 1991, piú 793.650 dollari in un'unica *tranche* nel maggio 1992. Movimentazioni che, per il gip Palmisano, sono «consistenti elementi accusatori». Anche per le date in cui sono avvenuti: «sintomatico» il fatto che il primo bonifico sia stato effettuato il 14 aprile 1988, «pochi giorni dopo il deposito della perizia (6 aprile 1988)» che contribuí a far liquidare alla Sir l'illegittimo risarcimento di mille miliardi di lire da parte dell'Imi. Con questa documentazione bancaria – spiega la giudice in otto pagine di sentenza – «si è ben lungi dal raggiungimento della prova dell'estraneità dei due imputati dal delitto di corruzione». Anche perché le versioni difensive di Previti e Pacifico sono ben poco credibili. Pacifico sostiene che i soldi inviati a Musco erano il saldo di un debito di gioco contratto col perito al casinò di Montecarlo. Previti, oltre a mentire anche su quei bonifici, avrebbe addirittura portato due falsi testimoni (un architetto e il direttore di una filiale romana del Credito Italiano) per suffragare il suo racconto dinanzi ai giudici: testimoni ora indagati per false informazioni al pm. Per questi motivi, conclude la dottoressa Palmisano, non vi sono i «presupposti per la pronuncia di proscioglimento nel merito», ma solo quelli per la declaratoria di prescrizione «per effetto» della ex Cirielli. Contro la sua decisione, le difese Previti, Pacifico e Musco hanno annunciato appello.

Intanto, in attesa di amnistie o indulti, l'onorevole pregiudicato si abitua alla vita di detenuto domiciliare con due ore d'aria. «Nelle due ore libere Previti potrebbe andare in Parlamento», dice spudorato il suo legale. Ma, almeno per i primi tempi, l'illustre assistito preferisce altri itinerari, anche se ha già chiesto alla Camera un dibattito sulle sue dimissioni (peraltro superflue: essendo interdetto in perpetuo dai pubblici uffici, dovrebbe essere dichiarato decaduto dal mandato parlamentare). Cosí chi passa dalle parti di piazza Farnese può assistere ogni giorno a una scena unica al mondo: un deputato detenuto a passeggio con la scorta dello Stato al seguito. Scorta che non serve a sorvegliarlo per evitare che fugga, ma a proteggere il pregiudicato dai passanti incensurati.

Marcello Dell'Utri
Cavalli e stalliere, cavilli e Cavaliere

Si potrebbe istituire un concorso: ricchi premi e *cotillon* a chi riesce a collezionare una condanna definitiva per frode fiscale e false fatture, quattro mini-patteggiamenti per reati finanziari, una prescrizione per bancarotta documentale, due condanne in primo grado rispettivamente per mafia e per tentata estorsione insieme a un boss mafioso, un rinvio a giudizio per calunnia pluriaggravata, un arresto per 19 giorni nel carcere di Ivrea e un altro scampato per miracolo grazie all'immunità parlamentare, un processo in Spagna per le frodi di Telecinco, e a rimanere deputato a Roma per tre legislature, a Bruxelles per una e, contemporaneamente, a farsi nominare dal presidente del Senato (nella fattispecie Marcello Pera) membro del Consiglio d'Europa per alti meriti acquisiti sul campo. Finora, nel mondo occidentale, ci è riuscito solo Marcello Dell'Utri, l'uomo che da oltre trent'anni accompagna Silvio Berlusconi nella sua carriera imprenditoriale e, dal 1993, anche politica. Cominciamo dal reato piú lieve, l'evasione fiscale, che però – come insegna il celebre caso di Al Capone – può giocare brutti scherzi. Per esempio, una condanna definitiva.

1. Publitalia, fatture false e frode fiscale

Tutto comincia nel 1993 con una perquisizione della Guardia di finanza di Torino, disposta dai pm Cristina Bianconi e Luigi Marini, nella sede della «Mare Sport 90 Srl» di Chivasso, controllata da un ex pilota di off-shore, Attilio Cavaliere. Nell'agenzia Cariplo di Caronno Puristalla (Varese) sono stati trovati diversi assegni emessi nel 1990 dalla Istifi, la cassa centrale Fininvest, a favore della Mare Sport per conto di Publitalia. Anche il fiore all'occhiello di casa Fininvest è pesantemente coinvolto nel giro di fatture false o gonfiate nel mondo degli sport motoristici. Un giro che coinvolge concessionarie pubblicitarie, mediatori di sponsorizzazioni e team di off-shore.

Nel caso di Publitalia, le fatture le emettevano i team di motonautica controllati da Cavaliere (Publinautica e Mare Sport) e da un altro ex pilota, Giovanni Arnaboldi (Mgp Racing Team e Gpa – Gruppo pubblicitari associati). I due vendevano spazi sui loro motoscafi alla Publitalia e alle sue consociate estere, Publiespaña (a Madrid) e Publieurope (a Londra), perché queste procurassero loro gli sponsor. Emettevano fatture gonfiate fino al 65-70 per cento del valore reale delle sponsorizzazioni e giravano il *surplus*, clandestinamente, a Publitalia. Qui i miliardi dei «ritorni» andavano ad alimentare le riserve di fondi neri, creati per evadere il fisco e per arrotondare gli stipendi dei top manager. Soprattutto due: il vicepresidente Giampaolo Prandelli e il presidente Marcello Dell'Utri. Quest'ultimo, sentendosi sul collo il fiato degli inquirenti, pensa bene di organizzare una mega-operazione di inquinamento delle prove. Se qualche complice viene arrestato e parla, lui è spacciato. Cosí ingaggia un avvocato cuneese senza scrupoli, Giorgio Bertone, per distruggere la documentazione compromettente e scortare i complici agli interrogatori. Quando Arnaboldi fugge in America e Prandelli in Spagna. Dell'Utri dispone che la loro latitanza venga pagata dall'azienda con i proventi di altre fatture false. Un reato per coprirne altri.

Ma Arnaboldi, arrestato a Miami, confessa. Prandelli idem. Il 25 maggio '95 Dell'Utri viene arrestato a Torino e trascorre 19 giorni nel carcere di Ivrea. Legge Dante ed Erasmo da Rotterdam, mentre il partito Fininvest cannoneggia le presunte «toghe rosse della Procura di Torino» (retta all'epoca dal procuratore Francesco Scardulla e dagli aggiunti Francesco Marzachí e Marcello Maddalena, esponenti storici di Magistratura indipendente, la corrente piú «a destra» delle toghe italiane). Intanto gli altri coimputati ammettono gli addebiti e patteggiano la pena: Cavaliere, Bertone, Prandelli e Arnaboldi. Il 22 marzo 1996 Dell'Utri, insieme al contabile di Publitalia Vincenzo Lupo Stanghellini, viene rinviato a giudizio dal gup Piera Caprioglio. Le accuse: frode fiscale (simulazione di componenti negativi) e utilizzazione di fatture false e gonfiate (in violazione della legge 516/82, la cosiddetta «manette agli evasori»). Meno di un mese dopo Dell'Utri si fa eleggere deputato in un collegio sicuro. Con relativa immunità.

Il 3 giugno '96 si apre il processo dinanzi alla II sezione del Tribunale di Torino, presieduta da Costanzo Malchiodi. In ottobre Berlusconi in persona si precipita in soccorso dell'amico Marcello, nell'insolita veste di testimone: «Marcello è una persona di forte moralità, di forti sentimenti religiosi», assicura. Impossibile che abbia a che fare con le false fatture:

> Io molto spesso gli dico: «Non fare come Giorgio Washington, che curava gli interessi dello Stato e mandava in malora la sua famiglia, tanto che lo Stato dovette interessarsi a rimettere a posto la sua situazione finanziaria personale». Ma Marcello è fatto cosí: non ha il senso dell'attaccamento al denaro...

I giudici, appena finiscono di ridere, trasmettono la sua deposizione alla Procura perché valuti se procedere per falsa testimonianza. La sentenza arriva il 13 novembre, dopo 13 udienze: Dell'Utri condannato a 3 anni di reclusione e 8 milioni di multa, con interdizione dai pubblici uffici per 2 anni e altre pene accessorie. Lupo Stanghellini se la cava con 1 anno e 3 mesi. Attenuanti generiche a entrambi, incensurati. Il 9 dicembre la motivazione. Durissima.

I giudici ricordano anzitutto il capo di imputazione. Quattro le accuse:

1) Utilizzazione di fatture false o gonfiate [per 200 milioni di lire nel 1988, 605 milioni nel 1989, 866,2 milioni nel 1990, 830 milioni nel 1991, 2.805 milioni nel 1992, 832,5 milioni nel 1993, 370 milioni nel 1994, *nda*] per operazioni in tutto o in parte inesistenti o recanti l'indicazione dei corrispettivi o dell'imposta sul valore aggiunto in misura superiore a quella reale pari al 65 o al 70 per cento;

2) emissione di fatture false nei confronti della spagnola Publiespana (per un imponibile di 1.600 milioni nel 1992 e di 1.200 milioni nel 1993) e dell'inglese Publieurope (per un imponibile di 800 milioni nel 1992 e di 800 milioni nel 1993);

3) la conseguente simulazione di componenti negativi (dal 1989 al 1995) perché, sempre per evadere le imposte, Dell'Utri in concorso con Prandelli redigeva le scritture contabili obbligatorie, le dichiarazioni annuali dei redditi relative al periodo 1988-1994, simulando componenti negativi del reddito per un ammontare tale da alterare in misura rilevante il risultato della dichiarazione;

4) violazione dell'articolo 2624 del codice civile perché nel 1993, in qualità di amministratore della Publitalia 80, Dell'Utri

contraeva un prestito per l'ammontare di lire 500.000.000 dalla controllante Fininvest, ricoprendo tra l'altro, nella stessa Fininvest, la carica di dirigente. E la legge vieta agli amministratori di ottenere prestiti da una loro società. Prosegue il Tribunale:

> Le false fatture nel presente processo si possono raggruppare in tre categorie: fatture emesse in relazione alle sponsorizzazioni di motoscafi off-shore [gonfiate, appunto, fino al 70 per cento, *nda*]; fatture emesse in riconoscimento di inesistenti diritti di negoziazione ad agenzie di pubblicità (un modo per avere disponibilità di fondi neri è dato dal riconoscere dei diritti di negoziazione senza che essi si fondino su un'effettiva superattività dell'agenzia di pubblicità); fatture emesse quale corrispettivo di inesistenti prestazioni d'opera.

Ma di queste ultime non ci sono prove sufficienti. In sintesi, Publitalia comincia a creare fondi neri con false fatture. La decisione è assunta da Dell'Utri e dal suo vice Prandelli. Negli anni successivi l'andazzo prosegue, per un totale di false fatture (almeno quelle scoperte dagli inquirenti) di 11 miliardi di lire dal 1988 al '94.

Il cervello era Dell'Utri

Per i giudici Dell'Utri non solo sapeva: avallava e autorizzava. Anzi, intascava addirittura i ritorni in nero. Parlano chiaro le sue firme, prima sui contratti fasulli con i team di motonautica, poi sugli assegni che girò con incredibile leggerezza ai lavoranti della sua villa a Sala Comacina. Il Tribunale ironizza su questo «amministratore avveduto (e tale era Dell'Utri, paragonato dal teste e amico on. Berlusconi addirittura a George Washington)» che firma senza batter ciglio quei contratti fasulli o gonfiati:

> Se pose il suo ok evidentemente approvò le decisioni del Prandelli e autorizzò la prosecuzione dell'utilizzazione di false fatture. Come è noto [...] anche il non intervenire per impedire l'evento che si aveva l'obbligo giuridico di impedire determina responsabilità penale [...]. In questa vicenda vi è dunque la prova del concorso del Dell'Utri nel reato.

Si domanda il Tribunale: «Vi è un reale interesse delle imprese commerciali di farsi pubblicità apponendo i propri marchi su motoscafi?». La risposta teorica è ovviamente negativa: a differenza di quanto avviene per il football, scarso pubblico assiste alle gare di motonautica ed è obbligato a stare in un luogo distante da quello in cui si svolgono le competizioni; inoltre le riprese televisive hanno poca audience. È naturale concludere che, se un'impresa commerciale spende denaro per farsi pubblicità nelle gare off-shore, un differente motivo sta alla base della decisione dell'esborso: la sponsorizzazione motonautica – attraverso il fenomeno della sovraffatturazione – è un veicolo per la formazione di fondi neri aziendali. Publitalia infatti si impegnò a pagare centinaia di milioni nel 1988 ai team di motonautica, senza però riuscire a trovare quasi nessun cliente interessato a sponsorizzare gli scafi. Insomma, un'operazione in pesante perdita. «Ma la sponsorizzazione veniva fatta per creare fondi neri aziendali». Qui l'ironia dei giudici si fa pesante:

> Il teste Berlusconi ha fatto risalire l'intervento nelle sponsorizzazioni motonautiche a una «decisione della trincea» oppure «al dirigente che ha poi lucrato indebitamente su questa situazione» [Prandelli].

Insomma, il solito mariuolo isolato. Ma i giudici non credono al Cavaliere:

> Quel contratto iniziale porta la firma di Dell'Utri e quella firma implica la decisione di entrare nel campo delle sponsorizzazioni motonautiche (dove è notoria la sovraffatturazione: il teste Berlusconi ha riferito che gli risultava la notorietà della sovraffatturazione nel campo delle sponsorizzazioni motonautiche), di entrarvi a stagione già iniziata (quando i clienti non si sarebbero piú trovati) e accordandosi non con un grande team, ma con una persona di secondo piano (la cui attività principale sembrava essere quella di costituire e mettere poco dopo in liquidazione delle società, al fine di rendere difficili le verifiche fiscali): un'altra firma messa senza rendersi conto? E le firme ripetute negli anni successivi?

Ma la «prova regina» sono gli assegni circolari emessi da Arnaboldi per i ritorni in nero (che avvenivano perlopiú per contanti), incassati da Prandelli e Dell'Utri. Perciò tutte le carte della contabilità della Mgp Racing Team di Arnaboldi si sono volatilizzate: la Guardia di finanza non ne trova traccia.

> Ha detto Arnaboldi che, al fine di impedire che venissero in piena luce gli intrecci tra Publitalia 80 e Mgp, mentre egli si trovava in America, «la strategia fu quella di far sparire tutta la documentazione Mgp [...]. C'era stato un repulisti generale di tutti gli uffici» e ha precisato che il suggerimento venne dall'avv. Bertone («lui urlava per tutti gli uffici: "Fate sparire tutto!"»). [...] Bertone ha ricostruito la generale preoccupazione che s'avvertiva in azienda quando erano in corso le perquisizioni: «Era ormai voce generalizzata, anche le segretarie dicevano: "Son saltate fuori le fatture false!", improvvisamente tutti lo sapevano. L'atmosfera era molto elettrica e la preoccupazione evidente in tutti [...]. Normalmente il ritorno in nero avviene con denaro contante per evitare che l'irregolarità possa un domani venire alla luce. Qualche volta

però il ritorno avviene in assegni: a tutti, anche a chi delinque, capita di commettere errori! [...]. In questo capo si prova che alcuni assegni circolari di ritorno emessi dalla Mgp [...], assegni di piccolo taglio [...], sono stati utilizzati personalmente dal Dell'Utri per pagare debiti personali che aveva nei confronti di coloro che gli stavano ristrutturando la casa di Sala Comacina, acquistata nel 1990 per 800 milioni [...]: il direttore dei lavori, ingegner Antonio Gilardoni, e i vari prestatori d'opera.

Si tratta – spiega il Tribunale – di due gruppi di assegni circolari richiesti da Arnaboldi alla Banca Popolare di Sondrio il 29 e 30 luglio 1993 (un anno e mezzo dopo l'esplodere di Tangentopoli): 12 assegni per 80 milioni intestati perlopiú a nomi di fantasia. Che fine han fatto? Tutti incassati da diversi lavoranti nella villa sul lago: due da Mario Verderio, specializzato in «rivestimento di pavimento e di muri»; due dal suo collega Vittorino Selva; tre dall'ingegner Gilardoni e un quarto dalla consorte Giuseppina; uno da Adriano Galli, dell'omonima impresa di pulizie; due dal titolare della Bernasconi Mosaici; uno da Umberto Bosisio, artigiano edile.

Gilardoni ha ammesso di aver gestito un fondo spese destinato a pagare se stesso e coloro che lavoravano alla ristrutturazione dell'immobile, [specificando che] la ricezione degli assegni circolari era avvenuta una volta sola [per le altre, i pagamenti avvennero in contanti, *nda*]; i titoli gli erano stati consegnati da Dell'Utri preso la casa di Sala ai primi di agosto '93.

Se davvero Prandelli era quella mela marcia isolata che Dell'Utri e Berlusconi dipingono, perché quando emersero le sue malefatte non fu allontanato dall'azienda, ma anzi fece carriera e ottenne addirittura una Lancia Thema aziendale? Ancora il Tribunale:

Il Prandelli «doveva essere presso a calci nel sedere!», ha commentato senza mezzi termini il Dell'Utri. Ma allora come si spiega il fatto che il Prandelli il 28.10.1994 acquisti maggiori poteri in Publitalia 80 (da «procuratore nelle operazioni bancarie» a «procuratore con poteri in settori speciali»)? [...]. Va bene non prenderlo a calci, perché è un illecito penale: ma è proprio il caso di lasciargli l'auto di rappresentanza? Il contratto collettivo dei dirigenti d'azienda non lo prevedeva! Tutto ciò prova ancora una volta che la linea della politica commerciale del Prandelli negli anni 1988-1994 era la linea della politica commerciale di Publitalia 80.

Prima del '91 il reato di evasione fiscale richiedeva «una alterazione rilevante del risultato delle dichiarazioni». Dunque, per i 130 milioni del 1988 e i 393 del 1989, i giudici dispongono l'assoluzione, mentre «condannano gli imputati per le dichiarazioni dei redditi presentate nel 1991, 1992, 1993, 1994».

Una vita per l'illegalità

«Io – si difende Dell'Utri – ero in un certo senso un amministratore dimezzato, mi occupavo che l'amministrazione fosse intelligente ed elastica. Prandelli mi ha sempre detto che tutto era regolarissimo». Ma, per il Tribunale, anche queste sono bugie:

> Il Dell'Utri ha affermato che, con l'entrata in politica dell'amico Berlusconi, dalla seconda metà del 1993 fino all'aprile 1994, era stato impegnato «al 100 per cento» con Forza Italia, e andava negli uffici di Publitalia solo qualche ora alla settimana.

Nemmeno questo è vero. «Dell'Utri era quasi un dio in Publitalia», assicura Bertone. «Dell'Utri è sempre stato un po' l'anima di Publitalia [...], l'animatore del lavoro di tutti gli uomini di Publitalia», gli fa eco Berlusconi. Scrivono i giudici:

> Amministratore di Publitalia dagli anni 1984-85, Dell'Utri ne era il rappresentante legale e la dirigeva dal mitico ufficio all'ottavo piano. [...]. È lui a firmare i contratti delle sponsorizzazioni off-shore; è lui a trattare direttamente con [i clienti]. A lui spettava l'ultima parola per le autorizzazioni ai pagamenti. Prima di prendere decisioni definitive, il Prandelli doveva riferire al Dell'Utri [...]. Il Dell'Utri decideva [...] l'ammontare dei premi da corrispondere ai dirigenti. Nel corso delle perquisizioni del suo ufficio sono state trovate le missive dei direttori che comunicavano i risparmi «sulla cancelleria, sulle matite, sulle penne» [...]. In conclusione ci si trova di fronte a un dirigente che ha il costante controllo della vita aziendale; per cui si appalesa assurda l'ipotesi che per quasi sei anni qualcuno abbia potuto condurre una politica di false fatturazioni senza il suo avallo.

Anzi, emerge un'autentica «propensione del Dell'Utri all'"irregolarità"», addirittura «una certa propensione a infischiarsi dei dettati legislativi; con la conseguenza che non può destare alcuno stupore che l'imputato abbia concorso nei reati di utilizzazione (e di emissione) di false fatture». Segue la lista delle quattro irregolarità piú macroscopiche commesse da Dell'Utri in questa vicenda.

1) La violazione della legge anti-reciclaggio («la legge 197/1991 [...] recante provvedimenti urgenti per limitare l'uso del contante

e prevenire cosí l'utilizzazione del sistema finanziario a scopo di riciclaggio»), che prevede

> particolari modalità dei versamenti in banca di somme superiori ai 20 milioni. Risulta che, nel periodo immediatamente successivo all'entrata in vigore della legge, Dell'Utri ebbe a fare una serie di versamenti di contanti in banca con l'avvertenza di non superare i 20 milioni e quindi evitando ogni controllo. Almeno 18 versamenti, alcuni molto ravvicinati, sempre di poco inferiori ai 20 milioni (19,5, 19,9, 18,2 e cosí via). Dal 29 ottobre al 4 novembre 1991 il suo fattorino versa nove volte 19,5 milioni sullo stesso conto di Dell'Utri, per un totale di L. 175 milioni. Non è strano che il fattorino del Dell'Utri avendo per esempio da versare il mercoledí 30/10 la somma di L. 78 milioni vada – in una Milano esasperata dalla necessità di fare le cose in fretta – in due banche diverse a fare complessivamente 4 operazioni? E non è altrettanto strano che la cosa si ripeta il giorno successivo? Dell'Utri ha fatto risalire questi versamenti a donazioni che gli faceva l'amico Berlusconi, sapendolo con l'acqua alla gola per le spese per la casa.

Ma perché allora frazionarle in piccoli versamenti sotto i 20 milioni, se non c'era nulla da nascondere?

> Alla specifica domanda, l'imputato ha progressivamente detto: «è una cosa organizzativa della mia assistente [...], non posso occuparmi io»; «se avessi voluto fare qualcosa di losco, non li avrei neppure versati»; «firmavo le distinte di versamento in bianco; ne ha una carrettata la signora Lattuada [la segretaria personale, *nda*]! Anche dare a un fattorino 50 milioni le sembrava una cosa esagerata, probabilmente, quindi gliene dava poco alla volta» [...]. Ma questa giustificazione collide con le risultanze dell'operazione fatta alle 15.03 del venerdí 11.12.1991, quando il fattorino versò 1.352 biglietti da L. 100 mila e 900 da L. 50 mila per un totale di L. 180.200.000. Quel giorno al fattorino fu affidato un pacco di banconote senza cautele! Ma allora perché certe operazioni vengono compiute tentando di eludere la legge, e altre no?

2) La causa di lavoro. Dell'Utri risulta dipendente di Publitalia dal 1982 al 1987, della Fininvest dal 1988 al 1994, di nuovo di Publitalia dal 1994 al suo arresto nel maggio 1995.

> In relazione alla cessazione del rapporto con Fininvest, il Dell'Utri depositava il 25.10.1994 presso la sezione Magistratura del lavoro della Pretura di Milano un ricorso, lamentando di essere stato assunto con la qualifica di dirigente «senza peraltro assegnazione di alcuna specifica mansione all'interno della società» e quindi di essere vissuto per 6 anni e mezzo in uno stato di «assoluta privazione di compiti da svolgere». Chiedeva pertanto il risarcimento del danno alla professionalità, quantificandolo in 3 miliardi [...]. Senonché lo stesso 25.10.1994 si presentavano davanti al pretore il legale del ricorrente e il procuratore della Fininvest, i quali si conciliavano.

A tempo di record, su due piedi. Cosí la Fininvest «rimborsava» Dell'Utri per i presunti danni subiti con 4 miliardi e 380 milioni, fra «competenze per la attività prestata e per la cessazione del rapporto, "incentivo all'esodo" e risarcimento del danno». Dell'Utri spiega: «In quel periodo avevo davvero rotto con l'azienda, anche con Berlusconi in un certo senso, perché in quel periodo di fatto ero stato emarginato dalle riunioni di gruppo», «ufficiali» e «non ufficiali», che si tenevano nella villa di Arcore. Insomma, vuole far credere che da 7 anni (dal 1988) viene pagato (poco) dalla Fininvest per non fare nulla:

> Ci rimasi male, ho iniziato questa causa per richiedere il riconoscimento degli arretrati degli anni in cui mi sono impegnato a costruire non solo la concessionaria, ma anche di fatto la televisione [...]. Avrebbero dovuto pagarmi molto di piú.

Ma tutto è bene quel che finisce bene: alla fine, «come si fa nelle buone famiglie, il papà chiama il figlio e risolve il problema»: con 4 miliardi e rotti Berlusconi ovviamente «ha confermato le affermazioni dell'amico, "siciliano con un suo preciso orgoglio e con precisi puntigli"». Purtroppo – scrive il Tribunale – «le cose non stanno cosí». Dell'Utri e Berlusconi hanno raccontato frottole. Il contrasto fra i due fu una pura finzione scenica:

> Come poteva il procuratore della Fininvest sapere della causa e della presentazione del ricorso in quel giorno senza che gli fosse ancora stato notificato alcunché? E come poteva essere presente il 25.10.1994 nelle aule giudiziarie? Evidentemente c'era un preventivo accordo a comparire per transigere [...]. Infatti il verbale di conciliazione è quasi tutto dattiloscritto: evidentemente era stato preformato [...]. Se quindi non c'era alcuna controversia, perché si andò a palazzo di giustizia?

Domanda legittima, tanto piú che pochi mesi prima Dell'Utri aveva ricevuto «una retribuzione di L. 1.051.422.000, a fronte di quella di L. 850.369.000 per tutto l'anno precedente». Semplicemente, la Fininvest «intendeva corrispondere 3 miliardi e mezzo al Dell'Utri», in aggiunta allo stipendio e – con la Finanza in casa – non era prudente che Marcello arrotondasse ancora con i fondi neri delle sovraffatturazioni (prassi, quest'ultima, «necessariamente interrotta»). Cosí «si escogita il passaggio da Fininvest a Publitalia, che non ha alcuna giustificazione, perché il Dell'Utri prima e dopo continuerà a svolgere le stesse funzioni». Perché tanta complicazione? Perché «corrispondergli 3,5 miliardi avrebbe comportato l'esborso della somma lorda di quasi 6 miliardi», per via delle tasse. «La via della transazione giudiziale [finta] comportava invece il pagamento di una somma ben minore».

Ora, se l'imputato Dell'Utri ha il diritto di mentire, il testimone Berlusconi non ce l'ha. Lui ha giurato al Tribunale di dire tutta la verità e, ancora una volta, ha raccontato frottole:

> Del tutto incredibile è dunque la testimonianza di Berlusconi: se quanto ha testimoniato fosse vero, egli avrebbe dovuto essere informato della causa nello strettissimo intervallo di tempo tra il deposito del ricorso e la conciliazione (egli infatti ha detto che, informato della causa, intervenne per farla transigere). Ma ciò non si concilia né con la dimostrata presenza nella Pretura di Milano del procuratore della Fininvest [...] già pronto a sottoscrivere il verbale di conciliazione, né con la precostituzione dello stesso verbale.

Quanto a Dell'Utri, «la vicenda della causa di lavoro dimostra altresí la prassi di corrispondere compensi in nero ai dirigenti di Publitalia 80 e l'adesione dell'imputato a proposte di evasione fiscale».

3) Pubblicità occulta alle sigarette. «Un altro gruppo di sovraffatturazioni riguarda lo sponsor Philip Morris (con i marchi Chesterfield, Marlboro, Merit), portato nella Mgp da Vittorio Missoni [altro «fatturiere» che operava con Publitalia nelle sponsorizzazioni dell'off-shore, *nda*]. La sponsorizzazione avviene con pagamento estero su estero». Ma poi i rapporti Philip Morris-Missoni si guastano e lo sponsor lo gestisce direttamente Publitalia. Fino al 1993, quando

> Philip Morris dichiara di non essere piú interessata alle sponsorizzazioni motonautiche. Per farla ritornare sulle sue decisioni, Gabriele Buora [manager di Publitalia] ha in mente di aumentare, nel campo della Formula 1 automobilistica, le riprese televisive dei team che portino il marchio Marlboro. Ciò tuttavia si pone in contrasto con l'art. 15 della legge 327/1991 che, ratificando la convenzione di Strasburgo, vieta la pubblicità ai prodotti del tabacco. Buora si rivolge direttamente a Dell'Utri con una missiva.

E Dell'Utri, sventurato, risponde. Tant'è che a fine '92 Buora scrive a un collaboratore parlando della avvenuta «intesa con il dr. Dell'Utri». Che sarà mai una legge dello Stato, anzi di tutta l'Europa? Anche stavolta Dell'Utri «approva – pur di non perdere lo sponsor – l'elusione del divieto di legge».

4) I contratti con Ezio Cartotto. Con Cartotto, consigliere-faccendiere berlusconiano, Publitalia stipula due contratti: nel '92

per «procacciamento di affari» (5 milioni di compenso al mese) e nel '93 per fantomatiche prestazioni nell'area «marketing» (15 milioni al mese). Ma – scrivono i giudici – «l'oggetto del contratto era ben altro: Cartotto doveva provvedere "alla sensibilizzazione politica dei quadri di Publitalia"» in veste di quello che, un anno dopo, diventerà il partito della Fininvest: Forza Italia. Naturalmente Cartotto viene pagato in modo irregolare:

> L'episodio Cartotto dice una cosa chiarissima: esisteva un'esigenza politica personale del dottor Berlusconi; quest'esigenza aveva dei costi; questi costi li ha sopportati Publitalia dando consulenze con contratti e fatture false [...]. Si sono fatte delle fatture, si sono fatti dei contratti irregolari [...]. Il tutto con il placet del consigliere delegato [Dell'Utri].

Quegli 80 milioni in nero

E poi – come abbiamo visto – c'è la questione dei 12 assegni circolari per 80 milioni di lire

> emessi a fine luglio '93 dalla Banca Popolare di Sondrio su richiesta della Mgp e finiti a diverse persone che lavoravano alla ristrutturazione della casa a Sala Comacina. Il percorso fatto dai 12 assegni è pacifico: da Arnaboldi a Prandelli, da Prandelli a Dell'Utri, da Dell'Utri a Gilardoni. Alcuni sono stati incassati dal Gilardoni, altri sono finiti ad artigiani che li hanno versati in banca sui loro conti. Questi passaggi non risultano dai titoli, dove appaiono solo il nome di fantasia del prenditore, la falsa firma di girata dell'inesistente prenditore e la girata di colui che ha incassato l'assegno. [...]. Se vi fosse stato un versamento in contanti e l'Arnaboldi non avesse parlato, non si sarebbe mai potuto pervenire alla ricostruzione di tutta questa serie di passaggi, che invece oggi si può dire essere pacifica. Il punto fondamentale per l'accusa è che questi titoli sono stati negoziati dal Dell'Utri, con piena consapevolezza che c'era un ingiustificato ritorno di denaro da Mgp.

Come si difende Dell'Utri?

> Quegli assegni me li diede Prandelli, in pagamento di una collezione di orologi che gli avevo venduto. Prandelli è un famoso collezionista d'orologi e io avevo una collezione di valore inestimabile, sempre nell'ordine di qualche decina di milioni insomma: un Piaget ovale (oro bianco), un Piaget quadrato (oro rosso), un orologio rarissimo con un meccanismo molto particolare fatto dalla gioielleria Faraone, un Rolexday d'oro massiccio, un Rolex Daytona, due Longines, un Cartier e altri ancora; in tutto otto o dieci orologi, contenuti in una scatola di pelle con serratura.

Dell'Utri aggiunge che possedeva da tempo quella collezione, ma nel '93 aveva deciso di venderla per 70-80 milioni «perché aveva bisogno di soldi»; gli assegni li aveva ricevuti dal Prandelli un sabato (31.7.1993), quando le banche sono chiuse, e di averli dati subito a Gilardoni l'indomani. Berlusconi ovviamente conferma la versione dell'amico. E cosí Prandelli («Ho preso alle 3 questi assegni da Arnaboldi e ho subito pagato quanto dovevo al dr. Dell'Utri senza spiegare, e me ne sono andato»).

Ma davvero Prandelli era un famoso collezionista di orologi? Nel primo interrogatorio, dice di non coltivare alcuna passione del genere. Nel secondo cambia idea: sono «appassionato di orologi, in totale ne ho 23-24». Ma quando gli perquisiscono casa e ufficio, i finanzieri non trovano traccia della fantomatica collezione. E infatti nemmeno la moglie Carla Rigamonti ne ha mai saputo nulla: mai visto «acquisizioni significative di gruppi di orologi». Invece l'avvenente collega Antonella Rosiglioni, che convive con lui dall'ottobre '93, lo copre: parla di una grande collezione di orologi acquistata nella primavera '94 e custodita a casa della di lei madre. Infatti, nel 1996, una perquisizione la porta alla luce. Peccato che si tratti di orologi acquistati nel '95, due anni dopo l'inizio dell'inchiesta, apposta per supportare le bugie di Dell'Utri & C. Non solo:

> Ha riferito Giglio che anche a lui venne suggerito dall'Arnaboldi e dal Prandelli di giustificare gli assegni circolari Mgp, da lui negoziati, con la vendita di orologi: «Mi chiesero se avessi orologi o quadri di valore, al che io risposi di sí, ma che non ero affatto disposto a raccontare bugie. Mi chiesero se io avessi orologi di valore: loro evidentemente li avevano già e volevano verificare che io ne avessi e che la scusa fosse credibile». La circostanza trova conferma dal Prandelli.

Come ti depisto le indagini

Prima della trovata degli orologi, si era pensato di costruire un rapporto diretto d'affari tra Dell'Utri e Arnaboldi. Quest'ultimo avrebbe dovuto raccontare di aver dato quegli assegni a Dell'Utri «per un acquisto di libri d'autore». Come prova, gli avrebbero dato dei libri antichi. Bertone conferma che questa era l'intenzione di Prandelli: «ma io gli risposi che facevano un grande errore, perché era una spiegazione che faceva ridere i polli».

È vero, chiosano i giudici, che «Dell'Utri commercia in libri antichi. Ma forse l'Arnaboldi non ha *le physique du rôle* dell'appassionato di vecchie scritture». Cosí si provvede a inquinare le prove. Che però restano inequivocabili:

> Sugli assegni mancano le firme di girata tanto del Prandelli quanto del Dell'Utri: la prova che il presidente di Publitalia non voleva lasciar tracce, perché aveva qualcosa da nascondere. Ciò non può che confermare quello che ha detto il Bertone: «Dell'Utri sapeva che gli assegni dati a Gilardoni per i pagamenti erano di provenienza illecita. In quest'ottica si spiega l'incontro avvenuto il lunedí 6 giugno 1994 all'Hotel Palace di Milano. Mentre sono in corso le indagini, Dell'Utri convoca Gilardoni per parlare degli assegni circolari, alla presenza di Salem [altro manager di Publitalia], Prandelli e Bertone». Secondo il pm si è corsi da Gilardoni sperando che tutti gli assegni fossero stati da lui incassati, per tentare poi, nel caso che ciò fosse risultato vero, di convincerlo a dire che gli assegni non li aveva ricevuti dal Dell'Utri. Invece, poiché gli assegni erano finiti nelle mani di tante persone, questa strada non era piú percorribile. E in effetti, se gli assegni circolari erano il prezzo di una compravendita di orologi, che senso aveva la riunione all'Hotel Palace?

Dunque «vi fu un'attività d'inquinamento delle prove». Prima il vertice all'Hotel Palace. Poi «l'andare a collocare nella casa dei genitori della convivente del Prandelli una scatola d'orologi che potesse costituire il riscontro alle mendaci affermazioni dei coimputati Dell'Utri, Prandelli e Rosiglioni». E intanto si distruggevano tutte le carte compromettenti, dentro e fuori la sede di Publitalia.

Per quest'ultima operazione, il 2 maggio '94, Dell'Utri assolda l'avvocato Giorgio Bertone da Cuneo. Il quale ufficialmente inizia a lavorare a Palazzo Cellini con incarichi di copertura. Il racconto di Edoardo Pizzotti, allora responsabile dell'ufficio legale di Publitalia, è illuminante: «Prandelli me lo presentò dicendomi che "doveva seguire, senza poter figurare, alcune vicende penali delicatissime" di Prandelli e del Dell'Utri». Pizzotti – ricordano i giudici – «doveva dargli la copertura, coprendolo di cause civili, sí da giustificare la sua presenza, la sua venuta a Publitalia, le sue frequentazioni con la direzione di Publitalia», in caso di perquisizioni. «Bertone – racconta Arnaboldi – si occupava delle indagini, era nei miei uffici 2-3-4 volte la settimana, se non tutti i giorni. Io avevo informazioni – non so dove lui le prendesse – abbastanza fresche sugli sviluppi delle indagini». Il suo compito era distruggere le carte, concordare false versioni con i complici di Dell'Utri, scortarli alla Procura di Torino per suggerire quel che dovevano dire e informarsi su quel che avevano detto. A Publitalia «incontrava soprattutto il Prandelli», ma aveva pure «frequenti incontri con Dell'Utri». Il che «prova che Dell'Utri ha ben presente il rischio che vengano a galla, in tutte la loro ampiezza, le false fatture».

Scappa e taci: paga Publitalia

> Arnaboldi – uno dei due grandi responsabili dell'emissione di fatture false nel presente processo – venne aiutato da Publitalia 80, prima per cercare di evitargli il dissesto e poi per sovvenzionargli la latitanza fuori dall'Italia [...]. Il 18.6.1994 egli va in America per affari e, avuto sentore che è stata applicata nei suoi confronti una misura cautelare, non fa piú ritorno in Europa: verrà arrestato negli Stati Uniti il 27.3.1995.

Ma anche prima della latitanza, quando lo scandalo delle false fatture è già scoppiato, Publitalia si dà un gran daffare per aiutarlo: prima «partecipa all'ipotizzato concordato fallimentare» della Gpa, poi tratta per cedergli l'agenzia turistica Five Viaggi (Fininvest), che è in via di dismissione e che Arnaboldi vuole rilevare in società con Prandelli:

> Per accelerare le trattative e poter parlare a quattr'occhi con Dell'Utri, l'Arnaboldi – nella prima decina di giugno – riesce a salire su un aereo privato con il quale Dell'Utri, Prandelli e altri funzionari Fininvest si recano da Milano a Madrid. Prandelli raccomanda al suo capo Arnaboldi. La cosa sembra avere uno sbocco favorevole: la venditrice sembra scendere dalla richiesta iniziale di 3 miliardi. Ha detto l'Arnaboldi: «Io ho ringraziato della cosa e Dell'Utri mi ha detto: "Figuriamoci, gli amici sono amici!"».

Poi l'affare andrà in fumo per il suo (forzato) mancato ritorno dall'America.

> Nel settembre '94-gennaio '95 il latitante Arnaboldi invoca un aiuto economico da Publitalia 80. È abbastanza strano che un debitore, che già s'è appropriato di oltre 2 miliardi, si rivolga al creditore per avere aiuti economici. Ma è piú strano che questi aiuti vengano accordati. Come non pensare che l'aiuto corrisposto non fosse che il prezzo del silenzio?! Nell'autunno '94 ci sono (altri) due concreti aiuti di Publitalia ad Arnaboldi [ormai da mesi latitante a Miami, *nda*].

Prima, in novembre, Publitalia gli spedisce in America 90 milioni. Ma non gli bastano: Arnaboldi «manda il fratello Andrea da Bertone per fargli presente che, se non arriveranno nuovi aiuti, lui farà pubblicare sull'*Espresso* la vera storia dei rapporti con Publitalia». Cosí, a metà dicembre, gli recapitano un secondo «aiutino»:

«altri 100 mila dollari» (200 milioni e piú di lire). Entrambe le somme provengono da nuove fatture gonfiate: Publitalia continua a delinquere in piena indagine giudiziaria, per pagare la latitanza a un complice. Col pieno assenso di Dell'Utri: «le decisioni continuavano a essere concordate tra Prandelli e Dell'Utri». Il periodo, d'altronde, è cruciale. Il governo Berlusconi è in difficoltà dopo l'invito a comparire per corruzione piovuto da Milano sul Cavaliere il 21 novembre '94. Una confessione di Arnaboldi sui fondi neri di Publitalia sarebbe il colpo di grazia. Cosí Prandelli e Bertone gli promettono un contratto di 4 anni, come consulente o rappresentante di alcune società del gruppo; poi si accordano con lui per «140 mila dollari annuali come stipendio fisso, con un contratto di almeno 3-4 anni».

Ma tutto si arena perché «la situazione precipita: il 16.2.1995 il Prandelli fugge in Spagna e nello stesso mese c'è l'arresto di Missoni (a fine marzo sarà arrestato anche Arnaboldi, in America)». E il sostegno ai latitanti in cambio del loro silenzio è una costante di Publitalia in tutta l'inchiesta. Anche Attilio Cavaliere racconta che Publitalia gli aveva dato una mano: 30 milioni subito e la promessa di altri 60 se avesse «continuato a stare calmo», «purché continuassi a non parlare». Conclusione:

> Emerge l'esistenza di indizi gravi, precisi e concordanti che portano a individuare la riferibilità al Dell'Utri di tutte le ipotesi di utilizzazione e di emissione di false fatture [...]. Va dunque affermata la responsabilità penale dell'imputato» per 13 dei 15 capi di accusa sulle false fatture e le relative frodi fiscali.

«Zitto o ti faccio saltare la testa»

Quando, nella primavera '94, viene fuori la storia degli assegni circolari irregolari dati al Gilardoni, Prandelli non viene licenziato come funzionario infedele. Anzi, Publitalia lo promuove di grado e poi gli paga addirittura gli avvocati. In compenso viene licenziato Pizzotti, «senza addebiti specifici». Pizzotti, capo dell'ufficio legale, si era opposto alle manovre di Bertone e alle altre pratiche illecite in Publitalia. Il suo racconto al Tribunale è, a dir poco, inquietante:

> Il licenziamento fu una rappresaglia per essermi io rifiutato di coprire le attività illecite dell'avvocato Bertone e di altri personaggi [...]. Bertone stava ore e ore da Prandelli. E si fiondava da Dell'Utri ogni giorno, piú di una volta al

giorno. Era un ottimo manipolatore di carte [...]. Manipolava, maneggiava, emendava [...]. Cambiava contratti già fatti, li faceva sparire [...]. Ho visto una gran raccolta di carte, documenti, scatoloni grandi e piccoli dai vari uffici del primo piano e portati via [...]. Prandelli urlava come un pazzo tutto il giorno, era assolutamente intrattabile, insultava tutti. Si sentiva assediato, pedinato, intercettato, aveva una paura fottuta di finire in galera e trattava in modo infame tutti i collaboratori.

Pizzotti viene licenziato il 20 ottobre '94 e fa causa a Publitalia dinanzi al Tribunale del lavoro (che gli darà ragione). L'indomani comincia a ricevere strane telefonate mute, chiaramente minatorie, a casa. Telefonate che, come dimostreranno i tabulati Telecom, provengono dal suo apparecchio d'ufficio a Publitalia. Ma l'episodio piú agghiacciante è un'aggressione mafiosa in pieno giorno, nel centro di Milano:

Fu nel giorno immediatamente dopo l'udienza dal pretore del lavoro, il 17 gennaio '95. In quei giorni ero stato anche a Torino a deporre come teste [contro Dell'Utri, *nda*]. Ero in centro a Milano. Pochissimi minuti prima delle 6 [le 18], mi sono avvicinato a una cabina «a guscio» per telefonare a mia moglie, e mentre stavo armeggiando sono stato preso alle spalle, diciamo un po' rivoltato. Io ho fatto un po' di resistenza, c'erano due figuri, uno mi si è piazzato diritto in faccia, l'altro invece girava un po' attorno, e mi ha detto delle espressioni, le prime assolutamente incomprensibili, direi in dialetto campano, poi m'ha detto: «Guarda che ti facciamo scoppiare la testa, te la facciamo scoppiare davvero», ha girato attorno e poi se ne sono andati per la strada. E poi ancora una infinità di telefonate dal giorno del licenziamento. Un'infinità di telefonate mute, ma veramente un'infinità, anche piú di 10-15 al giorno.

Ultimo episodio, piú leggero, ma altrettanto significativo:

Un giorno ero sulla mia macchina e sento uno che sbraita come un matto al mio indirizzo. Mi sono sporto un po' dal finestrino: c'era un taxi che mi stava affiancando con Walter Crippa, capo della direzione Sport di Publitalia, seduto dietro. Dalla cintola in su era tutto sporto fuori dal taxi e urlava: «Pizzotti, ho saputo! Bravo, ho saputo che gliel'hai messa nel culo a quei bastardi e che ti hanno reintegrato! Sei sempre forte! Eh, se se la prendono con me, se parlo io, finiscono tutti in galera...». Poi ci siamo persi. È stata la miglior manifestazione di stima che ho ricevuto.

Un prestito (illegale) dalla Fininvest

In base all'articolo 2624 del codice civile, l'amministratore di una società non può farsi prestare denaro dalla società medesima.

Dunque «Dell'Utri non poteva farsi prestare denaro né da Publitalia, di cui era amministratore, né da Fininvest (società controllante Publitalia)». Invece ha violato anche questa legge, ottenendo nel '93 un «finanziamento a breve termine» di mezzo miliardo, come ha tranquillamente ammesso al processo. In pratica, nell'autunno '93, si rivolge al vicedirettore di Publitalia Vito Saponaro per avere un finanziamento a breve termine. Saponaro contatta il ragionier Livio Gironi, il gran cassiere del gruppo, che in pochi giorni provvede: gli fa firmare un documento ed eroga il prestito. Saponaro accredita l'ipotesi che Dell'Utri abbia firmato senza rendersi conto di quel che faceva. E questa è proprio la giustificazione data dall'imputato (che pure ha riconosciuto di sapere dell'esistenza del divieto posto dall'art. 2624 c.c.): con la decisione di Berlusconi di entrare in politica «si era andati in tilt tutti [...], quando io ho chiesto un prestito di 500 milioni mi sono affidato alla cassa centrale del gruppo [...], ho la colpa di non aver visto, di non aver capito che erano soldi provenienti da Fininvest».

La replica del Tribunale è tagliente. Memori dell'accostamento fatto da Berlusconi in aula fra Dell'Utri e Washington, i giudici commentano:

> A furia di prefigurare firme apposte imprudentemente su contratti e su fatture, parrebbe piú appropriato paragonare l'imputato al bancarottiere Cézar Birotteau che non, come ha fatto il teste Berlusconi, allo statista George Washington!

Anche in quest'occasione, Dell'Utri ha raccontato un sacco di frottole:

> Berlusconi ha deposto che l'imputato non metteva mai firme a casaccio; d'altra parte Dell'Utri, per avere un prestito, si era rivolto non agli istituti bancari, ma a un suo vicedirettore generale, con l'evidente proposito di risolvere i suoi problemi finanziari all'interno del gruppo.

Non solo: Dell'Utri non può aver firmato senza rendersene conto, perché «la richiesta di prestito è avanzata non su un modulo prestampato, ma con lettera personale su carta intestata indirizzata alla Fininvest». Opera sua, dunque, non di un sottoposto qualsiasi. «Si deve quindi ritenere sussistente anche l'elemento psicologico del delitto contestato e affermare la responsabilità penale del prevenuto».

Alla fine Dell'Utri viene condannato a 3 anni di reclusione e 8 milioni di multa. Il Tribunale gli riconosce generosamente le attenuanti generiche (è ancora incensurato, anche se plurimputato), ma con una riduzione di pena inferiore al rituale terzo, «in considerazione dei ripetuti tentativi di inquinamento delle prove».

L'appello

I suoi difensori Oreste Dominioni e Metello Scaparone ricorrono in appello. Ma peggiorano la situazione. Perché il 19 febbraio '98 la Corte d'appello di Torino, presidente Emilio Giribaldi (altro magistrato «moderato», vicino alla corrente di Unità per la Costituzione), non solo conferma le condanne, ma nega a Dell'Utri le attenuanti generiche per il suo indecente comportamento processuale. «Dopo aver avuto conoscenza delle indagini – si legge nella motivazione depositata il 13 maggio '98 – Dell'Utri pose in atto un pesante tentativo di inquinamento probatorio», soprattutto con

> aiuti nei confronti di Prandelli, Cavaliere e Arnaboldi: tutti potenziali accusatori dell'azienda e del suo leader [...]. Un'intensa e costante attività volta a rendere piú difficoltose e problematiche le investigazioni in corso [...], sia con il recare assistenza ad Arnaboldi (anche attraverso l'emissione di fatture per operazioni inesistenti) e Cavaliere nell'intento di assicurarsi il loro silenzio, e sia con la creazione di contatti con alcuni testi e coimputati sempre allo scopo di ostacolare il risultato delle indagini stesse [...]. L'esistenza, la particolare intensità e la reiterazione della predetta attività di inquinamento probatorio, nonché l'attribuibilità della stessa al Dell'Utri rappresentano connotati di eccezionale gravità, che giustificano ampiamente l'esclusione delle attenuanti generiche concesse in primo grado.

Senza contare «l'estrema gravità dei fatti contestati». Checché ne dica il testimone Berlusconi, al quale la Corte riserva piú di una stoccata. Il Cavaliere, nella sua testimonianza, aveva parlato di «accanimento politico» della Procura contro la Fininvest: «Fortunatamente i difensori non hanno riproposto questo curioso argomento, che volentieri lasciamo senza risposta». Anche perché Silvio è incappato in un clamoroso autogol: lo stesso «Berlusconi a dibattimento ha dichiarato di essere a conoscenza dell'esistenza del fenomeno [...] delle frequenti sovraffatturazioni nel settore motonautico».

Dunque vanno respinti i motivi di appello dei difensori e confermate le condanne di primo grado. Anche per il prestito illegale da Fininvest («una condotta criminosa pacificamente provata»). Quel che va modificato è l'entità della pena. Niente attenuanti generiche, niente sconti: la sanzione sale cosí a 3 anni e 2 mesi e 25 giorni di reclusione e 8.085.000 lire di multa.

Qualche legge ad personam

Pericolo mortale: se la Cassazione confermerà la condanna d'appello, Dell'Utri finirà in carcere. Non c'è immunità parlamentare che tenga per le pene definitive. E non c'è legge Gozzini che tenga sopra i 3 anni di reclusione. Fra l'altro, anche scendendo sotto i 3 anni, Dell'Utri rischierebbe comunque di finire in carcere per qualche settimana, prima di ottenere l'affidamento al servizio sociale. E il tempo per patteggiare (e lucrare lo sconto di un terzo) è scaduto. La Consulta, nel '90, ha dichiarato incostituzionale il patteggiamento in appello, figurarsi in Cassazione. Nulla, però, è impossibile al Parlamento italiano: ecco subito tre belle leggi, varate da Ulivo e Polo, che consentiranno a Dell'Utri di superare ogni ostacolo. Una è la «Simeone-Saraceni» (un deputato di An e uno dei Ds) del marzo '98: qualunque condannato a pene inferiori ai 3 anni ha la pena sospesa e può presentare da libero la domanda di affidamento al servizio sociale. La seconda è la legge Valentino (deputato di An) del dicembre '98, che ripristina il patteggiamento in appello. La terza è la norma transitoria (febbraio 1999) che consente addirittura di patteggiare in Cassazione a chi non ha fatto in tempo in appello. Proprio tre settimane dopo riparte il processo Dell'Utri in Cassazione. Guarda un po', alle volte, le combinazioni.

La difesa Dell'Utri chiede alla Suprema Corte di riservare al cliente una sorta di immunità parlamentare retroattiva e tutta speciale: i giudici infatti avrebbero violato nientemeno che l'articolo 68 della Costituzione, quello sulle guarentigie dei parlamentari, perché l'hanno condannato sulla base di «verbali di perquisizioni locali e personali e di sequestri di corrispondenza e di documentazione, illegittimamente acquisiti e utilizzati contro un deputato del Parlamento italiano» (ed europeo). La Procura avrebbe dovuto prevedere, nel '93-94 quando condusse le indagini, che nel '96 Dell'Utri avrebbe cercato rifugio in Parlamento. Quindi buttare via tutte le carte sequestrate e chiuderla lí.

La Cassazione fissa l'udienza per il 9 marzo 1999. Ma il 16 febbraio, appena passa la legge Valentino, i difensori presentano l'istanza per il patteggiamento, con relativo sconto di un terzo della pena. Che scenderebbe, cosí, a 2 anni e 3 mesi di reclusione e 6 milioni di multa. Ben al di sotto del rischio-galera. Il 20 febbraio il Procuratore generale dà subito parere favorevole.

Rimane soltanto da consacrare l'accordo dinanzi al Collegio nell'udienza del 9 marzo. Ma un provvidenziale sciopero degli avvocati la fa saltare. Tutto rinviato al 28 ottobre. E in sette mesi possono accadere tante cose. Infatti, a metà marzo, il gip di Palermo ordina la cattura di Dell'Utri per estorsione e calunnia. Il Parlamento dice no e l'8 luglio Dell'Utri viene eletto trionfalmente al Parlamento europeo. Dove tenta subito di farsi eleggere vicepresidente della Commissione giustizia di Strasburgo: non ci riesce per un pelo (Di Pietro ed Elena Paciotti spiegano ai colleghi europei chi è Dell'Utri).

Il 12 ottobre l'ennesimo colpo di scena. L'imputato-deputato deposita «personalmente» una dichiarazione in cui avanza ai giudici cinque richieste davvero irresistibili: 1) revocare il suo patteggiamento, come se non l'avesse chiesto proprio lui; 2) rinviare il processo di qualche mese, per consentirgli di patteggiare in uno dei tanti processi in corso a Milano e di ottenere dunque la «continuazione» (con relativi sconti) fra i reati «milanesi» e quelli «torinesi»; 3) rinviare il processo in attesa che il governo emani l'annunciata riforma dei reati tributari, che potrebbe depenalizzare qualcuno dei suoi (è come se un ladro chiedesse lo slittamento sine die del suo processo perché magari, un giorno o l'altro, non si sa mai, potrebbe passare una legge che depenalizza il furto); 4) rinviare il processo almeno finché non si sarà deciso sulla sua nuova immunità di europarlamentare; 5) annullare subito la condanna in forza della sua doppia, presunta immunità retroattiva.

La Cassazione

Le richieste sono talmente strampalate e irrituali da far perdere la pazienza persino agli olimpici giudici della Suprema corte. Infatti il 28 ottobre la II sezione, presidente Renato Acquarone, le rigetta in blocco. E conferma il patteggiamento già concordato fra difesa e Procura generale (patteggiamento a costo zero: Dell'Utri ha fatto perdere alla giustizia tutto il tempo possibile, e altrettanto ne farà perdere in seguito; inoltre, per patteggiare, il suo complice

Prandelli ha dovuto restituire 900 milioni sull'unghia; Dell'Utri nemmeno una lira. Per lui è tutto gratis). Rinviare il processo in attesa del patteggiamento di Milano? Non si può, lo vietano tre o quattro norme. Rinviare in attesa della riforma che potrebbe abolire le false fatture?

> Allo stato non è dato prevedere come il futuro decreto disciplinerà i fatti di frode fiscale contestati agli imputati [...], e il sistema di pluralismo istituzionale non consente che i tempi della giurisdizione siano condizionati dai tempi della legislazione ferenda, peraltro notoriamente non brevi.

Annullare tutto per la doppia immunità? Macché.

> Quella europea non aggiunge nulla a quella prevista dal Parlamento italiano, che – spiega la Cassazione – non è certo retroattiva: nessuna preventiva autorizzazione poteva o doveva essere richiesta [al Parlamento] dal pm che procedeva alla ricerca delle prove [...]. I provvedimenti di perquisizione e sequestro emessi ed eseguiti prima dell'elezione parlamentare [...] restano efficaci e utilizzabili, anche se non preceduti dall'autorizzazione (giuridicamente impossibile) della Camera di appartenenza (allora propriamente inesistente).

Revocare il patteggiamento, già ufficialmente accettato dal pm? Nemmeno per sogno: «La revoca di Dell'Utri è intervenuta dopo il perfezionamento dell'accordo processuale, e come tale è invalida e inefficace». Oltretutto Dell'Utri ha cambiato idea «quando erano già trascorsi i termini per impugnare la sentenza di Torino»: revocando il patteggiamento, dunque, diventerebbe definitiva la condanna d'appello e Dell'Utri finirebbe in galera.

Alla fine insomma la Corte, «obbligando» Dell'Utri a patteggiare, gli fa un bel regalo. La pena di 2 anni e 3 mesi di reclusione e 6 milioni di multa è «congrua», vista «la indubbia gravità del reato continuato di frode fiscale addebitato al Dell'Utri, desumibile dall'intensità del dolo [...] e dalla rilevante entità del danno criminale».

Ultimo punto: le pene accessorie (obbligatorie per chi viola la legge fiscale 516/82), non essendo oggetto del patteggiamento, rimangono inalterate. Compresa la «decadenza temporanea dell'on. Dell'Utri dall'Ufficio parlamentare e dal Parlamento europeo». Per 2 anni. La Procura generale di Torino è invitata ad attivarsi presso i Parlamenti di Roma e Strasburgo perché provvedano a metterlo alla porta. E lo privino di quella immunità che fino ad allora ha impedito ai giudici di Palermo di eseguire il mandato di cattura pendente dal 1999.

Dell'Utri, neopregiudicato, scatena il finimondo. Anzitutto scaccia in malo modo i suoi avvocati: se è stato condannato non è colpa sua e dei suoi delitti, ma dei difensori che l'avrebbero costretto *obtorto collo* a patteggiare («Non patteggerò mai piú in vita mia»). Poi ottiene dai giornalisti di corte una campagna forsennata contro i suoi giudici, dipinti in blocco come «toghe rosse». Intanto i mastini di Forza Italia si scatenano per preparare il terreno nella Giunta per le elezioni, che dovrà decretare – sentenza alla mano – la sua espulsione dal Parlamento per 2 anni. Dichiarandolo ineleggibile sino alla fine del 2001, facendogli saltare le elezioni della primavera 2001 e tenendolo fuori dalla Camera fino alle successive. Senza immunità. Una prospettiva semplicemente terrorizzante.

Il 29 novembre un agente consegna a Dell'Utri la sua sentenza definitiva. Il condannato, grazie alla legge Simeone-Saraceni, ha 30 giorni di tempo per chiedere di scontare la pena in affidamento ai servizi sociali ed evitare il carcere. E cosí fa il 20 dicembre, chiedendo al Tribunale di sorveglianza di Torino la pena alternativa.

Il 28 dicembre, la Corte d'appello si riunisce per decidere sulla pena accessoria: i nuovi difensori Paolo Siniscalchi e Alberto Mittone sostengono che è coperta dall'indulto del 1990. Ma il Pg Livio Pepino cita il relativo Dpr 22.12.90 n. 394: «L'indulto ha efficacia per i reati commessi fino al 24 ottobre 1989». Le false fatture di Dell'Utri vanno dal 1988 al '94. Dunque, se la lingua italiana ha un senso, si può al massimo cancellare la pena detentiva per i reati pre-1989; ma non quella accessoria, che è indivisibile e non varia a seconda dell'entità della pena detentiva. Lo dice anche la Costituzione, articolo 78: «Amnistia e indulto non possono applicarsi ai reati commessi successivamente alla presentazione del disegno di legge». Altrimenti sarebbero un incentivo ancor piú formidabile a delinquere. Ma il 30 dicembre la Corte d'appello cade in errore e abbuona 38 giorni di reclusione (quelli relativi alle fatture del biennio 1988-89). Resta comunque intatta la decadenza dai pubblici uffici. Risultato: Dell'Utri viene privato del diritto di voto ai referendum della primavera 2000. E, quando perde il passaporto, la Prefettura di Milano gli nega il rinnovo, cancellandogli pure l'autorizzazione all'espatrio sulla carta d'identità.

Intanto, il 24 novembre '99, la giunta per le elezioni della Camera inizia a occuparsi del caso. Per legge, dovrebbe limitarsi a prendere atto della sentenza e accompagnare Dell'Utri all'uscio. Ma il presidente è il forzista Elio Vito, e fra i membri siede anche l'onorevole avvocato Enzo Trantino (An), difensore di Dell'Utri al processo di Palermo. E nemmeno la sinistra ha fretta. Fra un rinvio e una melina, si tira in lungo fino al 15 febbraio 2000, quando il relatore Luigi Massa (Ds) ha un'idea geniale: perché non rinviare *sine die*, finché la Cassazione non avrà esaminato l'ennesimo ricorso? Applausi a scena aperta. Già, perché Dell'Utri – sempre a proposito della sua sentenza *definitiva* – ha presentato l'ennesimo ricorso in Cassazione. Ha denunciato alla Procura di Roma e al Csm il supremo giudice Pierluigi Onorato, estensore dalla sua sentenza, «reo» di non avergli concesso l'indulto. E tuona contro il Pg Livio Pepino e il segretario di Md Vittorio Borraccetti, «rei» di opporsi ai suoi disegni. Tutti «comunisti che vogliono eliminare un avversario politico». L'inchiesta su Onorato, a Roma, è un capolavoro: per due volte il pm chiederà l'archiviazione non ravvisando alcun reato, e per due volte il gip la respingerà ordinando nuove indagini. Il gip è Giuseppe Renato Croce, uno dei 13 giudici della loggia P2 sanzionati nel 1983 dal Csm. Alla fine, cambiando il gip, Onorato verrà finalmente prosciolto nel 2002.

Il ricorso di Dell'Utri viene affidato alla III sezione della Cassazione (presidente Umberto Papadia). E qui il Pg Bruno Ranieri, il 5 aprile, non coglie l'errore della Corte d'appello. Anzi, lo aggrava: dichiara la pena accessoria interamente estinta dall'indulto del '90 (anche per i reati commessi nei quattro anni successivi) e bacchetta addirittura i giudici di Torino, a suo dire troppo precipitosi: avrebbero dovuto congelare il processo in attesa della tanto sospirata riforma fiscale, annunciata dal governo per il 13 marzo. È vero che un mese dopo «il decreto non è ancora pervenuto», ma «dovrà pervenire recentemente [*sic*]», forse entro l'estate. Basta aspettare.

La Corte aspetta ancora un po', ma questa benedetta riforma salva-evasori tarda ad arrivare. Cosí il 7 luglio i giudici tagliano corto e annullano l'ordinanza dei colleghi torinesi «dichiarando condonate per intero le pene accessorie» e salvando il doppio seggio, con relative immunità, a Dell'Utri. Sono trascorsi 9 mesi dalla sentenza definitiva. Ma la corsa a ostacoli non è ancora finita.

Rimane una piccola seccatura: la pena detentiva che, nonostante i continui sconti, supera ancora i 2 anni (2 anni, 1 mese, 12 giorni). Per non finire in carcere, bisogna insistere sulla richiesta di affidamento al servizio sociale. Ma certi tribunali di sorveglianza, come quello di Torino, sono piuttosto esigenti: per concederlo, pretendono almeno qualche segno di ravvedimento e, magari, la restituzione del maltolto (come ha fatto Prandelli). Dell'Utri insulta e denuncia i suoi giudici, nega di aver mai fatto nulla di male e non ha mai scucito una lira. Come se non bastasse, quando il Tribunale di sorveglianza gli chiede di presentare un «programma» credibile di pena alternativa, lui propone di dedicarsi alla sua biblioteca di libri antichi in via Senato a Milano. Praticamente, di restarsene a casa a farsi gli affari suoi. Una provocazione.

Un uomo chiamato cavillo

Alla prima udienza davanti al Tribunale di sorveglianza di Torino, il 25 ottobre 2000, il Pg Bruno Rapetti si sente preso in giro, come e forse piú dei colleghi di Cassazione. E dà parere negativo all'affidamento ai servizi sociali: sia per la proposta indecente, sia per il mancato ravvedimento. Rapetti ricorda che Dell'Utri ha attaccato e denunciato alla Procura di Roma il giudice Onorato. E, soprattutto, osserva che i processi in corso a Palermo per gravissimi reati di mafia, estorsione e calunnia lo rendono incompatibile con qualsiasi atto di benevolenza. Dunque niente affidamento: il condannato sconti la pena in carcere.

In aula si scatena la bagarre, con un durissimo scambio di accuse con i difensori, definiti «provocatori». Questi alla fine denunceranno anche Rapetti al Procuratore generale, al Consiglio dell'Ordine forense, al Csm e al Ministro. Il Tribunale comunque deve decidere. O meglio, dovrebbe. Perché Dell'Utri ha chiesto di presenziare all'udienza, invece non c'è. Fatti suoi, si dirà: lo sapevano i difensori, lo sapeva anche lui. Nossignori: la difesa chiede di controllare se la cartolina con la «ricevuta di ritorno» della notifica dell'udienza all'imputato sia tornata al Tribunale. Il presidente chiede lumi all'ufficio competente, ma il cedolino non si trova, non è ancora tornato indietro. Perché? Perché Dell'Utri, pochi giorni prima, ha precipitosamente cambiato residenza. Non risiede piú in casa sua, e nemmeno presso lo studio del suo avvocato milanese. Ora risiede in un circolo culturale milanese, in via Marina. E, avendolo comunicato all'ultimo momento, l'ufficiale giudiziario non è riuscito a consegnargli la convocazione in tempo. Dunque l'udienza è nulla, e si deve rincominciare daccapo.

Era stato proprio Dell'Utri a scegliere Torino come Tribunale di sorveglianza competente per l'affidamento. Ma ora cambia idea: preferisce Milano, dove ha patteggiato quattro pene minime per reati analoghi e dove gli uffici, molto piú intasati, hanno tempi di risposta ben piú lunghi. Se ne riparlerebbe, insomma, fra 3-4 anni. Torino però dice no: il presidente del Tribunale di sorveglianza Mario Vaudano riconvoca Dell'Utri per il 28 febbraio 2001, sperando che nel frattempo non traslochi di nuovo. Ma anche quella convocazione resterà lettera morta. Nell'attesa, infatti, la difesa propone un nuovo «incidente di esecuzione» davanti alla III sezione del Tribunale di Milano. Qui i giudici, grazie alla nuova legge Amato che depenalizza alcune fattispecie di false fatture, gli abbuonano altri 5 mesi, facendo scendere la pena «definitiva» a 1 anno, 6 mesi e 7 giorni, piú 5.134.000 lire di multa: anche sommandoli ai patteggiamenti milanesi, si resta sempre sotto il limite di 2 anni previsto per la sospensione condizionale della pena. Che però la legge vieta di concedere in questa fase. Dell'Utri rischia ancora il carcere. Ma il Tribunale ipotizza che la legge sia incostituzionale. E il 22 gennaio 2001 solleva una bella questione di legittimità davanti alla Consulta. Qui i tempi di reazione vanno dall'anno e mezzo ai due anni. Nel frattempo il processo rimane congelato. E molte cose possono accadere.

Intanto Dell'Utri, sulla carta ineleggibile, si candida alle elezioni del 15 maggio 2001 e viene rieletto deputato. Esattamente un anno dopo, ottiene dal Tribunale di Milano (presidente Italo Ghitti, l'ex gip di Mani pulite) l'ennesimo sconto di pena sulle condanne collezionate a Torino e a Milano, grazie alla nuova legge appena varata dal governo Berlusconi sul falso in bilancio. Cosí scende a 1 anno e 10 mesi complessivi e può ottenere la sospensione condizionale che rende inutile la richiesta di affidamento ai servizi sociali (prevista per le pene tra i 2 e i 3 anni). L'onorevole pregiudicato può serenamente riprendere l'attività parlamentare.

2. Concorso esterno in associazione mafiosa

L'11 dicembre 2004, dopo sette anni di processo, il Tribunale di Palermo condanna Marcello Dell'Utri a 9 anni di reclusione per concorso esterno in associazione mafiosa insieme all'amico Gaetano Cinà (6 anni per associazione mafiosa). La sentenza è emessa dalla II sezione: presidente Leonardo Guarnotta, giudici estensori Gabriella Di Marco e Giuseppe Sgadari. Sette mesi dopo, il 5 luglio 2005, i giudici depositano le motivazioni: la sentenza piú pesante mai pronunciata da un tribunale su un parlamentare in carica e – di riflesso – sul suo amico e sodale Silvio Berlusconi, che in quel momento è anche presidente del Consiglio.

3. Dell'Utri negli anni 60

Innanzitutto il Tribunale ricostruisce le vite parallele di Dell'Utri e Berlusconi a partire dai primi anni 60:

> Marcello Dell'Utri, nel 1961, all'età di vent'anni, lascia Palermo per andare a studiare alla Statale di Milano dove conosce Silvio Berlusconi, con il quale fraternizza fin dal primo giorno e insieme fondano una squadra di calcio, la Torrescalla, dal nome del college universitario dell'Opus Dei nel quale Dell'Utri risiede. Nel 1966 l'imputato è chiamato a dirigere un centro sportivo dell'Opus Dei e si trasferisce a Roma, città che lascia nel 1970 quando fa rientro a Palermo. In quell'anno viene assunto alla Cassa di Risparmio delle Province Siciliane [...] e riprende i rapporti con la società calcistica Bacigalupo, che lui stesso aveva contribuito a fondare già nel 1957, all'età di 16 anni.

Qui, sul campo della Bacigalupo, Dell'Utri dice di aver conosciuto il suo coimputato Gaetano Cinà – che aveva «legami, anche familiari, con esponenti di vertice di Cosa nostra degli anni 70, come Mimmo Teresi e Bontate Stefano» –, ma anche Vittorio Mangano. È lo stesso Dell'Utri a rammentare il bel mondo che gravitava intorno alla squadra:

> La Bacigalupo era una società molto prestigiosa, frequentata da ragazzi di un certo livello sociale, c'erano i figli dell'allora ministro Restivo, dell'onorevole Vizzini; c'erano i figli di Alessi, c'erano i figli del principe Lanza di Scalea; [...] c'era Piero Grasso che oggi è il Procuratore qui a Palermo, che tra l'altro giocava bene, usciva però sempre pulito dal campo, anche quando c'era fango, lui era famoso perché non si schizzava mai...

Nel 1973 Berlusconi veleggia con la sua barca al largo di Palermo e si ricorda del suo compagno di università:

> Quando passa lui [Berlusconi] da Palermo, nell'agosto del '73, mi telefona e mi dice: «Sono qui con la mia barca, mi farebbe piacere fartela vedere». Era un sabato, io non avevo barca e ho detto: «Vengo subito» e sono andato al porto. Mi ha fatto vedere questa barca che aveva comprato, con la quale si accingeva ad andare in crociera, passava da Palermo, ma andava a Lampedusa e mi disse: «[...] Ma cosa fai in banca, vieni a Milano, sto facendo grandi cose, sto costruendo una città importante, Milano 2, la città dei numeri uno. Io ho bisogno di amici... Quanto guadagni?». Ho detto una cifra. «Va be', non è un problema, ti do l'alloggio, vieni su. Facciamo la squadra di calcio, ci divertiamo» [...]. Una grande occasione da non rifiutare.

Il 5 marzo 1974 Dell'Utri si dimette dalla banca e trasloca armi e bagagli a Milano per fare il segretario di Berlusconi, con l'incarico particolare di seguire la ristrutturazione della villa San Martino che il futuro Cavaliere ha appena acquistato ad Arcore dalla giovane orfana Annamaria Casati Stampa, grazie ai buoni uffici di Cesare Previti (contemporaneamente pro-tutore della ragazza e amico-prestanome di Silvio). Poco dopo ad Arcore arriva anche Vittorio Mangano, assunto dallo stesso Dell'Utri come «stalliere» o «fattore» della villa. Racconta Silvio Berlusconi al giudice istruttore di Milano il 26 giugno 1987:

> Avendo bisogno ad Arcore di un fattore, piú precisamente di un responsabile della manutenzione dei terreni e della cura degli animali, cioè cavalli, avendo (in) animo di impostare una attività di allevamento di cavalli, attività poi non realizzata [...], chiesi a Dell'Utri di interessarsi [...]. Egli mi aveva appunto presentato il sig. Mangano come persona a lui conosciuta, piú precisamente conosciuta da un suo amico con cui si davano del tu, conosciuto sui campi di calcio della Bacigalupo. Il Mangano si era sistemato con la sua famiglia ad Arcore e cioè nella mia villa, ex villa Casati. Poco tempo dopo, dopo un pranzo nella villa uno dei coinvitati, sig. Luigi D'Angerio, era stato vittima di un sequestro di persona, casualmente sventato dall'arrivo di una pattuglia dei carabinieri. Nell'ambito delle indagini emerse che il Mangano era un pregiudicato. Non ricordo come il rapporto lavorativo del Mangano cessò, se cioè per il prelevamento delle forze dell'ordine o per suo spontaneo allontanamento. Ricordo comunque che dopo qualche tempo fu tradotto in carcere.

Dell'Utri, al processo di Palermo, conferma:

> Mi ricordai che il Mangano si intendeva di cavalli, cani e anche di coltivazioni. Presentai quindi il Mangano al dr. Berlusconi che approvò la scelta [...]. Rimase ad Arcore due anni. E si comportò benissimo. Trattava con i contadini, si occupava dei cavalli.

Poi però cambia versione, tentando – scrivono i giudici – di

> sminuire il ruolo di Mangano come persona esperta nell'allevamento dei cavalli, dichiarando anzi di non esser stato a conoscenza di questo particolare, e sottolineando piuttosto la particolare esperienza del Mangano con i cani da guardia (mastini napoletani, per l'esattezza) e l'assoluta fiducia che in lui era stata riposta, tanto da avere affidato il delicato incarico di accompagnare a scuola i figli di Berlusconi. [...] In realtà, numerosi elementi probatori dimostrano la stabile presenza di Mangano a Milano già prima della assunzione presso la villa di Arcore e ancor prima del trasferimento dello stesso Dell'Utri a Milano. Il teste Piu Carlo, ispettore della P.S., ha riferito dell'arresto di Mangano il 15 febbraio 1972 per tentata estorsione. [...] Il Mangano, dal 1° luglio 1974, aveva trasferito la sua residenza ad Arcore, villa Casati.

E Mangano? Anche lui è prodigo di particolari:

Quando l'on. Berlusconi si è comprata questa villa, sono stato il primo io, come operaio, ad arrivare. Allora non c'era né Fininvest, né Mediaset, né borsa, né televisione, era un semplice costruttore, Berlusconi. Lui se ne andava a lavorare, la mattina, e io me ne andavo nei campi con gli operai [...]. Già c'era il dottore Dell'Utri [...]. La villa doveva essere quasi tutta restaurata. Specialmente il secondo piano era tutto frantumato e le travi cadevano a pezzi. Difatti lui [Berlusconi, *nda*] abitava al primo piano, dopo averla restaurata, perché prima non abitava lí, ci abitavo solo io, lí. Lui abitava a Milano [...]. Dell'Utri aveva una stanzetta. La mattina andava al lavoro con il dottor Berlusconi, l'ufficio era l'Edilnord, Foro Bonaparte 24. La sera rientrava, si faceva vedere per la cena e poi, in quella stanza, stava lí [...] anche perché i libri lí non mancavano, perché ce n'erano delle scorte dei Casati. E lui leggeva sempre [...]. [Il giorno dell'assunzione] all'Edilnord in Foro Bonaparte c'ero io, il dottor Dell'Utri e il dottor Berlusconi. Il dottor Dell'Utri me l'ha presentato. E il dottor Berlusconi: "Va bene, da domani in poi può prestare servizio". [...] Ci ho detto: "Ma guardi che io mi devo portare qui la famiglia e le due bambine". Una ha l'età di Marina, Marina di Berlusconi. E l'altra figlia mia ci ha l'età – Cinzia – di Dudú, Giampiero Silvio [Piersilvio]».

Insomma – osserva il Tribunale – Mangano dice chiaramente che le sue

mansioni esorbitavano da quelle di un mero dipendente, addetto all'allevamento dei cavalli, avvicinandosi piuttosto a quelle di preposto e responsabile dell'amministrazione della villa [...]. Riferendo delle origini della sua conoscenza con Mangano Vittorio sui campi di calcio, [Dell'Utri] non ha mancato di ricollegare la persona del Mangano alle esigenze di protezione per i ragazzi che componevano la Bacigalupo (ragazzi di buona famiglia che giocavano nei campi anche dei quartieri piú violenti e degradati della città, con la conseguente necessità di assicurare loro adeguata protezione dagli attacchi dei tifosi avversari piú facinorosi), e, nel ricordare le ragioni che lo avevano indotto a pensare al Mangano come soggetto da indicare per l'incarico di fattore nella villa di Arcore, non ha richiamato tanto la passione del Mangano per i cavalli, che anzi l'imputato ha dichiarato di avere ignorato in quel momento (cosí smentendo lui stesso la circostanza secondo la quale Mangano avrebbe dovuto occuparsi delle scuderie), ma piuttosto la passione per i cani da guardia. È stato inoltre lo stesso Dell'Utri a ricordare che era Mangano ad accompagnare a scuola i figli di Silvio Berlusconi, a implicita conferma del ruolo di «garanzia» e «protezione» svolto dal predetto e non già da guardie private: «Era un uomo di fiducia assoluta, tant'è che Berlusconi faceva accompagnare i bambini a scuola solo da lui, neanche dal suo autista, accompagnava qualche volta addirittura la moglie in città». Ha aggiunto l'imputato che solo dopo l'allontanamento di Mangano, Berlusconi si sarebbe munito di un apposito servizio di sicurezza per i familiari ingaggiando un corpo di guardie private.

Dunque «appare poco credibile Confalonieri quando mostra, addirittura, di non ricordare il nome di battesimo di Mangano, indicandolo come "Silvano"».

L'incontro a Milano con i referenti di Cosa nostra

Mangano naturalmente non era uno stalliere, né un fattore, ma un personaggio di «particolare caratura criminale», con una «fitta trama di rapporti con personaggi di spicco di Cosa nostra operanti nel Milanese». Già nei primi anni 70 la mafia era sbarcata all'ombra della Madonnina, organizzando

> numerosi sequestri di persona a scopo di estorsione, in relazione ai quali si deve univocamente intendere la funzione di «garanzia e protezione» che Mangano era chiamato a svolgere, a tutela della sicurezza del suo datore di lavoro e dei suoi piú stretti familiari.

Gaetano Cinà detto Tanino svolgeva, fra la mafia a Palermo e a Milano, un «ruolo di intermediazione», come dimostra «un episodio cardine»:

> l'incontro di Berlusconi con Stefano Bontate, organizzato proprio per l'interposizione degli odierni imputati, sul quale ha riferito da Di Carlo Francesco all'inizio della sua collaborazione.

Nel 1976 il mafioso Francesco Di Carlo «per volontà di Salvatore Riina e Bernardo Provenzano era stato posto a capo della famiglia mafiosa di Altofonte fino alla fine degli anni 70». Poi, ricercato, si diede alla latitanza fino al 1985, quando fu arrestato in Inghilterra per un mega-traffico internazionale di droga e condannato a 25 anni dalla magistratura inglese. Dal 1996 collabora con la giustizia italiana.

> Di Carlo ha riferito dei buoni rapporti di amicizia intrattenuti nel tempo con Cinà. [...] Tramite Cinà aveva avuto modo di conoscere Dell'Utri, presentatogli amichevolmente dal Cinà nei primi anni 70 in un bar vicino al negozio gestito dallo stesso Cinà [che a Palermo gestiva una lavanderia e un negozio di articoli sportivi in via Archimede, *nda*]. [...] A breve distanza dalla sua presentazione a Dell'Utri, il collaborante aveva incontrato a Palermo il Cinà, mentre questi era in compagnia di Stefano Bontate e di Mimmo Teresi. Dovendo tutti recarsi a Milano nei giorni successivi, proposero di incontrarsi nella città lombarda e si diedero appuntamento negli uffici che Ugo Martello

aveva in via Larga, nei pressi del Duomo di Milano. Dopo avere pranzato insieme in un ristorante, a Di Carlo venne proposto di accompagnarli a un incontro che avrebbero avuto di lí a poco con un industriale, tale Silvio Berlusconi, e con Dell'Utri. [...] Dell'Utri li accolse in questo ufficio [dell'Edilnord in Foro Buonaparte, *nda*] e li condusse in una sala dove attesero l'arrivo di Berlusconi, con il quale poi cominciarono a parlare di edilizia.

Ecco il racconto di quell'incontro dalla viva voce di Di Carlo:

A venirci incontro è stato proprio Dell'Utri e ci ha salutati. Una stretta di mano, con Tanino si è baciato, con gli altri si è baciato, con me no [...]. Con il Grado [il mafioso Nino Grado, *nda*] che si conosceva bene hanno avuto battute di scherzo. Si è baciato anche con Stefano Bontate [...]. Dopo un quarto d'ora, è spuntato questo signore sui 30 anni e rotti, e hanno presentato il dottore Berlusconi a tutti... Certo non era quello di adesso senza capelli, aveva i capelli, era un castano chiaro, maglioncino a girocollo, una camicia sotto, un pantalone jeans, sportivo era comunque. [...] Tant'è che alla fine Cinà dice: «Stamattina... hanno fatto un'ora come le donne a truccarsi, a pitturarsi... Bontate e Teresi sembrava a chi dovevano incontrare, e quello è venuto in jeans e maglioncino!» [...]. Ci hanno offerto il caffè e quando arriva Berlusconi cominciano a parlare di cose piú serie. Lavoro, ognuno che attività faceva. Teresi stava facendo due palazzi a Palermo: «Lei dottore sta facendo una città intera». E lui: «Non c'è molta differenza... organizzare un'amministrazione, curarne due o curarne 20 [...]». Berlusconi ha fatto 10-20 minuti di parlare, ci ha dato una lezione economica e amministrativa, perché aveva in costruzione una città 2, come chiamavano Milano 2.

«Durante l'incontro – proseguono i giudici – venne affrontato anche il discorso della "garanzia" e Bontate rassicurò il suo interlocutore valorizzando la presenza al suo fianco di Dell'Utri e garantendo il prossimo invio di "qualcuno"». Ecco ancora Di Carlo:

A Milano succedevano un sacco di rapimenti, perché quando c'era Liggio fuori quello aveva intenzione di portarsi tutti i soldi del nord a Corleone [...]. Aveva ragione Berlusconi di essere preoccupato [...]. Hanno parlato che lui aveva dei bambini, dei familiari, che non stava tranquillo, avrebbe voluto una garanzia [...]. Berlusconi ha detto a Stefano: «Marcello m'ha detto che lei può garantirmi questo ed altro». Allora Stefano ha detto: «Lei può stare tranquillo: se dico io può stare tranquillo, deve dormire tranquillo, lei avrà persone molto vicine che qualsiasi cosa lei chiede avrà fatto e lei [...] rassicurandolo. Poi ci ha un Marcello qua vicino, per qualsiasi cosa si rivolge a Marcello [...] perché Marcello è molto vicino a noialtri» [...]. Noi di Cosa nostra prima minacciavamo e poi ci andavamo a fare la garanzia, era una cosa normale in Cosa nostra, altrimenti che bisogno ha uno di chiedere?

Dunque ci fu – scrivono i giudici – «una richiesta di protezione al Bontate». Ma Bontate fece una «proposta a Berlusconi, a conferma delle aspettative che il capo di Cosa nostra riponeva in questo primo contatto».

> *Di Carlo*: Bontate ci ha detto [a Berlusconi, *nda*]: «Ma perché non viene a costruire a Palermo, in Sicilia?».
> *Pm*: Che cosa venne risposto?
> *Di Carlo*: Con una battuta, un sorriso sornione: «Ma come, debbo venire proprio in Sicilia? Ma come, qua i meridionali e i siciliani ho problemi qua, e debbo venire...?». E Stefano ci ha detto: «Ma lei è il padrone quando viene là, siamo a disposizione per qualsiasi cosa». Berlusconi anche lui alla fine ci ha detto che era a disposizione per qualsiasi cosa: lo dicevano a Marcello [...]. Bontate ebbe una buonissima impressione, [...] dice: «Cosa nostra la dobbiamo cominciare a farla ingrandire [...]. Un giorno cominciamo a combinare [affiliare] gente fuori della Sicilia, perché ce n'è tanti che discutono meglio dei siciliani...».

Quel che accadde subito dopo lo ricostruisce il Tribunale, dichiarando il racconto di Di Carlo «nitido, preciso e pienamente compatibile col resto delle emergenze processuali»:

> Una volta usciti dagli uffici, [...] Cinà si era rivolto a Teresi e a Bontate e, facendo riferimento alla persona che avrebbe potuto essere mandata ad Arcore, fece il nome di Mangano Vittorio, conosciuto da Di Carlo come uomo d'onore della famiglia di Porta Nuova, in quegli anni aggregata al mandamento di Stefano Bontate. [...] Di Carlo ha riferito che il Cinà, rispondendo a una sua domanda, «mi ha detto che c'era Vittorio Mangano, ci avevano messo vicino [a Berlusconi, *nda*], non certamente come stalliere, non offendiamo il signor Mangano, perché Cosa nostra non pulisce stalle a nessuno, non fa il stalliere a nessuno, Cosa nostra ha un potere enorme, e allora hanno messo ad abitare là, a Milano trafficava e nello stesso tempo si faceva la figura che Berlusconi aveva qualcuno vicino di Cosa nostra e Stefano l'aveva vicino» [...]. Di Carlo ha riferito che, in seguito e in relazione a questo incontro milanese, Cinà gli aveva manifestato il suo imbarazzo perché gli era stato detto di chiedere 100 milioni [a Berlusconi, *nda*]. [...] Intorno al 1977-78 Cinà aveva chiesto il suo interessamento in quanto Dell'Utri si era nuovamente rivolto a lui per il problema relativo all'installazione delle antenne per la diffusione del segnale televisivo [...]. Anche in quel caso le somme corrisposte a Cosa nostra erano a titolo di garanzia.

Che Di Carlo dica la verità «in merito all'incontro milanese tra Bontate e Berlusconi», per i giudici lo dimostrano le dichiarazioni di altri collaboratori: Antonino Galliano racconta che Cinà gli raccontò tutto, dall'«incontro milanese tra Berlusconi e Bontate» alla «diretta corresponsione di somme di denaro in favore di Cosa nostra». Salvatore Cucuzza «ha riferito confidenze ricevute da Mangano» del tutto analoghe, anche sulle «periodiche somme di denaro (pari a 50 milioni l'anno) versate a Cosa nostra da Berlusconi e inizialmente "ritirate" da Mangano» delle quali parlano anche Francesco Scrima e Francesco La Marca «in ordine alle lamentele del Mangano per la mancata successiva percezione di queste somme».

E poi c'è il finanziere siciliano Filippo Alberto Rapisarda, legato a mafiosi dell'entourage di Bontate e di Ciancimino, amico e futuro datore di lavoro di Dell'Utri, salvo poi diventarne – a corrente alternata – il grande accusatore sul riciclaggio del denaro mafioso. Un «rapporto di amore-odio», il loro, per dirla con Dell'Utri.

> Il 5 maggio 1987 Rapisarda veniva sentito dall'autorità giudiziaria milanese nell'ambito delle indagini susseguenti al fallimento della società Bresciano (di cui Dell'Utri era stato amministratore) e riferiva di aver assunto i fratelli Marcello e Alberto Dell'Utri perché cosí gli era stato imposto da Cinà, esponente del gruppo Bontate-Teresi, e aggiungeva che Dell'Utri gli aveva confidato «che la sua attività di mediazione era servita a ridurre le pretese di denaro dei mafiosi». Dell'Utri conferma di aver confidato quanto sopra al Rapisarda, ma di averlo fatto per «mera vanteria»: una giustificazione risibile e sorprendente, stante il livello culturale e la carica istituzionale ricoperta dall'imputato, perché non è dato comprendere come ci si possa «vantare» di conoscere dei mafiosi.

Le conclusioni dei giudici sul «patto con il diavolo» stipulato fra i vertici di Cosa nostra e il duo Berlusconi-Dell'Utri nel 1974 sono agghiaccianti:

> Tutte le considerazioni che precedono non lasciano residuare alcun dubbio circa la «mediazione» concretamente svolta dagli odierni imputati i quali, costituendo uno specifico canale di collegamento tra l'organizzazione mafiosa Cosa nostra (nella persona del suo piú importante esponente dell'epoca, Stefano Bontate) e l'imprenditore milanese Silvio Berlusconi (in evidente e rapida ascesa sulla scena economica di quella ricca regione) hanno con ciò posto in essere una condotta idonea a costituire un consapevole e valido apporto al consolidamento e rafforzamento del sodalizio mafioso, sempre pronto a cercare nuovi canali attraverso i quali riciclare i (già allora) imponenti introiti ricavati dalle attività illecite gestite ma anche, e piú semplicemente, nuove fonti di guadagno attraverso la imposizione di indebite esazioni, con la conseguente configurabilità a carico di entrambi gli imputati del reato associativo.

La stagione dei sequestri nella Milano degli anni 70

Il sequestro D'Angerio. Nella notte tra il 6 e il 7 dicembre 1974, al termine di una cena nella villa di Arcore con Berlusconi, Dell'Utri,

Confalonieri, Mangano e altri invitati, Luigi d'Angerio sedicente «principe di Sant'Agata» viene sequestrato da un gruppo di delinquenti. Ma la loro auto, a causa della nebbia, ha un incidente e l'ostaggio riesce a fuggire. Sul luogo dello scontro i carabinieri ritrovano la carta d'indentità del boss Pietro Vernengo. Scrivono i giudici:

> L'episodio [...] offre uno spaccato autentico della vita all'interno della villa di Arcore nel periodo in cui vi risiedeva il Mangano. In particolare viene confermata la presenza a tavola dello stesso Mangano, ammesso tra gli invitati di rango della villa (viene ricordata piú volte la presenza di Marcello Dell'Utri e di Fedele Confalonieri, entrambi amici e collaboratori del padrone di casa, di un industriale nel campo delle piastrelle e anche di una nobildonna imparentata con i Savoia). L'accertata presenza del Mangano a quella cena consente di qualificare, una volta per tutte, il particolare rapporto che si era venuto a instaurare tra Dell'Utri e Berlusconi e il Mangano e di individuare il ruolo che allo stesso era stato riconosciuto, non già quello di un semplice dipendente, addetto ai cavalli, ma di una persona di rispetto, trattata alla pari degli altri invitati, quale non poteva non essere «il rappresentante di Cosa nostra» ad Arcore.

Mangano racconta ai giudici che alla cena era presente insieme alla moglie e alle figlie. Lo conferma, con altri particolari, D'Angerio il mattino dopo il sequestro agli agenti di polizia giudiziaria: «Un signore che aveva una pelliccia? Non lo conosco... Uno alto? Sí, è amico del dottore [...], era il fattore... C'era Confalonieri... il dottor Berlusconi». Confalonieri invece nega la presenza di Mangano:

> Assolutamente, di questo sono sicuro. [...] Io allora andavo ad Arcore almeno tre giorni alla settimana, non ho mai visto il Signor Mangano a tavola con Berlusconi. Su questo, sono tassativo su questo [...]. Non c'era nessun fattore a tavola quella sera.

In realtà, come dice in un'intervista l'allevatore Pepito Raigal Garcia, amico di Mangano e proprietario di scuderie nei pressi della villa di Arcore, il boss non era soltanto un fattore addetto agli animali, ma il vero e proprio «amministratore» della villa. E – scrivono i giudici sulla scorta dei pentiti Mutolo e Cucuzza – ebbe «inequivocamente un ruolo attivo nell'organizzazione del sequestro», insieme a Pietro Vernengo, Pietro Mafara, Nino Grado. Mangano confidò a Cucuzza che

> l'incarico di «fattore» a lui attribuito era solo apparente («un paravento»). Secondo quanto riferitogli da Mangano, in seguito a questo episodio i rap-

porti con Berlusconi si erano incrinati perché quest'ultimo aveva capito che il regista del sequestro era Mangano. Nonostante ciò, Berlusconi non aveva denunciato Mangano agli inquirenti: si era limitato a fargli intendere che aveva compreso il ruolo da lui avuto ed era stato poi lo stesso Mangano a decidere di andarsene [...]. A un volontario allontanamento del Mangano da Arcore ha fatto riferimento lo stesso Mangano, nel periodo immediatamente successivo alla sua scarcerazione del gennaio 75 e alla sua decisione di andare via da Arcore, seguita alla diffusione delle notizie di stampa secondo cui era stato assunto in quanto mafioso per fare da guardaspalle a Berlusconi: «E allora, Confalonieri mi chiama e dice: "Che, Vittorio?". Ci ho detto: "Ho pensato di ritornarmene a Palermo, sa forse l'aria non ci giova ai miei figli, li vedo un po' palliducci". Dice: "Ma lei si preoccupa dei giornali che attaccano?... Se ne fotte, per noi non ci sono problemi". Ci dissi: "Dottore, io lo ringrazio delle sue bontà e di quello che mi sta dicendo, però io per guardarci la faccia, l'immagine e la dignità a Berlusconi, che lo voglio bene finora, fino a oggi, io me ne vado. Cosí i giornali ci danno un taglio". Ho preso quattro cose, perché i mobili erano tutti dell'on. Berlusconi, io non è che avevo niente. Abbiamo preso le forchette e i bicchieri, i salvietti e ce ne siamo andati, e i vestiti. E me ne sono andato io. Nessuno mi ha mandato via. Questa è la verità, a livello Vangelo, quel che ho detto ora...».

Confalonieri conferma:

Ci fu un rapimento nel '74 in dicembre, ci fu un'indagine per cui Mangano andò in prigione che credo durante l'inverno, fra il '74 e il '75, e poi se ne andò perché non voleva mettere in difficoltà la famiglia.

Berlusconi anche:

Dopo un pranzo nella villa, uno dei coinvitati, sig. Luigi D'Angerio, era stato vittima di un sequestro di persona, casualmente sventato dall'arrivo dei carabinieri. Nell'ambito delle indagini emerse che il Mangano era un pregiudicato. Non ricordo come il rapporto lavorativo del Mangano cessò se cioè per il prelevamento delle Forze dell'Ordine o per suo spontaneo allontanamento.

Ma perché Mangano ha fatto sequestrare D'Angerio? I giudici non hanno dubbi:

L'episodio si inquadra perfettamente nella logica di questa organizzazione criminale che pone in essere una strategia fatta di minacce e intimidazioni proprio per far sí che l'imprenditore, entrato nel suo mirino, si leghi ancora di piú all'organizzazione stessa; [...] è facile immaginare come il Mangano sarebbe «cresciuto» di importanza agli occhi di Silvio Berlusconi e quali vantaggi avrebbe potuto trarne (e, con lui, l'intera organizzazione criminale Cosa nostra) nel caso in cui il sequestro fosse andato a buon fine e lo stesso Mangano avesse potuto gestirlo garantendo in prima persona la salvezza dell'ostaggio e il buon esito delle trattative per il riscatto. [...] Questo episodio era destinato a inserirsi in una piú complessa strategia destinata ad avvicinare e legare maggiormente l'imprenditore Berlusconi all'organizzazione criminale, secondo un disegno al quale non appaiono affatto estranei i vertici di quel sodalizio, ed in particolare lo stesso Bontate.

In ogni caso, non è chiaro quando Mangano se ne vada davvero dalla villa di Arcore. Sicuramente molto tempo dopo il sequestro D'Angerio, il che – almeno per la tempistica – rende poco attendibili le dichiarazioni di Berlusconi e Confalonieri:

> Per quanto riguarda il periodo successivo al sequestro D'Angerio, è certo che Mangano rimase nella villa di Arcore almeno fino al 27 dicembre 1974, data in cui venne tratto in arresto per scontare una pena di mesi 10 e giorni 15 di reclusione (per truffa) e in quel luogo fece ritorno quando venne scarcerato il 22 gennaio 1975. [...] Gli elementi che si ricavano dalle emergenze processuali [...] non consentono di datare con certezza il suo allontanamento. Da una parte è certo che ad Arcore rimase, per tutto il 1975, la famiglia del Mangano, il quale conservò ivi la sua residenza anagrafica ancora fino a ottobre 1976. Il 1° dicembre 1975 Mangano, tratto nuovamente in arresto perché trovato in possesso di un coltello di genere vietato, dichiarò di essere residente ad Arcore e il 6 dicembre 1975, al momento in cui uscí dal carcere, elesse domicilio in via San Martino n. 42, dove è ubicata la villa di Arcore. E che la permanenza ad Arcore del Mangano e della sua famiglia si sia protratta per circa due anni è emerso da alcuni riferimenti che si ricavano dalle dichiarazioni dei diretti interessati [sia Dell'Utri, sia Mangano, *nda*]. [...] È certo che l'allontanamento avvenne in modo indolore per decisione (autonoma o suggerita da Dell'Utri) presa da Berlusconi, il quale continuò ad ospitare presso la propria villa la famiglia del Mangano e non risulta che abbia in alcun modo indirizzato i sospetti degl'investigatori sul suo «fattore», conservando ancora a distanza di molti anni le grate parole del Mangano. [...] Dell'Utri non ha mai interrotto i rapporti con il Mangano, pur essendo ben consapevole, alla luce delle sue stesse ammissioni, della caratura criminale del personaggio.

Il primo attentato in via Rovani. Il 26 maggio 1975 esplode una bomba nella villa berlusconiana, nonché sede di rappresentanza della Fininvest, in via Rovani 2, nel centro di Milano, provocando gravi danni: sfondati i muri perimetrali, crollato il pianerottolo del primo piano. La denuncia la presenta un prestanome del Cavaliere, Walter Donati. Nessuno, sul momento, collega la villa al vero proprietario della Fininvest: Silvio Berlusconi, che pure in quel periodo – scrivono i giudici – aveva ricevuto «una richiesta estorsiva accompagnata dalla minaccia di sequestro del figlio, collegata all'attentato», ma non l'aveva denunciata. Cosí le indagini non approdano a nulla, almeno fino al 28 novembre 1986, quando gl'inquirenti milanesi intercettano per caso (nell'ambito di un processo per bancarotta a carico di Dell'Utri) una telefonata fra Berlusconi e Confalonieri da un capo del telefono, e Dell'Utri dall'altro: quella sera il palazzotto di via Rovani ha subíto un altro attentato. I tre interlocutori, parlandone a caldo, rievocano la bomba del 1975, attribuendo anche quella a Mangano. Insomma, già nel 1975,

> malgrado non si nutrissero dubbi in merito al responsabile [Mangano, *nda*], nessuna utile indicazione all'epoca era stata offerta agli investigatori; ma, al contrario, si era deciso addirittura di non denunciare direttamente l'attentato. In questa sede, il teste Confalonieri, pur confermando le minacce di sequestro ricevute non piú tardi del 1976 («...Io ricordo una lettera con... delle lettere dei ritagli di giornale e una croce in fondo...») e malgrado il tenore letterale della conversazione intercettata, ha negato che fossero state fatte ipotesi sui possibili responsabili («...venne fatta qualche ipotesi? Si fece l'ipotesi di scappare»), giungendo finanche a negare un precedente attentato dinamitardo. Secondo il teste Confalonieri, sarà proprio in concomitanza con queste minacce, subito dopo l'allontanamento di Mangano, che Berlusconi, dopo essersi rifugiato all'estero per alcuni mesi con la sua famiglia, si era premunito con un adeguato sistema di difesa privata. Quanto sopra dimostra, ancora una volta, che, prima di quel momento, Silvio Berlusconi aveva ritenuto che la protezione della sua famiglia potesse essere adeguatamente garantita ed assicurata dalla sola presenza di Mangano a villa Arcore. [Dice Confalonieri]: «Proprio a causa di quelle minacce, Berlusconi prese la sua famiglia e la portò in Svizzera; io mi ricordo che andammo anche a accompagnarlo con Dell'Utri a Nyon, vicino a Ginevra. Poi stettero lí un paio di settimane e poi andarono nel sud della Spagna, a Marbella, e stettero lí qualche mese [...]. Fu da lí che cominciò a circondarsi di guardie private...». [...] A riprova ulteriore del fatto che, in epoca antecedente, lo stesso servizio veniva assicurato diversamente.

E Dell'Utri:

> Berlusconi aveva fatto fare un pullman blindato per fare Roma-Milano, quell'epoca, i sequestri erano all'ordine del giorno, dopo Mangano, Berlusconi si attrezzò... con un corpo di guardia considerevole, che è sempre aumentato, sino a essere un esercito.

La continuità dei rapporti tra Dell'Utri e Mangano. Dell'Utri continua a frequentare Mangano «anche dopo l'allontanamento di questi da Arcore». Il boss catanese pentito Antonino Calderone racconta che il 24 ottobre 1976, giorno del suo quarantunesimo compleanno, pranzò al ristorante milanese «Le colline pistoiesi» con Nino Grado, Mangano e Dell'Utri:

> Dell'Utri Marcello, me l'hanno presentato, lui (Mangano) mi diceva che era il suo principale. [...] Io e Nino Grado eravamo li al ristorante e sono entrati

Mangano e questo signore, era vestito molto elegante, con ricercatezza, e Nino Grado si è alzato per andarlo a salutare, a ossequiare [...] con molta deferenza.

Dichiarazioni riscontrate da varie prove, comprese le ammissioni dello stesso Dell'Utri:

L'episodio riferito dal Calderone è vero. [...] Io frequentavo abitualmente questo ristorante, e ho avuto talvolta occasione di pranzare con il Mangano in periodo successivo all'allontanamento di quest'ultimo dalla villa di Arcore. Invero, come ho già spiegato, proprio perché mi ero reso conto della personalità del Mangano, pur dopo il suo allontanamento da Arcore, avevo un certo timore nei suoi confronti, e quando lo incontravo non lo respingevo, ma accettavo la sua compagnia. È chiaro che nella circostanza ho pranzato con il Mangano e con queste altre persone, che egli come al solito mi avrà presentato come amici, senza farmene i nomi. Infatti non conosco né il Calderone, né i fratelli Grado.

Ma, per il Tribunale di Palermo, «appare smentita dallo stesso comportamento dell'imputato la tesi difensiva che vorrebbe attribuire solo a un atteggiamento di timore la prosecuzione dei suoi rapporti con Mangano». Anche perché il braccio destro del Cavaliere si è autosmentito in un'intervista del 1° luglio 1996 sul Tgr Sicilia: «Non vedo niente di strano nel fatto che io abbia frequentato il signor Mangano, e lo frequenterei ancora adesso...».

Appare evidente che le motivazioni (timore di eventuali ritorsioni) addotte dall'imputato per giustificare il mantenimento dei rapporti con il Mangano costituiscono un mero espediente difensivo da addurre solo all'interno delle aule giudiziarie, ma non da manifestare all'esterno. Dal canto suo, sentito in dibattimento sul pranzo al ristorante «Le Colline Pistoiesi», Mangano ha decisamente negato l'episodio.

La «mafiosità» di Vittorio Mangano

Secondo Dell'Utri, Berlusconi & C., quando fu assunto ad Arcore Mangano era uno stinco di santo e solo dopo si guastò. In realtà, già prima di arrivare ad Arcore nel 1974, il presunto stalliere era un delinquente in servizio permanente effettivo.

Per quanto riguarda il periodo precedente, il 16 agosto 1972 Mangano Vittorio era stato fermato in compagnia di Mafara Gioacchino e, il successivo 23 agosto 1972, era stato sorpreso, all'ingresso dell'autostrada PA-CT, in compagnia di La Rosa Antonino e Vernengo Antonino, quest'ultimo imputato nel procedimento penale «maxi-uno» e indicato da Contorno Salvatore come esperto nella trasformazione della morfina base in eroina [...]. L'ispettore Piu ha fatto riferimento anche all'arresto del Mangano, il 15 febbraio 1972, a seguito di un ordine di cattura della Procura di Milano per tentata estorsione, a ulteriore dimostrazione della presenza di Mangano in quella città ben prima del suo trasferimento nella villa di Arcore, registrato all'anagrafe di quel Comune il 1° luglio 1974. Il 27 dicembre 1974, l'arresto di Mangano da parte dei carabinieri [...] per truffa, pochi giorni dopo il sequestro D'Angerio. Dopo soli 26 giorni, il 22 gennaio 1975, a causa di un difetto di notifica, Mangano veniva scarcerato dalla Casa Circondariale di Termini Imerese e faceva rientro ad Arcore. Il 1° dicembre '75 veniva nuovamente arrestato per porto di coltello proibito in compagnia della moglie, ed entrambi dichiaravano di risiedere ad Arcore, presso la villa San Martino. Il 6/12/1975 Mangano veniva scarcerato per fine pena e dichiarava di eleggere domicilio in Arcore, via Villa San Martino n. 42.

La carriera criminale di Mangano, «testa di ponte di Cosa nostra a Milano», prosegue dopo l'uscita da villa Berlusconi.

Nel periodo successivo, Mangano veniva raggiunto da una serie di provvedimenti giudiziari e misure restrittive fino a che, nel maggio 1980, veniva tratto in arresto ad Arcore, su segnalazione della Questura di Palermo, nell'ambito di una vasta operazione che vedeva coinvolti numerosi importanti personaggi inseriti in Cosa nostra palermitana; da questa indagine scaturiva il processo a carico di Spatola Rosario + altri, [...] istruito dal dr. Giovanni Falcone, avente a oggetto un vastissimo traffico internazionale di eroina e morfina base [...]. Importanti elementi di prova erano emersi dalle intercettazioni telefoniche sulle utenze intestate ad alcuni esercizi commerciali riconducibili agli Inzerillo e su quelle dell'hotel «Duca di York» di Milano, ove alloggiava a quel tempo il Mangano. [...] Mangano aveva ritenuto di poter camuffare i traffici illeciti usando espressioni riferibili al commercio di cavalli [...]. Mangano, nell'ambito di quel gruppo, svolgeva il compito di curare la compravendita di sostanze stupefacenti nella piazza di Milano [...]. Nel corso della disposta intercettazione dell'utenza telefonica in uso al Mangano presso l'Hotel Duca di York, emergeva una serie di contatti con talune società ubicate nella via Larga nr. 13 di Milano, i cui amministratori risultavano a loro volta avere rapporti con tale «Tanino» (il noto latitante Martello Ugo), e la indicazione di quell'indirizzo come luogo di abituale incontro tra esponenti di Cosa nostra operanti nel milanese. In particolare, nella ricordata sentenza si faceva riferimento, oltre allo stesso Mangano, ai fratelli Fidanzati, ad Alfredo Bono, a Gaetano Carollo e ai fratelli Enea. Il Tribunale riteneva che la sede di questi uffici fosse divenuta un vero e proprio covo e cioè un luogo di ritrovo di personaggi di notevole statura mafiosa.

Ne parla anche Paolo Borsellino (che il processo maxi-uno istruí insieme a Falcone) nell'ultima intervista rilasciata prima di morire ai giornalisti francesi Fabrizio Calvi e Jean-Pierre Moscardo. È il 21 maggio 1992, due giorni prima della strage di Capaci e 59 giorni prima di quella di via d'Amelio:

Mangano l'ho conosciuto in epoca addirittura antecedente al maxi processo perché tra il '74 e il '75 Mangano restò coinvolto in un'altra indagine che riguardava talune estorsioni fatte in danno di talune cliniche private palermitane che presentavano una caratteristica particolare, ai titolari di queste cliniche venivano inviati dei cartoni con all'interno una testa di cane mozzata. [...] Poi l'ho ritrovato nel maxi processo perché Mangano fu indicato sia da Buscetta che da Contorno come uomo d'onore appartenente a Cosa nostra [...]. Risiedeva abitualmente a Milano, città da dove, come risultò da numerose intercettazioni telefoniche, costituiva un terminale di traffici di droga che conducevano le famiglie palermitane. [...] Mangano risulta l'interlocutore di una telefonata intercorsa fra Milano e Palermo nel corso della quale lui, conversando con altro personaggio delle famiglie mafiose palermitane, preannuncia o tratta l'arrivo di una partita di eroina chiamata alternativamente, secondo il linguaggio convenzionale che si usa nelle intercettazioni telefoniche, come magliette o cavalli. Mangano è stato poi sottoposto al processo e condannato proprio per questo traffico di droga [...] in primo grado, una pena di 13 anni e 4 mesi [...], all'inizio del 1988. [...] Era uno di quei personaggi che erano i ponti, le teste di ponte dell'organizzazione mafiosa nel Nord Italia.

I collaboratori di giustizia, peraltro, sono unanimi nel datare l'affiliazione di Mangano a Cosa nostra «fin dagli anni 70». Ricordano i giudici che

a Mangano Vittorio e alla sua formale affiliazione a Cosa nostra ha fatto riferimento il collaboratore di giustizia Cancemi Salvatore [...], il quale ha riferito che, quando lui era stato combinato (e cioè nel 1976 circa), era stato proprio Mangano Vittorio a fargli da «padrino», circostanza dalla quale si ricava con evidenza il fatto che il Mangano, all'epoca, fosse già uomo d'onore [...]. Un quadro probatorio univoco che conferma l'attivo inserimento di Mangano in Cosa nostra e la sua formale affiliazione in un periodo quantomeno contemporaneo alla sua permanenza ad Arcore.

La telefonata dall'hotel Duca di York

Nel 1980 la Criminalpol di Milano intercetta il telefono della suite occupata da Mangano all'hotel Duca di York di Milano:

Tra le telefonate intercettate (il cui tenore aveva consentito di disvelare i loschi traffici ai quali il Mangano si era dedicato in quegli anni) si inserisce quella del 14 febbraio 1980 intercorsa tra Vittorio Mangano e Marcello Dell'Utri [all'epoca residente nel palazzo di Rapisarda, in via Chiaravalle 7 a Milano, *nda*]. Quella conversazione [...] dimostra in modo inequivocabile che i rapporti tra Mangano e Dell'Utri non si sono mai interrotti ed anzi sono continuati anche dopo l'allontanamento del primo da Arcore, trovando un periodo di sospensione dovuto alla carcerazione del Mangano per riprendere, dopo il ritorno in libertà dello stesso negli anni 90.

Sono le 15.44 del 14 febbraio 1980:

Dell'Utri – Pronto?
Mangano – Buonasera, il dottore Dell'Utri?
Dell'Utri – Oh, caro mister!
Mangano – Minchia! Sempre occupato 'sto telefono!
Dell'Utri – Sí, e per forza. Perché senza ufficio, questa è diventata casa, ufficio, tutte cose.
Mangano – Ah, l'appartamento, lí è?
Dell'Utri – Sí, a casa.
Mangano – Perbacco, allora mi dispiace averlo disturbato!
Dell'Utri – Chi mi disturba? Io stavo lavorando qua, per cui... Dov'è, dov'è?
Mangano – Sono in albergo. Ha telefonato Tony Tarantino?
Dell'Utri – Mah, ieri c'ho parlato. Avevo telefonato io, però.
Mangano – Oggi doveva telefonare per darci l'appuntamento per me.
Dell'Utri – Esatto, mi disse che alle quattro mi chiamava.
Mangano – Alle 4. Io invece, siccome forse lui deve andare fuori, comunque...
Dell'Utri – Eh, eh.
Mangano – Eh, ci dobbiamo vedere?
Dell'Utri – Come no? Con tanto piacere!
Mangano – Perché io le devo parlare di una cosa...
Dell'Utri – Benissimo.
Mangano – Anzitutto un affare.
Dell'Utri – Eh be', questi sono bei discorsi.
Mangano – Il secondo affare che ho trovato per il suo cavallo...
Dell'Utri – Davvero? Ma i *piccioli* [i soldi] chi ce li ha?
Mangano – Eh va be', questo è niente.
Dell'Utri – No, questo è importante.
Mangano – Perché? Non ce ne hai?
Dell'Utri – Senza piccioli non se ne canta messa
Mangano – Ne hai tanti di piccioli! Non buttatevi indietro.
Dell'Utri – No, no, non scherzo! Sono veramente in condizioni di estremo bisogno.
Mangano – Vada dal suo principale! Silvio!
Dell'Utri – Quello *n'sura* [è un santo che non suda, cioè non «sgancia», *nda*], manco se...
Mangano – *N'sura*. Ma parola d'onore!
Dell'Utri – Eh veramente... No, le dico tutto. Ho dovuto pagare per mio fratello [Alberto, arrestato a Torino per il crac Venchi Unica, *nda*] soltanto otto milioni solo per la perizia contabile, sto uscendo pazzo, poi ho bisogno di soldi per me per gli avvocati perché sono nei guai [Marcello è indagato per la bancarotta della Bresciano Costruzioni, *nda*]... perché sempre per il discorso del pazzo là [Rapisarda]. Ci dico veramente, io me la prendo a ridere, perché insomma ad un certo punto...
Mangano – Ah, va be', sí che si può fare?
Dell'Utri – Anche perché uno... la salute, guarda, è veramente la cosa piú im-

portante, per cui dico... sono miliardario perché c'ho la salute! Purtroppo bisognerà affrontare anche le situazioni...
Mangano – E lui dov'è, sempre lí a Torino?
Dell'Utri – Alberto, mio fratello. Sí, a Torino. Sí, sí, a Torino.
Mangano – A Torino.
Dell'Utri – Adesso spero che entro un mese ci levano 'sta *camurria*...
Mangano – E rientra.
Dell'Utri – E rientra, insomma si può muovere, comincerà a lavorare... sa, eh...
Mangano – E l'ufficio?
Dell'Utri – L'ufficio non c'è piú, l'ho levato. Dov'ero prima io, lei ci venne.
Mangano – Ho capito...
Dell'Utri – La società [la Bresciano] fallita, è venuto il Tribunale, curatori sigilli, eccetera, ed hanno chiuso, tutto... e quindi sono in mezzo ad una strada.
Mangano – E Tonino [o Tanino, forse Ugo Martello, *nda*] l'ha inteso?
Dell'Utri – Sí, l'ho sentito.
Mangano – E le ha detto qualcosa di me?
Dell'Utri – No, niente. Mi ha detto che deve venire lui, a fine mese-inizio di marzo. Sí, m'ha detto che lei doveva venire, anche lui dice se vi sentite perché deve venire. Tutto qua, non mi ha detto altro.
Mangano – Va bene. A che ora ci vediamo?
Dell'Utri – Quando dice lei.
Mangano – No, va bene.
Dell'Utri – Dov'è lei? Al solito in Via Moneta?
Mangano – Eh, sí.
Dell'Utri – E allora si telefona a Tonino? Se mi telefona, aspettava la sua telefonata, oppure...?
Mangano – No, perché lui mi pare che alle 4 telefona.
Dell'Utri – Allora che fa? L'aspetto o non l'aspetto?
Mangano – Sí. Meglio è [...]. È ora che la sbrogliamo 'sta cosa.
Dell'Utri – Va bene.
Mangano – Va bene.
Dell'Utri – Ok.
Mangano – Arrivederci.

Su questo inquietante colloquio – scrivono i giudici – Dell'Utri

ha fornito una sua chiave di lettura non coincidente affatto con il significato letterale delle frasi utilizzate dai due interlocutori. Anzitutto è chiaro che questa telefonata non costituisce un episodio isolato, ma è solo una delle occasioni di incontro tra Mangano e Dell'Utri, inserite in una rete di contatti che li accomuna. [...] Appare chiaro che l'«affare» di cui si trattava, in relazione al quale non veniva chiesto alcun chiarimento, segno evidente che entrambi ben sapevano di cosa si trattasse, era proposto direttamente da Mangano a Dell'Utri, il quale, infatti, pur dimostrandosi ben disponibile, dichiarava di non potere accettare per mancanza di denaro e rispondeva immediatamente «per questo dobbiamo trovare i soldi», «sono veramente in condizioni di estremo bisogno». Quindi, il riferimento alla persona del «principale» di Dell'Utri, cioè Silvio Berlusconi (malgrado in quel periodo l'imputato non avesse con lo stesso rapporti di tipo lavorativo e malgrado non abitasse piú ad Arcore), è fatto solo per indicare una persona che avrebbe potuto favorirlo.

E l'«affare» del presunto «cavallo»?

Il significato da attribuire alle espressioni utilizzate dai due interlocutori rende ininfluente la produzione documentale offerta dalla difesa dell'imputato, costituita da una scrittura privata, apparentemente risalente al 1974 (priva, però, di qualsiasi data certa) e asseritamente ritrovata solo di recente nella biblioteca di villa Casati, concernente l'acquisto da parte del Mangano di una cavalla purosangue da potere di tal Pepito Garcia. Ma tale circostanza non è stata riferita né da quest'ultimo, né tanto meno dallo stesso Mangano, il quale fornisce una ulteriore versione affermando che la cavalla in questione, pur trovandosi ad Arcore, non era custodita in una stalla della villa di Berlusconi, bensí nel vicino maneggio del Pepito Garcia.

Il matrimonio londinese di Jimmy Fauci

Il 19 aprile 1980 il narcotrafficante Girolamo Maria Fauci detto «Jimmy», siciliano trapiantato in Inghilterra, si sposa a Londra con una ragazza inglese, Shanon Green. Fra gli invitati che partecipano alla messa e al ricevimento ci sono Dell'Utri, Cinà e i boss Teresi e Di Carlo (in quel periodo latitante a Londra, dove lavora come copertura alla «Fauci Continental Imports»). Bontate, pur invitato, non ha potuto intervenire. Di Carlo racconta ai giudici che Fauci era socio occulto dei mafiosi Bontate, Teresi, Cinà e Santo Inzerillo, fratello di Salvatore, capoclan dell'Uditore; e che Dell'Utri e Teresi, seduti al suo tavolo, erano stati invitati dallo sposo. Fauci conferma l'elenco dei partecipanti al banchetto, ma sostiene che lui Dell'Utri non lo conosceva, dunque poteva averlo invitato solo il comune amico Cinà. Dell'Utri, una volta note le dichiarazioni di Di Carlo, fornisce la sua versione in un'intervista a Giampiero Mughini per *Panorama*, il 12 dicembre 1996:

> Cinà mi aveva detto che un tal giorno sarebbe stato a Londra dove un amico siciliano avrebbe sposato una giovane londinese. Il caso voleva che anch'io, quel giorno, sarei stato a Londra, dove volevo visitare una grande mostra dedicata ai Vichinghi. Perciò andai al matrimonio, che si svolse in un grande locale a Piccadilly Circus, e dov'era quella strana mescolanza di facce siciliane e buona società londinese.

Concludono i giudici:

> Casuale o concordata che fosse stata la sua presenza a Londra il giorno delle nozze, è rimasto incontrovertibilmente accertato che Marcello Dell'Utri ha accettato l'invito rivoltogli dal coimputato, sodale ed amico di sempre, Cinà Gaetano, il quale, pur essendo necessariamente a conoscenza della «personalità» di alcuni degli invitati palermitani e dello stesso sposo, non si fece scrupolo alcuno di fare intervenire Dell'Utri alla cerimonia in chiesa ed al trattenimento successivo perché, evidentemente, era ben consapevole che alcune di quelle facce, «che non erano proprio quanto di piú... come posso dire...» (espressione che, secondo il giornalista Mughini, aveva usato Dell'Utri per descrivere negativamente alcuni degli invitati siciliani), erano le facce di Di Carlo e Teresi soggetti ben conosciuti dallo stesso Dell'Utri perché incontrati in precedenti occasioni [...]. Si ricorderà, infatti, che il Cinà è stato l'organizzatore dell'incontro a Milano, avvenuto nel 1974, tra Dell'Utri e Silvio Berlusconi con il Bontate, il Teresi e lo stesso Cinà, al quale aveva partecipato anche il Di Carlo. Conclusivamente, è rimasto accertato che Dell'Utri ha preso parte al matrimonio del Fauci, trafficante di sostanze stupefacenti. [...] Di Carlo ha dichiarato di avere preso informazioni dal Fauci sul conto delle persone invitate al matrimonio al fine di non correre rischi in ordine alla sua condizione di latitante. Orbene, la presenza di Dell'Utri, non solo non gli creò alcuna preoccupazione, ma fu occasione per intrattenersi con Dell'Utri prima della cerimonia religiosa e, poi, sedersi al suo stesso tavolo durante il banchetto. La notoria, pluriennale amicizia del Cinà con Dell'Utri e i rapporti tra i due e il Teresi, ben conosciuti dal Di Carlo, tranquillizzavano quest'ultimo sul fatto che la sua latitanza a Londra non sarebbe mai stata segnalata da alcuno dei predetti, tanto meno da Dell'Utri che sapeva vicino ad esponenti prestigiosi e potenti di Cosa nostra.

Rapisarda, il nemico-amico

Alla fine del 1977, poco dopo la partenza di Mangano da Arcore, anche Dell'Utri lascia Berlusconi e va a lavorare nel gruppo «Inim» di Rapisarda, il terzo gruppo immobiliare d'Italia, che controlla a Milano varie società. Diventa presidente e consigliere delegato della Bresciano costruzioni Spa (con sede in via Chiaravalle 9); consigliere della Cofire (Compagnia Fiduciaria di Consulenze e Revisione Spa) e, insieme al fratello gemello Alberto, della Internazionale Immobiliare (Inim Spa). Di quest'ultima Rapisarda era socio al 60 per cento insieme a Francesco Paolo Alamia e Angelo Caristi. Anche al processo di Palermo, come già in precedenza, Rapisarda lancia pesanti accuse a Dell'Utri. Ma alla fine, visti i continui *stop and go* della sua collaborazione, fra attacchi e retromarce, il Tribunale ne dà «un giudizio di sostanziale inattendibilità intrinseca». Salvo sui punti che hanno «trovato autonoma conferma e riscontro in altre fonti di prova».

La collaborazione Rapisarda-Dell'Utri. Sentito il 5 maggio 1987 dal giudice milanese Giorgio Dalla Lucia nel processo per il crac Bresciano, Rapisarda dice di essere stato minacciato dai fratelli Bono e da Antonio Virgilio, ma anche dal gruppo Berlusconi, «a cagione delle accuse da lui in precedenza mosse nei confronti dei fratelli Marcello e Alberto Dell'Utri». Rapisarda racconta che era stato Cinà a raccomandargli caldamente l'assunzione di Dell'Utri. Il quale conferma di aver iniziato a lavorare nel gruppo Rapisarda nell'ottobre 1977 «malgrado non avesse avuto in precedenza alcuna esperienza nel settore in cui lavorava la Bresciano» e di essere andato da Rapisarda con Cinà. Ma nega che questi l'avesse raccomandato. I giudici non gli credono:

> Non si vede quale altra ragione potesse giustificare la presenza di quel modesto commerciante palermitano (ma con stretti legami ed importanti conoscenze con i vertici di Cosa nostra) nell'incontro di lavoro con Rapisarda a Milano, se non quella di «raccomandare» il suo giovane amico

Dice Dell'Utri al Tribunale di Palermo:

> Rapisarda mi ha fatto una corte spietata, lo ripeto, altro che assumermi perché la mafia gliel'aveva chiesto! Ma quale mafia! [...] Di Cinà, Rapisarda non mi ha detto nulla. Mi diceva soltanto, quando poi siamo entrati in confidenza eccetera, non so per quale motivo, che lui conosceva a Palermo pezzi grossi della mafia: «Io conosco Tizio, Caio e Sempronio». E io ho detto, visto che lui millantava, per non sentirmi meno importante di lui, dicevo: «Anch'io conosco Tizio, Caio e Sempronio». Ma questo è vero che io l'ho detto, ma ripeto solo per questa esclusiva ragione...

Qui Dell'Utri commette un autogol clamoroso, spiegando da autentico intenditore perché, ai suoi occhi, Rapisarda non poteva essere un vero mafioso:

> Il discorso di Rapisarda mafioso fa ridere, perché se c'è uno che non può essere mafioso è Rapisarda, in quanto proprio è uno che parla in maniera sconsiderata di tutto e di tutti e credo che sia anche una persona che non ha nessun senso dell'amicizia, nessun rispetto dell'amicizia, cioè secondo me è completamente fuori da ogni logica diciamo cosí di carattere semplicemente da questo punto di vista mafioso.

«Parole queste – osserva il Tribunale – che si commentano da sole». Ma perché è cosí importante l'assunzione di Dell'Utri nel gruppo Rapisarda? Perché – spiegano i giudici – Rapisarda aveva «complessi intrecci con personaggi certamente vicini alla criminalità organizzata». Per esempio il suo socio Alamia, «soggetto notoriamente in rapporti con Vito Ciancimino, già sindaco di Palermo, condannato in via definitiva per la sua partecipazione a Cosa nostra». Per non dire degli «accertati contatti con mafiosi del gruppo Cuntrera-Caruana nel periodo di latitanza del Rapisarda seguito all'emissione dei provvedimenti restrittivi per il fallimento della Venchi Unica». E ancora:

> Siino ha riferito di un viaggio [fra il 1977 e il '79, *nda*] effettuato a Milano con Stefano Bontate in occasione del quale ebbe ad incontrare Marcello Dell'Utri (già conosciuto a Palermo, dove avevano frequentato la stessa scuola, e Siino era stato compagno di classe del fratello, Giorgio Dell'Utri), proprio mentre l'imputato scendeva le scale dell'ufficio di via Larga insieme allo stesso Bontate e a Martello Ugo [...]. Siino ha riferito che, in quello stesso periodo (quando, cioè, Dell'Utri non era piú vicino a Berlusconi), ebbe ad accompagnare a Milano Stefano Bontate il quale, in quella città, doveva «intervenire» presso alcuni «calabresi» che volevano rapire Silvio Berlusconi. [...]. E fu proprio nel corso di questo viaggio che Bontate, parlando con Siino, ebbe a commentare il fatto che i Pullarà (autorevoli esponenti della sua stessa famiglia mafiosa i quali, dopo la uccisione di Bontate, ebbero a subentrargli nella stessa posizione di vertice, essendo vicini ai corleonesi di Salvatore Riina) stavano vessando Berlusconi con esose richieste di denaro (gli stavano «tirando il radicone»), indirettamente confermando le difficoltà incontrate dall'imprenditore milanese nel periodo in cui Dell'Utri non era al suo fianco.

Eccolo, il racconto di Siino:

> Bontate diceva che i Pullarà generalmente avevano protetto il Berlusconi da un... dalle ingerenze calabresi, dalle vessazioni che gli facevano i calabresi e praticamente, per questo avevano avuto da Berlusconi notevoli riscontri, rientri in denaro: addirittura usò una frase particolare, «i Pullarà ci stanno tirando *u radicuni*», cioè lo stanno quasi per sradicare, perché questa protezione gli veniva fatta pagare a caro prezzo [...]. Praticamente dice: «Al Berlusconi lo stanno ben spazzolando, lo stanno restringendo». [...] Addirittura lui mi raccontò che, in un night, una discoteca, un locale, i Pullarà erano intervenuti per difendere personalmente non so se lo stesso Berlusconi, suo fratello, qualche suo congiunto, che era stato offeso in maniera plateale, [...] provocato dai calabresi [...]. Allora Berlusconi si occupava di edilizia, per cui praticamente lui diceva che i calabresi gli davano notevoli fastidi. Poi ho saputo che anche lui [Bontate] e Mimmo Teresi soprattutto, si erano occupati... per fargli acquistare una televisione a Palermo. [...] Il rapporto tra il Bontate e il Berlusconi era un po' sbandierato, non dal Bontate che era un tipo diciamo... signorile, ma soprattutto da Teresi. Teresi ogni tre parole diceva «Berlusconi è amico mio...», dice che si dava addirittura del tu con Paolo Berlusconi. [...] Lo portavano piú come un fatto di amicizia, forse iniziata... con problemi di ordine estorsivo, ma sicuramente dopo non fu piú cosí, perché io, per esempio quando è stato il fatto delle televisioni, ho visto che si interessavano in maniera assidua.

Ma Siino racconta anche una terza missione a Milano insieme al mafioso Giacomo Vitale (cognato di Bontate, coinvolto nel falso sequestro Sindona), per incontrare ancora Dell'Utri «nei primi mesi del 1979», dopo la *débâcle* del gruppo Rapisarda. I due si vedono con Dell'Utri in un ristorante e lí Vitale gli chiede di intervenire sul presidente di Mediobanca Enrico Cuccia in difesa di Sindona. Ma Dell'Utri risponde picche, perché Cuccia con la mafia non voleva avere nulla a che fare. Al che Vitale dice, presenti Siino e Dell'Utri, che «a Cuccia bisogna farla pagare». Infatti, qualche tempo dopo, gli farà bruciare la porta di casa.

Le holding di Silvio Berlusconi

Come nacque la Fininvest? E con quali capitali? A queste domande ha cercato di rispondere la Procura di Palermo, a caccia di riscontri alle numerose accuse dei collaboratori di giustizia sul riciclaggio del denaro di Cosa nostra (in particolare del «tesoro di Bontate»). Indagati fin dal 1994 nel procedimento penale 6031/94 per «concorso in riciclaggio continuato con Bontate, Teresi e altri ignoti, commesso in Palermo, Milano ed altrove dal 1980-1981 in poi», Berlusconi e Dell'Utri sono stati poi archiviati per decorrenza dei termini. Punto di partenza: le dichiarazioni rese da Rapisarda il 5 maggio 1987 al giudice istruttore di Milano. Quel giorno, ricorda il Tribunale,

> il Rapisarda aveva riferito di avere incontrato, nel 1978 in Piazza Castello a Milano, il Bontate ed il Teresi e di avere appreso da quest'ultimo che stava per entrare in società con Silvio Berlusconi in una azienda televisiva per la quale occorrevano 10 miliardi. Al riguardo, gli aveva chiesto, tra il serio ed il faceto, il suo parere sulla «bontà» dell'affare. Lo stesso Rapisarda era tornato sull'argomento, il 7 novembre ed il 12 dicembre 1997, nel corso di spontanee dichiarazioni rese alla Procura della Repubblica, riferendo che, nel 1980-1981, Marcello dell'Utri aveva chiesto ed ottenuto dal Bontate e dal Teresi un finanziamento di 20 miliardi da utilizzare per l'acquisto di «pacchetti-film».

Dichiarazioni poi arricchite dalle rivelazioni dei pentiti Pennino e Cannella, oltreché dello stesso Rapisarda. Ma anche e soprattutto da alcune note informative della Dia, da cui risulta che

> – nella costituzione della società televisiva Trinacria Tv era intervenuta la società Par.Ma.Fid, indicata come società in rapporti con Monti Luigi e Virgilio

> Antonio, coinvolti nel processo penale susseguente alla Operazione San Valentino a cagione dei loro rapporto con esponenti mafiosi;
> – la stessa Par.Ma.Fid aveva interessi nella Realtyfin Spa, società cardine del gruppo facente capo a Virgilio Antonio;
> – alle suddette società del gruppo televisivo Fininvest erano interessati soggetti vicini all'associazione mafiosa.

A questo punto la Procura allargava le indagini all'acquisizione di altre tv siciliane da parte del gruppo Berlusconi, attraverso le innumerevoli «Holding Italiana» (numerate dalla 1 alla 37) che stavano dietro la Fininvest:

> Si riteneva, in particolare, che molte delle holding del gruppo Fininvest (ed in specie, la Holding Italiana Sesta, Settima, Ottava, Nona, Decima, Undicesima, Dodicesima, Tredicesima, Quattordicesima, Quindicesima, Sedicesima, Diciassettesima, Diciottesima) erano state interessate a un complesso iter di trasferimenti di quote della Trinacria Tv, che venivano trasferite a partire dal 16 dicembre 1983 dalla detta Par.Ma.Fid. Spa alle suindicate holding, per poi essere acquisite dalla società Rete 10 Srl; e che, pertanto, era essenziale l'acquisizione degli atti costitutivi, libri soci e libri giornale delle società al fine di consentire l'individuazione dei titolari delle azioni e per l'accertamento dei passaggi azionari e delle operazioni economiche effettuate, nel periodo in cui sono avvenuti i fatti per cui si procede; nonché [...] era necessaria l'acquisizione dei dati relativi anche alle holdings non menzionate. Tale attività portava, dunque, alla redazione – da parte del dott. Francesco Giuffrida – designato all'uopo, su richiesta di questa Procura, dalla Banca d'Italia – di una «Prima consulenza tecnica», che rendeva noti i risultati sin lí acquisiti sulle holdings. Consulenza che poi – per lo spirare dei termini di indagine – non poté essere completata dal consulente.

Al dibattimento, poi, Rapisarda racconta fatti nuovi,

> ricordando di essere stato, tra l'altro, testimone oculare di un particolare episodio quando, entrato nell'ufficio di Dell'Utri (all'epoca suo collaboratore), aveva notato la presenza di Bontate e Teresi attorno ad un tavolo su cui erano posate due sacche piene di soldi, mentre lo stesso Dell'Utri era impegnato in una conversazione telefonica con Berlusconi.

Intanto, in fase d'indagine, Di Carlo, Pennino e Cannella hanno parlato del «reinvestimento di denaro "sporco" da parte di Dell'Utri nel periodo dal 1975 in poi (con riferimento, in astratto, sia al gruppo Berlusconi sia a quello facente capo allo stesso Rapisarda)». Ma al processo Dell'Utri, sia Cannella sia Pennino innescano la retromarcia e minimizzano le accuse lanciate in precedenza. Cannella però «non ha potuto fare a meno di confermare che

Vitale, cognato di Bontate Stefano, gli aveva confidato che Dell'Utri "si era fottuto i *piccioli* di Bontate"». Piú pesante la ritrattazione di Pennino, che secondo i pm ha tenuto su questo punto un atteggiamento «suicida». Resta in ogni caso la consulenza Giuffrida, importantissima per la Procura: «seppure non vi sia stata prova diretta di un passaggio di denaro fresco da ambienti per cosí dire "mafiosi" alla Fininvest», può essere utile a «verificare le dichiarazioni di testi e collaboranti, i quali avevano riferito che Marcello Dell'Utri aveva manifestato la sua disponibilità a reinvestire notevoli somme di denaro di origine illecita con riferimento alla Fininvest, in un periodo compreso tra la fine degli anni 70 e l'inizio degli anni 80». Infatti Rapisarda aveva parlato di un investimento di capitali mafiosi nella Fininvest per 10 miliardi nel 1978-79 e per 20 miliardi nel 1980-81. Prosegue il Tribunale:

> Il dott. Francesco Giuffrida ha effettuato la sua indagine verificando le modalità di costituzione delle holding 1/25, costituenti la base sociale della Fininvest nel 1978, con riguardo agli anni successivi ma anche a quelli precedenti; era risultato, infatti, dall'esame della parziale documentazione acquisita, che i flussi finanziari utilizzati dalle holding erano già nella disponibilità del gruppo Fininvest in anni precedenti al 1978 e cioè sin dalla costituzione della Fininvest Roma. [...] Il pm ha correttamente ammesso che, neppure in questa sede, sono stati acquisiti elementi probatori del reato di riciclaggio ma ha osservato che l'accurata indagine affidata al dott. Giuffrida ha consentito di evidenziare alcuni riscontri estrinseci alle dichiarazioni del Rapisarda e del Di Carlo, mentre la relazione del consulente della difesa [il professor Paolo Jovenitti, nominato da Dell'Utri per controbattere a Giuffrida, *nda*] non ha contribuito a chiarire la natura di alcune operazioni finanziarie «anomale» e a evidenziare la correttezza delle risultanze societarie, contabili e bancarie del gruppo Fininvest, in modo da escludere, una volta per tutte, la possibilità che Dell'Utri avesse utilizzato la Fininvest per la sua attività di riciclaggio.

Il Tribunale concorda: i finanziamenti alle holding della Fininvest restano poco trasparenti.

> Le conclusioni alle quali è pervenuto il consulente del pm, il quale ha evidenziato tra l'altro la scarsa trasparenza o l'anomalia di molte delle operazioni effettuate dal gruppo Fininvest negli anni 1975-1984, non hanno trovato smentita in quelle alle quali è pervenuto il consulente della difesa Dell'Utri; non è stato possibile, da parte di entrambi i consulenti, risalire, in termini di assoluta certezza e chiarezza, all'origine, qualunque essa fosse, lecita od illecita, dei flussi di denaro investiti nella creazione delle holdings del gruppo Fininvest. Ed allora le «indicazioni» dei collaboranti e del Rapisarda non possono ritenersi del tutto «incompatibili» con l'esito degli accertamenti svolti, i quali

non hanno evidenziato elementi di insuperabile contrasto con le dichiarazioni accusatorie, ma neppure riscontri specifici ed individualizzanti alle stesse. La consulenza redatta dal prof. Iovenitti non ha fatto chiarezza sulla vicenda in esame, pur avendo il consulente della difesa la disponibilità di tutta la documentazione esistente presso gli archivi della Fininvest.

Chiarezza avrebbe potuto fare sulle origini delle sue fortune, Silvio Berlusconi. Ma, come abbiamo visto, il 26 novembre 2002, si è avvalso della facoltà di non rispondere.

Investimenti in Sardegna di Calò, Carboni e Berlusconi

Il boss Pippo Calò, capo del clan mafioso di Porta Nuova a Palermo, coinvolto nella strage del treno 904, investe grandi capitali in Sardegna, in parallelo con Silvio Berlusconi e con Flavio Carboni. Quest'ultimo è definito dai giudici «faccendiere in contatto sia con ambienti dell'alta finanza sia con quelli malavitosi della banda della Magliana e degli usurai (i "cravattari") ai quali ricorreva per finanziarsi». Ne parlano vari collaboranti, tra cui Siino, Mutolo, Di Carlo e Antonio Mancini. Quest'ultimo, già membro della banda della Magliana, racconta

> l'esistenza di stretti rapporti tra esponenti di quel gruppo criminale e rappresentanti di spicco di Cosa nostra e, in particolare, tra Abbruciati Danilo e Calò Giuseppe e Bontate Stefano; l'interesse non solo della «banda» ad investire nel campo immobiliare in Sardegna, ma anche del gruppo facente capo all'imprenditore Silvio Berlusconi.

Il suo racconto è confermato dalle indagini della polizia giudiziaria:

> è stato accertato che Danilo Abbruciati disponeva di un villino trifamiliare ubicato in località Punta Lada di Porto Rotondo, di cui era stato comproprietario Balducci Domenico (altro esponente della banda della Magliana, ucciso il 16 ottobre 1981, il quale aveva poi ceduto la sua quota a Cercola Guido); lo stesso Abbruciati aveva frequentato, nel 1981, la villa abitata temporaneamente da Calvi Roberto e dal faccendiere Pazienza Francesco; la villa del Carboni era stata successivamente acquisita da Silvio Berlusconi.

Degli interessi immobiliare di Calò in Sardegna parlano anche i pentiti Buscetta, Cancemi, Cucuzza, Di Filippo e Scrima. Il tribunale riassume cosí le loro rivelazioni:

> Badalamenti Gaetano aveva messo al corrente Buscetta Tommaso del fatto che Pippo Calò aveva interessi nel campo immobiliare in Sardegna tramite Faldetta Luigi [poi condannato per mafia dal Tribunale di Palermo, *nda*] e che all'«affare» erano interessati anche gli Spataro e Milano Nicola, esponenti della sua stessa «famiglia» di Porta Nuova; Pippo Calò, il quale era in stretti rapporti con due importanti componenti della «banda della Magliana», Diotallevi Ernesto e Balducci Domenico, aveva investito in quella iniziativa ingenti somme di denaro provenienti, in gran parte, da sequestri di persona.

Tutto confermato dalle indagini di polizia.

Il memoriale Pellicani. Emilio Pellicani, già segretario di Carboni, ricorda che quest'ultimo

> si era interessato alla società agricola industriale Punta Volpe Sa, i cui terreni, siti in Costa Smeralda, vennero intestati a varie società [...]; nel 1980 aveva contattato Comincioli Romano, che sapeva essere amico di Silvio Berlusconi, ed aveva illustrato il programma che sarebbe stato possibile realizzare a sud e a nord del comune di Olbia [...]; Berlusconi, Carboni e Comincioli si erano incontrati a Roma, nel marzo 1980, ed avevano varato il progetto «Olbia Due», stanziando un primo investimento di circa 7 miliardi di lire, dei quali mille milioni venivano versati da Silvio Berlusconi, destinato all'acquisto di terreni edificabili; l'impegno finanziario assunto da Berlusconi era venuto man mano aumentando in considerazione del fatto che l'acquisto dei terreni nelle zone a sud e a nord di Olbia, estesi circa 1000 ha [ettari, *nda*], aveva richiesto un esborso di circa 21 miliardi di lire, nel mentre lo stesso Berlusconi, per assicurare la riuscita dell'operazione «Olbia 2» (poi ribattezzata «Costa Turchese»), aveva contattato i componenti della giunta comunale di Olbia e con alcuni esponenti del Consiglio Regionale della Sardegna, tra i quali l'allora presidente Corona Armando [gran maestro della massoneria, *nda*]; nei primi mesi del 1981, il gruppo Edilnord Progetti aveva contattato l'amministrazione comunale di Olbia per presentare un progetto di massima in cui venivano indicati i lineamenti di fattibilità; a seguito di sopravvenute difficoltà di natura finanziaria accusate dall'imprenditore Silvio Berlusconi e dovute alla necessità di far fronte a nuovi impegni nel campo delle televisioni ed in quello immobiliare, il connubio Carboni-Berlusconi aveva sofferto una battuta di arresto ed il Carboni si era messo alla ricerca di nuovi finanziatori, anche ricorrendo ai prestiti usurai da parte del Diotallevi e del Balducci.

Pellicani ricorda altri particolari:

> Si era raggiunto un accordo in base al quale i profitti dell'affare «Olbia 2» sarebbero stati divisi, secondo un «gentlemen agreement», nella misura del 45 per cento ciascuno al Carboni ed a Berlusconi e del 10 per cento al Comincioli; Carboni aveva intrattenuto rapporti usurai anche con gli allora soci Comincioli Romano e Bosco Maria (presso la quale aveva conosciuto Marcello Dell'Utri nel 1975/1976) ed aveva conosciuto personalmente Calò Giu-

seppe, alias «Mario Aglialoro», nonché Di Gesú Lorenzo e Faldetta Luigi. Infine, il teste ha riferito sul conto di Attilio Capra Le Carrè (soggetto presente alla cena a Villa Arcore, la sera del tentato sequestro D'Angerio) e Lo Prete Anton Giulio, i quali hanno venduto a Silvio Berlusconi, con l'intermediazione di Marcello Dell'Utri, la villa, ubicata a Punta Lada, che avevano acquistato dal Carboni.

Le dichiarazioni di Berlusconi. Il Cavaliere conferma, dinanzi al pm milanese Pierluigi Dell'Osso che indaga nel 1982 sul crac dell'Ambrosiano, i suoi affari con Carboni in Sardegna e il ruolo di prestanome svolto dall'amico Comincioli:

> Il mio gruppo ha una piccolissima attività imprenditoriale in Sardegna, a Porto Rotondo. Se ne occupa il mio amico Romano Comincioli, che opera con la società Poderada, la quale ha edificato due costruzioni e ne ha in fase di edificazione altre due. È stato tale mio collaboratore a parlarmi delle varie possibilità imprenditoriali che offriva la zona di Olbia, presentandomi il Sindaco Garzedda e anche il suo successore. I predetti erano interessati [...] ad attirare degli imprenditori della penisola che volessero operare sul posto. Per conto mio il progetto di un rilevante insediamento urbanistico nella zona, di carattere turistico ed anche residenziale [...] costituiva una valida iniziativa imprenditoriale. Siffatta idea di creare una sorta di città satellite, nei limiti del possibile, per Olbia incontrò l'approvazione dei dirigenti degli Enti locali. Peraltro, l'unica possibilità di insediamento era costituita da una zona attigua ad Olbia, indicata dagli stessi amministratori, zona i cui terreni erano in parte in mano al Carboni [...]. Fu cosí che conobbi il Carboni, che mi venne presentato dal Comincioli in Olbia [...]. Comincioli è titolare di una certa società, che ha ricevuto da noi mano a mano i finanziamenti necessari per l'acquisto dei terreni, acquisto effettuato appunto tramite il Carboni. I terreni, una volta acquistati, sono stati intestati a due società fiduciarie del signor Comincioli, società che – una volta che sarà ultimata l'operazione – saranno acquisite dal gruppo Fininvest [...]. Nel contesto di tali rapporti con il Carboni, posso dire che nello ottobre del 1981 il Comincioli mi fece presente che era opportuno prendere dei contatti e fare una visita di presentazione e di cortesia al presidente dell'assemblea regionale sarda, on. Armando Corona [...]. Si trattò di un incontro del tutto formale.

Comincioli, al processo, dice di aver conosciuto Carboni nel 1975 e di aver trattato con lui per acquistare terreni in Sardegna prima per conto proprio e nell'interesse di Berlusconi, al quale presentò Carboni nel 1981-82. Poi ammette di aver conosciuto Balducci, ma non Diotallevi e Abbruciati. E conferma di aver conosciuto Dell'Utri nei primi anni 70 e di aver lavorato in Publitalia fin dal 1985.

Che Carboni usasse capitali mafiosi per quell'affare, è per i giudici omai accertato: la sua segretaria Anna Pacetti racconta che il «signor Mario», alias Pippo Calò, «era solito frequentare il loro ufficio per consegnare grosse somme di denaro al Carboni».

L'esito insoddisfacente dell'«affare» in Sardegna. Se l'affare concluso in Sardegna da Berlusconi e Carboni fu «senz'altro insoddisfacente», è accertato che Carboni era «certamente in rapporti con esponenti di spicco di Cosa nostra e con malavitosi romani della banda della Magliana». Per i pm palermitani, quel passaggio dimostra il fallimento del tentativo del Cavaliere di sganciarsi, allontanando Dell'Utri nel 1976, da Cosa nostra: infatti nell'affare Sardegna si ritrova ad avere a che fare con uomi della mafia, e senza piú l'aiuto di Marcello. Per questo nel 1982, fallita l'operazione Sardegna, lo riassume e lo promuove al vertice di Publitalia? Dell'Utri veniva ritenuto piú affidabile nella gestione e mediazione dei rapporti con i mafiosi? Il Tribunale non è cosí *tranchant*: è vero che gli investimenti in Sardegna si sviluppano «tra il 1979 ed il 1982, torno di tempo in cui Dell'Utri aveva svolto la sua attività alla corte di Rapisarda per poi fare rientro nel gruppo imprenditoriale dell'amico Silvio Berlusconi nell'ottobre 1983». Ed è vero che «l'esperienza maturata da Dell'Utri alle dipendenze del Rapisarda è stata del tutto negativa in quanto la impresa Bresciano, dallo stesso amministrata, era stata dichiarata fallita». Ma

> da tali circostanze di fatto, indubitabilmente certe, non può trarsi *tout court* [...] il convincimento che il ritorno alla casa madre di Dell'Utri sia stato voluto da Berlusconi non per le doti di manager dell'amico (sulle quali, peraltro, aveva in passato espresso un troncante giudizio negativo) ma per quelle, ben piú apprezzate ed utili, di gestore e mediatore dei rapporti tra il suo gruppo imprenditoriale e i mafiosi.

Il centro storico di Palermo

Il pentito Cancemi racconta una confidenza di Totò Riina, secondo cui il gruppo Berlusconi s'interessò, insieme a Cosa nostra, all'acquisto di una parte cospicua del centro storico di Palermo, per ristrutturarlo e specularci. Della cosa parlano anche Buscetta e Mutolo. Ma, secondo il Tribunale, «l'indagine dibattimentale non ha consentito di acquisire obiettivi elementi di riscontro». È vero però che Dell'Utri «fa da sponda» alle dichiarazioni dei pentiti, spiegando quelle voci ricorrenti in Cosa nostra sull'interessamento della Fininvest al centro storico di Palermo col fatto che erano «notori» nell'ambiente mafioso palermitano i rapporti tra Mangano, Silvio Berlusconi e lui stesso. Un altro autogol: una spiegazione che i giudici trovano

> davvero sorprendente e, nel contempo, molto interessante perché conferma l'importante ruolo (non certo quello di stalliere) che, secondo lo stesso Dell'Utri, aveva ricoperto e ancora all'epoca ricopriva il Mangano a tal punto da fargli ritenere che, sulla base della conoscenza dei rapporti di costui con lo stesso Dell'Utri e Berlusconi, tra i mafiosi palermitani girassero voci di un interessamento del gruppo Berlusconi al risanamento del centro storico di Palermo.

Il dopo-Bontate: il pizzo per le «antenne»

Il boss dei boss Stefano Bontate viene assassinato dai «corleonesi», nella guerra di mafia, il 23 aprile 1981. Anche Mimmo Teresi poco tempo dopo scompare, vittima della «lupara bianca». L'uomo forte dell'organizzazione, eliminati fisicamente quasi tutti i rivali, è dal 1983 Totò Riina, che impone a Cosa nostra non solo una «gestione dittatoriale violenta», ma anche una «diversità di atteggiamento e di mentalità», con «effetti rilevanti sia nei rapporti interni all'organizzazione mafiosa che nei rapporti tra gli uomini d'onore e soggetti "esterni" o contigui». Che fine fanno, dopo il «ribaltone», i rapporti di Cosa nostra con Berlusconi e Dell'Utri, gestiti da Cinà, da Mangano e dai Pullarà (quei Pullarà che riscuotevano «il pagamento di somme di danaro da parte della Fininvest all'organizzazione mafiosa nella metà degli anni 80»)? Nei primi anni 80, fra l'altro, la Fininvest si espande a macchia d'olio nel settore delle tv commerciali e fa incetta anche in Sicilia di antenne ed emittenti locali «al fine di pervenire ad una diffusione in tutto il territorio nazionale dei programmi trasmessi dai canali dell'azienda milanese».

> Risulta provato che una prima acquisizione di canali televisivi privati in Sicilia da parte della Fininvest è avvenuta nel 1979-80, attraverso l'operazione di acquisizione dell'emittente televisiva Tvr Sicilia da parte di Rete Sicilia Srl, una delle società satellite della Fininvest [...], articolazione territoriale della struttura nazionale di Canale 5.

Al processo viene sentito il titolare di Tvr Sicilia, Antonio Inzaranto, un imprenditore edile di Termini Imerese imparentato con Tommaso Buscetta (il fratello di Inzaranto aveva sposato una nipote di Buscetta). Inzaranto racconta che fin dal 1976 la Fininvest, prima con Telemilano e poi con Canale 5, lo riforniva di programmi e «cassette». Nel 1980 la sua emittente fu incorporata in Rete Sicilia, di cui era stato promosso presidente del Cda sino alla fine degli anni 80, col compito di acquistare le postazioni su cui installare le antenne. Nel 1985 la Fininvest acquista anche Sicilia Televisiva. E i pagamenti Fininvest a Cosa nostra per le «antenne»? Ne parlano i collaboratori di giustizia Calogero Ganci, Francesco Paolo Anzelmo e Antonino Galliano, tutti del mandamento palermitano della Noce (che comprendeva anche la famiglia di Malaspina, quella di Cinà, e aveva a capo il boss Raffaele Ganci, fedelissimo di Riina). Il figlio di Ganci, Calogero, racconta quel che gli confidò il padre: e cioè che

> Cinà, intorno al 1984-85, si era fatto portavoce di un'esigenza di Marcello Dell'Utri, il quale, per conto di una ditta milanese [...] del gruppo Berlusconi voleva «aggiustare la situazione delle antenne televisive», cioè «mettersi a posto» con l'organizzazione mafiosa, ottenendo, tramite il pagamento di una somma di danaro, la «protezione» per le antenne in Sicilia. Il Dell'Utri si era lamentato con il Cinà del fatto di essere «tartassato» dai fratelli Pullarà, Giovanni Battista ed Ignazio [...]. In particolare, al Pullarà Giovanni Battista era stata affidata dal Riina, dopo la soppressione di Bontate e Teresi, la «reggenza» del mandamento di Santa Maria del Gesú, e il Pullarà aveva ereditato i rapporti con questa ditta di Milano che, in precedenza, erano stati intrattenuti dagli stessi Bontate e Teresi [...]. Dell'Utri aveva incaricato il Cinà perché erano amici: questi aveva informato, secondo le regole, il suo capofamiglia Pippo Di Napoli, il quale, a sua volta, aveva riferito la cosa a Raffaele Ganci, suo capo mandamento e quest'ultimo, tenuto conto che si trattava di una ditta milanese, aveva portato a conoscenza della notizia Riina Salvatore. Il collaborante ha anche riferito il particolare che il Riina, allorché aveva appreso la notizia, si era infuriato per il fatto che i Pullarà avessero tenuto riservato il contatto con questa ditta di Milano per trarne vantaggio personale, senza informare né il loro capo mandamento (all'epoca Bernardo Brusca), né lo stesso Riina, nonostante questi volesse essere sempre tenuto al corrente di tutto quanto potesse riguardare rapporti con uomini politici, tra i quali era particolarmente considerato Bettino Craxi, segretario del Psi, che si diceva molto vicino a Silvio Berlusconi. Il Riina aveva deciso, informandone Raffaele Ganci, che, in questa «situazione» portata dal Cinà (e cioè in questo rapporto con Dell'Utri) non doveva intromettersi nessuno e doveva essere lo stesso Cinà a gestirla personalmente. A seguito di questa mediazione del Cinà, il collaborante aveva saputo, sempre dal padre, che lo stesso Cinà si recava un paio di volte l'anno a Milano per ricevere da Dell'Utri una somma di danaro, il cui ammontare il collaborante non ha saputo precisare. Tale somma veniva poi consegnata dal Cinà a Pippo Di Napoli, da questi al Ganci Raffaele e, per suo tramite, al Riina. [...] Riina coltivava l'obiettivo di allacciare contatti con l'onorevole Craxi, per il tramite di Ber-

lusconi e, nelle elezioni politiche del 1987, fu imposto dal vertice di Cosa nostra a tutti gli uomini d'onore di votare per il Psi, cosa che non si era mai verificata in passato.

Anzelmo, sottocapo della famiglia della Noce per volontà del vecchio Ganci e poi reggente con l'altro figlio del boss, Domenico detto Mimmo, dopo l'arresto nel 1986 del resto della famiglia, racconta di aver ricevuto confidenze analoghe da Ganci padre:

> aveva saputo che il Cinà si «interessava a riscuotere dei soldi da Marcello Dell'Utri». In particolare, Cinà aveva riferito a Pino Di Napoli di una lamentela di Marcello Dell'Utri che si sentiva tartassato da Ignazio Pullarà, uomo d'onore della «famiglia» di Santa Maria di Gesú, reggente della medesima nel periodo successivo alla morte di Stefano Bontate. [...] Pino Di Napoli ne aveva parlato con il Ganci Raffaele e questi, a sua volta, con Riina, il quale aveva deciso di estromettere il Pullarà e di far gestire «la cosa» solo a Cinà. Dell'Utri rappresentava Berlusconi. Infatti l'interesse di Riina per la questione andava oltre la richiesta estorsiva per la protezione dei ripetitori di Canale 5 – comunque concordata nel pagamento di una somma annua di 200 milioni di lire, divisa in due rate semestrali da cento milioni ciascuna che Cinà, recandosi a Milano, riscuoteva da Dell'Utri e poi provvedeva a consegnare a Pino Di Napoli, il quale, a sua volta, la faceva avere al Ganci Raffaele e questi al Riina, che la depositava nella «cassa comune» – in quanto lo stesso Riina pensava che, tramite Berlusconi, l'organizzazione mafiosa avrebbe potuto avvicinare l'on. Bettino Craxi.

Antonino Galliano è il nipote del boss Raffaele Ganci, anche lui membro della famiglia della Noce:

> Ha riferito che il Cinà [...] aveva detto di non voler piú recarsi a Milano a riscuotere i soldi da Dell'Utri [...] [il quale] aveva iniziato ad assumere nei suoi confronti un atteggiamento distaccato, quasi scontroso, facendolo attendere, non consegnandogli immediatamente i soldi, a volte lasciando la busta dal segretario: «Non mi tratta piú come una volta, non mi riceve piú come una volta». [...]. Mimmo Ganci aveva parlato con Riina della faccenda e il boss, dopo poco tempo, agli inizi del 1987, aveva incaricato Mimmo Ganci di recarsi a Catania a imbucare una lettera intimidatoria nei confronti di Berlusconi e, dopo qualche settimana ancora, di effettuare sempre da Catania una telefonata minacciosa al medesimo Berlusconi. Mimmo Ganci, in compagnia di Franco Spina (altro sodale), aveva eseguito gli ordini, spedendo la lettera e telefonando a Berlusconi all'utenza installata nella villa di Arcore, avendone ottenuto il recapito e il numero telefonico da Tanino Cinà. Riina era stato spinto a questa decisione per il fatto che, in quel torno di tempo, la mafia catanese aveva effettuato un attentato nei confronti di Berlusconi (posizionando un ordigno esplosivo in una sua proprietà), sicché il boss corleonese aveva approfittato dell'occasione per far credere all'imprenditore milanese che anche le ulteriori intimidazioni provenissero da Cosa nostra di Catania. Ciò era stato

fatto dal Riina d'accordo con i catanesi, in quanto il capo di Cosa nostra ne aveva parlato con Nitto Santapaola. Dopo le intimidazioni, Cinà era stato convocato a Milano da Dell'Utri, il quale, come ai tempi di Bontate, aveva chiesto all'amico di interessarsi per risolvere la questione (in tal modo, come auspicato da Riina, Cinà veniva a «rafforzarsi» agli occhi di Dell'Utri). Il Cinà, tornato a Palermo, aveva comunicato a Pippo Di Napoli e, per suo tramite, a Mimmo Ganci i *desiderata* di Dell'Utri. [...] Mimmo Ganci aveva comunicato a Riina la notizia e questi aveva ordinato di raddoppiare la somma dovuta dal Dell'Utri fino a 100 milioni di lire, che dovevano essere pagati in due rate semestrali di 50 milioni ciascuna: ciò, «per tenere i rapporti in maniera tranquilla». Il motivo di questa dazione di danaro, piú specificamente, era riconducibile all'interessamento del Riina per risolvere il problema delle intimidazioni subite da Berlusconi (cosí come era successo ai tempi di Bontate per il pericolo di sequestri ed il «regalo» per la protezione ottenuta), non a titolo di pizzo per i ripetitori di Canale 5 in Sicilia. Infatti Cinà si era recato ancora una volta a Milano a parlare con Dell'Utri ed era tornato riferendo che, a detta del predetto, non c'era alcun problema per il raddoppio della somma, ma che, per il pizzo dei ripetitori, dovevano essere compulsati «i locali», cioè i responsabili delle emittenti televisive private che trasmettevano tramite accordi contrattuali con Berlusconi, tant'è che Mimmo Ganci ne aveva parlato con il costruttore Rappa Filippo, all'epoca di riferimento proprietario dell'emittente televisiva palermitana Trm. La somma di danaro consegnata da Dell'Utri al Cinà (che si recava a Milano a riscuoterla) veniva da quest'ultimo consegnata a Pippo Di Napoli, per poi passare a Raffaele Ganci il quale, secondo le direttive di Riina, provvedeva a distribuirne una parte alla famiglia di Santa Maria di Gesú (e, quindi, prima a Pullarà e poi a Pietro Aglieri), una parte alla famiglia di San Lorenzo, facente capo all'autista di Riina, Salvatore Biondino, e, l'ultima parte, alla stessa famiglia della Noce. In una occasione, nel 1988, dopo che Raffaele Ganci era uscito dal carcere, il collaborante aveva personalmente assistito alla consegna dei soldi «di Berlusconi» dal Di Napoli al boss della Noce. Per quanto a conoscenza del collaborante, Cinà fino al 1995 era andato a riscuotere il danaro da Dell'Utri.

I tre collaboratori raccontano, pur con qualche diversa sfumatura, la stessa storia. Si sono messi d'accordo per «architettare false dichiarazioni» e incastrare Dell'Utri e Cinà? No, «non è emersa alcuna dolosa preordinazione nelle dichiarazioni rese al dibattimento dai tre collaboratori di giustizia», dunque «non può che trarsene un positivo convincimento in ordine alla loro attendibilità specifica».

Cosí bastò «una lamentela del Cinà» per conto di Dell'Utri per giustificare agli occhi dei mafiosi «un intervento che servisse a "rafforzare" detto imputato agli occhi dello stesso Dell'Utri. Da qui l'iniziativa di Mimmo Ganci, su ordine di Riina, di effettuare da Catania le anonime intimidazioni telefoniche e per lettera all'on. Berlusconi». Anche di queste minacce esiste la prova in presa diretta: la telefonata intercettata fra Berlusconi e Dell'Utri nella notte del 29 novembre 1986, poco dopo il secondo attentato dinamitardo contro la cancellata della villa di via Rovani 2:

> Dalla conversazione risulta evidente come Berlusconi e, prima di lui, gli investigatori con i quali si era consultato, fossero convinti che il responsabile dell'attentato dovesse essere Vittorio Mangano, il quale, secondo una segnalazione poi rivelatasi inesatta, essi ritenevano essere stato scarcerato. Dell'Utri aveva acceduto alla tesi che gli era stata prospettata con vigore dal suo interlocutore non senza perplessità, fugata solo dall'aver appreso, per l'appunto, che Mangano era libero, circostanza della quale non era a conoscenza [...]. Aveva ragione Dell'Utri a mostrarsi perplesso: infatti Mangano non era «fuori» e l'attentato di che trattasi non era opera sua (al contrario dei precedenti noti). È interessante [...] il segnalato motivo di perplessità manifestato dall'imputato nell'apprendere la notizia (in effetti non vera), relativa alla libertà di Mangano in quel preciso momento, quasi che egli, sull'argomento, si sentisse legittimato a pensare che, se effettivamente fosse stato cosí, l'avrebbe subito dovuto sapere. [...] Altro interessante elemento si coglie nel resoconto di Berlusconi al suo braccio destro, a proposito della chiacchierata avuta con i carabinieri di Monza sull'argomento, laddove l'imprenditore, ridendo, aveva riferito a Dell'Utri di aver detto che, se gli anonimi danneggiatori gli avessero chiesto 30 milioni, anziché fargli l'attentato, egli non avrebbe avuto difficoltà a pagare. È sintomatico, anche se chiaramente ironico, l'atteggiamento mentale dell'imprenditore Silvio Berlusconi, disponibile a soddisfare ma non a denunciare le richieste estorsive rivoltegli, pur di stare tranquillo.

Ironico, poi, fino a un certo punto:

> Per nulla intriso di ironia, ma caratterizzato da seria preoccupazione, è l'identico punto di vista espresso in occasione di altre intimidazioni, di ignota e mai da alcuno chiarita matrice, subite dal medesimo Berlusconi nel 1988, come emerge da una frase della conversazione telefonica del 17 febbraio di quell'anno intercorsa tra l'imprenditore e l'amico Della Valle, intercettata ed acquisita agli atti: «Se fossi sicuro di togliermi questa roba dalle palle pagherei tranquillo».

Due giorni dopo l'attentato del 1986, il 30 novembre alle ore 14,01, Dell'Utri e Berlusconi si riparlano. Dice Dell'Utri:

> Dunque, io stamattina ho parlato con quello lí [Eleuterio Rea, funzionario di polizia, *nda*]... e poi ho visto Tanino, che è qui a Milano. Ed invece è da escludere quella ipotesi, perché è ancora dentro. Non è fuori. E Tanino mi ha detto che assolutamente è proprio da escludere, ma proprio categoricamente. Comunque, poi ti parlerò... perché... di persona. E quindi, non c'è proprio... guarda, veramente, nessuna, da stare tranquillissimi, eh!

Tanino è Cinà, presente a Milano accanto a Dell'Utri durante la stessa telefonata. Il che conferma ancora una volta il racconto dei tre pentiti della Noce, secondo i quali «Cinà si sarebbe effettivamente recato nel capoluogo lombardo per incassare dal suo coimputato la famosa somma di danaro per Cosa nostra». E i tre ex mafiosi non potevano certo sapere il contenuto di quelle e altre intercettazioni, da cui risulta che ancora nel 1986 «Cinà era solito recarsi a Milano frequentemente».

> Ma quel che piú rileva è che Tanino Cinà, nella specifica occasione di fine novembre 1986, era salito a Milano per comunicare, evidentemente perché richiestone, il fatto che Vittorio Mangano fosse ancora detenuto e che, pertanto, non potesse essere l'autore dell'attentato di appena due giorni prima. Dunque, un Cinà che – ad onta del fatto di essere un semplice amico palermitano di Dell'Utri, culturalmente e socialmente modesto – viene informato (da chi, se non dallo stesso Dell'Utri?) di un attentato dinamitardo subíto dall'imprenditore Berlusconi a Milano e, immediatamente, si era premurato non solo a fornire una corretta indicazione (piú corretta di quella dei carabinieri di Monza) sullo stato di detenzione del mafioso, oramai conclamato, Mangano Vittorio [...], ma anche sul fatto che Berlusconi potesse stare tranquillo, anzi «tranquillissimo». [...] Ci si chiede come, se non facendo riferimento al suo spessore mafioso, Cinà potesse arrogarsi l'autorità di discettare su un siffatto argomento e di rassicurare gli animi dei due interlocutori (uno diretto e l'altro mediato). E perché, se non per il fatto che fosse nota al Dell'Utri la sua mafiosità, immediatamente ritenere di «compulsare» proprio Cinà su un argomento di quel genere, fidandosi delle risposte fornite nell'immediatezza dell'episodio, di segno contrario rispetto alle conoscenze degli investigatori lombardi? È fin troppo noto (purtroppo, quasi «categoricamente» noto) che i mafiosi, quando vogliono, riescono a delinquere anche se sono in carcere. E specialmente uno come Mangano, con tutte le sue accertate amicizie criminali a Milano, ben poteva ordinare, sebbene detenuto, una siffatta intimidazione dinamitarda, peraltro neanche particolarmente grave.

Invece Cinà, informatissimo, esclude anche quella ipotesi. Ed è molto interessante anche l'atteggiamento di Berlusconi dinanzi alle garanzie offerte telefonicamente da Dell'Utri a nome di Cinà:

> Accanto alle significative parole di Dell'Utri, sono altrettanto illuminanti i silenzi di Berlusconi, che ad esse fanno da contraltare. L'imprenditore, avendo sentito le rassicurazioni del suo manager – provenienti dalla conversazione avuta con «Tanino», piú che da quella con il dottor Rea – aveva interloquito, soltanto, prima con un «Ah!», poi con un «Uh!», dopo con un «Ah sí, eh?», poi, ancora, con un triplo «Uh, Uh, Uh!» e, finalmente, dopo la precisazione di Dell'Utri che bisognava parlarne «di persona», con un «perfetto, ho capito». E Berlusconi aveva effettivamente compreso che vi era dell'altro, perché

l'argomento della conversazione era stato immediatamente cambiato. I silenzi sono illuminanti perché Berlusconi palesa, attraverso essi, di sapere chi era «Tanino» e che «voce» aveva in siffatto contesto; perché Dell'Utri aveva subito parlato di un argomento cosí delicato con il Cinà, il quale era in grado di riferire che Mangano «è dentro» (non lo sapevano neanche i carabinieri di Monza e i funzionari della Digos di Milano); perché tale notizia veniva recepita senza dubbio alcuno pur non essendo acquisibile se non dopo adeguati accertamenti presso istituti carcerari (che «Tanino» non poteva avere avuto il tempo di esperire in meno di quarantotto ore, ammesso e non concesso che ne avesse avuto la possibilità); ed, infine, quel che è maggiormente significativo, perché accontentarsi, senza neanche discuterle, delle categoriche «rassicurazioni» di Tanino Cinà sull'estraneità di Vittorio Mangano al fatto intimidatorio e, poi, quant'altro Dell'Utri gli avrebbe confidato personalmente di aver appreso da questa stessa persona?

Chi è il vero autore dell'attentato? Come ha svelato il pentito Galliano, la bomba era stata piazzata dalla mafia catanese, anche se – osservano i giudici –

Riina l'aveva voluta furbescamente sfruttare per le ulteriori intimidazioni telefoniche all'imprenditore [Berlusconi] ordinate a Mimmo Ganci e da costui effettuate poco tempo dopo da Catania. Una volta raccordatosi con il suo sodale Santapaola di Catania, il capo di Cosa nostra aveva, come si suol dire, «preso in mano la situazione» relativa a Berlusconi e Dell'Utri [...], non soltanto per fini prettamente estorsivi, ma anche per potere «agganciare» politicamente Craxi. Sicché, da una parte, rispondeva effettivamente a verità l'estraneità di Mangano all'attentato di via Rovani (opera dei «catanesi»); dall'altra, vi era ragione [per Cinà, *nda*] di rassicurare Berlusconi sul fronte delle intimidazioni, stante il controllo di Salvatore Riina mirante ad altri scopi. Due importanti notizie delle quali «Tanino» si era fatto latore a Marcello Dell'Utri, riscontrate «dall'interno» dell'organizzazione mafiosa (quella di riferimento del Cinà), attraverso le dichiarazioni di Galliano.

L'attentato a Berlusconi, infatti, non era mai finito su alcun giornale: Galliano doveva per forza conoscerlo di suo.

La persona dell'imprenditore Silvio Berlusconi veniva vista da Riina sia come soggetto che doveva pagare (alla stregua di tanti altri imprenditori), sia, anche, come soggetto che avrebbe potuto aiutare l'organizzazione mafiosa sul piano politico. Quindi, una persona che andava «coltivata», e non semplicemente estorta, nella speranza di ottenerne favori (non dimostrati al processo). Questa premessa serve a comprendere alcune conversazioni telefoniche intercettate nel procedimento Bresciano.

Sono quelle di un mese dopo l'attentato:

A cavallo delle festività natalizie del 1986, una fitta serie di contatti tra Gaetano Cinà, Marcello Dell'Utri, la moglie ed il fratello Alberto, fa riferimento alla spedizione a Milano ed a Roma, da parte di Tanino Cinà, di alcune cassate siciliane (il piú caratteristico e conosciuto dolce palermitano). I destinatari erano gli stessi fratelli Dell'Utri, Silvio Berlusconi e Fedele Confalonieri. L'incombenza è gestita dal Cinà con estrema cura (si stabiliscono e si precisano metodi di imballaggio, orari della spedizione, trasporti, risposte sulla riuscita della spedizione, sul gradimento dell'omaggio, ecc.), dimostrativa di quanto egli ci tenesse a fare bella figura con tutti i destinatari del regalo tipicamente siculo [...]. Del tutto privo di senso, senza la premessa ricostruttiva di cui sopra, il dono di Cinà a Berlusconi [...]. In primo luogo Cinà, personalmente (e non tramite Dell'Utri), spedisce a Berlusconi, con il mezzo aereo, una, anzi due cassate siciliane [...]: la prima, delle stesse dimensioni di quelle destinate all'amico Marcello ed a Confalonieri, l'altra – con su stampato lo stemma di Canale 5 (il «biscione»), come suggerito dallo stesso Dell'Utri – di enormi, si direbbe spropositate dimensioni, deducibili dal peso di 11 chili e 800 grammi [...] e dalla confezione, che Cinà aveva appositamente fatto predisporre da un falegname.

Che senso ha quel dolce regalo al Cavaliere?

Un significato simbolico: per Cinà, quello era un regalo «importante». [...] Cinà sentiva di dover omaggiare Berlusconi con un bel pensiero di Natale. E, si badi bene, la circostanza [...] ridonda a favore dell'imprenditore milanese, in quanto non dimostra, a posteriori, il compimento di chissà quale favore elargito al Cinà, che meritasse un ringraziamento, quanto, piuttosto, «l'aspettativa di aggancio» che si celava dietro l'omaggio del Cinà. Poiché è inverosimile, e non giustificato sulla base dei rapporti (in)esistenti tra Berlusconi e Cinà, che quest'ultimo si adoprasse, con tanta cura, a spedire una cassata di quasi 12 chilogrammi (quelle normali sono già considerate grandi quando raggiungono i 3 chilogrammi) all'imprenditore. Per Berlusconi, nell'ottica difensiva, Cinà non era nessuno. Ma Cinà era quella persona alla quale Berlusconi avrebbe dovuto essere riconoscente per il suo interessamento in occasione dell'attentato di via Rovani, grazie al quale le preoccupazioni dell'imprenditore milanese si erano sedate e cioè, quanto meno, per avere, in tempo da record, fornito la notizia che smentiva i carabinieri lombardi sullo stato detentivo di Vittorio Mangano. Invece, nonostante Berlusconi fosse in debito con Cinà, è quest'ultimo che aveva omaggiato l'imprenditore di un'enorme cassata, curandone la confezione ed il trasporto nei minimi particolari in modo da ingraziarsi il destinatario del suo «pensiero» natalizio dal quale, invece, avrebbe dovuto ricevere una qualche attenzione per il suo immediato e tranquillizzante interessamento riguardo all'attentato di meno di un mese prima. È chiaro che la logica non va a favore della ricostruzione difensiva.

La conclusione dei giudici non può che essere una:

Deve convenirsi, anche attraverso l'interpretazione di questo simbolico episodio, solo apparentemente banale, come Dell'Utri (e lo stesso Berlusconi) dovessero essere perfettamente consapevoli della seconda, nascosta, valenza di Cinà e di come quest'ultimo si facesse portavoce di interessi ed aspettative di matrice mafiosa, il sottostante fondamento che aveva potuto consentire che egli fosse subito informato, dicesse la sua e fosse ascoltato, a proposito dell'attentato di via Rovani. Dell'Utri era in condizione di comprendere – conoscendo Cinà nel suo reale spessore mafioso, come sempre piú risulta provato [...] – che, nel plateale ed esagerato omaggio natalizio di Cinà a Berlusconi, passato attraverso la sua diretta osservazione, era facilmente ravvisabile l'interesse del medesimo Cinà, non di natura personale (perché di scambi di favori tra Cinà e Berlusconi, di qualsiasi natura, non è stata mai acquisita prova), a «coltivare» l'imprenditore milanese, al di là del fatto estorsivo, poiché (e qui ha ragione l'accusa), non si è mai visto un imprenditore estorto che riceve regali da un emissario dei suoi aguzzini (anche se amico del suo manager). Dunque il tema, cosí interpretato, dà riscontro ai collaboranti anche sul punto della dimensione politica attribuita da Riina alla vicenda, altrimenti di carattere esclusivamente estorsivo, relativa ai rapporti tra Cinà, Dell'Utri e l'imprenditore Berlusconi.

Berlusconi, intanto, continuava a pagare Cosa nostra: che poi «fosse costretto a pagare per la "protezione delle antenne", dopo le relative minacce, ovvero che pagasse per ottenere la "protezione" dal rischio dei sequestri, dopo le relative minacce, si tratta sempre di estorsione ai danni dell'imprenditore». Galliano parla di un «pizzo» per le antenne ai primi del 1987. Ebbene, ecco una telefonata intercettata fra Cinà e Dell'Utri il 16 gennaio 1987, alle ore 8,46. Tanino annuncia all'amico Marcello

una sua nuova visita a Milano (dove era stato appena cinque giorni prima e dove, effettivamente, si sarebbe recato la stessa sera del 16 gennaio 1987, ritornando a Palermo l'indomani), facendo un accenno del seguente tenore: «Ecco. Io, lo scopo... perché mi sono dimenticato a dirti... che... lo scopo di questi, parlando nella televisione, è che non vogliono pagare». Per quel che è dato trarre da cosí poche parole: la riferibilità logica delle parole «televisione» e «pagare», dette a Dell'Utri, rispetto alle dichiarazioni di Galliano è chiara [...]; il periodo temporale è lo stesso, dato veramente significativo sol che si consideri che il collaborante lo ha puntualizzato circa dieci anni dopo; il dialogo tra Cinà e Dell'Utri non si era concluso in nessun modo, perché le risposte successive di Dell'Utri («certo, certo, è logico, si capisce») non avevano chiarito il tema, anzi lo avevano sviato, sicché la conversazione era durata molto poco; Cinà, dopo la telefonata, era ritornato frettolosamente a Milano, a soli cinque giorni dalla precedente visita ed altrettanto frettolosamente era rientrato a Palermo, il che fa pensare ad un'urgenza mai chiarita (che superava tutti i disagi atmosferici di quei giorni, per come emerge dai dialoghi), ma giustificabile se riferita all'argomento delicato di che trattasi, inopinatamente dimenticato da Cinà nella precedente occasione di incontro con Dell'Utri, la qual cosa lo costringeva a ritornare a Milano, poiché per telefono, con quest'ultimo, era impossibile chiarire la faccenda; certamente, con il mondo della «televisione» e con coloro i quali, in quel mondo, non «volevano pagare», Cinà – soltanto proprietario di una lavanderia a Palermo – non poteva aver nulla a che fare e, quindi, non poteva essere debitore, verso Dell'Utri, di alcuna informazione proveniente da soggetti che lo stesso Cinà aveva indicato, senza fare nomi, con il termine «questi».

È l'ennesima «convalida» del racconto di Galliano.

Ricapitolando. Raffaele Ganci, secondo il pentito Ferrante, consegnava a Salvatore Biondino somme di danaro provenienti da Canale 5 (l'indicazione di questa emittente comprendeva anche le altre del medesimo gruppo), con cadenza semestrale o, forse, annuale. In alcune occasioni, lo stesso collaborante si era trovato presente a questa consegna, e, in quel caso, si era trattato di cinque milioni di lire e tale dazione non era collegata ad alcuna estorsione messa in opera dai mafiosi del mandamento di San Lorenzo nei confronti dei ripetitori della Fininvest o di uffici di Canale 5 effettivamente ricadenti nel territorio della «famiglia». Le somme di danaro, secondo le indicazioni e le cognizioni del collaborante, arrivavano almeno dal 1988-89 ed erano proseguite fino al 1992. [...] Galliano aveva precisato che Raffaele Ganci, dopo la sua scarcerazione, avvenuta il 28 novembre 1988, aveva nuovamente «preso in mano», su ordine di Riina, la situazione relativa ai soldi che arrivavano dalla Fininvest per mezzo di Dell'Utri e Cinà. Era proprio Raffaele Ganci che provvedeva a dividerli, dopo il prelievo per quella di Santa Maria di Gesú, tra tre «famiglie», tra le quali, per l'appunto, la «famiglia» di San Lorenzo, alla quale il denaro arrivava in quanto consegnato a Salvatore Biondino, l'autista di Riina, «reggente» di tale ultimo mandamento.

Il pentito Ferrante ne parla dopo aver fatto ritrovare, in un covo segreto della famiglia di San Lorenzo, parecchie armi e due «rubriche» manoscritte dal boss Salvatore Biondo detto «il Lungo». Un doppio «libro mastro» con la lista dei versamenti di danaro incassato dalla cosca: il pizzo pagato al clan da commercianti e imprenditori della zona.

Le due rubriche contengono annotazioni di nomi e numeri apposte da Biondo Salvatore [...]. La comprensione del loro contenuto poteva avvenire soltanto incrociando i dati contenuti in ciascuna. In una rubrica venivano indicati i nomi (spesso abbreviati) rappresentativi di una «ditta» ed un numero, mentre nell'altra, al numero corrispondente al primo, venivano indicati l'importo pagato (con tre zeri in meno), l'anno di riferimento (a volte) e, in certi casi, qualche altro dato. Per quel che qui interessa, l'attenzione si era concentrata su una delle indicazioni («Can 5 numero 8», da una parte e, dall'altra, al numero 8, «regalo 990, 5000») che il Ferrante ha decodificato riferendo che trattavasi di una dazione di 5 milioni di lire da parte di Canale 5, nell'anno 1990, a titolo di «regalo» e cioè, come si diceva piú sopra, non ricollegata a una estorsione posta in essere dalla «famiglia» di San Lorenzo. La tecnica di compilazione delle due rubriche, ha specificato il Ferrante, avrebbe dovuto imporre che esse fossero tenute in due luoghi separati, cosí da impedire a chiunque la possibilità di comprenderne il contenuto; ma, poi, il loro custode, Biondo «il lungo», aveva deciso di custodirle insieme. [...] Dalle rubriche emergono dati relativi al 1991 ed al 1992. Vero è, invece, che questo compito di contabile, assegnato al Biondo, non era svolto dallo stesso in maniera esaustiva ed attenta, sicché le stesse rubriche avrebbero perso, in parte, la funzione per la quale erano state concepite, quella di documentare, in futuro, le «entrate» a chi avrebbe potuto chiederne conto.

• Sul *quantum* dei «regali» della Fininvest a Cosa nostra, i conti sembrano non tornare: Anzelmo parla di 200 milioni di lire all'anno, in due rate semestrali. Ma il piú informato Galliano indica 100 milioni di lire all'anno, in due rate semestrali da 50, e allora – secondo i giudici – tutto va a posto:

Di questa somma, una cospicua parte, pari alla metà (25 milioni di lire), veniva ancora assegnata da Riina alla «famiglia» di Santa Maria di Gesú; l'altra metà, veniva distribuita tra le «famiglie» di San Lorenzo, Malaspina e Noce. Quindi, se la spartizione fosse stata in parti uguali, la cifra per ciascuna «famiglia» sarebbe stata equivalente a poco piú di 8 milioni per ciascuna. Sicché non può escludersi che San Lorenzo percepisse meno rispetto a Malaspina e Noce [che] [...] avevano al loro interno (o vicini ad esse) alcuni importanti protagonisti della vicenda, come Ganci Raffaele, i fratelli Di Napoli e Cinà.

Considerazioni conclusive. Anche dopo il ribaltone ai vertici di Cosa nostra seguíto alla guerra di mafia e all'avvento dei corleonesi,

deve ritenersi raggiunta la prova che sia Dell'Utri che Cinà hanno continuato ad avere rapporti con il sodalizio criminale. Tali rapporti, almeno fino agli inizi degli anni 90, si sono strutturati in maniera molto schematica: entrambi gli imputati, con il contributo consapevolmente fornito, hanno fatto sí che il gruppo imprenditoriale milanese facente capo a Silvio Berlusconi pagasse somme di danaro alla mafia. Relativamente a quest'arco temporale [...], si è evidenziato l'inizio di una aspettativa di natura politica coltivata dal Riina nei confronti di Berlusconi (atteso il suo risaputo rapporto di amicizia con Craxi), la quale, come si vedrà, solo in anni successivi verrà accompagnata da concreti comportamenti posti in essere da Dell'Utri. [...] Deve ritenersi provata, da parte dell'imputato Cinà, la commissione di una condotta agevolatrice nei confronti del sodalizio mafioso, consistente nell'essersi personalmente attivato per far conseguire a tale organizzazione illecita ingenti somme di danaro quale compendio estorsivo. L'aver svolto funzioni di tramite tra estortore ed estorto, attraverso la diretta percezione del danaro, la sua consegna nelle mani dei propri referenti mafiosi, affinché finisse nelle casse del sodalizio, costituisce una tipica condotta punibile ai sensi dell'art. 416

bis c.p. Non vi è dubbio, nel caso di specie, che tale condotta, protrattasi per diversi anni, abbia procurato un vantaggio all'intera organizzazione criminale e non a singoli suoi componenti, atteso che le notevoli somme di denaro provenienti da Milano finivano nelle casse delle piú importanti «famiglie» palermitane, dalle quali venivano utilizzate per i bisogni di tutti i sodali e, quindi, per il mantenimento, consolidamento e rafforzamento delle «famiglie» stesse.

Tutto questo illumina definitivamente anche la posizione ambigua di Dell'Utri. I suoi difensori sostengono che anche lui era vittima delle estorsioni mafiose. Ma la tesi non regge:

Dell'Utri non è mai stato l'estorto. Non vi è dubbio, infatti, che le somme incassate dalla mafia provenissero dalla Fininvest e non dal patrimonio personale dell'imputato. Egli «rappresentava» presso i mafiosi gli interessi del gruppo, per conto di Silvio Berlusconi. Era un manager dotato di altissima autonomia e di capacità decisionali, non un qualunque sottoposto al quale non restava altro che eseguire le decisioni del proprietario dell'azienda, in ipotesi impostegli. È significativo che egli, anziché astenersi dal trattare con la mafia (come la sua autonomia decisionale dal proprietario ed il suo livello culturale avrebbero potuto consentirgli, sempre nell'indimostrata ipotesi che fosse stato lo stesso Berlusconi a chiederglielo), ha scelto, nella piena consapevolezza di tutte le possibili conseguenze, di mediare tra gli interessi di Cosa nostra e gli interessi imprenditoriali di Berlusconi (un industriale, come si è visto, disposto a pagare pur di stare tranquillo). Dunque Dell'Utri ha non solo oggettivamente consentito a Cosa nostra di percepire un vantaggio, ma questo risultato si è potuto raggiungere grazie e solo grazie a lui. [...]. Conclusivamente, ad avviso del Collegio, Marcello Dell'Utri ha consapevolmente assunto, in relazione alle vicende specificamente analizzate in questo capitolo, lo stesso ruolo del coimputato Cinà; è stato, come quest'ultimo, un anello, il piú importante, di una catena che ha consolidato e rafforzato Cosa nostra, consentendole di «agganciare» una delle piú importanti realtà imprenditoriali italiane e di percepire dal rapporto estorsivo, posto in essere grazie alla intermediazione del Dell'Utri e del Cinà, un lauto guadagno economico. L'ulteriore e decisivo tramite, al fianco dell'amico palermitano portatore diretto di interessi mafiosi. Cosí operando, Marcello Dell'Utri (come Cinà), ha favorito Cosa nostra reiterando le condotte, tenute in precedenza [...]. Una condotta ripetitiva, quella di tramite tra gli interessi della mafia e quelli di Berlusconi, posta in essere da Dell'Utri anche in tempi successivi.

Gli attentati ai magazzini Standa di Catania

Nel gennaio del 1990, i grandi magazzini Standa di Catania e provincia sono bersaglio di vari attentati incendiari, opera del clan Santapaola. La Standa appartiene da un paio d'anni alla Fininvest e Dell'Utri siede nel consiglio di amministrazione. Il fatto piú grave avviene all'ipermercato di via Etnea, il 18 gennaio 1990: l'intero edificio distrutto, danni da 14 miliardi di lire. Altri episodi meno gravi si susseguono il 21 gennaio, il 12, il 13 e il 16 febbraio. Poi la catena s'interrompe all'improvviso perché – scrivono i giudici – Dell'Utri si fa protagonista «di un'ennesima condotta di mediazione tra gli interessi di Cosa nostra e quelli del gruppo» Fininvest.

Santapaola, essendo latitante, opera tramite il fratello Salvatore e il nipote Aldo Ercolano, figlio di sua sorella. Sia Nitto sia Aldo verranno condannati dalla Corte di Assise d'appello di Catania come mandanti degli incendi alla Standa e della tentata estorsione che ne seguí. Nello stesso periodo, anche i magazzini della Sigros (Rinascente, gruppo Agnelli) subiscono attentati estorsivi di stampo mafioso: se ne occupa un altro uomo di Santapaola, Salvatore Tuccio. Alla fine la Fiat paga il pizzo a Cosa nostra e alla Sigros torna la quiete. Ma fra le estorsioni alla Standa e quelle contemporanee alla Sigros c'è un abisso.

L'esecutore materiale degli attentati alla Standa, il mafioso catanese Severino Claudio Samperi, «accenna l'esistenza, accanto alla causale estorsiva, di ulteriori scopi perseguiti dai mandanti dei fatti criminosi, riferibili esclusivamente alla vicenda Standa e non all'estorsione ai danni del Sigros». Anche l'imprenditore trapanese Vincenzo Garraffa racconta che la sua amica Maria Pia La Malfa, moglie di Alberto Dell'Utri (gemello di Marcello), gli parlò degli attentati alla Standa: «Mi disse che Marcello Dell'Utri aveva risolto questo problema parlando con un certo Aldo Papalia, ma non so neanche chi sia. E mi disse anche che scese personalmente da Milano a Catania». Chi è Aldo Papalia? Un imprenditore catanese processato e poi assolto dall'accusa di traffico d'armi, in affari con Publitalia e in ottimi rapporti sia con Alberto sia con Marcello Dell'Utri. Ma anche con Aldo Ercolano. Insomma, per i giudici Garraffa ha «colto nel segno» ed è totalmente «attendibile»: pur ignaro di chi fosse Papalia, l'ha indicato con nome e cognome.

> È emerso, attraverso l'acquisizione di molti documenti, che vi erano stati, nel 1990, 1991 e 1992, parecchi voli, da e per Catania, nei quali figurava il nominativo Dell'Utri (non meglio specificato), mentre, con certezza, risulta che proprio l'odierno imputato si era recato due volte a Catania nel 1990 (maggio e giugno, per un giorno), una volta nel 1991, parecchie volte nel 1992. In relazione alle due volte del 1990, significative in quanto avvenute pochi mesi dopo tutti gli attentati alla Standa degli inizi di quell'anno, le giustificazioni fornite da Dell'Utri [...] non convincono. L'imputato, infatti, ha dichiarato di

> essersi recato due volte a Bronte nel 1992 e 1996 e di «essere passato piú volte da Catania», per recarsi a Siracusa, «ad assistere alle rappresentazioni classiche che si tengono in quella città ogni due anni e di cui la Publitalia è sponsor». Solo che appare molto strano che, in uno stesso anno, egli si fosse recato due volte a Catania per vedere le medesime rappresentazioni del teatro classico greco e di questa speciosa eventualità non ne avesse conservato ricordo mnemonico. Fatto sta che Dell'Utri, in periodo coincidente con la vicenda Standa e con la sua «mediazione» e, cioè, poco tempo dopo gli attentati, era andato a Catania: e nulla toglie che, oltre a «risolvere il problema della Standa parlando con Papalia», ne avesse approfittato per recarsi a Siracusa a vedere le rappresentazioni teatrali. Pertanto, le dichiarazioni del Garraffa (confermando gli altri dati acquisiti ed essendo, a loro volta, riscontrate) hanno fornito la chiave di volta per ritenere inconfutabilmente provato, oltre ogni ragionevole dubbio, un effettivo ruolo di mediazione svolto consapevolmente dall'imputato nella composizione della vicenda relativa agli attentati alla Standa di Catania.

Diversi funzionari della Standa e poi gli stessi Berlusconi e Confalonieri raccontano però ai giudici che, dopo gli attentati, nessuno si fece vivo per chiedere alla società di pagare né lanciare altre minacce. Per i giudici, nessuno di loro dice la verità. Visto che è stata «acquisita la prova della mediazione di Dell'Utri», è «logico» che il Cavaliere

> non abbia voluto fornire alcuna conferma in ordine all'effettiva sussistenza dell'«intervento» effettuato dal suo manager e amico [...], considerato il costante atteggiamento assunto da Silvio Berlusconi (e da Fedele Confalonieri) rispetto a tutte le condotte contestate a Dell'Utri in questo processo, una linea improntata all'assoluta protezione e tutela dell'imputato, fin dalle prime dichiarazioni risalenti al 1974.

Anche perché gli attentati alla Standa, diversamente da quelli alla Rinascente, non puntavano a spillare soldi alla Fininvest: avevano un movente diverso. Infatti l'amministratore della Rinascente Giuseppe Tramontana

> aveva subito confessato di aver subito l'estorsione, indicando anche il sistema di pagamento delle somme richieste, con tanto di precisazioni su conti correnti, banche ecc. Nel caso dell'azienda del gruppo Fininvest, invece, l'intervento di Dell'Utri non sarebbe stato altrettanto facilmente confessabile [...]. L'assunzione di un qualsiasi ruolo da parte di questi in relazione ai fatti in esame [...] poteva essere dimostrativo di contatti, collegamenti, conoscenze ecc. [...]: un elemento negativamente interpretato o interpretabile in chiave accusatoria. In una parola, sarebbe stato opportuno e piú comodo, sotto un profilo di logica difensiva, negare ogni cosa, cosí come è stato fatto.

Infatti gli amministratori delle società catanesi affiliate alla Standa – Carmelo Rantuccio, Antonino Pulvirenti e Alfio Mosca – ammettono di aver ricevuto richieste estorsive miliardarie da Tuccio, Ercolano e altri autori degli attentati, ma sostengono oltre ogni logica di aver pagato soltanto 180 milioni di lire ai mafiosi di propria iniziativa e di tasca propria, autotassandosi, senza chiedere né il permesso né i soldi alla casamadre di Milano.

Considerazioni riepilogative. I fatti accertati sono parecchi e inquietanti; a cominciare dalla paternità di Santapaola (che però ne avvertí Riina) sugli attentati:

> La causale degli attentati era sicuramente di natura estorsiva; è rimasto alquanto incerto se, accanto a tale motivo scatenante, ve ne fossero stati altri, di natura politica o finanziaria. Gli attentati avevano fatto sorgere un problema avvertito dalla proprietà, uno dei classici problemi con i quali si devono cimentare gli imprenditori in Sicilia. Tale problema era stato risolto da Marcello Dell'Utri, il quale aveva utilizzato come tramite Aldo Papalia, in contatto con Aldo Ercolano, il vice rappresentante della famiglia mafiosa di Catania.

Anche stavolta Dell'Utri interviene «per conto della proprietà a "mediare" le pretese mafiose verso Berlusconi»: esattamente quel ruolo che aveva confidato anni prima a Rapisarda, dicendo poi ai giudici che era una semplice «vanteria»:

> Ancora una volta egli era stato adibito (o si era offerto, poco conta) ad intervenire per trattare e comporre vicende aventi ad oggetto rapporti con esponenti di Cosa nostra ed era riuscito a risolvere il problema. In questo caso, ancora una volta, egli non era la vittima delle pretese, ma si era prestato a comporle, attivandosi per ottenere i contatti all'uopo necessari. In questa specifica evenienza, infatti, Dell'Utri si era mosso senza l'aiuto dell'amico di sempre, Cinà Gaetano, [...] riuscendo pienamente a portare a termine la sua opera di mediazione. La sua abilità nel relazionarsi con i mafiosi (non tutti ne sono capaci, anche se siciliani) aveva travalicato anche i confini territoriali palermitani, siccome posti dagli associati al sodalizio, dimostrandosi, per ciò stesso, assai spiccata. Con il suo intervento a Catania egli aveva, di nuovo, agevolato l'organizzazione mafiosa, facendosi tramite delle sue richieste e mediandole, assicurando il raggiungimento di un obiettivo, quale che sia stato.

La sponsorizzazione della Pallacanestro Trapani

Nell'estate del 1990 la Pallacanestro Trapani viene promossa dalla serie B alla serie A2. Il titolare, l'imprenditore e medico Vincenzo Garraffa, si interessa per trovarle uno sponsor e si rivolge alla Publitalia, che lo mette in contatto con la multinazionale della birra Dreher-Heineken. Cosí, in agosto, firma il contratto con un marchio di quel gruppo, la Birra Messina, per un miliardo e mezzo di lire. Il denaro gli viene versato in due rate e lui, per i «diritti di agenzia», gira come d'accordo a Publitalia prima 70 e poi 100 milioni in contanti. Ma a questo punto – come racconterà Garraffa agli inquirenti palermitani – si fanno vivi due uomini di Publitalia, Piovella e Biraghi, per battere ancora cassa: pretendono altri 530 milioni, in contanti e in nero, a titolo di «provvigione». Garraffa chiede regolare fattura, ma gli rispondono picche. Allora propone di soddisfare la richiesta con una sponsorizzazione gratuita per la stagione successiva. Niente da fare. Cosí, tra la fine del 1991 e l'inizio del '92, Garraffa vola a Milano per incontrare Dell'Utri. Il quale gli conferma che la società non rilascerà alcuna fattura e gli ricorda che «i siciliani prima pagano e poi discutono». Lui ribadisce di non avere fondi neri e di non poter pagare fuoribusta. Allora Dell'Utri lo ammonisce – scrivono i giudici –

> con la frase, percepita come pregna di inquietante e minaccioso significato: «Ci pensi, perché abbiamo uomini e mezzi per convincerlo a pagare...». Dopo qualche mese e, comunque, prima della sua elezione a senatore della Repubblica (avvenuta in occasione delle elezioni politiche del 5 aprile 1992), il Garraffa riceve la visita presso il nosocomio di Trapani, dove allora era primario, di due individui: Virga Vincenzo e Buffa Michele.

Virga è il boss della mafia di Trapani e il braccio destro di Bernardo Provenzano: sarà arrestato nel febbraio 2001 e condannato all'ergastolo per mafia e per vari omicidi. Buffa è il suo guardaspalle. Sono le sette del mattino quando i due rendono visita a Garraffa. Virga gli rivolge poche, ma indimenticabili parole: «Sono stato incaricato da Marcello Dell'Utri e da altri amici di vedere come è possibile risolvere il problema di Publitalia». Garraffa ripete: «Senza fattura, non intendo pagare». Virga non si scompone: «Capisco, riferirò. Se ci sono delle novità la verrò a trovare, altrimenti il discorso è chiuso».

Garraffa ha già incontrato Virga qualche anno prima, avendo curato nel suo reparto il giovane figlio del boss, ridotto in fin di vita da un incidente con un trattore. Appena i due ceffi lasciano l'ospedale, racconta quella minacciosa visita a due suoi collaboratori, Valentino Renzi e Giuseppe Vento. A quest'ultimo confida pure che «se gli fosse successo qualcosa si doveva trovare la spiegazione nel fatto che era stato avvicinato da personaggi di primo livello, uomini sentiti...». Poi rompe con Publitalia e si rivolge a un'altra agenzia, la Image Building di Giuliana Paoletti. Ma questa non riesce a trovargli uno sponsor per via – sostiene Garraffa – dell'ostracismo di Publitalia, la cui «influenza in quel campo era terribile». Alla fine si inventa una specie di auto-sponsorizzazione antimafia, applicando sulle divise dei giocatori lo slogan pubblicitario «L'Altra Sicilia». La Pallacanestro Trapani, intanto, viene promossa in serie A e viene invitata al «Maurizio Costanzo Show», su Canale 5. Ma all'ultimo momento l'invito viene annullato da Costanzo in seguito – sostiene Garraffa – all'intervento personale di Dell'Utri. Allora l'imprenditore scrive tutta la sua amarezza in una lettera a Costanzo. Secondo i giudici di Palermo, «la versione dei fatti fornita dal dott. Vincenzo Garraffa [...] ha trovato sostanziale conferma nel risultato delle indagini».

Il Tribunale ascolta come testimone Maria Pia La Malfa, moglie di Alberto Dell'Utri e amica di Garraffa. La signora conferma che Garraffa andò a incontrare Marcello a Milano accompagnato da Alberto per parlare della «sponsorizzazione». Ma non raggiunse alcun accordo. E, al ritorno, si lamentò con lei e col marito perché «fu trattato proprio... fu sbattuto fuori dall'ufficio». Dunque

> le dichiarazioni rese dalla La Malfa offrono obiettivo riscontro alla versione dei fatti fornita dal Garraffa e smentiscono quella di Marcello Dell'Utri, il quale ha sostenuto che i suoi incontri con il Garraffa erano dovuti a motivi del tutto diversi.

Marcello Dell'Utri, dal canto suo, ha fornito varie «versioni fra loro contrastanti della medesima vicenda». La prima volta ne parla nel programma di Michele Santoro «Moby Dick», su Italia 1, l'11 marzo 1999. I giudici riassumono:

> Nell'occasione l'imputato ha serafícamente ammesso che: Publitalia aveva posto in essere l'attività di intermediazione tra la Pallacanestro Trapani e la Birra Messina; a Publitalia era stata corrisposta la «giusta provvigione» (successivamente, nel corso della stessa trasmissione, Dell'Utri contesterà tale affermazione, forse sovvenendogli il ricordo che nella documentazione contabile di Publitalia non vi è traccia di somme di denaro introitate a quel titolo e che, soprattutto, la «giusta commissione» non è mai stata richiesta); che Publitalia era interessata alla risoluzione della vertenza Pallacanestro Trapani-Birra Messina perché questa ditta [...] era un cliente importante.

Poi, al processo, il 13 novembre 2000, Dell'Utri innesta la retromarcia:

> Il sig. Garraffa ha detto tutta una serie di menzogne e di falsità [...]. Io non ho mai conosciuto questi signori [Virga e Buffa, *nda*], né direttamente né tanto meno indirettamente. [...] Mi ricordo benissimo che questo signore [Garraffa, *nda*] è venuto a Milano, l'ho incontrato e mi ha parlato e aveva annunciato anche alla segreteria che non doveva parlare se non di un fatto molto importante che riguardava la sua veste di vicepresidente della Lega Basket nazionale: [...] la cessione dei diritti di ripresa televisiva del campionato di basket [...]. E io ricordo benissimo che dissi: «Guardi, a noi il basket non interessa» [...] e quindi lo invitavo a trattare con la Rai [...]. Questo è stato il primo incontro con il sig. Garraffa. Ne ho avuto un secondo, a mia memoria, neppure nel mio ufficio, ma nel pianerottolo [...] del piano ottavo, dove io avevo l'ufficio in Publitalia e questo incontro fu molto fugace e lui mi disse che era venuto per parlare di problemi che riguardavano la sua azienda, la sua società di basket, con l'amministratore delegato di allora, Perricone [...]. Questo è stato tutto l'incontro e tutta la mia conoscenza del sig. Garraffa. Escludo poi ancora che io abbia potuto vederlo in casa della sig.ra Maria Pia La Malfa, che io non frequento credo da 15 anni, non frequento perché non vado a casa della sig.ra La Malfa, ancorché sia la casa di mio fratello Alberto, ma è notorio che mio fratello Alberto, pur convivendo nella stessa casa, non ha alcun rapporto con la sig.ra La Malfa, ormai da qualche decennio, ma certamente da un decennio, quindi io non mi reco in quella casa da lungo tempo [...]. Non ho mai potuto né voluto intervenire con Maurizio Costanzo per raccomandargli il non invito della squadra di basket del sig. Garraffa, perché anche questo è un fatto notorio, lo chiederemo a Costanzo io spero, che io non sono mai intervenuto con nessuno per fatti del genere [...]. Maurizio Costanzo è uno che fa quello vuole, ci mancherebbe altro che ascolti chiunque, ma neanche Berlusconi, su che cosa deve fare e non deve fare.

Le dichiarazioni spontanee di Dell'Utri, secondo il Tribunale, «contrastano in modo stridente con le affermazioni fatte dallo stesso Dell'Utri a Moby Dick ed appaiano manifestamente mendaci».

Maurizio Costanzo testimonia di non aver mai saputo della lettera di proteste di Garraffa. Poi aggiunge che è normale cambiare le scalette e gli argomenti del programma, per seguire i temi di piú stretta attualità. E smentisce qualunque intervento di Dell'Utri nella vicenda. «Nessuna interferenza nei programmi sulla mafia da parte di Dell'Utri o della Fininvest», giurano a una sola voce Giuliano Ferrara, Paolo Liguori ed Emilio Fede. Ma Michele Santoro, sentito anche lui come testimone al processo Dell'Utri, racconta tutt'altra storia sulla sua esperienza in casa Mediaset:

Ha ricordato che la trasmissione [Moby Dick, *nda*], in cui intervenne anche Vincenzo Garraffa [...], ebbe un «andamento abbastanza teso» e «momenti di nervosismo» da parte di Dell'Utri, il quale lamentò apertamente che «gli era stata tesa una trappola» sebbene fosse stato informato di quello che sarebbe stato l'andamento della trasmissione alla quale lo stesso Dell'Utri aveva chiesto e ottenuto di partecipare di persona. Il teste si è poi intrattenuto sulle conseguenze che, a suo parere, sono derivate dall'andamento, non certo gradito al Dell'Utri, di quella puntata di Moby Dick. In particolare, il teste ha riferito che il suo rapporto con Fedele Confalonieri e con il direttore generale Mario Brugola, ebbe «una brusca frenata» nel senso che non si parlò piú della prevista rinegoziazione del suo contratto (relativamente «alla parte variabile») e non venne piú invitato dalla «presidenza Confalonieri» a partecipare al comitato in cui si discuteva della linea editoriale dell'azienda. Di questo comportamento dei dirigenti Mediaset «tutti sapevano che questo era in relazione a questa trasmissione, ma nessuno ne aveva mai parlato». [...] È certo che egli, nel 1999, preferí lasciare Mediaset e transitare in Rai.

Dalla quale fu cacciato per ordine di Berlusconi nel 2002, proprio a causa di alcune trasmissioni sul processo Dell'Utri.

Ma perché Dell'Utri spinse il braccio di ferro con Garraffa al punto da mandargli un boss mafioso?

La spiegazione dell'arcano, ad avviso del Collegio, risiede nel forte ed illecito interesse di Publitalia e conseguentemente di Marcello Dell'Utri, nell'operazione di sponsorizzazione da parte della Dreher-Heineken, quale è stato reso palese dalle risultanze processuali che hanno riscontrato la denuncia del Garraffa, e cioè quello di ricevere denaro in contanti ed in nero al fine di costituire fondi occulti, attraverso la restituzione a Publitalia da parte della Pallacanestro Trapani della somma di 750 milioni, pari alla metà dell'intero importo della sponsorizzazione. E che la costituzione di fondi occulti sia stata una «esercitazione» di contabilità in nero non inusuale in Publitalia è comprovato dal processo penale celebrato davanti l'autorità giudiziaria torinese a carico di Marcello Dell'Utri e Lupo Stanghellini Vincenzo. [...] È sorprendente il parallelismo (che è difficile attribuire ad una casuale coincidenza) tra il mancato rinvenimento nella contabilità di Publitalia della documentazione relativa al rapporto intervenuto con la Pallacanestro Trapani e la situazione richiamata dalla sentenza di primo grado della autorità giudiziaria torinese, dove si legge: [...] che, in relazione ai fatti contestatigli, Dell'Utri ha posto in essere consapevolmente, proprio come ha fatto nella «vicenda Garraffa», condotte finalizzate a creare fondi in nero.

Infine, secondo il Tribunale, sono provati i rapporti di Dell'Utri con la mafia trapanese, oltreché con quella catanese e palermitana:

La notizia, appresa *de relato*, della vicinanza di Marcello Dell'Utri agli uomini d'onore del mandamento di Trapani (i quali «l'avevano nelle mani») deve ritenersi attendibile perché proveniente da un uomo d'onore, Vito Parisi, molto vicino a Vincenzo Virga, capo di quel mandamento, e pertanto ben a conoscenza delle relative dinamiche interne e dei rapporti con persone estranee a Cosa nostra ma contigue alla stessa.

Altra condanna a Milano

Per questo caso, il 27 aprile 2004 la IV sezione del Tribunale di Milano ha condannato sia Virga sia Dell'Utri a 2 anni di carcere ciascuno per tentata estorsione aggravata ai danni di Garraffa. Nonostante «la mastodontica opera di denigrazione e demolizione dell'individuo Garraffa» compiuta dalla difesa Dell'Utri – scrivono i giudici D'Avossa, Bertoja e Tremolada nella motivazione della sentenza – «il suo racconto è graniticamente riscontrato» da «elementi logici insormontabili» e «non di rado da prove dirette dei fatti penalmente rilevanti». Le dichiarazioni di Dell'Utri, invece, sono «assolutamente e clamorosamente mendaci». I «fondi occulti» a Publitalia sono una pratica «che può serenamente affermarsi fatto notorio, reiteratamente emerso in vicende giudiziarie, non solo per Publitalia ma per l'intero gruppo Fininvest». Bugie, secondo il Tribunale, anche quelle di Maurizio Costanzo: nella revoca dell'invito a Garraffa in trasmissione «molte cose non convincono», in quanto «l'irragionevolezza del rinvio» e soprattutto «la mancata reiterazione dell'invito» programmato «e quindi la definitività della non partecipazione» della squadra di basket rendono «poco credibile» la versione di Costanzo e «piú probabile» quella di Garraffa: cioè il veto imposto da Dell'Utri «perché non era opportuno che Mediaset desse pubblicità a un soggetto che per una questione di pubblicità non retribuita era debitore del gruppo per 750 milioni».

Alle stesse conclusioni è giunto il Tribunale di Palermo: è «indubitabilmente emerso» non solo che il racconto di Garraffa è «attendibile», ma anche:

> la necessità per Marcello Dell'Utri, non essendo possibile adire le vie legali, di ricorrere a modalità di «persuasione» che convincessero Vincenzo Garraffa a restituire la metà dell'intero importo della sponsorizzazione, che costituiva per Publitalia l'unico introito derivante dall'operazione posta in essere con la Birra Messina. Ed allora ecco entrare in scena Vincenzo Virga e Michele Buffa il cui intervento non può non essere posto in stretto collegamento con il minaccioso avvertimento di Dell'Utri al Garraffa compendiato nella frase «abbiamo uomini e mezzi per convincerla a pagare». Ed invero, quali altri «uomini» avrebbero potuto «convincere» il ritroso Garraffa a «pagare» se non quelli, il cui «peso»

nell'ambito mafioso era ben conosciuto dallo stesso Garraffa, presentatisi di prima mattina al suo cospetto nell'ospedale dove era primario? E nell'interesse di quale soggetto i due malavitosi hanno agito se non in quello di Marcello Dell'Utri, essendo del tutto inverosimile che il loro intervento in favore dell'imputato sia stato conseguenza di autonoma determinazione?

Chi sollecitò dunque Virga a intervenire su Garraffa per conto di Dell'Utri?

L'intervento del Virga non poteva che essere stato sollecitato da altri «uomini» e cioè da influenti esponenti della Cosa nostra trapanese, proprio come riferito da Vincenzo Sinacori il quale, ottemperando all'incarico ricevuto da Matteo Messina Denaro, affidò al Virga l'incombenza di «contattare» Vincenzo Garraffa al fine di risolvere la «questione» che interessava Dell'Utri. Il collaborante ha dichiarato di avere appreso da Messina Denaro che il Garraffa doveva essere contattato per un «discorso», relativo a somme di denaro, al quale era «forse» interessato Dell'Utri ma che «era tramite Mangano». Ed ecco tornare in scena la figura di Mangano il quale, novello *deus ex machina*, avvalendosi della sua posizione di influente membro di una delle piú importanti «famiglie» mafiose palermitane e avvalendosi del prestigio goduto in seno a tutta Cosa nostra siciliana, è accorso in aiuto di Dell'Utri incaricando della bisogna Matteo Messina Denaro, esponente di spicco della mafia trapanese. [...] È di palmare evidenza che, quando Dell'Utri ha fatto riferimento a «uomini» in grado di ricondurre a ragione il recalcitrante Garraffa, aveva già in animo di far intervenire il suo referente siciliano e cioè Mangano, mentre l'uso del verbo «abbiamo», accompagnato dal sostantivo «uomini», appare riferibile [...] all'intervento, su impulso del Mangano, di «uomini» appartenenti a una associazione per delinquere di tipo mafioso sul cui potere di intimidazione e sul cui interessamento Dell'Utri era certo di poter contare.

Cosí, concludono i giudici del Tribunale di Palermo, Dell'Utri ha un'altra volta

ingenerato e rafforzato nei componenti della «famiglia mafiosa» di Trapani, ai quali era stato affidato il compito di «contattare» Vincenzo Garraffa, l'obiettiva convinzione di potere disporre, nell'ottica degli interessi economici di tutta Cosa nostra e di uno scambio di «favori», del contributo consapevolmente fornito da Dell'Utri, influente ed affermato uomo d'affari operante in una piazza importante come quella di Milano e braccio destro di Silvio Berlusconi, al mantenimento e al rafforzamento della societas sceleris denominata Cosa nostra. Anche la vicenda Garraffa, dunque, fornisce ulteriori elementi di prova della contiguità di Marcello Dell'Utri ad esponenti importanti di Cosa nostra e, quindi, della sua responsabilità in ordine ai reati contestatigli.

I fratelli Graviano, boss di Brancaccio

Anche i fratelli Giuseppe e Filippo Graviano, capimafia del quartiere palermitano di Brancaccio e organizzatori delle stragi del '93 a Milano, Firenze e Roma, ma anche dell'assassinio di don Pino Puglisi, arrestati il 27 gennaio 1994 dai carabinieri nella trattoria milanese «Da Gigi il Cacciatore» dopo anni di latitanza, avevano «accertati rapporti e contatti, diretti o mediati da terze persone» con Dell'Utri. Insieme a loro, vengono arrestati i cognati Salvatore Spataro e Giuseppe D'Agostino, anch'essi palermitani, che avevano favorito la loro latitanza.

Quando gli chiedono che cosa ci faccia a Milano, D'Agostino spiega di esserci giunto nel '92 insieme a Francesco Piacenti e a Carmelo Barone, i quali gli avevano promesso un interessamento presso il «sig. Dell'Utri» per trovargli un lavoro. Poi però Barone morí all'improvviso e non se ne fece nulla. Interrogato dai carabinieri, Dell'Utri sostiene che D'Agostino, Barone e Piacenti sono per lui dei perfetti sconosciuti: mai sentiti nominare. Ma, secondo il Tribunale, mente per la gola. Nella sua agenda, alla data dell'11 febbraio 1994, si legge questa annotazione:

> Sirio Maresciallo Bicchio brigadiere 62764294 D'agostino Giuseppe che due anni fa è venuto insieme a Francesco Piacenti e Carmelo Barone interessarsi per lavoro a Mi tramite MDU fissata per 11/2 via Moscova 21-19 4° sez. nucleo operativo 8./8.15 int. 4255.

In un'altra agenda della segretaria di Dell'Utri, alla data 7 settembre 1992, si legge:

> Barone Ancecchi [o Annecchi] De Paoles amico parlarle per Sportiglia – centro sportivo Cavalleri.

In una terza agenda di Dell'Utri compare il nome «Barone Melo» (diminutivo di Carmelo) seguito dai numeri telefonici dell'abitazione e dell'auto. Che ci fa il nome di Barone in tre agende di Dell'Utri, se Dell'Utri non sa neppure chi sia? Risentito sul punto al processo di Palermo, all'inizio Dell'Utri dice di non ricordare nessun Barone «nel contesto di cui qui si sta parlando». Ma poi Giuseppe D'Agostino viene riarrestato: non piú per favoreggiamento, ma per mafia, e decide di collaborare con la giustizia.

Le dichiarazioni rese dal D'Agostino hanno fornito la chiave di lettura del contenuto di alcune significative annotazioni riportate nelle agende curate dalla segretaria dell'imputato. In particolare, sotto la data del 2 settembre 1992, è stata rinvenuta una annotazione nell'ambito della quale si parla di tale «Melo», con un cognome non riconoscibile accanto, e l'indicazione: «interessa al Milan». Altre conferme alle dichiarazioni del D'Agostino si rinvengono in altre annotazioni quali l'indicazione «10 anni» (quanti ne contava all'epoca il figlio del collaborante), «in ritiro pullman del Milan, interessato D'agostino Giacomo (Patrassi – Zagatti)». I due cognomi indicati tra parentesi sono quelli di due tecnici della società di calcio del Milan ai quali si sarebbe dovuto presentare il figlio del D'Agostino, a nome Gaetano, erroneamente indicato come Giacomo, per essere sottoposto ad un provino.

Anche il cognato Salvatore Spataro collabora e conferma il racconto di D'Agostino.

In sintesi, dal complesso delle dichiarazioni rese dai due collaboranti emerge che il D'Agostino, intenzionato a far entrare il figlio Gaetano nel settore giovanile della squadra del Milan, aveva interessato Melo Barone, appassionato del gioco del calcio e presidente di una squadra dilettantistica locale, il quale si era rivolto a Marcello Dell'Utri ottenendo che il giovanissimo D'Agostino Gaetano, che contava 10 anni, effettuasse un provino per il Milan nell'anno 1992. Dopo il decesso del Barone, avvenuto alla fine di quell'anno, il D'Agostino non si era perso d'animo e, allo scopo di raggiungere l'obiettivo prefissosi, si era rivolto ai fratelli Graviano, i quali si erano detti disponibili a favorirlo e gli avevano fatto capire che non sarebbe stato un problema per loro contattare i responsabili del Milan e procuragli un posto di lavoro a Milano presso una catena di esercizi commerciali, che gli inquirenti hanno, poi, individuato nell'«Euromercato» facente parte del gruppo Fininvest. Infine, il D'Agostino ha riferito che, dopo il suo arresto e quello dei fratelli Graviano, aveva cercato di mettersi in contatto telefonico con quei dirigenti del Milan che aveva conosciuto in precedenza, ma si era sentito rispondere che non lo conoscevano.

Dunque, nel 1996, Dell'Utri dice di non sapere chi sia Melo Barone, anche se compare nelle sue agende con l'affettuoso diminutivo «Melo». Allora gli leggono le dichiarazioni del pentito Pasquale Di Filippo, il quale racconta che Barone – legato al clan Graviano – era stato titolare di un negozio di abbigliamento a Palermo. A quel punto gli torna la memoria e ricordato di aver conosciuto un Barone, commerciante di tessuti, presidente della squadra di calcio «Juventina», mai piú rivisto dopo il suo allontanamento da Palermo. Ma anche questa è una bugia:

Che tra il Barone e l'imputato non vi fosse stata soltanto una lontana conoscenza, dovuta alla comune passione per il pallone, è dimostrato da documentazione, reperita presso le aziende Fininvest ed acquisita agli atti, dalla quale risulta che: la «dott.ssa Lattuada di Fininvest», segretaria personale dell'imputato, aveva, nel gennaio 1993, segnalato per l'acquisto un immobile, ubicato in Via Lincoln a Palermo, il cui proprietario era il «sig. Barone», cioè il Melo Barone.

Francesco Zagatti, che nel 1993-94 era il capo degli osservatori delle Giovanili del Milan, viene sentito al processo come testimone della difesa Dell'Utri. I giudici si aspettano che, a proposito del provino al figlio di D'Agostino, risponda con i rituali «non ricordo» o neghi qualsiasi interessamento di Dell'Utri. Del resto cosí han fatto altri due dipendenti del Milan, Francesco Tumiatti e Roberto Patrassi, «le cui dichiarazioni non sono attendibili». Invece Zagatti conferma quel che ha detto il pentito Spataro e inguaia Dell'Utri. Il Tribunale conclude:

È lecito affermare che, negli anni 1993-94, c'è stato un interessamento nei riguardi del figlio di D'Agostino Giuseppe da parte di Marcello Dell'Utri e che, essendo già deceduto Melo Barone, tale interessamento non poteva che essere stato caldeggiato al prevenuto, direttamente o in via mediata, dai fratelli Graviano di Brancaccio. La conclusione alla quale perviene il Collegio poggia sulla constatazione che il giovane D'Agostino ha effettuato un altro «provino» ad inizio del 1994 (ne ha dato conferma il teste Buriani Ruben) e cioè nel periodo in cui D'Agostino Giuseppe era vicino ai fratelli Graviano, favorendone la latitanza, ed aveva ottenuto, per il figlio Gaetano, il loro intervento diretto presso la dirigenza del Milan e, in particolare, presso Marcello Dell'Utri, il quale in effetti aveva «segnalato» il promettente calciatore al tecnico che doveva visionarlo, come candidamente e spontaneamente affermato dal teste Zagatti Francesco.

La stagione politica

Dalla metà degli anni 80, a Berlusconi e al suo entourage, Cosa nostra non chiede piú soltanto soldi: il legame si sposta progressivamente da «un primario e immediato interesse di natura economica, sfociato in rapporti a base estorsiva» a un interesse «politico». Riina spera di agganciare Craxi tramite il Cavaliere. Vota e fa votare Psi nel 1987. Ma non si sa se poi l'aggancio al «gotha socialista» si sia realizzato

attraverso il canale costituito da Dell'Utri-Berlusconi-Craxi, oppure se tale risultato fosse stato ottenuto attraverso l'ausilio di altri soggetti (piú volte, invero, si è fatto riferimento, da parte di alcuni delatori, ad «impegni» profusi dall'onorevole Claudio Martelli, direttamente o tramite altri intermediari diversi dall'odierno imputato). [...] L'assenza di prova in ordine alla realizzazione di trattative, accordi, favori politici fatti, o semplicemente richiesti, da Cosa nostra a Berlusconi, per il tramite di Dell'Utri, permane, ad avviso del Tribunale, fino al 1993, epoca in cui l'imprenditore milanese aveva deciso di lanciarsi in prima persona in politica, portando con sé, quale primo paladino di tale importante scelta, l'imputato Marcello Dell'Utri, un uomo che da circa venti anni aveva ripetutamente intessuto, con piena consapevolezza, rapporti di vario genere con soggetti mafiosi o paramafiosi.

L'appoggio dato *una tantum* al Psi, per punire la Dc di non aver ostacolato a sufficienza il maxiprocesso avviato da Falcone e Borsellino in base alle confessioni di Buscetta e Contorno, non portò a Cosa nostra i vantaggi sperati. Tant'è che

proprio dalla constatazione di tale insuccesso [...] aveva preso le mosse quell'efferata e sanguinosa rivolta contro lo Stato voluta da Salvatore Riina, culminata negli eclatanti omicidi e stragi a partire dalla prima metà del 1992; quando all'insoddisfazione per i «nuovi» politici, che non avevano mantenuto le promesse, si era sommato identico rancore verso i «vecchi», vieppiú alimentato dalla principale delle cocenti sconfitte subite sul fronte giudiziario da Cosa nostra e cioè il passaggio in giudicato, il 30 gennaio 1992, della sentenza emessa all'esito del procedimento penale «maxi-uno».

La strategia stragista di attacco allo Stato dimostra, nel 1992,

l'assenza di contatti sicuri tra la mafia ed il mondo della politica, la mancanza di accordi, referenti, garanzie, canali ecc., successivamente alla perdita di quelli precedentemente esistenti, vecchi o giovani che fossero stati.

I vecchi referenti, ormai incapaci di garantire l'impunità a Cosa nostra, vacillano sotto i colpi delle prime indagini milanesi su Tangentopoli, il che fa maturare in Cosa nostra

un'idea politica di tipo separatista, o almeno autonomista, il cui obiettivo era quello di costituire una nuova forza politica, tutta siciliana e tutta mafiosa, al cui interno gli uomini d'onore potessero direttamente, o quasi, far sentire la loro voce ed imporre i loro voleri.

Il che non esclude che

nello stesso preciso torno di tempo in cui questo progetto si stava realizzando e prendeva corpo, vi fossero rassicuranti e definite alternative politiche, frutto di accordi e promesse ottenute dai soggetti mafiosi attraverso altri referenti.

Il progetto «autonomista» di Sicilia Libera. Per due anni, prima del suo arresto nel 1995, Tullio Cannella viene incaricato di «curare» la latitanza del boss corleonese Leoluca Bagarella, cognato di Riina, balzato ai vertici di Cosa nostra dopo l'arresto di Zu' Totò il 15 gennaio 1993. Nato e cresciuto a Brancaccio, vicinissimo ai fratelli Graviano, Cannella ha fatto politica nella Dc. I giudici lo considerano un collaboratore assolutamente attendibile per le sue «dichiarazioni coerenti, logiche, particolareggiate» sull'evoluzione dei progetti politici di Cosa nostra nei primi anni 90.

Il delatore ha precisato che Bagarella era stato suo ospite nel villaggio Euromare «intorno alla metà di giugno, fino alla fine di agosto e i primi di settembre del 1993» [...]. Dunque, partorito dalla mente di Leoluca Bagarella (ma, per quel che lo stesso diceva, era interessato anche il suo amico Provenzano), il progetto politico indipendentista, che sfocerà nella costituzione del partito Sicilia Libera a Palermo, era stato affidato dallo stesso boss corleonese al Cannella.

Nello stesso periodo fioriscono in tutto il Sud Italia movimenti indipendentisti, e in quel filone Bagarella pensa di inserire il progetto politico-mafioso di Sicilia Libera.

Con alcuni esponenti di tali agglomerati politici, il Cannella, dopo aver ricevuto la delega dal Bagarella, si era incontrato in diverse occasioni, una delle quali, particolarmente ricordata, svoltasi a Lamezia Terme, alla fine del 1993. Tra gli altri, presenti a quell'incontro vi erano alcuni esponenti della Lega Nord, in quanto tale movimento era interessato «a che si potesse effettuare un'operazione del genere nel meridione d'Italia», i quali erano stati accompagnati alla riunione politica dal principe Domenico Napoleone Orsini. [...] Nella fase iniziale della vicenda, Bagarella aveva finanziato l'attività di proselitismo dello stesso Cannella, consegnandogli dieci milioni di lire, una somma irrisoria se rapportata all'importanza della iniziativa in corso. Poi, però, il boss non aveva voluto affrontare altri costi, pretendendo che fosse il collaborante a sostenerli.

Racconta infatti Cannella:

Io ero rovinato perché completamente non avevo come fare e successivamente ringraziando il cielo Bagarella mi disse: «No guarda, ti conviene che fai un tesseramento con i soci che hai nel movimento e vedete quello che potete fare anche perché ci stiamo orientando verso un'altra direzione che è piú concreta, che è di piú facile realizzazione, mentre un progetto indipendentista passa per anni ed anni di lavoro, noi abbiamo degli agganci». Bagarella in sostanza mi disse che loro si stavano appoggiando, lo dico con onestà, con Forza Italia, quindi loro avevano dei vari candidati, amici di alcuni esponenti di Cosa nostra e ciascun candidato con questi loro referenti aveva realizzato una sorta di patto elettorale, di impegno e quindi votavano per questi.

È importante la scansione temporale del passaggio di Cosa nostra dal progetto Sicilia Libera all'adesione a Forza Italia:

Si è detto che la nascita del movimento a Palermo, per opera del Cannella e su *input* di Bagarella, era avvenuta a ottobre del 1993; fino al mese di novembre, certamente, la questione non era ancora chiusa. Invece il cambio di direzione verso Forza Italia e l'abbandono definitivo del progetto si era apprezzato «intorno al gennaio del 1994». Per qualche tempo, però, il Cannella, senza piú l'appoggio di Bagarella, aveva continuato a sostenere l'iniziativa, nella quale alcuni soggetti, non legati a Cosa nostra, ancora credevano [...]. Il collaborante, a quel punto, coinvolto in prima persona nella costituzione di tale movimento, esposto con coloro i quali avevano apprezzato la sua attività di proselitismo politico aderendo al progetto, consapevole che lo stesso, senza il sotterraneo appoggio di Bagarella e del suo entourage mafioso, non poteva che naufragare, aveva interpellato il Bagarella sulla eventualità che qualche candidato di Sicilia Libera potesse essere inserito nelle liste di Forza Italia, il nuovo partito che il suo interlocutore aveva deciso di appoggiare.

Secondo Cannella, nel gennaio '94, un mese e mezzo prima delle elezioni,

Bagarella mi disse che avrebbe parlato con una persona che sarebbe stato in grado di ordinare, allora si sapeva, noi sapevamo che l'onorevole Miccichè si occupava della formazione delle liste qui in Sicilia insieme ad un certo La Porta [...]. Allora disse: «io ho la persona che è in grado di dire a questo Miccichè quello che deve fare». Io me ne andai, aspettai qualche giorno, non ricordo se venne Calvaruso o Nino Mangano [uomo d'onore della famiglia di Brancaccio, *nda*] a dirmi che di lí a breve mi dovevo ritenere rintracciabile in ufficio perché era questione di un giorno, massimo 48 ore, e mi avrebbero fatto incontrare un certo Vittorio Nangano o Mangano. Io onestamente avevo fatto un peccato di pensiero: quando Bagarella mi disse «io ho la persona» [...], io pensai: può essere che è Dell'Utri. Attenzione, era solo una mia ipotesi, una mia deduzione, ma Bagarella non mi parlò assolutamente di Dell'Utri. Dopodiché io ho aspettato questi giorni, ma l'incontro con questo Mangano non avvenne. Successivamente io non avevo piú niente da fare, mi capitò solo di incontrare Bagarella... e gli chiesi: «ma come è finita?». Dice: «niente, purtroppo non c'è piú niente da fare». Lui mi disse, se è vero o no o si trattava di... fesserie partorite dalla sua mente, dice che non c'era piú il tempo per metterlo in lista.

Saranno gli stessi Dell'Utri e Miccichè a confermare che fu quest'ultimo a occuparsi della formazione delle liste di Forza Italia in Sicilia nel 1994. E poi c'è il riaffacciarsi di Mangano anche nel racconto di Cannella, che peraltro non lo conosceva neppure e quindi – osservano i giudici – «non poteva manifestare alcun interesse a chiamarlo ingiustamente in causa». Dunque «le dichiarazioni di Cannella, assoluto padrone della materia, sono state pienamente riscontrate da una mole di elementi esterni». Un lancio Ansa del 26 settembre 1993 conferma la riunione di Lamezia Terme. Dai tabulati telefonici «incrociati» dal consulente della Procura Gioacchino Genchi, risulta «la prova di numerosi contatti tra vari soggetti indicati da Cannella» a proposito di Sicilia Libera. Tanto per cambiare, salta fuori Dell'Utri, in contatto nel febbraio del 1994 con il principe Domenico Napoleone Orsini. E

> una indicazione con il nome per esteso del principe è stata rinvenuta nelle agende di Dell'Utri [...]. Il principe Orsini era in cerca di una candidatura ed aveva contatti con altri ambienti politici (segnatamente quelli della Lega Nord), sicché anche in questa luce potevano essere spiegati i suoi rapporti con Dell'Utri, in quel torno di tempo già in piena campagna promozionale ed organizzativa per Forza Italia.

Ma Dell'Utri nega di conoscere pure Orsini. E perché mai, se non c'è nulla da nascondere? Le sue negazioni, smentendo anche l'evidenza, diventano un «elemento indiziante»:

> Dell'Utri ha negato una personale conoscenza di tutta la vicenda relativa a Sicilia Libera, dal momento che, a suo dire, era stato Micciché ad occuparsi di questioni siciliane. È probabile che, sebbene disinteressato politicamente alla costituzione di tale movimento, l'imputato, impegnato in prima linea nell'organizzazione del neonato partito di Forza Italia, avesse comunque avuto contezza che dietro il movimento di Sicilia Libera di Palermo si celassero interessi mafiosi [...] ed avesse voluto, maldestramente, evitare, in sede di interrogatorio, ogni divagazione sul tema – del quale, poi, l'onorevole Micciché ha dichiarato di essersi labilmente interessato in quel periodo su indicazione del presidente Berlusconi – e la stessa conoscenza di un soggetto come l'Orsini, il quale, sebbene esente da compromissioni mafiose, con quella nascente realtà politica siciliana era entrato in contatto.

Un altro riscontro alle dichiarazioni di Cannella arriva dal pentito Tony Calvaruso, autista di Bagarella nell'ultimo periodo della sua latitanza. Riscontro tanto piú importante in quanto nemmeno lui, come Cannella, parla direttamente di Dell'Utri. Ma racconta che, per questo «partito tutto prettamente di Cosa nostra, Bagarella aveva l'appoggio di altri mafiosi di rango, come Giovanni Brusca, Matteo Messina Denaro, Nino Mangano (quello di Brancaccio), Peppe Ferro, Vito Coraci, Guastella, i Graviano». E che poi

> andò scemando questo discorso di Sicilia Libera, tanto si rafforzava il discorso di Forza Italia «perché c'era la voce unanime di votare Forza Italia, anche quando si parlava del partito Sicilia Libera». In ogni caso, egli aveva saputo da Bagarella che il partito di Forza Italia andava sostenuto in quanto aveva una linea garantista e, quindi, «o volutamente o non volutamente», avrebbe aiutato i boss di Cosa nostra.

Calvaruso parla anche di Vittorio Mangano, dicendo in sintesi che:

> 1) vi erano dei contatti tra Mangano e Giovanni Brusca nel 1994;
> 2) piú in generale, con riferimento a tale periodo, si ritrovava un Mangano nuovamente attivo, dopo l'arresto di Cancemi (metà del 1993) e quello ancora precedente di Riina, il quale aveva chiesto allo stesso Cancemi di «invitare» Mangano a non interessarsi di nulla, a *canziarsi*, cioè a mettersi da parte;
> 3) sempre nel 1994, vi erano contatti del Mangano anche con Bagarella;
> 4) Mangano era diventato il «referente» per la zona di Palermo-Centro, dopo l'arresto di Cancemi;
> 5) vi era stata una notoria e malvista vicinanza tra Mangano e Cancemi;
> 6) in relazione all'amicizia del Mangano con Cancemi, ma anche per altri motivi – si ricordi, a questo proposito, l'atteggiamento guardingo dello stesso Riina verso Mangano, dovuto al fatto che questi fosse stato amico di Bontate, al quale aveva regalato addirittura una pistola, particolare ad alta simbologia mafiosa [...] – Bagarella nutriva diffidenza verso Mangano, già graziato dallo stesso boss, il quale, a causa di ciò, non solo lo teneva in pugno, ma nello stesso 1994 avrebbe voluto ucciderlo (un vero e proprio *ius vitae ac necis*), se non fosse stato che: Mangano «serviva», non solo «territorialmente» ma anche «politicamente»; Bagarella, di questo, aveva parlato con Cannella, poiché Mangano poteva aiutarlo per Sicilia Libera; ma l'utilità politica di Mangano (su cui Calvaruso nulla ha saputo riferire) era ritenuta da Bagarella esistente anche dopo la sua perdita di interesse per Sicilia Libera [...] nell'estate 1994.

Ora, osservano i giudici:

> Che nelle elezioni politiche del 1994, scomparso il partito della Democrazia cristiana (da sempre destinatario dei voti della mafia, eccezion fatta per il 1987), all'interno di Cosa nostra si fosse deciso di votare per Forza Italia, non è circostanza che può essere messa in discussione, tale è la mole delle dichiarazioni rese da tutti i collaboratori di giustizia che hanno fatto riferimento al tema, in assoluta sintonia.

Naturalmente l'adesione di Cosa nostra a Forza Italia non è un reato per i promotori del nuovo partito. E non è nemmeno un fatto sorprendente, visto che una politica ipergarantista era «destinata fatalmente (o non volutamente, come ha detto Calvaruso) ad aiutare gli affiliati a Cosa nostra (e non solo)». Il problema, per i giudici, è un altro:

> In questa sede occorre stabilire soltanto se siano emerse prove in ordine al fatto che gli imputati Dell'Utri e Cinà (in particolare il primo) abbiano, in qualche modo, collaborato con uomini di Cosa nostra, tramite accordi, promesse o quant'altro, contribuendo a far nascere o, anche semplicemente, a rafforzare il convincimento politico dei loro interlocutori mafiosi di sostenere il nuovo partito, del quale, come è noto e come meglio ancora si vedrà, Dell'Utri era stato, in prima persona, promotore e nel cui organico è stato eletto deputato e poi senatore, carica tuttora rivestita. Se, cioè, si siano evidenziate, anche in relazione a siffatto ambito avente ad oggetto la politica, condotte compiute dai prevenuti, sussumibili nell'alveo dei capi di imputazione, la cui forma «libera» consente di ritenere rilevanti anche le «promesse elettorali» o i «patti politico-mafiosi».

È «incontestabile», per il Tribunale, che

> proprio nel periodo riferito da Cannella (fine 1993-inizi 1994), era stato ufficialmente costituito il partito di Forza Italia [...] e che, secondo la versione dello stesso Dell'Utri, il proposito di Berlusconi di fondare il nuovo partito si era definitivamente concretizzato alla fine di settembre del 1993 [...]. La pubblica accusa ha sostenuto essere emerse prove in ordine al fatto che Dell'Utri, prima dell'ufficializzazione della scelta politica di Berlusconi nell'autunno del 1993, avesse già cominciato ad interessarsi in prima persona alla costituzione di una nuova forza politica, benché non avvezzo ad occuparsi di siffatti compiti. Ed infatti, lo stesso imputato [...] ha precisato: «Né ho partecipato a sedute politiche, non ho mai fatto politica in vita mia, non mi sono interessato di politica in vita mia. La prima volta in cui posso dire di essere entrato in politica è quando si decise di organizzare un movimento che si sarebbe chiamato poi successivamente Forza Italia».

La nascita di Forza Italia. Secondo l'accusa, Dell'Utri spinse Berlusconi a scendere in campo politico per curare da vicino gli interessi di Cosa nostra, che aveva perso i suoi referenti politici. Secondo il Tribunale,

> le motivazioni che possono avere indotto l'attuale presidente del Consiglio dei ministri a fondare un nuovo partito sono state molteplici e trovano ampia giustificazione su altri piani [...]. Berlusconi si sentiva «perseguitato» dall'autorità giudiziaria di Milano, come risulta da un passo del libro [di Federico Orlando, allora condirettore de *Il Giornale* di Indro Montanelli: *Il sabato andavamo ad Arcore*, 1995, *nda*] in cui si racconta di una riunione ad Arcore del 3 luglio 1993 (sono del 22 giugno precedente le perquisizioni della Guardia di finanza

alle sedi della Fininvest di Milano e Roma, eseguite dietro ordine dei giudici di Milano). Ma già il 4 giugno 1993 Berlusconi avrebbe annunciato ad Indro Montanelli l'intenzione di «scendere in politica per ricomporre l'area moderata». Dunque vi erano pressanti e gravi ragioni [...] perché questo impegno in politica avvenisse ed altrettanto ampie motivazioni perché il nascente partito assumesse, sul fronte giudiziario, una linea ideologica di tipo garantista. [...] Ragioni e motivazioni che non possono essere ritenute, *tout court*, inquinate dal fine di agevolare Cosa nostra ma che, ovviamente, non potevano non essere apprezzate da qualunque soggetto che, in quel periodo storico, si fosse trovato ad avere a che fare con la giustizia, a qualsivoglia titolo.

Dell'Utri è fin da subito un tifoso accanito della discesa in campo del Cavaliere, come testimoniano Confalonieri e Letta, all'epoca contrari a quell'ipotesi. E alla fine, dopo un periodo di incertezza, Berlusconi si schiera con Dell'Utri. Lo conferma Ezio Cartotto, politico della Dc lombarda e consulente della Fininvest fin dagli anni 70. I giudici sintetizzano il suo racconto:

Nel settembre 1992, in occasione di una convention, Berlusconi aveva fatto per la prima volta un accenno al tema politico, affermando che bisognava guardare alla situazione politica italiana con grande preoccupazione ed attenzione; nell'aprile del 1993, nel corso di un incontro tra lo stesso Berlusconi e l'onorevole Craxi, quest'ultimo aveva fatto presente al suo interlocutore che si sarebbe dovuto dare da fare per creare un movimento politico al Nord Italia, per contrastare l'offensiva della Lega e che sarebbe stato opportuno che qualcuno, come lui, creasse un «canestro» in cui convogliare i voti in libera uscita dai partiti tradizionali di area moderata, ormai in crisi irreversibile; nell'estate del 1993, ad Arcore, Silvio Berlusconi aveva incontrato Vincenzo Muccioli e si era parlato della situazione politica italiana; nell'autunno 1993, Berlusconi aveva incontrato gli onorevoli Amato, Segni e Martinazzoli, ma già era sorta in lui l'idea di scendere personalmente in politica.

Intanto, a Palermo,

sino alla fine del 1993, in Cosa nostra si stavano cercando nuovi sbocchi politici e, in assenza di «agganci», si realizzavano stragi in tutta Italia e si cercava di costituire un partito sicilianista tutto mafioso [...]. E fino all'abbandono dell'idea autonomista, alla fine del 1993, per quel che si è anticipato, Cosa nostra non aveva ottenuto «certezze» e «garanzie» politiche provenienti da altri «canali». Ulteriore dimostrazione di tale assunto è l'affermazione di Giuffrè in ordine al fatto che, solo in un secondo momento [...], Bernardo Provenzano, scettico rispetto all'ideologia autonomista di Bagarella, «esce allo scoperto» e si fa sostenitore dell'appoggio a Forza Italia, a partire dalla fine del 1993, epoca in cui sarebbero arrivate delle «garanzie» in tal senso.

Altrimenti che senso avrebbe l'idea di fondare Sicilia Libera nell'ottobre '93, e perché Provenzano non avrebbe subito stoppato Bagarella, se già in quel periodo avesse avuto sicure «garanzie» da Dell'Utri? Invece, secondo Cannella, anche Provenzano era sulle prime interessato a Sicilia Libera.

Le dichiarazioni di Antonino Giuffrè. Fedelissimo del superboss Michele Greco fino al 1981, «reggente» del mandamento di Caccamo dal 1987 per volontà di Riina, Giuffrè ha fatto parte fino al 1992 della commissione provinciale di Cosa nostra, diventando dal '93 uno dei piú stretti collaboratori di Provenzano. Arrestato il 16 aprile 2002, decide subito di collaborare con la giustizia. E la sua attendibilità è «fuori discussione», anche «sul tema della politica» dove «è stato pienamente riscontrato».

> Nella primavera del 1993 il collaboratore aveva appreso da Provenzano che, dopo l'arresto di Riina (15 gennaio 1993), all'interno di Cosa nostra si erano create due linee di pensiero, rappresentative di due fazioni mafiose «contrapposte»: la prima, della quale faceva parte il collaborante, aveva come leader il Provenzano e ad essa erano aggregati alcuni importanti «uomini d'onore», come Benedetto Spera, Pietro Aglieri, Carlo Greco, Raffaele Ganci; un'altra, facente capo a Bagarella, nella quale si riconoscevano altri importantissimi esponenti mafiosi, come Giovanni Brusca, i fratelli Graviano, i Farinella, Salvatore Biondino ed altri. In particolare, una delle due fazioni non concordava sulla scelta di una strategia stragista propugnata dall'altra.

Provenzano vorrebbe abbandonare le stragi. Bagarella invece spinge per insistere sulla linea del terrorismo. Ma anche sui rapporti con la politica, Cosa nostra è divisa: il gruppo Bagarella puntava su Sicilia Libera; Provenzano preferisce cercare referenti nelle forze politiche nazionali, sul modello dei rapporti intrecciati a suo tempo con la Dc. Il che, tra l'altro, conferma *in toto* il racconto di Cannella. Il Tribunale ritiene dimostrati

> singoli «agganci» ottenuti da Cosa nostra nella ricerca di referenti all'interno di una nuova, grande compagine politica come Forza Italia, sul modello ideologico fatto proprio da Provenzano (cui accederà anche il gruppo di Bagarella).

Nino Giuffrè prosegue nel suo racconto:

> Verso la fine del 1993 già si aveva dei sentori che si muoveva qualcosa di importante nella politica nazionale. Cioè si cominciava a parlare della discesa in campo di un personaggio molto importante... eh... che allora, in modo particolare in Sicilia... intendo riferirmi al nome [...] di Berlusconi... Queste notizie

venivano portate all'interno di Cosa nostra, per un periodo è stato motivo di incontri, di dibattiti all'interno di Cosa nostra, di valutazioni molto, ma molto attente. Cioè tutte le persone che avevano sentore, notizie di questo movimento che stava per nascere, venivano trasmessi ed arrivavano dentro Cosa nostra. Queste, in modo particolare di Provenzano, se ne cercavano l'affidabilità. Cioè persone che di un certo valore e di una certa serietà e inizia, appositamente, un lungo periodo di discussione e nello stesso tempo di indagine, per vedere se era un discorso serio che poteva interessare a Cosa nostra per potere curare quei mali che da diverso periodo avevano afflitto Cosa nostra, che erano stati causa di notevoli danni. [...] Abbiamo fatto anche degli incontri, delle riunioni, assieme, appositamente per discutere, per valutare come ci dovevamo comportare, fino a quando il Provenzano stesso ci ha detto che eravamo in buone mani, che ci potevamo fidare. Per la prima volta il Provenzano esce allo scoperto, assumendosi in prima persona delle responsabilità ben precise. E nel momento in cui lui ci dà queste informazioni e queste sicurezze, ci mettiamo in cammino, per portare avanti, all'interno di Cosa nostra e poi successivamente estrinsecarlo all'esterno, il discorso di Forza Italia.

Cosí, a fine '93, Provenzano riceve «garanzie» e si decide a «uscire allo scoperto». Cioè, scrive il Tribunale,

a sponsorizzare il partito di Forza Italia all'interno di Cosa nostra, invitando i suoi componenti a votarvi ed, evidentemente, convincendo anche la fazione legata a Bagarella, il quale, infatti, nello stesso torno di tempo di fine 1993, aveva deciso di abbandonare al suo destino Sicilia Libera.

«Garanzie» da chi? Giuffrè dice di aver saputo dai boss Carlo Greco e Giovanni Brusca i nomi di alcuni intermediari, come il costruttore Giovanni Ienna (secondo i giudici «legato ai fratelli Graviano, il quale sarebbe stato direttamente in contatto con Berlusconi» e «condannato definitivamente per mafia»); l'avvocato Massimo Maria Berruti (siciliano, ex ufficiale della Guardia di finanza poi divenuto consulente della Fininvest e infine deputato di Forza Italia); Vittorio Mangano; e Marcello Dell'Utri (quest'ultimo – scrivono i giudici – era secondo Giuffè «reputato dai suoi interlocutori mafiosi persona seria, affidabile e vicina a Cosa nostra»).

In ogni caso, il sostegno a Forza Italia da parte dei mafiosi era stato profuso in tutte le competizioni elettorali successive, fino a quelle del 2001 [...]. Il resto delle dichiarazioni di Giuffrè, nella parte rappresentativa piú generale, appare assolutamente esente da critiche e deve essere positivamente apprezzato, anche in relazione a ciò che attiene all'indicazione di «garanzie» ottenute da Provenzano e generatrici del suo convincimento a votare e far votare per Forza Italia, circostanza riferita dal collaborante fin dall'inizio e perfettamente collimante con i riferimenti di Cannella sull'esistenza di «agganci» del Bagarella con la nuova forza politica.

Dell'Utri e Mangano prima delle elezioni del 1994. Il fatto che Mangano rispunti al fianco di Dell'Utri anche nel '94-'95, dopo i 10 anni trascorsi in carcere per la condanna definitiva al maxiprocesso per droga e mafia, suscita nel Tribunale «seria preoccupazione e vivo disappunto, a prescindere dall'aspetto prettamente penalistico». Perché

> si può affermare senza tema di smentita che Mangano Vittorio, dopo l'arresto di Salvatore Cancemi nel luglio 1993, aveva assunto un incarico mafioso di rango, a coronamento di una lunga e gloriosa carriera criminale.

Anche in campo politico. Ne parla Salvatore Cucuzza, «collaborante di sicura attendibilità»:

> Per come riferitogli da Bagarella, uno dei motivi per i quali il Mangano veniva mantenuto nella reggenza del mandamento di Porta Nuova era costituito dal fatto che egli garantiva, in quel periodo di tempo, rapporti con Dell'Utri e, quindi, era reputato utile in tal senso perché era notorio il rapporto che legava quest'ultimo a Silvio Berlusconi. [...] Il collaborante ha dichiarato di aver saputo da Mangano che questi si era incontrato «un paio di volte con Dell'Utri». [...] Dell'Utri aveva promesso che si sarebbe attivato per presentare proposte molto favorevoli per Cosa nostra sul fronte della giustizia, in un periodo successivo, a gennaio del 1995 («modifica del 41 bis, sbarramento per gli arresti relativi al 416 bis»). Infatti, vi era stato un primo tentativo a livello parlamentare che, però, non era riuscito a concretizzarsi. Inoltre Dell'Utri aveva detto a Mangano che sarebbe stato opportuno stare calmi, cioè evitare azioni violente e clamorose, le quali non avrebbero potuto aiutare la riuscita dei progetti politici favorevoli all'organizzazione mafiosa [...]. In queste occasioni, Dell'Utri avrebbe fatto delle precise promesse di intervento politico in favore di Cosa nostra, in settori di grande rilievo per l'intera organizzazione, cosí compiendo, secondo il Tribunale, una condotta rilevante ai fini della sussistenza del reato contestatogli.

Le conclusioni del Tribunale sulla genesi di Forza Italia sono raggelanti:

> la promessa di aiuto politico a Cosa nostra, proveniente da un soggetto che, in quel determinato momento storico, si poneva quale organizzatore di un nuovo partito [...], aveva un effetto rassicurante per il sodalizio criminale; lo orientava verso il sostegno a Forza Italia, incoraggiandolo a nutrire aspettative favorevoli in un momento di crisi profonda. Siffatta condotta rafforzava Cosa nostra, ingenerando il convincimento di raggiungere obiettivi fondamentali nella sua strategia criminale, addirittura contando sui massimi vertici della politica nazionale. Una promessa reputata, in quel frangente, seria ed affidabile negli ambienti mafiosi, in quanto proveniente da un soggetto influente che, in passato, aveva dato buona prova di sé, dimostrandosi disponibile verso Cosa nostra.

Una promessa fatta ad un mafioso come Vittorio Mangano, altrettanto importante nel suo «campo», ad un capomandamento in stretto contatto con coloro i quali erano posti al vertice del sodalizio criminale in quel torno di tempo. La promessa, di per sé, quando, come nella specie, sia sufficientemente delineata nel contenuto, è una condotta rilevante in relazione all'imputazione.

Che poi, come sostiene la difesa, il primo governo Berlusconi – naufragato dopo 7 mesi – non sia riuscito a varare misure favorevoli alla mafia, o che invece, come ribatte la Procura, abbia inviato precisi segnali a Cosa nostra, non interessa al Tribunale:

Quel che conta, ai fini della decisione, è stabilire se può ritenersi provato che la promessa politica a Cosa nostra, effettuata dal senatore Dell'Utri per mezzo di Mangano (nel frattempo diventato un capo di un mandamento mafioso), avente ad oggetto un progetto di aiuto sul fronte giudiziario in relazione al tema del 41 bis ed altro, siccome riferito da Cucuzza, si fosse effettivamente verificata in quel torno di tempo delicatissimo in cui la politica nazionale stava veramente cambiando e l'organizzazione mafiosa era alle corde e senza referenti politici sicuri. [...] Se cosí è, appare evidente, per le precipue modalità del fatto e per il tenore della promessa, che la condotta di Dell'Utri è da ritenere, ancora una volta, un contributo cosciente e volontario al consolidamento e rafforzamento di Cosa nostra. Ha carattere di prova autonoma, oltre che di pieno riscontro alle indicazioni di Cucuzza, la circostanza che, effettivamente, Mangano e Dell'Utri si sono incontrati alla fine del 1993, «per un paio di volte».

Gli incontri a Milano di Mangano e Dell'Utri. Ancora una volta, a incastrare Dell'Utri, provvedono non i pentiti o i magistrati, ma le sue agende, sequestrate nel suo ufficio di Publitalia, dove

si sono ritrovate due annotazioni, relative ad incontri tra lo stesso e Mangano Vittorio, sotto le date del 2 e 30 novembre 1993. Trattasi di un dato documentale incontestabile ed altamente significativo della condotta tenuta da Marcello Dell'Utri in quel torno di tempo. [...] Dell'Utri, ancora nel 1993, nonostante la crescita del suo prestigio personale anche in campo politico, aveva continuato ad intrattenere rapporti di frequentazione con un mafioso conclamato ed importante come era Mangano in quel periodo, e nonostante tutto quello che era successo in passato.

Dell'Utri non può negare quel che è scritto nelle agende:

si limita ad addurre impacciate giustificazioni di facciata, affermando che Mangano, di tanto in tanto, era solito andarlo a trovare in ufficio (a Milano!), ove si intratteneva pochi minuti per esporgli non meglio identificati problemi di carattere personale, precisando che egli «subiva» tali rapporti e non ricordando quali fossero i problemi personali che Mangano gli avrebbe sottoposto il 2 e 30 novembre 1993, periodo in cui era in corso l'organizzazione del partito Forza Italia e Cosa nostra preparava il cambio di rotta verso la nascente forza politica, anche attraverso l'abbandono del progetto autonomista di Sicilia Libera.

Due incontri a Milano, proprio come diceva Cucuzza, che non poteva certo prevedere il ritrovamento delle agende. Quale miglior riscontro si potrebbe trovare al racconto del pentito? In seguito, nel 1995, Mangano viene di nuovo arrestato (stavolta per omicidio). Ma Dell'Utri, eletto nel '96 al Parlamento italiano, nel '99 al Parlamento europeo, e nel 2001 di nuovo in quello italiano, continua imperterrito a intrattenere rapporti con Cosa nostra, come risulta da intercettazioni ambientali recentissime:

> Queste ulteriori risultanze [...] costituiscono il risultato finale del percorso, le cui premesse fattuali, logiche e cronologiche sono costituite dalle conclamate relazioni del prevenuto con Mangano del 1993-94, finalizzate, per il tramite di questi, ad una promessa di aiuti concreti ed importanti a Cosa nostra in cambio del sostegno al partito di Forza Italia.

Le intercettazioni nell'autoscuola. Nel 1999, subito prima delle elezioni europee del 13 giugno in cui Dell'Utri è candidato nel collegio Sicilia-Sardegna, la polizia giudiziaria intercetta le conversazioni di alcuni fedelissimi di Provenzano nell'autoscuola «Primavera», nel centro di Palermo in via Gaetano Daita 53, gestita da Carmelo Amato. Da anni l'autoscuola è considerata dagli inquirenti come un ritrovo abituale dei piú stretti collaboratori del boss, talora alla presenza del boss medesimo:

> L'Amato presentava un «profilo genealogico» di tutto rispetto, potendo vantare numerose parentele mafiose di riguardo, ivi compresa quella con i noti fratelli Di Napoli, Pippo e Pierino, uomini d'onore di spicco della famiglia mafiosa di Malaspina, cugini della sua prima moglie defunta. [...]. Amato Carmelo era stato tratto in arresto con l'accusa di associazione mafiosa. [...] Nei locali dell'autoscuola Giuffrè, alla fine degli anni 80 e nel 1990, si era incontrato diverse volte con il Provenzano.

Nelle intercettazioni ambientali, Amato parla spesso di Dell'Utri. E una volta conversa a lungo con Cinà. Qualche esempio. Il 5 maggio 1999, ore 19.59, Amato parla con l'amico Michele Lo Forte nell'abitacolo di una Fiat 600 e fa riferimento al voto della Camera che ha appena salvato Dell'Utri dall'arresto chiesto da quei «cornuti» dei giudici di Palermo, e alla necessità di mandarlo al Parlamento europeo per renderlo intoccabile.

Amato – A proposito là di cose... l'altra volta, l'altra volta, mi venne a trovare... il padre, che è venuto poco fa il «picciottello», poco fa... Enzo...
Lo Forte – Enzo!
Amato – ...il cugino di Ciancimino...
Lo Forte – Ah, sí!
Amato – ...è entrato dentro, ci siamo seduti, abbiamo parlato...
Lo Forte – Ah, Enzo?
Amato – ...«Tanti saluti, tanti saluti, lo saluta il tizio...» speriamo tanto (*o simile*) dice: «ma, ma purtroppo dobbiamo portare...».
Lo Forte – Minchia, allora lui viene a ore delle elezioni sempre, minchia!
Amato – ...maaah, ma dobbiamo portare a Dell'Utri!.
Lo Forte – Minchia... ora c'è Dell'Utri! Dell'Utri...
Amato – Compare, lo dobbiamo aiutare, perché se no lo fottono!
Lo Forte – È logico, perché non lo tocca nessuno, nemmeno qua! [*o simile*].
Amato – Eh, compa', se passa lui e *acchiana* [sale] alle europee, non lo tocca piú nessuno!
Lo Forte – Ma pure qua non lo tocca nessuno!
Amato – Lo so! Ma intanto è sempre bersagliato da qua. Allora perché là dissero di no... la Camera disse: «No». Eeeeh... e pungono sempre, compare!
Lo Forte – E l'immagino!
Amato – Minchia, questi pezzi di cornuti, compare...

Due giorni dopo, i due riparlano dello stesso argomento. Sono le 19.47 del 7 maggio '99.

Lo Forte – Ma questo si porta con il Ccd ora?
Amato – Chi?
Lo Forte – Minchia, è un casino con 'ste elezioni! Ma mi pare che 'ste elezioni sono fredde, mi pare che sono piú fredde pure qua...
Amato – Si sta lavorando, compa'! Ci dobbiamo dare aiuto a Dell'Utri, compa'... perché 'sti... se no 'sti sbirri non gli danno pace, compa'...

Il 22 maggio '99, ore 11.30, Amato parla nella stessa auto con l'amico Gioacchino Severino:

Amato – ...dice, dice... e fanno: «...e va be', me ne sto fottendo, quello che cazzo volete fare fate, non m'interessa di niente!». Perché purtroppo... io gli dicevo ieri a Tanino [forse Cinà, *nda*]... questo mi diceva, dice: «Alla mia età, – dice – sono dovuto andare in galera. Perché, che ho fatto io?».
Severino – Chi?
Amato – Tanino.
Severino – Ah! Gli fecero pagare il conto!
Amato – Se non era il processo Dell'Utri, ah che sarebbe uscito Tanino!
Severino – Ah, ah!
Amato – Ma siccome era là imperniata la cosa...
Severino – A questo punto si è liberato pure Dell'Utri.
Amato – Il processo non è finito!

Severino – Va be', quando uno esce...
Amato – Ma purtroppo ora a questo si deve portare in Europa.
Severino – Eh, a Dell'Utri?
Amato – Eh!
Severino – Non si porta lui ora?
Amato – Sí, qua già si stanno preparando i cristiani [le persone, o i mafiosi, *nda*].

Il 28 maggio, ore 18.49, Amato parla con Giuseppe Vaglica, cognato di un collaboratore di Provenzano.

Vaglica – Dobbiamo votare per questo allora?
Amato – E adesso, ma chi lo doveva dire che io dovevo lavorare... pensare che [...].
Vaglica – Marcello Dell'Utri?
Amato – (*parole incomprensibili*)
Vaglica – Ah... ma a Totò pure?
Amato – No, quello no.
Vaglica – (*pp.ii.*).
Amato – Glieli divide La Mattina... ho sentito dire che a Cuffaro... l'hanno chiamato a Totò Cuffaro... a Cuffaro... a questo Cuffaro (*pp.ii.*) chiediglielo...
Vaglica – A chi interessa?...
Amato – (*pp.ii.*) ...si deve votare a lui se no lo fottono!

Il 13 giugno '99, giorno delle elezioni europee, alle 10.55 Amato parla con il cognato Salvatore Carollo:

Carollo – I signori del Nord Italia, fino a che gli facevano gli omicidi che gli bisognavano, e quelli, diciamo, un po' di vento si poteva campare. Quando si seppe il risultato, tutto a monte... ci mandarono a Caselli. Meno male che anzi... se lo è giocato con Dell'Utri il signor Berlusconi, perché altrimenti... Ora ci rompono i coglioni, perché lui se n'è andato perché... si è giocato il voto... il voto per... alla Camera per mezzo di... 'stu governo di D'Alema, quando c'era la guerra nel Kosovo... Poi è capace... si è tolto da mezzo ai coglioni a... a questo che gli sta scassando la minchia a Dell'Utri, e lui l'ha cambiato!
Amato – Ancora ho i miei dubbi però.
Carollo – No, no, niente, l'ha cambiato, lascia stare. Che mi conti?
Amato – Là ci sta...
Carollo – Non c'è piú! [...].
Amato – Totò, per chi devi votare tu?
Carollo – Io? Per nessuno.
Amato – Ah?
Carollo – Presidente? Per il Polo voto io.
Amato – Il Polo?
Carollo – Per il Polo.
Amato – Per il Polo voti?
Carollo – Per il Polo voto io.
Amato – E allora daglielo... daglielo a Dell'Utri il voto.
Carollo – Per il Polo voto.

Amato – Glielo puoi dare a Dell'Utri?
Carollo – Io siciliano sono come lo è lui... già questo era scontato!
Amato – Ma io non ce l'ho... ma, onestamente, non è che ce lo voglio dare a lui onestamente. Io glielo do perché c'è un impegno per ora, eeeh, perché lo vogliono sfottere, hai capito? Allora me la sto... tutto io [...]. In ogni caso, lui salirà senz'altro, no, perché Berlusconi, buono buono... qui ci serve a lui e mette a lui... hai capito?

Il 21 agosto 1999 Dell'Utri è stato felicemente eletto a Bruxelles. Alle 9.42 Amato si chiude nella solita 600 con Gaetano Cinà, col quale intrattiene ottimi rapporti:

Amato – Ti pare che ci danno pace per ora? Per ora fanno i cornuti.
Cinà – Non ce l'ho io?
Amato – Con 'sto fatto che se n'è andato Caselli? Ma, secondo me...
Cinà – Ce l'ho nel processo pure io, Carmelo.
Amato – A chi?
Cinà – A mio nipote. Perché il signor Galliano [il pentito, *nda*] dice che io, prima, avevo rapporti con lui... avevo rapporti con lui che gli davo i soldi.
Amato – Mah! Il signor Galliano dice questo? Il parente del parente nostro, è vero?
Cinà – ...parente del parente nostro!
Amato – Ah, disonoràti! *Ci levammu* [ci siamo tolti] la vita! Cornuti che sono!
Cinà – Infatti, vero, lui non aveva il nipote, minchia, questo?
Amato – L'avvocato?
Cinà – Avvocato!
Amato – Un cornutello questo è, è piú cornuto di suo padre. [...] Consumò – disse – la famiglia!». Gli dovevo dire: «Ma, dimmi una cosa, ma tu non camminavi senza scarpe? Non ti fecero cristiano, a te?». È giusto, Tanino? [...] Non lo so perché io non so niente... non voglio... neanche voglio sentire l'odore di loro. Tanino... Tanino, forse tu non l'hai capito, te lo giuro sulla vita dei miei figli, non voglio sentire l'odore. Cornuto! Glielo faccio sapere a chiunque quanto sono gentaglia, indegni! [...]
Cinà – Carmelo, Carmelo, vedi che io sono combinato come te! Io ovunque vado... ho amici a livello... a livello buono...
Amato – È giusto, è giusto [...]. Tanino, fottitene! Tu nella vita ti sei comportato bene? E fottitene, stai tranquillo che esci sempre a galla, Tanino, eh! Mi sono spiegato? Ma io sono stato... ma per qualsiasi cosa sono a tua completa disposizione!
Cinà – Io... io... io ancora... io ancora sotto processo sono, perciò non è che...
Amato – Mi sono spiegato? Qualsiasi che ti serve... sono a tua completa disposizione [...]. Zio Tano, no, è stato un piacere vederla.
Cinà – Ciao Carmelo. Mi raccomando: acqua in bocca!

Riassumendo le conversazioni intercettate, secondo i giudici emerge a chiare lettere, per quanto attiene alla posizione dell'imputato Marcello Dell'Utri, che, nell'ambiente mafioso era stata presa una netta e precisa decisione in ordine al candidato da votare e fare votare in occasione delle imminenti consultazioni. All'interno di Cosa nostra era stato deciso che Dell'Utri andava votato alle elezioni del Parlamento europeo che si sarebbero tenute di lí a poco. E che si trattasse di un proposito non facente esclusivamente capo alla persona di Amato Carmelo, ma che fosse maturato e deciso in seno al sodalizio criminale, è circostanza emergente da alcuni passaggi, come quello che si evidenzia nella conversazione del 22 maggio, quando l'Amato specifica al suo interlocutore (Gioacchino Severino) il fatto che «i cristiani si stanno preparando», evidentemente riferendosi, non risultando che egli facesse parte del comitato elettorale che sosteneva la campagna elettorale di Dell'Utri, ad una moltitudine di persone della cui disponibilità a votare Dell'Utri l'Amato era certo perché, evidentemente, persone facenti parte del suo stesso sodalizio criminoso o ad esso vicine. [...] Inoltre, che non fosse una determinazione, frutto di una libera scelta, anche di ordine collettivo, si coglie in diversi passaggi delle conversazioni intercettate, nei quali l'Amato mostrava di aderire a questa decisione con riluttanza, espressa dalla considerazione che «purtroppo» si doveva votare per Dell'Utri, perché c'era un impegno in tal senso. Un impegno che non teneva conto delle possibili, diverse scelte del singolo elettore di Cosa nostra; dunque, un impegno collettivo di natura elettorale in favore dell'imputato, cui si doveva aderire. E lo scopo, palesato a chiare lettere dall'Amato, era anche quello di tirar fuori Dell'Utri dai suoi guai giudiziari, dal momento che i rappresentanti delle istituzioni (piú volte apostrofati con insulti), «lo volevano fottere» a tutti i costi, ma non avrebbero piú potuto fargli nulla se egli fosse stato eletto al Parlamento europeo.

Amato conosce perfettamente la cronaca politico-giudiziaria su Dell'Utri, visto che proprio all'inizio del 1999 il gip di Palermo aveva disposto l'arresto dell'onorevole imputato, ma la Camera aveva negato l'autorizzazione a procedere. Ancora una volta la prova contro Dell'Utri non arriva dalla voce di un teste o di un pentito, ma da intercettazioni: cioè da «elementi obbiettivi di prova, formatisi in un contesto assolutamente genuino e scevro da qualsivoglia condizionamento».

È l'ennesima conferma documentale, l'ennesimo elemento obiettivo di prova che si collega in maniera logica ed incontrovertibile, al tema di indagine fin qui sviluppato, alle emergenze riferibili ad un periodo precedente (1993-1994), dalle quali il Tribunale ha tratto la conclusione che Dell'Utri aveva preso, per l'appunto, «impegni» con la mafia, aveva promesso «cose buone» per Cosa nostra sui vari, importanti e già indicati fronti politico-giudiziari [...]. Di quell'impegno dell'imputato, il tenore inequivocabile delle conversazioni tra l'Amato ed i suoi interlocutori costituisce il naturale risvolto pattizio, visto da un'altra angolazione. Vi è la prova che Dell'Utri aveva promesso alla mafia precisi vantaggi in campo politico e, di contro, vi è la prova che la mafia, in esecuzione di quella promessa, si era vieppiú orientata a votare per

Forza Italia nella prima competizione elettorale utile e, ancora dopo, si era impegnata a sostenere elettoralmente l'imputato in occasione della sua candidatura al Parlamento europeo nelle fila dello stesso partito, mentre aveva grossi problemi da risolvere con la giustizia perché era in corso il dibattimento di questo processo penale.

Da quelle conversazioni emergono anche prove decisive sulla mafiosità di Cinà. Che non solo frequenta anche fisicamente Amato e altri fedelissimi di Provenzano subito dopo la sua scarcerazione per decorrenza dei termini, nel maggio '99. Ma parla pure con Amato di

personaggi inseriti nell'organizzazione mafiosa, quali i fratelli Pippo e Pierino di Napoli, un soggetto a nome Vittorio (probabilmente si tratta del Mangano), Francesco Di Maria, identificato come un reggente della «famiglia» Malaspina ed altri personaggi. È interessante il passaggio finale nel quale Amato Carmelo si «mette a disposizione» del Cinà per ogni evenienza, cosí come risulta significativo l'enorme dispregio mostrato verso la famiglia Galliano, colpevole di avere coltivato nel suo seno un «pentito», il quale aveva accusato anche lo stesso Cinà. Infine, la chiosa finale di quest'ultimo, che si raccomanda al suo interlocutore dicendogli «acqua in bocca», è simbolicamente rappresentativa del livello di confidenza tra i due soggetti e della delicatezza degli argomenti discussi.

Le intercettazioni di Guttadauro. Nella primavera 2001 è di nuovo campagna elettorale, stavolta per le politiche nazionali e per le regionali in Sicilia. La Procura di Palermo fa infilare alcune microspie nell'abitazione del medico Giuseppe Guttadauro, «reggente» del mandamento mafioso di Brancaccio, appena uscito dal carcere dove ha scontato una condanna definitiva per associazione mafiosa. Anche in queste conversazioni ricorre il nome di Dell'Utri, candidato stavolta al Senato della Repubblica.

Il 9 aprile 2001, Guttadauro parla con Salvatore Aragona, anche lui medico, anche lui già condannato per mafia.

Guttadauro – Dell'Utri, si presentò alle europee, compreso Musotto, hanno preso degli impegni, dopo le europee *ca acchianaru* [furono eletti] non si sono visti piú con nessuno.
Aragona – Eh, hai visto? Allora chi è, con chi hanno preso impegni?
Guttadauro – Nca ciertu, cu mmia no ca io un ciera era... però ero presente quando ci fu.

Il 20 maggio 2001, altra chiacchierata fra Guttadauro e Aragona:

Aragona – Ma lui [Dell'Utri] è stato in questa tornata è venuto fuori sconfitto picchí Micciché lo ha a Palermo, lo ha silurato... e lui lo ha capito ed ora cercherà, ora in questo prossimo turno.
Guttadauro – Ma lui se viene deve pigghiari impegni e l'ava a manteniri però... tu 'un tà scantari, insomma, tu acchianasti all'elezioni europee? Ma chi buoi? Picchí un ci isti mancu a ringraziari i cristiani ca ti votaru all'europee.

Il 21 maggio 2001 Guttadauro parla con un certo Pino Conigliaro dell'imminente nomina del «rappresentante siciliano» di Forza Italia. Guttadauro paventa la scelta di Gianfranco Micciché («un ci si po' parrari», non ci si può parlare): preferirebbe di gran lunga Dell'Utri:

Guttadauro – Macari fussi Dell'Utri! Si è Dell'Utri poi ne riparliamo, poi na riscurriemu [...]. Dell'Utri per ora ha cose da scippare con Micciché. Ha perduto a Palermo Dell'Utri con Micciché. Dell'Utri nelle elezioni del '99 prese degli impegni, vinni, firriò, ma non con me, io non ci ho parlato picchí io stetti fuora quattro iorna quindi quannu niscivu già iddu [...]. Dopo le elezioni non si è fatto piú vedere da nessuno, da allora, perciò che le devo dire?

Il 29 maggio 2001 Guttadauro parla ancora con Conigliaro:

Dell'Utri non è piú venuto a Palermo... perché l'unica persona con cui parlava Dell'Utri lo hanno arrestato, quello con cui Dell'Utri ha preso l'impegno, ca fú ddu cristiano, chistu Iachinu Capizzi ca era chiddu di sessantotto anni...

Poco importa, per i giudici, che Dell'Utri non abbia mantenuto gli impegni con i suoi elettori mafiosi:

Quel che importa è che l'imputato la promessa, quella particolare promessa sopra descritta, l'avesse fatta e fosse stato ritenuto credibile dai suoi referenti mafiosi nel momento in cui si era verificato l'accordo. Che i politici non rispettino le promesse è, poi, un'ulteriore circostanza che i mafiosi hanno, nella storia, piú volte avuto ragione di constatare [...]. Ma l'ennesima emergenza obbiettiva, costituita dalle menzionate conversazioni, conferma l'effettiva verificazione di un patto di scambio politico-mafioso tra Cosa nostra e Dell'Utri, relativamente alle elezioni europee del 1999, quelle a cui fa riferimento nel 2001 il boss Guttadauro quando dice che Dell'Utri aveva «preso impegni»; quelle stesse consultazioni alle quali si era fatto riferimento nelle conversazioni intercettate [...] a ridosso di quella competizione elettorale del 1999, all'interno dell'autovettura in uso ad Amato Carmelo.

Fondamentale il riferimento che il boss Guttadauro fa a Gioacchino Capizzi, il vecchio capomafia con il quale Dell'Utri aveva parlato ed aveva preso impegni (si ricordi che, a quell'epoca, Mangano era detenuto). E Gioacchino Capizzi, sulla base delle indicazioni fornite da Guttadauro al suo interlocutore, è stato compiutamente identificato [...] nell'omonimo destinatario nel 2001 di una ordinanza di custodia cautelare in carcere per il reato di associazione per delinquere di tipo mafioso, ritenuto responsabile del mandamento della «Guadagna o Santa Maria di Gesú», cioè quello stesso mandamento comandato, molti anni prima, da Stefano Bontate, al quale erano succeduti i fratelli Pullarà ed al quale apparteneva anche Vittorio Mangano fino a quando la sua «famiglia» non era passata sotto il comando di Pippo Calò. E, ancora, non a caso, Capizzi era uno dei soggetti, ritenuti responsabili di numerosi omicidi, in stretti rapporti di frequentazione con Amato Carmelo, proprio nel [...] 1999.

Tutti questi «inconfutabili elementi di prova» rendono

destituita di fondamento in toto la tesi sostenuta dalla difesa Dell'Utri secondo la quale Mangano avrebbe soltanto millantato con Brusca e Bagarella di aver ricevuto promesse politiche da Dell'Utri. Invece, l'imputato quelle promesse le ha effettivamente prestate nel corso degli incontri del 1993-94 con il reggente del mandamento di Porta Nuova, come risulta, peraltro, confermato anche dagli incontestabili elementi di prova desumibili dai successivi e consequenziali sviluppi di quelle promesse; quando, qualche anno dopo, Dell'Utri aveva assunto cariche istituzionali ed aveva preso personalmente ulteriori «impegni» politici con altro importante uomo d'onore.

La conclusione del Tribunale, consequenziale e inevitabile, fa rabbrividire:

Ritiene il Tribunale che le emergenze dibattimentali abbiano consentito l'acquisizione di certi e sufficienti elementi di prova in ordine alla compromissione mafiosa dell'imputato anche relativamente alla sua stagione politica, una delle tante condotte sussumibili nell'alveo della contestazione accusatoria, l'ennesima tessera di un mosaico composto da altre condotte significative e del tutto differenti da quella presa in esame in questo capitolo. Quand'anche, per ipotesi, non si dovesse ritenere tecnicamente integrata la fattispecie penale contestata dalla sola commissione di siffatta condotta «politica» (il patto di scambio politico-mafioso, costituito da una promessa seria, affidabile e ben delineata nel tempo, nello spazio e nei contenuti, alla quale era susseguito, sull'altro fronte, un concreto impegno elettorale), l'indagine dibattimentale ha evidenziato, come si è già avuto modo di rilevare, altri inoppugnabili elementi di prova della responsabilità dell'imputato in ordine ai reati contestatigli.

Le dichiarazioni di Vincenzo La Piana. C'è un altro pentito che parla di Dell'Utri. È Vincenzo La Piana, nipote del celebre capomafia Gerlando Alberti, che l'ha iniziato al traffico di droga e l'ha introdotto fin dagli anni 60 nel gotha di Cosa nostra sia a Palermo sia a Milano (dove ha frequentato i fratelli Bono, i fratelli Grado, i fratelli Enea e il solito Vittorio Mangano). La Piana parla del presunto ruolo che avrebbe avuto Dell'Utri come

> finanziatore di un traffico internazionale di stupefacenti al quale sarebbero stati interessati alcuni esponenti di Cosa nostra, tra i quali, Brusca Giovanni, Cucuzza Salvatore e, ancora una volta, Vittorio Mangano, nonché soggetti a costui collegati, come il genero Di Grusa Enrico. Tali fatti si sarebbero realizzati a partire dal 1994, allorché il La Piana, essendo stato scarcerato, aveva ripreso i suoi contatti con il mondo criminale mafioso al quale era stato vicino per tanti anni, con particolare predilezione al settore del traffico di droga di alto livello. In secondo luogo, le dichiarazioni di La Piana hanno fatto riferimento a Dell'Utri a proposito di un suo presunto interessamento nei confronti sempre di Mangano, volto ad ottenere un miglioramento delle condizioni carcerarie in relazione all'ultima restrizione personale subita dal boss mafioso a decorrere dall'aprile 1995.

Il racconto di La Piana, su entrambi i fronti, è rimasto «privo di sufficienti conferme estrinseche» (il che non comporta affatto un giudizio di inattendibilità intrinseca sul collaboratore). Ma le indagini di polizia nate dalle sue dichiarazioni hanno «posto in luce inquietanti contatti di Marcello Dell'Utri con soggetti legati a Vittorio Mangano» specialmente dopo l'aprile del 1995, almeno fino al 1998.

Uno dei *trait d'union* fra il detenuto Mangano e il mondo esterno è il genero, Enrico Di Grusa, che sarà arrestato per mafia e traffico di droga.

> La Piana aveva fatto riferimento a dei viaggi a Milano in compagnia del Di Grusa, nei quali egli avrebbe incontrato anche il senatore Dell'Utri ed altri soggetti legati al genero del Mangano. In particolare, il collaborante aveva fatto riferimento a due soggetti chiamati Natale e Nino, interessati, quanto il Di Grusa, al traffico di droga ed al trasferimento carcerario di Mangano, da lui incontrati a Milano in diverse occasioni, anche in quelle ove vi sarebbe stata la presenza del senatore Dell'Utri.

Chi sono Natale e Nino? Natale Sartori e Antonino Salvatore Currò, due siciliani trapiantati a Milano, dove sono soci in una miriade di cooperative di pulizie e facchinaggio. In una di queste, controllata da Sartori, lavorano le figlie di Mangano. Del resto, Mangano prima del suo arresto risulta in contatto sia con i telefoni di Currò sia con quelli di Sartori. Il quale, immancabilmente, risulta in rapporti anche con Dell'Utri, «come risulta – scrivono i giudici di Palermo – inequivocabilmente provato».

Perquisendo nel 1998 l'ufficio di Dell'Utri a Publitalia, la Guardia di finanza trova «un foglio meccanografico (cioè uscito da un terminale) riportante alcuni indirizzi relativi a due società gestite da Sartori Natale, affiancati dall'indicazione di tre numeri telefonici, anche cellulari, riconducibili allo stesso Sartori». Le società di Sartori avevano «rapporti di lavoro (contratti di appalto)» con «le società del gruppo Fininvest». E dai tabulati telefonici «risultano diversi contatti, nel 1994 e nel 1996 (fino a maggio), tra un cellulare intestato a una società cooperativa del Sartori (la Polysistem) e numeri telefonici riconducibili a Marcello Dell'Utri». Ma non basta. Il 12 ottobre '98, pedinando e intercettando Sartori, gli inquirenti scoprono che si incontra con Dell'Utri nella residenza milanese di quest'ultimo, in via Senato 14. Che cosa devono dirsi, i due? Breve passo indietro.

Il 24 settembre 1998 l'Ansa informa che La Piana ha deciso di collaborare con la giustizia e ha iniziato a parlare di Dell'Utri e dei suoi rapporti con la mafia. Dell'Utri si allarma: l'8 e il 12 ottobre la sua segretaria telefona a Sartori per concordare orario e luogo di un appuntamento per lo stesso giorno 12, fissato prima a Milano 2 e poi in via Senato.

> Il 12 ottobre, in orario di poco successivo all'incontro con Dell'Utri (oggetto di osservazione esterna da parte della polizia giudiziaria), Natale Sartori aveva telefonato al nipote di Mangano, Formisano Daniele, comunicandogli che nella stessa mattina «era stato là» (è ovvio il riferimento al colloquio con l'imputato, realmente avvenuto) e che la prima risposta di Dell'Utri era stata «mi sembra una cosa assurda, però, dice, io chiedo, però mi sembra strana... tutte chiacchiere, la gente chiacchiera, mi fa, tutte chiacchiere».

La sera stessa, Sartori riprende l'argomento con il socio Nino Currò:

> *Sartori* – Stamattina sono stato là allora... gli ho spiegato... la parola che mi ha detto lui è stata «mah, mi sembra impossibile, dice, però verifico e poi le faccio sapere». Non ha detto piú niente, è rimasto lí, tranquillo, freddo.
> *Nino* – Sí, sí, comunque, Natale, io le persone che me l'hanno detto le ritengo attendibili. Però, Natale, tutto con le pinze, naturalmente. Poi c'è una situazione di merda adesso, perciò proprio... vabbè, comunque, a questo punto aspettiamo.

Dunque tutto è cominciato con la fuga di notizie sull'Ansa a proposito della collaborazione di La Piana, che preoccupa sia Dell'Utri sia i due soci.

> Doveva comunque trattarsi di un argomento che coinvolgeva, contemporaneamente, Sartori, Currò, Dell'Utri e Formisano, il nipote di Mangano, come poteva essere, per l'appunto, la fuga di notizie della collaborazione di La Piana Vincenzo, poi effettivamente foriera di indicazioni accusatorie nei confronti di ciascuno di essi, concorsualmente tirati in ballo a proposito del traffico di stupefacenti descritto.

Il Tribunale interroga come teste il giornalista dell'Ansa Giuseppe Guastella, autore dello scoop su La Piana. Guastella racconta di avere incontrato Dell'Utri il 18 aprile 1999 al Tribunale di Milano e di avergli chiesto dell'incontro con Sartori:

> Lui mi rispose con molta tranquillità dicendomi qualcosa del tipo... che c'era gente, una persona che era andata da lui, che l'aveva incontrata e che gli aveva parlato di un supposto suo coinvolgimento in una inchiesta di droga. Lui l'aveva liquidato dicendo a me [...] praticamente: «L'ho mandato via»...

Sono le uniche spiegazioni che Dell'Utri ha fornito del suo incontro con Sartori.

> È proprio l'imputato a focalizzare il contenuto dell'incontro nei termini oggetto dell'ipotesi accusatoria del pm, avendo egli confermato di aver fatto al Guastella esplicito riferimento ad una persona che gli aveva parlato di un coinvolgimento in una inchiesta di droga, un elemento direttamente riconducibile alle dichiarazioni di La Piana e che costituiva uno degli elementi specifici del contenuto della comunicazione dell'Ansa che aveva diramato la notizia del pentimento del nipote del capomafia Gerlando Alberti.

Ma quando Dell'Utri spaccia Sartori per un «illustre sconosciuto», mente spudoratamente:

> Non è congrua la versione dell'imputato rispetto ai conclamati, precedenti, ripetuti suoi contatti telefonici con le utenze del Sartori, fin dal 1994 e con la stessa esistenza di rapporti lavorativi tra le società di quest'ultimo e quelle del gruppo Fininvest. Non è credibile l'affermazione di Dell'Utri, sol che la si ponga a logico confronto con i contatti, alquanto manierosi, tra la sua segretaria personale ed il Sartori (chiamato «dottore» e richiesto dalla donna di fissare l'orario dell'incontro tra costui e l'imputato: «quando vuole lei, mi dica l'ora che preferisce»); addirittura, si era trattato di attenzioni ripetute, con solerzia, per due volte ed in entrambi i casi ad iniziativa della collaboratrice di Marcello Dell'Utri, che Sartori doveva conoscere da tempo antecedente.

[...] Pertanto deve ritenersi dimostrato l'assunto oggetto di anticipazione: Dell'Utri, ancora nel 1998, aveva contatti ambigui con un personaggio ambiguo, legato in via diretta a Mangano fino a quando questi era in stato di libertà e, in epoca successiva alla detenzione del mafioso decorrente dall'aprile del 1995, in rapporti mediati con lo stesso, attraverso il suo entourage familiare e criminale.

Le condotte di Dell'Utri nel corso del dibattimento

Non contento dei reati commessi prima del suo processo, l'imputato Dell'Utri – secondo i pm – continua a delinquere anche durante. Con una «attività volta a inquinare le prove relative a questo processo penale» intorno al 1998: prima cercando di ammorbidire la posizione del suo grande accusatore Rapisarda, contattando alcuni personaggi a lui vicini; poi organizzando un complotto di falsi pentiti per screditare quelli veri che lo accusano. Nel primo caso, secondo i giudici, «manca la prova» che quei contatti con l'entourage di Rapisarda avessero «il solo fine di far rendere ai suoi interlocutori false dichiarazioni». Nel secondo, invece, le prove abbondano.

Il caso Cirfeta-Chiofalo. La mattina del 31 dicembre 1998 Marcello Dell'Utri, a bordo della sua Lancia K guidata dall'autista Gianfranco Piccolo, lascia Milano per raggiungere la zona di Rimini, dove lo attende Giuseppe Chiofalo detto «Pino», mafioso messinese, ergastolano e collaboratore di giustizia, detenuto a Paliano, ma in permesso premio per trascorrere in famiglia le feste di fine anno.

Nel portabagagli del veicolo l'autista aveva riposto due sacchetti, contenenti giocattoli ed indumenti per bambini ed una cesta piena di frutta esotica, il tutto acquistato, quella stessa mattina, dalla signora Miranda Ratti, moglie di Dell'Utri. Per comprendere il motivo per il quale l'imputato, la vigilia di Capodanno, decideva di affrontare un non breve viaggio per raggiungere l'abitazione di un mafioso, già condannato all'ergastolo per gravi fatti di sangue commessi nel Messinese ed altrove, è necessario, come nei romanzi di appendice, compiere qualche passo indietro ed esaminare i fatti come sono accaduti in rigoroso ordine cronologico iniziando con l'entrata in scena di Cirfeta Cosimo, collaboratore di giustizia e già esponente di primo piano della Sacra Corona Unita, associazione per delinquere di tipo mafioso operante in Puglia.

Cirfeta è un energumeno arrogante e violento, che in carcere ne combina di tutti i colori e litiga continuamente con gli altri collaboratori di giustizia e con gli agenti di custodia, come raccontano al processo i magistrati pugliesi Michele Emiliano e Giuseppe Capoccia. Per questo passa da un carcere all'altro. Ha persino simulato piú volte il suicidio («anche ingoiando, a suo dire, una lametta, ma rifiutando poi di sottoporsi ad accertamento radiologico»), ed «è angustiato da problemi familiari e sentimentali (grave malattia del figlio, poi deceduto, lontananza dalla convivente)». È pure «tossicodipendente al punto di attaccarsi al tubo del gas per drogarsi». Dall'agosto 1997 al maggio '98 Cirfeta le prova tutte per denunciare ai magistrati e agli inquirenti un presunto complotto ordito dai collaboratori di giustizia Giuseppe Guglielmini, Francesco Onorato e Francesco Di Carlo per lanciare false accuse a Berlusconi e a Dell'Utri. Ma, anticipa il Tribunale,

> le sue dichiarazioni sono clamorosamente smentite dalla cronologia dei fatti realmente accaduti e dalle acquisizioni testimoniali e documentali e, pertanto, sono da ritenersi sicuramente false e calunniose.

Il 27 settembre '97 Cirfeta scrive al pm Emiliano per chiedere un colloquio:

> Nel mese di giugno c.a. sono stato tratto in arresto e condotto nella Casa Reclusione di Rebibbia sezione collaboratori, ove erano fra gli altri ristretti tale Di Carlo Francesco, Onorato Francesco e Guglielmini Giuseppe con i quali instauravo [...] ottimi rapporti. Dopo pochi giorni il Guglielmini mi riferí che Onorato stava parlando con Di Carlo in quanto doveva essere quella mattina interrogato dai giudici che gli avevano chiesto precedentemente se fosse a conoscenza di collusione con la mafia da parte del dr. on. Berlusconi e dr. Marcello Dell'Utri, in considerazione del fatto che il Di Carlo doveva essere sentito anche lui dai magistrati, il Guglielmini mi riferí che si stavano mettendo d'accordo. Io feci finta di niente per non dare nell'occhio, ma ovviamente mi meravigliò il fatto che queste persone complottassero, per accreditare ancor di piú la loro posizione di collaboratori di giustizia, false accuse contro i summenzionati personaggi politici. Dopo pochi giorni, sempre parlando con Guglielmini, io disinteressatamente feci cadere il ragionamento su quanto era accaduto il giorno prima, lo stesso mi riferí che gli accordi presi con Di Carlo Francesco erano i seguenti: il Di Carlo avrebbe accusato il dr. Berlusconi di essere stato in contatto con lo stesso e Stefano Bontate e di essersi incontrato con l'on. Berlusconi a Milano; Onorato Francesco il giorno stesso in cui furono presi gli accordi fu sentito dai magistrati e avrebbe dichiarato di avere avuto contatti con il dr. Dell'Utri e dal quale lo stesso, o il suo gruppo avrebbero riscosso percentuali inerenti l'installazione dei ripetitori televisivi a Palermo e Sicilia; Guglielmini dal canto suo avrebbe atteso che il magistrato lo sentisse e lo stesso avrebbe confermato le tesi del Di Carlo e Onorato, questo in virtú del fatto che il Guglielmini era stato molto vicino a Inzerillo che a sua volta

era alleato di Bontate [...]. Guglielmini mi propose se ero disposto anche io a costruire una valida accusa nei confronti non di Silvio Berlusconi e Dell'Utri, in quanto a quello ci avrebbero pensato loro [...]: mi chiese se ero in grado di costruire un'accusa contro il partito di Forza Italia del quale l'on. Berlusconi è presidente [...]. Io gli risposi che la cosa non mi interessava perché dovevo uscire di lí a pochi giorni.

Ma il racconto di Cirfeta, per quanto ben congegnato (o «ispirato»), fa acqua da tutte le parti. Anzitutto, Guglielmini non ha mai detto una parola né su Berlusconi né su Dell'Utri. Secondo: Onorato non ha parlato di Dell'Utri né di Berlusconi nei mesi di giugno o luglio 1997, ma solo il 12 febbraio '97 e solo di Cinà e di Dell'Utri. Terzo: anche volendo, Di Carlo non poteva concordare nulla con Onorato, visto che aveva già detto tutto nel luglio '96, cioè sette mesi prima di incontrare Onorato a Rebibbia (febbraio '97) e dieci mesi prima che ci arrivasse Guglielmini (maggio '97).

Insomma, le accuse di Cirfeta ai tre pentiti, e le successive dichiarazioni di Pino Chiofalo che tenta di confermarle, trovano solo «elementi di smentita, netta e recisa». Ma perché Cirfeta e Chiofalo s'inventano quel falso complotto? Chi c'è dietro di loro? Alcuni detenuti, estranei al caso aiutano i giudici a farsi un'idea piú precisa. Fra questi ci sono due fratelli pentiti, Francesco e Cosimo Sparta Leonardi, e altri due collaboratori, Antonio Cariolo e Rade Cukic.

Cariolo spiega che Cirfeta e Chiofalo tentarono di convincere lui e i fratelli Sparta Leonardi a confermare le accuse i tre pentiti, in cambio di soldi e sconti di pena. E ricorda che Chiofalo gli aveva detto che, approfittando di un permesso per le feste di fine anno del 1998, aveva incontrato un politico importante che «doveva praticamente diramare un po' tutta la situazione, nel senso che doveva sistemare anche la situazione di Cirfeta all'interno...».

I fratelli Sparta Leonardi aggiungono (come pure Cariolo e Cukic) di aver ricevuto minacce di morte da Cirfeta. E confermano il racconto di Cariolo: dicono cioè di aver subíto un pressante «lavaggio del cervello» da parte del duo Cirfeta-Chiofalo per avvalorare le false accuse a Di Carlo, Onorato e Guglielmini: dovevano dire di aver assistito anche loro ad «accordi» tra i tre collaboratori per incastrare Dell'Utri e Berlusconi. Chiofalo si aspettava «benefici economici e la "benevolenza" da parte di una influente e potente personalità politica».

Cukic, infine, tratteggia meglio il ruolo avuto nel complotto da

Chiofalo, che si faceva forte delle sue «conoscenze politiche e dell'apporto di un "avvocato" in contatto con Dell'Utri».

Ricapitolando. Durante il periodo di comune detenzione a Paliano, Chiofalo anticipa ai fratelli Sparta Leonardi il nome dell'avvocato, Naso, che dovranno nominare per denunciare i tre veri pentiti. Intanto Dell'Utri incontra a Roma l'avvocato Naso. Il 23 dicembre 1998 Chiofalo fa inviare a Cukic un telegramma ai due fratelli, trasferiti intanto in un altro carcere, invitandoli a procedere alla nomina, ma senza fare il nome del legale. Lo stesso giorno Chiofalo esce dal carcere in permesso e telefona a Dell'Utri per chiedergli se l'avvocato Naso avesse ricevuto la nomina dagli Sparta Leonardi.

> È chiaro a questo punto che Chiofalo non ha agito da solo per obbedire ad un sublime afflato e ad un irresistibile e cogente bisogno di giustizia che lo spingevano a denunciare l'infame complotto ordito ai danni dell'on. Dell'Utri da fedifraghi collaboratori di giustizia, ma bensí per realizzare, insieme all'ineffabile Cirfeta, un ben preordinato disegno, quello di delegittimare i collaboratori dai quali l'imputato era stato pesantemente accusato, il cui ispiratore non poteva non essere che lo stesso Dell'Utri [...]. Le risultanze emerse dall'indagine [...] consentono al Collegio di affermare con certezza che il Chiofalo ed il Cirfeta sono stati gli autori materiali del piano delittuoso volto non solo a delegittimare i collaboranti palermitani minandone la credibilità con l'accusa di essersi messi fraudolentemente d'accordo tra loro per muovere di concerto false accuse ai danni di Marcello Dell'Utri e di Silvio Berlusconi ma anche impegnandosi seriamente al fine di coinvolgere altri collaboratori nel loro piano per un migliore conseguimento dello scopo perseguito. Ecco il motivo dell'offerta di denaro e della promessa di «protezioni politiche» fatte balenare agli occhi dei germani Sparta Leonardi: perché «si devono screditare piú pentiti possibili della Procura di Palermo cosí si indebolisce un po' la Procura e poi intervengono i miei amici e ci tolgono 'sto strapotere che ha la Procura di Palermo». Un piano, quello messo in atto da Chiofalo e Cirfeta con la supervisione di Dell'Utri, che mirava decisamente non solo a screditare alcuni collaboratori di giustizia, sentiti in questo processo, al fine di fare ritenere inattendibili e false le loro dichiarazioni accusatorie nei confronti dell'imputato ma anche, in una piú ampia ottica destabilizzante, a inquinare, una volta per tutte, quella importante ed indispensabile fonte di conoscenze su Cosa nostra che è costituita da soggetti, già organici a quella associazione per delinquere, i quali hanno deciso di collaborare con la giustizia. Ordunque, le incontrovertibili risultanze dibattimentali hanno evidenziato che in quel piano delittuoso, che mirava a delegittimare i collaboranti Di Carlo, Onorato e Guglielmini, il ruolo di indiscusso ed interessato protagonista è stato consapevolmente svolto dall'imputato Marcello Dell'Utri.

Quel che succede a fine anno è la «riprova incontrovertibile e troncante di questo assunto».

L'incontro Dell'Utri-Chiofalo. Prima di uscire in permesso di dieci giorni per trascorrere la fine dell'anno con la famiglia nel domicilio protetto vicino a Rimini, Chiofalo avverte Cariolo: «Devo incontrare un politico importante che deve dirimere tutta la situazione e sistemare la situazione di Cirfeta all'interno...». Cariolo informa subito gli inquirenti. Cosí, per individuare il politico importante che sta dietro al complotto, gli agenti della Dia iniziano a pedinare Chiofalo e gli intercettano i telefoni. Alle ore 23.40 del 23 dicembre 1998 (primo giorno di permesso) Pino Chiofalo chiama il 335/214984 e conversa con una persona di cui non pronuncia mai il nome, ma chiama «dottore».

Dottore – Pronto?
Chiofalo – Buonasera, dottore carissimo... dottore.
Dottore – Pronto, chi parla?
Chiofalo – Sono Pino.
Dottore – Ah, come sta?
Chiofalo – Sí, sono arrivato in questo momento... a casa.
Dottore – Che bravo, finalmente, ben arrivato...
Chiofalo – Grazie, grazie, grazie.
Dottore – Un abbraccio di accoglienza.
Chiofalo – Grazie, grazie.
Dottore – Ah, ah (*risatina*).
Chiofalo – Senta.
Dottore – Sí.
Chiofalo – Lei ha parlato con...(*inc.*)...
Dottore – Sí, sí ho parlato proprio oggi, perché io sono a Roma.
Chiofalo – Ah, è a Roma? Perfetto.
Dottore – Sí, sí è l'ho incontrato oggi.
Chiofalo – Sí... io...
Dottore – Abbiamo parlato a lungo di tutto.
Chiofalo – Io penso che...
Dottore – Sí.
Chiofalo – Stiamo facendo qualcosa comunque, eh?
Dottore – Sí, sí, sí.
Chiofalo – Ha saputo?
Dottore – Mi ha detto tutto, eh come no, mi ha detto tutto; ma adesso lei dove si trova? Non è piú in quel posto?
Chiofalo – No, io sono in un posto piú vicino a lei.
Dottore – Piú vicino. Ah, che bello!
Chiofalo – Sí, e diciamo in Romagna?
Dottore – Ah, sí, sí come no. E allora ci dobbiamo vedere, eh.
Chiofalo – Sí, io... a parte, a parte il piacere di vederla che non....
Dottore – Sí, sí.
Chiofalo – Io ho bisogno di vederla per altre ragioni...
Dottore – Sí, sí.
Chiofalo – Perché purtroppo io mi sono [dice che il figlio piccolo è tremen-

do, *nda*] dicevo che...
Dottore – Sí, sí.
Chiofalo – ...Eh, eh... ho preso parte a questa situazione...
Dottore – Sí, sí e lo so...
Chiofalo – E le voglio fare...
Dottore – Sí, sí.
Chiofalo – Un discorso di una certa delicatezza.
Dottore – Sí, sí.
Chiofalo – Che io ritengo...
Dottore – Che valga la pena, certo.
Chiofalo – Sí.
Dottore – Lei... in questi giorni diciamo... dal 28, 29, 30 [...].
Chiofalo – Lei scelga un giorno che a lei gli sta bene, che a me mi sta bene qualsiasi giorno.
Dottore – Sí, ecco, uno di quei giorni lí, per me potrebbe andare.
Chiofalo – Sí [...]. Io ho cercato... un po'... ho bisogno... che...
Dottore – Sí.
Chiofalo – Ci sia qualche intervento...
Dottore – Certo.
Chiofalo – Lí c'è una situazione bruttissima in verità.
Dottore – Eh, infatti... qualcosa mi ha accennato.
Chiofalo – Sí, sto cercando di sistemarla.
Dottore – Sí, sí, sí.
Chiofalo – Ho messo in moto... diciamo un certo discorso che poi penso glielo abbia partecipato grosso modo, no?
Dottore – Sí, mi ha detto, sí, sí.
Chiofalo – Sí.
Dottore – Mi ha raccontato in linea di massima e mi ha detto che poi ne parlavamo.
Chiofalo – Sí, ma c'è... ci sono co..., ritengo che ci sono cose molto positive comunque, sa?
Dottore – Bene, bene.
Chiofalo – Fra le cose negative...(*inc.*)... io ho trovato.
Dottore – Certo.
Chiofalo – Diciamo dei, ho trovato dei nuovi verbali...
Dottore – Ah!
Chiofalo – Eh, molto...
Dottore – Interessanti.
Chiofalo – Ma piú che interessanti, per esempio... uno è assodato è fuori del contesto nostro diciamo.
Dottore – Ah, sí, sí.
Chiofalo – Quindi è molto accreditato come...
Dottore – Sí, sí.
Chiofalo – E poi, e poi c'è un avvocato che, un caro amico avvocato.
Dottore – Ah.
Chiofalo – Della zona di Napoli.
Dottore – Sí.
Chiofalo – Che mi pare... comunque io ho avuto un certo...
Dottore – Può essere utile, bene ne parliamo allora.

Chiofalo – Sí, sí, no e ci sono queste cose.
Dottore – Sí, sí.
Chiofalo – Poi a quegli altri due [gli Sparta Leonardi, *nda*] gli ho fatto fare il telegramma, non so se lo ha ricevuto.
Dottore – No, non ho ancora ricevuto.
Chiofalo – No lei, lui [l'avvocato Naso, *nda*].
Dottore – No, non me ne ha parlato.
Chiofalo – Non glienc ha parlato?
Dottore – No, no.
Chiofalo – Dottore... io per quello che mi è stato possibile...
Dottore – Eh, certo, sí, sí.
Chiofalo – Poi ho bisogno di parlare con lei un attimino per un insieme di cose.
Dottore – Benissimo.
Chiofalo – E... quando pensa lei? verso il 27...
Dottore – Io penso vuoi quei giorni lí o 28 o 29 o 30.
Chiofalo – Ah.
Dottore – Per quei giorni.
Chiofalo – Noi comunque ci sentiamo.
Dottore – Sí, sí.
Chiofalo – Lei come sta?
Dottore – Io sto bene tutto sommato.
Chiofalo – La salute, la salute, come sta la salute?
Dottore – Non mi posso lamentare, sí, sí, sí tutto sommato, ecco...
Chiofalo – Questo è importante.
Dottore – Lei ha sempre, ha sempre quel numero, no?
Chiofalo – Sí, io ho sempre il 0368, no?
Dottore – 0368, sí, sí. Perfetto.
Chiofalo – ...(*inc.*)... va be', chiama lei, chiamo io è la stessa cosa.
Dottore – Sí, sí, esatto.
Chiofalo – Io le voglio dire che... là quel come si chiama, lo ha fatto quel certificato.
Dottore – Ah, sí, sí e, e com'è?
Chiofalo – Niente...
Dottore – Non è utile?
Chiofalo – Sí, sí, sí, sí... anzi giorno..., niente poi glielo spiego da vicino.
Dottore – Me lo spiega dopo, va bene.
Chiofalo – Poi glielo spiego da vicino, nel senso che abbiamo, abbiamo un qualcosa da dirci questa volta, dai...
Dottore – Perfetto, molto bene, ma io...
Chiofalo – Senta la mia famiglia la saluta, mia moglie la saluta.
Dottore – Grazie, ricambio, intanto.
Chiofalo – Scusi per la volta scorsa... mia moglie poverina.
Dottore – No, ma non si deve preoccupare...
Chiofalo – ...(*inc.*)...
Dottore – Intanto le faccio un buon Natale.
Chiofalo – Grazie.
Dottore – Ma buon anno ce lo facciamo di persona.
Chiofalo – Oh grazie.
Dottore – Va bene.

Chiofalo – Senta, tanti omaggi e tanta affettuosità.
Dottore – Grazie, altrettanto.
Chiofalo – A lei e famiglia.
Dottore – A tutti i suoi, grazie.
Chiofalo – Grazie.
Dottore – La ringrazio. Arrivederla.
Chiofalo – Tante cose.

Chi è il misterioso Dottore? In attesa di identificarlo, è subito chiaro agli agenti che i due uomini parlano in codice, senza mai fare nomi, ma s'intendono al volo. È evidente che l'ergastolano e il Dottore si conoscono da tempo: tant'è che il secondo è addirittura al corrente del precedente nascondiglio segreto del primo e viene subito informato del suo nuovo domicilio. L'amico è pure al corrente del telegramma che i fratelli Sparta Leonardi («quegli altri due») devono mandare all'avvocato per avvalorare le calunnie contro i tre pentiti siciliani. E conosce il legale, col quale ha già parlato della cosa («mi ha detto tutto») a Roma quello stesso giorno, ricevendo la notizia che il telegramma non è ancora arrivato. Chiofalo gli manifesta l'impellente bisogno di incontrarlo di persona perché «ho bisogno che ci sia qualche intervento».

Alle ore 9.30 del 30 dicembre Chiofalo richiama l'amico Dottore:

Chiofalo – Dottore buongiorno.
Dottore – ...Pronto?
Chiofalo – Sí, pronto, sono Pino.
Dottore – Oh carissimo! La stavo chiamando...
Chiofalo – Sí lo so.
Dottore – ...Mi ha preceduto di... di trenta secondi (*risatina*)...
Chiofalo – ...Come sta? Come sta? Buongiorno.
Dottore – Eh, io... allora quando ci vediamo?
Chiofalo – Io ho insistito per questa... siccome qua vengono, vengono [...], carabinieri, vengono... allora per scegliere un momento in cui in verità ho bisogno di parlare con lei, con serenità...
Dottore – Ah, benissimo...
Chiofalo – Perché penso che, penso che è importante [...].
Dottore – Come no... io sono pronto, sa che io sono stato male?
Chiofalo – Questo mi addolora...
Dottore – Male nel senso niente di grave...
Chiofalo – Questo non mi dispiace, mi addolora.
Dottore – ...Ancora... costipato, niente...
Chiofalo – Se lei sta male, mi dà dolore.
Dottore – Sto meglio, sto molto meglio.
Chiofalo – Questo mi fa piacere, difatti... Lei è a Milano?
Dottore – Io sono a Milano. Sí. E lei dove è? io...
Chiofalo – Lei faccia conto che io sono a Rimini [...]. C'è un mercato qua, no

un mercato, come si chiama la... un centro commerciale grosso.
Dottore – Sí.
Chiofalo – Oppure uscita dell'autostrada, oppure, non lo so io [...].
Dottore – O nel centro commerciale, va benissimo.
Chiofalo – Io penso là, sa perché?
Dottore – Sí.
Chiofalo – Perché là è un posto grande, di massa.
Dottore – Esatto, giusto [...].
Chiofalo – Senta, facciamo una cosa, ci telefoniamo strada facendo no?
Dottore – Esatto, non c'è problema.
Chiofalo – Come abbiamo fatto sempre. No perché qua io non sono pratico [...].
Dottore – Certo, certo. Ma io arrivando a Rimini tanto le telefono e non c'è problema.
Chiofalo – Ecco, adesso io faccio una cosa, faccio un giro, vedendo un poco, localizzo un posto dove lei meglio può...
Dottore – E mi dice... un posto. Centro commerciale, non so, avrà un nome?
Chiofalo – Poi, caso mai. Lei quando pensa che... in giornata di oggi?
Dottore – Io pensavo domani.
Chiofalo – Uh, domani va benissimo per me. Domani cosa è trentuno?
Dottore – Trentuno [...].
Chiofalo – Poi veniamo qui a casa mia che è un posto ritirato, caso mai.
Dottore – Va bene.
Chiofalo – Cosí ci togliamo...
Dottore – Sí come vuole lei.
Chiofalo – No, ci togliamo dalla strada. Anche perché, salutare mia moglie, che ci tiene... i bambini...
Dottore – Benissimo, sí, sí [...].
Chiofalo – E poi la vogliamo, la vogliamo tanto bene veramente.
Dottore – Grazie, Pino.
Chiofalo – Si figuri, è un dovere, un sentimento, non è un dovere è una cosa sentita. Dovere è una cosa diversa.
Dottore – È vero... è un'altra cosa [...].
Chiofalo – Perfettissimo. Io, verso le nove e mezza, le dieci, ci sentiamo.
Dottore – Ecco, perfetto [...].
Chiofalo – Buona giornata.
Dottore – A domani...
Chiofalo – Affettuosità.
Dottore – Grazie, anche a lei, arrivederci.

Alle 9.38 del 31 dicembre 1998 il Dottore chiama Pino:

Chiofalo – Sí?
Dottore – Il signor Delfino.
Chiofalo – Sí.
Dottore – Pronto?
Chiofalo – Sí, pronto? Dottore?
Dottore – Come va?
Chiofalo – Bene, grazie, lei?
Dottore – Bene, bene.

Chiofalo – Dove si trova?
Dottore – Eh, io parto tra poco perché... per alcuni disguidi sto partendo un po' in ritardo [...].
Chiofalo – Senta io volevo dirle, mi prendo la libertà di chiederglielo.
Dottore – Sí.
Chiofalo – Pranza con me qua a casa mia?
Dottore – Ah, io... sono a sua disposizione.
Chiofalo – Ah, mi fa piacere assai.
Dottore – Lei decida quello che vuole per me va bene.
Chiofalo – (*...risatina*)... cose modeste dottore.
Dottore – Va bene, quello, no appunto perché tanto siamo tutti a dieta quindi tranquillo... (*risatina*).
Chiofalo – Ci fa veramente piacere [...].
Dottore – Volevo dirle, come si chiama il suo figliolo l'altro?
Chiofalo – Ma chi?... Samuel?
Dottore – Samuel, sí... lei...quanti... lui l'ultimo quello che è nato sono... cosa ha...
Chiofalo – Federico, Federico.
Dottore – Federico ha otto mesi, no... otto mesi...
Chiofalo – Federico ha quattro mesi sí.
Dottore – Quanti ne ha, quattro sono?
Chiofalo – Quattro mesi, sí.
Dottore – Quattro. E invece ce n'ha un altro lei.
Chiofalo – Altri due ne ho.
Dottore – Quanti anni hanno?
Chiofalo – Uno undici e uno due e mezzo [...].
Dottore – Ah, due e mezzo, ma sono maschi tutti e due?
Chiofalo – Tutti e tre maschi ce li ho.
Dottore – Ah, fantastico, perfetto, benissimo [...]. Strada facendo la chiamo. Ok.
Chiofalo – Sí, care cose, care cose.
Dottore – Grazie, un abbraccio.
Chiofalo – Grazie a lei, a lei.

Anche da queste conversazioni il Tribunale desume «la natura illecita del rapporto e del motivo del loro incontro»:

Se cosí non fosse, non avrebbe avuto alcuna ragione, se non quella di sfuggire ad occhi indiscreti in considerazione della «clandestinità» dell'incontro, la ricerca da parte dei due di un luogo, o molto frequentato («un centro commerciale grosso») o di passaggio («oppure l'uscita dell'autostrada»). [...] I due continuano ad usare un linguaggio «chiuso», a non chiamarsi per nome.

Il Dottore chiede addirittura del «signor Delfino» parlando di Chiofalo. Lo stesso nome aveva già usato Chiofalo telefonandogli per anticipargli le sue calunnie contro i pentiti.

Alle 13.17 e alle 13.49, altre due conversazioni per gli ultimi accordi in vista dell'imminente arrivo del Dottore a Rimini. Alle 13.55 la Lancia K con i vetri fumé si ferma dietro un'altra Lancia K. Gli agenti della Dia osservano e fotografano la scena a distanza. Vedono Chiofalo scendere dalla seconda vettura e figurarsi la loro sorpresa quando, dalla prima, scendono Marcello Dell'Utri e il suo autista. Un breve saluto, poi le due Lancia K ripartono alla volta di casa Chiofalo. Poi però il senatore cambia bruscamente programma: s'è accorto, infatti, di essere pedinato dalla Rover della Dia. Cosí alle 14, dall'auto, chiama Chiofalo per informarlo.

Dottore – Ecco, non so se ha visto che siamo seguiti... da una Rover... che ci ha fatto delle foto, a me non me ne frega niente, adesso stanno passando avanti, in questo momento, sono quelli là.
Chiofalo – Hanno fatto una foto insieme?
Dottore – Sí, sí, quei due là. A lei le interessa?... eh perché...
Chiofalo – No adesso scompariamo comunque.
Dottore – Sí va beh...
Chiofalo – Faccia... lei ci spiego, io scompariamo del tutto, venga, venga, venga.
Dottore – Sí, sí.
Chiofalo – Io guardai, però non penso che era a fare delle foto, però...
Dottore – Sí, sí, facevano delle foto [...], hanno fatto delle foto dalla macchina alla mia macchina.
Chiofalo – Ma il momento in cui ci siamo salutati? [...].
Dottore – Mentre io la seguivo, diciamo.
Chiofalo – Questo non vuol dire niente.
Dottore – Sí, sí, sí, comunque poi adesso le spiego io... (*risatina*)
Chiofalo – Sí, sí, sí, anch'io, venga, venga dietro.

La prospettiva di essere fotografati insieme allarma Dell'Utri e Chiofalo, che avevano sperato in un incontro clandestino. Arrivati a destinazione, i due s'infilano subito nel garage di casa Chiofalo per confabulare lontano da occhi indiscreti per una decina di minuti. L'autista aspetta nel piazzale, poi apre il portabagagli, estrae un cesto di frutta, lo consegna a Chiofalo, prende due sacchetti con manici e accompagna il pentito nell'abitazione. Chiofalo esce di nuovo per andare a prendere Dell'Utri e portarlo in casa. Il senatore esce dopo pochi minuti e verso le 15 risale in auto, ripartendo per Milano. Dopo qualche minuto, dalla Lancia, chiama Chiofalo. Una conversazione che i giudici definiscono «davvero sorprendente»: e non solo perché stavolta Chiofalo chiama Dell'Utri col suo cognome, ma anche e soprattutto per il contenuto.

Dottore – Pronto?
Chiofalo – Senta dottore Dell'Utri?
Dottore – Sí, sí.

Chiofalo – Io sono Pino.
Dottore – Pino, mi dica.
Chiofalo – Sí, io penso che secondo me abbiamo fatto un errore oggi.
Dottore – Sí.
Chiofalo – Eh... nel senso che sarebbe il caso che le farebbe chiedere dal suo avvocato l'autorizzazione al servizio [...].
Dottore – Al Servizio.
Chiofalo – ...Al Servizio centrale di protezione [dei collaboratori di giustizia, *nda*], sí per...
Dottore – Sí.
Chiofalo – ...Secondo me, sa perché dico, perché lei lí oggi è venuto no?
Dottore – Sí.
Chiofalo – Il suo avvocato non è venuto?
Dottore – Esatto.
Chiofalo – Eh... va beh però... e io insomma 'sta cosa in confi... se lei mi permette, io sa ho una posizione un poco... un attimino... quindi ho bisogno di trasparenza...
Dottore – Certo, ha ragione.
Chiofalo – Quindi... lei sia gentile... la prossima volta che viene, se pensa di venire...
Dottore – Sí.
Chiofalo – Informi, informi anche il Servizio, perché io queste cose non so se posso farle o meno.
Dottore – Certo, ha ragione, ha ragione... infatti.
Chiofalo – Anche perché io sono disponibilissimo a... a... dire la verità, l'ho detta anche a qualche altro magistrato, per carità...
Dottore – Certo, certo.
Chiofalo – Capisco che lei ha bisogno... di difendersi però sa io...
Dottore – Ed io devo cercare... esatto, ha ragione.
Chiofalo – Io ho bisogno pure di stare... di rispettare le regole...
Dottore – Infatti, infatti, mi dispiace se ho creato qualche problema...
Chiofalo – No, no io penso di no, per carità, lei con me non ha neanche parlato però voglio dire [...].
Dottore – Sono d'accordo.
Chiofalo – Quindi lei veda un po' con il suo avvocato di dire al servizio che volete sentirmi e... ed io non ho problemi ad essere sentito dottore... io...
Dottore – Certo, certo.
Chiofalo – ...Io sono disponibilissimo, già mi sono detto disponibile a Prato, parlai con i magistrati dicendo che avevo ascoltato alcuni discorsi fra certi collaboratori, io ho espresso la verità, però sono in una posizione in cui ho bisogna di trasparenza.
Dottore – Certo, certo [...].
Chiofalo – Io oggi ho, aspetto a lei con l'avvocato, lei è venuto e il suo avvocato non c'era, sta cosa non mi è sembrata... forse...
Dottore – Mi spiace, è stato un disguido sa, eh... purtroppo non lo so perché io adesso... sono andato a cercarlo, ma evidentemente c'è stato un disguido o non ci siamo trovati o non so che cosa.
Chiofalo – Sicuramente, comunque senta mi usi una gentilezza...
Dottore – Sí.

Chiofalo – La prossima volta avvisi il Servizio di protezione...
Dottore – Sí, sí.
Chiofalo – La verità... la verità l'ho già detta e la dirò sempre, non rischio...
Dottore – Certo, certo però ho capito...
Chiofalo – Però io devo essere messo in regola, ha capito lei? Lei comprende?
Dottore – Sí, no, io le chiedo scusa ma mi spiace e...
Chiofalo – No, no per carità.
Dottore – 'Sto disguido non... non lo potevo prevedere...
Chiofalo – Lei è una persona squisita, ci mancherebbe, sono convinto che è una persona perbenissimo, non perbene...
Dottore – Sí, sí, sí [...]. Lo capisco benissimo, d'altra parte... si va bene... io la ringrazio.
Chiofalo – Mi usi questa cortesia.
Dottore – Senz'altro, va bene, senz'altro.
Chiofalo – Tante cose si stia bene.
Dottore – Grazie mille, a presto arrivederci grazie.

Ora i due sanno di essere intercettati e tentano di salvare il salvabile. Dell'Utri tenta di giustificare l'incontro col pentito con l'esigenza di difendersi e, quindi, di attingere notizie da un collaborante «disponibilissimo a dire la verità». Peccato che l'ansia di trasparenza sia venuta a entrambi solo dopo essere stati scoperti dalla Dia, non prima. Scrive il Tribunale:

> È sin troppo evidente che la conversazione telefonica tra i due è stata escogitata da Dell'Utri (possibilmente in quei minuti in cui si è appartato con il Chiofalo all'interno del box) come messa in scena al fine di dimostrare l'indimostrabile, tenuto conto di quanto accaduto in precedenza, e cioè la «liceità» della ragione dell'incontro con il Chiofalo al quale un avvocato non era stato presente ma soltanto per «un disguido». La verità è che non era mai stata nelle intenzioni di Dell'Utri quella di portare con sé un avvocato all'appuntamento con Chiofalo che invece doveva necessariamente incontrare da solo in considerazione del «delicato» argomento da discutere e cioè la prosecuzione del piano criminoso solo in parte attuato sino a quel momento.

Per questo gravissimo «disegno di inquinamento probatorio in questo e in altri importanti processi penali», nel 1999 il gip di Palermo dispone l'arresto di Dell'Utri. Ma il Parlamento nega a magioranza la necessaria autorizzazione. L'indagine per calunnia (ai danni dei veri pentiti) comunque prosegue a carico di Dell'Utri, Cirfeta e Chiofalo. Si scopre fra l'altro che sulla rubrica sequestrata a quest'ultimo è annotato il numero telefonico 0339/2166092 con accanto il nome «Ratti Miranda», la moglie di Dell'Utri.

La «verità» di Giuseppe Chiofalo. Il 4 luglio 2001 Cirfeta patteggia davanti al gip di Palermo 10 mesi di carcere per calunnia aggravata e continuata ai danni dei tre pentiti in concorso con Dell'Utri e Cirfeta (i quali vengono processati separatamente dinanzi al Tribunale di Palermo). E, per patteggiare, confessa e inguaia i due complici.

Oltre alla sua parola, c'è una lunga sequenza di fotografie scattate dagli investigatori della Dia il giorno di San Silvestro del '98, che ritraggono Gianfranco Piccolo, l'autista di Dell'Utri, con una valigetta marrone in mano. Al centro della foto, Dell'Utri di spalle. A destra, in piedi, Chiofalo. Negli scatti successivi, che pure riprendono l'autista mentre trasporta cestoni di frutta esotica e altri regali natalizi per Chiofalo, la borsa è sparita. Quella borsa, secondo l'accusa, poteva contenere soldi. Il 18 marzo 1999, infatti durante una perquisizione in casa Chiofalo, vengono trovati 80 milioni in contanti, nascosti nel materasso del lettino di uno dei figli del pentito. La moglie sostiene che tutto quel contante è il frutto di una compravendita di terreno avvenuta nel '94. Peccato che una parte delle banconote risultino emesse dopo il '94. La donna, a quel punto, sostiene che lei e il marito sono soliti cambiare la valuta vecchia con valuta nuova per evitare «che il denaro finisca fuori corso». Testuale. Piccolo, l'autista, viene interrogato due volte. La prima dice: «Mi sento di escludere che il dottor Dell'Utri quel giorno portasse con sé una valigetta». Poi, quando gli mostrano la fotografia, cambia versione:

> Effettivamente riconosco di tenere in mano una borsa [...]. Non ho un preciso ricordo di ciò che ho fatto quando ho preso in mano la valigetta, né dove la stessa sia stata eventualmente posata. Però sono certo che, dopo il nostro rientro a Sala Comacina [la villa del senatore sul lago di Como], il dottor Dell'Utri non aveva con sé alcuna borsa, né tantomeno l'ho trovata il 2 gennaio '99, quando ho provveduto al lavaggio dell'autovettura. Posso solo affermare, però, che il dottor Dell'Utri, al momento di salutarci, ha lasciato all'interno dell'autovettura due quotidiani.

Per questo i magistrati ipotizzano che la valigetta, non riportata a Sala Comacina, sia «rimasta nelle mani di Chiofalo». E che non fosse vuota.

Chiofalo parla il 10 aprile 1999, per piú di 6 ore. Dice di aver incontrato Dell'Utri per ben quattro volte (e non due, come sostiene invece il braccio destro di Berlusconi) e di non aver ricevuto valigette di denaro, ma «solo» regali. Però aggiunge che Dell'Utri, il 31 dicembre, nel loro breve colloquio in garage, gli promise soldi in cambio della sua testimonianza, dicendogli testualmente:

Ora devo andare via. Lei è ormai dentro questa vicenda fino al collo. Confermi le accuse di Cirfeta e io la farò ricco. Lei e la sua famiglia avrete sempre la riconoscenza mia, del dottor Berlusconi e di tutte le persone che ci vogliono bene.

Insomma, riassume il Tribunale di Palermo, Chiofalo dichiara

di non avere mai conosciuto i collaboranti palermitani Di Carlo, Onorato e Gugliemini e, pertanto: di non essere stato presente agli incontri tra i predetti e il Cirfeta nel corso dei quali, secondo quanto rappresentatogli da quest'ultimo, volevano convincerlo a prendere parte alla «combine» ai danni di Dell'Utri e Berlusconi; di essersi convinto della falsità del Cirfeta quando ha appreso che, nel corso di una conversazione telefonica tra il predetto ed il dott. Emiliano, il Cirfeta aveva asseverato che i collaboranti palermitani lo vedevano di buon occhio perché sapevano dei suoi ottimi rapporti con lo stesso Chiofalo, mentre in realtà egli ed i componenti del suo omonimo clan erano in guerra con gli esponenti di Cosa nostra; di essersi incontrato con Marcello Dell'Utri in quattro occasioni, sempre nell'interesse del Cirfeta, a febbraio, a giugno, ad agosto e a dicembre 1998, confermando che, in quest'ultimo incontro, si era appartato con il parlamentare all'interno del box, adiacente alla sua abitazione, dove Dell'Utri, visibilmente turbato e preoccupato per quanto accaduto in precedenza, lo aveva invitato a confermare le dichiarazioni del Cirfeta promettendogli che «l'avrebbe fatto ricco» e assicurandolo dell'eterna riconoscenza sua e dei suoi amici; di essersi sempre rifiutato, richiestone ripetutamente da Dell'Utri durante i primi tre incontri, di confermare le dichiarazioni del Cirfeta in ordine alla *combine* ordita dai collaboranti «palermitani» perché non li conosceva e, quindi, non era stato presente agli incontri tra i predetti ed il Cirfeta. Quest'ultima affermazione del Chiofalo smentisce, anche alla luce dei fatti successivamente accertati, quanto riferito da Marcello Dell'Utri nel corso delle sue dichiarazioni spontanee quando, contrariamente al vero, ha esplicitato che il Chiofalo aveva «suffragato la tesi» del Cirfeta.

Anche la versione di Dell'Utri sull'incontro con Chiofalo a San Silvestro è una scarica di bugie. Il Tribunale ricorda che il senatore ha spontaneamente dichiarato che

il 24 dicembre 1998 era stato invitato da «un signore» a un incontro in quanto asseriva «di avere importanti dichiarazioni da fare in mia difesa e concernenti questo processo»; si era «precipitato» all'appuntamento senza avere potuto informare i suoi difensori in considerazione del periodo festivo e di avere trovato sul posto «delle persone in macchina, che mi hanno seguito, fotografato e sono certo di essere stato intercettato telefonicamente perché il punto in cui ho trovato queste persone lo avevo detto soltanto 20 minuti prima dell'effettivo appuntamento. Questo successe la vigilia di Natale».

Una versione che «non merita alcun commento perché palesemente mendace anche in relazione al giorno dell'incontro, avvenuto alla vigilia di Capodanno e non del giorno di Natale 1998». Nella famosa puntata di Moby Dick, l'11 marzo 1999, intervistato da Michele Santoro, Dell'Utri aveva detto altre cose:

Dell'Utri – Mi chiama il signor Cirfeta, un tale signor Cirfeta pentito della Sacra Corona Unita, [...] e mi dice: «Guardi io sono un pentito della Sacra Corona Unita, non ho niente a che fare con i siciliani, e ho simpatia per lei e per Berlusconi [...]. E ho letto sui giornali di tutte queste accuse di cui la... la rendono, diciamo, protagonista. Mi dà fastidio proprio personalmente, perché io sono un pentito vero...». Mi ha fatto tutto un discorso abbastanza come dire... anche umano sotto questo profilo, «...e vorrei aiutarla». E io dico: «Grazie, molto gentile» [...]. Quindi ho detto: «La ringrazio... Faccia una cosa signor...», dico, «come si chiama?». «Guardi, io mio nome non glielo posso dire...». E questo m'ha detto «Delfino», il primo che mi ha detto è «Delfino». Ehm... dice: «Però la voglio aiutare lo stesso insomma... Io sono a casa, sono libero...» Ho detto: «Lei dov'è, dove si trova?» «Sono a casa agli arresti domiciliari, sto aspettando di giorno in giorno, di settimana in settimana di ottenere la libertà definitiva perché io sono un pentito serio... grazie alle mie rivelazioni ho fatto arrestare tutta la Sacra Corona Unita, insomma ho fatto un lavoro molto importante quindi insomma sono stimato e apprezzato... dai magistrati che mi hanno avuto in sorveglianza.»
Santoro – Collaboratore di giustizia di quelli doc diciamo.
Dell'Utri – Di quelli doc, doc. Ho detto: «Guardi faccia una cosa, scriva quello che lei [...]. Metta per iscritto quello che lei mi sta dicendo perché credo che sia la cosa piú importante, anche per valutare se questo era un mitomane, uno che telefonava...».
Santoro – E lui ha messo per iscritto tutto?
Dell'Utri – Lui poi ha messo per iscritto una relazione dettagliatissima che [...] ha mandato agli organi competenti, cioè al suo giudice di sorveglianza e poi ha mandato non so a chi, ad altri.
Santoro – A lei no? Ai suoi avvocati no?
Dell'Utri – No. Agli avvocati no. Ancora avvocati non esistono. Sono io che cerco le prove a mia discolpa. Dopo di che con questo signore ho avuto qualche altra telefonata, una o due. Dopo di che viene arrestato. Non ho piú nessun rapporto.

Concludono i giudici:

Dalle dichiarazioni spontanee rese in dibattimento, dall'intervista televisiva menzionata e dagli accertati rapporti personali con il Cirfeta ed il Chiofalo emerge, a chiare lettere, la illecita condotta posta in essere da Marcello Dell'Utri, il quale, nonostante fosse in corso da alcuni mesi l'indagine dibattimentale del presente procedimento penale a suo carico in ordine a gravissimi reati, ha deciso di condurre in prima persona («No. Gli avvocati no. Ancora avvocati non esistono. Sono io che cerco le prove a mia discolpa») una non consentita personale «attività difensiva», in realtà esclusivamente riservata dall'art. 38 delle Disposizioni di Attuazione del c.p.p. alla facoltà dei difensori per l'esercizio del diritto alla prova, che è consistita, non nella ricerca di obiettivi e riscontrabili elementi di prova della sua estraneità ai gravissimi addebiti mossigli, ma bensí nell'artificiosa preordinazione di false accuse ad alcuni suoi attendibili e riscontrati accusatori mediante l'offerta di somme di denaro al collaborante ergastolano Pino Chiofalo al duplice fine di costruire falsi elementi probatori a suo favore e di delegittimare quegli stessi importanti e affidabili collaboratori di giustizia con l'aiuto di Cirfeta Cosimo, autore materiale, in combutta con il Chiofalo, delle false accuse ai danni di Onorato, Di Carlo e Guglielmini.

Il processo di Palermo contro Dell'Utri e Cirfeta per calunnia aggravata inizia il 17 settembre 2001 e si protrae per cinque anni. Il 18 marzo 2006, alla vigilia delle conclusioni, Cirfeta verrà trovato morto in circostanze misteriose, avvelenato dal gas che stava inalando da un fornelletto, nella sua cella del carcere di Busto Arsizio. Qualche giorno prima aveva preannunciato nuove dichiarazioni al Tribunale.

Considerazioni conclusive

Esaurito l'esame delle prove sulla mafiosità di Dell'Utri e di Cinà e sui gravi tentativi orchestrati da Dell'Utri per far saltare il processo, i giudici del Tribunale di Palermo riassumono i risultati raggiunti «all'esito di una indagine dibattimentale lunga, difficile, complessa e articolata», fatta di decine di testimonianze,

> due consulenze finanziarie redatte dal dott. Francesco Giuffrida su incarico del pm e dal prof. Paolo Iovenitti per conto della difesa di Marcello Dell'Utri; una imponente produzione di documenti rappresentativi di fatti, persone e cose mediante la fotografia e filmati televisivi; le risultanze di mezzi di ricerca della prova, quali: perquisizioni nei luoghi di pertinenza anche di Marcello Dell'Utri; intercettazioni telefoniche ed ambientali di conversazioni effettuate, anche molto tempo addietro sequestri di cose pertinenti ai reati per i quali si procede e di documenti presso istituti di credito.

Nessun teorema, dunque. Nessuna fumisteria. Nessun «sentito dire». Ma «fatti» documentati con una gran varietà di prove.

> L'indagine dibattimentale ha avuto ad oggetto fatti, episodi ed avvenimenti dipanatisi nell'arco di quasi un trentennio e cioè dai primissimi anni 70 sino alla fine del 1998, quando il dibattimento era in corso da circa un anno, ed ha esplorato le condotte tenute dai due prevenuti in tale notevole lasso di tempo ed, in particolare, ha analizzato l'evolversi della carriera di Marcello Dell'Utri da giovane laureato in giurisprudenza a modesto ma ambizioso impiegato di

un istituto di credito di un piccolo paese della provincia di Palermo, a collaboratore dell'amico Silvio Berlusconi (sirena al cui richiamo non aveva saputo resistere rinunciando ad un sicuro posto in banca ed allontanandosi definitivamente dalla natia Palermo), ad amministratore di una impresa in stato di decozione del gruppo facente capo a Filippo Alberto Rapisarda (con il quale ha intrattenuto, per sua stessa ammissione, un rapporto di amore-odio), a ideatore e creatore della fortunata concessionaria di pubblicità Publitalia, polmone finanziario della Fininvest, ad organizzatore del nascente movimento politico denominato «Forza Italia», a deputato nazionale nel 1996, a parlamentare europeo nel 1999 ed, infine, a senatore della Repubblica nel 2001.

Trent'anni trascorsi da Dell'Utri al servizio della mafia, prima in veste di segretario del Cavaliere, poi di alto dirigente delle sue aziende, infine di promotore della sua avventura politica.

Ad avviso del Collegio, l'accurata e meticolosa indagine dibattimentale ha consentito di acquisire inoppugnabili elementi di riscontro alle condotte (anche se non a tutte, come già si è avuto modo di rilevare) contestate ai due imputati e dettagliatamente descritte nei capi di imputazione.

Tanino Cinà doveva rispondere di aver «fatto parte dell'associazione mafiosa denominata Cosa nostra» o di «risultare comunque stabilmente inserito nella detta associazione»: accusa che «ha trovato granitica conferma».

Marcello Dell'Utri doveva invece rispondere di concorso esterno in associazione mafiosa.

Gli elementi probatori emersi hanno consentito di fare luce: sulla posizione assunta da Marcello Dell'Utri nei confronti di esponenti di Cosa nostra, sui contatti diretti e personali con alcuni di essi (Bontate, Teresi, oltre a Mangano e Cinà), sul ruolo ricoperto dallo stesso nell'attività di costante mediazione, con il coordinamento di Cinà Gaetano, tra quel sodalizio criminoso, il piú pericoloso e sanguinario nel panorama delle organizzazioni criminali operanti al mondo, e gli ambienti imprenditoriali e finanziari milanesi con particolare riguardo al gruppo Fininvest; sulla funzione di «garanzia» svolta nei confronti di Silvio Berlusconi, il quale temeva che i suoi familiari fossero oggetto di sequestri di persona, adoperandosi per l'assunzione di Vittorio Mangano presso la villa di Arcore dello stesso Berlusconi, quale «responsabile» (o «fattore» o «soprastante» che dir si voglia) e non come mero «stalliere», pur conoscendo lo spessore delinquenziale dello stesso Mangano sin dai tempi di Palermo (ed, anzi, proprio per tale sua «qualità»), ottenendo l'avallo compiaciuto di Stefano Bontate e Teresi Girolamo, all'epoca due degli «uomini d'onore» piú importanti di Cosa nostra a Palermo; sugli ulteriori rapporti dell'imputato con Cosa nostra, favoriti, in alcuni casi, dalla fattiva opera di intermediazione di Cinà, protrattisi per circa un trentennio nel corso del quale Dell'Utri ha continuato l'amichevole relazione sia con il Cinà che con il Mangano, nel frattempo assurto alla guida dell'importante mandamento palermitano di Porta Nuova, palesando allo stesso una disponibilità non meramente fittizia, incontrandolo ripetutamente nel corso del tempo, consentendo, anche grazie a Cinà, che Cosa nostra percepisse lauti guadagni a titolo estorsivo dall'azienda milanese facente capo a Berlusconi, intervenendo nei momenti di crisi tra l'organizzazione mafiosa ed il gruppo Fininvest (come nella vicenda relativa agli attentati ai magazzini della Standa di Catania e dintorni), chiedendo al Mangano ed ottenendo favori dallo stesso (come nella «vicenda Garraffa») e promettendo appoggio in campo politico e giudiziario. Queste condotte sono rimaste pienamente ed inconfutabilmente provate da fatti, episodi, testimonianze, intercettazioni telefoniche ed ambientali di conversazioni tra lo stesso Dell'Utri e Silvio Berlusconi, Mangano, Cinà ed anche da dichiarazioni di collaboratori di giustizia; la pluralità dell'attività posta in essere, per la rilevanza causale espressa, ha costituito un concreto, volontario, consapevole, specifico e prezioso contributo al mantenimento, consolidamento e rafforzamento di Cosa nostra alla quale è stata, tra l'altro, offerta l'opportunità, sempre con la mediazione di Dell'Utri, di entrare in contatto con importanti ambienti dell'economia e della finanza, cosí agevolandola nel perseguimento dei suoi fini illeciti, sia meramente economici che, *lato sensu*, politici.

Oltre a integrare perfettamente i reati contestati, le «condotte» dei due imputati meritano anche le aggravanti previste

qualora il reato sia contestato agli appartenenti a una «famiglia» aderente a Cosa nostra od al concorrente esterno, in quanto l'esperienza storica e giudiziaria consentono di ritenere il carattere armato di detta organizzazione criminale e la sua prerogativa di operare nel campo economico utilizzando e investendo i profitti di delitti che tipicamente pone in essere in esecuzione del divisato programma criminoso.

Dunque le condotte di Cinà,

consapevoli e reiterate nel tempo, devono essere sanzionate con una pena che il Collegio ritiene congruo quantificare in anni 7 di reclusione, in considerazione della continuità del suo apporto a Cosa nostra, alla quale è stato organico nei termini sopra evidenziati, dell'importante risultato, economico e non, conseguito dall'organizzazione, grazie alla sua costante disponibilità, consistita nel coltivare il suo rapporto di amicizia con Marcello Dell'Utri anche in una dimensione illecita e funzionale alle richieste ed esigenze degli uomini d'onore della «famiglia» di riferimento e dei capi del sodalizio.

Per Dell'Utri,

la pena deve essere ancora piú severa e deve essere determinata in anni 9 di reclusione, dovendosi negativamente apprezzare la circostanza che l'imputato ha voluto mantenere vivo per circa trent'anni il suo rapporto con l'organizzazione mafiosa (sopravvissuto anche alle stragi del 1992 e 1993, quando i tra-

dizionali referenti, non piú affidabili, venivano raggiunti dalla «vendetta» di Cosa nostra) e ciò nonostante il mutare della coscienza sociale di fronte al fenomeno mafioso nel suo complesso e pur avendo, a motivo delle sue condizioni personali, sociali, culturali ed economiche, tutte le possibilità concrete per distaccarsene e per rifiutare ogni qualsivoglia richiesta da parte dei soggetti intranei o vicini a Cosa nostra.
Si ricordi, sotto questo profilo, anche l'indubitabile vantaggio di essersi allontanato dalla Sicilia fin dagli anni giovanili e di avere impiantato altrove tutta la sua attività professionale. Ancora, deve essere negativamente apprezzata la già sottolineata importanza del suo consapevole contributo a Cosa nostra, reiteratamente prestato con diverse modalità, a seconda delle esigenze del momento ed in relazione ai singoli episodi esaminati nei precedenti capitoli. Inoltre, il Collegio ritiene assai grave la condotta tenuta dall'imputato nel corso del processo, avuto riguardo al tentativo di inquinamento delle prove a suo carico, cosí come risulta dimostrato dalla disamina della vicenda «Cirfeta-Chiofalo», come pure la circostanza che egli, contando sulla sua amicizia con Mangano, gli abbia chiesto favori in relazione alla sua attività imprenditoriale, come emerge dall'analisi della vicenda «Garraffa». Infine, si connota negativamente la sua disponibilità verso l'organizzazione mafiosa attinente al campo della politica, in un periodo storico in cui Cosa nostra aveva dimostrato la sua efferatezza criminale attraverso la commissione di stragi gravissime, espressioni di un disegno eversivo contro lo Stato, e, inoltre, quando la sua figura di uomo pubblico e le responsabilità connesse agli incarichi istituzionali assunti, avrebbero dovuto imporgli ancora maggiore accortezza e rigore morale, inducendolo ad evitare ogni contaminazione con quell'ambiente mafioso le cui dinamiche egli conosceva assai bene per tutta la storia pregressa legata all'esercizio delle sue attività manageriali di alto livello.

I due imputati, condannati alle spese processuali, «vanno dichiarati interdetti in perpetuo dai pubblici uffici ed in stato di interdizione legale durante l'esecuzione della pena». Non solo:

Alla condanna consegue per legge e, in ogni caso, anche in relazione all'intrinseca pericolosità desunta dalle considerazioni che precedono, l'applicazione a ciascuno degli imputati della misura di sicurezza della libertà vigilata per la durata di anni 2 (tenuta presente la gravità dei reati contestati), da eseguirsi dopo che la pena è stata scontata o è altrimenti estinta. Infine entrambi gli imputati vanno condannati in solido: al risarcimento dei danni, da liquidarsi in separata sede, in favore delle costituite parti civili, Provincia Regionale di Palermo e Comune di Palermo.

E lui continua a mafiare

La sentenza di Palermo si ferma agli ultimi contatti accertati fra Dell'Utri e uomini di Cosa nostra: quelli emersi dalle telefonate di

Guttadauro nella primavera del 2001. Dell'Utri però sembra non fermarsi mai. Mentre i giudici concludono il processo di primo grado, la Procura palermitana scopre che ancora nel 2004 l'onorevole deputato si dà da fare per aiutare un boss latitante del calibro di Vito Roberto Palazzolo a farla franca. L'indagine, rimasta a lungo segreta, affiora alla luce del sole ai primi di novembre del 2005, quando i pm Gozzo e Ingroia presentano l'atto di appello contro la sentenza del Tribunale, giudicata troppo morbida sia rispetto agli elementi già emersi nel processo, sia soprattutto di fronte alle nuove prove.

L'assegno di Ciancimino. La prima novità viene da una telefonata intercettata il 5 marzo 2004 tra i figli del defunto sindaco mafioso di Palermo Vito Ciancimino, Massimo e Luciana. Questa racconta al fratello che l'ha cercata «Gianfranco» (forse il viceministro forzista Miccichè) per invitarla alla convention per i 10 anni di Forza Italia. Lí, dice lei, Gianfranco le farà conoscere Berlusconi. Massimo risponde che potrebbe approfittarne per restituire un assegno di 35 milioni che Berlusconi passò al padre Vito, il quale lo conservò fino alla morte in una carpetta:

> *Luciana* – Minchia, mi telefonò Gianfranco [...] mi arriva un messaggio [...]. Il 27 marzo a Palermo... per i dieci anni di Forza Italia viene Silvio Berlusconi. È stata scelta Palermo perché è la sede piú sicura [...] Saremo 15 mila. Allora io [...] ci scrivo stu messaggio: «Rincoglionito, a chi lo dovevi mandare questo messaggio, sucunnu mia sbagliasti» [...]. Mi risponde: «Suca». Mezz'ora fa mi chiama: «Minchia, ma sei una merda». Ci dissi: «Perché sono una merda?». Dice: «L'ho mandato a te siccome so che tu lo vuoi conoscere [...]».
> *Massimo* – E, digli che c'abbiamo un assegno suo, se lo vuole indietro...
> *Luciana* – (*ride*) Chi, il Berlusconi?
> *Massimo* – Sí, ce l'abbiamo ancora nella vecchia carpetta di papà...
> *Luciana* – Ma che cazzo dici?
> *Massimo* – Certo.
> *Luciana* – Del Berlusca.
> *Massimo* – Sí, di 35 milioni, se lo si può glielo diamo.

Ma nella perquisizione a casa Ciancimino, la polizia giudiziaria l'assegno non lo trova. Interrogato il 3 marzo 2005, con domande non proprio incalzanti, dal procuratore aggiunto Giuseppe Pignatone, Ciancimino jr. conferma che gliene parlò suo padre. Ma non dice dove sia finito: «Sí, me lo raccontò mio padre a suo tempo... Ma poi era una polemica tra me e mia sorella, perché io l'indomani invece sono andato alla manifestazione di Fassino». I pm chiedono di risentirlo nel processo d'appello contro Dell'Utri.

Calvi e la prima Fininvest. La sentenza di primo grado – scrivono Ingroia e Gozzo – evidenzia «la scarsa trasparenza delle origini della Fininvest e non ritiene inattendibili i collaboratori che riferiscono di immissioni di denaro» di provenienza mafiosa. Una novità viene da un'altra consulenza del vicedirettore di Bankitalia a Palermo Francesco Giuffrida, commissionata dalla Procura di Roma per l'indagine sull'omicidio Calvi. Fra le ultime operazioni del Banco Ambrosiano, s'è scoperta «l'acquisizione di una partecipazione estera nella Capitalfin International Ltd», società guidata dal rappresentante Bnl Alberto Ferrari e amministrata da Gianfranco Graziadei. Ferrari e Graziadei erano negli elenchi della P2, come del resto Calvi. Graziadei era dirigente di Servizio Italia, la fiduciaria Bnl «utilizzata piú volte dal gruppo Fininvest per alcune delle sue operazioni meno chiare». Ma soprattutto «tra le partecipazioni a Capitalfin è stata rinvenuta una cointeressenza al 100 per cento di questa società (in periodo immediatamente precedente alla acquisizione di questa da parte dell'Ambrosiano) in una società denominata Fininvest Limited Gran Cayman». C'entrava qualcosa questa Fininvest centroamericana del 1974 con la Fininvest italiana fondata nel 1975 da Silvio Berlusconi, pure lui iscritto alla P2? Robinson Wroughton, incaricato di compiere accertamenti per conto dei liquidatori dell'Ambrosiano Holding Lussemburgo, ha confermato ai pm che, sí, «la Fininvest Ltd Gran Cayman era del gruppo Fininvest» e che ci fu un «investimento in società ricollegabili a Fininvest nei primi anni 70 dall'Ambrosiano Holding Lussemburgo». Il figlio di Calvi, Carlo, ha dichiarato:

> Mio padre, quando siamo andati alle Bahamas nella prima metà degli anni 70, mi riferí che nella creazione della Capitalfin e della Finservice [da parte del piduista Ferrari, *nda*] vi erano interessi vicini a Craxi e al Psi, che ricevevano finanziamenti [tramite la Bnl, *nda*]. Intorno agli anni 1973-74, alle Bahamas, mio padre fece dei riferimenti generici al fatto che tra i beneficiari dei finanziamenti Bnl vi erano società Fininvest.

Dunque, osservano i pm,

> appare rilevante accertare se Calvi, appartenente alla P2 e beneficiario di ingenti finanziamenti da ambienti mafiosi, abbia effettuato investimenti nella

Fininvest nei primi anni 70, quindi in epoca immediatamente antecedente alle immissioni di denaro oggetto delle analisi Giuffrida.

Cioè i misteriosi finanziamenti alla Fininvest fra il 1974 e l'85. Perciò i pm chiedono ai giudici d'appello d'interrogare Wroughton, Giuffrida e Calvi jr.

L'amico siculo-sudafricano. Vito Roberto Palazzolo, classe 1947, nato a Palermo ma residente in Sudafrica col nome di Robert Von Palace Kolbatshenko, uomo d'affari e proprietario terriero, giú condannato per traffico di droga al processo «Pizza Connection», è ora imputato per associazione mafiosa come presunto boss della famiglia di Partinico: avrebbe ospitato in Sudafrica e Namibia latitanti del clan Brusca e «riciclato denaro di provenienza illecita»; e continuerebbe a «coltivare interessi in Sicilia tramite la sorella Maria Rosaria detta Sara», pure lei ora imputata per mafia. Proprio attraverso Sara, come risulta da alcune intercettazioni, nel 2003 Palazzolo aggancia Dell'Utri e famiglia per «alleggerire la sua posizione processuale e ammorbidire le richieste di rogatoria e di estradizione». Perché proprio Dell'Utri? Perché – scrivono i pm – «è un esponente politico di rilievo della maggioranza»; ed è pure – parola di Palazzolo – «già convertito», cioè collegato alla mafia. L'intermediaria fra i due è «una signora dell'alta società milanese, africana d'adozione: Daniela Palli», ora indagata per favoreggiamento con l'amico Paolo Pasini.

Il 30 maggio 2003 Palazzolo chiama la sorella Sara perché parli con la Palli e contatti Dell'Utri. Il 12 dicembre 2003 la Palli racconta a Pasini i suoi colloqui con Miranda, moglie di Dell'Utri:

Palli – Certo che è stato male, gli hanno dato... quattro by-pass ha detto... e allora, ho avuto una lunga conversazione... con Miranda che c'ha un sacco di casini... A un certo punto, in famiglia proprio, le ho detto: «Miranda scusa, [...] ti ricordi che a luglio [...] ti chiesi se Marcello poteva fare una telefonata a questa Sara Palazzolo?». E lei mi ha risposto: «Sí, l'ha fatta. [...] Sí, risulta tutto, però io non ho piú le cose sottomano» [...]. Ho detto: «Questi qua continuano a chiamarmi. Ci sono problemi?». E lei mi ha detto: «No, Daniela, perché te l'avrei detto subito, Marcello mi avrebbe detto: dí a Daniela che io queste persone non le chiamo. Invece lui è interessato, se l'è presa nel cuore». [...]. E gli dico: «Sara a luglio ha ricevuto la telefonata di Marcello» [...].
Pasini – Il contatto a cosa approda? A degli affari o alla pura conoscenza?
Palli – No, a risolvere magari i problemi di Roberto che sono anche quelli di Marcello: processi, cose o non so che cosa.

Il primo contatto fra Sara Palazzolo e Dell'Utri risulta da una telefonata fra i due, intercettata il 26 giugno 2003. Per legge non può essere trascritta senza il permesso del Senato: i pm lo chiedono, ritenendola «assolutamente necessaria per questo processo, in quanto Dell'Utri accetta di incontrarsi con Palazzolo, uomo d'onore di Partinico, tramite la sorella». In vista dell'incontro, Palazzolo indica alla sorella le cose da chiedere al «professore»: cioè a Dell'Utri. «Palazzolo – spiegano i pm – afferma con certezza di sapere che Dell'Utri ha rapporti risalenti con Cosa nostra e sa dunque cosa fare. Utilizza la frase convenzionale: "Non devi convertirlo, è già convertito"...». Sara – suggerisce Vito Roberto – deve chiedere a Dell'Utri i seguenti favori:

1) un intervento «al ministero» per una faccenda processuale (Palazzolo cerca un interlocutore in via Arenula: «per sapere piú o meno dove deve andare questa cosa e cosa si può fare qua e dopo all'avvocato cu andare a bussare per avere un po' di conforto in questa situazione a livello ministeriale»);

2) una pressione sulla Cassazione perché annulli il mandato di cattura per mafia a suo carico («vediamo di farla dare a dei giudici competenti... scriviti cu sunnu i magistrati, cu sunnu i persone, cu sunnu i procuratori, cu sunnu i presidenti di Corte d'appello, scriviti tutto...»);

3) un'interrogazione parlamentare contro la «persecuzione giudiziaria» di cui si dice vittima;

4) un intervento «a livello governativo» con il Sudafrica perché «lascino in pace» lui e l'amico Rocky Agusta (figliastro della contessa Francesca, morta nel 2001 a Portofino), coinvolgendo addirittura il «Presidente», cioè Berlusconi;

5) «la sorella dovrà riferire al senatore Dell'Utri che "possono dare un contributo" e che lo stesso Palazzolo, essendo consigliere finanziario per l'Angola può rendersi utile per tutto quello che può servire a dei clienti suoi, sia nella pesca sia nelle miniere o nei lavori pubblici». Dell'Utri potrebbe trovare soci e capitali per appalti stradali in Angola: «Può portare tremila industriali dall'Italia... C'è una nazione da ricostruire, non ci sono problemi, il governo ti dà garanzie... Ci sono già cinque licenze per porti da costruire, strade...».

I contatti fra Palazzolo, Palli e Miranda Dell'Utri proseguono. Il 20 ottobre 2003 Vito informa Sara che «abbiamo parlato con uno del Dipartimento di Giustizia sudafricano». E la invita a «informare il ministro della giustizia italiano». Il 3 febbraio 2004 è prevista una festa all'«Isola di White», una discoteca di Buccinasco (Milano), organizzata da Veronica Berlusconi per Miranda appena diventata nonna. Ci saranno anche la moglie di Previti e la Palli, che concorda con Pasini quel che deve dire alla first lady: «Alla Veronica [...] dico che sto collaborando con Michelini in Africa... vogliamo unire le forze politiche e imprenditoriali... i ministri... Il presidente deve appoggiarlo in qualche modo». Michelini è Alberto, ex giornalista Rai, allora deputato forzista, membro dell'Opus Dei come Dell'Utri e all'epoca rappresentante del premier Berlusconi per l'Africa. Il «presidente» è Berlusconi. Infatti l'indomani la Palli racconta a Pasini che alla festa Veronica le ha promesso di mandarle un autista a ritirare una lettera da far recapitare a Silvio. Poi chiama Gaddo della Gherardesca (il nobile toscano amico di Sarah Ferguson) per dirgli che alla festa «io ho parlato a Veronica dell'Africa» e di Michelini: per l'affare africano «bisogna fare qualcosa, sennò saranno i comunisti a prenderla». Silvio deve capire che «va bene, ci sono tanti problemi come la legge Gasparri, però è importante che l'Africa non finisca alla sinistra». Pasini le dice di informare Michelini e si raccomanda di scrivere al premier una lettera non troppo lunga. Poche ore dopo la Palli gli legge stralci della lettera: «Caro presidente, sto collaborando con particolare attenzione sull'iniziativa presa nel Centro Africa... mi sono permessa di attivare la sua attenzione... sostegno e appoggio morale che lei non ha mai fatto mancare...». Poi riprende i contatti con Palazzolo, che però ha saputo di intercettazioni e raccomanda la massima prudenza al telefono.

Il 12 dicembre 2004 Daniela Palli dice a Palazzolo che Dell'Utri, pur impegnatissimo, è interessato a incontrarlo. In altre telefonate si parla di una lettera di Michelini a un ministro angolano per annunciargli l'arrivo di una delegazione d'imprenditori e politici italiani interessati a opere pubbliche in Africa australe. Poi l'inchiesta diventa pubblica e all'improvviso l'allegra brigata, senza un motivo, smette di parlare degli affari in Angola e del salvataggio di Palazzolo. Ma le intercettazioni bastano – secondo i pm, che chiedono di sentire al processo d'appello la Palli, Pasini e Sara Palazzolo – a dimostrare che «l'allora latitante Palazzolo ben sapeva del ruolo di Dell'Utri rispetto a Cosa nostra» e che «Dell'Utri nell'intero universo di Cosa nostra è considerato un sicuro terminale al quale potersi tranquillamente rivolgere, senza il timore di essere denunziati, per illecite interferenze su organi istituzionali».

Anche per questo i pm chiedono di condannare Dell'Utri a una pena piú severa dei 9 anni del primo grado, offrendo la propria disponibilità ad affiancare il sostituto procuratore generale nel sostenere l'accusa, vista la complessità del processo. Anche Dell'Utri, per motivi opposti, impugna la sentenza di primo grado dinanzi alla Corte d'appello: cambia avvocati, «licenziando» Roberto Tricoli, Vincenzo ed Enrico Trantino (padre e figlio), e ingaggiando il milanese Corso Bovio e il palermitano Nino Mormino (deputato di Forza Italia, già indagato per mafia e poi archiviato nel 2004).

Per diversi mesi il processo d'appello langue nel limbo del Palazzaccio di Palermo senza che ne venga fissata la data d'inizio. Nel frattempo Gaetano Cinà muore, colpito da infarto. E, come abbiamo visto, poco dopo, alla vigilia delle elezioni del 9-10 aprile 2006, passa a miglior vita anche Cosimo Cirfeta, coimputato di Dell'Utri nel parallelo processo per il complotto contro i pentiti. Cosí il braccio destro del Cavaliere, che intanto viene scelto come selezionatore delle candidature di Forza Italia, si ritrova solo sia nel processo per calunnia, sia in quello per mafia. Quando finalmente viene rieletto alla Camera, la Corte d'appello si decide a fissare la data d'inizio del dibattimento al 30 giugno 2006.

Ultima chicca: il procuratore generale Salvatore Celesti respinge come «inopportuna» la domanda di applicazione dei pm Gozzo e Ingroia. E designa un solo Pg per sostenere l'accusa: è un ottimo magistrato, Antonino Gatto. Ma per studiare un processo cosí complicato, frutto di dieci anni di lavoro su trent'anni di storia della mafia, dell'imprenditoria e della politica, è evidente che non gli basterà qualche mese. È ovvio che il suo compito sarebbe agevolato dalla presenza dei due colleghi che conoscono l'indagine a memoria, avendola condotta fin dall'inizio. Tantopiú che lo stesso Celesti denuncia da tempo al Csm gravi vuoti d'organico nel suo ufficio, al punto da aver ottenuto spesso l'applicazione di magistrati venuti da fuori: l'ultimo è arrivato da Treviso, in trasferta permanente a Palermo. Perché allora rifiutare l'offerta di Gozzo e Ingroia, che non vengono da Treviso, ma dal piano di sopra? Sono forse infettivi? O, in alternativa: che cos'ha di speciale Dell'Utri, a parte aver inventato Forza Italia e sedere al Parlamento italiano e al Consiglio d'Europa?

Massimo Maria Berruti
Ufficiale poco gentiluomo

Massimo Maria Berruti, ex finanziere, poi avvocato e superconsulente Fininvest, arrestato nel '94 per i depistaggi dell'indagine sulle mazzette alle Fiamme gialle, è dal 1996 un deputato della Repubblica. Partito: Forza Italia. È poi stato rieletto nel 2001 e nel 2006, malgrado sia stato condannato a 8 mesi definitivi per favoreggiamento nelle tangenti alla Guardia di finanza, e sia pure indagato per riciclaggio nell'inchiesta sui diritti Mediaset. O forse proprio per questo.

Nella sentenza del 9 maggio 2000, poi confermata in Cassazione, i giudici d'appello scrivono che le confessioni dei sottufficiali Corrado e Tanca, che tiravano in ballo pesantemente Berruti, sono «sincere», «affidabili» e «pressoché totalmente convergenti». Oltreché confermate dal famoso «passi» della presidenza del Consiglio e dai tabulati telefonici. Dunque «va confermato il giudizio di colpevolezza di Berruti in ordine al delitto ascrittogli»: quello, cioè, di aver «istigato al silenzio sulla vicenda Mondadori» i suoi ex colleghi Tanca e Corrado, spiegando loro che, se avessero parlato, «avrebbero danneggiato il gruppo [Fininvest] e il Cavaliere» e promettendo in cambio del loro silenzio «una tangibile ricompensa». *Ergo*

> non vi è dubbio alcuno che Berruti – istigatore di Corrado – abbia tenuto un atteggiamento idoneo a ostacolare o ritardare le indagini dell'Autorità sulla vicenda Mondadori, allo scopo di favorire le persone coinvolte nel grave episodio di corruzione, e che tale aiuto a eludere le indagini si sia pienamente realizzato [...]. Berruti ha infatti agito al chiaro fine di far conseguire l'impunità a persone responsabili di un grave fatto corruttivo.

Anzitutto a Silvio Berlusconi, allora presidente del Consiglio. Grottescamente, l'avvocato si difende sostenendo di aver voluto salvare, con le sue manovre, «la stabilità del governo».

> È del tutto irrilevante che abbia (eventualmente) agito (anche) al fine di tutelare «la stabilità del governo», posto che tale stabilità indica soltanto una durata, e la durata dei governi non è un bene in sé. Un cattivo governo – o una cattiva coalizione di governo – resta cattivo anche se dura cinque anni. Anzi, tanto piú dura e tanto piú diventa nocivo. Dunque l'obiettivo non è la stabilità, ma la governabilità, è la fattività e l'efficienza dei governi, e soprattutto il buongoverno. È da escludere poi che l'azione di Berruti possa ritenersi ispirata dall'intento di salvaguardare tali ultimi beni, dal momento che la governabilità, la fattività, l'efficienza e la positiva immagine dei una coalizione di governo non può certamente ritenersi minacciata, in uno Stato di diritto, dal legittimo e doveroso esercizio dell'azione penale nei confronti di chi si sia reso responsabile di gravi fatti delittuosi. La credibilità delle istituzioni e quindi la governabilità del paese esce, infatti, rafforzata dalla concreta repressione dei reati e dalla effettiva applicazione del principio della eguaglianza della legge nei confronti di tutti i consociati. Nessuno escluso. Nella coscienza collettiva, l'azione di Berruti, lungi dall'apparire apprezzabile, si rivela pertanto altamente deprecabile.

Tanto piú se i «gravi fatti delittuosi» da coprire sono opera del presidente del Consiglio in persona.

Berruti e Berlusconi si conoscono da quasi trent'anni. «Mi sono dimesso dalla Guardia di finanza nel novembre 1979», racconta l'ex ufficiale nel primo interrogatorio davanti al pool di Milano, nel novembre '94. Parla degli anni duri, quelli in divisa grigia. A vent'anni, nel 1969, l'ingresso in Accademia: sottotenente nel 1973. Primo incarico a Domodossola, nel 1974. Poi il balzo a Milano, al Nucleo di polizia valutaria. Infine l'incontro della vita, quello con Silvio Berlusconi, durante un'ispezione nelle aziende del suo gruppo: «Ho fatto accertamenti per esportazione di valuta nei confronti di una società del gruppo Fininvest che non ricordo quale fosse, forse l'Edilnord».

Un vuoto di memoria davvero singolare. Soprattutto perché Berruti il 12 novembre '79, poco prima di dare le dimissioni dal corpo, Berlusconi l'aveva pure interrogato. Le Fiamme gialle (come abbiamo visto nel capitolo su Berlusconi) volevano sapere perché il costruttore avesse prestato fideiussioni personali in favore dell'Edilnord Centri Residenziali Sas e della Sogeat, due società il cui capitale era ufficialmente controllato da misteriosi soci svizzeri. Grottesca la risposta di Berlusconi: dice di essere un «semplice consulente» dell'Edilnord e spiega di occuparsi soltanto della «progettazione e della direzione generale del complesso residenziale Milano 2». Invece è il proprietario della società.

Il resto è noto: Berruti non batte ciglio. Chiude frettolosamente l'ispezione, sebbene abbia evidenziato piú di un'anomalia. E il 14 marzo 1980 è ufficialmente in congedo. Per qualche mese lavora dall'avvocato Carnelutti, titolare a Milano di un importante studio legale con sedi anche a Londra e New York. Poi porta tutta la sua esperienza al servizio della Fininvest. Con gli amici – come ricorderà Gherardo Colombo al processo Guardia di finanza – si vanta di «essere un uomo di massima importanza nel gruppo facente capo a Berlusconi». Un carrierone. Berruti è bravo, nelle Fiamme gialle conosce un sacco di gente. In tutti gli anni passati in divisa ha stretto amicizie importanti e intessuto rapporti che non esita a mettere a frutto. E, non appena sulla Fininvest tira aria di bufera, eccolo pronto a farsi vivo con gli ex commilitoni. Lo fa, come sappiamo, nel 1994, appena Mani pulite accende i riflettori sulle verifiche fiscali comprate a suon di mazzette dagli uomini del Biscione. Ma lo ha fatto anche dieci anni prima, quando la Finanza indagava su altri lati oscuri del colosso di Segrate. Racconta il maresciallo Livio Ballerini: «Berruti l'ho visto [...] quando siamo andati a fare un servizio che riguardava i titoli atipici presso l'Istifi [la banca interna della Fininvest]. Ricordo che Berruti venne lí con una serie di esperti a vedere che cosa stavamo facendo».

L'uniforme grigia è per lui una seconda pelle. Lo dimostrerà anche nel 1997 quando, nella nuova veste di deputato, interverrà a una seduta delle commissioni parlamentari riunite Giustizia e Finanze per contestare lo schema di un decreto legislativo anti-riciclaggio: quel giorno il deputato-imputato berlusconiano nonché avvocato Fininvest proporrà di escludere l'Ufficio italiano cambi e la Dia (Direzione investigativa antimafia) dalle indagini in materia, privilegiando la vecchia, cara Guardia di finanza.

Non sempre, però, le cose gli vanno cosí bene. Nel 1985, ad esempio, l'avvocato Berruti finisce in galera. È accusato dai giudici di Milano di essersi messo in tasca una tangente da 150 milioni durante un'indagine, condotta quando era ancora un finanziere, sull'Icomec, impresa di costruzioni impegnata negli eterni lavori per la Metropolitana milanese. In primo grado arriva anche una condanna. Poi Berruti passa di assoluzione in assoluzione. Intanto, alla Fininvest, gli affidano mansioni sempre piú delicate. «Era incaricato di svolgere, come attività principale, la costituzione di società panamensi per la creazione e il trasferimento di disponibilità finanziarie all'estero», racconta ai magistrati milanesi la commercialista Maria Luisa Paxi. «Berruti – aggiunge il pm Colombo – è in pratica il vice di Giancarlo Foscale nella supervisione delle attività estere della Fininvest».

Tra i suoi compiti ufficiali c'è quello di dare una veste giuridica ai contratti del Milan Calcio per l'acquisto di giocatori e lo sfruttamento della loro immagine. Berruti segue l'arrivo a Milano all'olandese Ruud Gullit e anche quello di Gianluigi Lentini, quando il campione torinese, nella primavera del '92, passa dal Torino del predidente craxiano Gian Mauro Borsano al club rossonero. Un'operazione che costerà a lui, al presidente Berlusconi e ad Adriano Galliani un processo per falso in bilancio. Secondo l'accusa, infatti, accanto ai 18 miliardi e mezzo sborsati ufficialmente dal Milan, c'era anche un cospicuo conguaglio in nero. Circa 10 miliardi usciti dalle casseforti estere del Biscione e mai riportati in contabilità. Metà di quella provvista in nero s'infila nelle tasche di Borsano, il 16 marzo 1992, tramite un bonifico della Fininvest Service di Lugano. Altri 5 miliardi e mezzo vengono invece pagati da una società panamense, la New Amsterdam Sa.

A rivelare i loschi retroscena dell'affare è proprio Borsano che, davanti ai pm di Torino, spiega di aver trattato la cessione di Lentini con Galliani nel marzo 1992, «fuori dal periodo consentito per la contrattazione dei giocatori». Borsano, già in un mare di guai finanziari, chiede a Galliani un anticipo sul prezzo. Ovviamente, sottobanco. Il Milan paga i primi 5 miliardi fuoribusta. Ma non si fida di Borsano. E se poi, al momento di ufficializzare la cessione di Lentini, si tirasse indietro? La società rossonera pretende garanzie. E ottiene in pegno il pacchetto azionario del Toro controllato da Borsano. Cosí Silvio Berlusconi si ritrova in mano due squadre di serie A: Milan e Torino. Il 22 aprile 1992 Torino e Milan si scontrano. La partita, guardacaso, finisce 2 a 2.

Il conflitto d'interessi è clamoroso, ma la cosiddetta giustizia sportiva fa finta di nulla. Il 5 febbraio 1993 la Corte federale (una sorta di corte suprema del pallone) punisce solo Borsano, cioè l'unico reo confesso dello scandalo. Punisce, si fa per dire: sospensione di un mese dalle attività dirigenziali, piú un'ammenda di 10 milioni alla società. Galliani e il Milan di Berlusconi la fanno franca: la Corte federale, nella quale troneggia anche Filippo Mancuso, futuro ministro di Grazia e Giustizia e poi deputato di Forza Italia, assolve l'amministratore delegato Galliani perché «il fatto non costituisce illecito disciplinare per mancanza di dolo». Insomma, non l'ha fatto apposta.

Di tutt'altro parere è la Procura di Milano, che eredita l'inchiesta torinese sui bilanci del Milan, per competenza territoriale. Agli atti finiscono le dichiarazioni di Borsano. Questi spiega di aver trattato la cessione di Lentini esclusivamente con Galliani. Il quale lo aveva però rassicurato «circa la piena adesione di Silvio Berlusconi a questo progetto».

Il giudice per l'udienza preliminare Guglielmo Leo – che rinvia a giudizio il Cavaliere, Galliani e Berruti – ricorda che cosa era accaduto subito dopo:

> La Procura di Torino aveva messo Adriano Galliani immediatamente in grado di fornire la propria versione [...]. L'imputato aveva in generale negato (niente pagamenti in nero, nessuna consegna di azioni in garanzia, ecc.), sostanzialmente preoccupandosi di assicurare che aveva gestito in via esclusiva sia la redazione dei bilanci del Milan sia la trattativa Lentini. E avvalendosi della facoltà di non rispondere alle prime richieste di dettaglio da parte degli inquirenti. Ben presto, però, la qualità e la quantità delle conferme raccolte in merito ai pagamenti clandestini pretesi da Borsano erano diventate impressionanti.

Un consulente legale del Torino, Salvatore Scalise, conferma che le azioni della società erano state consegnate in pegno ai vertici del Milan. L'avvocato Franzo Grande Stevens, che assiste la Juventus, ricorda che anche la società bianconera a quel tempo era in corsa per l'acquisto di Lentini, ma «agli approcci preliminari Borsano aveva opposto l'esistenza di un accordo già raggiunto col Milan». Lentini avrebbe preferito rimanere a Torino. Anche a costo di passare dal Toro alla Juve. Ma, quando aveva tentato di opporre resistenza al trasferimento, «era stato portato avanti ai dirigenti del Milan e informato da costoro che controllavano il Torino, anche mediante l'esibizione di un contratto che prevedeva per detto Torino una forte penale in caso di mancata cessione del calciatore».

Dalle rogatorie estere, ricorda il gup Leo, arrivano altre importanti conferme:

> Per ricevere i pagamenti clandestini Borsano si era avvalso delle prestazioni di una agenzia di cambio torinese, facente capo alla famiglia Aloisio [...]. Borsano aveva riferito che intratteneva una posizione fiduciaria presso un istituto di credito svizzero, la Banca Albis, e che su tale posizione era stata accreditata in tre riprese la somma di 6,5 miliardi [...]. Quando, nel marzo 1992, si era

> provveduto a un primo versamento di 4 miliardi di lire, Borsano aveva [...] fornito personalmente a Galliani i dati necessari agli accrediti presso la sede di Chiasso dell'Istituto.

Alla fine Emilio Aloisio conferma di aver fatto arrivare il denaro in Italia. Calcolatrice alla mano, risulta che «l'utile clandestino pertinente all'affare Lentini era stato pari a lire 10.014.800.000».

L'origine di metà della somma è evidente. Scrive ancora il gup:

> Il primo pagamento, e cioè quello di 5.000.000 di franchi svizzeri, [...] è oggetto di prova documentale [...]. Tale documentazione consta della nota con la quale un funzionario Ubs di Lugano, alla data 13 marzo 1992, dava preavviso del versamento della somma sul conto di Chiasso con riferimento Naig. Sulla nota si leggono due affermazioni che paiono francamente conclusive: «il versamento [...] concerne il pagamento di giocatori di calcio» e poi «NB: indicazioni ricevute da Bei dalla signora [Candia] Camaggi direttrice Fininvest S.A., Lugano».

Per i rimanenti 5 miliardi le cose sono un po' piú complicate. A bonificare i soldi è infatti la panamense New Amsterdam Sa, una società che – tanto per cambiare – non compare nel bilancio consolidato Fininvest. I sospetti sulla New Amsterdam si sprecano. La Procura di Milano è convinta che, dietro questo esotico paravento, si nasconda chi gestisce gli ingenti fondi neri di Berlusconi. Denaro spesso movimentato dalla consociata Fininvest Service, la quale per molte operazioni si avvale della Arner Bank. Scrive il procuratore generale svizzero Carla Del Ponte, nell'autunno '95:

> La New Amsterdam è una società di servizi che effettua operazioni fiduciarie per conto terzi, in quanto è società di servizi messa a disposizione delle società «News and sport time Ltd» e «Sport Image international Ltd» (due società off-shore della Fininvest) per presumibili fatturazioni di comodo e creazione di fondi neri.

La New Amsterdam è dunque in affari con la Fininvest. E Paolo Del Bue, il dominus del gruppo Arner, è il procuratore della New Amsterdam. Il gup Leo osserva:

> Una nota della Guardia di finanza di Milano alla data 16 novembre 1994 compendia una serie d'indicazioni tratte dalle agende di Berruti (nonché dall'esame degli estratti concernenti le sue carte di credito, dei tabulati relativi all'apparecchio cellulare che l'uomo utilizzava in quel periodo) che dimostrano la frequenza dei viaggi a Lugano e degli accessi presso la Sbs, delle visite alla sede del Milano, dei contatti con Lentini, nonché con Camaggi e Del Bue

(e cioè coi personaggi che avevano curato le rimesse in favore di Aloisio [e quindi di Borsano, *nda*]). Il tutto, come si accennava, anche (e con significativa concentrazione) nel periodo in cui sarebbero maturati gli avvenimenti per cui è processo. Del resto, all'esito delle perquisizioni nello studio dell'imputato [Berruti], sono state acquisite le minute di corrispondenza e contratti riguardanti personalmente Lentini e il diritto allo sfruttamento della sua immagine.

Berruti conosce bene Candia Camaggi, moglie del cugino di Berlusconi Giancarlo Foscale e regista della finanza Fininvest in Svizzera. È stato lui, come professionista, a dare vita alla Fininvest Service diretta dalla signora: «Io – ammette – ho seguito tutta la parte relativa alla costituzione delle società che avrebbero dovuto operare all'estero per conto delle società estere del gruppo». Per il resto, dice e non dice: «Non conosco la società New Amsterdam. Conosco la News e Sport Time di Malta, che è nell'elenco clienti del Milan. Conosco anche la Sport Image International delle British Virgin Island, per la quale ho visionato alcuni contratti di compravendita di diritti cinematografici e televisivi, ma, a quel che so, non ha mai avuto rapporti con Lentini». Berruti ammette anche di conoscere Del Bue, ma minimizza: «La mia presenza a Lugano non si riferisce soltanto al Milan e quindi alla Fininvest, ma anche ad altre persone fisiche o giuridiche che nulla hanno a che fare con il gruppo [Berlusconi], ma che potrebbero avere a che fare con la Arner come clienti». I loro nomi? «Non posso violare il segreto professionale».

La Fininvest e Berlusconi con la Arner lavorano parecchio. Per il gup l'accusa «ha ragionevolmente dimostrato la pertinenza Arner a uno snodo essenziale del flusso dei capitali circolanti all'interno del gruppo Fininvest». Tutti rinviati a giudizio per falso in bilancio. Il processo inizia il 16 giugno 2000. Ma, come abbiamo visto, non arriverà mai in porto. Tutto in prescrizione grazie alla cosiddetta riforma del falso in bilancio, imposta dal premier imputato Berlusconi e votata dallo stesso «onorevole» imputato Berruti. Dal produttore al consumatore.

Aldo Brancher
L'uomo che visse tre volte

L'abbiamo già incontrato nella Banda Furbetti. Ma Aldo Brancher ha una storia, anche giudiziaria, che risale a ben piú indietro negli anni. Nato in Veneto, a Bardolino sul Garda, nel 1943, il giovane Aldo diventa prete paolino. Don Emilio Mammana, il sacerdote che a Milano ha aperto il primo ufficio pubblicità di *Famiglia cristiana* strappando il settimanale cattolico all'ambiente provinciale di Alba e al grigiore delle sacrestie per farne una delle riviste italiane piú ricche e piú vendute, lo sceglie come suo braccio destro. Poi però Brancher entra in conflitto con un prete serio come il direttore don Leonardo Zega, poco entusiasta di certe sue disinvolture. Ma è per una donna che don Aldo lascia i paolini e la tonaca.

La sua seconda vita è votata al Dio Quattrino. Mette su un'azienda in proprio, a Castelnuovo Scrivia, nell'Alessandrino. Produce cassette di plastica, ma finisce male. Allora, grazie all'esperienza maturata nel ramo pubblicità, entra in Publitalia, alla corte di Marcello Dell'Utri. Poi Fedele Confalonieri lo chiama a sé per i «progetti speciali» della Fininvest Comunicazioni. Speciali in tutti i sensi: lo Spretato tiene i rapporti con i partiti per gli spot elettorali sulle reti Fininvest. Con tutti i partiti, di governo e di opposizione. Lí certe disinvolture sono decisamente piú apprezzate. Non dalla magistratura, però, che presto si occuperò di lui.

Intanto ha fatto amicizia e affari con Primo Greganti, il Compagno G delle tangenti rosse. I due, nel '93, finiscono sul registro degl'indagati della Procura di Torino perché si occupano dell'ipermercato «Le Gru», il piú grande d'Europa, che sta sorgendo a Grugliasco, la «Stalingrado del Piemonte». Opera faraonica costruita dalle coop rosse per conto della Standa (Fininvest) e del gruppo francese Trema, col contorno di tangenti a politici. Nel 1993 la Procura di Torino fa arrestare per tangenti il sindaco Pds di Grugliasco Domenico Bernardi, l'ex sindaco Pci Angelo Ferrara, oltre a vari amministratori e politici Dc e Psi. I due sindaci confessano. Ma le uniche mazzette dimostrate arrivano dalla Trema. Confalonieri e Berlusconi, sentiti come testimoni, negano di aver mai pagato politici. Greganti ha seguito l'affare Le Gru in stretto contatto da un lato con le coop, dall'altro con la Standa tramite Brancher. Emerge, fra i due, un rapporto che definire privilegiato è poco. Il Compagno G e l'uomo del Cavaliere lavorano spalla a spalla, discutono affari, concludono operazioni immobiliari. Brancher fornisce a Greganti pure un telefono cellulare. Racconta a verbale Mary Daniel Puhl, collaboratrice e compagna di Brancher:

> Brancher mi accennò il fatto che parte degli uffici romani della Promogolden [la società di Brancher, *nda*] dovevano essere messi a disposizione di Greganti, per cui successivamente firmai una delega indirizzata alla Sip di Roma per l'acquisto e l'uso di un telefono cellulare al Greganti stesso.

I due, insomma, sono quasi soci. Ma negano di aver commesso reati: Brancher sostiene che l'attività della Promogolden non c'entra nulla con la Fininvest, mentre Graganti ammette di essersi interessato al reperimento di aree per centri commerciali in Piemonte da offrire al gruppo Fininvest, ma di averlo fatto in proprio, attraverso la sua società Lubar, e non per conto del partito. Entrambi verranno prosciolti. Resta il fatto che le aree prescelte per gli ipermercati Standa rientrano regolarmente in comuni amministrati da giunte rosse (da Casalecchio di Reno a Grugliasco).

Poco dopo Brancher viene arrestato a Milano. A inguaiarlo è Giovanni Marone, segretario del ministro della Malasanità Francesco De Lorenzo. Dice Marone ai giudici:

> Brancher venne da me a nome della Fininvest per raccomandarsi che le venisse riservata una maggiore fetta di pubblicità nella campagna anti-Aids. E quando questo privilegio fu certamente realizzato, ritornò per mostrarmi un segno significativo di riconoscenza pagando 300 milioni in due rate.

Il 18 giugno 1993 la polizia va a prelevare Brancher per condurlo a San Vittore, su richiesta del pool di Milano. È il primo arresto in casa Fininvest, il primo di una lunga serie. Brancher rimane in carcere per tre mesi senza dire una parola, meritandosi l'appellativo di «Greganti del Biscione». È accusato di aver versato 300 milioni al Psi e altri 300 a Marone, per poter piazzare sulle reti Fininvest gli spot della grande campagna pubblicitaria sulla prevenzione dell'Aids finanziata dal ministero con 30 miliardi all'anno. Ai vertici del Biscione si teme che parli. E, soprattutto, che dica la verità. Non potendolo andare a trovare in cella per rammentargli la regola aurea del silenzio, il Cavaliere ricorre al paranormale. «Quando il nostro collaboratore Brancher era a San Vittore – racconterà lui stesso – io e Confalonieri giravamo intorno al carcere. Volevamo metterci in comunicazione con lui». La telepatia funziona e Brancher tiene la bocca chiusa. Come Greganti sulle tangenti rosse, dirà di aver agito in proprio, per gli interessi della sua Promogolden: la Fininvest e i suoi capi, noti gigli di campo, non ne sapevano nulla. Era lui che prendeva iniziative, a titolo individuale. Alla fine i giudici lo condannano in primo e secondo grado a 2 anni e 8 mesi per finanziamento illecito ai partiti e falso in bilancio. Poi, in Cassazione, il primo reato cade in prescrizione, mentre il secondo viene amorevolmente depenalizzato dal governo Berlusconi, di cui lo stesso Brancher fa parte.

Già, perché nel frattempo, a partire dal 2001, Aldo s'è dato alla politica: la sua terza vita. Dopo la spiritualità e la pubblicità, ecco la Casa delle libertà. In Parlamento e al governo, ovviamente con Forza Italia. È lui, fra il 1999 e il 2000, il grande tessitore del riavvicinamento fra Berlusconi e Bossi, dopo anni di guerra aperta. Infatti affiancherà Bossi, ministro delle Riforme istituzionali, come sottosegretario. E guiderà il quartetto dei cosiddetti «saggi» nella baita di Lorenzago del Cadore per l'indimenticabile riforma della seconda parte della Costituzione. Ma, secondo i magistrati, il suo ruolo non si limitata al riformismo costituente. Brancher seguiva anche incombenze piú prosaiche. Indagando sulle scalate bancarie, come abbiamo visto, i pm milanesi trovano un conto alla Banca Popolare di Lodi intestato a sua moglie con un affidamento e una plusvalenza sicura di 300 mila euro in due anni; e ipotizzano, sulla scorta delle dichiarazioni dei dirigenti della Bpl, che abbia smistato denaro a vari politici dell'allora maggioranza. Pare insomma che, tra Forza Italia e Fiorani, lo Spretato svolgesse lo stesso ruolo già brillantemente sperimentato tra la Fininvest e i partiti della Prima Repubblica e poi, nella Seconda, tra Forza Italia e la Lega: quello di pony express per certi «trasporti speciali».

Romano Comincioli
Una vita per il Cavaliere

Compagno di scuola e poi prestanome di Berlusconi, in seguito consulente di Publitalia, infine senatore di Forza Italia, anche Romano Comincioli ha seguito passo passo le varie reincarnazioni del Cavaliere, prima in azienda e in seguito in politica. Nei primi anni 80 era in contatto con Gaspare Gambino, imprenditore siciliano vicino al boss mafioso Pippo Calò (il cassiere romano di Cosa nostra). Attraverso Comincioli, la Fininvest realizzò affari in Sardegna con il faccendiere sardo Flavio Carboni. Cambiali con girata di Comincioli passarono a uomini della Banda della Magliana per poi finire nelle mani di Calò. Per i suoi rapporti con Cosa nostra e con la banda della Magliana, è stato indagato a Roma e poi assolto. Accusato nel 1995 di bancarotta fraudolenta per il crac della società Egs, è stato latitante per alcune settimane. Poi è finito nell'indagine milanese sulle false fatture e i bilanci falsi di Publitalia, insieme a Dell'Utri e altri. Rinviato a giudizio nel '95, ha chiesto di patteggiare 1 anno e 8 mesi, ha ottenuto il consenso del pm, ma nel 1995 il Tribunale ha ritenuto troppo bassa la pena concordata e ha preferito processarlo. Mossa incauta, visto che poi la Casa delle libertà, anche con i voti di Dell'Utri e Comincioli, ha di fatto abrogato il falso in bilancio, riducendo le pene al lumicino e abbreviando le scadenze della prescrizione. A quel punto la IV sezione del Tribunale ha fatto ricorso alla Corte di giustizia europea e alla Corte costituzionale per l'incostituzionalità della legge. Ma la Corte europea ha respinto l'eccezione, mentre la Consulta tarda a rispondere. Intanto il processo è fermo. Quando e se riprenderà, i reati saranno prescritti.

Intanto però Comincioli non è rimasto con le mani in mano. Nell'estate del 2005 si dedica alle scalate dei suoi amici Fiorani e Ricucci. Nelle telefonate intercettate lo chiamano affettuosamente «Zio Romi»: faceva da mediatore fra i furbetti del quartierino e l'amico premier. Nel 2005 va a trovare Fiorani in carcere. Nel 2006 viene puntualmente rieletto senatore, sempre nel collegio di Lodi: quello della banca di Fiorani.

Compagni che sbagliano

Massimo D'Alema
Invito a cena con bustarella

Anche Massimo D'Alema ha intascato il suo bravo finanziamento illecito. Almeno uno. Fu nel 1985, o giú di lí. Ma chi glielo versò, Francesco Cavallari, il «re delle cliniche» baresi, lo confessò soltanto nel 1994, quando il reato era prescritto da un anno. A quel punto, anche il *Líder* Massimo poté ammetterlo davanti al giudice, a rischio zero. Il finanziamento non era granché: 20 milioni, dice Cavallari. Qualcuno in meno, dice D'Alema. Ma ciò che conta è la figura del finanziatore: D'Alema, allora segretario del Pci in Puglia e consigliere regionale (prima di essere eletto deputato nel 1987), accettava inviti a cena e buste imbottite di denaro da un *ras* della sanità privata, titolare di una catena di cliniche con 4 mila dipendenti, poi arrestato nel '94 e condannato nel '96 con patteggiamento a 22 mesi di reclusione per associazione mafiosa, truffa e corruzione, per aver pagato politici di tutti i partiti (destra, centro e sinistra), giornalisti, sindacalisti e giudici, e soprattutto per i suoi rapporti con il clan Capriati (la cosca della Sacra corona unita che controllava militarmente e sanguinosamente Bari vecchia). Ma, soprattutto, un personaggio dedito a pestaggi e spedizioni punitive contro sindacalisti della Cgil, «rei» di difendere i lavoratori dai soprusi della proprietà e di non arrendersi al «sindacato giallo» aziendale reclutato da elementi della criminalità organizzata.

«Non nascondo – rivela Cavallari ai magistrati il 19 aprile '94 – che in una circostanza particolare ho dato un contributo di 20 milioni al Partito comunista. D'Alema è venuto a cena a casa mia e alla fine della cena io spontaneamente mi permisi di dire, poiché eravamo alla campagna elettorale del 1985, che volevo dare un contributo al Pci». D'Alema non fu nemmeno sfiorato dall'idea di rispettare la legge sul finanziamento dei partiti, registrando il «contributo» sul bilancio del Partito comunista. Intascò in nero.

Un incontro occasionale? Una cena *una tantum*? Nemmeno per sogno. «Quando era in Regione – dice Cavallari – ero solito recarmi da lui e prospettargli le nostre iniziative». Nel successivo verbale, il 7 ottobre, l'imprenditore arricchisce il racconto di nuovi particolari: «Quella sera, con D'Alema, eravamo presenti in tre: io, il mio cuoco Sabino Costanzo e il nostro amministratore Antonio Ricco, che era in grande rapporto d'amicizia con lui». I tempi di Palazzo Chigi sono di là da venire, e in attesa di conoscere Gianfranco Vissani e di cucinare risotti per *Porta a Porta*, ci si accontenta del cuoco di Cavallari. D'Alema, a sua volta interrogato, ammette cena e contributo. Ma di quell'interrogatorio nessuno, nonostante gli sforzi, riuscirà mai a rintracciare il verbale. Nemmeno Cavallari e i suoi legali hanno ottenuto copia integrale degli interrogatori: appena si parla di D'Alema intervengono gli «omissis». Ci siamo perciò rivolti all'imprenditore – che da anni collabora con la giustizia e ha chiuso i conti con essa – per sapere di piú su quel «contributo». «Non ho mai capito – ci disse Cavallari nel 2001, quando preparavamo *La repubblica delle banane* – perché i pm l'abbiano considerato un semplice finanziamento illecito, dunque prescritto. Io Massimo non lo finanziavo certo per simpatia o vicinanza politica. Io volevo che mi desse una calmata alla Cgil. Che infatti, da allora, smise di darmi noia». D'Alema invece ha sempre negato qualsiasi contropartita.

In ogni caso, a parte il nostro libro e il settimanale *Panorama* che rivelò la vicenda nel giugno 2000, nessuno s'è mai voluto occupare di quest'indagine. Eppure il nome di D'Alema figurava accanto a quelli degli altri big della vecchia politica barese (da Vito Lattanzio a Rino Formica, da Natale Pisicchio a Claudio Lenoci, da Gennaro Acquaviva a Pinuccio Tatarella), nella lista degli indagati con l'accusa di aver preso bustarelle da Cavallari. Un'indagine enorme, condotta da ben quattro sostituti procuratori baresi: Giuseppe Scelsi, Giuseppe Chieco, Corrado Lembo e Alberto Maritati. I quali dovettero chiedere al gip di chiudere il caso per prescrizione. Ma intanto affermarono che il reato c'era, eccome:

> Finanziamento illecito (per lire 20 milioni) in favore del Pci da parte di Francesco Cavallari, delitto commesso in Bari, in epoca da accertare, prossima al 1985, ad opera di Cavallari Francesco e D'Alema Massimo. Vedi sul punto

interrogatori resi da Cavallari in data 19.04.94, pomeriggio, e 7.10.94 pomeriggio.

Anche questa bustarella – scrivono i pm – si inserisce

> nel complesso e il piú delle volte torbido intreccio di rapporti intrattenuti da Cavallari con esponenti della classe politica e di governo locale, i quali, vuoi per calcolo utilitaristico, vuoi per una miope valutazione dei comportamenti assunti dal presidente delle Ccr [Case di cura riunite] hanno contribuito, di fatto, alla folgorante ascesa di quest'ultimo nel panorama imprenditoriale barese. A tale proposito [...] si sottolineano i profili di connessione soggettiva e/o di collegamento probatorio esistente tra il nucleo centrale dell'accusa, costituito dalla contestazione del reato di associazione di tipo mafioso, e gli episodi «satelliti», come la maggior parte di quelli sopra elencati.

I magistrati riconoscono che

> pur nella comune ipotetica valenza delittuosa, di ben diversa natura (sotto il profilo delle motivazioni, della continuità temporale, della rilevanza economica e della prospettiva di reciproco vantaggio) furono i contatti e le prese di posizioni di Cavallari nei confronti di esponenti delle forze dell'opposizione, rispetto a quelli intrattenuti con uomini e partiti politici facenti parte del governo regionale e nazionale.

Ma poi aggiungono che l'ecumenicità delle tangenti a destra e a sinistra faceva parte di

> un efficace sistema di «relazioni sociali» [...], una lungimirante strategia diretta a costruire intorno alla sua persona un perverso sistema di alleanze e protezioni (da utilizzare, in prospettiva, anche nei suoi rapporti con la malavita organizzata).

La strategia di Cavallari era «duplice»:

> Da un lato ha cercato in ogni modo di accattivarsi, con promesse, contribuzioni di denaro, assunzioni di favore e altre illecite lusinghe, il ceto politico dominante nella città di Bari, assicurandosene l'appoggio costante per ogni sua legittima od illegittima intrapresa; dall'altro, presentandosi sotto mentite spoglie, quale vittima del famelico sistema di governo locale, ha tentato di assicurarsi l'appoggio delle forze di opposizione, allo scopo evidente di neutralizzare, o quantomeno ridurne l'ostilità politica nei momenti cruciali della vita e dello sviluppo del suo gruppo imprenditoriale.

Ma, se il primo obiettivo «è stato agevolmente raggiunto», non altrettanto si può dire del secondo:

> Ad onta delle modeste contribuzioni in denaro offerte ad esponenti dei maggiori partiti di opposizione, il Cavallari non è riuscito a spegnere del tutto, con la forza del denaro, la capacità di controllo politico e sindacale all'interno e all'esterno della sua azienda [...]. È ormai provato che il Cavallari, dopo aver invano tentato di neutralizzare in un primo momento (prima metà degli anni 80), con i modi e le blandizie a lui piú familiari, l'azione politico-sindacale della principale forza di opposizione locale (il Pci e la Cgil), ha ben presto optato [...] per la via della intimidazione e delle violenze mafiose, utilizzando a tale scopo le forze, di gran lunga piú convincenti di quella sottesa al denaro, della criminalità organizzata locale.

Le confessioni di Cavallari sono, per la Procura, «intrinsecamente attendibili»: d'altronde lo stesso D'Alema ha ammesso di avere preso soldi da lui. Ma quel reato «risulta estinto per intervenuta prescrizione», il che «preclude ogni ulteriore accertamento». Di qui la richiesta di archiviazione, inoltrata il 28 marzo '95, e accolta il successivo 25 giugno dal gip Concetta Russi. Motivo: «il reato è estinto per intervenuta prescrizione, rendendo superfluo ogni approfondimento». Ma il reato c'è:

> Non v'è dubbio che le accuse formulate dal Cavallari nei confronti dei politici appaiono intrinsecamente attendibili: sia perché promanano da persona che, accusando, contestualmente accusa se stesso dei medesimi reati; sia perché la sua ricostruzione ha trovato una serie di precisi e puntuali riscontri [...]. Le accuse, sufficientemente circostanziate, hanno investito allo stesso modo sia uomini politici dell'area di governo che esponenti delle forze dell'opposizione, sicché può fondatamente escludersi che Cavallari sia stato mosso da intenti calunniosi o abbia inteso operare una scelta, in vista di possibili vantaggi. Né va trascurato di rilevare che uno degli episodi di illecito finanziamento riferiti dal Cavallari (corresponsione di un contributo di lire 20 milioni in favore del Pci) ha trovato sostanziale conferma, pur nella diversità di taluni marginali elementi circostanziali, «*hinc et inde*» riferiti, nella leale dichiarazione dell'on. Massimo D'Alema, segretario regionale *pro tempore* del Pci.

D'Alema avrebbe tentato, peraltro con scarsa convinzione, di accreditare la tesi che il contributo era di 5 milioni, cosí da farlo rientrare nell'ipotesi di finanziamento illecito depenalizzata nel 1981. Ma – ricorda il giudice – «l'on. D'Alema non ha escluso che la somma versata dal Cavallari fosse stata proprio dell'importo da quest'ultimo indicato (lire 20 milioni)». Il leader Ds, quand'era stato interrogato, si era «riservato» di dimostrare la veridicità della sua versione «riduttiva». Ma poi se n'è dimenticato: «sebbene vi sia stata una esplicita riserva al riguardo, non è stata fornita prova del dedotto assunto difensivo».

L'amico degli amici

Chi è Francesco Cavallari, l'uomo dal quale D'Alema accettava inviti a cena con bustarella? E che cosa faceva in quel periodo? Secondo la Procura antimafia di Bari, che chiese e ottenne il suo arresto il 13 febbraio '95, il re delle cliniche

> faceva parte di un'associazione di tipo mafioso, la quale, avvalendosi della forza di intimidazione del vincolo associativo e della condizione di assoggettamento e di omertà che ne deriva, si proponeva lo scopo di commettere delitti (contro il patrimonio, la persona, la Pubblica amministrazione, e la libertà sindacale) e di acquisire il controllo di attività economiche, di autorizzazioni e servizi di pubblico interesse, nonché di realizzare, mediante l'impiego di metodi mafiosi, profitti e vantaggi ingiusti per sé e per altri anche attraverso la manipolazione – con gli stessi metodi – del consenso elettorale in favore di candidati in grado di assicurare appoggio e copertura nelle sedi istituzionali (Regione, Usl) per il conseguimento di vantaggi e benefici di natura patrimoniale.

> In particolare
>
> Cavallari, consapevole dell'esistenza di cosche di tipo mafioso operanti in Bari, stringeva un patto con i relativi capi Parisi Savino (capo del clan operante prevalentemente nel quartiere Japigia), Capriati Antonio, Capriati Sabino, Capriati Mario e Capriati Giuseppe (capi del «clan Capriati» operante in Bari Vecchia), e con altri esponenti della criminalità locale, legati da comuni interessi ai predetti clan malavitosi; in forza di detto patto, il Cavallari assumeva e/o s'impegnava ad assumere alle dipendenze delle Ccr e/o della Geroservice Srl numerosissime persone, direttamente «sponsorizzate» dai suddetti capicosca (i quali – tutti – assicuravano in tal modo un lavoro, per alcuni fittizio, anche a persone ristrette in carcere e, per altri, tale da garantire l'erogazione del salario o altri benefici) ricevendone in cambio «protezione» e assistenza per la tutela dei propri interessi, e mutuando dagli stessi clan la forza di intimidazione del relativo vincolo associativo per realizzare gli obiettivi, strategicamente ritenuti di comune interesse. In tal guisa il Cavallari riusciva a ridurre gli altri dipendenti e ogni altra persona che con lui fosse venuta in conflitto, in una condizione di assoggettamento e di omertà [...]. Adottava inoltre metodi mafiosi che si estrinsecavano, tra l'altro: nella sistematica attività di neutralizzazione delle iniziative e libertà sindacali, anche in forme violente, con parallelo rafforzamento di un sindacato aziendale («sindacato giallo») gradito al Cavallari e gestito da persone di fiducia dell'associazione; nell'uso della violenza e dell'intimidazione nei confronti di attivisti politici che si opponevano alle sue iniziative imprenditoriali e di esponenti delle varie organizzazioni sindacali, operanti nell'ambito delle Ccr, in occasione delle contrattazioni aziendali.

Tutte queste belle cose accadevano «in Bari e località limitrofe dal 1985 a epoca prossima al dicembre 1994». E proprio nel 1985 D'Alema andò a cena *chez* Cavallari e ritirò la relativa busta. Scrivono ancora i pm antimafia baresi:

> L'intervento dei mafiosi per la risoluzione dei problemi sindacali è stato addirittura sollecitato da Cavallari, il quale non si è fatto scrupolo di organizzare (o far organizzare) spedizioni punitive o intimidatorie per raggiungere i suoi scopi e per assicurarsi anche il controllo dell'attività sindacale. Ancora oggi ama ricordare di aver considerato Mario Capriati (le cui gesta gli erano e sono ben note), un «bravo ragazzo» o addirittura «come un figlio».

Quel Capriati che, «come molti altri dipendenti delle Ccr della sua stessa risma, percepí per quasi un decennio il salario senza svolgere alcuna attività lavorativa». Quando parla del giovane boss Capriati, Cavallari quasi si commuove:

> Io ho sempre avuto un ottimo rapporto, mi ha sempre rispettato. Anche se una volta, nel 1985, mancò di rispetto al nostro direttore e io, in presenza di tutti gli altri nel deposito, lo maltrattai in maniera inaudita e lo costrinsi a chiedere scusa, cosa che poi fece amaramente. Lui mi disse: «Deve ringraziare Iddio che lei è Cavallari, perché se no io lo avrei sparato qua!». Era il 1985, era passato un po' di tempo dalla sua assunzione [...]. Mario ha sempre avuto per me un grande rispetto, e me lo dimostrò in quella circostanza.

Glielo dimostrerà anche nel '95, dieci anni dopo quel «patto scellerato», quando Cavallari finirà in carcere e si scatenerà contro i giudici – scrivono i pm – la

> mobilitazione attiva di quella parte dei suoi dipendenti vicina ai capiclan, i quali, ben «orientati» sulle possibili cause delle disavventure giudiziarie del loro «padrone-padrino», avevano meditato di attuare vendette mirate nei confronti di chi, come il consigliere regionale Silvia Godelli (Pds), ritenevano responsabile dell'accaduto. Il 13 maggio '94 ronde di dipendenti delle Ccr, di cui faceva parte anche una donna armata con una bottiglia di vetro rotta, girarono per le cliniche per indurre tutti gli altri dipendenti a partecipare a una manifestazione indetta dai sindacati subito dopo l'arresto del Cavallari. Il corteo di circa mille persone, «controllato» da alcuni «ragazzi», fu poi dirottato verso il carcere di Bari, ove erano ristretti Cavallari e Biallo [il suo braccio destro, *nda*], a favore dei quali vennero scanditi slogan di solidarietà del tipo «Cavallari libero», «Biallo libero». Poi lo stesso corteo, giunto dinanzi agli uffici della Regione Puglia, attuò un blocco stradale, insultando ripetutamente Silvia Godelli («Godelli puttana troia»).

Il fido Biallo racconta l'incredibile storia del sindacato giallo (Usppi), fondato da Cavallari con l'aiuto dei suoi persuasivi amici:

> Cavallari era abituato a gestire l'azienda in una maniera tutta sua personale. Lui non si riteneva mai il presidente. Lui si è sempre ritenuto un padrone! Il piú delle volte diceva ai dipendenti: «Non iscriverti alla Uil, disdetta, togliti dalla Cisl, e mettiti con la Usppi!». L'Usppi iniziò con pochi iscritti, poi chiaramente riuscí ad avere un'esplosione, fino a 800 iscritti, in quanto aveva un contatto diretto col presidente. Cavallari le faceva diversi favoritismi: assunzioni, trasferimenti.

Ancor piú illuminanti le testimonianze di alcuni attivisti e sindacalisti del partito di D'Alema, minacciati o picchiati dagli amici di Cavallari. Anna Dimita lavorava alla clinica S. Rita 2, «e proprio in ragione della sua attività sindacale dovette subire una lunga serie di pressioni, intimidazioni e soprusi a partire dall'inizio degli anni 80». Racconta che all'epoca, nelle cliniche, c'erano i reparti-confino:

> Fino all'apertura della S. Rita 2, vi erano dei luoghi di punizione dove venivano trasferiti i dipendenti che sgarravano a vario titolo. Dopo, gli uomini che sgarravano venivano inviati al «Capannone» e le donne alla «Sanatrix», a contatto con i dipendenti di provenienza malavitosa, con conseguente esposizione al rischio di pestaggi.

A metà degli anni 80 sindacati e azienda approvano un contratto di solidarietà:

> Il contratto prevedeva, fra l'altro, il blocco dei passaggi di qualifica. Invece due medici passarono di qualifica. Io lamentai la violazione del contratto di solidarietà. Per tutta risposta venni chiamata, il presidente Cavallari voleva parlarmi [...]. Mi aggredí verbalmente ad alta voce, dicendo che il padrone era lui e che nella sua azienda poteva fare quello che voleva, e se non avessi smesso mi avrebbe preso a calci in culo. Io gli risposi che mi sarei recata presso l'Ufficio provinciale del lavoro per ritirare il contratto di solidarietà. Me ne tornai nell'ambulatorio e, passati 10 minuti, vidi Pasquale Amoruso [detto Ualino il magnaccia, un malavitoso ingaggiato da Cavallari] che apriva la porta dell'ambulatorio, e introduceva una signora che non conoscevo, e che in seguito avrei saputo chiamarsi «la pantofolaia». La stessa, rimasta sola con me, disse che la dovevo smettere, che lei aveva bisogno di far assumere il figlio e Cavallari le aveva detto che io glielo impedivo. Mi insultò, aprí la porta e mi disse che mi aspettava fuori, perché mi avrebbe rotto la testa. Io tentai di chiamare la polizia dai telefoni a gettoni, ma erano fuori uso. Tentai allora di chiamare il centralino dal telefono interno dell'ambulatorio dove lavoravo, ma nessuno mi rispose. Cosa che io giudicai strana e attribuii a un ordine di mio isolamento che gli addetti avevano ricevuto. Riuscii tuttavia a mettermi in contatto con lo staff della Cgil-Funzione pub-

blica, che mandò alcuni uomini a salvarmi al termine dell'orario di lavoro. Il periodo successivo fu caratterizzato da violazioni del contratto di solidarietà, che la Cgil regolarmente denunciava. Nell'ottobre 1986, venimmo in possesso del bilancio delle Ccr che conteneva evidenti contraddizioni e condizioni economiche non corrispondenti al vero. La Cgil diffuse in data 10.10.1986 un comunicato ai lavoratori. Ricordo che alla S. Rita 2 gli addetti alla distribuzione del volantino venivano licenziati in tempo reale, a voce. Alla mia richiesta di formalizzazione di quegli atti, ci dissero che era opportuno il nostro immediato allontanamento in quanto si stava muovendo un gruppo di guardie giurate (alcune di provenienza malavitosa) che ci avrebbe allontanato dalla S. Rita 2. Iniziò allora una fase di scontro duro: i responsabili sindacali venivano inseguiti fino nei loro paesi di provenienza; i manifesti che predisponemmo sul caso Cavallari venivano sistematicamente defissi pochissimo tempo dopo; alcuni andarono nella sede del Pci di Bari vecchia, scassinarono la porta, rubarono la bicicletta sulla quale tale Pappagallo portava il secchio della colla per affiggere i manifesti e rubarono anche i manifesti.

Un giorno l'azienda convoca il sindacato per una riunione:

Giovanni Monacelli [altro malavitoso] entrò e, rivolgendosi a Michele Tropeano [delegato Cgil], gli si avventò contro, prendendo a picchiarlo; io tentai allora di uscire dalla sala della riunione per andare a chiamare la Polizia e a quel punto udii Enrico Sgambati [direttore generale delle Ccr] gridare «bloccateli!». Io riuscii tuttavia a entrare in una stanza e a chiamare il 113, ricevendo un diniego motivato dal fatto che «noi li avevamo assunti e adesso dovevamo sopportarceli»; e alla mia domanda precisa «Allora non intervenite?», la risposta fu categorica: «No» [...]. Dopo quelle vicende, l'iniziativa sindacale andò incontro a un deciso decadimento. Io purtuttavia non abbandonavo l'iniziativa e costituii nel 1988 assieme ad altri colleghi una cellula aziendale dell'allora Pci. Producemmo due volantini. All'uscita del secondo, trovai una busta bianca sotto il tergicristalli dell'autovettura parcheggiata davanti alla S. Rita 2: all'interno vi era un proiettile. E, giunta a casa, ricevetti la telefonata di un uomo che mi disse: «Il prossimo è diretto a te». A quel punto che decisi di abbandonare ogni iniziativa sindacale e politica.

Il giovane boss Mario Capriati, interrogato il 30 giugno 1994, ammette tutto davanti ai pm di Bari:

Tra me e Cavallari ci fu un tacito accordo di questo tenore: Cavallari teneva al lavoro me e le persone che io gli chiedevo di assumere. Lui pagava il salario ma noi (salvo qualche eccezione, come mio suocero e mia suocera) sistematicamente non ci recavamo mai al lavoro. Sulla base di tale accordo, io e i miei uomini fornivamo al Cavallari alcuni servizi, e a sua richiesta siamo intervenuti tutte le volte in cui ci diceva di essere disturbato dai sindacalisti e attaccato politicamente dai comunisti; inoltre sempre a richiesta del Cavallari, provvedevamo a sostenere le campagne elettorali di uomini politici a lui legati. Il Cavallari ha piú volte chiamato me e i miei uomini dandoci l'ordine d'intervenire: «Agguantateli, a quelli là!». Noi siamo intervenuti: talvolta picchiando i sindacalisti, talvolta (ricordo in particolare alcune riunioni sindacali presso l'Hotel Ambasciatori di Bari) con la sola nostra presenza minacciosa, che bastava a far tacere i sindacalisti piú accesi. Una sera sottraemmo con la forza una bicicletta e un pacco di manifesti a tale Pappagallo, un comunista di Bari vecchia, e gli sfasciammo i locali dove c'era il Pci. Poi andai la sera tardi in casa del Cavallari e gli portai i volantini e la bicicletta: lui si mise a ridere, ma si manifestò preoccupato per gli attacchi che riceveva dal Partito Comunista e perciò ci chiese aiuto, nel senso che dovevamo fermarli. Una volta, su richiesta del Cavallari, ci ponemmo alla ricerca di un sindacalista [...], un pezzo grosso il quale si era posto contro il Cavallari. Dovevamo dargli una lezione picchiandolo. Ci recammo in un piccolo paese dopo Giovinazzo, ma non lo trovammo, anche perché intervenne un poliziotto il quale, avendo capito le nostre intenzioni, ci disse di andare via [...]. Cavallari, quando sapeva dove facevano la riunione dei sindacalisti, ci diceva: «Questi stanno su all'Hotel Ambasciatori, mi raccomando». E ci andavamo noi [...] e facemmo smettere di parlare i sindacalisti [...] si stavano fermi quando ci vedevano, ci conoscevano, come ci vedevano, non parlavano piú [...]. Un giorno stavano in una camera, i sindacalisti: una parola tira l'altra, e uno ebbe un paio di schiaffi.

Cavallari, davanti ai pm Maritati e Lembo, risponde cosí:

Questo che dice [Capriati] è falso! Perché mai nessuno ha detto di essere stato avvicinato, picchiato, da questi! Ma che, scherziamo! Pappagallo? Non lo conosco proprio! Lui [Capriati] disse che conosceva questo signore dei manifesti. Ha detto: «Ci parlo io, perché so dove abita! E gli dirò soltanto di affiggerli in un modo che non siano visti!». Che poi lui gli abbia tolto dei manifesti, non lo posso escludere, per questo slancio che ha avuto nei miei confronti! Io mi sarò sfogato, come mi sfogavo con tutti, perché era nota la mia avversione nei confronti del Partito comunista! Ma non era nel mio costume dire «Agguantate la gente!». Perché potevo farlo io personalmente, come ho sempre fatto, mi sono sempre difeso da solo! Io ho sempre avuto la massima espressione [*sic*] del Partito comunista [...]: la signora Godelli, Giacomo Princigalli, Massimo D'Alema [...]: tutte persone con cui avevo sempre avuto un rapporto molto civile sulla base di un dialogo. Non nemici! Avrò potuto dire: «Ci danno fastidio!»... Ma non è successo mai niente! Non è che ho parlato di nemici da abbattere, da gambizzare o da far sparire nel cemento! Sarà stata una battuta cosí! [...]. Anzi, con la professoressa Godelli, che ci ha sempre osteggiati ideologicamente, è stato un rapporto bello.

A questo punto i pm osservano:

Anche in relazione all'episodio di intimidazione in danno di esponenti sindacali avvenuto nel corso di riunioni tenutesi presso l'Hotel Ambasciatori di Bari (anni 1986-87), il Cavallari, dopo aver negato recisamente, si è lasciato andare ad alcune compromettenti ammissioni che dimostrano, sul piano logico-indiziario, come l'intervento del Capriati alle suddette riunioni non fosse affatto dettato da esigenze «sindacali».

E riportano un brano del suo incredibile interrogatorio:

> *Cavallari* – Capriati è stato sempre molto garbato nei miei confronti. Mi era simpatico, perché notavo veramente della gratitudine in questo ragazzo, da quando io gli risolsi questo problema di vita, nell'85. Allora teneva 20-21 anni, non lo conoscevo, ma Pasquale Amoruso [un altro malavitoso] mi disse che Capriati apparteneva a una famiglia a Bari vecchia, molto temuta. Disse: «Dottore, stia attento!».
> *Pm* – Ma le è stato riferito che dei sindacalisti riottosi, provocatori, li chiami come le piace chiamarli, furono picchiati?.
> *Cavallari* – Ma erano due che non avevano niente a che fare con Capriati, dottore! Anaclerio, il ladro di portafogli, e Monacelli. Niente avevano a che fare, né con la delinquenza....
> *Pm* – Due galantuomini erano?!
> *Cavallari* – Due galantuomini? Erano due persone! Uno faceva il borsaiolo sui pullman e quando è venuto a lavorare con me non l'ha piú fatto [...]. Di fronte a questi comportamenti di quel sindacalista e un altro [...] potevano mettere in forse il loro posto di lavoro. Quindi fu una reazione a questo loro comportamento, perché erano fuori dalla porta con tanti altri dipendenti, sentirono le grida che io praticamente facevo con i sindacati [...]. Quando ci fu una pausa, entrarono e ci furono degli schiaffoni. Io, poi, sono intervenuto [...]. Li ho fatti accomodare.

Gianfranco Carbone, della Cgil-Funzione pubblica di Bari, rivela altri episodi di vita vissuta nel gruppo Cavallari ben prima del fatidico 1985:

> Fra la fine del 1982 e l'inizio del 1983, avvertimmo che l'aria stava cambiando. In occasione di uno sciopero, davanti all'ingresso di ognuna delle cinque strutture sanitarie del gruppo Ccr fecero la comparsa noti esponenti baresi della malavita, che all'epoca non erano dipendenti, e tentarono di costringere, ricorrendo a minacce serie, i lavoratori e i sindacalisti a desistere, anche con la esposizione di armi [...]. Dopo il Cavallari cominciò a fare irruzioni nelle cliniche per controllare i dipendenti, accompagnato da malavitosi con un ruolo intimidatorio. Fra il 1983 ed il 1985 vi fu una forte immissione di personale nelle Ccr e fra questi molti erano legati alla malavita organizzata. Destò grande scalpore l'assunzione di tale Amoruso Pasquale, detto «Ualino il magnaccia», noto come protettore di prostitute. Lo stesso fu subito messo a controllare il personale e fu quindi visto girare per le stesse Cliniche con una agenda sulla quale faceva delle annotazioni. In una circostanza appresi che aveva minacciato un rappresentante sindacale. La maggior parte dei malavitosi era collocata nei servizi ausiliari e molti nel servizio autisti. La loro presenza attiva è emersa in occasione del primo contratto di solidarietà. Nel 1985, con la chiusura di tre cliniche e la conseguente necessità di ridurre il personale in esubero, l'azienda e la Cgil giunsero a ipotizzare il ricorso a un contratto di solidarietà che salvasse l'occupazione. In quel contratto di solidarietà erano previsti ruoli incisivi per il sindacato [...]. Sottoposto al referendum dei lavoratori il contratto non

venne approvato [...]. I vertici Cgil intervennero dando luogo a una trattativa per una seconda stesura [...]. I lavoratori vennero chiamati a un secondo referendum, a metà del 1986, in un clima di paurosa intimidazione [...]. Gruppi di malavitosi sostarono per tutto il tempo delle votazioni davanti a ciascuno dei seggi, invitando in tutti i modi i dipendenti a votare per l'approvazione di quel testo. Alcuni dipendenti notoriamente contrari a quel contratto vennero minacciati con armi [...]. A distanza di sei mesi dall'approvazione, contrariamente agli impegni presi, le assunzioni continuavano e vi era poca chiarezza nei bilanci delle Ccr. Fu pertanto richiesta, come previsto nel contratto, una verifica. A quel punto si scatenò in tutta Bari la caccia ai rappresentanti Cgil, con aggressioni e minacce, intimidazioni ai danni della tipografia da noi incaricata della stampa di un manifesto di denuncia. Squadre di persone giravano per Bari provvedendo a staccare manifesti appena affissi. Irruzioni vennero fatte nella sede della Cgil-Funzione pubblica e nella sede del Pci di Bari Vecchia, dove lavorava, curando il settore affissioni, il sig. Pappagallo [i carabinieri del Ros di Roma, che conducono le indagini su Cavallari, identificheranno la vittima in «Pappagallo Vito, nato a Bari il 5 giugno 1937, celibe, disoccupato, da anni attivista del Pci, iscritto alla sezione della città vecchia, con l'incarico di attacchino per conto del partito»; Pappagallo confermerà tutto, rivelando che né lui né il Pci ebbero il coraggio di sporgere denuncia]. Michele Tropeano nel rientro a casa venne inseguito e fermato da alcuni dipendenti delle Ccr di provenienza malavitosa, e fu costretto a non viaggiare piú da solo. Come pure altri sindacalisti, sottoposti a minacce. Quella campagna nei confronti del sindacato sortí i suoi effetti: la verifica del contratto di solidarietà richiesta dalla Cgil non portò a risultati rilevanti [...]. Sul piano interno, vi fu un lento declino della iniziativa sindacale, al quale si accompagnò un decremento degli iscritti alla Cgil e l'abbandono della stessa da parte di quasi tutti i dirigenti sindacali aziendali sottoposti a minacce.

Fin dal 1985 il Pci pugliese capitanato da Massimo D'Alema era un modello di pluralismo. C'era chi da Cavallari prendeva ceffoni. E chi, a cena, prendeva 20 milioni.

Un miliardo a spasso per il Bottegone

Alla fine del 1988 Massimo D'Alema ne ha fatta di strada. È ormai fisso a Roma, vicesegretario in carriera del Pci che sta per cambiare nome in Pds (peraltro per decisione del segretario Achille Occhetto, e contro il parere del Líder Massimo). È in quel periodo che incontra Raul Gardini, che con l'operazione Enimont si candida a diventare il re della chimica italiana e fa il giro delle sette chiese nei palazzi della politica romana, di maggioranza e di opposizione, per convincerli a convertire in legge il decreto sulla defiscalizzazione di Enimont. Una mazzetta la cui esistenza è stata riconosciuta dal Tribunale solo in primo grado, mentre in appello è stata cancellata con la formula dell'articolo 530 comma 2: la vecchia insufficienza di prove.

Lo spettro della mazzetta ai vertici del Pci-Pds comincia ad aleggiare nell'aula del processo Cusani, che gl'italiani seguono ogni mattina in diretta tv, alla vigilia di Natale del 1993, tre mesi prima delle elezioni politiche del 27 marzo '94 che porteranno per la prima volta Berlusconi a Palazzo Chigi. Carlo Sama parla, a sorpresa, della pista rossa il 21 dicembre 1993, poi torna piú ampiamente sull'argomento nell'udienza del 2 febbraio 1994: sotto il fuoco incrociato delle domande del pm Antonio Di Pietro e dell'avvocato Giuliano Spazzali, legale di Cusani, racconta che cosa ha saputo «nel maggio del 1993, in occasione di una visita mia e di Cusani nello studio Berlini». Pubblico, telespettatori e giornalisti seguono col fiato sospeso la ricostruzione di una riunione in cui Pino Berlini, l'uomo che da Losanna teneva la contabilità parallela della Ferruzzi, aveva fatto il punto sulla disastrosa situazione finanziaria del gruppo. Raul Gardini ha rotto con la famiglia Ferruzzi ed è stato ormai estromesso da un pezzo dalla plancia di comando del gruppo. Sul tavolo restano i disastrosi risultati del suo ultimo periodo di gestione. Berlini racconta a Sama e Cusani delle provviste di denaro da lui preparate per pagare i partiti. Sama lo ascolta con attenzione. Cusani un po' meno, forse perché sa già tutto. Terminato l'incontro, Sama chiede altri chiarimenti all'amico Sergio, che non si fa pregare: «Gli chiesi della defiscalizzazione e Cusani mi disse che avevano pagato Dc, Psi e Pci. Io ero stupito e lui mi spiegò i particolari che riguardavano il Pci».

La gente assiste in diretta tv al film di quello scomodo pezzo di maxitangente. C'è Berlini che il 18 ottobre 1989 preleva il miliardo da un conto chiamato Ecru e lo consegna a Cusani. C'è un jet privato che, il 6 novembre, atterra a Milano dove fa salire a bordo il commercialista con in mano la valigetta zeppa di banconote e poi decolla verso Forlí. Qui Cusani viene accolto da Gardini e «da un signore del quale non so il nome, ma che penso potesse essere Ennio Tassinari o Mauro Dragoni». Il primo è un esponente di spicco delle coop rosse, il secondo è l'ex sindaco comunista di Ravenna. Entrambi, in quei mesi, seguono da vicino gli sviluppi della questione Enimont e – secondo Sama – si danno da fare per organizzare un incontro tra Gardini e il segretario del Pds Occhetto. L'aereo a Forlí rimane ben poco. Riparte quasi subito alla volta di

Roma. Ora, accanto a Cusani e alla valigetta, sono seduti anche Gardini e l'esponente locale del Pci (Tassinari o Dragoni).

La comitiva atterra nella capitale. A questo punto, Sama non sa piú che cosa sia esattamente accaduto. Quanto a Cusani, che parla solo attraverso memorie scritte, non vuole scendere in troppi particolari. All'udienza del 17 febbraio 1994, si limita a ricordare che Gardini si sentiva tradito dai partiti di governo che facevano i pesci in barile sul decreto, per cui aveva deciso di pagare quelli dell'opposizione che avrebbero potuto sostenere il disegno di legge. E ricorda un incontro con l'allora ministro alle Finanze Rino Formica (Psi):

> Formica disse che il decreto legge per la defiscalizzazione creava problemi perché sembrava un intervento *ad hoc*, e che se fosse passato il disegno di legge il problema si sarebbe risolto ma per fare questo era necessario convincere l'opposizione comunista.

Cusani aggiunge di aver procurato il miliardo a Gardini e di averglielo consegnato negli uffici dell'Ara Coeli a Roma, ma non sa precisare la data del viaggio. Sama si dice comunque certo che la mazzetta al Pci venne consegnata personalmente da Gardini a qualche dirigente del partito. Anche Raul, prima di morire suicida, gliel'ha confermato. Ma senza fargli il nome del destinatario. Le indagini sul percorso della valigetta, condotte pubblicamente e direttamente nell'aula del processo, imboccano un vicolo cieco. E la testimonianza di Leo Porcari, la guardia del corpo di Gardini, serve solo ad aumentare la suspence e la confusione:

> C'è un episodio dell'autunno 1989. Noi eravamo nella sede dell'Ara Coeli, siamo scesi a piedi fino a via Botteghe Oscure che è lí a dieci metri. Prima di uscire avevamo incontrato Sergio Cragnotti [...]. Per quello che ho ricostruito poteva trattarsi della metà di ottobre o di dicembre. E comunque dalla presenza di Cragnotti io penso che fosse il 5 o il 13 dicembre. A Botteghe Oscure ci ha ricevuti D'Alema. Lui e Gardini sono entrati in una porta. Posso immaginare che dentro ci fosse anche Achille Occhetto. Ma quello era l'ufficio di D'Alema.

Un po' poco per individuare quello che Di Pietro chiama il «percettore finale». Porcari oltretutto non fa cenno a valigette o buste di sorta e quindi la fine della storia resta avvolta nel mistero. Lo ammetteranno anche i giudici di primo grado (II sezione del Tribunale, presidente Giuseppe Tarantola), che il 28 aprile 1994 condannano Cusani a 8 anni per la maxitangente Enimont:

Gardini ha avuto incontri con i maggiori rappresentanti del Pci: nelle sue agende è annotato un incontro con Occhetto il 6 dicembre 1988 e uno con D'Alema il 2 marzo 1989, ma è pacifico che egli ha avvicinato rappresentanti ravennati di quel partito e ha effettuato un intervento in occasione di una festa dell'Unità; è stata poi prodotta all'udienza del 23 marzo 1994 una lettera dell'11 aprile 1989 della direzione del Pci indirizzata a Gardini per sollecitare un «contributo» di idee e di sponsorizzazioni; da ultimo il teste Porcari ha riferito di avere accompagnato Gardini a un incontro nella sede della direzione politica del Pci, a Botteghe Oscure, con D'Alema e forse con Occhetto il 5 o il 13 dicembre 1989.

Gardini intendeva «ringraziare» l'ex-Pci per il sostanziale appoggio che stava fornendo ai progettati provvedimenti per la defiscalizzazione delle plusvalenze realizzate dalle aziende conferendo cespiti a nuove società come Enimont. Provvedimenti che gli avrebbero fatto risparmiare almeno 800 miliardi di lire. Ma il decreto del governo non fu poi convertito in legge, e nemmeno gli emendamenti proposti dal Pci, cosí il matrimonio Montedison-Eni rimase non consumato. E s'infranse poco dopo.

La consegna del miliardo avvenne a Botteghe Oscure proprio nei giorni caldi del decreto e degli altri progetti di sgravi fiscali, nell'ottobre '89, un paio di mesi prima dell'incontro di dicembre fra Gardini, D'Alema e forse Occhetto. Anche questo, per i giudici di primo grado, è accertato:

Il soggetto che ha materialmente ricevuto la somma non è stato indicato né individuato, ma la destinazione risulta chiaramente dagli atti: si è detto che Montedison aveva necessità di evitare il pagamento delle imposte sugli incrementi di valore degli apporti in Enimont; Gardini, dopo aver versato circa 8 miliardi di lire ai rappresentanti dei due piú influenti partiti della maggioranza [Dc e Psi, *nda*] per ottenere la massima considerazione ai problemi della sua impresa, si è deciso a mettere del denaro a disposizione anche del maggior partito di opposizione: dopo alcuni significativi incontri, si è recato di persona nella sede del Pci portando con sé un miliardo di lire. Il destinatario non era quindi semplicemente una persona, ma quella forza di opposizione che aveva la possibilità di risolvere il grosso problema che assillava Montedison. Il fatto cosí accertato è stato dunque esattamente qualificato come illecito finanziamento di un partito politico.

Cusani, il regista delle mazzette di Gardini, viene condannato anche per quel finanziamento illecito al Pci-Pds. Illecito. Lo conferma anche la V sezione del Tribunale di Milano, che il 27 ottobre '95 condanna i leader politici e gli amministratori di Ferruzzi-Montedison coinvolti nella maxitangente:

> Tali erogazioni, dell'importo complessivo di circa 10 miliardi di lire, [...] risultano collocabili temporalmente nel 1989 e, sulla base di quanto Cusani, Sama e Berlini riferiscono di aver appreso da Gardini, destinate ai partiti di governo, la Dc ed il Psi, nonché al maggior partito dell'opposizione, il Pci. [La causale del versamento è] l'esigenza di Gardini di ottenere l'emanazione di un provvedimento avente effetti economici favorevoli per Montedison, quale la sospensione disposta sulle plusvalenze dei conferimenti in Enimont, che non era stata inserita tra le clausole contrattuali relative alla costituzione di Enimont, ma per la cui attuazione Gardini aveva all'epoca intrattenuto rapporti con i piú importanti esponenti di partito e ottenuto l'impegno delle forze politiche.

Questa sentenza verrà poi confermata in appello e in Cassazione. Ma chi ricevette Gardini, e con lui quel miliardo, a Botteghe Oscure? Mistero. Gardini è morto suicida poco prima che lo arrestassero. Sama, quello che per primo – al processo Cusani – rivela la stecca al Pci, dice di non saperlo: «Ho appreso, anche dal dottor Gardini, che all'epoca della defiscalizzazione erano state date contribuzioni ai partiti. Dc, Psi [...] e Partito comunista». Di Pietro lo incalza: «Chi, oltre al dottor Gardini, può essere a conoscenza della circostanza?». Sama risponde «Cusani». E spiega:

> Gardini aveva detto a Cusani di preparargli un miliardo, perché aveva un incontro a Roma con un esponente comunista per ricucire i rapporti [...]. Il ministro delle Finanze Formica disse a Gardini che anche una parte del Pci avrebbe votato a favore [della conversione in legge del fatidico decreto, *nda*].

Ma Cusani, che forse conosce il nome del destinatario, preferisce tacere. Rimane la testimonianza dell'autista di Gardini, che assicura di aver accompagnato Raul fino al portone di Botteghe Oscure. E rimane il tabulato del Credito Svizzero, da cui risulta l'accredito di un miliardo dal «sistema Berlini» (la provvista estera del gruppo Ferruzzi) a Cusani, per la bisogna. Di Pietro, al processo Cusani, cioè in una sede che piú pubblica non si può, chiede di poter ascoltare come testimoni D'Alema e Occhetto. Ma il presidente Giuseppe Tarantola lo ritiene inutile: è facile immaginare che, in ogni caso, i due escluderebbero qualunque ruolo nella vicenda. Nella quale peraltro nessun testimone e nessun elemento li tira direttamente in ballo (diversamente da Craxi, Forlani e gli altri segretari di partito, che contrattarono direttamente con Sama i «contributi» illeciti; e da La Malfa, Vizzini e Altissimo, che li ritirarono personalmente). «Io – conclude sconsolato Di Pietro in aula – non posso incriminare un partito, a meno che qualcuno non mi porti qui un signore che di nome fa Partito e di cognome Comunista. La responsabilità penale è personale».

In secondo grado, la prova ritenuta piena dal Tribunale sul miliardo a Botteghe Oscure, per la Corte d'appello di Milano che giudica il solo Cusani diventa insufficiente. Nemmeno stavolta i giudici mettono in dubbio le parole di Cusani e di Sama. Ma sottolineano come Gardini già in altre occasioni avesse loro mentito: potrebbe teoricamente averlo fatto anche a proposito dell'ex Pci. Di qui l'assoluzione di Cusani, almeno per il miliardo al Bottegone, per insufficienza di prove. In ogni caso, se la consegna del denaro fosse avvenuta prima del 24 ottobre 1989, sarebbe coperta dall'amnistia del 1990.

Un'indagine a Reggio Emilia

Una delle procure che, nelle inchieste su Tangentopoli, hanno iscritto D'Alema sul registro degli indagati insieme al tesoriere (poi scomparso) Marcello Stefanini, è quella di Reggio Emilia. Questa, nel 1993, raccoglie le dichiarazioni di Nino Tagliavini, presidente della cooperativa rossa Unieco dal 1990 al 1992. Tagliavini confessa di aver versato a Botteghe Oscure 370 milioni da una provvista di fondi neri creata presso una piccola cooperativa «sorella». Secondo Tagliavini, la somma fu consegnata *brevi manu* a Stefanini alla presenza del suo segretario. I vertici del partito sapevano o erano all'oscuro di tutto? Il manager rosso accenna anche a D'Alema, pur senza attribuirgli esplicitamente alcun reato. Il decreto di archiviazione firmato il 16 maggio '95 dal gip di Reggio, Giovanni Ghini, è istruttivo:

> Sul suo conto [di D'Alema, *nda*] la narrazione di Tagliavini offre due spunti, uno «de relato», l'altro diretto. Il primo è questo: lo Stefanini avrebbe detto che il piano di risanamento del partito era diretto dal D'Alema, era conosciuto dal D'Alema, era attuato da lui Stefanini che ne rispondeva al D'Alema. La circostanza è ammessa dal medesimo D'Alema e non risulta certo sorprendente; strano sarebbe stato se la direzione fosse rimasta del tutto estranea a scelte che avevano anche carattere politico ed erano comunque essenziali per la vita del partito come ente associativo. Che il piano prevedesse, oltre alla riduzione delle spese, l'alienazione di alcuni immobili e quant'altro, anche la commissione di reati, tuttavia, nessuno – né il Tagliavini, né lo Stefanini né altri – lo ha mai asserito. Il Tagliavini dichiara ancora di aver preso parte, nel febbraio 1992, insieme a molti altri presidenti di cooperative, a una riunione, nel corso della quale il D'Alema avrebbe ricordato agli intervenuti gli oneri

economici che il partito doveva sopportare, dicendo loro che lo Stefanini li avrebbe chiamati. Sarebbe stato cosí che, sollecitato dalla segreteria amministrativa a un incontro, avrebbe provveduto a far consegnare i 370 milioni.

Dunque è molto probabile che D'Alema sapesse dei finanziamenti al Pci-Pds: ma non risulta che abbia fatto qualcosa per favorire o istigare la commissione di reati. La sua posizione penale dev'essere quindi archiviata:

> La dimostrazione in giudizio della frase attribuita al D'Alema sarebbe impresa disperata – il Tagliavini è smentito dagli altri partecipanti alla riunione – quanto vana: nonostante l'inferenza del tipo «post hoc ergo propter hoc», solo apparente nelle parole dello stesso Tagliavini, il quale sostiene di essersi mosso su sollecitazione degli organi amministrativi del partito, una richiesta di autofinanziamento non costituirebbe determinazione o istigazione a commettere falsi in bilancio, a utilizzare fatture false relative a operazioni inesistenti, a dare o ricevere finanziamenti non deliberati dagli organi sociali competenti e non iscritti nel bilancio della società che li avrebbe erogati, o a omettere, avendo ricevuto finanziamenti, le prescritte comunicazioni alla presidenza della Camera dei deputati.

Per farsi un'idea, dal punto di vista storico (anche qui, non penalmente rilevante), del ruolo di D'Alema negli anni di Tangentopoli, basterebbe il racconto dell'ingegner Bartolomeo De Toma, socialista, uno dei tanti cassieri della galassia Craxi. Racconto reso dinanzi al pm milanese Paolo Ielo il 6 febbraio '95:

> Balzamo mi riferí di una riunione sull'Alta velocità dove si discuteva di una ripartizione dei lavori tra le varie imprese, che poi avrebbero dovuto erogare finanziamenti illeciti. In quell'occasione il tesoriere del Psi mi disse che, pur essendo Stefanini il segretario amministrativo del partito, tutte le questioni riguardanti il finanziamento erano coordinate dall'allora vicesegretario Massimo D'Alema.

Ma Balzamo e Stefanini sono morti. E De Toma resta solo, a parlare. Senza «riscontri».

Anche Nordio si arrende

Poi c'è la mega-inchiesta del pm veneziano Carlo Nordio, che nel 1994-95 «attrae» per competenza il lavoro svolto dai colleghi di Milano, Torino e Roma sul fronte delle cooperative rosse e dei loro rapporti illegali con i partiti-guida: soprattutto il Pci-Pds e il

Psi (e in minima parte il Pri). Nordio concentra tutto a Venezia, in un fascicolo che arriverà a contenere le posizioni di ben 278 indagati. Compresi i nomi eccellenti di D'Alema, Occhetto e Craxi.

Tutto comincia, alla chetichella, dagli accertamenti sulla liquidazione coatta della cooperativa Cantina Sociale Rinascita di San Stino di Livenza (Venezia). Secondo l'accusa, gli amministratori di quella coop hanno messo in atto operazioni finanziarie per favorirne altre della sezione veneta della Lega cooperative (Avca), presieduta da Alberto Fontana, subito indagato. Nordio studia le disavventure delle altre cooperative agricole e giunge alla conclusione che c'è un unico disegno, concepito a livello nazionale, per succhiare miliardi alle coop, liquidarle, farle finanziare dallo Stato e continuare a pompare denaro statale per finanziare occultamente il Pci-Pds e il Psi. Occhetto e D'Alema, i due primi segretari della Quercia, vengono indagati insieme a Craxi per ricettazione e finanziamento illecito:

> perché con piú azioni esecutive del medesimo disegno criminoso, in concorso con Marcello Stefanini (deceduto), nella loro funzione di dirigenti del Pci-Pds ricevevano da Fontana Alberto, amministratore di numerose cooperative agricole aderenti alla Lega delle Cooperative e Mutue del Veneto, ingenti somme provenienti dai delitti di false comunicazioni sociali, bancarotta fraudolenta pluriaggravata e frode fiscale, consapevoli della loro illecita fonte, agendo al fine di profitto del proprio partito.

Non avendo, ovviamente, mai iscritto a bilancio quel fiume di denaro. Reati commessi «fra Roma e Venezia sino a tutto il 1991». Accuse che per ben due volte il gip riterrà degne di approfondimenti, concedendo due proroghe alle indagini di Nordio. Ma accuse che alla fine lo stesso Nordio, nonostante il gran dispendio di tempo, risorse ed energie, non riuscirà a provare. Almeno in capo ai vertici del partito. E sarà costretto, l'11 novembre 1998, a chiedere l'archiviazione di ben 180 posizioni, comprese quelle dei segretari nazionali, giungendo cosí alle stesse conclusioni a cui erano giunti diversi anni prima i suoi colleghi di Milano, Torino e Roma. Non che tutto fosse regolare, tutt'altro. Il pm chiede ben 93 rinvii a giudizio per vari reati fiscali e di bilancio, e anche la sua richiesta di archiviazione è un duro atto di accusa contro il Pds, anche se non riesce a tradursi in prove a carico dei suoi massimi vertici:

> I risultati cui sono pervenuti i consulenti e gli operatori incaricati dei riscontri incrociati dei movimenti finanziari delle cooperative possono dunque cosí riassumersi:

1) I bilanci e le scritture contabili sono, per la quasi totalità delle società [le coop agricole] e per tutte le piú importanti, assolutamente inattendibili. Laddove è stato dimostrato l'occultamento o la distrazione di beni di società prossime alla decozione, non è stato possibile, per la mancanza di documentazione e per l'assenza di giustificazioni plausibili, risalire al beneficiario finale.
2) Laddove queste distrazione non è stata dimostrata, ciò è avvenuto non per una correttezza sostanziale delle operazioni, ma per l'impossibilità di ricostruire la loro dinamica, sempre in conseguenza della mancanza di documentazione adeguata.
3) La presenza quasi costante del Fontana e l'assorbimento delle competenze di fatto da parte di quest'ultimo rispetto ai titolari formali delle cariche sociali è un dato acquisito.
4) Altrettanto acquisito lo strettissimo legame tra Fontana e il Pci, nei confronti del quale il primo si poneva come autorevolissimo rappresentante esterno per l'area economico-cooperativistica, scavalcando anche i funzionari e i dirigenti regionali del partito.
5) È stato provato il rapporto strettissimo tra cooperative decotte e Fincooper, società finanziaria gravitante nell'area della Lega (coop) e del Pci, erogatrice e beneficiaria di finanziamenti di cui è stata difficile la ricostruzione, sempre per la carenza di adeguate giustificazioni contabili.
6) È stato provato lo strettissimo legame finanziario tra Fincooper e struttura centrale del Pci, attraverso la compravendita simulata di beni immobili, sottintendente un passaggio diretto di denaro dalla finanziaria al partito [...].
7) È stata acquisita una serie di indizi convergenti circa la partecipazione degli on. D'Alema e Occhetto alla gestione economica delle risorse del partito, e in particolare dei finanziamenti pervenuti in modo anomalo e clandestino. In particolare va ricordata la insostenibilità della distinzione, nell'ambito del Pci-Pds [...], tra il vertice politico e il vertice amministrativo. È stata acquisita la prova che il Pci disponeva di persone di assoluta fiducia, incaricate della acquisizione di contributi e della loro gestione finanziaria illegale e clandestina, attraverso i sistemi di accantonamento e occultamento all'estero di fondi depositati su singoli conti bancari, tanti quante erano le operazioni eseguite.
8) È stata acquisita la prova che il Pci-Pds dispone di un immenso patrimonio immobiliare, gestito attraverso cosiddetti fiduciari o mandatari senza rappresentanza, che nel linguaggio corrente si dicono prestanome. Come questo straordinario patrimonio sia stato acquisito è impossibile dire. La sua estensione è assolutamente incompatibile con le elargizioni ordinarie dei simpatizzanti ed ancor piú con i bilanci ufficiali del partito. La presunzione che derivi da contributi clandestini è fondata, ma non vi è la prova che derivi, anche in parte, dalle risorse sottratte alle cooperative insolventi per cui si procede. Si tratta, in conclusione, di un formidabile riscontro all'ipotesi di una struttura economico-patrimoniale occulta del Pci, cui certamente non è estranea la strategia del Fontana, ma manca il collegamento giuridico-formale sufficiente a giustificare un nesso causale tra i due fenomeni. Non è stata raggiunta la prova che le risorse sottratte alle cooperative insolventi siano state direttamente gestite dagli indagati. Benché vi sia la ragionevole certezza che sono state utilizzate a fini politici, e in particolare a beneficio del partito cui Fontana apparteneva, il silenzio di quest'ultimo e la sua negazione anche di fatti evidenti impediscono la ricostruzione della fase terminale di gestione di questi proventi illegali [...].

9) Altrettanto elementare principio è che, anche ai soli fini della richiesta di rinvio a giudizio, è del tutto inaccettabile l'assioma che chi stava al vertice della struttura «non potesse non sapere». La responsabilità penale è personale e va dimostrata in relazione ai singoli indagati [...]. L'indagine è sempre stata condotta sul presupposto, cui conducevano vari indizi, che gli indagati sapessero e volessero. Ma questa ipotesi non è stata dimostrata, e quindi va abbandonata. Il flusso deviato dei finanziamenti alle cooperative agricole è stato canalizzato attraverso uno strumento, il Fontana, di cui si conoscono le funzioni, sono presumibili i referenti, ma sono incerti i compartecipi. Lo stesso ruolo di questo indagato rende vano lo sforzo di individuare l'organismo, periferico o centrale, cui egli stesso rispondeva. È indubbio che la sua attività fosse conosciuta e avallata dai dirigenti di partito che hanno partecipato alle riunioni dove si discutevano i problemi delle cooperative [alla presenza, secondo alcuni testimoni, sia di Occhetto sia di D'Alema]. Non altrettanto dimostrabile è che gli stessi abbiano dato un contributo causale alle deformazione dei bilanci, alla falsificazione e alla soppressione delle scritture, e ancor meno allo storno di fondi dal Fontana gestiti. È al contrario presumibile, come la lettera del Reolon all'on. Occhetto [Sergio Reolon, segretario provinciale a Belluno, denunciava «una gestione delle associazioni cooperative agricole della Lega di tipo mafioso e «una situazione di totale assenza di garanzie democratiche e il sistema ricattatorio vigente nell'associazione veneta delle cooperative agricole», fino all'«imposizione col ricatto al consiglio d'amministrazione della nomina di un nuovo direttore con poteri straordinari, il quale si è subito distinto per un atteggiamento antisindacale, volgare e prepotente nei confronti delle dipendenti e dei dipendenti», *nda*] pone bene in evidenza, che la posizione di Fontana fosse sovraordinata almeno in questo settore all'interno vertice regionale [...] in quanto direttamente collegata con quelli romani; mentre la responsabilità dei vertici romani è di impossibile definizione per la carenza di una prova idonea a sostenere il giudizio [...]. Quindi i componenti la struttura regionale del partito non possono essere perseguiti per quelle stesse ragioni, giuridicamente analoghe, ma sostanzialmente opposte, per cui gli on. Occhetto e D'Alema debbono essere prosciolti. Il silenzio del Fontana, che ha negato anche le circostanze piú evidenti, impedisce la ricostruzione certa dei suoi referenti a monte e a valle. Ma a questo punto ogni considerazione cesserebbe di essere giuridica e diventerebbe politica.

Alla fine il gup veneziano Vincenzo Santoro decide di non decidere. Almeno sui segretari nazionali. Da un lato stralcia in quattro tronconi l'inchiesta sulle coop, inviando i fascicoli alle procure dove furono «chiuse» le varie società decotte e svuotate (Padova, Rovigo e Treviso) e trattenendo per sé soltanto i faldoni riguardanti i fatti di Venezia e le posizioni dei «politici»: 9 imputati in tutto, cioè i dirigenti locali dei Ds e della Lega coop (che verranno tutti archiviati, il 12 luglio 2000, dallo stesso giudice). Quasi sempre su richiesta dello stesso pm Nordio, perché «non sono emersi elementi suscettibili di essere valorizzati in giudizio». Dall'altro, si dichiara incompetente a giudicare Craxi, D'Alema e Occhetto e restituisce il fascicolo relativo ai tre segretari nazionali perché lo trasmetta alla Procura di Roma per competenza territoriale. Qui il pm dovrà riesaminarlo e riformulare le richieste.

È facile prevedere che anche la Procura capitolina chiederà l'archiviazione, come aveva fatto nel dicembre '98 il pm romano Giuseppe Pititto a proposito della terza inchiesta (dopo Venezia e Reggio Emilia) che vedeva D'Alema indagato per ricettazione: quella per i presunti finanziamenti illeciti ottenuti dal partito attraverso una vendita irregolare di un immobile della società «Tiberiade», legata a Botteghe Oscure. Ma incredibilmente – come scoprirà Bruno Vespa nel suo libro pubblicato sullo scorcio del 2004 – Nordio, anziché trasmettere il fascicolo a Roma, se lo dimentica in un cassetto. Per oltre quattro anni. Intanto diventa consulente del governo Berlusconi (su decisione del ministro della giustizia Roberto Castelli) per la riforma del codice penale. Solo a metà ottobre del 2004 il faldone a carico di Craxi (ormai defunto), D'Alema e Occhetto parte alla volta della Capitale. E solo quando il giornalista Rai chiede che fine abbia fatto il fascicolo targato Venezia: a quel punto, in piazzale Clodio scoprono che non è mai arrivato, avvertono il collega Nordio il quale scopre che quegli atti giacevano ancora in Laguna e si affretta a spedirli. Il 6 novembre 2004 l'Ansa anticipa la rivelazione di Vespa e il caustico commento dell'avvocato di D'Alema e Occhetto, senatore Guido Calvi: «Siamo noi i danneggiati di questo ritardo, se per l'archiviazione ci fossero tempi lunghi». Ma appena due giorni dopo la stessa Ansa riporta la notizia che la Procura di Roma ha subito chiesto al gip l'archiviazione del procedimento. Che, in ogni caso, non avrebbe piú potuto approdare ad alcun processo: trattandosi di fatti risalenti al 1991, la prescrizione per gli eventuali finanziamenti illeciti è già scattata da un pezzo. Per quell'amnesia di Nordio che li ha tenuti sulla graticola per quattro anni di troppo, D'Alema e Occhetto verranno risarciti dallo Stato con 9 mila euro a testa.

Cesare De Piccoli
Il compagno Fiat

Erano i giorni della finta assoluzione di Silvio Berlusconi al processo d'appello Guardia di finanza, cadute in prescrizione nell'aprile 2000. E i dirigenti Ds, giustamente, si affannavano a precisare che c'è una bella differenza fra assoluzione e prescrizione: se i giudici dichiarano il non luogo a procedere per prescrizione, vuol dire che l'imputato è colpevole, ma è passato troppo tempo. E poi, volendo, alla prescrizione si può rinunciare per ottenere una assoluzione nel merito. Ma conviene essere innocenti. Perfetto, ineccepibile. Il fatto è che, proprio in quel mentre, gli stessi dirigenti Ds indicavano al premier Giuliano Amato, per un posto in prima fila da sottosegretario, il compagno onorevole Cesare De Piccoli, capo storico dei dalemiani a Venezia. Uno che è uscito da Tangentopoli non perché fosse innocente, ma perché era passato troppo tempo. Prescrizione anche per lui. Ecco i fatti.

Fra il 1990 e il marzo '92, Ugo Montevecchi della Fiat Engineering accredita 200 (o 300, non s'è mai capito) milioni su tre conti correnti della Banca di credito e di commercio di Lugano, denominati «Carassi», «Linus» e «Accademia». I depositi risultano aperti da un certo Renato Morandina, maestro elementare di Camponogara (Venezia), ex consigliere regionale del Pci (oggi è presidente dell'Azienda promozione turistica di Venezia). Perché mai il primo gruppo industriale italiano dovrebbe versare tutti quei soldi a un maestrino dalla penna rossa? Morandina parla di una fantomatica «consulenza» su «problemi ambientali» e turistici in Laguna da lui prestata per il gruppo Agnelli. Ed esibisce pure due paginette scritte a macchina per comprovare il suo prezioso «lavoro». Ma nessuno gli crede. Si punta all'onorevole Cesare De Piccoli, ex vicesindaco comunista di Venezia, poi europarlamentare, dal '90 deputato del Pci, dalemiano doc. Anche perché Montevecchi, interrogato da Di Pietro nel febbraio '94, confessa:

> Nel 1990, in occasione delle elezioni amministrative ed europee, mi fu fatto presente dal mio superiore Antonio Mosconi, amministratore delegato della Fiat Impresit, che, poiché ci trovavamo in un periodo elettorale, bisognava dare una mano al Pci e significativamente alla corrente veneta di D'Alema. Mosconi mi spiegò che il Pci veneto, e segnatamente il candidato De Piccoli, facevano parte del gruppo di candidati che sostenevano la linea politica di D'Alema, linea politica che era bene sostenere economicamente con un nostro intervento [...]. Io in data 22.05.1990 ho bonificato la somma di L. 100 milioni sul predetto conto [il «Carassi»]. Mosconi mi ha detto che il beneficiario economico ultimo di quel conto era l'allora candidato, poi diventato onorevole del Pci, De Piccoli, persona che in effetti fa parte dell'entourage di D'Alema [...]. Mosconi mi fece subito presente che questa contribuzione era destinata al Pci veneto e finalizzata alla campagna elettorale di persone vicine al D'Alema, corrente politica questa che egli intendeva cosí aiutare.

La scena si ripete nella primavera-estate del '92, in piena Tangentopoli. Ricorda Montevecchi:

> Il Mosconi mi chiese nuovamente di effettuare un'altra contribuzione a favore del Pds e significativamente della corrente veneta di D'Alema. Mi spiegò che il clima elettorale era pesante, che vi erano notevoli conflitti all'interno dell'ex Pci e bisognava aiutare quegli esponenti che esprimevano la posizione di D'Alema.

Cosí partono le altre due rate (100 piú 100 milioni), stavolta sui conti «Linus» e «Accademia», fra il maggio e il giugno '92. Mosconi conferma di aver anche lui incontrato piú volte De Piccoli e Morandina, al punto di essere «legato a entrambi da rapporti di amicizia».

L'indagine di Di Pietro passa da Milano a Torino, e di qui per competenza a Venezia, nelle mani del pm Carlo Nordio. Il quale, nel 1999, chiede il rinvio a giudizio di Morandina e De Piccoli per finanziamento illecito. Ma ormai si è fuori tempo massimo. Il 17 febbraio 2000, esattamente otto anni dopo la nascita di Mani pulite, il gup veneziano Vincenzo Santoro dichiara il reato «estinto per sopraggiunta prescrizione». Le difese di De Piccoli e Morandina chiedono il proscioglimento nel merito: vogliono uscirne da innocenti. Ma il giudice risponde che se lo possono scordare. E cita l'assai dettagliato tenore delle dichiarazioni rese da Montevecchi, il quale ha riferito di avere, per incarico di Mosconi, eseguito i summenzionati versamenti a favore della corrente veneta del Pds, vicina alle posizioni dell'onorevole Massimo D'Alema, e di cui era esponente l'onorevole Cesare De Piccoli, beneficiario finale delle erogazioni [per finanziare la sua campagna del 1992]. La narrazione del Montevecchi – che, anche in sede di confronto con gli altri indagati, ha sempre mantenuto ferma la portata accusatoria delle proprie propalazioni – trova obiettivi elementi di riscontro nel materiale probatorio.

E cioè, anzitutto, negli «esiti delle indagini bancarie eseguite presso gli istituti di credito elvetici e comprovanti l'esecuzione dei versamenti». Poi nelle «dichiarazioni rese da Morandina circa l'appartenenza propria e del De Piccoli alla corrente del Pds facente capo ai leader Occhetto e D'Alema». E soprattutto nelle «parziali ammissioni» di Morandina, che «ha riferito di aver effettivamente destinato parte delle somme erogategli dal gruppo Fiat al pagamento di spese sostenute in occasione della campagna elettorale del 1992». Senza dimenticare «i dati obiettivamente dimostranti gli intensi rapporti intercorrenti all'epoca fra il De Piccoli e il Mosconi». E cioè due documenti trasmessi via fax a Mosconi dagli uffici di De Piccoli a Bruxelles e Strasburgo (nel novembre '92 e nel gennaio '93), con i quali il solerte eurodeputato dalemiano informava il gruppo Fiat sui progetti dell'Unione europea che potevano interessare a corso Marconi. Dunque, conclude il gup, è impossibile «addivenire a un'affermazione di penale irrilevanza, ovvero di estraneità dello stesso De Piccoli, secondo il criterio di "evidenza" imposto dall'articolo 129». Prescrizione sí, assoluzione proprio no.

Due mesi dopo questa pesante sentenza, De Piccoli fa un altro balzo in carriera: sottosegretario del governo Amato. E in quale ministero? Ma all'Industria, naturalmente. Chi meglio di lui? Poi, nei cinque anni del governo Berlusconi, si allontana da D'Alema e diventa uno dei piú stretti collaboratori del nuovo segretario Piero Fassino. Che lo nomina prima a capo della sua segreteria, poi responsabile del partito per l'Impresa e le Infrastrutture. Appena qualcuno osa ricordare la sua prescrizione, lui si spaccia per «assolto» e sporge denuncia civile per risarcimento del «danno». Infine, nel 2006, dopo la *débâcle* dell'Unione nel suo Veneto, il prescritto De Piccoli viene premiato: torna al governo (senza peraltro dimettersi da deputato) come viceministro. Di che cosa? Ma dei Trasporti, naturalmente. In qualità di intenditore.

Vladimiro Crisafulli
L'amico del boss

Già sindaco di Enna, fino al 2006 deputato regionale e vicepresidente dell'Assemblea siciliana, diessino e dalemiano di ferro, Vladimiro Crisafulli detto «Mirello» è molto apprezzato, oltreché dalla segreteria Ds, anche dal *Foglio* di Giuliano Ferrara. Almeno da quando venne sorpreso, il 19 novembre 2001, da alcune telecamere nascoste in un hotel di Pergusa mentre, a margine di un convegno, si apparta negli uffici amministrativi per colloquiare a quattr'occhi con un suo vecchio amico: l'avvocato Raffaele Bevilacqua. Il quale si divide da anni tra l'attività forense e quella di capomafia. Bevilacqua, infatti, è il boss del clan mafioso di Enna e Barrafranca, in contatto con l'allora superlatitante Bernardo Provenzano. Già pezzo grosso della Democrazia cristiana, nel 2001 Bevilacqua è ansioso di riciclarsi nella vita politico-affaristica ennese dopo una lunga detenzione, una condanna in primo grado per mafia e un soggiorno obbligato a Pescara (di recente, Bevilacqua è stato di nuovo condannato per associazione mafiosa a 13 anni e 7 mesi e indicato come al centro di una faida mafiosa costata la vita a un picciotto per insubordinazione verso lo stesso boss).

Quel giorno di novembre, nella saletta riservata dell'hotel di Pergusa, il politico diessino e il boss-avvocato parlano di politica locale e regionale, appalti, assunzioni e raccomandazioni. Cosí la Procura di Caltanissetta indaga Crisafulli per concorso esterno in associazione mafiosa. Ma alla fine, il 19 febbraio 2004, chiede e poi ottiene l'archiviazione perché quel colloquio non portò ad alcun favore a Cosa nostra. Scrivono però i pm nella richiesta di archiviazione che è

> dimostrata da parte del Crisafulli la disponibilità a mantenere rapporti con il Bevilacqua, accettando il dialogo sulle proposte politiche dello stesso, ascoltando la sua istanza e rispondendo alle domande sulle possibili iniziative politico-amministrative, in particolare in materia di finanziamenti e appalti.

Quell'incontro e gli altri che seguirono, nonché le numerose telefonate fra i due, costituiscono per la Procura

> un complesso di contatti e disponibilità al dialogo di inquietante valenza: il solo fatto che un autorevole rappresentante politico incontri un personaggio del quale non poteva ignorare (ogni contraria ipotesi appare irrealistica) [...] la nota caratura nel contesto della illiceità mafiosa, è fatto troppo grave perché sia il caso di insistere [...]. La pubblicità dell'incontro [...] enfatizza in tutti i presenti al congresso l'idea di stabili contatti mafia-politica, con ovvio vantaggio per la prima.

Ma tutto ciò non basta a provare il reato, perché

> Crisafulli appare disponibile a esplorare con Bevilacqua l'area delle ipotesi strettamente politiche nel territorio e, in parte, ad addentrarsi nell'area grigia dell'affarismo politico-elettorale, ma in ambedue i casi senza fornire alcun apprezzabile apporto causale ai fini associativi [...]. Nell'ambito affaristico non risulta che le richieste di Bevilacqua siano state esaudite, e quindi l'ascolto e la discussione appaiono piuttosto finalizzate a mantenere aperto un canale di collegamento. Sinteticamente e globalmente considerata, la condotta di Crisafulli può apparire oggettivamente legittimante rispetto a Bevilacqua e quindi pericolosamente vicina al sottile confine della attività penalmente illecita [...]. Però si deve concludere che non vi sono sufficienti elementi di prova per sostenere che abbia arrecato significativa, rilevante utilità al Bevilacqua, al sodalizio criminoso di appartenenza dello stesso (secondo l'accusa) o all'intera Cosa nostra.

I pm nisseni aggiungono che il collaboratore di giustizia Angelo Leonardo ha indicato Crisafulli come «persona conosciuta dal padre Gaetano Leonardo, capofamiglia di Enna» e che

> la candidatura del Crisafulli alle elezioni regionali del 2001 avrebbe dovuto essere sostenuta dalla famiglia mafiosa in previsione della possibilità di ottenere, per il tramite dello stesso Crisafulli, contatti nel mondo imprenditoriale. Tuttavia l'arresto nel maggio 2001 di Leonardo Gaetano e del figlio, unitamente ai componenti della famiglia mafiosa di Enna, impediva la concretizzazione del progetto.

Ce n'è abbastanza per chiedere l'archiviazione sul piano penale. Ma ce ne sarebbe a sufficienza almeno per stroncare la carriera politica di Crisafulli in nome della «questione morale» tanto cara a

Enrico Berlinguer, oggi purtroppo caduta in prescrizione. Tantopiú nel partito che fu di Pio La Torre, morto ammazzato da Cosa nostra per aver rifiutato anche il minimo contatto con i mafiosi, che anzi combatté strenuamente con una proposta di legge (approvata dopo il suo assassinio) che colpiva la Piovra nei suoi legami economici e finanziari.

Ma c'è di peggio: Crisafulli è indagato da due anni a Messina, insieme al suo amico Totò Cuffaro, per rivelazione di segreti d'ufficio e favoreggiamento nell'inchiesta su «Messinambiente». I due hanno ricevuto un avviso di garanzia nell'aprile 2004 per aver riferito ai vertici della società che smaltisce i rifiuti nella città dello Stretto e a Taormina, notizie riservate sulle indagini nei loro confronti. Dalle intercettazioni telefoniche emergerebbe che l'ex sottosegretario Dc Giuseppe Astone comunicò i segreti dell'inchiesta a Cuffaro, il quale ne avrebbe parlato con Crisafulli, che a sua volta avrebbe spifferato qualcosa a un dirigente ennese di Messinambiente (la società è accusata di vari scempi ambientali in combutta con politici e mafiosi).

Crisafulli, interrogato, ha negato ogni addebito. Ma, nonostante l'inchiesta ancora aperta, è stato regolarmente candidato dai Ds nel 2006 in un posto sicuro per la Camera in Sicilia-2. E quando Antonio Di Pietro ha criticato l'incredibile decisione della Quercia, Luciano Violante gli ha replicato che «non esiste alcun motivo di incompatibilità: Crisafulli è nelle stesse condizioni in cui si è trovato in passato Di Pietro, prima incriminato e poi assolto». Con la differenza che Di Pietro non è indagato, mentre Crisafulli sí; e che Di Pietro fu accusato su notizie false, lasciò la politica finché non fu assolto e non ha mai mostrato «disponibilità» verso mafiosi (anzi Cosa nostra nel '93 progettava di assassinarlo). Violante sedeva nella stessa lista che ospitava il prode «Mirello»: numero 1 Rutelli, 2 Violante, 3 Piscitello, 4 Crisafulli. Il quale, grazie alla legge elettorale che consente ai partiti di «nominare» a tavolino i parlamentari, è stato eletto senza alcuno sforzo a Montecitorio. Un ottimo candidato per la commissione Antimafia.

Vincenzo De Luca
Il moralizzatore moralizzato

Nell'estate 2005 la Regione Campania entra nell'occhio del ciclone per il proliferare delle commissioni, con relative prebende e gettoni di presenza. Fa scandalo, oltreché sorridere, la creazione della Commissione speciale per il Mare, come se non bastasse quella per il Mediterraneo. Ad aggiungere un tocco di ridicolo all'umorismo involontario di quell'invereconda moltiplicazione dei pani e dei pesci provvede l'onorevole Ds Vincenzo De Luca. Dalemiano di stretta obbedienza e ultimamente fassiniano di ferro, nato 57 anni fa in provincia di Potenza, già segretario del Pci salernitano, poi vicesindaco nella giunta di Vincenzo Giordano (puntualmente arrestato nel 1992), sindaco della città dal 1993 al 2001 quando fu eletto deputato, De Luca è il vero *ras* di Salerno, dove controlla con i suoi uomini il partito, il Comune e le principali aziende municipalizzate e società miste pubblico-private (di cui sono membri piú della metà degli componenti la direzione provinciale Ds). Riottoso agli ordini del partito, quello di Roma e soprattutto quello di Napoli, arroccato nella «repubblica autonoma salernitana», da anni conduce una guerra personale contro il suo bersaglio fisso: il governatore (del suo stesso partito) Antonio Bassolino e, per estensione, Napoli e i napoletani. Nell'estate 2005, a proposito del proliferare di commissioni regionali speciali (peraltro varate dal consiglio regionale, destra e sinistra insieme, e non dalla giunta), parla di «cose da scandalo» e invoca un profondo «rinnovamento della nostra esperienza di governo» contro «una ripresa fortissima di spinte partitocratiche». Alla festa dell'Unità di Agropoli, poi, annuncia sotto gli occhi allibiti del compagno governatore una imminente «nuova Tangentopoli a Napoli su rifiuti e sanità». Punta il dito contro i «troppi cafoni arricchiti all'interno del partito», «il mercato dei primari sulla pelle dei cittadini», la scarsa professionalità dei manager sanitari nominati dalla Regione: «Al San Leonardo ne abbiamo uno che si è presentato a Salerno con gli zoccoletti ai piedi e la catenina al collo, che sembra uscito da una sceneggiata di Mario Merola».

Ora, si dà il caso che De Luca non sia soltanto omonimo del De Luca che è molto amico dell'onorevole pregiudicato Paolo Cirino Pomicino e in quel periodo ha appena sponsorizzato il traghettamento nella Quercia dell'ex ministro socialista plurimputato Carmelo Conte. È proprio lui. E Conte, chi è Conte? Già *ras* craxiano nel Salernitano, già ministro delle Aree urbane sul finire della Prima Repubblica nei governi Andreotti e Amato, e soprattutto ancora sotto processo in vari dibattimenti per tangenti e addirittura per collusioni con la camorra, dopo essere stato miracolato dalla prescrizione nel caso delle mazzette sui lavori di ricostruzione post-terremoto. L'accordo con Conte per far eleggere nel 2004 il nuovo presidente della Provincia e poi addirittura l'innesto di un simile personaggio nei Ds suscita le dure proteste della Cgil, dei bassoliniani e financo dello Sdi. Ma l'operazione De Luca-Conte è fortemente appoggiata dal segretario nazionale Piero Fassino, che la suggella pubblicamente con due visite a Salerno, con pubbliche strette di mano e foto ricordo al fianco dei due. A Conte, si dice, i Ds avrebbero promesso un collegio sicuro per il 2006.

Nessun imbarazzo nemmeno per l'accusa che pende sul suo capo – in un maxiprocesso in corso da tempo a carico di 83 imputati – di concorso esterno in associazione camorristica, per i presunti rapporti che Conte avrebbe intrecciato prima con la Nuova camorra organizzata di Raffaele Cutolo e poi col clan Alfieri-Galasso, in particolare con i suoi tentacoli salernitani del clan Maiale. Che non è un nome d'arte: è proprio il cognome della famiglia della zona. Gli elementi a carico di Conte sono talmente gravi che il Parlamento degli inquisiti, nel 1993, concesse ai giudici l'autorizzazione a procedere contro di lui. Il rinvio a giudizio del gip Enrico D'Auria afferma che Conte & C.

> sostennero i clan determinando e condizionando le scelte delle pubbliche amministrazioni (ministero della Protezione civile, Regioni, Comuni, Ffss, Anas, Cassa del Mezzogiorno ecc.) e di responsabili di pubblici servizi, o determinandone la complicità o connivenza con attentati, corruzioni o infiltrazioni di adepti [...]

> [per] acquisire il controllo di concessioni, autorizzazioni, appalti, servizi pubblici, attività economiche, ottenere pacchetti di voti, realizzare profitti ingiusti.

Il fratello di Conte, Angiolino, è stato condannato definitivamente a 2 anni per estorsione: dovendo liberare due locali occupati da un tabaccaio per far posto a una banca (la Popolare di Salerno, vicina alla famiglia Conte), pensò bene di convincerlo a sloggiare con metodi piuttosto persuasivi: gli mandò in casa gli uomini del boss Giovanni Maiale. Ma tutto questo non impedisce agli amici di De Luca di definire l'ingresso di Conte nei Ds come il passo fondamentale verso «un grandioso progetto di unificazione della sinistra riformista e del socialismo democratico».

Sempre nei Ds di Salerno, regno del «moralizzatore» De Luca, c'è il consigliere provinciale Giovanni Moscatiello, ex sindaco di Baronissi, rinviato a giudizio per concorso esterno in camorra, abuso d'ufficio, falso materiale e ideologico per aver spalancato le porte degli appalti pubblici al clan Forte e per essersi fatto costruire la villa da manodopera dello stesso clan, ovviamente gratis. E c'è pure l'imbarazzante vicenda dell'assessore comunale e consigliere provinciale Ds Nino Savastano: proprio nel 2005 tre camorristi pentiti del clan D'Agostino-Panella rivelano di averlo fatto eleggere al Comune perché li aiutasse contro la politica legalitaria dell'ex assessore comunale ai Servizi sociali Rosa Egidio Masullo nei confronti degli occupanti abusivi (legati ai clan) degli alloggi comunali. Nulla di penalmente rilevante, secondo i pm. Ma il processo in cui risuonano le accuse è quello per il fallito attentato (mezzo chilo di tritolo) subíto dalla Egidio Masullo nel '99, quand'era assessore della prima giunta De Luca, proprio perché dava fastidio ai camorristi. Scampata all'autobomba, la donna perse il posto di assessore: la sostituí proprio Savastano. E il Comune si dimenticò di costituirsi parte civile contro i suoi attentatori: «Mi hanno lasciata sola – denuncia la Egidio Masullo – contro la camorra, nessuna solidarietà né dal Comune né dal partito: un messaggio di non belligeranza...». De Luca sostiene che «è stato un disguido». Ma poi, mentre i pentiti di camorra svelano gli autori e i mandanti dell'attentato e parlano di Savastano, tuona: «A me i pentiti fanno schifo, li disprezzo profondamente».

Come se tutto ciò non bastasse, dell'entourage deluchiano fa parte anche il consigliere regionale Ugo Carpinelli, rinviato a giudizio nel processo «Forestopoli» per falso, abuso d'ufficio e peculato per la gestione dell'impiato di tritovagliatura dei rifiuti di Sardone, dove prima si è auto-assunto e poi si è liquidato uno stipendio di 5 mila euro al mese. Carpinelli è pure sotto inchiesta per presunti brogli alle elezioni regionali, nata da una denuncia dell'ex segretario provinciale della Cgil Fausto Morrone, scavalcato da Carpinelli per appena 70 voti.

Quando la polemica sul caso Conte approda sui giornali, De Luca risponde che le accuse all'amico socialista sono affari «della magistratura» e «problemi di Conte». E invoca la «presunzione di innocenza». Ma poi, incalzato da uno degli autori di questo libro sulle pagine napoletane di *Repubblica*, ammette che «chi è imputato per 416 bis non è candidabile». A quel punto Conte prende cappello e cambia partito. Svanite le nobili ragioni ideali della sua adesione alla Quercia, passa al centrodestra nelle file del Nuovo Psi. Che nonostante l'apparentamento con la Nuova Dc di Rotondi e Pomicino, alle elezioni del 2006 non ottiene il quorum. E Conte, appena condannato in primo grado a 4 anni e 10 mesi per concussione (avrebbe costretto alcuni imprenditori a finanziare negli anni 80 il suo *Giornale di Napoli*, diretto fra l'altro da Lino Jannuzzi), rimane trombato.

Intanto De Luca, l'uomo che preconizzava «una nuova Tangentopoli» a Napoli contro Bassolino, assiste all'esplodere di una nuova Tangentopoli a Salerno contro di lui e i suoi amici. Il moralizzatore, insomma, trova qualcuno che lo moralizza. Nella fattispecie, la magistratura.

È la vigilia di Natale del 2005 quando viene raggiunto da un avviso di garanzia il sindaco Mario De Biase (Ds di stretta osservanza deluchiana), insieme a una serie di imprenditori del ramo edilizio, tecnici comunali ed ex amministratori. L'inchiesta riguarda 480 alloggi, per la cui costruzione sarebbe stato corretto *ad hoc* il piano regolatore. I «ritocchi», secondo la Procura, servivano a favorire una serie di imprenditori amici, molti dei quali iscritti all'associazione «Sudeuropa» di De Luca. Sudeuropa – scrivono i magistrati – è la «significativa» sede dei legami tra chi propone e dispone le varianti al piano e i costruttori che ne beneficiano, a partire dal costruttore Pietro Postiglione. Due conti correnti bancari dell'associazione vengono sequestrati dai carabinieri: uno, ormai chiuso, ha 15 mila euro di attivo; l'altro, appena aperto, contiene la modica cifra di 3 mila euro. Sequestrando i conti con i movimenti a partire dal 1° dicembre 2001, gli inquirenti vogliono ricostruire i passaggi di danaro nelle casse dell'associazione di De Luca. E, nello studio di Postiglione, trovano un floppy disk con documenti e conti della Sudeuropa. Strano, visto che, secondo l'associazione, l'uomo non è nemmeno fra i soci. Mistero.

Nel suo consueto soliloquio del venerdí sera sull'emittente locale Lira Tv (*nomina sunt consequentia rerum*...), ribattezzata dalla vox populi «Al-Ja-Lira», un cannone puntato in permanenza contro Bassolino, la Cgil e la magistratura, De Luca appare subito molto nervoso. E ironizza sulle indagini: «Gli amministratori sono un po' pollastri, pensavano di fare una variante senza nemmeno un avviso di garanzia». Il sindaco inquisito De Biase, invece, non ha voglia di scherzare e convoca una conferenza stampa in Comune, affiancato dal corpulento consigliere comunale Vincenzo Bove (Ds).

È l'ultima immagine di Bove a piede libero: il 21 dicembre viene arrestato per associazione mafiosa, usura, ricettazione e riciclaggio. E non si può dire che la notizia colga di sorpresa la città, visto che dal 2001, secondo le indagini della Mobile e le rivelazioni di due pentiti del clan D'Agostino, Bove è sospettato di aver comprato a suon di mazzette i voti per la sua elezione da esponenti della camorra salernitana. Ma, a De Luca City, a caval donato non si guarda in bocca: Bove resta in consiglio comunale col suo bel pacchetto di voti. Non solo, ma la giunta De Biase gli affida la delega alla «movida», una sorta di mini-assessorato che si occupa di tutte le iniziative ricreative del Comune, soprattutto notturne. Il tutto, nel piú classico conflitto d'interessi: Bove infatti fa soldi a palate proprio con la movida, essendo il proprietario dello «O89», uno dei bar piú in vista della *nouvelle vague* salernitana. E, una volta promosso, si allarga a macchia d'olio, aprendo due ristoranti, una rosticceria e un outlet 24 ore su 24. Nessuno lo mette da parte neppure quando, nel 2004, il camorrista pentito Adamo Pisapia sostiene di essere socio di Bove in un'attività di noleggio di videopoker, né quando l'associazione «Libero Grassi» denuncia pubblicamente l'infiltrazione della malavita nei locali della movida e la preoccupante escalation dell'usura che sta strozzando lentamente il commercio nel centro storico. Bove, per tutta risposta, attacca l'associazione antiracket. Dovrà farsi da parte solo nel mese di giugno, in seguito alle polemiche sorte per la decisione della giunta di ridurre un parcheggio proprio davanti a uno dei suoi locali, il ristorante «I Butteri», consentendogli cosí di sistemare i suoi tavoli anche all'aperto, fra le proteste della concorrenza.

Dai Ds arriva a Bove l'immediata solidarietà, per bocca del segretario provinciale Ds, il filosofo Alfredo D'Attorre (autore fra l'altro di un saggio dal titolo emblematico: «Perché gli uomini ubbidiscono»), molto addolorato per la perdita di un cosí insostituibile amministratore: «Non vorremmo che la vicenda offuscasse il suo prezioso e assiduo lavoro in Comune». È un'inezia comunque il caso dei Butteri, rispetto a quel che si è già scoperto e ancora si scoprirà.

Un anno dopo, infatti, Bove viene arrestato perché, secondo l'inchiesta coordinata dal procuratore capo della Dda Luigi Apicella e dal sostituto Maurizio Cardea, farebbe parte di una vasta organizzazione criminale di stampo camorristico dedita all'usura e alle estorsioni (la Cassazione stabilirà poi che non sussistevano le esigenze cautelari, ma il procedimento a suo carico è in corso). Un'associazione a delinquere che – sempre secondo l'accusa – reinvestiva e «lavava» i grassi guadagni delle sue attività nei locali della movida salernitana, sbaragliando la concorrenza. Un giro d'affari stimato dagli investigatori in 10 milioni di euro. Anche perché, nell'ultimo periodo, il clan si era allargato anche fuori regione, fino a Roma, dove aveva rilevato due bar, tra cui la famosa caffetteria Sant'Eustachio a due passi da piazza Navona.

Appena entra in cella, il «prezioso» Bove diventa un emerito sconosciuto. Nei Ds salernitani è una gara a scaricarlo. De Luca, dalla sua tribuna settimanale su Lira Tv, tuona: «Quando si scende su questo piano, nessuna solidarietà è possibile» e sventola la bandiera della legalità. E dire che solo pochi mesi prima De Luca sfilava fra la folla a braccetto con Bove in processione dietro la statua del patrono della città, San Matteo. A scanso d'equivoci Bove viene sospeso dal partito, ma poi da carcere comunica le sue dimissioni sia dai Ds sia dal consiglio comunale.

Alla vigilia di Natale del 2005, tocca a De Luca: la Procura di Salerno manda la polizia giudiziaria in casa dell'onorevole e del sindaco De Biase per notificare loro un avviso di garanzia (tecnicamente una richiesta di proroga delle indagini preliminari a loro carico). I reati vanno dall'associazione per delinquere alla concussione, dalla truffa allo Stato all'abuso d'ufficio, dal falso alla violenza a corpo politico. L'inchiesta, coordinata dal pm Gabriella Nuzzi, riguarda le procedure seguite dall'amministrazione comunale sull'assegnazione di alcuni suoli industriali, destinati alla realizzazione di una centrale termoelettrica da 780 megawatt, fieramente osteggiata dagli ambientalisti e da numerosi comitati civici. Ma il presunto imbroglio non c'entra con l'impatto ambientale dell'impianto. L'ipotesi d'accusa investe i terreni svincolati dal precedente uso industriale in seguito alla dismissione dell'azienda Ideal Standard, poi destinati con una variante urbanistica *ad hoc* alla costruzione del parco acquatico «Sea Park» e infine trasferiti nella disponibilità della società Energy Plus, concessionaria della centrale termoelettrica. Una serie di cambi di destinazione d'uso nel corso di otto anni, fra i quali si sarebbero annidate pratiche tutt'altro che trasparenti. L'inchiesta coinvolge 54 indagati. Per De Biase e De Luca i pm chiedono addirittura gli arresti domiciliari, con ben tre richieste di custodia cautelare presentate nel dicembre 2004 e nel luglio 2005. Il gip Gaetano Sgroia, pur confermando i «gravi indizi di colpevolezza», le respinge tutte e tre, lasciando gli indagati a piede libero. I pm ricorrono al Riesame e chiedono al Parlamento l'autorizzazione a utilizzare contro il deputato diessino una gran quantità di intercettazioni telefoniche indirette (cioè avvenute sulle utenze dei presunti complici di De Luca, che lo chiamavano e ne erano chiamati sui propri telefoni), che dimostrerebbero le sue responsabilità nell'associazione per delinquere.

Secondo l'accusa, De Luca e De Biase sono i registi politici dell'affare ex-Ideal Standard, con la complicità di tre ex assessori (due dei Ds, uno di Rifondazione comunista), del capogruppo Ds e di una miriade di tecnici e funzionari comunali, sindacalisti, consulenti, progettisti e costruttori. De Luca e De Biase non avrebbero materialmente intascato danaro, ma «solo» tentato di ottenere un «indiretto profitto» dalla Energy Plus, chiedendo opere pubbliche in cambio dell'attuazione del progetto-centrale e anche coltivando la prospettiva di segnalare ditte amiche per i futuri lavori intorno alla centrale. Nelle intercettazioni si parla spesso di De Luca, che qualcuno chiama «la belva». Si parla pure di mazzette, con tanto di corrieri per smistarle nelle giuste direzioni, anche all'estero. E saltano fuori due società di «intermediazione» con sede oltre confine: a Barcellona c'è la BR di Aurora Bolici (indagata insieme al marito Roberto Caltagirone, dell'omonima famiglia dei palazzinari romani); a Lugano c'è la Credit du Lac che, attraverso la Sofit di Milano doveva reperire soggetti economici pronti a investire nel Seapark. Quando poi il progetto naufragò, i terreni ex Ideal Standard passarono varie volte di mano, facendo la fortuna di molti immobiliaristi impegnati in speculazioni sempre piú feroci.

Ma vediamo, nel dettaglio, le accuse della Procura a De Luca (contenute nelle richieste di arresto) nella sua «qualità di pubblico ufficiale», prima come sindaco, ora come deputato:

Vicenda Ideal Standard

1) Associazione per delinquere in Salerno dal maggio 1998 a oggi, condotta allo stato perdurante, consistita: nel sostenere e favorire la chiusura dell'unità produttiva di Salerno decretata dal gruppo dirigenziale della Ideal Standard mediante attivazione di un fittizio programma di riconversione industriale ai sensi della legge 223/1991 e conseguente indebito riconoscimento dei trattamenti di mobilità ed integrazione salariale in favore dei lavoratori dismessi; nell'attuare interventi normativi di modificazione della destinazione urbanistica delle aree ubicate in zona litoranea orientale di Salerno volta a favorire la realizzazione di iniziative imprenditoriali promosse dal gruppo Benetti-Ciliberti-Tiefenthaler;

2) concussione aggravata e continuata in concorso;

3) abuso di ufficio con danno di rilevante gravità;

4) violenza o minaccia a un corpo politico, amministrativo o giudiziario, in quanto con il concorso di De Biase Mario costringeva Fausto Martino alle dimissioni dalla carica di assessore all'Urbanistica del Comune di Salerno;

5) truffa ai danni dello Stato e di altro ente pubblico: in particolare De Luca nella qualità di deputato al Parlamento interveniva presso il ministero del Lavoro al fine di assicurare il riconoscimento della proroga della mobilità ai lavoratori dimessi dalla Ideal Standard;

6) truffa ai danni dello Stato e di altro ente pubblico;

Vicenda Energy Plus

7) associazione per delinquere in concorso: De Luca, in qualità di membro della Camera dei Deputati e referente politico nazionale della maggioranza del consiglio comunale di Salerno;

8) abuso di ufficio con danno di rilevante gravità;

9) falsità ideologica in certificati, commessa da persone esercenti un servizio di pubblica necessità;

10) truffa ai danni dello Stato e di altro ente pubblico;

11) falso materiale, falsità commessa da pubblico ufficiale in certificati o autorizzazioni amministrative, falsità ideologica commessa da pubblico ufficiale in atti pubblici, falsità materiale commessa da privato, falsità ideologica commessa dal privato in atto pubblico, in concorso o in continuazione.

Ma nemmeno queste pesantissime richieste d'arresto ridimensionano l'ego smisurato di Enzo De Luca. Che, anzi, commenta la notizia alla sua maniera:

> Con l'apparato gastrico ancora impegnato in una vigorosa elaborazione sulla filosofia di Santo Stefano, mi ritrovo riverito da giornali nazionali per figure di reato inventate, in sodale compagnia con altre decine di cristiani, fra cui operai ex Ideal Standard e sindacalisti. Rifarei tutto fino all'ultima virgola.

In realtà, a prescindere da eventuali reati, lo scandalo evidenzia drammatiche responsabilità politiche sulla gestione della cosa pubblica a Salerno. Dal 2003 la città potrebbe avere, dopo una lunghissima attesa, il suo nuovo piano regolatore generale, firmato dal caposcuola del modernismo catalano e artefice della rinascita di Barcellona: l'urbanista di fama mondiale Oriol Bohigas. Ma è rimasto nei cassetti dell'amministrazione. Troppi interessi in gioco, sostiene Fausto Martino, l'assessore all'Urbanistica costretto alle dimissioni (secondo i magistrati, con metodi violenti e illegali) nel novembre 2003 per gli insanabili contrasti con la giunta De Biase proprio sulla mancata approvazione del prg e sulla sua opposizione ad alcune varianti urbanistiche altamente sospette. «Il sindaco De Biase – spiega Martino – ha promesso piú volte l'imminente adozione del prg, ma poi ha preferito navigare a vista, continuando a sfilare il rosario delle varianti urbanistiche a domanda individuale».

Varianti spesso caldeggiate, nella sua tribuna televisiva su Lira tv, dall'onorevole De Luca. E prontamente concesse dal sindaco, che un giorno, con grande senso delle istituzioni e impavido sprezzo del ridicolo, arrivò a dichiarare alla stampa: «È il piano regolatore a doversi adeguare alle varianti», non viceversa. Come se la deroga dovesse adeguarsi alla norma. Lo diceva già Achille Lauro, qualche decina d'anni fa, a Napoli: «Il piano regolatore serve a chi non si sa regolare. A noi no: noi ci sappiamo regolare...».

Martino racconta che, quando ingenuamente domandò a De Luca perché non venisse approvato quel benedetto prg, questi gli rispose: «Perché altrimenti suoniamo i piattini e dobbiamo chiudere lo sportello unico». Cosí l'assessore, disgustato, se ne andò. E spiegò:

> L'adozione del nuovo strumento urbanistico avrebbe determinato l'entrata in vigore delle «misure di salvaguardia» e, con esse, si sarebbe fortemente limitato il potere discrezionale dell'amministrazione comunale di dare o negare, approvare o respingere le proposte «imprenditoriali» di varianti urbanistiche.

Cosí lo «sportello unico» comunale continua a procedere a colpi di varianti, sempre con procedure di urgenza e semplificate. E talvolta – secondo il pm Gabriella Nuzzi – violando la legge,

> mediante la predisposizione di una comune organizzazione di risorse strutturali ed umane e segnatamente, avvalendosi dell'appoggio politico e dell'azione di intervento amministrativo di organi e dirigenze del Comune e del Consorzio Asi di Salerno e segnatamente di: De Luca Vincenzo; Mario De Biase; Felice Marotta (nella duplice veste di vicesegretario generale del Comune e presidente del Consorzio Asi); Mariano Mucio, ex assessore alle Attività produttive del Comune di Salerno; Francesco Mari assessore al Lavoro del Comune di Salerno; Bianca de Roberto, direttore del settore Urbanistica del Comune di Salerno e a partire dal 20.11.2002 responsabile dell'Uffcio di piano; Alberto di Lorenzo, capo del gabinetto tecnico del sindaco De Luca e

responsabile dello sportello unico per le attività produttive; Ercole Di Filippo responsabile dell'Ufficio di piano sino al 20.11.2002; allo scopo di ottenere l'approvazione del progetto di insediamento di un parco acquatico a tema sulla litoranea orientale della città di Salerno e ancora di ottenere tramite l'adozione di procedure di urgenza e semplificate, in violazione delle disposizioni della legge regionale 14/1982, degli artt. 8, 9, 10 della legge urbanistica, degli artt. 23, 24, 25 decreto legislativo 112/98 e degli articoli 4 e 5 del dpr 447/98 sullo sportello unico per le attività produttive, una variante al piano regolatore generale tramite l'adozione di procedure di urgenza e semplificate [variante sui suoli ex Ideal Standard-Seapark, *nda*].

È evidente che il nuovo piano regolatore non fosse granché simpatico ai proprietari delle aree dimesse e da dismettere, agli imprenditori interessati a costruire fabbrichette, sale-bingo, supermercati, alberghi, palazzine, garage, parchi acquatici e cosí via, magari su terreni agricoli. E neppure agli immobiliaristi, che sulla vendita dei terreni e degli immobili hanno lucrato ottime plusvalenze. L'affare Seapark, come abbiamo visto, attira a Salerno finanzieri e immobiliaristi da tutte le parti: da Brescia, da Barcellona, da Lugano, da Roma. La variante Mcm, invece, tanto cara al presidente degli industriali napoletani Giovanni Lettieri, viene fatta passare come variante «anticipatoria» del piano regolatore e raddoppia l'indice di fabbricabilità dal 3,5 (previsto dal piano regolatore) al 7,4. Senza contare il business della nuova centrale termoelettrica da 800mw: Energy Plus, altra variante, altra inchiesta.

È la «Salerno da bere» dei «riformisti» alla De Luca. Cosí il Prg resta nel cassetto e intanto, nel 2004, arriva come manna dal cielo la nuova legge regionale sul governo del territorio. Un ottimo pretesto per congelare ancora il nuovo piano, con la scusa che ormai è vecchio e superato, bisogna adeguarlo e modificarlo. Si provvede alla bisogna con il «Puc», varato nell'agosto 2005. Che, rispetto a quello del grande Bohigas, presenta alcune fondamentali differenze. È ancora Fausto Martino a spiegarle:

Il nuovo strumento urbanistico, pur lasciando inalterato il dimensionamento del piano, ne aumenta l'edificabilità di oltre mezzo milione di metri cubi; si incrementano gli indici che permetteranno di trasformare le industrie decotte in appartamenti; l'edilizia residenziale pubblica, voluta da Bohigas e dal consiglio comunale «diffusa» in tutta la città, viene concentrata in enormi quartieri-ghetto, capaci di ospitare fino a 5000 abitanti e, magari, stretti tra il cementificio e la temuta/auspicata centrale termoelettrica; si cancellano alcune importanti previsioni di opere pubbliche per lasciare il posto ad interventi speculativi; si prevede di costruire sul Masso della Signora, scambiando suoli pubblici resi edificabili con suoli privati. Insomma, le differenze ci sono. E non entusiasmano.

Un taglia e cuci che stravolge il piano originario di Bohigas e fa felici immobiliaristi e costruttori.

Il 1° febbraio 2006 la giunta per le autorizzazione a procedere della Camera (destra e sinistra d'accordo) boccia la richiesta dei giudici salernitani di poter usare le intercettazioni in cui compare la voce di De Luca. L'unico deputato Ds a votare a favore è Giovanni Kessler, magistrato in aspettativa. Poche ore dopo viene apostrofato con rudezza dal capogruppo Violante: «Tu oggi hai votato contro un compagno! Come ti permetti?». Kessler ribatte di aver agito secondo coscienza, come aveva sempre fatto in casi analoghi quando gli indagati erano di centrodestra. Tre mesi dopo, sarà uno dei tre deputati Ds alla prima legislatura non ricandidato dal partito. E uscirà dal Parlamento.

A fine marzo del 2006, nuova puntata della Tangentopoli salernitana: il pm Nuzzi spedisce un'altra raffica di avvisi di garanzia, ancora a De Luca, De Biase e stavolta anche al presidente degli industriali napoletani Giovanni Lettieri. Al centro dell'indagine c'è l'ennesima variante urbanistica, quella del 28 marzo 2003 che trasferiva le Manifatture cotoniere meridionali (di proprietà di Lettieri) dall'area delle Fratte alla nuova zona industriale «Asi». Il tutto, secondo l'accusa, in violazione delle leggi urbanistiche, come del resto aveva sostenuto l'assessore Marino prima di dimettersi. Le accuse all'onorevole, al sindaco, all'imprenditore e a una mezza dozzina di amministratori e funzionari comunali e dirigenti aziendali, vanno dal falso alla truffa. Ce n'è abbastanza perché De Luca venga ricandidato per la seconda volta alla Camera, numero 4 nella lista dell'Ulivo in Campania 2. Il 10 aprile è di nuovo deputato, con annessa immunità parlamentare.

Ma ormai il seggio gli va stretto. Cosí De Luca decide di correre per riprendersi anche la poltrona di sindaco di Salerno alle amministrative di fine maggio. E poco importa se, al posto dell'inquisito De Biase, l'Unione ha scelto un altro candidato, l'ex presidente della provincia e ora europarlamentare della Margherita Alfonso Andria, con fama di persona perbene. De Luca si presenta lo stesso, con una lista tutta sua. E con una campagna populista che gli attira i voti del centrodestra (passato in un mese a Salerno dal 52% delle politiche al 30% del primo turno delle comunali). «Andria è *'nu cammariere*», sbraita il Masaniello diessino dagli schermi di Al-Ja-Lira, promettendo sicurezza, ordine e migliaia di posti di lavoro alla maniera berlusconiana. A nulla valgono gli appelli della segreteria regionale a fare un passo indietro. Anche perché il suo sponsor Fassino si guarda bene dall'espellerlo dal partito, o dal muovere un dito. «Mi riprendo la mia città», replica sprezzante l'onorevole *ras*. Il segretario campano Gianfranco Nappi, andato sul posto per convincerlo a rinunciare, viene accolto a ceffoni. Il simbolo dei Ds scompare dalle liste: i fedelissimi di De Luca confluiscono nei «Progressisti per Salerno», i sostenitori di Andria entrano nella formazione ulivista «Uniti per Salerno». Alla fine vince De Luca col 68 per cento dei voti.

Contro di lui voleva candidarsi anche Carmelo Conte, che ora non gli parla piú. Ma all'ultimo momento ha rinunciato, anche perché il centrodestra, sottobanco al primo turno e ufficialmente al ballottaggio, stava con il *ras*. Peccato: sarebbe stato uno scontro ad armi pari. L'indagato De Luca contro l'imputato Conte. In nome della «questione morale», s'intende.

Vincenzo Visco
Compagno con vista mare (abusiva)

Vincenzo Visco, ministro delle Finanze e poi del Tesoro dal 1996 al 2001 e oggi viceministro dell'Economia, è bravissimo a far pagare le tasse agli italiani. Ma è almeno altrettanto bravo nell'abusivismo edilizio, reato per cui la Cassazione l'ha definitivamente condannato nel 2001 per i locali fuorilegge edificati intorno alla sua seconda casa, nell'oasi naturale di Pantelleria. Qualcuno dirà: c'è di peggio, molto di peggio. Verissimo. Ma c'è pure di meglio. In quale democrazia occidentale un condannato per abusivismo edilizio resterebbe in Parlamento? In Italia, appunto.

Questa è la storia di un piccolo e grazioso rustico costruito, con regolare licenza, a Pantelleria, in contrada Nikà, a due passi dal mare, nei primi anni 70. Prima che la nuova legge regionale della Sicilia sul turismo (la numero 78 del 1976) dichiarasse Pantelleria luogo «di notevole interesse pubblico» e istituisse le «fasce di inedificabilità» a protezione delle coste di interesse paesaggistico e ambientale. In seguito, sotto la casa, spunta un piccolo magazzino: quattro pareti in blocchi di pomicemento coperte alla meglio con una tettoia a onduline, senza alcuna concessione edilizia.

Nei primi anni 90 Vincenzo Visco, autorevole esponente dell'allora Pds, e la sua signora Antonella Dugo acquistano il tutto – casa e magazzino abusivo – e lo ristrutturano. Poi, già che ci sono, lo allargano un po'. Anzi, un po' troppo. Al posto del magazzino si materializza una costruzione ben piú stabile, finalmente abitabile. E pure piú ampia. Anche i coniugi Visco si dimenticano di chiedere la concessione edilizia al Comune e il nullaosta della Soprintendenza, tanto per la ristrutturazione quanto per l'ampliamento. Purtroppo per loro, la zona rientra nella fascia di inedificabilità costiera sottoposta al piú rigido vincolo paesaggistico. In base alla legge regionale, non si potrebbe spostare un mattone. Infatti – siamo ai primi del '95 – i Visco chiedono di accedere al condono edilizio appena varato dal primo governo Berlusconi (pagheranno anche una modica oblazione di 7.519.900 lire). Ma il Comune di Pantelleria sospetta che i lavori siano proseguiti anche oltre il termine ultimo del 31 marzo '95 e denuncia i coniugi alla Pretura di Marsala insieme al loro impresario di fiducia, Angelo Antonio Romano, che ha pure qualche precedente penale. I Visco tentano la strada della concessione in sanatoria, ma la Soprintendenza ai beni culturali e ambientali di Trapani risponde di non potersi nemmeno pronunciare, perché quei lavori non sono proprio autorizzabili: la legge proibisce qualunque intervento innovativo sulla fascia costiera. Vietato ricostruire i ruderi, vietato ampliare i volumi esistenti, vietato edificarne di nuovi. Imbarazzo, sconcerto. Legambiente vigila e a sua volta invia un esposto alla Pretura, alla Soprintendenza e al sindaco. Intanto il processo subisce vari rinvii. Rinvii provvidenziali, perché nel frattempo arriverà la soluzione. Nel bel mezzo del dibattimento.

Occhio alle date. Ai primi del '98 il pm rinvia a giudizio i Visco e il costruttore Romano. Il 10 marzo '98 il pretore dichiara nulla la sua decisione. Il pm ricorre in Cassazione e questa, il 3 novembre, gli dà ragione. Il 16 marzo 1999, finalmente, i tre imputati vanno alla sbarra. O meglio dovrebbero, perché decidono di non comparire e vengono dichiarati contumaci. Non è molto elegante che il responsabile della politica economica nazionale, membro autorevolissimo del governo D'Alema che si vanta di appoggiare la demolizione delle case abusive con le ruspe, compaia in tribunale per faccende di abusivismo. Il 19 aprile il processo s'è appena aperto quando, nonostante i pareri negativi dell'Ufficio legale e dell'Ufficio tecnico del Comune, la Commissione edilizia del Municipio di Pantelleria concede una parziale sanatoria, «in deroga alla legge regionale», per un bel po' di opere in casa Visco. Facendo cosí cadere gran parte delle accuse contestate dalla Procura. Gran parte, ma non tutte.

Il 7 maggio '99 si arrende anche la Soprintendenza e concede un nullaosta parziale alla sanatoria per i «due volumi tecnici» e l'«ampliamento locale deposito a servizio di immobile esistente». È vero – si osserva – che «le opere arrecano lieve pregiudizio alle valenze paesaggistiche dell'area protetta». Ma pazienza: la solita sanatoria regionale del 1986 consente di sanare fino al 10 per cento degli ampliamenti abusivi.

Il processo comunque, sia pure dimezzato, continua. Il sindaco Alberto Di Marzo – ex Dc, ex Pli, ex An, poi diniano alla guida di una strana giunta destra-sinistra – decide coraggiosamente di non costituirsi parte civile. Il primo testimone è il vigile urbano Giovanni Battista Lo Pinto. Che racconta i due sopralluoghi compiuti in casa Visco. Nel primo (novembre '94), vide Romano intento a costruire «due vani contigui», non ancora abitabili perché ancora scoperti: «una costruzione nuova» al piano seminterrato. Nel secondo (gennaio '97), l'agente constatò che le opere avviate nel '94 erano state completate e che oltretutto, rispetto alla richiesta di sanatoria presentata dai Visco, «vi era un manufatto in piú». L'altro teste, il geometra del Comune Maurizio Barraco, spiega meglio quel che è accaduto. Nel 1994, al pianterreno, al posto di una cisterna e di un ripostiglio, erano spuntati «due vani con wc per 28 metri quadrati», ovviamente abitabili. Nel seminterrato una stanza era stata allargata di 3 metri quadri (senza contare la sostituzione della copertura per 16 metri quadri). E inoltre erano state create ex novo due cisterne per altri 50 metri quadri. Nel settembre '95 era tornato sul posto e aveva notato che i lavori stavano proseguendo. Infine, nel '97, aveva scoperto anche lui «un ulteriore manufatto» adibito – secondo la dichiarazione dei proprietari – a «deposito bombole e gruppo elettrogeno». La concessione edilizia in sanatoria non «copre» tutte le opere, ma soltanto «i lavori e il cambio di destinazione d'uso del fabbricato al piano terra».

I fatti, come emerge dalle sentenze, non sono in discussione: i coniugi Visco hanno ristrutturato e allargato la casa abusivamente, senza chiedere il permesso a nessuno e infischiandosene della legge che tutela il paesaggio. Scrive il pretore Andrea Scarpa nella sentenza del 31 maggio '99:

> La ricostruzione dei fatti storici ha trovato sostanzialmente d'accordo il pm e i difensori degli imputati. Le divergenze coinvolgono invece le conseguenze giuridiche dei lavori edilizi svolti fino al 1997 nella proprietà dei coniugi Visco-Dugo.

Ricapitolando schematicamente, ecco le decisioni del pretore sulle quattro accuse.

1) Per la trasformazione di cisterna e ripostiglio in due stanze abitabili da 28 metri quadri, scatta l'«estinzione dei reati edilizi e

paesaggistici a seguito di rilascio di concessione in sanatoria». È vero che c'è il sospetto che i Visco non avessero diritto a beneficiare del «condono Berlusconi» e che i lavori al pianterreno fossero proseguiti anche dopo il termine ultimo del 31 marzo '95. Ma «non vi è prova certa», anche perché «le dichiarazioni dei testi Lo Pinto e Barraco sono state discordanti e conseguentemente deve essere adottata la soluzione piú favorevole agli imputati». Assoluzione.

2) Anche «l'ampliamento di un vano per circa mq 3 con sostituzione della copertura di mq 16 a soletta piana di travetti e pignate» è un'opera sicuramente abusiva, tant'è che la signora Dugo in Visco ha chiesto un'altra sanatoria nel '95. E stavolta non l'ha ottenuta. Secondo la difesa, è semplice manutenzione. Secondo il pretore, l'ampliamento ha modificato «l'aspetto esteriore dell'edificio», essendo «strettamente connesso a un previsto mutamento di destinazione d'uso del locale al seminterrato, da "deposito" a "camera"». Non a caso il tutto viene corredato di wc e soprattutto di «terrazzo con incannucciato su struttura in legno». Conclusione: «la costruzione è da ritenere abusiva [...] e conseguentemente è abusivo l'ampliamento di mq 3 realizzato senza il preventivo nullaosta della Soprintendenza». Condanna.

3) Le due cisterne seminterrate invece «sono state realizzate dalla conversione di atterrazzamenti già esistenti», senza «alcuna alterazione dello stato dei luoghi rilevante dal punto di vista paesaggistico». Assoluzione.

4) La nuova costruzione, «scoperta nel corso del sopralluogo del gennaio '97», sarebbe per la difesa un innocuo «volume tecnico», «adibito al mero ricovero di bombole e gruppo elettrogeno». Peccato che – scrive il pretore – «la costruzione da ultimo realizzata [sia] piú ampia di quanto strettamente necessario». Dunque anche questa è un'«opera costruita in assenza di concessione». Condanna.

«All'esito dell'istruttoria dibattimentale – conclude la sentenza – il pretore ritiene che debba essere affermata la penale responsabilità dei tre imputati», «colpevoli dei reati loro ascritti» in quattro capi di imputazione, nonché complici «nel medesimo disegno criminoso». Il pm Stefania Carlucci aveva chiesto 2 mesi e 20 giorni di arresto piú 35 milioni di ammenda per ciascuno dei coniugi Visco e 2 mesi e 30 milioni per l'impresario. Il pretore, complice anche la prescrizione di un reato (l'omessa denuncia dei lavori al Genio civile), condanna i Visco a 20 giorni di arresto e 25 milioni di ammenda pro capite: pena sospesa perché si tratta di «incensurati» e «si può presumere che si asterranno dal commettere ulteriori reati». Non si può dire lo stesso per Romano (25 giorni e 25 milioni), visti i suoi vari «precedenti sul casellario giudiziale». La sentenza infine «ordina la rimessione in pristino dello stato originario dei luoghi a spese dei condannati».

Romano non ricorre in appello: la sua condanna diventa definitiva. I Visco invece appellano, anche se poi al processo di secondo grado (dinanzi alla Corte d'appello di Palermo, IV sezione, presieduta da Francesco Ingargiola, lo stesso del processo Andreotti) non si presentano. Di nuovo contumaci. La Corte, nella sentenza emessa il 20 settembre 2000, separa subito le opere abusive del '94 da quelle del '97: per concluderne che «la distanza temporale, la differente natura e l'autonomia funzionale esclude di poter ravvisare il frutto di un unico disegno criminoso». Insomma non scatta la «continuazione» dei due reati e nemmeno «l'effetto del trascinamento del termine di prescrizione» per le opere abusive del '94. Per cui i primi interventi «illeciti» (quelli del '94, appunto) «risultano prescritti». Resta il vano costruito nel '97, che necessitava della «ineludibile autorizzazione dell'autorità competente a tutelare il paesaggio», cioè della Soprintendenza, visto che

> incideva in modo significativo sul paesaggio dell'isola e, come tale, andava sottoposto all'esame della Soprintendenza competente, l'unica deputata a valutarne le valenze sul piano dell'impatto sulle bellezze naturali dell'isola. In mancanza di tale doveroso adempimento, gli appellanti hanno, anche per semplice colpa, violato la norma che, come illecito di pericolo presunto, impone di non modificare lo stato dei luoghi protetti senza il preventivo assenso dell'autorità regionale.

Dunque «va confermata l'affermazione di responsabilità degli appellanti» per l'unico reato sopravvissuto alla prescrizione. Con il conseguente sconto di pena, che scende per entrambi i coniugi a 10 giorni di arresto e 20 milioni di ammenda. Fermo restando «l'ordine di riduzione in pristino dei luoghi». Cioè la demolizione delle opere abusive, a spese del ministro e della sua signora. Il 27 dicembre 2000 i Visco ricorrono in Cassazione. Il reato superstite andrebbe in prescrizione nella primavera 2002. Ma la Suprema corte arriva prima. Il 22 giugno 2001, un mese dopo le elezioni politiche vinte da Berlusconi, scatta la condanna definitiva: confermati i 20 milioni di lire di ammenda e i 10 giorni di arresto. Pena sospesa. Nel 2006 l'onorevole abusivo torna in Parlamento e al governo: viceministro dell'Economia.

Andrea De Simone
Il sociologo e la strada-fantasma

Avellinese, sociologo prestato alla politica, già presidente della provincia di Salerno nella giunta «laico-rossa» dei primi anni 90, il diessino Andrea De Simone è rimasto impigliato in un processo sugli appalti da 85 miliardi di lire assegnati 15 anni fa per il prolungamento della tangenziale Est di Salerno, che avrebbe dovuto collegare Pontecagnano e Agropoli e che non fu mai realizzata. Le accuse, per lui, sono di abuso e falso (altri politici invece, come vedremo, rispondono anche di corruzione). Il processo di primo grado si trascina a Salerno da cinque anni, ma pare in procinto di chiudersi. Intanto De Simone, nel 2006, è stato eletto senatore.

Margherita appassita

Enzo Carra
Il ventriloquo dell'omertà

Nella scorsa legislatura, Enzo Carra era il capogruppo della Margherita nella commissione parlamentare di Vigilanza sulla Rai. È stato puntualmente rieletto, diversamente da un collega di partito come Nando Dalla Chiesa, nemmeno candidato. Dalla Chiesa, infatti, ha il grave handicap di essere incensurato. Carra invece è un pregiudicato. Un falso testimone che, con il suo «comportamento omertoso» e la sua «grave condotta antigiuridica», ha tentato di «assicurare l'impunità a colpevoli di corruzione, falso in bilancio e finanziamento illecito» nel caso Enimont. Parola dei giudici del Tribunale e della Corte d'appello di Milano, nonché della Cassazione, che l'hanno condannato prima a 2 anni e poi a 1 anno e 4 mesi (grazie allo sconto del rito abbreviato) di carcere per false dichiarazioni al pm. Furono dunque «quantomai opportuni il suo arresto, il giudizio per direttissima e la conseguente irrogazione di una pena non confinata ai minimi di legge». Anche ai fini di «prevenzione generale»: cioè per servire da lezione agli altri testimoni menzogneri come lui. Ma vediamo i fatti.

Il 4 febbraio '93 Antonio Di Pietro interroga Graziano Moro, braccio destro del vicesegretario Dc Silvio Lega, ai vertici del «dipartimento economico» dello scudocrociato, nonché manager pubblico con vari incarichi nell'Iri e nell'Eni. Moro, indagato per varie storie di tangenti, viene interpellato anche sull'affare Enimont, di cui stanno cominciando a parlare alcuni dirigenti della Ferruzzi-Montedison appena arrestati. Lui in quella storia non c'entra nulla, infatti non viene coinvolto. Ma racconta che un giorno d'estate del '91, mentre si trovava in piazza del Gesú nell'ufficio di Enzo Carra (capufficio stampa della Dc e dal 1989 portavoce del segretario Forlani), quest'ultimo gli aveva rivelato che nel 1990 il partito aveva ricevuto 5 miliardi per l'operazione Enimont, a proposito del riacquisto delle azioni Montedison da parte dell'Eni.

Il 17 febbraio 1993, esattamente un anno dopo l'arresto di Mario Chiesa, Di Pietro convoca Carra come testimone. Questi però si presenta accompagnato da un avvocato, Dino Bonzano. Se confermasse la versione del suo amico Graziano Moro (entrambi appartengono, come i loro capi Forlani e Lega, alla corrente del «Grande centro»), ci andrebbero di mezzo il segretario Forlani e il tesoriere Severino Citaristi. Carra nega tutto: «Non ho mai detto queste parole al Moro e non le potevo dire, non avendo mai avuto notizie di questi fatti. Nulla pertanto so al riguardo». Due giorni dopo Di Pietro lo mette a confronto con Moro. Che non solo ribadisce il suo racconto, ma lo arricchisce di nuovi particolari: si parlava dello scontro fra i due rappresentanti della Dc, il forlaniano Alberto Grotti (vicepresidente dell'Eni) e il demitiano Antonio Sernia (della giunta esecutiva dell'ente); e Carra gli raccomandò di «stare vicino a Sernia, anche perché ha fatto pervenire alla Dc 5 miliardi per Enimont, direttamente nelle mani di Citaristi». Carra non esclude di aver discusso con Moro dei dissidi interni all'Eni, ma nega di aver parlato (e anche saputo) dei 5 miliardi alla Dc. Tanto piú che in quel momento nel suo ufficio c'era un viavai di gente e sarebbe stato imprudente affrontare un discorso cosí delicato. In ogni caso – aggiunge il ventriloquo di Forlani – è «fuori della mia morale» appoggiare un boiardo di Stato in cambio di mazzette.

A quel punto, a Di Pietro si aggiungono gli altri due pm di punta del pool Mani pulite: Gherardo Colombo e Piercamillo Davigo. Quest'ultimo ricorda subito al teste Carra l'obbligo di dire la verità. Carra replica: «Io la sto dicendo». Poi però inizia a vacillare. E quando l'avvocato di Moro gli chiede se può escludere di aver mai detto quella frase, risponde: «No, non lo posso escludere, è passato un anno e mezzo, non posso ricordare tutto». Pochi minuti, e non esclude piú nemmeno di aver parlato di contributi ai partiti. Poi però ripiega sulla versione originaria: «Quella frase in quei termini non posso averla detta». Ce n'è abbastanza per incriminarlo per falsa testimonianza e arrestarlo in flagranza, come vuole l'articolo 371 bis del codice penale, la nuova norma antiomertà chiesta fortemente da Giovanni Falcone e approvata nel

’92 soltanto dopo la sua morte (e poi riabolita nel ’95 da Polo e Ulivo, nella prima, soave corrispondenza di amorosi sensi sul fronte della giustizia). Sono le 18.15 del 19 febbraio ’93. L’indomani Carra viene tradotto dal carcere al tribunale con gli schiavettoni ai polsi, in fila con una serie di altri arrestati. In Parlamento e sui giornali si scatena la canea. Non per tutti gli arrestati che ogni giorno giungono nei tribunali in quelle condizioni. Ma solo per Carra: le manette stonano su un colletto bianco. È il primo attacco corale a Mani pulite. Il primo di una lunga serie. Il Tribunale comunque convalida l’arresto e dispone la custodia in carcere del bugiardone democristiano. Il pool chiede e ottiene il giudizio per direttissima e nega il consenso al rito abbreviato (che comporterebbe uno sconto di un terzo della pena).

Il processo si celebra in due udienze, ai primi del marzo ’93, davanti alla I sezione presieduta da Luigi Pietro Caiazzo. Carra è difeso da Bonzano e Domenico Contestabile. Il pm è Di Pietro che, prima della sentenza, fa scarcerare l’imputato. Diversi testimoni confermano il ruolo di Moro nella raccolta dei fondi occulti per la Dc, e quindi le sue sicure conoscenze in materia di tangenti. Moro ripete ancora una volta il suo racconto, senza modificarlo di una virgola. Carra, invece, continua a balbettare. Avanti piano, quasi indietro. È vero, c’erano tensioni all’Eni. È possibile che ne abbia parlato con l’amico Moro. Ma è impossibile che gli abbia detto dei 5 miliardi di Grotti a Citaristi per Enimont. E perché, allora, nel confronto aveva detto di non poterlo escludere? «Perché fui costretto dal clima pesante». Pesante ovviamente per colpa dei pm, soprattutto di Davigo, che si era permesso di ricordargli il dovere di dire la verità. «Temevo che mi arrestassero e dissi di non poterlo escludere». Di Pietro, alla fine, chiede 2 anni e 6 mesi, quasi il massimo della pena. Il Tribunale gli dà ragione, ma si ferma a 2 anni, con la sospensione condizionale.

La motivazione è durissima. Le parole di Moro sono «pienamente attendibili», «logiche e precise», visto che non aveva nulla da guadagnare nel riferire quella frase di Carra, che non era né un’accusa né un’autoaccusa. E nemmeno aveva motivo di sputtanare Carra, come quest’ultimo ha lealmente ammesso al processo («Direi che Moro è mio amico e non mi risulta abbia ragioni di astio nei miei confronti né ragioni per riferire cose diverse dalla realtà sul mio conto»). Dunque perché Moro parlò? Solo per «un leale spirito di collaborazione». Cosa che Carra non ha voluto fare. Il suo «atteggiamento processuale» incoerente e ondivago, per i giudici, dimostra che ha mentito. Quando ci fu il confronto, pur essendo un semplice testimone, era «assistito dal suo avvocato di fiducia (pur non essendo prevista una tale garanzia) e non è pensabile che alla di lui presenza si sia verificata una qualsiasi forzatura». Ammesso e non concesso che «l'ammonizione del teste, espressamente prevista dalla legge», sia una forzatura.

Per queste e altre ragioni ancora, i giudici ritengono «appurato che Carra abbia taciuto dolosamente in merito al colloquio riferito dal Moro, non riferendo quanto a sua conoscenza sul contributo di 5 miliardi fatto pervenire alla Dc in occasione della vicenda Enimont». Una falsa testimonianza per motivi gravi:

> da un lato salvaguardare l'immagine del suo partito e impedire che, attraverso la sua collaborazione, venissero coinvolti nell'inchiesta esponenti della Dc implicati nella vicenda; d'altro lato salvaguardare la sua immagine. Non vi è dubbio che la reticenza del Carra [...] ha impedito che gli inquirenti venissero in possesso di notizie che avrebbero consentito l'approfondimento delle indagini [sulla maxitangente Enimont].

In secondo grado, la IV sezione della Corte d'appello presieduta da Renato Caccamo concede a Carra il rito abbreviato, con relativo sconto che fa scendere la pena a 1 anno e 4 mesi. Ma la sentenza, emessa il 28 giugno '94, conferma sostanzialmente l'impianto accusatorio. E respinge con perdite il ricorso presentato da Contestabile (avvocato un tempo di estrema sinistra, vicino a Soccorso rosso, passato poi al Psi di Craxi e infine eletto al Senato, nel '94, nelle liste di Forza Italia). Il quale – ironizzano i giudici – «candidamente rileva che, nei processi di Tangentopoli, "il maggior timore degli inquisiti è rappresentato dalla prospettiva della custodia cautelare, piú che da quella della pena, ipotesi ancora solo eventuale e comunque lontana"». Ragione di piú – sostiene la Corte d'appello – per plaudire al nuovo 371 bis che consentiva di arrestare Carra e quelli come lui. E non solo «per combattere l'omertà che ostacola le indagini di mafia»: la norma è

> utilissima, grazie al deterrente del possibile arresto, nei processi per corruzione in senso lato che coinvolgono i «colletti bianchi», che sino a non molto tempo fa si ritenevano intoccabili e neppure in via meramente ipotetica mettevano in conto la possibilità di entrare in carcere.

Parole che troveranno conferma quando, alla prima occasione utile, il Parlamento smantellerà all'unanimità (esclusa solo la Lega

Nord) il 371 bis. Perché un caso come quello di Carra (l'arresto, non la falsa testimonianza) non si ripeta mai piú.

In appello le dichiarazioni di Moro trovano altre conferme in quelle rese al processo Cusani da Grotti e Citaristi. I quali ribadiscono che per Enimont «una tangente miliardaria da parte del gruppo Ferruzzi diretta alla Dc era passata per le mani di Grotti». Carra dimostra «un raro senso della dignità» – riconoscono i giudici nella motivazione – quando conferma di essere stato e di essere ancora amico di Moro. Ma poi esprime «un poco apprezzabile sentimento di omertà e fierezza personale negando di aver detto la frase incriminata a Moro». Anche in appello Carra tenta di sostenere che non avrebbe mai parlato di tangenti nel suo studio, fra i suoi collaboratori che andavano e venivano. Ma i giudici sorridono:

> L'arroganza del potere in quel tempo e la consuetudine all'illegale finanziamento certamente limitavano la cautela che si sarebbe potuta avere nel parlare di illeciti, soprattutto se le persone che avrebbero potuto cogliere qualche brandello di conversazione erano funzionari o dipendenti che dagli illeciti traevano beneficio e soprattutto sapevano per somme linee da dove venivano i soldi necessari per far andare avanti l'enorme apparato del partito.

Dunque «effettivamente il Carra fece riferimento nella conversazione col Moro alla tangente di 5 miliardi. Se avesse riferito agli inquirenti le fonti delle sue informazioni, avrebbe certamente agevolato gli stessi nelle indagini sulla vicenda». Invece, rendendo «false e reticenti dichiarazioni al pm, ostacolò lo svolgimento delle indagini». E merita una severa punizione, «sia perché l'imputato per le sue condizioni personali era in grado di rendersi conto del disvalore sociale della sua condotta, sia perché la condotta stessa deve essere valutata con riferimento al momento storico in cui veniva posta in essere». L'unica concessione dei giudici è lo sconto per l'abbreviato e il rigetto del ricorso della Procura, che chiedeva 2 anni e 6 mesi (una vittoria per i nuovi difensori, Nadia Alecci e Corso Bovio, vista la fama di «duro» del presidente Caccamo).

Poi arriva la conferma della Cassazione: «sentenza ben motivata» e pena adeguata, vista «la gravità oggettiva e soggettiva del comportamento» di Carra. Il quale, dal 5 aprile '95, è ufficialmente un pregiudicato. Un bugiardo con la patente. Colpevole dello stesso reato che, in America, stava per costare la Casa Bianca a Bill Clinton (che però aveva mentito al Gran Giury su un suo particolare anatomico, non su una mega-tangente). Nel 1993, quando finí in carcere, Carra non era deputato. Lo è diventato nel 2001, da condannato. Prima nell'Udeur, poi nella Margherita. Diversamente dall'America, in Italia le condanne dei politici fanno curriculum.

Pierluigi Castagnetti
Per un pugno di spiccioli

Democristiano, segretario regionale in Emilia Romagna, poi segretario nazionale del Ppi, oggi Pierluigi Castagnetti è un deputato della Margherita, di cui è anche uno dei massimi dirigenti. Il 5 dicembre 2002 il pm di Ancona Paolo Gubinelli ha chiesto il suo rinvio a giudizio per corruzione, accusandolo di aver ricevuto una tangente di 15 milioni di lire nel 1991-92 dall'imprenditore anconetano Luigi Marrino in cambio del decreto di concessione dell'Istituto vendite giudiziarie. Secondo l'accusa, Castagnetti – all'epoca capo della segreteria politica del segretario Dc Mino Martinazzoli – avrebbe accettato quel denaro «per compiere atti contrari ai doveri del suo ufficio rivestito» nell'interesse non solo di Marrino, ma anche di un monsignore di Reggio Emilia, Pietro Iotti, che aspirava a ottenere una quota dell'Ivg. Ma il 15 aprile 2003 il gup Sante Bascucci gli concede le attenuanti generiche e dichiara cosí prescritto il reato.

Luigi Cocilovo
La tangente assolta per legge

Al Parlamento europeo, nelle file della Margherita, siede dal 1999 Luigi Cocilovo, palermitano, già leader della Cisl in Sicilia, fedelissimo di Sergio D'Antoni, candidato alle provinciali palermitane del 2003 contro Ciccio Musotto che lo batté sonoramente con il 60,3 per cento dei voti contro appena il 36,5. Anche lui ha avuto guai con la giustizia e li ha chiusi nel giugno 2002. Formalmente con un'assoluzione. Che però, a leggerla bene, non significa affatto che non avesse commesso il reato di corruzione, per via di una mazzetta di 350 milioni versata da un imprenditore edile del Ragusano, Domenico Mollica. Anzi. Tutto il contrario. L'assoluzione di un colpevole? Come è stato possibile? Semplice: il Tribunale e poi la Corte d'Appello di Palermo hanno assolto Cocilovo solo perché nei suoi confronti la confessione dell'imprenditore che l'aveva corrotto non vale piú, non essendo stata ripetuta in aula come vuole il cosiddetto «giusto processo». Che però Cocilovo si sia lasciato corrompere, i giudici del Tribunale palermitano lo ritengono piú che assodato, tant'è che lo definiscono «collettore di tangenti [...] disposto a concedere favori sindacali».

Primo atto: il 6 febbraio 1995 l'imprenditore Vincenzo Mollica, titolare del gruppo Sia a Gioiosa Marea, viene interrogato dal pm di Messina, Vincenzo Romano. E confessa:

> Alcuni progetti mi furono finanziati attraverso l'interessamento dell'on. Nicolosi [Rino Nicolosi, all'epoca presidente della Regione Sicilia, esponente della sinistra Dc, molto vicino alla Cisl, *nda*], piú esattamente l'interessamento di quest'ultimo è collegato a una dazione di 350 milioni di lire, che io su sua precisa indicazione effettuai nelle mani di un funzionario della Cisl, tale dr.

Cocilovo, oggi stretto collaboratore del segretario D'Antoni [e allora segretario regionale della Cisl, *nda*], presso gli stessi locali di piazza Politeama a Palermo e il cui destinatario finale doveva essere lo stesso sindacato, cosí almeno mi fu detto.

Mollica conferma tutto:

Fu proprio Nicolosi a intervenire in mio favore. E dopo la dazione di denaro il sindacato non mi creò piú problemi, sia in quel cantiere [a Modica, dove l'impresa di Mollica eseguiva dei lavori], sia in tutti gli altri che avevo. Ricordo che ad accompagnarmi, nell'ufficio del sindacato in piazza Politeama a Palermo, fu il prof. Alessandro Musco, consulente dell'on. Nicolosi. [...] Il Musco peraltro, al momento in cui consegnai al Cocilovo una borsa Cartier piena zeppa di banconote da 100 mila, era presente; esso sapeva che all'interno della borsa vi erano 350 milioni nonché il motivo per cui li stavo consegnando.

Musco ribadisce il suo racconto ai pm:

nel marzo 1989 il professore visitò, a Patti, l'azienda di Mollica, il quale gli accennò a problemi (scioperi e ostruzionismi vari) sorti in un suo cantiere in provincia di Ragusa da parte di non meglio definiti rappresentanti sindacali della Cisl, con serie difficoltà per la prosecuzione dei lavori.

Il professore, all'epoca consulente del presidente Nicolosi, gli suggerisce «di parlarne con Nicolosi, perché il gruppo di Nicolosi era vicinissimo alla Cisl». Poi

a ridosso delle elezioni europee del 1989, Nicolosi lo chiama nel suo ufficio in Regione, dove gli fa trovare Mollica e glielo affida per accompagnarlo dal dr. Luigi Cocilovo, segretario regionale della Cisl, nel suo ufficio di piazza Politeama.

Durante il tragitto in auto, Mollica gli fa capire che «andava da Cocilovo per recapitargli un contributo da lui versato al Nicolosi e da quest'ultimo girato al Sindacato tramite Cocilovo». E in effetti «Mollica al momento in cui entrò nella stanza del Cocilovo aveva una borsa elegante». Una preziosa Cartier in pelle. Mollica racconta che quando, lasciate le banconote sul tavolo, fece per riprendersela, Cocilovo gli fece un cenno negativo: gradiva trattenere anche la Cartier. «Quella borsa valeva 4 milioni e mezzo...», sospira l'imprenditore.

L'inchiesta passa a Palermo, nelle mani dei pm Biagio Insacco e Lorenzo Matassa. Il 4 giugno 1999, dopo l'archiviazione della posizione di D'Antoni, inizialmente sospettato di entrare anche lui nell'affare, la richiesta di rinvio a giudizio per Cocilovo, Musco e Mollica, accusati di corruzione aggravata (in concorso con Nicolosi, morto nel 1999). Dieci giorni dopo, il 13 giugno, Cocilovo viene trionfalmente eletto eurodeputato nelle liste del Ppi con la benedizione del suo vecchio amico D'Antoni. Un anno dopo, il 16 ottobre 2000, il gup Daniela Galazzi rinvia a giudizio gli imputati. Il processo si chiude il 25 giugno 2002. Con un esito a dir poco pirandelliano. Mollica condannato a 3 anni per corruzione, Cocilovo e Musco assolti con formula dubitativa (articolo 530 comma 2 del codice di procedura penale). Sono i misteri gaudiosi del «giusto processo», il nuovo articolo 111 della Costutuzione voluto dall'Ulivo e dal Polo che rende inutilizzabili le confessioni e le testimonianze rese durante le indagini e non ripetute in tribunale. Mollica infatti, in aula, si avvale della facoltà di non rispondere. Cosí la sua confessione vale per lui ma non per i suoi presunti complici, che vengono assolti: non perché il fatto non sia provato, anzi, ma solo per il fatto tecnico dell'inutilizzabilità delle dichiarazioni dell'imprenditore.

Scrivono infatti i giudici: «Risulta confermato che il contributo fu realmente consegnato» e che si trattava di una «dazione a causa mista». «Da un lato era diretta a remunerare i favori del Nicolosi, dall'altro mirava anche a risolvere le questioni sindacali nel cantiere ragusano» di Mollica. Dove infatti gli scioperi della Cisl, dopo il pagamento, si spensero come per incanto. Il Tribunale ricorda che, oltretutto, vendersi la «pace sindacale» non è un reato: se fosse stato soltanto per «la compravendita della pace nel cantiere», quella tangente non sarebbe costata al terzetto neppure il fastidio di un avviso di garanzia: la «corruzione sindacale» è «priva di immediati risvolti penali ma ugualmente riprovata sul piano sociale e giuridico come grave comportamento antisindacale». Tantopiú che questa mazzetta non era altro che un «fatto fra i fatti», inserito in un piú «generale quadro di corruzione sistematica».

Anziché accendere un cero alla Madonna per lo scampato pericolo e andare a nascondersi, l'eurodeputato Cocilovo si candida pure alle provinciali di Palermo. E quando qualche cronista ricorda quella sentenza, annuncia querele (finora, soltanto a parole): in pratica chiede al Tribunale di Palermo di condannare un giornalista per aver pubblicato una sentenza del Tribunale di Palermo. Annuncia pure ricorso in appello, evidentemente consapevole del fatto che la sentenza di primo grado – che lui gabella per una «completa assoluzione» – tanto liberatoria non è.

Il processo di secondo grado si celebra tra la fine del 2003 e primi mesi del 2004 dinanzi alla III sezione della Corte d'appello di Palermo, presieduta da Pier Giorgio Ferreri. E, purtroppo per Cocilovo, si conclude esattamente come il primo. Nella sentenza depositata il 15 aprile 2004, i giudici rigettano il ricorso del suo avvocato, Sergio Monaco, che chiedeva l'assoluzione in base al comma 1 dell'articolo 530 del codice di procedura (e non per il comma 2) perché «le prove a carico sono del tutto assenti e non insufficienti». Cioè perché è «sufficiente la prova che a carico del Cocilovo il fatto corruttivo non sussiste». Ma i giudici non la pensano cosí: per loro «l'appello proposto dai difensori del Mollica e del Cocilovo è infondato e va respinto» e «va integralmente confermata l'appellata sentenza in ordine alla pronuncia assolutoria emessa ai sensi dell'ar. 530 comma secondo c.p.p.». A ciò si aggiunge, a riprova che Cocilovo ha torto, la sua «condanna al pagamento in solido delle ulteriori spese processuali del presente grado di giudizio».

Quanto poi al fatto contestato – i 350 milioni nella famosa e preziosa Cartier – è pienamente confermato. I giudici lo ribadiscono nella parte della sentenza dedicata al ricondannato Mollica. Ricondannato, appunto per aver portato quella tangente a Cocilovo. Una tangente «mista»: sia per comprare la «pax sindacale» nei cantieri, sia per ottenere appalti dalla Regione. Una tangente certissima: «nessun dubbio è emerso sulla credibilità soggettiva del Mollica e sull'elevato grado di affidabilità delle dichiarazioni acquisite», poi confermate da un duplice «documentale riscontro»: i favori ricevuti subito dopo la mazzetta a Cocilovo e «le affermazioni del professore Musco». «Il denaro – ricorda la Corte – fu consegnato dopo una settimana» dall'accordo corruttivo stipulato con Nicolosi:

> Deve ritenersi confermato che il Mollica fu accompagnato presso la sede regionale della Cisl e presentato al Cocilovo dal Musco, che questi era a conoscenza del fatto che l'imprenditore avrebbe consegnato un contributo economico e che tale consegna avvenne realmente.

Cocilovo afferma che l'incontro ci fu, ma senza mazzetta. I giudici però non gli credono neppure in appello:

> La versione dei fatti prospettata dal Cocilovo non è apparsa tale da far venire meno la credibilità delle affermazioni del Mollica [...]. La Corte ritiene di dover confermarte la prospettazione dell'episodio formulata dal primo giudice. Non vi è dubbio che la dazione offerta dal Mollica avesse il duplice scopo di risolvere la vertenza sindacale nel ragusano e al contempo garantirsi un atteg-

giamento favorevole dal Nicolosi, appunto «non mettere i bastoni fra le ruote», in particolare per quel che riguardava il finanziamento delle opere pubbliche [appaltate alla sua azienda, *nda*]. [...] La Regione concesse al Mollica in data successiva all'incontro con il Cocilovo ben quattro finanziamenti [23 miliardi e rotti di lire di denaro pubblico, *nda*]. Tutto ciò non può non essere considerato diretta conseguenza della dazione in oggetto.

Se Mollica avesse ripetuto in aula il suo racconto – lasciano intendere anche i giudici di appello – Cocilovo non si sarebbe salvato:

La Corte non intende esprimere giudizi sulla condotta processuale tenuta dal Mollica, il quale dopo avere tenuto un comportamento ampiamente collaborativo, [...] ha scelto un atteggiamento diverso in sede dibattimentale, evitando di presentarsi, salvo che in fase di discussione finale, con evidenti ricadute e conseguenze sul quadro probatorio dei coimputati Cocilovo e Musco.

Dunque è confermato che Cocilovo e Musco sono stati assolti solo grazie alla nuova legge sul cosiddetto «giusto processo», proprio perché la confessione resa da Mollica nelle indagini preliminari non è piú utilizzabile al dibattimento se non nei suoi confronti. I giudici negano anche le attenuanti generiche e lo sconto di pena, chiesti in subordine dalla difesa, per la «assoluta gravità del fatto contestato», e cioè «l'episodio corruttivo» costato alla collettività «svariati miliardi di vecchie lire». Un episodio corruttivo accertato, che però vede punito soltanto il corruttore. Il corrotto, invece, rimane impunito. E nel 2004 viene subito ricandidato al Parlamento europeo come capolista della Gad (Ds, Margherita, Sdi e Repubblicani) in Sicilia. Dove viene felicemente rieletto. Tutto è bene quel che finisce bene.

Ciriaco De Mita
Il dinosauro granturismo

Avellinese di Nusco, 78 anni, democristiano, è stato presidente del Consiglio e, piú a lungo, segretario della Dc fino al 1989. Cosí, grazie all'amnistia del 1990, s'è salvato dalle conseguenze penali dei finanziamenti illeciti confessati dal tesoriere del partito, Severino Citaristi. Il quale poi continuò l'attività con il nuovo segretario Forlani che, per il periodo non piú coperto dall'amnistia, è stato condannato insieme a Citaristi per la maxitangente Enimont. Ma De Mita era anche imputato a Roma per corruzione nel processo sulle tangenti alla Dc per i lavori della centrale Enel di Gioia Tauro: reato caduto in prescrizione nel 1999. In un alcuni altri processi a Napoli, dov'era imputato per corruzione e finanziamento illecito, è uscito in parte assolto, in parte prescritto, in parte archiviato. Rimane in piedi l'inchiesta a Roma per corruzione in un filone laterale dello scandalo Parmalat: De Mita, insieme a Calisto Tanzi, al governatore della Liguria Claudio Burlando (Ds) e all'ex presidente delle Fs Lorenzo Necci (recentemente scomparso), è accusato per un presunto giro di tangenti pagate a politici dal gruppo di Collecchio per un progetto (poi tramontato) finalizzato alla costituzione, nel 1995-96, di una joint venture fra la Cit Viaggi delle Ferrovie dello Stato e la decotta Parmatour. L'ipotesi degli investigatori è che si sia tentato di scaricare sul partner pubblico i debiti del gruppo turistico della Parmalat. De Mita, che si proclama innocente (come pure Burlando), è stato rieletto per l'ennesima volta deputato nel 2006 come capolista dell'Ulivo in Campania.

Andrea Rigoni
Villa (abusiva) vista carcere

Commercialista milanese, eletto deputato per la prima volta nel 2006, Andrea Rigoni è stato condannato a 8 mesi di reclusione in primo grado per un abuso edilizio sul monte di Porto Azzurro, all'isola d'Elba, insieme alla madre, alla sorella e al direttore dei lavori (ora è in corso l'appello). Nella sentenza emessa dal Tribunale di Livorno il 21 gennaio 2003, il giudice Rinaldo Merani spiega che i quattro hanno «con piú azioni esecutive del medesimo disegno criminoso, in zona sottoposta a vincolo paesaggistico e ambientale, in assenza di preventiva autorizzazione, realizzato opere edilizie abusive, consistenti in: ampliamento di un'unità abitativa preesistente», cioè un piccolo e vecchio rustico, fra le quali un seminterrato di otto vani pavimentati in cotto (e spacciati per un garage), due nuove aperture, un muretto, una nuova terrazza anch'essa pavimentata di tutto punto. Il tutto, fra il 1997 e il 2000, a colpi di «una serie di illeciti edilizi» e di continui «tentativi di eludere le sanzioni conseguenti», a cominciare dagli obblighi di demolizione, e di «guadagnare una sanatoria mediante impropri percorsi amministrativi», nella solita «speranza di sanatorie e impunità». Alla fine il rustico è diventato una villa con vista sul mare (ma anche sul vicino carcere). Un fatto – osserva il giudice - di «gravita assoluta, che ha pesantemente inciso su una zona protetta poi addirittura inserita nel Parco Nazionale dell'Arcipelago». Un fatto che si inserisce nel devastante «scempio del territorio» in corso da anni all'Elba: «il 30 per cento dei reati che pervengono all'attenzione del Giudice sono rappresentati da contravvenzioni in materia urbanistica e paesaggistica» che mettono a repentaglio la stabilità del suolo e «hanno trasformato una sfavorevole contingenza atmosferica quale quella dell'estate 2002 in una gravissima situazione ove al pericolo per l'incolumità delle persone si sono accompagnati danni pesantissimi che hanno addirittura indotto a chiedere per l'Isola lo stato di emergenza». Anche per questo il giudice ritiene giusto «inasprire i termini delle singole reazioni sanzionatorie» e condanna i quattro a 8 mesi di arresto e a 24 mila euro di ammenda per ciascuno (senza i benefíci di legge). S'intende che «i manufatti abusivi dovranno essere demoliti e lo stato originario dei luoghi ripristinato a cura e a spese dei condannati». Con questa bella sentenza sul groppone, nel 2006 Andrea Rigoni s'è candidato alla Camera per l'Ulivo in Toscana. Ed è stato puntualmente eletto.

Romolo Benvenuto
Giochi di mano, giochi di villano

Genovese, eletto per la prima volta deputato nel 2006, Romolo Benvenuto è stato condannato in primo grado nel 1999 a 140.000 lire di ammenda per percosse all'ex convivente. I fatti risalgono alla metà degli anni '90. Il legame fra i due si era ormai deteriorato. L'uomo politico pensò bene di concluderlo a ceffoni. La donna lo denunciò e ne ottenne la condanna. In appello, poi, Benvenuto chiese scusa e risarcí il danno, ottenendo la remissione di querela, il «non luogo a procedere» e l'estinzione del reato.

Camerati che sbagliano

Ugo Martinat
Tav: trucchi ad alta velocità

Il 2 maggio 2005 la Procura di Torino recapita un avviso di garanzia all'allora viceministro delle Infrastrutture Ugo Martinat, il numero due di Pietro Lunardi. «Federale» del Msi e poi di An a Torino, 63 anni, deputato da sette legislature, agente immobiliare, il geometra Martinat ha sempre avuto una passione spasmodica per le opere pubbliche. Ma era sempre riuscito a schivare i tribunali (indagato negli anni 90 per presunte mazzette sul nuovo stadio Delle Alpi, era stato poi prosciolto). Ora è inquisito per turbativa d'asta e abuso in atti d'ufficio a proposito degli appalti per l'alta velocità ferroviaria Torino-Lione e per due strade costruite in vista delle Olimpiadi invernali di Torino 2006. Tutto nasce da un rapporto della Dia trasmesso dalla Guardia di finanza al procuratore aggiunto Francesco Saluzzo e ai sostituti Paolo Toso e Cesare Parodi:

> Dalle indagini svolte dalla Dia e dalle intercettazioni svolte, è stato possibile registrare numerose conversazioni dell'onorevole Ugo Martinat e dei suoi collaboratori. Le conversazioni, raffrontate con le ipotesi di reato già riferite in passato, delineano il Martinat come soggetto supervisore per l'aggiudicazione di varie gare d'appalto e per l'assegnazione dei seguenti collaudi.

1) C'è la «turbativa di gare relativa alla progettazione e direzione lavori di costruzione della discenderia di Venaus» (una delle gallerie esplorative d'accesso al tunnel da 54 km. del treno ad alta velocità che dovrà collegare l'Italia e la Francia). Gare che sarebbero state pilotate, secondo l'accusa, anche da Martinat, come si desume dalle telefonate di alcuni indagati che lo indicano come la

«persona giusta» da sollecitare per affidare gli incarichi alla Sti di Vincenzo Procopio (l'amico del viceministro che in passato progettò l'A32, l'autostrada A32 Torino-Bardonecchia gestita dalla Sitaf di Marcellino Gavio) e alla Metropolitana milanese (Mm).

2) C'è la «turbativa nell'assegnazione della direzione lavori della statale 232 Panoramica di Zegna, variante di Cossato, Valle Mosso, Trivero», nel Biellese: gara da 4 milioni di euro. Il direttore generale dell'Ares (l'agenzia regionale per le strade) Nicola Chiatante avrebbe dato a Martinat e a Procopio consigli utili per vincere l'appalto, poi puntualmente assegnato a Procopio. Che, secondo un personaggio intercettato, sarebbe «il cassiere di Martinat».

3) Ci sono i lavori, ben piú appetitosi, per la variante di Avigliana: 7 chilometri di strada per bypassare il centro abitato e raggiungere piú facilmente le montagne «olimpiche». Opera da 123 milioni di euro finanziata dall'agenzia Torino 2006 (80 milioni), dalla Sitaf (la società che gestisce la Torino-Bardonecchia, gruppo Gavio: 32 milioni) e dall'Anas (11 milioni). Lavori suddivisi in due lotti e aggiudicati immancabilmente ad aziende controllate dallo stesso Gavio e da suoi fedelissimi. Qui Martinat deve rispondere di abuso d'ufficio: su sua indicazione, gli enti interessati stipularono una convenzione che attribuiva alla Sitaf la qualità di «stazione appaltante». E non si vede perché Torino 2006 abbia delegato quel ruolo a una società privata che poi, di fatto, s'è autoassegnata i lavori senza gara. Senza contare che a occuparsi di quella strada regionale avrebbe dovuto essere l'Ares, non l'Anas.

Nell'inchiesta compaiono piú volte i nomi del ministro Lunardi e della figlia Martina, a cui il papà ha girato il gruppo di engineering «Rocksoil» per fingere di risolvere il suo conflitto d'interessi: secondo gli inquirenti,

> è emerso che la figlia del ministro Lunardi, Martina, risulta essere consigliere della Rocksoil, la Spa che si sarebbe aggiudicata la consulenza per la progettazione dei 54 km ferroviari in galleria della Torino-Lione (finanziata per i due terzi dal governo Berlusconi, di cui Lunardi è in quel momento ministro delle Infrastrutture). In questo caso la consulenza sarebbe stata richiesta dalla società Eiffage con la quale la Rocksoil aveva già lavorato negli anni 90 nella realizzazione della linea dell'alta velocità Lione-Marsiglia. Alla società Eiffage l'appalto sarebbe stato affidato dalla Ltf.

Ma, dalle conversazioni intercettate, pare che Lunardi controlli anche la società Stone, anch'essa interessata l'appalto.

Le telefonate evidenziano anche la regía sugli appalti sabaudi di Marcellino Gavio e dal suo braccio destro Bruno Binasco, attorniati da un nugolo di ex funzionari della Sitaf che si sono messi in proprio, prima grazie alla protezione della Dc e del Psi e ultimamente di An. Oltre a Vincenzo Procopio, c'è Walter Benedetto, responsabile della direzione lavori della Ltf (la Lyon Turin Ferroviaire, la società italo-francese controllata per metà dalle ferrovie francesi Rff e per metà da quelle italiane tramite Rfi, che ha appaltato la discenderia di Venaus). E c'è Giovanni Desiderio, membro del comitato direttivo dell'Agenzia olimpica Torino 2006 (che ha appaltato la variante di Avigliana).

L'appalto di Venaus – scrivono i magistrati – è importante «non tanto per l'importo, ma perché si tratta della fase iniziale di lavori ben piú vasti». Infatti è il primo appalto di una serie infinita per portare l'alta velocità ferroviaria in Valle di Susa col supertunnel di 54 chilometri. Per accaparrarselo, si mette in moto una variopinta compagnia. Oltre a Procopio, il vincitore designato, e a Ugo Martinat, il suo sponsor al governo, ci sono i due dirigenti di Ltf Paolo Comastri e Walter Benedetto.

Che l'appalto sia truccato, la Procura torinese lo scopre per puro caso. Nel dicembre 2003 qualcuno spedisce per posta quattro buste con auguri natalizi piuttosto insoliti: una cartuccia Smith & Wesson calibro 40. Due arrivano a Procopio, una a casa e l'altra in ufficio; le altre due ad altrettanti dirigenti dell'Agenzia Torino 2006: Gianni Desiderio, del comitato direttivo, e Domenico Arcidiacono, direttore generale in quota Casa delle libertà. Per individuare il mittente della minaccia e proteggere i destinatari, la Procura mette sotto controllo i loro telefoni. È cosí che, sentendoli parlare, i magistrati s'accorgono che il terzetto si sta dando molto da fare per certi appalti in Piemonte. E apprendono in presa diretta la vera storia della gara di Venaus.

Gli uomini della Ltf, Comastri e Benedetto, ma anche Desiderio, spifferano a Procopio tutti i segreti dell'appalto. Gli raccontano che è interessata la Stone, «società del ministro» (Lunardi) che si è alleata con l'Alpina di Gavio e cosí e «ci ha fottuti, vi ha fottuto». I due si mobilitano per far vincere Procopio, ma la cosa è complicata. Procopio s'infuria, sospetta brogli di Gavio nelle gare e medita di scagliargli contro un'interpellanza in Parlamento affidata a qualche deputato amico. Poi – prosegue il rapporto degli investigatori – «Desiderio chiama Benedetto, al quale chiede se è stato contattato telefonicamente da Ugo», cioè da Martinat. La risposta è no, ma Desiderio conferma che fra poco lo chiamerà il viceministro. Prima però gli telefonerà Procopio per raccontargli di un incontro avuto il giorno prima con Ugo.

Quando Benedetto confida a Martinat di temere grane giudiziarie «per il cantiere di Modane» e lo informa che c'è di mezzo la Rocksoil della famiglia Lunardi, Martinat risponde: «Uh, cacchio! Vabbe', pazienza, nella vita non si vince sempre...». Ma Comastri e Benedetto continuano a brigare per far vincere Procopio. Il quale si sdebita come può. Il 19 marzo 2004 parte un bonifico di 23 mila euro. «Procopio mi ha detto di fare un versamento ad An, dicendo che il partito aveva bisogno di fondi», racconta un certo Casalegno che si occupa materialmente dell'operazione. La conferma arriverà dalla segreteria di Martinat: il 7 maggio 2004 Alfredo Calvani, dello staff del viceministro, chiamerà Procopio per confermare che il bonifico è arrivato.

In cambio, secondo l'accusa, Martinat si è attivato con Lft perché usi un occhio di riguardo a Procopio, al quale serve un partner con cui associarsi e piú tempo per predisporre l'offerta. Detto, fatto, Procopio ottiene un appuntamento con Comastri e lo incontra il 24 marzo 2003. Per i pm,

> è un grave indizio di turbativa e di collusione. Non vi è altro modo di valutare l'incontro riservato, pochi giorni prima della chiusura del termine per presentare le domande, tra uno dei potenziali concorrenti a un'asta pubblica e il piú alto dirigente del committente.

Nella riunione, Comastri spiega a Procopio che per vincere deve associarsi con la Metropolitana Milanese. Anche Benedetto chiama Procopio per invitarlo a «sposarsi con quei signori di Milano», perché il capo (Comastri) vuole cosí. Procopio chiama subito Maria Rosaria Campitelli della Mm, le dice che bisogna unire le forze, ma non può spiegarle tutto al telefono, le basti sapere che la gara è a portata di mano:

> Io volevo solamente dirti questo, siccome io ho parlato stasera e so tutto... e l'idea è venuta anche da lí... Dice: mettetevi insieme... So tutto... ma so tutto... so tutto, perché ho parlato con persona giusta!... Se ti dico di farla con me, vuol dire... che ho qualche motivo...

Aggiunge che in teoria le offerte vanno presentate entro il 2 aprile, ma è un termine elastico: sarà prorogato. Infatti, puntualmente, il 25 marzo Benedetto annuncia a Procopio: «Scusami se ti disturbo, la scadenza è stata spostata a mercoledí 14 aprile». E l'altro, riconoscente: «Madonna, vi abbraccerei tutti e due!».

La Campitelli racconta quella telefonata a Giulio Burchi, numero uno di Mm. E lui le rivela che Procopio è legato mani e piedi al viceministro: «è il cassiere di Martinat». Frattanto l'allegra brigata prepara l'offerta. Benedetto, nominato da Comastri presidente della commissione tecnica di gara, si mette a disposizione di Procopio. Gli spiega come fare la relazione tecnica, come calcolare i prezzi, come rispettare le regole francesi diverse da quelle italiane. A scanso di equivoci, la presidenza della commissione per l'aggiudicazione della gara che deve far vincere la Sti Procopio associata all'Mm viene assegnata all'ex direttore generale della Mm, Adolfo Colombo. Tutto in famiglia.

Il diavolo però fa le pentole, ma non i coperchi. Un banale errore nella stesura della domanda manda a monte la pastetta e provoca l'esclusione del duo Sti-Mm. Ora in *pole position* c'è un'altra società, la Geodata, «invisa al ministro perché appartiene all'opposta corrente politica»: è ben sponsorizzata a sinistra e appoggiata dall'ingegner Alessandro Macchi, membro della commissione. «Geodata ha la maglia rossa, è vicina alla sinistra», dicono allarmati gli indagati. Benedetto è furibondo: «Piuttosto che far vincere Geodata e giocarci le mie palle col ministro, preferisco che vinca un altro...». Procopio, subito allertato, prepara le contromosse: «Lo so, lo so, abbiamo fatto un po' di corse... Ah, conviene fare qualcosa...». Anzi: «Serve una botta». Desiderio dice a Procopio di andare da Benedetto, che presiede la Commissione, per intervenire su Comastri «e poi passare la cosa a Ugo». Un giro di telefonate, e la botta arriva: la gara è sospesa, tutto annullato, si ricomincia da capo. Cosí Procopio può correggere gli errori e ripresentare la sua domanda.

Ma arriva prima la Guardia di finanza, che irrompe nella sede torinese di Ltf a sequestrare i documenti dell'appalto. Invano, però: i militari trovano solo una segretaria, che giura di non sapere nulla delle carte su Venaus. Possibile? Subito dopo, al telefono, Comastri chiama Benedetto per avvisarlo dell'inchiesta e ordinare di far sparire al piú presto il dossier chiuso nel suo armadio e di portarlo nella sede francese di Ltf a Chambéry («Li mandiamo su a Chambéry»).

I pm torinesi tentano di bloccare Procopio con una misura cautelare meno afflittiva dell'arresto, ma piú efficace dal punto di vista economico: chiedono al gip di impedirgli di partecipare per un po' alle gare d'appalto. Ma il giudice risponde no, anche perché ritiene impossibile entrare in una gara indetta dalla Ltf, società di diritto francese con sede a Chambéry. In pratica, gli appalti della Valsusa sarebbero intoccabili e impunibili: anche in caso di turbative o corruzioni, sono affare dei francesi. Nel settembre 2005, però, il Tribunale del Riesame sconfessa il Gup e ne ribalta la decisione: Ltf è stata incaricata anche dal governo italiano come «stazione appaltante», dunque rientra nella pubblica amministrazione italiana. È «del tutto irrilevante verificare il luogo in cui la gara è stata indetta e la legge di quale dei due Stati regolamenterà l'esecuzione dell'appalto». Per questo, accogliendo il ricorso della Procura, i giudici del Riesame bloccano Procopio proprio sul filo di lana. E nella motivazione parlano della

> disinvolta spregiudicatezza dimostrata e in particolare la pervicacia con la quale ha continuato a insistere nella turbativa della gara per la discenderia di Venaus, anche quando era stata quasi assegnata ad altro concorrente.

La Cassazione conferma. Cosí la gara viene rifatta senza Procopio e alla fine è il gruppo Geodata ad aggiudicarsi la direzione lavori. L'opera, invece, verrà realizzata dalla Cmc, cooperativa rossa di Ravenna, alleata a un vecchio amico di Gavio, il plurinquisito Giovanni Bertino, considerato vicino alla vecchia Dc. Insomma, una joint venture bianco-rossa.

Del resto, dalle intercettazioni torinesi emerge una soave corrispondenza di amorosi sensi destra-sinistra sugli appalti ferroviari e stradali piemontesi. Gavio è un vecchio foraggiatore di tutti i partiti della Prima Repubblica, Pci-Pds compreso. E ora ha ottime entrature negli affari che dipendono da Comune, Provincia e Regione, tutti amministrati dal centrosinistra. Ma, dopo le iniziali diffidenze, va d'amore e d'accordo anche con il camerata Martinat. Eccoli a colloquio, intercettati:

> *Martinat* –Tremonti vuol tagliare le spese. Noi sosteniamo la tesi opposta, bisogna sfondare ulteriormente. Andiamo a Bruxelles e diciamo affanculo... Abbiamo bisogno di soldi da investire quest'anno, il prossimo e quello seguente, se vogliamo vincere le elezioni! Secondo Tremonti, questo ministero dovrebbe spendere il 10 per cento in meno in strade, ferrovie eccetera.
> *Gavio* – Roba da matti!

Naturalmente l'intercettato è Gavio, non Martinat (che, essendo parlamentare, non può essere controllato senza l'ok della Camera). Ma, secondo la demenziale legge Boato (numero 104) votata da Cdl e Ulivo nel 2003, anche per usare le telefonate che coinvolgono indirettamente un parlamentare i giudici devono chiedere il permesso al Parlamento. È quel che fa, su richiesta della Procura di Torino, il gip Simone Perelli nell'ottobre 2005: anche perché le conversazioni intercettate sono fondamentali per delineare la delicata posizione del viceministro nella vicenda. La Camera vota in dicembre. E risponde picche: le telefonate di Martinat non sono utilizzabili dai giudici perché, nell'inchiesta, la maggioranza di cui fa parte il viceministro vede addirittura un «*fumus persecutionis*». Dunque, in base alla legge Boato, quelle conversazioni devono essere addirittura distrutte entro dieci giorni. E non possono essere usate nemmeno nei confronti dei coindagati (non parlamentari) di Martinat. Il gip Perelli, però, ricorre dinanzi alla Consulta, chiedendo che la norma venga dichiarata incostituzionale per tre motivi. Primo: 1) La legge crea una disparità di trattamento fra imputati: quelli che hanno la fortuna di commettere reati in concorso con un deputato, e quelli che hanno la sventura di scegliersi come complici dei comuni mortali. 2) La legge compromette l'obbligo costituzionale di esercitare l'azione penale in presenza di una notizia di reato. 3) La legge viola i diritti delle persone offese, cioè delle vittime del reato, che non possono ottenere giustizia visto che si distruggono le prove. In attesa del verdetto della Corte, il processo a Martinat prosegue senza le intercettazioni.

Altero Matteoli
Il ministro che sapeva troppo

Altero Matteoli, ministro dell'Ambiente del primo e del secondo governo Berlusconi, uomo forte di An e fedelissimo di Gianfranco Fini, è imputato nella sua Toscana per favoreggiamento. I giudici di Livorno lo accusano di aver avvertito, nell'agosto 2003, i protagonisti di un grave scandalo di abusi edilizi e corruzioni all'isola d'Elba del fatto che erano sotto inchiesta e sotto intercettazione, consentendo loro di inquinare le prove distruggendo carte e addirittura un computer, con gravi danni per le investigazioni.

Tutto nasce dall'inchiesta della Procura di Livorno sui reati edilizi commessi all'Elba, secondo l'accusa, dai costruttori Franco Giusti e Fiorello Filippi e dal direttore dei lavori Uberto Coppetelli nell'edificazione del «Centro servizi» a Procchio, splendido sobborgo turistico di Marciana Marina. Il pm Antonio Giaconi chiede al gip Germano Lamberti il sequestro preventivo di una parte del cantiere (ritenuta abusiva dopo un accertamento del Corpo Forestale), che fra l'altro devasta l'incantevole patrimonio ambientale della zona. Ma il 20 giugno 2003 il giudice respinge la richiesta. Si scoprirà poi che, in cambio del suo diniego, Giusti e Filippi gli hanno promesso la vendita a prezzi di favore di due appartamenti: il primo nel complesso residenziale in costruzione nei pressi di Rio Marina, sempre all'Elba; il secondo nello stesso Centro servizi che il giudice avrebbe dovuto sequestrare. Promesse, secondo l'accusa, «da lui accettate». Si scopre pure che, a combinare il tutto mettendo in contatto il gip Lamberti e i suoi presunti corruttori, è stato il prefetto di Livorno, Vincenzo Gallitto. Non basta. Sempre secondo l'accusa, salta fuori un'altra tangente: Giusti e Filippi, per ottenere l'approvazione del progetto per un'altra speculazione immobiliare a Cavo, presso Rio Marina, l'hanno affidato a Coppetelli che il viceprefetto di Livorno Giuseppe Pesce, commissario straordinario del Comune, aveva provveduto a nominare consulente comunale per l'urbanistica e l'edilizia privata nonché presidente della commissione edilizia. Non potendo comparire col suo nome, Coppetelli avrebbe fatto firmare il progetto da un prestanome e l'avrebbe poi fatto approvare dalla commissione edilizia da lui stesso presieduta, in barba alle leggi urbanistiche che ne avrebbero imposto la bocciatura. Anche Pesce e Coppetelli sarebbero stati ricompensati «in natura», cioè con contratti preliminari di acquisto a prezzi stracciati di appartamenti nel complesso turistico «Costa dei Barbari».

Appena s'imbatte nei possibili reati del gip, il pm Giaconi è costretto a trasmettere il fascicolo alla Procura di Genova (competente a giudicare i magistrati livornesi). Questa prosegue le indagini e le intercettazioni disposte in gran segreto su Gallizzi, Pesce e Coppetelli (con i cognomi degli indagati criptati e iscritti sui registri con nomi di fantasia). E scopre che la cupoletta elbana ha ben altri santi in paradiso che un giudice, un prefetto e un viceprefetto. Salta fuori addirittura il nome del ministro Matteoli. È il 9 agosto 2003. Il prefetto Gallitto e il viceprefetto Pesce s'incontrano col giudice Lamberti a Portoferraio nei locali della Prefettura. Sono agitatissimi. Al punto che Gallitto, al termine di una telefonata dal cellulare, si scorda di chiudere la comunicazione. Cosí quel telefonino dimenticato acceso diventa un microfono infilato nel chiuso della riunione, per la gioia degli inquirenti che ascoltano tutto a distanza. E ben presto comprendono il perché di tanta agitazione. Gli indagati hanno saputo delle indagini e delle intercettazioni in corso. Sui controlli telefonici il giudice Lamberti non si dà pace: sa di non averli autorizzati lui e dice di aver lui stesso controllato se l'avesse fatto l'altra collega del suo ufficio, ma con esito negativo (non sa della secretazione dei nomi). È a questo punto che Gallitto gli parla della fonte sicura che gli ha spifferato tutto: il «ministro». Lamberti, scettico, ribatte: «Chi è andato a dire al ministro una cosa del genere!?». Piú avanti Gallitto aggiunge: «Si beccano, si beccano. Ma non arrivava al ministro l'informazione...». Nel dubbio, scriverà la Procura di Genova,

> gli indagati, notevolmente preoccupati dalla notizia dell'indagine, decidono di porre in essere una serie di attività di inquinamento probatorio, cancellando la memoria o addirittura distruggendo un computer del Coppetelli e facendo sparire dall'ufficio del Coppetelli i «preliminari nostri» (con ciò rife-

rendosi ai contratti preliminari stipulati per l'acquisto di appartamenti nel complesso «Costa dei Barbari» in località Cavo dal Pesce, dal Coppetelli, dal Lamberti e dal Gallitto).

Qualche giorno dopo, il 13 agosto, altre telefonate intercettate chiariscono come Pesce e Gallitto abbiano saputo dell'indagine e delle intercettazioni. Il costruttore Filippi racconta àl socio Giusti di un pranzo al quale ha partecipato in un ristorante dell'Elba con Lamberti, Pesce e Gallitto:

Giusti – Ma lui [Pesce, *nda*] c'era a mangiare?
Filippi – Sí, sí, ma non aveva fermezza.
Giusti – Madonna, di' che l'ha richiamato il ministro...
Filippi – Bah, me l'ha un po' detto anche a me, il ministro ha detto che sono indagati lui, il prefetto, Madonna...
Giusti – Son venuti tutti e due insieme, ma il prefetto è piú tranquillo piú... poi c'era anche il magistrato... ho sentito il magistrato, gli ha detto: «Ma aspetta a darti proprio..., ma lui è agitato, era...

Giusti racconta a Filippi che Pesce è andato da lui per farsi restituire il compromesso suo e di Gallitto e strapparli entrambi.

Filippi – Ma che t'ha detto lí in sostanza, qual è il problema?
Giusti – Ha di' che l'ha richiamati il ministro Pisanu.
Filippi – Sí.
Giusti – Attraverso il Matteoli, no? Che loro sono indagati e poi, perché... senti, senti, chiaro il perché... Quando c'era lui e il Coppetelli è stata approvata la ristrutturazione a Cavo...

A questo punto gli inquirenti danno un senso a una strana telefonata che avevano intercettato l'8 agosto, il giorno prima del vertice in Prefettura. Una telefonata fra il prefetto Gallitto e un certo dottor Ezio Ronchieri:

Ronchieri – Mi dica tutto, devo dire qualcosa al...
Gallitto – No, volevo parlare con il ministro, perché lui voleva incontrarmi, adesso io non lo so quali sono i suoi programmi, ma io sono a Livorno e quindi ero pronto a venire anche, anche a casa.
Ronchieri – Io credo, io c'ho un appuntamento questa sera, che dobbiamo andare in un posto questa sera, io...
Gallitto – Lui mi disse, anche, anche a casa, mi ha detto, eh...
Ronchieri – Sí. Gallitto. Anzi no, mi disse, mi disse dobbiamo vederci a casa e quindi io...
Ronchieri – Va bene.
Gallitto – Quando lui decide, io dalle tre in poi...
Ronchieri – Domani, oggi penso che abbia da fare.

Gallitto – Eh...
Ronchieri – Io glielo dico questa sera, e se non lo sente prima, vi mettete d'accordo per domani, insomma, non lo so.
Gallitto – No, no, si è rimasti d'accordo per oggi pomeriggio con lui.
Ronchieri – Ah, oggi pomeriggio, va bene, allora continui con la batteria [il telefono passante del Viminale in grado di rintracciare ministri e uomini politici, *nda*], perché non lo so come fare.
Gallitto – Ah, lo chiamo io, lo chiamo con la batteria, va bene, va bene, lo chiamo io con la batteria.

La Guardia di finanza scopre che il telefono dal quale risponde Ronchieri, lo 06-57225514, è del ministero dell'Ambiente. E che Ronchieri fa parte della segreteria del ministro Matteoli.

Il fatto che l'indomani, in Prefettura, Gallitto comunichi a Pesce e a Lamberti le notizie sulle indagini e le intercettazioni fa ritenere ai pm che nel pomeriggio dell'8 agosto il prefetto sia riuscito a incontrare il ministro Matteoli e che

> sia stato informato delle indagini in corso nei suoi confronti, nonché nei confronti del Pesce. Non emerge dagli atti dove avvenne l'incontro tra il Gallitto ed il ministro Matteoli, e quindi la comunicazione da parte di quest'ultimo delle notizie costituenti segreto d'ufficio.

Per questo la competenza territoriale sul reato deve risalire alla residenza del ministro, che abita a Casale Marittimo in provincia di Pisa. Ma, trattandosi di un reato ipotizzato a carico di un ministro, il pm di Genova Paola Calleri stralcia la sua posizione da quella degli altri indagati per gli abusi nell'isola d'Elba e il 10 agosto 2004 invia lo stralcio alla Procura di Firenze perché lo trasmetta al locale Tribunale dei ministri. Intanto chiede il rinvio a giudizio di tutti gli altri indagati. A questo punto s'innesca un ulteriore ping-pong di competenze. Il 12 gennaio 2005 la Procura di Firenze recapita il dossier al locale Tribunale dei ministri, che svolge le indagini e ascolta i personaggi coinvolti. A cominciare da Matteoli. Ecco la sua versione, come la riassumono i giudici fiorentini:

> Il ministro Matteoli si è protestato innocente, dichiarando di essersi limitato in una telefonata di fine luglio-primi di agosto 2003 ad informarsi, presso il prefetto Gallitto, sulla situazione degli incendi all'isola d'Elba e solo incidentalmente su un'ipotetica inchiesta penale a carico del prefetto di Livorno, giacché proprio quel giorno alcuni giornalisti avevano chiesto a lui notizie in tal senso. Il Gallitto aveva risposto di non saperne nulla. [...] Successivamente aveva ricevuto a casa sua a Casale Marittimo il prefetto Gallitto l'8.08.03, ma solo per parlare esclusivamente degli incendi all'Elba.

Una versione perlomeno singolare, se si pensa alla fretta forsennata di incontrare il ministro manifestata da Gallitto al telefono col suo segretario: davvero voleva vedere Matteoli a tutti i costi nel pomeriggio dell'8 agosto per soddisfare le sue curiosità sugli incendi nell'isola d'Elba?

In ogni caso il Tribunale dei ministri respinge entrambe le richieste avanzate dai difensori di Matteoli (l'onorevole Giuseppe Consolo di An e l'avvocato Adolfo Larussa): sia quella di trasmettere il fascicolo per competenza al Tribunale dei ministri di Roma; sia quella di archiviarlo. I giudici fiorentini escludono che della faccenda debba occuparsi il Tribunale dei ministri, perché il reato di cui è accusato Matteoli «non è riconducibile alle funzioni proprie della carica istituzionale di ministro dell'Ambiente rivestita dall'indagato» all'epoca dei fatti:

> Le notizie circa la pendenza di un procedimento penale e l'esistenza di intercettazioni telefoniche in corso che la pubblica accusa assume essere state rivelate dall'on. Matteoli a taluni degli indagati [...] presso la Procura di Genova non costituiscono certamente propalazioni di un segreto di cui il ministro dell'Ambiente poteva essere depositario né direttamente né indirettamente tramite i suoi subordinati gerarchici; le informazioni riservate che sarebbero state indebitamente comunicate non hanno infatti alcuna relazione con i compiti propri del predetto ministro, il quale non dispone certamente di alcun potere di informazione circa l'attività svolta dalla magistratura inquirente [...]. Non sono emersi elementi che possano ragionevolmente far ritenere che, sul piano fattuale, la funzione di ministro rivestita dal Matteoli abbia in qualche modo svolto un ruolo determinante o comunque concausale nell'acquisizione, prima, e di propalazione, poi, di notizie segrete provenienti «in primis» da pubblici ufficiali appartenenti sicuramente a Uffici del tutto estranei rispetto a quelli facenti capo al ministero dell'Ambiente e la cui identità è rimasta peraltro ignota. Ne consegue l'incompetenza funzionale del Tribunale dei ministri a delibare il «fumus» della fondatezza dell'accusa, non avendo i reati contestati all'on. Matteoli alcun rapporto, se non di mera occasionalità, con la sua carica istituzionale di ministro.

Perciò, il 4 aprile 2005, gli atti vengono trasmessi alla Procura ordinaria competente per territorio. Che, almeno per Matteoli, è quella di Pisa. O almeno sembra esserlo, perché il gioco dell'oca giudiziario non è finito: la Procura di Pisa si dichiara a sua volta incompetente e il fascicolo torna alla casella di partenza: la Procura di Livorno (sotto la cui giurisdizione rientra Casale Marittimo). Qui il pm è cambiato e quello nuovo, Mario De Bellis, chiede a tempo di record (è il 15 luglio 2005) l'archiviazione per entrambe le accuse. Fra l'altro, sostiene che le intercettazioni – unico elemento a carico del ministro – sarebbero inutilizzabili contro di lui perché disposte per le ipotesi di reato contestate agli altri indagati (corruzione e abuso) e non a lui, accusato di reati «minori» che non le consentono.

Ma il gip Maria Sammarco è di diverso avviso e il 19 aprile 2006 ordina alla Procura di formulare l'«imputazione coattiva», cioè di chiedere il rinvio a giudizio per uno dei due capi d'imputazione: quello di favoreggiamento. Quanto alla rivelazione di segreti d'ufficio, invece, va accolta la richiesta di archiviazione perché

> tale reato non risulta neanche astrattamente configurabile a carico dell'indagato (all'epoca ministro dell'Ambiente) non essendo questi depositario di notizie riservate o segrete sullo svolgimento di processi penali, di talché le sue eventuali divulgazioni sarebbero state rese come privato cittadino.

Non essendo un giudice, o un pm, o un agente di polizia giudiziaria, infatti, Matteoli non era depositario di alcun segreto: semmai l'aveva saputo da qualche Mister X. Però, da chiunque l'abbia appreso, l'ha poi rivelato, aiutando gli indagati elbani a danneggiare le indagini inquinando e distruggendo le prove. E questo, per il gip, si chiama favoreggiamento personale. Il giudice definisce «significative» le intercettazioni in cui si fa il nome di Matteoli a proposito della talpa che ha avvertito gli indagati. In base alla sequenza delle telefonate, scrive il gip Sammarco, «si ha fondata ragione di ritenere che l'indagato [Matteoli] possa aver messo al corrente il Prefetto dell'esistenza dell'indagine». Quanto basta perché Matteoli finisca davanti al Tribunale per essere processato:

> Premesso che non è questa la sede per decidere se la versione del Matteoli (che afferma di avere esso chiesto al Prefetto se fosse questo sottoposto ad una indagine, e non il contrario, per essere stato in tal senso sollecitato da richieste di organi di stampa che davano tale notizia come reale) ovvero quella del Prefetto siano credibili (anche questo indagato si allinea al Matteoli in dichiarazione resa al Tribunale dei ministri, innanzi al quale gli altri indagati si sono invece avvalsi della facoltà di non rispondere), ma solo se esista agli atti di indagine materiale idoneo ad apprezzare la non infondatezza della notizia di reato, non ravvisa questo giudice la inutilizzabilità delle conversazioni in parola.

Le conversazioni intercettate fra il prefetto da un lato, i suoi coindagati e il segretario di Matteoli dall'altro, sono perfettamente utilizzabili:

> È costante infatti l'orientamento per il quale, in ossequio al principio di conservazione delle prove legittimamente acquisite, se nel corso di intercettazioni

autorizzate per reato con pena edittale che consente il mezzo investigativo, le indagini finiscono per degradare il reato stesso ad una diversa ipotesi di reato ad una diversa ipotesi che non le consentirebbe per pena edittale, non per questo perde di utilizzabilità la intercettazione. Alle stesse conseguenze di utilizzabilità si perviene anche se, debitamente autorizzata la intercettazione per uno o piú titoli di reato, le conversazioni offrono riscontro ad altra ipotesi di reato che non consentirebbe, ove valutato in assenza di connessione, il mezzo di prova prescelto.

Dunque – conclude il gip Sammarco –

i risultati delle indagini sino ad ora acquisiti consentono la formulazione della imputazione di favoreggiamento e la sede dibattimentale sarà la piú giusta per poter apprezzare e verificare appieno le difese anche nel merito dell'indagato [Matteoli], a fronte di elementi a suo carico non insignificanti.

Matteoli deve essere processato per favoreggiamento personale. Il fascicolo torna nelle mani del pm che l'aveva iniziato, Antonio Giaconi. Il quale, il 4 maggio, rinvia a giudizio il ministro ormai uscente davanti alla sezione di Cecina del Tribunale

per avere rivelato a soggetti indagati nel procedimento della Procura della Repubblica di Genova (e precisamente Gallitto Vincenzo, Pesce Giuseppe ed altri) tale loro qualità e l'esistenza di intercettazioni telefoniche. Reati commessi nell'agosto 2003 presumibilmente in Casale Marittimo, luogo di residenza dell'imputato.

Prima udienza, il 20 ottobre 2006 alle ore 12. Intanto Matteoli torna in Parlamento e si fa eleggere sindaco di Orbetello.

Silvano Moffa
La fiamma nera della fornace

Romano, giornalista e politico di An (corrente «destra sociale»), già sindaco di Colleferro e poi presidente della Provincia di Roma dal '98 al 2001, poi sottosegretario alle Infrastrutture nel secondo governo Berlusconi, Silvano Moffa viene indagato per corruzione e abuso d'ufficio dalla Procura di Velletri durante la campagna elettorale del 2006, quando è candidato alla Camera nei collegi Lazio1 e Molise. Il gip lo interdice col divieto di dimora in tutto il territorio del comune di Colleferro. L'inchiesta riguarda una serie di provvedimenti amministrativi adottati a suo tempo dalla giunta dell'allora sindaco Moffa per varare, alla periferia di Colleferro, un piano di nuovi insediamenti industriali: lo Sloi (Servizio logistico intermodale), inaugurato con la costruzione di una fornace che ha ulteriormente devastato l'ambiente circostante con inquinamenti acustici e scarichi di acque reflue. In cambio delle autorizzazioni, Maurizio Grigolin, titolare della fornace, avrebbe versato 1 milione e mezzo di euro su un conto dello Sloi sul quale – secondo l'accusa – Moffa avrebbe continuato a operare anche dopo la sua decadenza da presidente della società pubblica. Moffa si proclama innocente, parla di «giustizia a orologeria» e intanto viene rieletto deputato.

Domenico Nania
Camerata abusivo, presente!

Il presidente dei senatori di An Domenico Nania è stato condannato dal Tribunale di Barcellona Pozzo di Gotto (Messina) per abusivismo edilizio. Nemmeno il condono varato dal suo governo e votato anche da lui è riuscito a salvarlo dalla sentenza di primo grado che ha certificato l'illegalità della sua villa con piscina, costruita in spregio delle leggi urbanistiche (legge 47/1985, articolo 20) e anche di quelle antisismiche (legge 64/1974 sulla necessaria autorizzazione del Genio civile). Anche perché la sanatoria berlusconiana prevedeva il pagamento di una serie di oblazioni che lui non è riuscito a versare in tempo utile.

Siciliano, classe 1950, chioma candida con ciuffo sbarazzino, iscritto fin da giovane al Msi, Nania ha già sulle spalle una condanna definitiva per lesioni personali legata alla sua attività giovanile nei gruppi di estrema destra: 7 mesi di reclusione per fatti dell'ottobre '69, sentenza emessa nel 1977 e divenuta definitiva nel 1980. Per anni, Nania è consigliere provinciale a Messina, fino al grande salto a Montecitorio nel 1987. È stato iscritto al circolo culturale «Corda Fratres», che vantava tra i suoi soci il generale Giuseppe Siracusano, già affiliato alla P2, il capomafia di Barcellona Giuseppe Gullotti e Rosario Cattafi, sottoposto a misura di prevenzione antimafia. Nel '94 diventa sottosegretario ai Lavori pubblici nel primo governo Berlusconi. Poi, nel 1995, nuovi guai con la giustizia. Nania viene indagato dalla Procura Antimafia di Reggio Calabria in seguito alle rivelazioni del pentito Mario Marchese, ex capoclan di Messina, che dice di aver ottenuto nell'86 gli arresti domiciliari grazie a un suo intervento sul giudice Marcello

Mondello. La vicenda viene archiviata (ma riemergerà il 14 gennaio 2003, quando Marchese, deponendo sul «caso Messina» dinanzi al Tribunale di Catania dove Mondello è imputato di concorso esterno in associazione mafiosa, ribadirà le sue accuse). Nel 2001 Nania approda al Senato e due anni dopo riesce a far eleggere il suo braccio destro Giuseppe Buzzanca a sindaco di Messina, pochi giorni prima che venga condannato definitivamente per peculato d'uso (da presidente della Provincia, aveva usato l'auto blu per il viaggio di nozze: la Corte d'appello lo dichiara subito decaduto dalla carica di sindaco, cosí il Comune rimarrà a lungo commissariato).

La terza vicenda giudiziaria di Nania ha del tragicomico. Nel 1997 il parlamentare acquista nella natía Barcellona, in località Coccomeli, insieme alla moglie Mara Iraci, un «vetusto fabbricato rurale» con ampio terreno intorno. E presenta al Comune una richiesta di concessione edilizia per ristrutturarlo, demolendone ampie parti e costruendone altre *ex novo*. Richiesta respinta: non si può toccare nulla, spiega l'amministrazione in tre pagine fitte di contestazioni. Il progetto è firmato dall'ingegner Luciano Genovese. Nel 2001 la giunta comunale cambia colore: al posto del centrosinistra arriva il centrodestra. Il nuovo sindaco è Candeloro Nania, che non è soltanto omonimo del senatore Domenico: è suo cugino. Appena insediato, il sindaco-cugino nomina assessore all'urbanistica l'ingegner Genovese. Tutto in famiglia. Intanto Nania ritira la richiesta al Comune, peraltro respinta, e avvia ugualmente i lavori. Come se la concessione e l'autorizzazione edilizie fossero degli *optional*. In contrada Coccomeli sparisce pezzo per pezzo l'antico fabbricato, sostituito da nuovi complessi abitativi – un paio di tettoie, un gazebo, un magazzino-lavanderia – con tanto di piscina e annessa palestra semicoperta. Su un terreno confinante, comincia a edificare anche l'assessore-progettista Genovese.

Un anonimo cittadino denuncia la cosa alla Procura della Repubblica, che nel dicembre 2003 apre un'inchiesta su Nania e sguinzaglia sul posto i carabinieri per fotografare i lavori in corso. E si muove anche il Comune, lo stesso di cui è sindaco il cugino di Nania ed è assessore il progettista di Nania. La giornalista Sandra Amurri si prepara a rivelare la storia sull'*Unità* e si reca sul posto per raccogliere informazioni. Il 7 gennaio 2004, alla vigilia dell'uscita dell'articolo, Nania presenta una richiesta di sanatoria al Comune, un anno dopo la fine dei lavori. Un autogol? No, una mossa obbligata che gli permetterà, se la richiesta di sanatoria verrà accettata, di estinguere il reato per cui è indagato. Ma il Comune, ormai nell'occhio del ciclone, respinge la richiesta. Anche perché questa è totalmente sprovvista di progetto. Verrà poi accolta dopo opportune integrazioni documentali. Ma la Procura riterrà che non tutte le opere contestate siano sanabili. «Ho dato mandato ai miei legali – minaccia Nania all'uscita dell'articolo – di quantificare l'ammontare dei danni arrecati alla mia immagine dall'*Unità* mediante la diffusione di notizie del tutto infondate».

La giornalista interpella anche l'ingegner Genovese, sul suo spettacolare conflitto d'interessi di progettista di una costruzione abusiva e di assessore all'Urbanistica nello stesso comune in cui sorge la villa della discordia. Possibile che il Comune, parte lesa del presunto reato commesso da Nania, non abbia ritenuto di revocargli il mandato, e che lui non abbia ritenuto opportuno dimettersi? Possibile che la richiesta di sanatoria sia stata firmata dall'ingegner Paolo Biondo, collega di studio dell'assessore? «E che c'è di strano?», risponde serafico l'assessore: «Certo che voi comunisti siete abituati a dubitare di tutto!».

L'indomani i vigili urbani del suo Comune sequestrano la villa di Genovese, anche lui indagato per abusivismo. A quel punto il capo del servizio comunale anti-abusivismo edilizio, ingegner Orazio Mazzeo, emette due ordinanze di demolizione datate 21 e 26 gennaio 2004. La prima ingiunge a

> Domenico Nania e a sua moglie Mara Domenica Iraci, residenti in via Sant'Andrea n.46, di demolire le opere edilizie eseguite senza concessione e/o autorizzazione edilizia e il conseguente ripristino dei luoghi nel termine di 90 giorni dalla data di notifica. [Il fabbricato] in parte ricade in zona saturazione e trasformazione per singoli edifici, in parte in area agricola e in parte in area per spazi pubblici e attrezzati a parco per il gioco e lo sport.

La seconda ordinanza intima l'abbattimento di parte della villa dell'ingegner assessore. Il 29 gennaio è in programma un blitz delle «Iene», pronte a tendere un'imboscata televisiva al sindaco-cugino, all'assessore-progettista e al senatore-abusivo. In paese tutti sanno del loro imminente arrivo e non si parla d'altro. Ma all'ultimo momento – secondo *l'Unità*, in seguito a un intervento dai piani alti di Mediaset – i segugi nerovestiti di Italia1 vengono richiamati a Milano 2. «In attesa di vedere l'ordine di demolizione e valutare meglio la cosa», si giustifica l'autore Davide Parenti, «ma non escludiamo affatto di tornare». Nessuno li vedrà piú.

Intanto Nania ricorre al Tar contro l'ordinanza di demolizione e chiede una sospensiva. Lí – altro conflitto d'interessi – a chiedere di concedergliela è lo stesso legale del Comune, Santi Napoli. In pratica l'avvocato del Comune chiede di sospendere un'ordinanza emessa dello stesso Comune che lo paga.

Il 19 maggio 2004 Nania e signora vengono rinviati a giudizio. Il processo, nel quale il Comune si guarda bene dal costituirsi parte civile, si conclude il 28 ottobre 2005. Il senatore imputato tenta invano di appellarsi all'immunità parlamentare contro le perquisizioni, ma il giudice gli spiega che quelli dei carabinieri erano semplici sopralluoghi per «constatare le opere edili» abusive, «senza determinare interferenza alcuna con la sfera domiciliare del parlamentare». Alla fine il pm Olindo Canali, che sostiene l'accusa, chiede la prescrizione dei reati sopravvissuti ai condoni e alle varie sanatorie intervenute nel frattempo. Ma il giudice monocratico Giuseppe Martello è di diverso parere e ritiene che alcuni capi d'imputazione non siano ancora prescritti (c'è tempo fino all'8 gennaio 2007). Dunque condanna per costruzione abusiva i coniugi Nania a 90 giorni di carcere e 15 mila euro di ammenda, oltreché alla «demolizione» delle parti abusive della villa di famiglia.

I capi d'imputazione sono parecchi. Secondo l'accusa, i due, «senza concessione o altro provvedimento autorizzativo», e per giunta «in zona sismica senza darne preavviso al Genio civile»,

> a) demolivano parzialmente e parzialmente ristrutturavano, senza concessione o altro provvedimento autorizzativo, un immobile preesistente, realizzando un fabbricato a due elevazioni fuori terra con una superficie di mq 299 circa e una volumetria pari a mc 1.268;
> b) realizzavano un manufatto in muratura di mattoni pieni, con copertura in tegole poggiate su struttura di legno, adibito in parte a lavanderia e in parte a deposito, con una superficie di mq 31,80 con volume di mc 81,07;
> c) realizzavano una tettoia aperta, coperta con tegole poggianti su struttura in legno ancorata su muri di confine e su 5 pilastrini in mattoni pieni, con una superficie di mq 25;
> d) realizzavano un manufatto, con copertura in tegole poggianti su struttura lignea ancorata ad una muratura in tufo e pilastri in mattoni pieni, con una superficie di mq 42,33;
> e) realizzavano un gazebo con intelaiatura in legno imbullonata su pilastri fissati al terreno e copertura in tegole poggianti su struttura in legno;
> f) realizzavano una piscina con vasca di dimensioni di m. 6 per 15, profonda m. 1,20 coperta con copertura in telo poggiante su struttura in acciaio scorrevole su binario (e pertanto semovente, ma non amovibile);
> g) realizzavano un manufatto costituito da una costruzione in legno fuori terra, con parziale piano cantinato in cemento armato, con una superficie, per la

parte fuori terra, di mq 29,28 ed un volume di mc 90,77 adibito a ricovero attrezzi agricoli e sportivi (palestra), per la parte cantinata adibita a locale tecnologico, di mq 15.

Per il capo A il giudice dichiara la prescrizione. Per i capi C, E ed F, l'assoluzione perché «il fatto non è previsto dalla legge come reato». Per i capi B, D e G, la condanna alla pena detentiva (con attenuanti generiche e sospensione condizionale, anche se Nania ha già un'altra condanna per lesioni) e alla «demolizione dei manufatti». I condannati ricorrono in appello. In ogni caso – scrive il giudice Martello – è accertato che i Nania si sono costruiti «un complesso residenziale annesso al primo fabbricato e disseminato nel circostante terreno», «distaccando servizi o funzioni abitative e residenziali», con un enorme «aumento volumetrico» non consentito dalla legge. E comunque non definibile come un «abuso di necessità», visto che le opere realizzate «non sono necessarie né indispensabili rispetto allo scopo residenziale». Una parte di queste opere avrebbero potuto rientrare nella «sanatoria speciale» varata dal governo Berlusconi, ma solo pagando le rate dell'oblazione entro le scadenze previste. Il che non è avvenuto: su tre rate, la seconda e la terza sono arrivate in ritardo. Nania insomma, che naturalmente è stato rieletto senatore, non rispettava nemmeno il condono edilizio votato dalla sua maggioranza, e dunque anche da lui.

Vincenzo Nespoli
Quello della coop nera

Deputato di Afragola (Napoli), laureato in chirurgia, è uno dei padri dell'orrenda legge elettorale varata dalla Cdl alla vigilia delle ultime elezioni. Il 10 dicembre 2004 è stato condannato a 2 anni di reclusione dal Tribunale di Napoli per concussione, nel processo per le presunte pressioni politiche esercitate sui dirigenti di una cooperativa per l'apertura dell'Ipercoop di Afragola. Pressioni per far assumere «amici», anche di Nespoli, in cambio del via libera all'apertura dell'ipermercato. All'epoca dei fatti Nespoli era presidente del consiglio comunale di Afragola. Ora ha fatto ricorso in appello. Ed è stato rieletto deputato con Alleanza nazionale.

Francesco Proietti Cosimi
Il socio di Lady Fini

Nato a Subiaco nel 1951, portaborse e poi segretario di Gianfranco Fini, eletto per la prima volta deputato nel 2006, il geometra Francesco Proietti Cosimi si gode il seggio per un mese appena. Poi, in giugno, viene coinvolto nello scandalo degli affari sporchi intorno al casinò di Campione d'Italia che porta all'arresto a Potenza di Vittorio Emanuele di Savoia e del portavoce di Fini, Salvatore Sottile. Proietti Cosimi è indagato per corruzione dal pm di Potenza Henry John Woodcock. Il suo ruolo – secondo il gip Alberto Iannuzzi, che firma le ordinanze di custodia cautelare – sarebbe quello di intermediario per affari milionari fra il clan del «principe» e i Monopoli di Stato. Lo scandalo infatti nasce dai nullaosta emessi dai Monopoli per legalizzare i videogiochi illegali. Il signor Savoia si rivolge al faccendiere Achille De Luca, che contatta un commercialista romano amico di Sottile. E Sottile coinvolge Proietti Cosimi, il quale a sua volta raggiunge due dirigenti dei Monopoli per mandare in porto l'affare. De Luca consegna le mazzette negli uffici dei Monopoli e poco dopo arrivano ben 400 nullaosta. Secondo il gip, il segretario di Fini gestisce «un potere enorme» e lo usa come «un utile e infallibile strumento per perseguire e realizzare il proprio tornaconto». In un altro filone d'inchiesta trasmesso per competenza a Roma, il gip potentino raccomanda di scandagliare «gli affari gestiti in comune da Francesco Proietti Cosimi e Daniela Di Sotto», la moglie di Fini, perché «meritano un sicuro, ulteriore approfondimento investigativo». L'uomo e la donna avrebbero intrecciato una «fitta rete di affari, a tratti poco chiari [...], fondamentalmente incentrati sui proventi derivanti dalle gestione di due strutture sanitarie private, Panigea ed Emmerre, la prima delle quali offre prestazioni anche in regime di convenzione col Servizio sanitario nazionale». In una telefonata intercettata, Francesco e Daniela parlano dell'«interessamento» della signora Fini presso l'allora governatore del Lazio, Storace, «affinché il poliambulatorio Panigea operasse in regime di convenzione l'esecuzione di esami clinici (tac e risonanza magnetica) particolarmente costosi».

Francesco Storace
Ciccio contro Qui, Quo e Qua

I metodi sono da repubblica sudamericana. Si pedinano gli avversari politici, si spia la loro vita privata nella speranza di trovare qualcosa di compromettente. E se non salta fuori nulla, non importa. Si inventa qualcosa a tavolino: per esempio si progetta di reclutare un viado per mettere in imbarazzo l'avversario: nella fattispecie il giornalista Pietro Marrazzo, candidato del centrosinistra alla presidenza della Regione Lazio nel 2005. Si arriva persino, secondo alcune deposizioni, a falsificare le firme necessarie ad Alessandra Mussolini per presentare la lista di Alternativa sociale; poi, ricorrendo alla pirateria informatica, si entra nei computer dell'Anagrafe di Roma per ottenere i documenti necessari a dimostrare che quelle firme sono fasulle; infine si denunciano formalmente i falsi firmatari pro Mussolini e si reclama l'esclusione della fastidiosa lista concorrente dalla competizione elettorale.

C'è da aver paura a leggere le carte dell'inchiesta sull'ex governatore del Lazio, poi ministro della Sanità, Francesco Storace, indagato dal 27 aprile 2006 per associazione a delinquere nel «Laziogate» che, per iniziativa della Procura di Milano, ha portato all'arresto di due investigatori privati e di una serie di loro presunti complici. Uno scandalo partito in sordina.

Prime avvisaglie nel marzo del 2005, a meno di un mese dalle elezioni regionali in calendario per il 3 e 4 aprile. Storace è il presidente uscente. Sulla carta potrebbe anche riottenere la riconferma. Ma, oltreché con Marrazzo, deve fare i conti con un terzo incomodo alla sua destra: Alessandra Mussolini, momentaneamente uscita dalla Casa delle libertà, che con Alternativa sociale minaccia di sottrarre all'ex camerata voti preziosi. A Roma, da settimane, impazza il caso delle firme false presentate dalla nipote del Duce. A scoprirle è un candidato della Lista Storace. Ma per verificare i dati anagrafici dei firmatari, il 10 marzo, qualcuno si è introdotto senza autorizzazione negli archivi informatici del Comune. Una grave violazione della *privacy* dei cittadini. Alla fine, a dissipare le nubi che si addensano su Storace, ribattezzato dalla stampa «Storhacker», ci pensa Mirko Maceri, direttore tecnico di Laziomatica, la società della Regione che si occupa d'informatica. Il funzionario si prende tutte le colpe, sostiene di aver fatto tutto da solo e il 29 marzo si presenta alla Procura di Roma accompagnato da un avvocato. Quello che nessuno sa è che i carabinieri del nucleo operativo di via Inselci stanno già da giorni battendo una pista, se non alternativa, almeno complementare.

Nel mirino degli uomini dell'Arma è infatti finito un giovane investigatore privato: Pierpaolo Pasqua che, come emerge da un'indagine parallela (e ancora top secret) della Procura di Milano, aveva ricevuto l'incarico di effettuare «un'operazione informatica clandestina presso la Regione» (nello stesso stabile dove ha sede Laziomatica). Con l'investigatore – spiegano i carabinieri in un rapporto – avrebbero collaborato anche un suo collega, un funzionario di Laziomatica e un politico locale del centrodestra. Per verificare l'ipotesi investigativa l'Arma inizia i pedinamenti. E il 29 marzo, proprio mentre Mirko Maceri va in Procura per incontrare i magistrati, ecco la prima sorpresa. Alle 9,45 del mattino lo 007 privato viene avvistato mentre, con la collaborazione di due colleghi, filma di nascosto le persone che entrano ed escono dal comitato elettorale di Marrazzo in via Lega Lombarda. Grazie a una telecamera montata su una Y10, il detective riprende anche le targhe delle auto posteggiate nelle vicinanze. Perché lo fa? I carabinieri lo intuiscono dalle intercettazioni telefoniche sul suo cellulare. Il detective chiama un collega. Gli fornisce i numeri di targa e annota i nomi dei vari intestatari «per poi completare il suo dossier».

È evidente che cosa si punta a dimostrare: l'eventuale utilizzo da parte di Marrazzo di autoblu di proprietà del Comune o della Provincia (entrambe amministrate dal centrosinistra). Ma non è finita qui. Alle 11,15 l'aspirante Marlowe si reca in via Cristoforo Colombo, proprio sotto la sede della Regione ancora amministrata da Storace. Contatta un cellulare e chiede che qualcuno lo venga a prendere. Poi scende dalla sua utilitaria e «con borsa di pelle al seguito» va incontro a un incaricato, col quale supera, «senza controllo o registrazione, gli ingressi degli uffici regionali dai quali usciva alle successive 11,35». Nel pomeriggio la scena si ripete. Alle 19,35 il detective fa di nuovo la spola tra il comitato elettorale di Marrazzo e la Regione. Questa volta a prelevarlo ci pensa una seconda persona «di sesso maschile non meglio identificata».

Passano 24 ore. È il 1° aprile. Lo 007 è di nuovo «nei pressi dell'edificio della Regione Lazio per effettuare la consegna della documentazione che gli è stata commissionata». Tutto ancor più fulmineo del giorno prima. Scrivono i militari: «Alle ore 14,17 il detective veniva notato scendere dall'autovettura Y10 con una borsa in pelle di colore marrone e avviarsi verso l'ingresso principale della regione Lazio. Lo stesso usciva alle successive 14,25 e si dirigeva verso Viterbo». Mancano solo 48 ore al voto. L'investigatore cambia obiettivi. Torna al suo *trantran* quotidiano fatto di corna, moglie tradite, indagini su lavoratori infedeli.

I carabinieri vorrebbero andare a fondo alla questione. Il loro lavoro ha permesso di stabilire che lo 007 prezzolato

> aveva messo in atto un'attività d'investigazione privata ai danni del candidato del centrosinistra alle imminenti elezioni regionali, Piero Marrazzo, su commissione di soggetti, ancora non meglio identificati, ma comunque gravitanti nell'entourage dello staff elettorale del candidato del centrodestra Francesco Storace.

Ma resta da capire che tipo di lavoro fosse stato esattamente commissionato al detective, chi l'avesse pagato, e con quali fondi. Per questo l'Arma chiede di intercettare una serie di cellulari contattati dall'uomo. Telefonini in qualche caso utilizzati da persone «facenti parte dello staff della regione Lazio» o di quello «per la campagna elettorale del presidente Storace». La Procura di Roma, alla quale viene inviato il rapporto per competenza territoriale, risponde picche, convinta che i fatti emersi non giustifichino altri ascolti.

L'inchiesta sembra destinata all'archivio. Ma, tre mesi dopo, lo scenario cambia ancora. Marrazzo, una volta eletto, si accorge di attività spionistiche ai suoi danni. Denuncia la cosa pubblicamente, ma viene sbertucciato dal centrodestra come un visionario. *L'espresso* pubblica la storia dei pedinamenti da parte degli 007 e parte del contenuto del rapporto dei carabinieri. Ma il risultato è un buco nell'acqua. Storace, che subito dopo la sconfitta alle regionali è stato nominato ministro della Sanità al posto di Girolamo Sirchia, non dice una parola. An tace. E morta lí. A Milano però i magistrati continuano a lavorare. Il fascicolo è in mano ai pm Fabio Napoleone, Stefano Civardi e Letizia Mannella. Ai primi di marzo del 2006 l'investigatore privato Pierpaolo Pasqua (che risulterà essere stato presidente di un circolo di Alleanza nazionale) finisce in manette insieme al suo collaboratore Gaspare Gallo e a vari esponenti delle forze dell'ordine e operatori di compagnie telefoniche, che forniscono loro a pagamento notizie estratte da banche-dati in teoria supersegrete. Nelle oltre 300 pagine dell'ordinanza di custodia cautelare emergono intercettazioni telefoniche imbarazzanti. Si comprende immediatamente che i detective erano stipendiati dallo staff elettorale del ministro («ma solo per effettuare delle bonifiche», si difenderà lui) e avevano rapporti continui con il suo portavoce Niccolò Accame e con altri suoi strettissimi collaboratori. «Operazione Qui, Quo, Qua» era il nome in codice utilizzato dagli indagati per riferirsi alle attività di spionaggio contro Marrazzo e Alessandra Mussolini. Il gip Belsito scrive:

> Qui, Quo e Qua sono tre persone che rientrano in un piano finalizzato ad agevolare la vittoria elettorale di Francesco Storace, all'epoca governatore in carica della Regione Lazio, piano che nelle originarie intenzioni mirava a ostacolare la lista del deputato Alessandra Mussolini, candidata alle elezioni regionali in contrapposizione alla lista di Storace, in parte a tentare di screditare Piero Marrazzo, candidato alle medesime elezioni, e infine sia pure con minor grado di attendibilità a tentare di screditare un'ulteriore persona verosimilmente dello schieramento opposto allo schieramento del governatore.

Emerge, dice il giudice, «un quadro sconfortante». Ma chi ha ideato il progetto Qui, Quo, Qua?

> Quello che si comprende dalle conversazioni è che si tratta di soggetti che operano, che hanno una base operativa o comunque una sede di lavoro presso la Regione Lazio, tanto da avere il potere di farvi entrare Pasqua e Gallo senza farli registrare. Il contatto di questi ultimi in regione si chiama certamente Niccolò [Accame, *nda*].

Il gip poi spiega il ruolo degli investigatori privati:

> Il loro compito consisteva tanto in una attività lecita e fatturabile, quale la bonifica ambientale della stanza di «Ciccio» [Storace, *nda*], quanto in un'altra non fatturabile e che potrebbe essere pericolosa in caso di sconfitta elettorale.

Dalle intercettazioni viene fuori di tutto: le intrusioni notturne negli uffici dei concorrenti, i pedinamenti continui, i travestimenti (il piú goffo di tutti è quello da inserviente durante un comizio di

Marrazzo a Viterbo), addirittura sulle famiglie degli avversari politici: «Ai Marrazzo – dicono gli 007 in una conversazione telefonica – gli abbiamo fatto fare praticamente lo stato di famiglia».

Operazione Mussolini

La lettura dei colloqui spiati dai carabinieri fa capire quel che è accaduto. Qualche esempio. Il 24 febbraio 2005, ore 20.08, Niccolò Accame chiama Pierpaolo Pasqua, l'investigatore privato.

Accame – Ciao, sono Niccolò, come procediamo?
Pasqua – Sabato o domenica riusciamo a fare l'intervento.
Accame – Tu hai bisogno di niente da me? Di altre cose che ti dica o sei già arrivato dove volevi? Hai avuto riscontro su quel nome che ti ho dato?
Pasqua – Sto avendo tutti i riscontri necessari.

26 febbraio, ore 19,01. Pierpaolo Pasqua, parla con il collega Gaspare Gallo di come condurre l'operazione «Qui», quella sulla Mussolini.

Gallo – Bisogna entrare al momento giusto e far sparire le cose al momento giusto.
Pasqua – Io te l'avevo detto che prima o poi ce la chiedevano una zozzata.

28 febbraio, ore 21. Pasqua chiama la moglie Costanza:

Gaspare è rimasto impressionato dalle mie conoscenze politiche: ieri ho avuto un appuntamento, sono andato senza farmi registrare arrivando direttamente alla presidenza. Ho visto Ciccio [Francesco Storace, *nda*] che aveva in linea Alemanno. Ha detto alla sua segretaria di farlo attendere perché stava parlando con Pierpaolo. Gaspare si è reso conto che ciò che stiamo facendo, pur non guadagnando molto è una scommessa per il futuro. Questo [Storace, *nda*] oggi sta alla Regione, e domani può andare al ministero degli Interni.

3 marzo, ore 4,33. Un giorno, anzi una notte prima della chiusura delle liste, Pasqua riceve la telefonata da un personaggio non immediatamente identificato (U). La Procura ritiene che l'uomo si trovi nella sede del partito della Mussolini, dove sta alterando i fogli con le firme per le candidature.

Pasqua – Quanti ne hai?
U – Ne ho fatte 5 per 80 fogli, quindi 400 fogli con 5 ripetizioni.
Pasqua – Sono 3.200 comunque invalidi, perfetto sono sufficienti.

5 marzo, ore 17,30. Pasqua e Gallo discutono su come denunciare anonimamente le «irregolarità» della Mussolini in tempo utile per farla escludere dalle elezioni, e senza comparire con la propria identità.

Pasqua – Hai tu una scheda non riconducibile a qualcuno? Devo mandare un telegramma che deve essere anonimo.
Gallo – Anonimo lo posso fare anche da un bar.
Pasqua – Però il telegramma ti addebitano il costo su una bolletta.
Gallo – Ma scusa, se vado alla Posta a farlo e non do i miei documenti?
Pasqua – Certo che ti chiedono i documenti, se vado da un pony express ho paura che non faccio in tempo e in ogni caso mi chiedono i documenti, porca puttana, non so come fare. Tutto fatto bene, tutto lavorato, tutto costruito e adesso non so come cazzo fare. E se freghi il telefonino a qualcuno?
Gallo – Eh si può fare, lo frego a qualcuno.
Pasqua – Fai sta cosa e poi glielo fai ritrovare.
Gallo – È un bel casino... lettera anonima niente?
Pasqua – Se potevo imbustà 'na lettera avevamo risolto, ma non gli arrivava domani.

Obiettivo Marrazzo

1° marzo, ore 22,06. Pasqua commenta con la moglie Costanza la chiusura dell'operazione Mussolini (Qui) e l'inizio dell'indagine su Marrazzo (Quo):

Pasqua – Fra oggi e dopodomani chiudiamo Qui, poi bisogna cominciare a occuparsi di Quo e di Qua.
Costanza – Ma non può essere una cosa un po' pericolosa?
Pasqua – Un pochetto sí, non c'è niente di pericoloso,
Costanza – Speriamo che non si hanno guai.
Pasqua – No, basta che rivincano, perché devono rivincere, perché se no, se non rivincono, tutti a casa andiamo...
Costanza – Vabbè, scusa, se non rivincono loro chi vince? Marrazzo?

11 marzo, ore 14,13. Pasqua avvisa Gallo che gli hanno dato il via libera per le indagini su Quo, cioè su Marrazzo.

Pasqua – Senti, mi hanno dato il via per andare via con il dossier Quo.
Gallo – Benissimo, mi metto subito in movimento.
Pasqua – Datti da fare, vedi che possiamo fare e poi parliamo pure di soldi.

12 marzo, ore 12,18. I due commentano l'andamento dell'indagine.

Pasqua – Per quanto riguarda Quo, tu puoi fare qualcosa allora?
Gallo – Sí mi sto già muovendo io. 'Sta settimana gli faccio telefoniche e bancarie.
Pasqua – Non puoi fare pure qualcosa sul passato? Titoli, anche titoli di studio?
Gallo – Facciamo la storia completa, precedenti, segnalazioni.
Pasqua – Magari uscissero 'ste cose qui. E poi invece fra domani e dopodomani farò i sopralluoghi e gli chiederò se vogliono che ascoltiamo.

11 marzo, ore 23,04. Pasqua chiama la moglie Costanza.

Pasqua – Noi c'eravamo già seduti, arriva Storace, passa la tavola e comincia a salutare quello vicino a me. Arriva a me, mi guarda e fa: «Uhmm uuhmm». Si gira e passa a quello successivo. Ci siamo fatti due risate. Allora quello vicino a me mi dice, «ma che gli hai fatto?», «No niente, non ti preoccupare».

La conversazione prosegue. Pasqua parla di «Fabio», il collaboratore di Storace che ha denunciato le firme false della Mussolini e per questo è finito a sua volta sotto inchiesta.

Pasqua – A Fabio gli hanno fatto l'esposto, s'è beccato l'esposto alla Procura perché ha forzato un pochino la mano, io gli ho fornito i dati, ma se qualcuno non si esponeva per costringerli a indagare, passava sotto silenzio... Allora si è esposto Fabio, nel senso che ha fatto finta di essere lui ad avere raccolto tutte quelle cose lí. Siccome sono state raccolte non in maniera perfettamente lecita, se sapessero che invece le abbiamo messe proprio noi...

14 marzo, ore 14,47. Gallo chiama Pasqua.

Pasqua – Hai capito con chi hai a che fare, sí?
Gallo – Sí, ho capito (*ridono entrambi*). Comunque, per quanto riguarda Quo, già ho chiesto in giro e quindi cominciamo già ad avere qualche informazione nei prossimi giorni.
Pasqua – Calcola che pure su Quo c'hai i tempi, capito? Cioè vale fino al... dopo non vale piú niente.

17 marzo, ore 11,24. Pasqua chiama Gallo.

Gallo – Ho un po' di dati per Quo, li devo fare piú approfondire o mi fermo?
Pasqua – Intanto mi dai quei dati che c'hai e poi di dirò come fare per approfondire.
Gallo – Ci sono un po' di dati a livello di residenze, utenze Enel, registri, cambi di proprietà, auto, cose del genere.
Pasqua – Intanto a me me serve perché sabato dobbiamo prendere 'sta decisione se fa' 'sta cosa approfondita o meno, nel caso un apparecchio di quelli

seri, direzionale, laser eccetera, in quanto tempo riusciamo ad averlo e quanto ce costa.
Gallo – Ti faccio sapere subito.
Pasqua – Però deve essere efficace e funzionante. Tu calcola che lí la possibilità di puntare i vetri è molto facile, ci si può piazzare a 30 metro, 20 metri, come ci pare.
Gallo – E non riusciamo a mettergliela al vetro, una cosa?
Pasqua – Sí sí sennò c'è de notte, annamo lí e gliela mettiamo ar vetro. Perché calcola che è un piano terra e un primo piano. Al primo piano i vetri sono liberi, nun ce sono manco le imposte, al piano terra c'è la grata, però de quelle... la serranda de ferro però con le croci che se passi, la metti all'angoletto sopra, la becchi comunque. Però quello che ci interessa so' i piani superiori, volendo se po' mette dar tetto quelle a spillo che vanno giú dentro. Se po' fa' de tutto.

22 marzo, ore 18,15. Gallo discute col maresciallo Franco Liguori, suo presunto complice, per scoprire i redditi della moglie di Piero Marrazzo, Roberta Sardoz.

Liguori – Ueh senti, Sardo Rosarita per me non esiste, ho provato con Sardo, con Sardi, solo con Rosa, solo con Rita, in tutti i modi possibili immaginabili, hai il codice fiscale tu per caso?
Gallo – Non ce l'ho dietro, però. Comunque l'ho verificato, è corretto.
Liguori – Eh vedi corretto corretto, ma pure con Marrazzo, alla fine, era Pietro e non era Piero.
Gallo – (*gli detta il codice fiscale*)
Liguori – Allora Serdoz Roberta non c'entra proprio un cazzo con quella... La data di nascita corrisponde 10.8.68.
Gallo – Questa è l'intestazione di un telefonino, quindi che cazzo hanno scritto... l'hanno estrapolato, probabilmente hanno scritto una cosa per un'altra.

Dieci minuti dopo viene intercettato un sms del maresciallo a Gallo: «Ma non facevi prima a dirmi che era la moglie di Marrazzo?». Sms di risposta: «Non lo sapevo».

3 aprile, ore 21,13. Pasqua viene chiamato da Gallo. I due parlano di una cassetta da cambiare in una microspia e della serata del voto che Pasqua seguirà insieme a Storace.

Gallo – Domani non devi fare niente, domani sera poi devi andare a cambiare la cassetta.
Pasqua – Vabbè, quello si può fare.
Gallo – Hai le chiavi, entri, cambi la cassetta e vai via.
Pasqua – Io domani sera sto proprio con Ciccio [Francesco Storace, *nda*] a vedere i risultati, hai capito?
Gallo – Eh va bene, stai con lui, poi quando finisci passi da là e vai via (...) Meno gente c'è e meglio è... anche perché non è che stiamo facendo...
Pasqua – Non è che facciamo una cosa simpatica.

5 aprile, ore 10,39. Il maresciallo Liguori chiama Gallo.

Liguori – Senti un po' ma adesso che ha perso le elezioni ti paga lo stesso?
Gallo – Veramente mi ha già pagato.

25 aprile 2005, ore 18,22. Pasqua chiama Gallo. Ormai Storace, sconfitto da Marrazzo, è entrato nel governo come ministro della Salute. E i due spioni si preparano ad approfittarne.

Pasqua – Ok, un'altra cosa piú importante, tu hai visto che Ciccio [Storace, *nda*] è andato alla Sanità?
Gallo – Certo che l'ho visto, infatti volevo parlarti di una cosa.
Pasqua – Io lo incontrerò la settimana prossima, segniamo tutto quello che una cosa del genere ci potrebbe affidare come lavori; io ad esempio mi sono già segnato: verifica curriculum di tutti ad esempio, verifica manager, però aiutatemi pure voi con le idee, cominciamo ad averle pronte ragionando sui prezzi e su quanto chiedere. Perché a me non mi va di andare lí e dirgli generico: «dammi lavoro». Quello mi dice: «Pierpa'...». Se io vado lí e gli dico: vorrei fare questo, questo, questo a 'sti prezzi... allora è diverso.

Ciccio se ne va

Undici mesi dopo il caso finisce sui giornali. È il 9 marzo 2006. Storace tenta di difendersi accusando la stampa di aver orchestrato una campagna contro di lui. Il ministro della Sanità ce l'ha in particolare con il *Corriere della sera*.

Sono specialisti in balle a uso e consumo della sinistra. Nei titoli del *Corriere* non c'è scritto che l'indagine è del 2004, quando non c'erano né Marrazzo né la Mussolini candidati. Non si capisce perché abbiano tirato in ballo il mio nome. È una cosa molto fastidiosa su cui sono pronto a sfidare chiunque.

Tutta la Casa delle libertà lo difende come un sol uomo. E lui sembra resistere. Ma dopo un paio di giorni si dimette. E anche la Procura di Roma, che troppo frettolosamente aveva sottovalutato il caso, si rimette in moto. Dal carcere, molti degli arrestati cominciano a parlare. Il detective Pierpaolo Pasqua tenta di difendere l'ex ministro. Ammette l'operazione Qui, Quo, Qua, ma assicura di aver agito di propria iniziativa, all'insaputa di «Ciccio». Il suo complice Gaspare Gallo però lo contraddice:

Pierpaolo Pasqua, quando ricevemmo l'incarico per l'operazione «Qui, Quo Qua», mi disse che gli era stata commissionata dal suo amico politico, persona che io individuai in Francesco Storace perché quest'ultimo era la personalità politica che lui diceva di aveva come amico.

Durante l'interrogatorio, a Gallo viene sottoposto un memoriale sequestrato nell'agenda di Pasqua (che quest'ultimo ha sempre sostenuto essere un brogliaccio di appunti per una spy story) in cui si legge:

> Il 21 febbraio del 2005 ho avuto da Nicolò [Accame, *nda*] verbalmente l'incarico di portare avanti tre indagini su fatti di rilevanza politica in previsione delle imminenti amministrative (Qui, Quo Qua il nome delle operazioni).

Gallo a quel punto spiega:

> Ribadisco che Pasqua mi ha riferito che l'incarico lo aveva ricevuto da Storace, anche se lui diceva che era pappa e ciccia con Nicolò Accame e, quando nasceva un problema, diceva di dover chiamare Accame e chiedere allo stesso istruzioni.

Nella stessa agenda, Pasqua ricostruisce anche la storia delle firme false aggiunte all'elenco di sostenitori della lista di Alternativa sociale di Alessandra Mussolini:

> Per sabotare la raccolta Mirko Maceri [l'ex dirigente della società Laziomatica che effettuò l'incursione abusiva nell'anagrafe del Comune di Roma, *nda*] mi ha fornito una lista di firme false ripetute di cinque in cinque in un incontro avuto con lui fuori dalla Regione Lazio di notte

Gallo a questo proposito ricorda:

> Pasqua mi ha chiesto di sostituire fisicamente e materialmente le liste di sottoscrittori per il partito della Mussolini e per lo scopo abbiamo anche fatto i sopralluoghi. Ma personalmente io non ho eseguito l'operazione e posso soltanto affermare che Pasqua mi ha riferito di aver raggiunto il risultato, senza darmi ulteriori specificazioni se non di essersi servito di attivisti di An per la compilazione delle schede da sostituire a quelle già esistenti.

La posizione dell'ex ministro Storace si fa sempre piú complicata. E peggiora ulteriormente quando uno dei suoi collaboratori, Dario Pettinelli, spiega ai magistrati di Roma che Storace era presente nel momento in cui vennero effettuati (abusivamente) i controlli informatici sui nomi dei firmatari di Alternativa sociale. Pettinelli, a lungo animatore di una radio privata che fa capo a Storace, racconta:

Unitamente ad Accame, Mirko Maceri, Nicola Santoro [il figlio di un magistrato di Roma, *nda*] e un altro tecnico di Laziomatica abbiamo proceduto alle verifiche anagrafiche accedendo al data base dell'anagrafe di Roma. Storace entrando nell'ufficio di Accame aveva evidenziato a noi presenti la stranezza circa la celerità con la quale la Mussolini aveva raccolto le firme dei sottoscrittori. Verso le 22, allontanato, sentivo la voce di Storace il quale, presumibilmente dopo essersi allontanato, aveva fatto ritorno negli uffici della Regione Lazio. Storace era contento e aveva un'aria soddisfatta; apprendevo dalla voce di Storace che avevamo la possibilità di controllare i nominativi degli elenchi dei sottoscrittori di Alternativa sociale, che lo stesso Storace presumeva falsi. Tale possibilità era legata alla disponibilità del collegamento all'anagrafe del Comune di Roma.

Pettinelli aggiunge di essere poi entrato nell'ufficio di Accame «allorquando vi era anche la presenza di Storace» e di «aver notato la presenza degli elenchi dei sottoscrittori sui quali poi provvedevamo ad effettuare i controlli».

La reazione di Storace è furibonda. L'ex ministro accusa Pettinelli di essere un «calunniatore». Ma la storia dei loro intensissimi rapporti è difficile da cancellare. Per capire quanto sia complicato per l'ex governatore scaricare il suo accusatore, basta pensare che Pettinelli è tutt'oggi socio della radio di Storace con una quota del 5 per cento. A presentare i due, nel 2001, fu Giampiero Arci, esponente di spicco della destra sociale, che morí poco dopo. Tra Storace e Pettinelli si stabilí subito un grande feeling. Il giorno del compleanno del presidente, nel 2003, Pettinelli gli fa trovare sulla scrivania un bigliettino con su scritto: «Il mio regalo è questo: www.storacetv.it». Storace si precipita al computer e scopre che Pettinelli gli ha confezionato una tv personale che riprende e trasmette la sua attività. Ne parlano i giornali, il governatore gongola e organizza una megafesta per lanciarla. La Regione assume Pettinelli con un contratto giornalistico e «Ciccio» firma il permesso per usare il suo nome su Internet. Il rapporto fra i due va al di là del lavoro. Nel 2004 Pettinelli si sposa. A officiare c'è il governatore in persona, un onore riservato a pochi. Passano alcuni mesi e Storace fregia Pettinelli del «Premio Area»: di miglior giornalista del 2004 nel settore new media, con la seguente motivazione: «Ha applicato oggi le regole della comunicazione di domani». L'altro premiato, davanti a tre ministri, è Mauro Mazza, direttore del Tg2.

Racconta Marco Lillo su *L'Espresso*:

Storace è preoccupato. Dopo la premiazione confida a Pettinelli: «Ho paura di non farcela alle regionali». Pettinelli torna a casa e gli scrive una mail alle due di mattina: «Io non sono in grado di darti un consiglio politico. So solo che è negli occhi di chi ci affida la sua speranza che dobbiamo trovare il coraggio di batterci. È pensando a loro che ci faremo onore». Poi, da buon camerata, chiude cosí: «Chiedimi qualsiasi cosa. Qualsiasi». Storace, la mattina dopo, risponde: «Sei un mito». Il presidente mostra di stimare Pettinelli anche perché sa comunicare con ambienti lontani. A lui affida una missione impossibile: convincere l'ex comunista Vladimiro Rinaldi, anima delle battaglie di Radio Radio a favore della terapia Di Bella, a candidarsi. Pettinelli riesce a toccare le corde giuste e il compagno Vladimiro (che aveva detto: «Sono nato comunista e morirò comunista») diventa il secondo consigliere piú votato della Lista Storace. Pettinelli fa «qualsiasi cosa» per il suo capo. Lavora tutta la notte in Regione, esce stanco e cade con il motorino rompendosi la spalla e l'omero. Il giorno dopo, tutto fasciato, torna al lavoro. Storace-tv si regge sulle sue spalle rotte. Una sera resta fino all'alba in Regione per montare un blob irridente su Marrazzo. Eppure qualcosa non va. Pettinelli mal sopporta i metodi di Accame. Non è tanto la storia delle intrusioni informatiche, sono altre le cose che non lo convincono. A luglio va da Storace e gli dice tutto quello che pensa del suo portavoce. Il capo sceglie in un attimo tra i due e lo scarica con una pacca sulla spalla. Pettinelli, dopo la sconfitta alla Regione, non rientra al ministero come Accame e gli altri dello staff. Non gli pagano nemmeno i soldi che ha anticipato ai fornitori per Storace tv. Per chiudere ogni pendenza gli fanno firmare un contratto nel quale si impegna a mantenere la riservatezza sulla sua attività in Regione. Il tappo salta il 17 marzo. Pettinelli quel giorno è chiamato in Procura e, sotto giuramento, non c'è contratto che tenga. L'ex collaboratore parla e racconta la sua verità.

Storace finisce sul registro degli indagati per associazione a delinquere. Ma il partito continua a sostenerlo. E lo fa subito eleggere in Parlamento. Un altro baluardo della democrazia.

Giuseppe Valentino
L'avvocato che parlava troppo

Avvocato di Reggio Calabria, classe 1945, vicino in gioventú ad ambienti di estrema destra, già commissario dell'Unire (Unione incremento razze equine), ascoltatissimo consigliere di Gianfranco Fini in materia di giustizia e sottosegretario alla Giustizia del secondo governo Berlusconi, Giuseppe «Peppe» Valentino è indagato nel 2004 dalla Dda di Catanzaro (che si occupa del caso invece della Dda di Reggio perché l'inchiesta coinvolge alcuni giudici reggini) per i suoi presunti rapporti con l'avvocato Paolo Romeo. Già membro di Ordine Nuovo, già parlamentare del Psdi, condannato definitivamente per associazione mafiosa in quanto considerato un uomo della 'ndrangheta: per la precisione, del clan reggino dei De Stefano. In passato, Valentino aveva difeso, come legale, Romeo. Ma, a quanto risulta dalle intercettazioni disposte dai giudici antimafia, aveva continuato a intrattenere con lui «intensi rapporti» anche dopo, quando aveva abbandonato la difesa per diventare sottosegretario alla Giustizia. I loro incontri si infittiscono nelle occasioni politiche piú importanti: per esempio, il varo del «decreto Reggio» e l'elezione del sindaco del capoluogo. «In tale contesto – scrivono i magistrati – è emerso il condizionamento della politica da parte del Romeo e delle persone a lui vicine, che lo utilizzano anche quale personaggio di spicco della mafia reggina».

Romeo e Valentino s'incontrano persino il 17 gennaio 2003, alla vigilia del discorso inaugurale che il sottosegretario doveva tenere in Corte d'appello per l'inaugurazione dell'anno giudiziario. Del resto, risulta che i due discutessero anche, in un ristorantino in riva al Tevere, dell'imminente approvazione della riforma dell'ordinamento giudiziario firmata dal ministro Castelli, di cui Valentino era uno dei vice. Accade il 20 aprile 2002 e poi ancora il 20 settembre dello stesso anno. «Alle 18.13 del 20 aprile 2002 – annota la polizia giudiziaria in ascolto – Paolo Romeo fa riferimento al duro attacco fatto dall'Associazione nazionale magistrati e all'organizzazione di uno sciopero [dei magistrati, *nda*], Valentino dice che è una vergogna, perché la riforma dell'ordinamento giudiziario non stravolge la categoria, ma garantisce la possibilità di accedere prima in Cassazione». Romeo suggerisce all'amico sottosegretario di vietare per i magistrati, oltre agli automatismi di carriera, anche la progressione automatica degli stipendi: «Se non avanzano nelle funzioni se ne fregano. Mentre con lo stipendio pieno sono le mogli che sono contente». Valentino rincara la dose: «Sostiene che l'Italia è l'unico paese dove la magistratura è indipendente e inamovibile, dove si fa carriera per impulso automatico, dove accusa e difesa vengono espressi da una stessa categoria di magistrati». Per lui l'«Anti-Stato» non è solo la mafia, ma anche la magistratura: «Alle 20.23 del 20 settembre 2002 – si legge in un altro verbale di trascrizione – Valentino, rivolgendosi a Romeo, racconta che la cosa che interessa tutti è l'ordinamento giudiziario. Aggiunge che ci sono due tipi di Anti-Stato. Uno criminale, che tutti conoscono e di cui tutti sono consapevoli, e un altro elitario, altrettanto criminale, dove un gruppo trascina le parti, ma che è Anti-Stato perché si trova in conflitto con tutto e con tutti».

Paolo Romeo non farà in tempo a festeggiare con l'amico sottosegretario l'approvazione dell'agognata riforma anti-giudici: verrà arrestato un po' prima, per scontare la sua condanna definitiva per mafia. Valentino intanto viene indagato per concorso esterno in 'ndrangheta per le sue presunte «condotte attinenti gli interessi della criminalità organizzata nel settore dei finanziamenti pubblici, degli appalti, delle infiltrazioni nelle istituzioni e nella pubblica amministrazione». Il «rapporto stabile» con Romeo, però, non basta a configurare il reato di concorso esterno: ci vuole uno scambio di favori con le organizzazioni criminali. Di questo, per la verità, parla Paolo Iannò, un pentito ritenuto attendibile dagli inquirenti: racconta di presunti interventi di Valentino su magistrati calabresi per «aggiustare» il processo a carico di Romeo e per tirare fuori dal carcere il coindagato Giorgio De Stefano.

Ma alla fine la Dda di Catanzaro non ritiene di aver raccolto «quei riscontri puntuali che avrebbero potuto permettere di contestare fondatamente il delitto», anche perché poi Romeo è stato condannato e De Stefano non ha ottenuto i benefici che Romeo avrebbe sollecitato a Valentino. Perciò, il 16 gennaio 2006, i pm Mariano Lombardi, Luigi De Magistris e Mario Spagnuolo chiedono al gip di archiviare la posizione di Valentino, ma solo «in ordine a taluni fatti», cioè alle due citate «vicende attinenti i procedimenti giudiziari che hanno coinvolto il co-indagato Romeo», per le quali «non sono emersi elementi sufficienti per sostenere l'accusa in giudizio». Contemporaneamente, però, annunciano di dover «procedere alla formazione di un nuovo fascicolo da iscriversi con riferimento ai reati per cui è procedimento». Fascicolo che, dissipati i sospetti su alcuni giudici reggini, torna alla Dda di Reggio Calabria. Qui, par di capire dalle carte, l'ex sottosegretario sarebbe stato di nuovo iscritto sul registro degli indagati per concorso esterno, e gli accertamenti a suo carico sarebbero ancora in corso.

Intanto il suo nome ricorre spesso anche nelle indagini delle Procure di Milano e di Roma sulle scalate bancarie dell'estate 2005: è sospettato di essere la «talpa» che avvertí Stefano Ricucci, e con lui gli altri «furbetti» e i loro numerosi protettori, delle intercettazioni a loro carico. Valentino era stato anche il difensore di Ricucci in un processo per truffa nato a Roma da una denuncia del cognato, e l'aveva «passato» all'amico Guido Calvi, avvocato e deputato Ds, quand'era divenuto sottosegretario. Ma Gianpiero Fiorani, citando una fonte di seconda mano, racconta che fu proprio lui a mettere in guardia l'odontotecnico-immobiliarista di Zagarolo di far attenzione ai telefoni. Il sottosegretario smentisce sdegnato. E intanto, nel 2006, viene rieletto senatore con Alleanza nazionale.

Gianni Alemanno
Per un cartoccio di latte

L'abbiamo incontrato nel mare magno del capitolo Parmalat. Dopo il proscioglimento di Enrico La Loggia al Tribunale dei ministri di Palermo, l'ex ministro delle Politiche agricole Gianni Alemanno resta l'unico politico indagato (al Tribunale dei ministri di Roma) della vicenda, per 85 mila euro di presunti finanziamenti illeciti dal gruppo Tanzi, mascherati – secondo l'accusa – da contratti pubblicitari per la rivista *Area*.

Carmelo Briguglio
L'imputato peripatetico

Palermitano, già consigliere e assessore regionale, poi deputato dal 2001, nel 1999 viene rinviato a giudizio per abuso d'ufficio e truffa alla Regione e all'Unione europea nell'inchiesta della Procura di Palermo su presunti finanziamenti regionali e comunitari girati a tre società «amiche» per corsi di formazione professionale. Il processo viene poi trasferito per competenza a Messina, dove i giudici annullano il precedente decreto di rinvio a giudizio e ripartono praticamente da zero. Ma il tour non è finito, perché nel gennaio 2003 il gip messinese dichiara prescritta una parte delle accuse, e dirotta quelle rimaste a Reggio Calabria, in quanto fra gli indagati c'è anche un giudice di pace di Messina. Intanto Briguglio è stato rieletto deputato.

Antonio Buonfiglio
Onorevole a credito

Romano, classe 1968, nella scorsa legislatura vicecapogabinetto di Gianni Alemanno alle Risorse Agricole, Antonio Buonfiglio è indagato per corruzione nell'inchiesta sui crediti della Federconsorzi. La Procura di Potenza e poi di Roma lo accusano di aver aiutato due avvocati romani a incassare sottocosto i crediti dell'istituto fallito, in cambio di denaro e di fantomatiche «consulenze». Buonfiglio nega tutto e intanto, nel 2006, viene eletto deputato.

Giuseppe Consolo
L'onorevole copione

Napoletano, avvocato, celebre per aver difeso il bulgaro Antonov coinvolto nell'attentato al Papa, sposato con una principessa Romanov (discendente degli zar di Russia), senatore nel 2001 e ora deputato di An, già membro della leggendaria commissione Telekom-Serbia, Giuseppe Consolo è docente associato di diritto costituzionale alla Luiss di Roma. Un giorno, per accedere al concorso per la cattedra di professore ordinario all'Università di Cagliari, copia alcune monografie e le presenta come sue pubblicazioni per incrementare i suoi titoli. Ma un anonimo concorrente, firmandosi «professor Giovanni Rossi», presenta un esposto alla magistratura. Le indagini del pm romano Alberto Caperna hanno poi appurato che la denuncia era fondata: Consolo firmò alcuni saggi di cui intere parti erano plagiate da manuali e pubblicazioni altrui. «Sbagliando – ha dichiarato Consolo al *Giornale*, nel 2005, con soave *nonchalance* –, non ho virgolettato alcuni passi ripresi da altri autori. Ma nelle note c'erano i riferimenti. Comunque, ho ritirato la candidatura al concorso». Bontà sua. Per questo, nel 2004, l'onorevole copione è stato condannato dal Tribunale di Roma a 6 mesi di reclusione e 1.000 euro di multa per violazione del diritto d'autore e frode in pubblico concorso. Sentenza subito appellata. Nel 2006 Consolo è tornato a Montecitorio.

Riccardo De Corato
Il nero in bianco

Negli anni 80 era, a Milano, il consigliere comunale piú battagliero dell'Msi contro gli scandali della Prima Repubblica. Poi fu un tifoso accanito di Mani Pulite. In seguito diventò per dieci anni vicesindaco di Milano nelle due sindacature di Gabriele Albertini. Ora Riccardo De Corato è imputato insieme a quest'ultimo davanti al Tribunale di Milano per falso ideologico, tentato falso materiale e tentato abuso d'ufficio. Il processo è quello sullo scandalo degli «emendamenti in bianco» presentati dalla maggioranza di centrodestra nel marzo 2003 per far decadere automaticamente quelli dell'opposizione contro la delibera di bilancio. Carte false, secondo l'accusa, per bloccare l'attività della minoranza. Intanto, nel 2006, De Corato è entrato in Parlamento come deputato di An.

Marcello De Angelis
Terza Posizione, ottima sistemazione

Romano, arrestato a 19 anni nel 1981 a Londra insieme al futuro leader di Forza Nuova, Roberto Fiore, Marcello De Angelis è stato condannato in via definitiva a 5 anni di carcere per banda armata e associazione sovversiva. Era un elemento di spicco del gruppo neofascista Terza Posizione, un'organizzazione di cui è stato anche portavoce ufficiale. Scontata, dopo una lunga latitanza, la pena in carcere, De Angelis è stato direttore di *Area*, la rivista che fa capo all'ex ministro dell'Agricoltura Gianni Alemanno e che sarebbe anche stata utilizzata da Alemanno per ricevere da Calisto Tanzi un finanziamento illecito da 80 mila euro mascherato sotto forma di pubblicità. Nel 2006 De Angelis, che si è sempre proclamato innocente, è stato eletto in Senato nelle file di Alleanza nazionale.

Padania penale

Umberto Bossi
Padania ladrona, la Lega ti perdona

Umberto Bossi, fondatore e segretario della Lega Nord, ministro delle Riforme istituzionali nel secondo governo Berlusconi fino al 2004 (quando fu colpito da ictus e lasciò il governo e la Camera per il Parlamento europeo), è uno dei tanti pregiudicati per la maxitangente Enimont: 200 milioni della madre di tutti i finanziamenti illeciti arrivarono nelle casse del Carroccio. E lui non l'ha mai negato, anzi: si presentò a Di Pietro con un assegno di pari importo a titolo di (tardiva) restituzione. Poi però la ritrovata vicinanza con Berlusconi l'ha portato, negli ultimi anni, ad attribuire la sua condanna a un fantomatico «complotto dei giudici».

La consegna avviene in un luogo simbolo della «Roma ladrona»: il bar Doney di via Veneto, strada di lusso, divertimenti e donnine allegre. La *summa* di quella capitale corrotta che la Lega Nord non si è mai stancata di denunciare. Lí, nel marzo 1992, poche settimane prima delle elezioni che assestano la prima grande spallata al vecchio sistema dei partiti, Alessandro Patelli, allora segretario amministrativo della Lega, riceve dal responsabile delle relazioni istituzionali del gruppo Ferruzzi-Montedison, Marcello Portesi, un pacchetto contenente 200 milioni in contanti. Una mazzetta pesante. Un finanziamento illegale che costerà a Patelli e al segretario politico Bossi una condanna a 8 mesi di reclusione per ciascuno, confermata in appello e in Cassazione.

La storia di questa bustarella, che Patelli (poi passato a Forza Italia) ammette di avere ricevuto, è riassunta con dovizia di particolari nella sentenza di primo grado, emessa dai giudici della V sezione del Tribunale di Milano. Una storia imbarazzante, perché secondo i giudici Bossi ha mentito quando ha detto di non aver mai saputo nulla di quei soldi. Infatti la Lega, come gli altri partiti, creava improbabili centri studi e associazioni culturali, in modo da poter ricevere denaro dalle imprese, mascherando da consulenze i finanziamenti illeciti.

È Carlo Sama a mettere i magistrati sulla pista del Carroccio. Un giorno – racconta – Portesi gli segnala «la richiesta avanzata da Patelli affinché Montedison acquisti pubblicità sul network Italia Radio». «Sama – si legge nella sentenza – ha dichiarato di aver deciso insieme a Giuseppe Garofano e a Sergio Cusani di versare a Patelli, senza osservazione delle regole sul finanziamento dei partiti, 200 milioni». La decisione viene presa dopo due incontri con Bossi, durante i quali, rispettando il gioco delle parti, non si parla esplicitamente di «contribuzioni elettorali». A organizzare i *rendez-vous* è Portesi, il quale

> ha dichiarato di aver avuto occasione di conoscere l'onorevole Bossi nel 1991 [...] e di aver ricevuto la richiesta che Montedison s'impegnasse per un aiuto economico alla Lega, che poteva essere erogato nella forma della pubblicità di prodotti delle società del gruppo su emittenti radiotelevisive collegate alla Lega.

Bossi dice a Portesi che l'uomo con cui trattare l'affare è Patelli. Infatti Portesi ricorda

> di essere stato piú volte contattato, nel 1991, da Patelli che aveva proposto varie formule per giustificare il finanziamento, attraverso la pubblicità [...], e attraverso l'affidamento d'incarichi di studi a un nuovo centro studi sulla cooperazione che la Lega stava realizzando.

Nei primi mesi del '92 Patelli, Bossi, Portesi e Sama s'incontrano. Secondo Portesi, nella riunione si discute di «massimi sistemi», ma il meeting costituisce «in concreto l'occasione dell'accreditamento da parte di Bossi della persona di Patelli nei confronti di Montedison». Mancano poche settimane alle elezioni del 6 aprile. Mario Chiesa è in carcere da un mese e la Lega cavalca la «questione morale». Cusani consegna a Portesi 200 milioni prelevati dalle riserve non contabilizzate del gruppo. Il manager Montedison telefona a Patelli e gli consegna il denaro. In Tribunale – ricordano i giudici – Portesi «ha precisato che Patelli, informato che Montedison, per evitare di essere etichettata politicamente, non era disponibile alle forme di finanziamento da lui precedentemente proposte», di fronte ai soldi non ha battuto ciglio. I rapporti fra gruppo Montedison e Lega Nord diventano eccellenti. Tanto che, dopo qualche mese, Bossi incontra di nuovo Sama per lamentarsi di come *Il Messaggero*, in quel momento di proprietà del gruppo Ferruzzi, tratta il suo movimento. Anche Patelli conferma questa ricostruzione, come si legge nella sentenza:

> Patelli ha dichiarato che verso la fine del 1991 aveva trovato sulla scrivania un appunto di Bossi che lo invitava a prendere contatto con Portesi – col quale Bossi aveva già avuto un incontro – al fine di proporgli l'acquisto di servizi che la Lega era in grado di erogare, attraverso strutture organizzative ancora in fase di avviamento, nell'ambito delle quali vi erano la Publinord, che doveva occuparsi della raccolta pubblicitaria, il Cicos, un centro per lo studio sui paesi in via di sviluppo, l'Aclis, un'associazione culturale e sportiva. Tutti enti dei quali era legale rappresentante e che peraltro non avevano di fatto mai operato.

Patelli aggiunge di aver incontrato Portesi tre volte. E di avere discusso con lui, ma senza risultati. Finché, un giorno di marzo, arriva una telefonata. L'appuntamento è al bar Doney, dove gli viene consegnato il pacchetto con i soldi:

> Patelli ha ammesso di aver ricevuto il denaro senza fare alcun commento, in particolare senza chiedere la regolazione del contributo; ha inoltre sostenuto di essere rientrato a Milano, di aver riposto, senza contarlo, il denaro in un cassetto nel suo ufficio presso la sede della Lega, di aver ivi conservato la somma per dieci giorni. Fino a quando, nella notte tra il 26 e il 27 marzo, era stata sottratta a seguito di una incursione di ladri rimasti ignoti. Patelli ha altresí sostenuto che, nonostante in quei dieci giorni, in imminenza delle elezioni, avesse piú volte avuto occasione di parlare per telefono con Bossi, non lo aveva informato del contributo di Portesi.

Peccato che, nella denuncia presentata dopo il furto, si parli di «una sottrazione di soli 15 milioni». Patelli comunque insiste nel dire «di non aver provveduto a informare Bossi nemmeno in occasione della denuncia». Il Senatúr sembra dunque in una botte di ferro. In aula conferma il racconto di Patelli. Ma gli elementi in mano ai giudici dimostrano il contrario. Infatti

> la circostanza che le formule (acquisto di pubblicità, di attività di studio...) che, su incarico di Bossi, Patelli aveva proposto a Portesi, avessero funzione essenzialmente di mascherare i finanziamenti [...] è provata, oltre che dalle dichiarazioni di Portesi e di Sama, dalle ammissioni di Patelli. Egli ha confermato che la Publinord, il Cicos e l'Aclis erano organismi all'epoca in fase di creazione, ancora privi di strutture adeguate e che non avevano mai operato.

Dunque le soluzioni proposte da Bossi e Patelli erano solo una trovata per mascherare con fatture i finanziamenti fuorilegge.

Sono tre ex leghisti di spicco a dare la conferma decisiva ai sospetti dei magistrati. Contro il leader della Lega parlano infatti Gianfranco Miglio, Franco Castellazzi e Piergianni Prosperini.

> Miglio, all'epoca dei fatti candidato al Senato nelle liste della Lega, ha riferito che, all'approssimarsi delle elezioni del 1992, aveva chiesto a Bossi, in qualità di segretario politico, se disponesse di risorse finanziarie sufficienti per affrontare la campagna elettorale e questi gli aveva risposto: «Non ti preoccupare, ci penso io [...]. Ho stabilito buoni rapporti con i Ferruzzi, ci aiuteranno».

Questa frase non stupisce il Tribunale:

> Le risultanze probatorie hanno dimostrato che tutti i poteri di rilievo erano accentrati in capo al segretario politico Bossi. Egli era titolare dei conti correnti bancari di cui l'amministrazione della Lega disponeva ed era l'unico che poteva operare sul conto presso la Bnl di Varese dove confluivano le somme piú consistenti, attraverso le quali, con assegni a sua firma, provvedeva ad alimentare il conto corrente presso la Cariplo di Milano, utilizzato per le spese da Patelli.

Miglio, insomma, non mente quando spiega:

> So per certo che l'organizzazione e la struttura della Lega era una struttura assolutamente fluttuante, quello che mi ero abituato a considerare stando vicino alla Lega era questo carattere di conduzione personale, tutto dipendeva dalle scelte che volta per volta faceva Bossi e io ritengo che i rapporti con Patelli, come li ho conosciuti io, abbiano continuato a essere tali anche sul piano finanziario [...]. Patelli era un fedelissimo di Bossi, era l'esecutore degli ordini di Bossi, questo era il suo ruolo nella Lega e come aiutante di Bossi credo che mai un capo politico abbia avuto un esecutore, un aiutante fedele come Patelli.

Ma la vendetta del vecchio ideologo leghista non si ferma qui:

> Miglio ha riferito di essere a conoscenza che la Lega reperiva risorse finanziarie da imprenditori che effettuavano finanziamenti illeciti direttamente a Bossi al fine d'ingraziarselo [...]. Egli ha inoltre riferito di confidenze ricevute da Aldo Rizzi, il contabile della Lega, che lamentava difficoltà di gestione della contabilità, in particolare a causa dell'esistenza di entrate e uscite in nero.

Rizzi, interrogato, non smentisce in modo convincente.

> [Dice che] le entrate a sua conoscenza, che avevano richiesto la dichiarazione congiunta alla presidenza della Camera, erano state pochissime. E ha inoltre ammesso che in alcuni casi Patelli gli aveva chiesto indicazioni per regolarizzare, attraverso fittizie note spese, uscite in nero.

Prosperini e Castellazzi sono ancora piú pesanti. Il primo «ha ribadito la centralità del ruolo di Bossi all'interno del movimento, anche con specifico riferimento alla gestione finanziaria e alla acquisizione dei contributi». Il secondo «ha evidenziato la totale dipendenza di Patelli da Bossi, ha riaffermato che la gestione dei finanziamenti della Lega passava attraverso Bossi e ha infine indicato l'esistenza di contatti tra Bossi e la Montedison». Insomma, quando Patelli tenta maldestramente di difendere il capo, mente. Non per nulla «il legame tra Bossi e Patelli è perdurato anche dopo i fatti in esame». Il leader della Lega non ha scaricato il suo segretario amministrativo quando ha scoperto che aveva incassato 200 milioni in nero. Anzi, ha addirittura «sostenuto la candidatura di Patelli al Parlamento europeo e, nel corso di un convegno della Lega, ha promosso la raccolta di 200 milioni di lire da restituire alla Montedison». Poi Patelli ha lasciato la Lega in una delle tante scissioni. Ora, al Parlamento europeo, siede Bossi. Che nel 2005 ha ottenuto l'immunità per alcuni processi che lo vedono imputato per aver insultato dei giudici.

Ma i guai del Senatúr con la giustizia non finiscono con la mazzetta Enimont. Il 16 dicembre '99 la Cassazione l'ha condannato a 1 anno per istigazione a delinquere, per aver incitato i suoi, in due comizi a Bergamo nel 1995, a «individuare i fascisti casa per casa per cacciarli dal Nord anche con la violenza». Tremaglia, suo futuro collega ministro, l'aveva denunciato. Ancora in corso altri due processi. Il primo è quello per resistenza a pubblico ufficiale, in seguito agli scontri con la polizia che perquisiva, il 18 settembre '96, la sede leghista di via Bellerio a Milano: condannato a 7 mesi in primo grado e a 4 in appello, Bossi s'è visto annullare con rinvio la seconda condanna dalla Cassazione, che ha disposto un nuovo processo d'appello. Il secondo è quello di Verona per le camicie verdi: Bossi, con altri 44 dirigenti leghisti, deve rispondere in udienza preliminare di attentato alla Costituzione e all'Unità dello Stato, nonché di aver costituito una struttura paramilitare fuorilegge. Ma, almeno in questo caso, rischia poco o nulla: allo scadere dell'ultima legislatura, la maggioranza di centrodestra ha riformato i primi due reati (punibili ora solo in presenza di atti violenti), in modo da assicurarne la decadenza al processo di Verona. L'ennesima legge *ad personam*. Una volta tanto non per il Cavaliere, ma per il Senatúr.

Mario Borghezio
Il piromane verde

Anche il corpulento e tonitruante agitatore padano-piemontese Mario Borghezio, avvocato, piú volte deputato, sottosegretario alla Giustizia nel primo governo Berlusconi (1994), ha collezionato la sua brava condanna definitiva. Il 5 settembre 2005 la Cassazione l'ha riconosciuto irrevocabilmente colpevole di incendio aggravato da «finalità di discriminazione», per aver dato fuoco ai paglericci di alcuni immigrati rumeni che dormivano sotto un ponte della Dora, a Torino. E ha confermato la condanna emessa dal Tribunale e dalla Corte d'appello di Torino: 2 mesi e 20 giorni di reclusione commutati in 3.040 euro di multa. Infondata la tesi difensiva secondo cui il processo sarebbe stato viziato da una «strumentalizzazione politica» anti-leghista.

I fatti risalgono al 1° luglio 2000 quando, al termine di una fiaccolata dei «Volontari verdi» contro l'immigrazione, presero fuoco i giacigli in cui vivevano accampati alcuni extracomunitari sotto il ponte Principessa Clotilde. L'incendio, provocato da alcune fiaccole dei manifestanti al seguito di Borghezio, bloccò la circolazione per tre ore e richiese l'intervento dei vigili del fuoco. Di qui la condanna anche di Borghezio che – osserva la Cassazione – non si basa «sulla sua collocazione di spicco nelle istituzioni e all'interno del movimento politico al quale faceva capo la manifestazione», ma è provata dalle sue stesse dichiarazioni.

È stato infatti lo stesso *capatàz* leghista ad ammettere «la circostanza di avere assunto l'iniziativa di effettuare la perlustrazione sotto il ponte, affidata a persone munite di fiaccole e decise ad attuare il palesato intento di bonificare la zona da tutto ciò che poteva avere attinenza con il traffico di sostanze stupefacenti». Poi ci sono le testimonianze, pienamente attendibili, degli agenti della Digos intervenuti sul posto e di alcuni passanti «che contraddicono l'ipotesi di accidentalità dell'incendio» formulata, invece, da un vicequestore.

Borghezio è poi imputato a Verona nel processo alle «camicie verdi». Le accuse, che passeranno al vaglio del gip nell'udienza preliminare nell'ottobre 2006, vanno dall'attentato alla Costituzione e all'unità dello Stato alla creazione di una struttura paramilitare fuorilegge. Ma la modifica della legge approvata appositamente dalla Cdl allo scadere della passata legislatura, nel gennaio 2006, cancellerà almeno le prime due imputazioni. Infine il processo per resistenza a pubblico ufficiale durante le perquisizioni nella sede leghista di via Bellerio a Milano. Il 10 novembre 2001 la Corte d'appello di Milano lo condanna a 4 mesi e 20 giorni di reclusione. Ma poi, il 9 febbraio 2004, la Cassazione annulla la sentenza, disponendo per lui e altri dirigenti del Carroccio un nuovo processo d'appello. Tre mesi dopo l'imputato Borghezio viene eletto deputato europeo.

Matteo Brigandí
Procuratore o truffatore?

Siciliano di Messina, torinese di adozione, un passato di giocatore di football americano e un presente di avvocato penalista, Matteo Brigandí nasce democristiano. Poi diventa socialista e s'iscrive alla massoneria. Nel '94 viene eletto senatore nella Lega Nord e diventa subito il difensore del Senatúr, che ha sempre bisogno di un buon avvocato. Nel '96, mancata per un soffio la rielezione, Bossi gli dà un contentino e lo nomina «Procuratore generale della Padania». Carica del tutto virtuale, che lui mantiene tutt'oggi, con tanto di carta intestata, anche se il 30 luglio 2003 è stato arrestato (non in carcere, ai domiciliari) e poi rinviato a giudizio per concorso aggravato in truffa ai danni della Regione Piemonte. In quel periodo Brigandí è appena diventato assessore al Legale (proprio cosí) e al Contenzioso estero della Regione Piemonte. La Procura di Torino lo accusa di aver architettato un raggiro ai danni della Regione che lui stesso rappresentava, in combutta con il suo collaboratore Sergio Rosso, per regalare un bel po' di miliardi pubblici all'amico imprenditore Agostino Tocci, titolare della concessionaria di auto di lusso «Autovallere» a Moncalieri e di altre società. Tocci infatti fu indebitamente risarcito per i presunti, anzi inesistenti danni subiti dalle alluvioni del 1994 e del 2000.

I tre – recita l'ordinanza di custodia cautelare – «inducendo in errore la Regione Piemonte, hanno provocato al Tocci un ingiusto profitto consistito nell'ottenere dalla Regione l'esborso in favore di Autovallere Spa una somma pari a euro 2.824.700,53». L'indennizzo, già liquidato dalla Regione come rimborso a fondo perduto del 100 per cento, viene sequestrato dai giudici. Le cose sarebbero andate cosí. Quando Tocci chiede il risarcimento, nel 2001, gli uffici regionali contestano la sua autocertificazione relativa al 1994. Nel febbraio 2003 il Tar ordina di riesaminare la pratica. A questo punto, secondo il pm Andrea Padalino, entra in scena il neoassessore Brigandí, il quale avrebbe piú volte sollecitato una transazione extragiudiziale con Tocci. Che alla fine che porta nelle tasche dell'amico la bellezza di 6 miliardi di lire.

Sapeva, l'uomo politico, che le carte dell'imprenditore erano false e che le sue società non erano state neppure sfiorate dalle esondazioni del torrente Sangone? Secondo la Procura, sí. Lo dimostrerebbero le intercettazioni e i pedinamenti condotti dalla polizia giudiziaria, dai quali risulta che nei giorni caldi del contenzioso Tocci s'incontrava quotidianamente con il braccio destro dell'assessore, Sergio Rosso, sempre in luoghi diversi (bar, distributori di benzina, uffici privati del concessionario), dandosi appuntamento al telefono con frasi carbonare («Di queste cose è meglio non parlare al telefono»). Tocci e Rosso sostengono che, in cambio dei procacciati indennizzi, Tocci aveva promesso a Brigandí un sostegno elettorale e finanziario per le elezioni successive, oltre all'acquisto di un pacchetto di tessere della Lega Nord. Accuse che Brigandí ha sempre respinto. Decideranno i giudici. Intanto l'imputato, nel 2006, è tornato deputato.

Roberto Calderoli
Il dentista ri-costituente

Bergamasco, laureato in odontoiatria, prima vicepresidente del Senato e poi ministro delle Riforme Istituzionali nel secondo governo Berlusconi, corresponsabile della controriforma costituzionale, nonché autore materiale della nuova legge elettorale (da lui stesso definita «porcata»), Roberto Calderoli ha anche lui le sue grane con la giustizia. È stato condannato in appello a Milano a 4 mesi e 20 giorni di reclusione per resistenza a pubblico ufficiale durante la perquisizione della polizia nella sede di via Bellerio. La sentenza è stata poi annullata dalla Cassazione, che ha ordinato un nuovo processo d'appello.

Calderoli, come abbiamo visto, è pure sospettato di aver ricevuto denaro da Gianpiero Fiorani nei mesi caldi della scalate bancarie. Ed è imputato in udienza preliminare davanti al Gup di Verona insieme ad altri 44 dirigenti leghisti, compreso Bossi, per attentato alla Costituzione e all'unità dello Stato e per la creazione di una struttura paramilitare fuorilegge: le «camicie verdi». L'udienza, con ogni probabilità, si chiuderà con un proscioglimento generale, visto che i reati piú gravi (i primi due) sono stati modificati *ad hoc* dalla Cdl. Nel 2006 Calderoli è stato rieletto senatore.

Davide Caparini
La piccola vendetta lombarda

Bresciano, classe 1967, già membro della Vigilanza Rai, l'onorevole Davide Caparini è anche lui imputato per resistenza a pubblico ufficiale nel processo sui fatti di via Bellerio. Condannato a 8 mesi in primo grado e a 4 mesi e 20 giorni in appello, dopo l'annullamento della seconda condanna dovrà subire un nuovo processo d'appello. Intanto, nel 2006, è tornato alla Camera.

Roberto Castelli
Disgrazia e Ingiustizia

Nato a Lecco nel 1946, ingegnere del suono esperto in abbattimento di rumori autostradali, leghista della prima ora, per cinque anni ministro della Giustizia nel secondo governo Berlusconi, rieletto senatore nel 2006, Roberto Castelli è indagato dal Tribunale dei ministri di Roma per abuso d'ufficio nello scandalo delle consulenze facili in Via Arenula, di cui si occupa anche la Corte dei conti per gli eventuali danni all'erario. Nel mirino dei magistrati, in particolare, c'è il progetto dell'ex ministro per misurare l'efficienza degli uffici giudiziari, pomposamente denominato «Global Brain» dal nome della società milanese a cui era stato affidato. Il guaio è che la ditta – pare – non aveva i requisiti per essere scelta: infatti fu incaricata senz'alcuna selezione. In amicizia. Nessuna gara d'appalto.

«La Global Brain – si legge nel rapporto della Guardia di finanza alla Corte dei conti – al tempo della stipula delle convenzioni (13.12.2001) non era affatto la mirabile società» descritta nelle carte ufficiali, «in grado di fornire consulenze a livello altamente specializzato e dotata di un'efficiente struttura organizzativa, atteso che era stata costituita solo il 12 novembre 2001 con un capitale sociale di 10 mila euro». L'accordo fra il ministro e i titolari della società sarebbe avvenuto addirittura prima che questa nascesse, in una serata benefica organizzata nel luglio 2001 a villa Soriani Marzorati di Missaglia (Lecco). Padroni di casa: il conte Alberto Uva e la sua famiglia. Ospite d'onore: il neoministro Castelli. Il quale, fra un cocktail e una tartina, avrebbe accennato a Uva la sua balzana idea di calcolare la produttività dei magistrati. Detto, fatto. A novembre Uva fonda la Global Brain e a dicembre il ministero gli affida l'incarico per 85 mila euro all'anno. Ma – secondo la Guardia di finanza – «l'assoluta incapacità professionale della società rende la scelta del tutto irrazionale, nonché illegittima e illecita». Cosí Castelli finisce sotto inchiesta per abuso d'ufficio, insieme a Uva, al capo di gabinetto Settembrino Nebbioso, ai vicecapi di gabinetto Alfonso Papa e Marco Preioni e ad altri due magistrati. La Corte dei conti, parallelamente, stima un danno erariale di 400 mila euro, contestati anche al capo del Dap (Dipartimento amministrazione penitenziaria) Giovanni Tinebra.

Per altre consulenze esterne concesse nella legislatura precedente, erano stati indagati anche gli allora ministri della Giustizia Oliviero Diliberto e Piero Fassino, ma per loro è già stata chiesta l'archiviazione. Castelli, poi, deve rispondere dinanzi alla Corte dei conti del Lazio di altri presunti danni all'erario provocati da un altro incarico molto discusso e discutibile: quello conferito dal ministro al suo amico e conterraneo Giuseppe Magni, ex sindaco leghista di Calco, un piccolo comune in quel di Lecco, promosso nientemeno che «consulente per l'edilizia penitenziaria». Il viceprocuratore generale della magistratura contabile laziale, Guido Patti, ha chiesto a Castelli di restituire la metà dei 211.989,61 euro di denaro pubblico generosamente elargiti a Magni dal 2001 al 2004. L'altra metà dovrebbe rifonderla il Magni medesimo, ingaggiato al ministero con queste prestigiose referenze: «Socio ordinario militante della Lega Nord dal 1995 e parlamentare eletto dalla Provincia di Lecco al Parlamento di Chignolo Po». Per quattro anni l'insigne luminare padano, esperto di non si sa bene cosa, ha svolto – scrive il Pg della Corte dei conti – «attività dall'indefinito contenuto», senza render conto ai dirigenti del Dap né «raggiungere alcuno degli obiettivi menzionati nel decreto di conferimento incarico». Per quattro anni ha percorso in lungo e in largo l'Italia con «autovettura blindata e due auto di scorta», senza contare le trasvolate con aereo di Stato, al seguito dell'amico ministro, «a Mosca, a Tirana e negli Usa». Che cosa facesse nessuno lo sa, visto che presentava «relazioni quasi in codice, con riferimenti per cosí dire criptici». Un caso che la Lega Nord delle origini avrebbe classificato fra quelli tipici di «Roma ladrona». Il 1° febbraio 2002, un mese dopo l'entrata in vigore dell'euro, Castelli scrive a Magni che intende continuare ad avvalersi della sua «qualificata collaborazione e specializzazione» per altri sei mesi, ma il suo compenso di 48 milioni di lire a semestre passa a 46.482 euro: praticamente il doppio. Almeno un italiano, nel cambio lira-euro, ci ha guadagnato.

Roberto Maroni
L'eroe della resistenza (alla polizia)

Nato a Varese nel 1955, avvocato all'ufficio legale della Avon, poi dirigente leghista fin dalle origini, ministro dell'Interno nel primo governo Berlusconi e del Welfare nel secondo, Bobo Maroni viene coinvolto in due inchieste giudiziarie. Per gli scontri con la polizia, inviata nel '96 dalla Procura di Verona a perquisire via Bellerio, è stato condannato definitivamente a 4 mesi e 20 giorni di reclusione per resistenza a pubblico ufficiale. Per la creazione delle «camicie verdi», è imputato in udienza preliminare a Verona insieme ad altri 44 dirigenti della Lega per attentato alla Costituzione e all'unità dello Stato e per la fondazione di una struttura paramilitare fuorilegge. Ma i primi due reati sono stati ampiamente ridimensionati da una riforma legislativa *ad hoc*, varata dalla Cdl proprio allo scadere dell'ultima legislatura. Resta in piedi solo il terzo. Intanto, nel 2006, Maroni è stato rieletto deputato.

Francesco Speroni
Il leghista invulnerabile

Nato a Busto Arsizio nel 1946, leghista della prima ora, già ministro delle Riforme nel primo governo Berlusconi, eurodeputato da tre legislature, Francesco Speroni è anche lui imputato davanti al Gup di Verona per attentato alla Costituzione e all'unità dello Stato e per la creazione di una struttura paramilitare fuorilegge: le «camicie verdi». L'inchiesta, avviata nella seconda metà degli anni '90 dal procuratore veronese Guido Papalia, approda nel '98 alle richieste di rinvio a giudizio. Ma nel 2000 il Senato blocca tutto, almeno per Speroni, dichiarandolo «insindacabile» in quanto i presunti reati sarebbero stati commessi nell'esercizio delle funzioni parlamentari. Nel 2001 il gup Michele Dusi solleva un conflitto d'attribuzione contro il Senato dinanzi alla Consulta. Nel 2005 la Consulta dichiara inammissibile il conflitto. Dunque, quando l'udienza riprenderà nell'ottobre 2006, il gip potrà procedere, ma solo a carico degli altri 44 imputati. Speroni è salvo.

Udc: io c'entro

Lorenzo Cesa
Gambadilegno in salsa Dc

«Intendo puntualizzare alcuni episodi che non ho riferito al pm. Episodi analoghi a quelli che mi sono stati contestati e che non ho riferito perché, per comprensibili ragioni, ero stordito e frastornato. Oggi mi sento piú sereno e intendo svuotare il sacco...».

No, non è Pietro Gambadilegno che, scoperto con le mani nella marmellata, confessa piangendo davanti al commissario Basettoni. È Lorenzo Cesa da Arcinazzo, dal 27 ottobre 2005 segretario nazionale dell'Udc al posto di Marco Follini (fatto fuori dagli «amici» di partito perché troppo critico con Silvio Berlusconi). Un'elezione quasi per acclamazione, la sua. Con tanto di commenti entusiastici. «Abbiamo fatto la scelta migliore» (Rocco Buttiglione). «Ha le doti necessarie per guidare il partito» (Stefano Caldoro, Nuovo Psi). «Penso che sia la persona ideale» (Roberto Calderoli, Lega). Un tripudio di complimenti, auguri, moine, salamelecchi. Giusto coronamento per una carriera politica iniziata nella Democrazia cristiana negli anni 80, quando Forlani volle Cesa presidente della Commissione centrale per il controllo dei tesseramenti, poltrona chiave in una Balena Bianca le cui correnti riuscivano a tesserare persino i morti.

Sveglio, anzi sveglissimo, Cesa si fa subito notare. Lo prende a benvolere un altro uomo di Forlani, il bresciano Gianni Prandini, detto «Prendini». Il quale, non appena approda sulla poltrona di ministro dei Lavori pubblici, utilizza il giovane Lorenzo come collettore delle tangenti pagate dagli imprenditori in cambio di dall'Anas. A dirlo non è una sentenza definitiva: Prandini e Cesa, condannati in primo grado per corruzione aggravata rispettivamente a 6 anni e 4 mesi e a 3 anni e 3 mesi di reclusione, l'hanno fatta franca. In secondo grado, nel 2003, la Corte di appello di Roma si è resa conto che uno dei pm dell'inchiesta sullo scandalo Anas (circa 30 miliardi di lire di mazzette destinate, secondo l'accusa, a Prandini) aveva svolto anche la funzione di gup. Cosí il processo è ritornato al punto di partenza e tutto è finito in prescrizione. A confessare di essere stato uno dei portaborse, anzi dei portamazzette (con licenza di trattativa) di Prandini, è stato lo stesso Cesa, in tre memorabili interrogatori avvenuti tra il palazzaccio di piazzale Clodio e il carcere. Sí, perché il segretario del partito di Pierferdinando Casini e Totò Cuffaro (grande sponsor della sua elezione) ha pure soggiornato nelle patrie galere.

Dopo un paio di giorni di latitanza, l'8 marzo 1993 Cesa si dimette da consigliere comunale di Roma e si presenta negli uffici della Procura della capitale, dove comincia a parlare. Un fiume in piena. Tanto piú che il neodetenuto ha appena scoperto che anche il pool di Mani Pulite lo vuole arrestare per circa un miliardo di lire di bustarelle. A quel punto sbraca e racconta, nei minimi particolari, la sua carriera di tangentaro. Essendo un moderato, l'inizio è *soft*:

> In quanto aderente alla corrente forlaniana «Azione popolare» ricevetti un notevolissimo sostegno da parte dei big della corrente stessa, il che mi portò all'elezione nel Comune e a farmi conoscere nell'ambiente degli imprenditori come democristiano particolarmente collegato con Forlani e in particolare con Prandini. [...] Naturalmente le conseguenze sono comprensibili, dal giorno della mia elezione a consigliere le richieste che mi piovevano addosso erano continue: mi riferisco alle richieste di miei interventi al ministero dei Lavori pubblici per la sistemazione delle faccende piú svariate.

Cesa, del resto, di edilizia se ne intende. Ha lavorato per quattro anni alla Federlazio e fa parte della commissione urbanistica del Comune di Roma. Conosce gli imprenditori. E ben presto gli imprenditori imparano a conoscere lui. Salendo un po' di tono, il futuro segretario dell'Udc dichiara ai magistrati:

> Intendo partire dal primo episodio che ricordo: un mio paesano di Arcinazzo, dipendente della società Gico dell'ingegnere Ugo Cozzani, mi disse che l'ingegnere voleva parlarmi. Gli risposi che ero disponibile [...]. Ci si incontrò dopo una ventina di giorni (eravamo soltanto noi due) mi parlò di un lavoro che la sua impresa stava svolgendo in Basilicata, aggiunse che presso l'Anas era stata presentata una richiesta per eseguire un altro lavoro connesso con quello già in atto: si trattava di fare una strada che doveva collegare la

strada che stava costruendo con lo stabilimento che la Fiat stava costruendo in Basilicata. Mi sottolineò che vi era interconnessione fra i due lavori: in sostanza mi sollecitò la definizione delle pratica all'Anas sulle quali era già stato espresso dagli organi competenti un parere favorevole. Si trattava in conclusione di ottenere dal ministero l'inserimento all'ordine del giorno e quindi la conclusione della pratica mediante trattativa privata e consequenziale affidamento dei lavori. In quella circostanza [...] non si parlò assolutamente di denaro per quel che mi accingevo a fare [...]. Dopo qualche giorno, mi trovai ad andare al ministero dei Lavori pubblici dove incontrai l'ing. Crespo [il direttore generale dell'Anas, anche lui arrestato, *nda*], il quale mi disse che sapeva della visita ricevuta ad opera di Ugo Cozzani e dei motivi della visita stessa. Mi disse che si trattava di una ditta seria e affidabile che già aveva lavorato validamente per l'Anas, per cui potevo stare tranquillo. Aggiunse che dovevo parlarne con il ministro per definire la pratica, trattandosi di persona per bene [*sic!*].

Se ben ricordo, dopo una decina di giorni ebbi modo d'incontrarmi con il ministro [Prandini, *nda*] al quale segnalai la pratica. [...] Chiesi al ministro che cosa dovevo riferire al Cozzani e mi sentii rispondere che gli dovevo chiedere il 5 per cento dell'importo dell'appalto. Dopo qualche consiglio di amministrazione, i lavori furono affidati al Cozzani. Erano ancora in corso i lavori allorché il Cozzani mi telefonò una prima volta per chiedermi quando ci potevamo vedere per quella cosa. Gli risposi che gli «avrei fatto sapere», telefonai al ministro e il giorno in cui questi mi diede appuntamento in via del Corso io comunicai la data e il luogo dell'incontro al Cozzani, con il quale mi incontrai in piazza del Popolo. Successivamente ci portammo presso lo studio del ministro Prandini. Il Cozzani mi portò presso lo studio a bordo della sua autovettura. Io prelevai la borsa che mi consegnò contenente il denaro e di cui non contai il quantitativo [...]. Da solo mi portai nell'ufficio del ministro, nelle cui mani consegnai la capiente borsa. Trattavasi di una borsa in plastica rigida di colore grigio piuttosto spessa. Quando scesi, subito dopo, andai con il Cozzani a consumare un caffè.

Al ministro dissi semplicemente, nel consegnarli la borsa, che si trattava del «pensiero» del Cozzani per il lavoro che stava ancora espletando e di recente approvato dal consiglio di amministrazione. Detta operazione si ripeté una seconda volta dopo qualche mese. [...] Desidero però precisare una cosa: quando venne da me il Cozzani e mi chiese cosa doveva fare, dare per il lavoro che gli era stato accordato anche al grazie al mio interessamento, io non ebbi il coraggio di ripetergli quanto suggeritomi dal ministro Prandini in ordine alla [percentuale che] avrebbe dovuto versare nelle mie mani e ricordo che fu proprio il Cozzani, a fronte delle mie perplessità, a dire: «Allora facciamo il 3 per cento». Io non replicai [...]. Dei soldi versatimi dal Cozzani per il ministro Prandini [...] ovviamente ricevetti delle contropartite politiche da parte del ministro che sovvenzionava le nostre iniziative politiche che erano numerose. Con il ministro Prandini non parlai mai, né di mia iniziativa né su mia richiesta, della controprestazione del Cozzani. Piú precisamente, non mi ha mai chiesto il motivo del *quantum* datomi dal Cozzani, che indubbiamente non corrispondeva al quel 5 per cento che avrei dovuto chiedere.

Poi si passa al secondo episodio. Quasi una storia da ragazzi:

Ebbi modo di conoscere un giovane a Roma, Furio Monaco, vicepresidente dei giovani imprenditori edili, il quale mi pose una serie di problemi di carattere generale relativi a vicende urbanistiche attinenti all'edilizia economica e popolare. Mi venne a parlare di tutto il problema nel mio studio privato. In detta circostanza, mi chiese se potevo ricevere suo padre, titolare dell'impresa Monaco. Risposi affermativamente. Dopo un certo lasso di tempo, il padre venne da me e mi disse che aveva dei lavori stradali in Basilicata ed era in attesa dell'affidamento dei lavori. [...] La pratica era pendente all'Anas. [...] Fu cosí che ne parlai con il ministro il quale (anche in questa circostanza, dopo che i lavori furono affidati), a mia richiesta su come dovevo comportarmi con l'impresa Monaco, mi rispose che dovevo chiedere il 5 per cento. Il Monaco, cui riferii quanto puntualizzato dal ministro, portò nel mio studio privato una busta di carta rigida sigillata contenente il denaro destinato al ministro e da me a questi consegnata senza neppure aprire la busta. Penso che la somma si aggirasse intorno ai 15 milioni, forse anche meno, perché l'importo dei lavori era piuttosto basso.

Terzo episodio, terza mazzetta:

Il terzo e ultimo episodio che voglio riferire riguarda l'impresa Icop Spa con sede in alta Italia, ma non so dire in quale città. Fu una mia conoscente che lavora al ministero dei Lavori pubblici [...] a telefonarmi piú volte chiedendomi di ricevere un suo amico, Vittorio Petrucco, cosa che io feci dopo un certo lasso di tempo. Il Petrucco mi disse che era in attesa dell'affidamento di due lavori [...] e che si trovava in una situazione molto delicata finanziariamente. Piú precisamente, che aveva bisogno di lavoro perché altrimenti avrebbe dovuto licenziare i suoi dipendenti e mi pregò di intervenire presso il ministro affinché i lavori gli venissero affidati. Mi disse, tra l'altro, che era in ottimi rapporti con l'ingegnere Del Papa [Mariano Del Papa, direttore Anas, *nda*], che la pratica aveva avuto parere favorevole e si trattava di sollecitare solo la sua inserzione nell'ordine del giorno del consiglio di amministrazione. Mi disse che uno dei lavori sarebbe stato eseguito da un raggruppamento d'imprese e l'altro, di minore entità, dalla sua impresa Icop.
Io passai al ministro un appunto, ma questi mi disse che non era il caso di interessarmi alla suddetta pratica. Sta di fatto però che dopo qualche consiglio di amministrazione la pratica fu approvata. Prima ancora della sua approvazione, il Petrucco venne da me e mi disse che con i suoi soci avevano preso contatto con un altro canale per ottenere l'affidamento dei lavori, per cui avevano definito con lo stesso anche il *quantum* da corrispondere per l'affidamento dei lavori. Dopo l'affidamento [Petrucco] ritornò ancora da me e mi disse che lui riteneva di mantenere rapporti diretti con il sottoscritto, anche per eventuali ulteriori affidamenti di lavori per cui, mentre i suoi soci avevano provveduto a versare il *quantum* convenuto con il loro canale, lui pensava di versare il *quantum* di sua spettanza a me perché lo destinassi al ministro Prandini [...]. Quanto alle modalità di versamento, ricordo che una prima volta il Petrucco venne da me, nei miei uffici privati e mi consegnò una car-

tella rigida contenente denaro, il cui importo non mi fu detto né io lo contai. Cartella che io, senza nemmeno aprirla, portai al ministro e nelle cui mani consegnai. La seconda volta mi telefonò, venne di nuovo nel mio studio privato con una cartella analoga come la prima, era sigillata con dello scotch, e che parimenti portai al ministro consegnandola nelle sue mani. Ancora una volta non so dire l'importo della somma consegnatagli. Vi fu una terza dazione di denaro: ricordo che questa volta passò nel mio ufficio, ma non aveva portato con sé come nelle precedenti occasioni cartelle contenenti soldi. Mi disse che era pronto a un'altra dazione di denaro per il ministro [...]. Fu cosí che, uscito dal mio ufficio, portatosi penso in albergo, ritornò dopo poco con una cartella, mi citofonò e io scesi dall'ufficio e lo accompagnai a bordo di un taxi sempre in via del Corso sotto l'ufficio del ministro Prandini, ove mi lasciò. Ancora una volta consegnai nelle mani del ministro la cartella, il cui importo non fu da me controllato.
Prendo atto di quanto contestato dal giudice di Milano, provvedimento restrittivo datato 26.02.1993 [per una tangente da un miliardo e 400 milioni, 700 dei quali consegnati a Cesa, piú una seconda da 438 milioni da lui richiesti e «solo» 269 effettivamente consegnati, *nda*]. Devo ritenere che le somme indicate siano valutate con riferimento al 5 per cento sull'importo dei lavori affidati e non sulla percentuale che il Petrucco mi consegnò, avendo i suoi soci versato ad altro canale la percentuale di loro spettanza. Desidero puntualizzare che i lavori affidati al Cozzani, relativi al tronco che collegava la strada in costruzione con lo stabilimento Fiat, avvennero in due soluzioni, per ognuna delle quali interessai il ministro. Le dazioni di denaro furono due per il primo affidamento e due per il secondo affidamento. Di tutte quattro non constatai l'importo.

Dunque Lorenzo Cesa, come dirà negli interrogatori successivi e nelle memorie depositate dai suoi difensori, rende «ampia confessione dei fatti contestati». E per qualche anno esce dalla scena politica. O almeno cosí sembra. Ma sprecare un capitale umano e politico di quelle dimensioni, all'Udc pare brutto. Cosí Pierferdinando Casini, che è suo amico (e non mancherà di ricordarlo nel 2000, durante un'accorata deposizione al processo Anas), utilizza una società di Cesa, la Global Media, per organizzare il congresso del partito nel 2003. Poi gli offre un seggio all'Europarlamento. Intanto al ministero delle Infrastrutture tornano i compagni d'avventura di un tempo. Il ministro Pietro Lunardi sceglie come direttore generale dell'Aviazione civile Gerardo Maria Pelosi, ex capo della segreteria di Prandini, che nel 1993 confessò a Di Pietro l'intero sistema delle mazzette stradali, fornendo anche un elenco di 45 politici con accanto le varie imprese di riferimento.

La vera passione di Cesa è però un'altra: l'Anas, con tutti i suoi uomini. Ad accorgersene sono, nel 2006, i pm di Catanzaro Luigi De Magistris e Isabella De Angelis, che lo accusano di truffa per

«per avere ottenuto illecita erogazione di circa 5 miliardi di lire» dalla Ue e dalla Regione Calabria. Secondo l'accusa, Cesa, assieme al consigliere di amministrazione Anas Giovanbattista Papello e Fabio Schettini (ex capo della segreteria del commissario europeo Franco Frattini), avrebbe messo in piedi una società, la Spb Optical Disk Srl, solo per ricevere contributi comunitari in teoria destinati alla produzione di cd e di altro materiale informatico. La Spb Optical Disk è stata rivenduta a un imprenditore (poi diventato testimone dell'accusa) «chiavi in mano», pronta in teoria a iniziare la sua attività. L'imprenditore però si è accorto subito che alcuni macchinari erano ancora imballati e la struttura dell'azienda non era ancora completa: mancava perfino una parte del tetto, pur avendo già superato i collaudi. Dalla documentazione risultava che la società era indebitata ed era misteriosamente passata dal terzo al primo posto nella graduatoria per ottenere i soldi dalla Comunità europea. Il sospetto dei pm è che i quattrini destinati alla Optical siano stati in realtà «reinvestiti» in un'altra impresa, la Data General Security Srl di Roma, riconducibile a un siciliano originario della provincia di Agrigento, tale Salvatore Di Gangi, considerato il *big boss* della sicurezza privata della Capitale. La Data General Security è specializzata in sistemi di sicurezza: microspie, bonifica telefonica e ambientale. E Di Gangi era anche il proprietario dell'ufficio, punto di ritrovo abituale di Cesa, Schettini e Papello. Un ufficio in cui il segretario dell'Udc ha organizzato la sua campagna elettorale per le europee del 2004.

Ma chi è Papello, consigliere Anas e socio di Cesa? L'indagine di Catanzaro, in cui si ipotizza un vasto giro di tangenti destinate anche ai partiti nazionali della vecchia maggioranza, qualche risposta l'ha data. Quando i carabinieri hanno perquisito la casa del consigliere Anas, hanno trovato tracce della sua affiliazione alla massoneria, diamanti, opere d'arte, carte su movimenti di denaro con banche in Italia e all'estero. Su un foglio c'era il numero di un conto corrente di Alleanza nazionale. In altri fogli c'erano le trascrizioni di intercettazioni telefoniche illegali datate 15 novembre 2004. Telefonate spiate fra il presidente dell'Anas Vincenzo Pozzi e il segretario dei Ds Piero Fassino, altre fra Pozzi e un secondo uomo politico della cui identità gli investigatori ancora non sono certi.

L'indagine era iniziata il 24 novembre 2003 con il fermo alla frontiera di Brogeda (in provincia di Como) di Nicolino Volpe, uno sbrigafaccende dell'Udc di Lamezia Terme, considerato uomo del sottosegretario Pino Galati. Volpe viaggiava insieme a Roberto

Mercuri, amministratore delegato della Piani Impianti Spa, una delle società che han fatto man bassa nella spartizione degli appalti per la costruzione dei depuratori in Calabria. Qualche mese dopo Volpe fu fermato ancora alla frontiera, questa volta di ritorno dalla Svizzera. Ed era in compagnia di Annunziato Scordo, il commercialista dell'ex governatore calabrese Giuseppe Chiaravalloti (oggi vicepresidente dell'Authority sulla Privacy e anche lui indagato in questa inchiesta). Nel maggio successivo, altri due calabresi del gruppo stavano viaggiando verso Parigi. E avevano portato con sé una sacca. Dentro c'erano 6.708 banconote da 500 euro. In totale 3 milioni 354 mila euro. Poi arrivò a sorpresa un supertestimone (il suo nome è ancora top secret). E cominciò a fare i primi nomi. Come quello dell'allora assessore all'Ambiente della Calabria Domenico Basile.

Nel primo interrogatorio, il supertestimone rivela: «Per i depuratori venivano sorteggiate sempre le stesse società, Basile diceva che loro potevano fare quello che volevano, dietro ogni commessa venivano erogate somme illecite che oscillavano tra il 3 e il 7 per cento». E nel secondo interrogatorio aggiunge: «Il 50 per cento delle somme restava in Calabria, il resto andava a Roma». Ai vertici di Forza Italia, Udc e Alleanza nazionale. Se è vero, si tratta di un bel passo avanti rispetto al ministero dei Lavori pubblici dell'èra Prandini. Allora – parola di Cesa – l'aliquota massima delle mazzette non superava il 5 per cento. Ora è salita al 7. L'evoluzione della specie. Unico elemento di continuità: l'eterna presenza di Cesa. Come dice lo slogan dell'Udc, «Io c'entro».

Salvatore Cuffaro
Un Salvatore mezzo salvato

«L'ha detto Totò». Quando, il 12 giugno 2001, gli investigatori palermitani ascoltano questa frase, fra le mille pronunciate da due boss mafiosi intercettati, non ci fanno caso piú di tanto. Anche perché, di Totò, Palermo è piena. Come del resto l'Italia. Solo col tempo, mettendo in collegamento i discorsi e i legami personali, emerge sempre con maggiore nettezza l'identità di quel Totò e il suo ruolo decisivo per mandare a monte un'indagine che avrebbe potuto decapitare la Cupola di Cosa nostra. Totò è Salvatore Cuffaro, governatore di Sicilia, detto «Vasa Vasa» (bacia bacia) per l'incommensurabile trasporto col quale bacia tutti quelli che incontra, grandi e piccini. Politico di lungo corso, già pupillo di Calogero Mannino nella vecchia Dc, poi esponente del Cdu e ancora dell'Udr, e in seguito dell'Udeur e infine dell'Udc, è un uomo per tutte le stagioni. Dal '96 al 2001 riesce a rimanere assessore all'Agricoltura in due giunte di centrodestra e in due di centrosinistra, salvo poi virare di nuovo a destra, giusto in tempo per diventare nel 2001 governatore di Sicilia per la Casa delle libertà: pochi giorni dopo quelle intercettazioni e un mese dopo il clamoroso 61 a zero con cui la Cdl ha sbaragliato l'Ulivo in tutti i collegi dell'isola. Nel 2004 diventa europarlamentare, anche se poi rinuncia all'incarico perché incompatibile con quello di presidente della Regione. Nel 2006, pur imputato di favoreggiamento alla mafia, o forse proprio per questo, è eletto prima senatore e subito dopo rieletto governatore di Sicilia.

Ma che cosa avrebbe «detto» Totò? E a chi? Avrebbe avvertito il boss Giuseppe Guttadauro, tramite amici fidati, di stare attento a come e dove parlava, perché aveva le cimici in casa. Guttadauro è medico come lui. Ma è anche il capo del clan mafioso di Brancaccio da quando sono finiti in galera i fratelli Graviano, responsabili fra l'altro delle stragi del 1993 e dell'assassinio di don Pino Puglisi. Fedelissimo di Bernardo Provenzano e imparentato con Matteo Messina Denaro (la cui sorella ha sposato il fratello di Guttadauro), condannato già una volta in via definitiva per mafia, ha appena scontato la pena in carcere ed è rientrato a casa. Dove – senza saperlo, almeno per un po' – la Procura gli ha nascosto alcune microspie per tenerlo d'occhio. O almeno d'orecchio. Il dottor Guttadauro, personaggio simbolo di quella borghesia mafiosa che ha soppiantato i *viddani* di un tempo ed è ben introdotta nel mondo della politica e dunque della sanità regionale (1700 cliniche private, molte delle quali in odor di Cosa nostra, convenzionate con la Regione: piú di quante ne esistano nelle altre 19 regioni d'Italia), riceve i picciotti del clan, quelli addetti alla riscossione del pizzo; ma riceve anche colleghi medici, proprietari di cliniche, dirigenti regionali della sanità, uomini politici che lui stesso sponsorizza o segnala e poi vota e fa votare. Politici, perlopiú, dell'Udc e di Forza Italia. Uno degli habitué di casa Guttadauro è il collega Domenico Aragona, collega medico e collega mafioso (anche lui già condannato definitivamente per mafia, per aver firmato un falso certificato di malattia per procurare un alibi a Giovanni Brusca). Anche Aragona è molto vicino a Cuffaro. Ed è lui a confidare a Guttadauro che ha le cimici in casa, perché glielo'ha assicurato «Totò» tramite un altro amico del clan, Domenico Miceli detto Mimmo, esponente dell'Udc ed ex assessore comunale alla Sanità, uomo di Guttadauro e di Cuffaro. Un altro ufficiale di collegamento di Guttadauro con Miceli e Cuffaro è il cognato del boss, Vincenzo Greco, pure lui medico e organico alla cosca.

L'inchiesta, è bene precisarlo subito, non punta alla politica. Sono passati ormai, alla Procura di Palermo, i tempi delle inchieste su mafia e politica avviate negli anni 90 da Gian Carlo Caselli e dai suoi sostituti. Ora c'è un procuratore molto piú «prudente», su quel fronte insidioso e foriero di guai: il dottor Piero Grasso. L'«operazione Ghiaccio» punta al livello «militare» di Cosa nostra e porta ben presto a Guttadauro, intercettato dal febbraio al giugno 2001. In piena campagna elettorale delle politiche nazionali e delle regionali siciliane, il boss in camice bianco parla di estorsioni, omicidi, intrecci fra mafia e politica. E cosí, per puro caso, la

Procura si ritrova fra le mani il nome incandescente del neoeletto governatore.

«È pure dottore, lo conosco personalmente da una vita», dice Guttadauro di Totò. Il suo amico Aragona concorda: «Totò è quanto di meglio ci possa essere». Si parla pure di Berlusconi, che sta per vincere le elezioni e tornare al governo. «Speriamo – dice il boss – che sale la destra... Berlusconi, se vuole risolvere i suoi problemi, ci deve risolvere pure quelli nostri, quantomeno... i processi». E Aragona: «È buono che toglie la tassa di successione, tutta l'Italia gli sarà grata... ma tu lo sai quanto risparmierà lui?». Poi il discorso scivola su Marcello Dell'Utri. Aragona rivela agli «amici» che Dell'Utri l'ha addirittura invitato a Milano, nel suo «circolo, che è la sede culturale e intellettuale di Dell'Utri in via Senato, in una biblioteca famosa. Mi arrivano sempre le cose», cioè i cartoncini di invito. Infine i mafiosi parlano dei loro giornalisti preferiti: Giuliano Ferrara, Giancarlo Lehner («Ha fatto un libro contro il pool di Milano»), Lino Jannuzzi («Ha scritto il libro contro Caselli e un libro pure su Andreotti ed è in intimissimi rapporti con Dell'Utri», lo elogia Aragona; e Guttadauro: «Jannuzzi buono è»).

Dal 15 giugno, improvvisamente, Guttadauro smette di parlare. «Qualcuno» l'ha avvertito di stare attento a quel che dice perché ha la casa piena di microspie. Una fuga di notizie che interrompe l'inchiesta sul piú bello. Ma non prima che Aragona faccia il nome del prezioso informatore: «È stato Totò» tramite Mimmo Miceli. Le indagini del pm Gaetano Paci proseguono in segreto per un anno e mezzo. Poi, nel dicembre 2002, il governatore finisce sul registro degli indagati per concorso esterno in associazione mafiosa, cosí come Miceli. Aragona, Guttadauro e Greco rispondono invece di associazione mafiosa *tout court*. Gli ultimi quattro vengono arrestati nel giugno 2003. Cuffaro invece resta a piede libero. Rimane da capire come facesse a sapere che la Procura stava intercettando il boss di Brancaccio. Chi è la «talpa» che informava il governatore?

Convergenze parallele

Qualche mese dopo, un'altra inchiesta partita da tutt'altre premesse smaschera un altro covo di talpe e talpine. Nel 2002 il pm Massimo Russo interroga il nuovo pentito Nino Giuffrè, braccio destro di Provenzano, a proposito del costruttore Michele Aiello.

Ingegnere di Bagheria, ricchissimo impresario edile e re delle cliniche nel Palermitano, proprietario di cinque centri medici fra cui l'avveniristica Villa Santa Teresa specializzata nella diagnostica antitumori, Aiello è stato per anni il primo contribuente della Sicilia (i giudici gli sequestreranno beni per 250 milioni di euro, tra cui la clinica, otto imprese edili, 147 conti bancari). Molto legato all'Udc, amico intimo di Cuffaro e Miceli, Aiello ha fatto i miliardi prima con l'edilizia pubblica, costruendo strade «interpoderali» di campagna, poi s'è buttato nel nuovo business del «privato alla siciliana»: la sanità convenzionata, soldi pubblici e profitti privati. Giuffrè rivela i legami di Aiello con alcuni boss, da Provenzano in giú. Intercettando il costruttore, la Procura scopre che spesso conosce in anticipo le mosse degli investigatori. E che ha messo in piedi una rete telefonica supersegreta, fatta di cellulari intestati a prestanomi con schede estere e dunque piú difficili da intercettare, per parlare liberamente con due marescialli della polizia giudiziaria, Giuseppe Ciuro e Giorgio Riolo. Il maresciallo Ciuro della Guardia di finanza è in servizio alla Dia e lavora nell'antimafia da 15 anni. Il maresciallo Riolo invece è un carabiniere in servizio all'Anticrimine del Ros: è l'uomo incaricato di piazzare le microspie nelle case dei mafiosi per scovare, fra l'altro, Provenzano.

L'inchiesta è coordinata dal nuovo *dominus* dell'antimafia palermitana: il procuratore aggiunto Giuseppe Pignatone, appena promosso da Grasso al vertice della Dda dopo le furibonde polemiche seguite all'allontanamento di due «caselliani» fedelissimi, Guido Lo Forte e Roberto Scarpinato. Pignatone si avvale di uno dei pm che «gestiscono» Giuffrè: Michele Prestipino, al quale vengono affiancati Nino Di Matteo e Maurizio De Lucia. I magistrati lavorano per tutta l'estate e l'autunno del 2003. Poi, il 5 novembre, fanno arrestare Aiello, Ciuro e Riolo. L'accusa per Aiello è di partecipazione diretta a Cosa nostra e, per i due marescialli, di concorso esterno e rivelazione di segreti d'ufficio. Le talpe di Aiello, comunque, non si limitano a queste due, se è vero – come emerge subito – che Ciuro non sapeva nemmeno di essere indagato: glielo disse lo stesso Aiello, molto piú informato di lui. Ma da chi? Mistero. I due marescialli sono, al massimo, talpine. Manca la talpona.

I magistrati pensano di identificarla in Antonio Borzacchelli, ex maresciallo dei carabinieri in aspettativa, deputato regionale nell'Udc del suo amico Cuffaro. Ciuro e Riolo raccontano che Borzacchelli era intimo anche di Aiello. Riolo sostiene addirittura che

Borzacchelli pretendeva da Aiello la cessione gratuita di una quota della clinica Villa Santa Teresa in cambio delle sue entrature all'assessorato regionale alla Sanità. Borzacchelli viene indagato per rivelazione di segreti e poi arrestato per concussione ai danni di Aiello. Ma a svelare i segreti delle indagini non è stato nemmeno lui. Chi, allora?

Per mesi e mesi, sui giornali, la caccia alla talpona continua. Con strane «indiscrezioni» che sembrano fatte apposta per *mascariare* (screditare) magistrati integerrimi come Guido Lo Forte e Antonio Ingroia. Eppure gli inquirenti la presunta talpona ce l'hanno per le mani da fine ottobre, cioè da prima del blitz del 5 novembre: è Totò Cuffaro, anche se la cosa è ancora top secret. Il 31 ottobre gli investigatori vedono entrare Aiello in un negozio di abbigliamento di Bagheria, il «Bertini». Poco dopo entra anche il governatore che, seminata la scorta, è venuto da Palermo per incontrarlo in gran segreto. I due si appartano furtivamente nel retrobottega e lí – secondo l'accusa – Cuffaro avverte Aiello che stanno indagando su di lui e intercettando lui e i due marescialli. Alla fine, per crearsi un alibi, Totò acquista alcuni abiti per i figli. Ma tutto questo si saprà soltanto nella primavera del 2004.

Il fatto, poi, che a coordinare l'inchiesta sia Giuseppe Pignatone suscita qualche perplessità di ordine «familiare». Come scrive *la Repubblica* il 3 aprile 2004, infatti, «per le problematiche di politica economica e fiscale, Cuffaro si avvale dei consigli del professor Roberto Pignatone (12 mila euro il compenso per il 2003), fratello del procuratore aggiunto Giuseppe Pignatone».

Il procuratore Grasso si scaglia contro i due marescialli arrestati: «In guerra – dice – i traditori si fucilavano». Sta parlando di due indagati, mai rinviati a giudizio né condannati. E forse accostarli al plotone di esecuzione è un tantino azzardato. Anche perché il presunto capobanda delle talpe, Cuffaro, di informazioni ne conosceva ed è accusato di averne propalate ben di piú. Conosceva Ciuro e Riolo (l'ha detto lui, l'ha confermato Riolo). È amico di Aiello (arrestato per mafia): anzi, la moglie di Totò aveva – come scrive il gip Giacomo Montalbano – una «pregressa cointeressenza societaria con lo stesso Aiello» (ma Totò smentisce). «Sponsorizzava Aiello», scrive sempre il giudice, contro un altro clan sanitario «sostenuto da Forza Italia». È intimo di Borzacchelli (arrestato e rinviato a giudizio per concussione). È amicone di Miceli (arrestato e rinviato a giudizio per mafia). Conosce il boss Aragona (già condannato e riarrestato per mafia) e il boss Guttadauro (già condannato e riarrestato per mafia). E soprattutto risulta che abbia informato Guttadauro delle cimici in casa sua, insieme a Borzacchelli, tramite Miceli e Aragona. Lo dice Aragona, intercettato il 12 giugno 2001 nel salotto di Guttadauro: «A lui [cioè a Miceli, *nda*] glielo ha detto Totò». Lo confermano davanti ai giudici sia Aragona sia Miceli. «Il Totò che citavo nel dialogo con Guttadauro», dice Aragona a verbale, nell'agosto 2003, «era l'onorevole Cuffaro. Miceli mi disse delle intercettazioni e mi indicò le sue fonti in Borzacchelli e Cuffaro». La stessa versione fornisce Miceli: «È stato Cuffaro ad avvertirmi. Non so chi l'avesse informato». Cuffaro – si scoprirà poi – delle cimici in casa Guttadauro aveva saputo da una fonte istituzionale «romana», mai identificata. A quel punto Cuffaro, Borzacchelli e Riolo informarono Miceli. Che avvertí Aragona, il quale a sua volta mise sull'avviso Guttadauro. Ma il governatore è l'unico a non finire in carcere. È inarrestabile.

Caro Silvio, caro Totò

A proposito di fonti romane, esistono almeno due telefonate fra Cuffaro e il premier Silvio Berlusconi. La prima è del 12 novembre 2003, all'indomani degli arresti di Aiello e dei due marescialli. Il capo del governo sembra molto informato delle divisioni che lacerano la Procura di Palermo riguardo alla posizione di Cuffaro: da un lato il pm che ha dato il via all'inchiesta «Ghiaccio», Gaetano Paci, convinto che vada contestato al governatore, come ai suoi principali coimputati, il concorso esterno in associazione mafiosa; dall'altro i vertici della Procura (Grasso e Pignatone) e i pm che seguono l'inchiesta Aiello, che propendono per la linea morbida: cioè per archiviare il concorso esterno per Cuffaro, lasciandogli solo i reati minori di favoreggiamento e rivelazione di segreti. Lo scontro fra le due anime dell'Antimafia esploderà in pubblico soltanto nei primi mesi del 2004, ma già nel novembre 2003 Berlusconi chiama Totò per comunicargli di aver avuto notizie sugli orientamenti che stanno emergendo «all'interno dell'ufficio che si sta interessando a queste cose». Cioè – par di capire – la Procura.

Due mesi dopo i due si risentono. Sono le 19,51 del 10 gennaio 2004: anche stavolta i due interlocutori sanno molto piú di quel che dovrebbero. Il premier rassicura il governatore sugli esiti dell'inchiesta e lo informa che il ministro degli Interni, Beppe Pisanu, gli ha detto che è tutto «sotto controllo». Il presidente della Regione sa che qualche magistrato «fa le bizze» sul suo conto. Ma prevede che tutto andrà per il meglio.

Berlusconi – Sí, sono io, presidente: come stai?
Cuffaro – Benissimo.
Berlusconi – Le cose come vanno?
Cuffaro – Benissimo, benissimo... Mah, io credo bene, al di là delle cose che scrivono i giornali.
Berlusconi – Io ho saputo qui... la ragione perché ti telefono... il ministro dell'Interno...
Cuffaro – Sí?
Berlusconi – ... mi ha parlato e mi ha detto che tutta la... è tutto sotto controllo... sotto controllo.
Cuffaro – Va bene.
Berlusconi – Sí.
Cuffaro – Ma io sono tranquillo, avendo la coscienza a posto. È solo... bisogna solo aspettare.
Berlusconi – Lo so, ma non basta, non basta.
Cuffaro – Ci sono i giornali che fanno un poco di schifo e qualche magistrato che fa un poco di bizze.
Berlusconi – Io oggi ho appena finito di leggere *l'Unità* in cui uno psichiatra dice che io sono il diavolo.
Cuffaro – Eh eh.
Berlusconi – Capisci, bisogna dimostrare che io sono il diavolo!
Cuffaro – Ma figurati! Per tutti noi sai che cosa sei. Quindi sai che ti vogliamo bene, io ogni mattina nella mia preghiera quotidiana... Perché a Palazzo d'Orléans da me ogni mattina alle otto e un quarto faccio la messa...
Berlusconi – Ah, bene.
Cuffaro – E ti giuro, non te l'ho mai detto, ma il mio primo pensiero è per il lavoro che fai e per ricordarti quanto ti vogliamo bene.
Berlusconi – Grazie di cuore, un abbraccio fortissimo. Salutami tanto tua moglie.
Cuffaro – Grazie, tu non sai quanto mi fa piacere questa telefonata e non sai quanto ti sono grato e quanto ti voglio bene.
Berlusconi – Grazie.
Cuffaro – Conta sempre su di me, io lavoro sempre, lavoro anche perché ci sia serenità anche dentro l'Udc, quindi stai tranquillo...
Berlusconi – Benissimo, grazie mille. Sai che sei contraccambiato totalmente.
Cuffaro – Lo so, lo so...

Cuffaro dunque, sebbene indagato per concorso esterno, rivelazione di segreti, favoreggiamento mafioso e corruzione, nel gennaio 2004 si dice inopinatamente tranquillo e sembra perfettamente al corrente delle due linee che si fronteggiano fra i magistrati: qualcuno fa ancora le bizze, ma bisogna solo aspettare. Per capire che cosa Cuffaro stia aspettando basta attendere gli sviluppi dell'inchiesta che, di lí a pochi mesi, gli daranno ragione. Infatti i magistrati che insistono per chiedere il suo rinvio a giudizio anche per concorso esterno in associazione mafiosa verranno messi in minoranza. E alla fine, come vedremo, il governatore se la caverà con poco: caduti i reati piú gravi, gli resterà un misero favoreggiamento.

Le due scottanti bobine, trasmesse dai carabinieri alla Procura, non saranno depositate negli atti alla chiusura dell'inchiesta Cuffaro. Rimarranno blindate nel fascicolo-madre, quello numero 2358/99 per concorso esterno in associazione mafiosa, destinato all'archiviazione (poi chiesta e ottenuta dai vertici della Procura, ma senza il consenso del pm Paci). Né Berlusconi né Pisanu verranno interrogati sul merito di quelle telefonate, né verranno disposte indagini approfondite per saperne di piú. Eppure l'accenno di Berlusconi al ministro dell'Interno potrebbe contenere elementi utili a far luce sulla «fonte romana» e «istituzionale», ipotizzata dalla stessa Procura, che avrebbe informato Cuffaro delle intercettazioni su Guttadauro nel 2001 e su Aiello nel 2003. Se davvero Berlusconi, il Viminale e Cuffaro conoscessero notizie ancora coperte dal piú rigoroso segreto investigativo, si configurerebbe un reato di rivelazione di segreto anche a carico di chi quella fuga di notizie ha commesso. Tantopiú che uno dei personaggi in questione, Berlusconi, è stato indagato per concorso esterno e riciclaggio proprio a Palermo: la sua posizione è stata archiviata per decorrenza dei termini di indagine, ma il fascicolo può essere riaperto in qualunque momento all'emergere di qualche fatto nuovo. I pm titolari del fascicolo Berlusconi, però, verranno a sapere di quelle telefonate soltanto dai giornali, alla fine del 2005, quando il procuratore Piero Grasso, poco prima di trasferirsi a Roma come nuovo procuratore nazionale antimafia (in seguito a due leggi del governo Berlusconi che hanno eliminato il suo concorrente Gian Carlo Caselli), chiederà al gip che quei nastri vengano distrutti. Le trascrizioni delle telefonate tra Berlusconi e Cuffaro a quel punto verranno visionate dagli avvocati e finiranno su alcuni quotidiani. Ma torniamo all'inizio del 2004.

Il 9 febbraio Cuffaro compare in Procura per un lungo interrogatorio, il primo. Grasso e i suoi pm non gli fanno parola delle telefonate con il premier. Ma gli contestano finalmente il suo incontro del 31 ottobre 2003 con Aiello nel negozio di Bagheria. E, per questo, gli consegnano un altro avviso di garanzia per concorso esterno e rivelazione di segreto. Cosí l'opinione pubblica viene finalmente a sapere ciò che gli inquirenti sanno da tempo: e cioè che, per la Procura, la talpa di Aiello era lui. E cosí cade un'altra accusa a carico di Ciuro, un'accusa che era stata fondamentale per portarlo in carcere il 5 novembre 2003 (sei giorni dopo l'incontro galeotto fra Cuffaro e Aiello nel negozio di Bagheria): quella di aver informato Aiello delle indagini e delle intercettazioni sul suo conto. Ciuro si limitò a qualche intrusione nei computer della Procura e a qualche millanteria per farsi bello con il ricco imprenditore. Il grosso, per gli inquirenti, lo fece Totò. Eppure Ciuro resta in galera, Cuffaro a piede libero. E nessuno lo propone per la fucilazione. Da un lato la Procura scrive del governatore cose terribili, molto piú terribili di quelle addebitate ad altri coimputati. Dall'altro «congela» la sua posizione. Nel dicembre 2003, infatti, i pm hanno ormai chiuso le indagini del filone Guttadauro e chiesto il rinvio a giudizio di Miceli per concorso esterno. La posizione parallela del suo amico e protettore Cuffaro, invece, viene stralciata. Consentendo al governatore di contrattare liberamente la sua candidatura alle Europee del 13 giugno 2004. Verrà puntualmente eletto, nelle liste dell'Udc per il collegio Sicilia-Sardegna, con 164 mila preferenze. Un plebiscito.

Ora il governatore-europarlamentare ha un mese di tempo per scegliere se restare presidente della Regione, oppure lasciare Palazzo d'Orléans e volare a Bruxelles. La prima carica, molto piú appetibile e prestigiosa, non prevede immunità in caso di arresto. La seconda invece sí. E, sulla carta, un indagato di quel calibro per concorso esterno rischia l'arresto da un momento all'altro. Se invece quell'accusa dovesse cadere, l'incubo delle manette svanirebbe e Cuffaro potrebbe serenamente proseguire il mandato nella sua Palermo. Ma il tempo stringe: gli europarlamentari appena eletti col doppio incarico devono scegliere a quale rinunciare entro il 19 luglio. Intanto la Procura si appresta a chiudere le indagini sul suo conto. Ma è spaccata sul reato da contestargli. Non certo sui fatti accertati a suo carico, che appaiono chiari a tutti:

1) Cuffaro, tramite Miceli e Aragona, ha avvertito Guttadauro delle microspie in casa sua.

2) Su richiesta di Guttadauro, Cuffaro ha candidato nell'Udc un uomo di fiducia del boss, Mimmo Miceli.

3) Cuffaro ha avvisato l'imprenditore, presunto mafioso, Michele Aiello che era sotto indagine e sotto intercettazione.

C'è chi in passato, per molto meno, è stato arrestato, processato e condannato per concorso esterno. Per questo il pm Paci, in sintonia con la sentenza Carnevale delle sezioni unite della Cassazione su quel reato, trova del tutto naturale che le ipotesi d'accusa iniziali vengano mantenute: e dunque che anche per Cuffaro si chieda il rinvio a giudizio tanto per concorso esterno quanto per rivelazione di segreti. Invece l'aggiunto Pignatone e gli altri sostituti propendono per il piú blando favoreggiamento affiancato dalla rivelazione di segreti.

Ma – ribatte Paci – i fatti emersi a carico di Cuffaro sono infinitamente piú pesanti di quelli che hanno portato in carcere e alla richiesta di giudizio per concorso esterno i suoi presunti complici. Non si possono processare i sottopancia di Totò per concorso esterno e Totò, presunto capo della banda, per reati minori. Non si può tenere in galera per concorso esterno in mafia il maresciallo Ciuro per aver favorito Aiello, mai condannato per mafia, e non processare per concorso esterno in mafia il governatore Cuffaro che ha favorito Guttadauro, condannato per mafia. La linea Grasso-Pignatone – osserva Paci – crea due pesi e due misure. La legge non è uguale per tutti?

Non è soltanto una questione di equità. C'è anche una motivazione tecnica e sostanziale, da cui dipendono le sorti del processo che va a incominciare. Il favoreggiamento (anche con l'aggravante mafiosa) è molto piú difficile da dimostrare del concorso esterno. La Cassazione ha stabilito, nella sentenza Carnevale del 30 ottobre 2002, che basta un solo contributo oggettivamente rilevante in favore della mafia per integrare il concorso esterno. Non è necessario provare che l'imputato aveva la volontà specifica di favorire l'intera Cosa nostra: è sufficiente provare che sapeva di agevolare, con quel singolo contributo, l'organizzazione. Per il favoreggiamento aggravato, invece, occorre dimostrare che quel contributo è stato fornito con l'intenzione specifica di aiutare la mafia. Altrimenti cade l'aggravante mafiosa e rimane il favoreggiamento semplice. Lo stesso che viene contestato nel caso Aiello. E il favoreggiamento semplice, punito con una pena massima di 4 anni, cade in prescrizione dopo 5 anni (o, in certi casi, dopo 7 e mezzo) da quando è stato commesso. In questo caso, i fatti contestati sul filone Guttadauro (fino alla primavera-estate 2001) e quelli sul filone Aiello (fino all'ottobre 2003) si prescrivono, rispettivamente, nel 2006 e nel 2008 (o, al massimo, nel 2008 e nel 2010). Troppo presto, visti i tempi della giustizia italiana, per celebrare l'udienza preliminare e i tre gradi di giudizio canonici. Basterà trovare un avvocato perlomeno decente, e tutto cadrà in prescrizione ben prima che si arrivi a una sentenza definitiva. Senza contare che la legge ex Cirielli accorcerà ulteriormente i termini. E il processo, cosí «svuotato», rischia di nascere morto.

Il nodo, in Procura, va sciolto prima di notificare ai 19 indagati l'avviso di chiusura delle indagini, l'atto che precede la richiesta di rinvio a giudizio. Ma la legge non impone alcuna scadenza: c'è tutto il tempo per discutere e decidere con calma. Il procuratore Grasso, però, ha fretta. Sebbene la stragrande maggioranza del pool antimafia dia ragione a Paci, tiene duro sulla linea morbida. E preme su Paci perché si associ. Paci chiede altro tempo, Grasso non glielo concede, e alla fine Paci non firma. Verrà subito estromesso da tutte le indagini su Cuffaro.

Nelle stesse frenetiche ore, a Roma, c'è un altro uomo che ha una gran fretta: Cuffaro. Nello storico palazzo della Domus Mariae, dov'è riunito il Consiglio nazionale dell'Udc, attende con ansia di conoscere il suo destino giudiziario, per decidere quale delle due poltrone tenere e quale mollare. Una scelta strettamente legata a quella della Procura. Negli ultimi giorni, è apparso preoccupato: manca poco alla scadenza fatidica del 21 e dal Palazzo di giustizia non arrivano notizie. Uomo di poca fede: la sera del 16 luglio le notizie arrivano in tempo reale. L'ultimo atto dell'inchiesta sulle talpe in Procura, quella che doveva mettere fine alle fughe di notizie dalla Procura, viene comunicato in tempo reale da una talpa della Procura al principale imputato dell'inchiesta sulle talpe in Procura. Un capolavoro del paradosso.

Quella sera, infatti, pochi minuti dopo la firma dei quattro magistrati, e ben prima che l'avviso di chiusura indagini venga notificato, Cuffaro e i suoi avvocati ne conoscono già prodigiosamente l'esistenza e il contenuto: l'accusa di concorso esterno è sparita, insieme alla corruzione; restano le briciole, cioè la rivelazione di segreti e il favoreggiamento. Che cosa significhi tutto ciò per il governatore lo dimostra lui stesso, abbandonandosi a scene di pubblica esultanza a margine delle assise dell'Udc, convocate per decidere sulla crisi strisciante del governo Berlusconi e sull'ipotesi di promozione a ministro del segretario Marco Follini o, in alternativa, del *capatàz* siciliano Raffaele Lombardo. È il tardo pomeriggio, quando Totò non riesce a contenere l'entusiasmo: «Mi sento con dieci anni in meno!», esulta a Roma dopo aver ricevuto una misteriosa telefonata da Palermo. Poi aggiunge:

> Io non ho ancora ricevuto alcun atto ufficiale, ma se è vero quello che si dice, allora è caduta l'accusa piú infamante. Se non sono mafioso, se non sono cor-

rotto, è già un fatto importante. Porteremo prove che dimostreranno la mia totale estraneità anche alle altre accuse, so di avere la coscienza a posto e ora posso affrontare con serenità i restanti due anni di mandato alla guida della Regione. È stato un anno molto duro, ma la mia fiducia nella magistratura e la fede nella Madonna mi permettono di andare avanti.

Una voce amica dall'interno della Procura gli ha spifferato tutto in anticipo: nell'avviso di fine delle indagini, soltanto per lui, il concorso esterno non comparirà piú. Il documento infatti, a proposito del governatore miracolato dalla Madonna della Procura, recita:

1-a) *Rivelazione di notizie segrete*: per avere fornito in concorso con altri soggetti allo stato non identificati e Borzacchelli Antonio, notizie coperte da segreto istruttorio ad Aiello Michele in relazione ai procedimenti penali che riguardavano, tra gli altri, lo stesso Aiello, Ciuro Giuseppe e Riolo Giorgio, tutti attualmente in stato di custodia cautelare il primo per il delitto di cui all'art. 416 bis c.p.; gli altri per il delitto di cui agli artt. 110 e 416 bis c.p. In Palermo ed altrove fino al mese di ottobre del 2003.
1-b) *Favoreggiamento semplice*: per avere – in concorso con altri soggetti allo stato non identificati, e con Rotondo Roberto e con Borzacchelli Antonio – aiutato, con le modalità di cui al capo B), ad eludere le investigazioni che li riguardavano in relazione al delitto di cui all'art. 416 bis c.p. Aiello Michele, Ciuro Giuseppe e Riolo Giorgio, tutti attualmente in stato di custodia cautelare il primo per il delitto di cui all'art. 416 bis c.p.; gli altri per il delitto di cui agli artt. 110 e 416 bis c.p. In Palermo ed altrove fino al mese di ottobre del 2003.
2-a) *Rivelazione di notizie segrete*: per avere fornito in concorso con altri soggetti allo stato non identificati e con Borzacchelli Antonio, notizie coperte da segreto istruttorio a Miceli Domenico ed a Guttadauro Giuseppe in relazione ai procedimenti penali che riguardavano, tra gli altri, gli stessi Miceli e Guttadauro, entrambi attualmente in stato di custodia cautelare il primo per il delitto di cui agli artt. 110 e 416 bis c.p., il secondo per il delitto di cui all'art. 416 bis c.p. al fine di agevolare l'attività dell'organizzazione mafiosa Cosa nostra. In Palermo ed altrove fino alla primavera-estate del 2001.
2-b) *Favoreggiamento aggravato di stampo mafioso*: per avere – in concorso con altri soggetti allo stato non identificati e con Borzacchelli Antonio – aiutato, con le modalità di cui al capo che precede, ad eludere le investigazioni che li riguardavano in relazione al delitto di cui all'art. 416 bis c.p. Miceli Domenico e Guttadauro Giuseppe, attualmente in stato di custodia cautelare il primo per il delitto di cui agli artt. 110 e 416 bis c.p., il secondo per il delitto di cui all'art. 416 bis c.p. al fine di agevolare l'attività dell'organizzazione mafiosa Cosa nostra. In Palermo ed altrove fino alla primavera-estate del 2001.

Firmato: «Il Pubblico Ministero. Giuseppe Pignatone – Michele Prestipino Giarritta – Maurizio De Lucia – Antonino Di Matteo».

È la notizia che Totò aspettava. Infatti, dopo i comprensibili festeggiamenti e ringraziamenti alla Vergine Maria, decide di restare governatore di Sicilia e di spedire a Bruxelles il fido Raffaele Lombardo, deluso per il mancato rimpasto di governo che l'ha privato della tanto sospirata poltrona ministeriale. E l'addolcimento delle imputazioni aiuta Cuffaro anche sul fronte politico, all'Assemblea regionale, dove il capogruppo di Rifondazione comunista Francesco Forgione resta solo a chiedere le sue dimissioni alla luce dell'avviso di chiusura indagini.

Il processo perde i pezzi

Com'era facile prevedere, fin dall'udienza preliminare i reati contestati a Cuffaro in quella forma cosí traballante cominciano a cadere. Il 1° settembre 2004 la Procura chiede il rinvio a giudizio degli indagati. Ma il 2 novembre, all'udienza preliminare, il gup Bruno Fasciana rinvia a giudizio Cuffaro soltanto per il favoreggiamento personale, in un caso aggravato e nell'altro no. E dichiara invece il «non luogo a procedere» per l'accusa di rivelazione di segreto d'ufficio a vantaggio sia di Aiello sia di Guttadauro & C. Cioè per il «reato strumento» con il quale il governatore avrebbe commesso il «reato fine» del favoreggiamento. Il processo dunque, dopo il concorso esterno, perde per strada anche il secondo reato, in un gioco dei birilli che rischia di travolgere anche la terza ipotesi, l'unica rimasta: il favoreggiamento. Cuffaro esce dall'udienza trionfante: «Hanno dimezzato le accuse a mio carico, ho fiducia nella magistratura, al processo dimostrerò la mia completa estraneità agli addebiti rimasti ancora in piedi». Il dibattimento inizierà nel febbraio 2005 davanti alla III sezione del Tribunale, (alcuni imputati escono subito con il giudizio abbreviato, come il maresciallo Ciuro, che verrà condannato per favoreggiamento, ma assolto dall'accusa di concorso esterno: quella per cui era stato ingiustamente detenuto per un anno e mezzo).

Perché sia caduta anche la rivelazione di segreti a carico di Cuffaro, il gup Fasciana lo spiega in una motivazione di 45 pagine depositata il 3 dicembre 2004. Il fatto è certo: Cuffaro ha rivelato notizie coperte da segreto investigativo. Ma la Procura ha sbagliato il capo d'imputazione: la condotta del governatore non è giuridicamente qualificabile come concorso in violazione del segreto istruttorio. Cuffaro infatti è un presidente di Regione, non un investigatore: non è funzionalmente il depositario del segreto. Dunque non basta la prova della semplice rivelazione (peraltro «fondata»): occorre che l'indagato abbia istigato a svelare il segreto il pubblico ufficiale che lo custodiva e che, per legge, era tenuto al riserbo. Ora, il pubblico ufficiale custode del segreto, secondo l'accusa, è Borzacchelli in combutta con altri misteriosi «pubblici ufficiali» di piú alto livello che operano a Roma e non sono stati mai identificati. Il capo d'imputazione della Procura – scrive il giudice – presenta «notevoli ed evidenti carenze strutturali e descrittive». Infatti, a proposito del caso Guttadauro, le risultanze delle indagini preliminari non consentono un giudizio

> di fondatezza dell'ipotesi accusatoria, né una prognosi favorevole sulla idoneità degli elementi di prova a sostenere con esito positivo l'accusa nel dibattimento in relazione ai reati in epigrafe. In realtà, la stessa costruzione formale dei capi d'imputazione [...] manifesta la mancanza di un'ipotesi accusatoria. Non viene descritta una concreta condotta del Cuffaro interagente con l'azione rivelatrice delle notizie segrete da parte di colui che ne era depositario o, quantomeno, ne aveva la disponibilità cognitiva perché appartenente al suo ufficio. Viene rappresentata soltanto la rivelazione agli interessati direttamente da parte dell'imputato di notizie concernenti attività investigativa della Procura della Repubblica di Palermo, enunciandone genericamente il concorso con la condotta di soggetti ignoti e di Borzacchelli Antonio, maresciallo dei carabinieri in aspettativa.

I pm accennano alle complicità fra Cuffaro e «soggetti ignoti» (i misteriosi referenti romani),

> ma in termini assolutamente vaghi e privi di contenuto, senza alcuna connotazione descrittiva; tanto meno si afferma se i soggetti ignoti, o il Borzacchelli, siano i depositari o detentori delle notizie, ovvero abbiano compiuto un'attività di intermediazione tra questi e il Cuffaro nel procedimento di rivelazione delle notizie. Né gli ignoti, né il Borzacchelli vengono indicati quali pubblici ufficiali o incaricati di pubblico servizio a conoscenza delle notizie svelate, cosí pure nulla risulta sui doveri inerenti alle proprie funzioni o servizio da costoro o altri violati, o le specifiche qualità abusate, tanto meno le modalità dell'abuso.

E non basta: nel capo d'imputazione

> non v'è accenno a una qualifica di pubblico ufficiale o incaricato di pubblico servizio del Cuffaro, di doveri inerenti ad una sua funzione o servizio violati, né a un'azione di abuso della qualità di rilievo pubblicistico da lui rivestita. Tutto ciò tacendo dell'assoluta estraneità delle notizie rivelate alle funzioni o alla qualità dell'imputato che si sa, perché fatto notorio, essere collegate alla carica di presidente della Regione Sicilia, ma di cui non v'è cenno nell'imputazione. [...] L'esame del voluminoso complesso processuale rivela che la ge-

nericità dei fatti contestati non è casuale, ma corrisponde all'assoluta mancanza di dati probatori rappresentativi degli elementi di fatto richiesti dalla norma per la configurabilità in concreto del reato contestato [...]. In conclusione non resta che affermare l'impossibilità di una dimostrazione della responsabilità del Cuffaro per il delitto di rivelazione di segreti di ufficio. È di tutta evidenza che possono soltanto enunciarsi ipotesi e non è prospettabile una ricostruzione certa dei fatti in termini di concorso nel reato, fondata su prove acquisite o acquisibili.

Ancor piú disastrosa è la fine che, in mano al giudice, fa l'altro capo d'imputazione: quello sui segreti rivelati ad Aiello. Il fatto è assodato da «risultanze plurime, precise, concordi e univoche ». Ma nemmeno questo è inquadrabile nell'articolo 326 del codice penale, che punisce la rivelazione di segreti:

È inconfutabile l'assenza totale di fonti di prova di una condotta di determinazione, istigazione, di accordo o comunque inquadrabile nell'archetipo del concorso nel reato [...]. Nella stessa memoria del pm si dà conto dell'impossibilità di risalire alla fonte e si ipotizza soltanto che, da parte sua, il Borzacchelli abbia potuto apprendere notizie in merito negli ambienti dell'Arma, ove non sussisteva una reale segretezza tra i carabinieri. Una siffatta ricostruzione ovviamente smentisce l'esistenza di un'ipotesi di concorso. Cosí pure la possibilità, accreditata da alcuni elementi processuali, che il Cuffaro abbia appreso le informazioni a Roma, quindi in ambienti probabilmente estranei agli uffici di provenienza delle notizie.

Insomma, per quanto riguarda il reato di rivelazione di segreti d'ufficio da parte di Cuffaro, il capo d'imputazione della Procura presenta un «vuoto» assoluto, «che rende infondata la richiesta di giudizio». *Ergo* il gup Fasciana dispone il «non luogo a procedere perché il fatto non sussiste». Tutt'altro esito si sarebbe avuto se la Procura avesse contestato il concorso esterno che avrebbe racchiuso tutti i comportamenti illeciti di Cuffaro.

Un altro scacco

Un altro duro colpo all'impostazione della Procura arriva dalla prima sentenza del filone Guttadauro: quella a carico del cognato del boss, Vincenzo Greco, pure lui medico, condannato a 6 anni per associazione mafiosa con rito abbreviato dal gup Piergiorgio Morosini. Nelle 85 pagine di motivazione, depositate il 29 luglio 2004, il giudice scrive che Greco è lo sponsor della candidatura di Miceli alle elezioni regionali siciliane del 2001 per conto del cognato Guttadauro, mentre Miceli è l'«anello di congiunzione» con Cuffaro. Guttadauro, viste le condanne per mafia, preferisce restare dietro le quinte: è Greco il suo tramite per i contatti con i politici, cioè con Miceli e Cuffaro, e per i finanziamenti alle loro campagne elettorali.

> L'interesse del Guttadauro a coltivare il rapporto con Miceli Domenico, dimostrato da numerose conversazioni intercettate, si iscrive in questo progetto di infiltrazione nel mondo istituzionale per arrivare ad una «collaborazione dinamica» con l'on. Cuffaro. [...] Anche il piano del Guttadauro di condizionare le varie scelte politico-istituzionali e di assicurarsi, in questo modo, un sostegno politico nelle «battaglie di stampa» su temi particolarmente cari all'associazione mafiosa come l'abolizione dell'ergastolo o il ridimensionamento del regime carcerario derivante dall'art. 41 bis, passava per l'appoggio elettorale di candidati «vicini» a Cuffaro, nel caso di specie Miceli che poteva fare da intermediario tra la cosca e il «potenziale» (all'epoca delle intercettazioni ambientali) presidente della Regione.

In una chiacchierata intercettata il 16 maggio 2001, tre giorni dopo le elezioni politiche vinte da Berlusconi e poche settimane prima delle regionali, Greco annuncia a Guttadauro che l'indomani avrà una riunione con Cuffaro e Miceli, nella segreteria di quest'ultimo:

> Greco e Guttadauro discutono del sostegno economico al Miceli per la campagna elettorale, ritenendo che costui fosse nelle condizioni economiche di affrontare autonomamente gli oneri finanziari; mentre erano intenzionati a regalare dei soldi all'on. Cuffaro, ciò confermando il pieno coinvolgimento dell'odierno imputato nella strategia del Guttadauro tendente ad agganciare il probabile futuro presidente della Regione per ottenere futuri vantaggi per la cosca mafiosa di cui ricopriva un ruolo di vertice.

Dice infatti Greco, parlando con Guttadauro e la sorella Gisella:

> *Greco* – Invece con Totò Cuffaro che prendiamo, direttamente e ce le portiamo in una busta?
> *Guttadauro* – Eh, che ce le mettiamo nella busta!
> *Greco* – Nella maniera...
> *Guttadauro* – Che ci pro...
> *Greco* – Nella maniera meno elegante ma piú...
> *Gisella* – Concreta!
> *Greco* – Piú concreta possibile!
> *Gisella* – Ma cosí si fa. Uno non solo che...
> *Guttadauro* – Cosí si fa,... Gisa... cosí si fa con... che questo se lui sale nel, e ma poi che lui non si mette sugli attenti, per ogni «carcagnata 'nto mussu» [calcio in bocca, *nda*] che si devono prendere, tu neanche hai idea!
> *Greco* – Ogni volta che ci andia... che ci andiamo noialtri due ci devono met-

tere il tappeto, devono stare affacciati al finestrone e dire stanno venendo! [incomprensibile]
Guttadauro – Fa che l'amico, questo ora...
Gisella – Tu cosí ci fai?
Guttadauro – A questo punto la stiamo facendo davvero la campagna, perché quando tu ci fai ad uno la campagna elettorale e gliela fai per davvero non è che poi prende e ci *babbulía* [scherza], che ci *babbulía*!?

E poi c'è la confessione di Aragona:

Costui, nell'interrogatorio del giorno 8 ottobre 2003, ha riferito che Miceli, con cui aveva usualmente rapporti di frequentazione, gli aveva confidato che il Cuffaro aveva accettato finanziamenti per la campagna elettorale propostigli dallo stesso Greco; precisando, in proposito, che il Cuffaro si era incontrato con Greco e con un rappresentante della società Carrefour. L'impegno elettorale, come emerge dalle conversazioni intercettate, mira piuttosto a creare canali di collegamento istituzionale per ottenere l'accesso del gruppo criminale a circuiti finanziari, la «protezione giudiziaria», il controllo delle risorse pubbliche, funzionali al passaggio dalla fase «parassitaria» a quella «simbiotica» con i mercati legali. Quel progetto viene pienamente condiviso dal Greco, che in questo modo sopperisce alla inevitabile non esposizione del boss Guttadauro, come dimostrano le conversazioni intercettate in cui quest'ultimo aveva esternato l'inopportunità di tenere contatti personali con l'on. Cuffaro o, comunque, con personaggi di visibilità pubblica, dati i suoi gravi precedenti penali.

Che cos'ha dato Cuffaro al clan Guttadauro & C. in cambio di quel formidabile sostegno politico e finanziario? Le informazioni top secret che hanno irrimediabilmente compromesso le indagini. Il suo ruolo – come sosteneva inutilmente Paci – è dunque centrale, insostituibile: piú ci si inoltra nella sentenza Morosini, piú si comprende come Cuffaro non sia un semplice e occasionale favoreggiatore, ma un sostenitore organico della cosca di Brancaccio, una garanzia di rafforzamento e di sopravvivenza per l'intera Cosa nostra. E questo, come insegna la Cassazione nella sentenza Carnevale, è tipico del concorso esterno in associazione mafiosa. Prosegue infatti il gup nella sentenza Greco:

Secondo le indicazioni di Aragona e Riolo, quella «notizia» portata al Guttadauro, il cui latore è, per sua stessa ammissione e sulla base delle intercettazioni ambientali, l'Aragona, ma la cui fonte è da rintracciare nell'ambiente politico-istituzionale menzionato, costituisce per la cosca di Brancaccio un contributo determinante e formidabile per il mantenimento in vita della stessa associazione. Infatti, come emerge anche dalle conversazioni intercettate sopra esaminate, l'abitazione del Guttadauro costituiva una sede di elaborazione dei programmi e delle strategie della cosca, nonché di reclutamento di sodali pronti ad attivarsi nei vari settori di competenza: estorsioni, controllo illecito sulle attività economiche e sulla distribuzione dei posti di lavoro, relazioni tra Cosa nostra e personaggi del settore politico-istituzionale, condizionamento del settore sanitario, tutela dei latitanti [...]. È fuori discussione che la prosecuzione di quella attività di intercettazione avrebbe consentito di scoprire una serie di azioni illecite della cosca di Brancaccio, di individuare molti sodali per assicurarli alla giustizia, di chiarire i rapporti con le altre cosche confederate dell'associazione Cosa nostra, di identificare i luoghi in cui si nascondevano pericolosi latitanti. Viceversa la «confidenza» dell'Aragona, «imbeccato» da soggetti già «avvicinati» dal Greco, determina il Guttadauro a «bonificare» accuratamente la propria abitazione; tant'è, come documentato dall'ultima registrazione utile dei Ros, che il successivo 15 giugno 2001, quest'ultimo rinveniva le microspie e le distruggeva, interrompendo, di fatto, una importantissima indagine che aveva permesso di «fotografare» la realtà operativa e le dinamiche di Cosa nostra attuale. In altri termini la continuazione delle intercettazioni presso l'abitazione del Guttadauro, attraverso l'utilizzo della menzionata microspia, avrebbe potuto consentire alle forze dell'ordine di infliggere un «colpo durissimo» all'intera Cosa nostra, ma gli effetti devastanti (per il sodalizio criminale e per i suoi fiancheggiatori esterni) di quella operazione investigativa sono stati attenuati da informazioni che scaturiscono dagli appoggi negli ambienti istituzionali che Guttadauro, con l'aiuto prezioso del Greco, aveva coltivato da mesi. Cuffaro e Miceli erano i referenti istituzionali stabili del clan, che aveva «investito» su di loro e ne riceveva la giusta mercede. Compito precipuo del Greco nella struttura organizzativa dell'ente era quello di curare le relazioni con soggetti istituzionali suscettibili di aumentare il «capitale sociale» del gruppo criminale (Miceli, Cuffaro), ossia di creare o consolidare quelle relazioni interpersonali idonee a sfociare in vantaggi economici per la cosca, a rafforzarne la presenza e il prestigio sul territorio, a creare le condizioni per un difficoltoso contrasto sul piano giudiziario [...]. Si è dimostrato come il Greco abbia svolto un ruolo fondamentale nella vicenda relativa al sostegno della candidatura di Miceli Domenico alle elezioni regionali siciliane del 2001, fungendo lo stesso Miceli da «anello di congiunzione» con l'on. Cuffaro [...]. L'attribuzione all'imputato di un ruolo all'interno del sodalizio criminale, dato dalla competenza a curare le relazioni esterne con il mondo politico-istituzionale, è riscontrato dalla fornitura di specifici contributi di rafforzamento dell'apparato organizzativo della associazione, identificabili nell'avere curato importanti contatti con Miceli e Cuffaro; nonché nell'essersi adoperato per i finanziamenti in favore dello stesso Cuffaro e per la promozione della campagna elettorale del Miceli, anche attraverso l'organizzazione di riunioni alla presenza del «popolo di Cosa nostra».

Che sia stato Cuffaro, insieme a Borzacchelli, a informare la cosca tramite Miceli delle intercettazioni in corso, non c'è alcun dubbio:

Riolo ha confessato di avere riferito la circostanza all'on. Borzacchelli, eletto nelle file del partito dell'on. Cuffaro in occasione delle consultazioni regionali del 2001, circa venti giorni prima della scoperta da parte del Guttadauro [...]. Il Riolo ricorda di avere cercato telefonicamente l'on. Cuffaro, avendo ricevuto le indicazioni sul numero dal Borzacchelli, qualche settimana prima delle elezioni regionali (tenutesi il 24 giugno 2001), pur non precisando l'oggetto della conversazione. Riolo ha, pure, riferito di un incontro, di breve durata, con Cuffaro e Borzacchelli nel giorno della processione di Santa Rosalia del 2001 (luglio) presso la casa di campagna dello stesso Borzacchelli, in relazione al quale il dichiarante ha evidenziato, dopo averlo negato, che venne trattato il tema delle microspie.

Ha detto infatti Miceli:

La precisa consapevolezza delle registrazioni a casa Guttadauro l'ho avuta nella primavera del 2002, credo subito dopo l'arresto del predetto. È stato l'on. Cuffaro (se non ricordo male in occasione di uno dei tanti incontri presso la sua abitazione) ad avvertirmi del fatto che erano state effettuate intercettazioni ambientali nell'abitazione del Guttadauro. Non ho chiesto, né mi è stato detto, da chi e quando l'on. Cuffaro avesse appreso tale circostanza. È certo che il Cuffaro, già in quel primo incontro, mi ha invitato a riferirgli quali argomenti avessi trattato con Guttadauro, presso quella abitazione. Ciò mi ha domandato con evidente preoccupazione. Io gli ho rappresentato, per quel che ricordavo, tutto quanto aveva formato oggetto delle mie conversazioni con Guttadauro. Preciso che, da quel momento e fino al mio arresto, l'argomento ha formato oggetto di numerosissime conversazioni con il presidente Cuffaro e di altre, molto meno numerose, interlocuzioni con l'on. Borzacchelli. Ricordo che è stato proprio il Cuffaro a riferirmi di aver saputo che allorquando Guttadauro aveva rinvenuto una microspia in una stanza della sua abitazione, recandosi in altra stanza (ed evidentemente inconsapevole della presenza di una ulteriore microspia) aveva commentato: «allora avevano ragione». [...] Ribadisco che numerosi colloqui, sia con Cuffaro che con Borzacchelli, aventi ad oggetto le registrazioni in casa Guttadauro sono antecedenti alla c.d. operazione Ghiaccio 1 ed alla pubblicazione sulla stampa dei primi stralci di conversazione. Quando ho appreso dal Cuffaro delle registrazioni nel domicilio del dott. Guttadauro, ho avvertito di ciò anche il dott. Aragona al quale ho sicuramente detto che fonte della mia conoscenza era il Cuffaro ed al quale ho aggiunto, se non ricordo male, che anche Borzacchelli mi aveva rivelato le stesse notizie.

Conclude il gup Morosini:

La versione del Miceli sembra coincidere in ogni punto con il racconto di Aragona, in particolare con riguardo ai vari «passaggi» della notizia segreta.

Concorso esterno, addio

Che differenza c'è fra il favoreggiamento della mafia e il concorso esterno in associazione mafiosa? Il primo è un atto singolo in favore di Cosa nostra, il secondo una condotta duratura al servizio dell'organizzazione criminale, commessa da chi non ne fa parte ma mette a disposizione il suo potere dall'esterno. L'ha ribadito la Corte di Cassazione a sezioni unite il 12 dicembre 2002, nella sentenza Carnevale:

> Deve ritenersi che il concorso esterno nel delitto di associazione per delinquere di tipo mafioso si distingua da quello di favoreggiamento, in quanto nel primo il soggetto, pur non essendo stabilmente inserito nella struttura organizzativa dell'associazione, opera sistematicamente con gli associati, al fine di depistare le indagini di polizia volte a reprimere l'attività criminosa dell'associazione o a perseguire i partecipi di tale attività, in tal modo fornendo uno specifico e concreto contributo ai fini della conservazione o del rafforzamento dell'associazione medesima; mentre nel reato di favoreggiamento il soggetto aiuta in maniera episodica un associato, resosi autore di reati rientranti o non nell'attività prevista dal vincolo associativo, ad eludere le investigazioni della polizia o a sottrarsi alle ricerche di questa. Questa Suprema Corte ha, altresí, precisato che l'aiuto consapevolmente prestato a soggetto che perseveri attualmente nella condotta costitutiva di un reato tipicamente permanente, come quello di associazione per delinquere, dà luogo generalmente a concorso in tale reato e non a favoreggiamento, a meno che detto aiuto, per le caratteristiche e per le modalità pratiche con le quali viene attuato, non possa in alcun modo tradursi in un sostegno o incoraggiamento dell'altro nella protrazione della condotta criminosa, ma, al contrario, costituisca soltanto una facilitazione all'attività di uno degli esponenti di essa associazione.

Si può davvero sostenere che Cuffaro ha soltanto aiutato «in maniera episodica un associato, resosi autore di reati rientranti o non nell'attività prevista dal vincolo associativo, ad eludere le investigazioni della polizia o a sottrarsi alle ricerche di questa», con tutto quel che è accusato di aver fatto per il clan Guttadauro e per Aiello? O non ha invece operato «sistematicamente con gli associati, al fine di depistare le indagini di polizia volte a reprimere l'attività criminosa dell'associazione o a perseguire i partecipi di tale attività, in tal modo fornendo uno specifico e concreto contributo ai fini della conservazione o del rafforzamento dell'associazione medesima»? La risposta, con tutto quel che abbiamo visto fin qui, è piú che lampante. Anche perché, paradossalmente, è lo stesso procuratore Grasso a fornirla. Non nel suo ufficio di procuratore, ma in un incontro sulle misure di prevenzione patrimoniali organizzato dal Csm il 24 novembre 2003, dove tiene una relazione dal titolo «La dimensione imprenditoriale della criminalità organizzata e le sue nuove forme di manifestazione». E lí racconta, pur senza fare nomi, le indagini su Cuffaro:

> Sono state acquisite delle intercettazioni ambientali, che costituiscono un documento eccezionale, non solo da un punto di vista probatorio, perché riesce a fornire la rappresentazione autentica delle fasi ideative, decisionali e organizzative di un capo-mandamento di Cosa nostra [Guttadauro, *nda*] nel pieno esercizio delle sue funzioni di controllo del territorio e di intrattenimento di rapporti con esponenti di altre famiglie mafiose, nonché di relazioni esterne, finalizzate a consolidare il potere dell'organizzazione anche all'interno delle Istituzioni. Le conversazioni intercettate coglievano il medico che reggeva la famiglia mafiosa di Brancaccio, particolarmente dedito alla cura degli affari che riguardavano le attività criminali del mandamento, in particolar modo all'esercizio dell'attività estorsiva, alla gestione della c.d. cassa, al sostegno degli esponenti detenuti e delle rispettive famiglie, al reclutamento dei nuovi affiliati, al reperimento ed alla custodia delle armi, alla neutralizzazione di un associato che aveva iniziato a collaborare, ai rapporti ed ai contatti con gli altri capi-decina, ma anche alla individuazione ed al sostegno di candidati alle consultazioni elettorali nazionali e regionali, per attuare il controllo illecito dei flussi di spesa pubblica, per orientare le procedure amministrative di nomina dei medici e primari nel settore della sanità regionale, le procedure comunali in materia di modifiche al piano regolatore al fine di favorire la nascita di iniziative economiche come ipermercati, per ricercare rapporti con giornalisti e vertici nazionali dello schieramento politico sostenuto dall'organizzazione, al fine di trovare soluzioni a livello mass-mediatico e politico tendenti a modificare l'apparato normativo di contrasto all'organizzazione mafiosa, mediante l'abrogazione dell'ergastolo, l'attenuazione del regime previsto dall'art. 41 bis O.P. e l'abrogazione della legge sui collaboratori di giustizia.

Dunque Grasso considera quelle intercettazioni fra le piú importanti delle storia delle indagini antimafia. Perché se qualcuno (Cuffaro, secondo la sua stessa Procura) non avesse rivelato a Guttadauro che era intercettato, si sarebbe potuto ricostruire quasi tutto l'organigramma della nuova Cosa nostra, far luce su moltissime attività criminose dell'organizzazione, smascherare le relazioni esterne dei capimafia, forse acquisire notizie decisive per la cattura di latitanti del calibro di Provenzano, Lo Piccolo, Matteo Messina Denaro (parente, come abbiamo visto, di Guttadauro). Chi ha svelato le microspie, mettendo fine alle intercettazioni proprio sul piú bello (Cuffaro, secondo la Procura di Grasso), ha offerto un contributo decisivo all'intera Cosa nostra, consentendole di uscire pressoché indenne da un'indagine per lei pericolosissima, che poteva metterla definitivamente in ginocchio con l'arresto dei suoi boss latitanti e di centinaia di «soldati».

Grasso, nella relazione, aggiunge che basta trasmettere i *pizzini* (bigliettini) con gli ordini di un boss per incorrere nel reato di partecipazione diretta all'associazione mafiosa, o almeno di concorso esterno; non certo nel semplice favoreggiamento, che riguarda l'aiuto prestato al mafioso come persona singola, non come capo o membro dell'organizzazione criminale. Non resterebbe che trarne le dovute conseguenze, anche per Cuffaro. Non c'è dubbio che il governatore è accusato di aver fatto tutto ciò che il procuratore descrive come concorso esterno, anzi addirittura come partecipazione diretta all'associazione mafiosa. Totò non si è certo limitato a passare *pizzini* con istruzioni operative per qualche estorsione: secondo l'accusa, ha trasmesso informazioni essenziali per la sopravvivenza dell'intera Cosa nostra. Pur non facendone parte, è imputato per una serie di comportamenti (rivelazione delle microspie a Guttadauro, rivelazione delle indagini ad Aiello, candidatura di Miceli come rappresentante degli interessi del clan di Brancaccio e cosí via) che sono oggettivamente essenziali per la vita dell'intera organizzazione.

Figurarsi la sorpresa dei pm palermitani che hanno duramente contestato la gestione del caso Cuffaro, nel leggere le parole del loro capo: sono le stesse da loro usate nella riunione decisiva del 16 luglio 2004 per chiedere di contestare anche al governatore, come ai suoi coimputati, il concorso esterno. Possibile che le ragioni del diritto valgano nei convegni e nei seminari, ma non nei processi ai «colletti bianchi»? Totò è proprio un miracolato della Vergine Maria.

E i pentiti parlano, parlano...

Il 1° aprile 2005, dopo le prime udienze del processo, la Procura otterrà dal gup Giacomo Montalbano l'archiviazione del fascicolo-madre, quello stralciato che contiene tutti gli atti relativi all'ipotesi di concorso esterno: e cioè tutti gli elementi raccolti negli ultimi anni sulle *liaisons dangereuses* del governatore con mafiosi e amici degli amici (per non parlare delle due telefonate con Berlusconi). Cosí resteranno di fatto lettera morta anche le gravissime accuse lanciate il 9 marzo nell'aula del dibattimento dal pentito Giuffrè sul presunto sostegno che Provenzano avrebbe fornito a Cuffaro per farlo eleggere nel 2001 con i voti della mafia:

> Provenzano ha appoggiato l'elezione di Totò Cuffaro alla presidenza della Regione. C'era un gruppo di volti nuovi, di persone pulite, a fare da collegamento tra il boss di Cosa nostra e l'Udc. A Provenzano Cuffaro piaceva perché aveva creato una politica di vecchio stampo, clientelare, e si toccava con mano il seguito che aveva. E anche per i suoi rapporti con Calogero Mannino.

Idem per il ritrovamento dei «santini» elettorali di Totò nel covo di Provenzano, a due passi da Corleone. E idem per gli sconvolgenti racconti i altri collaboratori, vecchi (come Angelo Siino) e nuovi (come Francesco Campanella). Tutte rivelazioni che, se dimostrate, proverebbero vieppiú che Cuffaro è da molti anni in contatto o addirittura al servizio di Cosa nostra, in un proficuo scambio di favori reciproco. Ma questo si chiamerebbe concorso esterno: in un processo per favoreggiamento, invece, cioè per due fatti singoli ed episodici, racconti come quelli lasciano il tempo che trovano. Cuffaro, oltreché con il camice, è nato con la camicia.

Angelo Siino era il ministro dei lavori pubblici di Cosa nostra fino al 1996, quando fu arrestato e iniziò a collaborare con la giustizia. Una collaborazione, la sua, ritenuta sincera e veritiera al cento per cento da tutti i giudici che l'hanno interrogato. Ebbene, Siino parla a lungo di Cuffaro l'8 giugno 2005, nel processo alle talpe di Palermo. E racconta di avere appoggiato la sua campagna elettorale nella Dc per le amministrative del 1991.

> Incontrai Totò Cuffaro nel '91 nella mia abitazione di Palermo. Quell'incontro mi fu sollecitato dal parlamentare Romano tramite una conoscenza comune, Rosario Enea. Romano in quel periodo si lamentava di non avere abbastanza risorse e attenzione da parte di Cosa nostra. Ci incontrammo nel salotto della mia abitazione di Palermo, ricordo che con lui c'era Salvatore Cuffaro il quale mi chiese un sostegno elettorale spiegandomi che doveva risultare primo degli eletti.

Siino aggiunge che Cuffaro era accompagnato dall'inseparabile Francesco Saverio Romano (deputato dell'Udc e sottosegretario al Lavoro nell'ultimo governo Berlusconi) e di avergli risposto di non poterlo aiutare, avendo già promesso il suo pacchetto di voti a un altro candidato. Ma Totò insisteva:

> Cuffaro mi spiegò che stava organizzando un incontro elettorale in un club in una residenza nella disponibilità del Teresi, un personaggio legato alla mafia. E mi chiese di portare quante piú persone era possibile a quell'incontro. Cosí contattai vari personaggi di Cosa nostra, tra cui Santino Di Matteo e Nino Gioè.

Cioè reclutò, per aiutare Totò, due fra i killer piú sanguinari della mafia, che un anno dopo avrebbero preso parte alla strage di Capaci.

> Mi recai a quell'incontro elettorale e poi fui accompagnato nello studio di Teresi. Qui, ad un certo punto mi raggiunsero lo stesso Cuffaro e Totò Cardina-

le [l'altro pupillo di Calogero Mannino, poi passato dalla Dc all'Udr, e di lí all'Udeur, per diventare ministro delle Telecomunicazioni dei governi D'Alema e Amato e confluire infine nella Margherita, di cui attualmente è il coordinatore regionale, *nda*]. Ricordo di essermi rivolto a Cardinale alludendo al famoso Decreto Andreotti che, all'epoca del maxiprocesso alla mafia, aveva consentito di far restare in carcere numerosi capicosca. Cuffaro mi ringraziò per aver portato gente a quell'incontro e ricordo che dissi a Cardinale, alludendo al decreto Andreotti: «Nonostante quello che fate voi, noi siamo a disposizione». Cardinale fu molto vago, poi ci accomiatammo con i soliti convenevoli.

Cuffaro non nega di aver incontrato l'allora plenipotenziario di Totò Riina per gli appalti pubblici, anzi: conferma tutto. Ma dice che non sapeva che Siino fosse legato alla mafia. Lui lo conosceva come un affermato pilota automobilistico: resta da capire perché il giovin Totò andasse a chiedere voti a un pilota. Nemmeno Cardinale smentisce Siino, ma fa il vago:

Premesso che si tratta di manifestazioni elettorali di quindici anni fa e a cui, come è noto, partecipavano centinaia e centinaia di persone e che le stesse parole del Siino mostrano l'assoluta inconsistenza ed irrilevanza dei fatti, una cosa è certa: mai in nessun momento da parte mia vi può essere stato un qualsiasi rapporto improprio con aree e attività di tipo mafioso che mi hanno sempre visto, mi vedono e mi vedranno in prima linea nella lotta contro la mafia.

Anche l'ultimo pentito di Cosa nostra, Francesco Campanella, ex presidente del consiglio comunale di Villabate (Palermo) parla di quel vertice Siino-Cuffaro. Ex boy scout ed ex bancario, Campanella è il braccio destro del boss Nino Mandalà (capomandamento di Bagheria per volontà di Provenzano, di cui il figlio Nicola organizzò la latitanza negli ultimi anni, compresa la trasferta ospedaliera a Marsiglia) e poi il figlioccio politico di Clemente Mastella, che lo impone come presidente nazionale dei giovani dell'Udeur. È arrestato nel 2005 per aver fornito a Provenzano i documenti falsi necessari per recarsi a Marsiglia nel 2003 per la famosa operazione alla prostata. Campanella parla al processo «talpe» il 17 gennaio 2006. E smentisce platealmente il governatore:

Salvatore Cuffaro e Saverio Romano hanno incontrato Angelo Siino prima delle Regionali 1991 e per questo Calogero Mannino era furibondo. Me lo disse Franco Bruno [già dirigente della Dc e testimone di nozze del governatore, *nda*], che mi riferí dell'ira di Mannino. Bruno aveva detto a Cuffaro che era inopportuno andare da Siino per chiedergli i voti, perché tutti sapevano chi era Siino. Tra l'altro, Bruno conosceva Siino che gli era stato presentato dall'imprenditore siciliano Puccio Bulgarella, che era amico di Siino [...]. Durante una cena Cuffaro disse a Franco Bruno che lui e Romano erano stati mandati presso Siino dall'allora ministro Mannino a chiedere voti per la competizione elettorale. Disse quindi che era inutile che Mannino si arrabbiasse.

La carriera politica del giovane Campanella, 33 anni, è tutt'un programma:

Da ragazzino sono partito dai boy scout, poi l'Azione cattolica e il movimento giovanile della Dc. Ho sempre avuto una grande passione per la politica. Nel 1991 ho conosciuto Salvatore Cuffaro, al quale raccontai questa mia voglia di entrare in politica. Lui mi convocò la settimana successiva, assieme a Saverio Romano e a Calogero Mannino. E cominciai a frequentare la segreteria di Mannino. Poi ho seguito Casini e Mastella nel Ccd, fino alla spaccatura. Allora ho scelto l'Udr di Cossiga e Mastella, infine l'Udeur. Clemente Mastella mi ha premiato, affidandomi la segreteria nazionale dei giovani dell'Udeur.

Campanella dice di essere iscritto alla massoneria. Diventa presidente del consiglio comunale di Villabate, eletto in una lista civica di ex Dc, quando il Comune viene sciolto per infiltrazioni mafiose. Nel 1998-99 – ricorda– Mastella voleva Cuffaro nel governo D'Alema come ministro delle Telecomunicazioni: «Me ne chiese la disponibilità per sostituire il ministro Cardinale. Lo chiese per l'esperienza che Cuffaro aveva maturato nel settore». Il pentito racconta anche una riunione con Mastella e Mannino nell'appartamento che il primo aveva a Roma come vicepresidente della Camera:

Ricordo che Mannino parlò di Cuffaro e Cardinale come dei suoi delfini, cresciuti nella sua segreteria, che però avevano rapporti equivoci. Disse che mentre i rapporti che intratteneva Cuffaro non solo emergevano ma venivano perseguiti, Cardinale veniva tutelato e le intercettazioni telefoniche cancellate o il suo nome omesso.

L'11 luglio 2000 Campanella si sposa a Villabate e al suo fianco si materializzano due testimoni d'eccezione: Totò Cuffaro e Clemente Mastella, oltre al solito Saverio Romano che troneggia fra gl'invitati (nel 2006, poco prima di diventare ministro della Giustizia del governo Prodi, Mastella verrà sentito in segreto come teste dai pm di Palermo sul suo rapporto con il neopentito). Pochi mesi dopo, Cuffaro divorzia dall'Udeur e dal centrosinistra per passare al centrodestra, giusto in tempo per farsi candidare a governatore di Sicilia dalla Casa delle libertà:

Ricordo nel luglio 2000 le numerose telefonate di Mastella, che non riusciva a rintracciare Cuffaro e voleva sapere perché i giornali lo davano dall'altra parte politica. Mi chiedeva di rintracciarlo, gli risposi che ero in viaggio di nozze in Marocco. Quando rintracciai Cuffaro gli dissi: «Ma che sta succedendo?». E mi rispose: «Digli a Clemente che non mi hai trovato perché stiamo cambiando maggioranza, facciamo il Governo Leanza [ultima giunta di centrosinistra, *nda*] e quindi passiamo all'altra parte». Ho tentato di far incontrare Cuffaro e Mastella per capire se c'era la possibilità di recuperare questo rapporto che mi sembrava utile. Ci fu un incontro a Roma, portai Cuffaro a casa di Mastella e lui lo ricevette nelle scale, non lo fece neanche entrare a casa perché era visibilmente seccato dal fatto che Cuffaro comunque non solo lo aveva «tradito», ma non si era fatto vivo per dirgli quello che stava facendo. Per cui, restando sulle scale, Mastella disse: «Cosa vuoi?». E Cuffaro rispose: «Sono stato dal Cavaliere, questo ci prende a tutti, vieni con me perché io faccio il presidente della Regione e tu fai il presidente della Camera». Mastella sgranò gli occhi, mi guardò e mi disse: «Glielo dici tu che è cretino o glielo dico io?». Proprio con queste testuali parole. A quel punto dissi: «Scusa Clemente se siamo venuti, ti chiedo scusa». E ce ne siamo andati. Cuffaro era ormai completamente dall'altra parte, aveva già fatto l'accordo, era stato in Sardegna da Berlusconi per cui era già convinto che era presidente della Regione.

Campanella racconta l'ultimo decennio di politica post-democristiana nel Palermitano. Accusa Mannino di aver incassato tangenti in cambio di contributi miliardari a una coop agricola:

Cuffaro fece avere a Nino Vitale un finanziamento miliardario dall'allora ministro all'agricoltura Calogero Mannino. Mannino pretese poi la tangente che gli fu fatta arrivare tramite Cuffaro.

Poi fa i nomi di Totò Cardinale e di Massimo D'Alema, a proposito di presunte tangenti che i due avrebbero ricevuto per le licenze dei cellulari Umts. Tangenti che, sempre secondo il pentito, sarebbero in parte confluite su una società con sede a Malta di cui è titolare l'ex sindaco di Catania, Angelo Lo Presti, arrestato nel febbraio 2006 dai carabinieri di Palermo nell'inchiesta sulla cosca di Villabate. Secondo Campanella, Mastella voleva rimpiazzare Cardinale con Cuffaro proprio perché aveva «perso il controllo» sul suo ministro, ormai «nelle mani di D'Alema». Sia il presidente Ds sia Cardinale smentiscono indignati. Ma di questa vicenda si occupa, per competenza territoriale, la Procura di Roma.

Restando in Sicilia, Campanella racconta di candidati imposti da Cosa nostra ad alcuni partiti politici alle Regionali del 2001. Il primo era il ragionier Giuseppe Acanto, ex comunista e uomo del boss di Villabate e Bagheria, Nino Mandalà: Forza Italia non lo voleva, cosí fu candidato nelle liste del Biancofiore: una lista che serviva, secondo il pentito, a Cuffaro per far eleggere l'ex carabiniere Borzacchelli, l'uomo che – «come mi riferí Cuffaro – è amico degli amici di Bagheria». Borzacchelli fu poi eletto, Acanto no, anche se «fu la candidatura di Acanto e i suoi 2000 voti che consentirono l'elezione di Borzacchelli». Acanto era uomo di Nino Mandalà, che lo voleva in lista: «Ben lo sapeva anche Saverio Romano, che ci disse, quando si trattò di candidarlo per il Biancofiore, che non c'erano problemi». E ben lo sapeva Cuffaro che però, una volta eletto governatore, preferí non incontrare piú Mandalà.

> Nel settembre 2001 mi trovavo al casinò di Sanremo insieme ad Antonino Mandalà e ci incontrammo casualmente con Cuffaro su una scalinata che portava ai tavoli da gioco. Lui mi vide e vide Mandalà e rimase un po' perplesso. Ci siamo salutati e io, che al volo percepii il suo disagio, non mi soffermai a salutarlo. In seguito Cuffaro mi disse: «Non ti rischiare di farmi parlare con Mandalà, perché ho la scorta della Digos...». Lui già nel 2001 conosceva la dimensione criminale di Mandalà [...]. In campagna elettorale la cosca di Villabate era impegnata in un sostegno totale: io reperivo i fondi che arrivavano dalle ditte che ottenevano gli appalti in comune e dal pizzo imposto alle aziende edili. Ma anche una ditta di alimentari contribuiva con spaghetti e pomodoro. Soldi venivano anche da Mandalà e dalla Enterprise, la ditta di «famiglia».

Cuffaro non smentisce nemmeno quell'incontro, anche se minimizza:

> Fra tante falsità, Campanella una cosa vera la dice: ci siamo incontrati casualmente, mentre ero in vacanza con la mia famiglia a Sanremo. Io non ho voluto nè incontrare nè parlare con le persone con cui lui si accompagnava. Ma mente quando afferma che ero scortato dalla Digos, perché non è vero.

Campanella aggiunge che anche per le elezioni politiche del 2001, un mese prima che Totò diventasse governatore, «l'appoggio della cosca di Villabate per la candidatura di Saverio Romano fu assoluta». Romano, come Cuffaro, è dell'Udc. Per il resto, il boss Mandalà appoggiava Forza Italia, essendo il presidente del locale club azzurro: quando fu arrestato, passò l'incarico al figlio e agli altri dirigenti del club. Poi, quando uscí di prigione,

> non potendo piú avere rapporti dirigenziali nel club di Forza Italia perché il partito l'avrebbe espulso, continuava in maniera occulta a orientare le scelte per le liste e nelle Regionali del 2001 scelse Giuseppe Acanto perché militava in Forza Italia. Lui dette la sua benedizione per avere «un deputato regionale nostro», con Cuffaro presidente della Regione.

Ma c'è di piú, sul conto di Cuffaro. Campanella racconta che il governatore, in un incontro sotto i ficus di Palazzo d'Orleans (sede del governo regionale a Palermo), lo informò

> delle indagini di magistratura e polizia su di me. Mi disse che ero intercettato, fotografato e seguito e confermò che glielo aveva detto Antonio Borzacchelli. Era spaventatissimo. Mi pregò di non metterlo nei guai. Io gli dissi di stare tranquillo ed enumerai tutte le iniziative antimafia che avevo fatto con il Comune: l'Osservatorio e la cittadinanza onoraria al comandante dei Ros Ultimo. Ovviamente, per farle chiesi e ottenni il permesso a don Nino Mandalà.

Non basta: secondo Campanella, Cuffaro gli chiese una tangente di 5 miliardi di lire in cambio del via libera alla costruzione di un grande centro commerciale a Villabate. Ma lui considerava la cosa affare suo: il suo capo, il boss Mandalà, si era rivolto direttamente a Provenzano per dirimere il conflitto tra il clan di Brancaccio (capeggiato da Guttadauro) e quello di Villabate (diretto da Mandalà), che si contendevano il controllo sull'appetitosa opera. E il capo dei capi aveva deciso salomonicamente che sarebbero nati due supermercati: uno a Villabate e uno a Brancaccio. Senonché, aggiunge il pentito,

> Cuffaro iniziò a fare il doppio gioco: aveva garantito il centro commerciale per noi, ma alla fine aveva messo bastoni tra le ruote a favore di Brancaccio, per i suoi legami con Guttadauro: prima tramite la bocciatura in sede regionale del piano commerciale prodromico alla costruzione prima, e poi con la richiesta di una tangente da 5 miliardi di lire per far realizzare l'opera.

La mazzetta l'avrebbe chiesta a Campanella, per conto di Cuffaro, l'avvocato Giovan Battista Bruno, figlio di Franco (amico di Cuffaro) e consulente dalla cordata che curava il progetto. Bruno junior, sentito al processo, rilancia l'accusa. Racconta che nel 2003 Totò era furibondo con Campanella, che non l'aveva consultato sull'iniziativa, e gli disse:

> È un progetto che vale cinque miliardi, e lui [Campanella, *nda*] lo pretende gratis. Non si è nemmeno presentato da me che sono il presidente della Regione.

Cuffaro nega tutto, ma Franco Bruno conferma e aggiunge che sempre nel 2003, dopo l'arresto e le prime ammissioni di Salvatore Aragona davanti ai magistrati, Cuffaro lo chiamò:

> Il presidente mi volle vedere con molta urgenza per dirmi che Aragona stava parlando di me nei verbali della Procura che era disposto a farmi vedere. Io

rifiutai di leggerli. Gli dissi che era stato lui a dare ad Aragona il mio numero di telefono per contattarmi per la vendita di un albergo a Pantelleria. In quell'incontro Cuffaro non mi chiese nulla, nemmeno di edulcorare la mia dichiarazione nel caso in cui i magistrati mi avessero chiamato a testimoniare. Penso che lui mi chiamò allora per scusarsi di avermi messo in mezzo a questa storia.

Bastano queste dichiarazioni di Siino, di Campanella, di Bruno e altri a rendere l'idea delle notizie di reato raccolte dalla Procura su 15 anni di presunte amicizie mafiose di Totò Cuffaro. Le prove ideali, in un processo per associazione mafiosa. Ma, come abbiamo visto, Cuffaro è imputato solo di due singoli episodi di favoreggiamento, nel 2001 e nel 2003. Tutto quel materiale, dunque, è sostanzialmente inutile, salvo che non si aprano nuovi fascicoli con nuovi capi d'imputazione. Per ora il governatore ha utilizzato l'archiviazione per concorso esterno per accumulare poltrone e potere. Per minimizzare le sue responsabilità. Per affrontare con protervia, a suon di denunce e diffide, lo splendido documentario di due giornalisti della scuola di Michele Santoro, Stefano Maria Bianchi e Alberto Nerazzini (*La mafia è bianca*, Bur, 2005). Per vincere due volte le elezioni del 2006, diventando senatore della Repubblica e ridiventando subito dopo presidente della Regione nonostante la candidatura, per il centrosinistra, di Rita Borsellino. E per ergersi addirittura a paladino dell'antimafia, a colpi di manifesti con la scritta: «La mafia fa schifo». Negandò tutto e baciando tutti. Con un paio di minuscole *defaillance*: quando, nel suo primo interrogatorio in Tribunale, ha sostenuto che l'amico Miceli frequentava Guttadauro e Aragona «per scopi umanitari»: cioè per redimerli dopo le condanne e gli arresti per mafia. E quando, nella sua biografia autorizzata, ha confessato che da ragazzino era un gran divoratore di fumetti, ma detestava Tex Willer. Ma va?

Francesco Saverio Romano
L'ombra di Totò

Palermitano, classe 1964, deputato dal 2001 e sottosegretario uscente al Welfare, Saverio Romano è da almeno 15 anni l'inseparabile alter ego di Totò Cuffaro. Nel capitolo dedicato a Totò Vasa Vasa l'abbiamo incontrato piú volte al suo fianco nelle situazioni piú imbarazzanti, a contatto con mafiosi e amici degli amici. Indagato e poi prosciolto nel 2003 a Palermo (concorso esterno in associazione mafiosa e corruzione) per il caso Guttadauro-Cuffaro, dall'inizio del 2006 è di nuovo inquisito dalla Dda palermitana per concorso esterno dopo le rivelazioni del pentito Francesco Campanella a proposito di presunti summit con mafiosi. Pochi mesi dopo, è stato rieletto deputato con l'Udc.

Calogero Mannino
Il piccolo Andreotti

Calogero Mannino detto «Lillo», già leader della sinistra Dc in Sicilia, deputato dal 1976 al '92, ministro della Marina mercantile, dei Trasporti e due volte dell'Agricoltura, oggi membro autorevole dell'Udc, è imputato a Palermo per concorso esterno in associazione mafiosa. Assolto in primo grado e condannato in appello, si è visto annullare la condanna in Cassazione, che ha ordinato un nuovo processo di secondo grado. Ma questo, grazie alla legge Pecorella sulla inappellabilità delle assoluzioni, forse non si celebrerà mai.

I guai di Mannino con la giustizia iniziano il 13 febbraio 1995, quando viene arrestato per 23 mesi. Secondo i pm Teresa Principato e Vittorio Teresi, che hanno raccolto le dichiarazioni di alcuni collaboratori di giustizia, l'uomo politico stipulò nei primi anni Ottanta un patto elettorale con le cosche agrigentine e poi con i boss palermitani, favorendo la mafia fino al 1994. In particolare l'accusa gli contesta un pranzo con un gruppo di ufficiali medici e con due boss. E poi le nozze, alla sua presenza, fra Maria Silvana Parisi e Gerlando Caruana, figlio di Leonardo, il boss di Siculiana. E ancora i rapporti con i cugini Nino e Ignazio Salvo, ai quali Mannino – quand'era assessore regionale alle Finanze, negli anni 70 – concesse la gestione dell'esattoria di Siracusa. Secondo i pm, poi, l'imputato stipulò nel 1980-81 un accordo elettorale con Antonio Vella, mafioso della famiglia agrigentina, come racconta il pentito Gioacchino Pennino, il medico palermitano di Brancaccio, esponente della Dc (corrente Ciancimino), discendente di una famiglia mafiosa, amico di capimafia del calibro di Giuseppe Di Maggio, Totò Greco e i fratelli Graviano.

Mannino – dice Pennino – trattò l'argomento in una riunione in casa propria, con lui e con Vella.

Su Mannino aveva indagato per primo Paolo Borsellino quand'era procuratore di Marsala, raccogliendo le dichiarazioni del pentito Rosario Spatola, che poi trasmise per competenza alla Procura di Sciacca e finirono archiviate. In seguito, dopo le rivelazioni di altri pentiti, l'indagine era stata riaperta dalla Procura di Palermo. Al momento del rinvio a giudizio, nel capo d'imputazione, si legge che Mannino è imputato di concorso esterno.

> per avere – avvalendosi del potere personale e delle relazioni derivanti dalla sua qualità di esponente di rilievo della Democrazia cristiana siciliana – contribuito sistematicamente e consapevolmente alle attività e al raggiungimento degli scopi criminali di Cosa nostra, mediante la strumentalizzazione della propria attività politica, nonché delle attività politiche ed amministrative di esponenti della stessa area, collocati in centri di potere istituzionale (amministratori comunali, provinciali e regionali) e sub-istituzionali (enti pubblici e privati), onde agevolare la attribuzione di appalti, concessioni, licenze, finanziamenti, posti di lavoro ed altre utilità in favore di membri di organizzazioni criminali di stampo mafioso.

Il primo grado

Il processo di primo grado inizia il 28 novembre 1995. Il 5 luglio 2001 Mannino, difeso da Carlo Taormina, viene assolto dalla II sezione del Tribunale (presidente Leonardo Guarnotta, a latere Giuseppe Sgadari e Michele Romano), con la consueta formula dubitativa dell'articolo 530 comma 2. Come nel caso di Andreotti, i primi giudici ritengono provata una serie di condotte gravissime e di rapporti certi fra Mannino e uomini di Cosa nostra, che favorirono la sua carriera politica. Ma questo, secondo il Tribunale, non basta a configurare il reato di concorso esterno, perché non sarebbe dimostrato che cosa il politico diede alla mafia in cambio di quegli appoggi. Le motivazioni dell'assoluzione, raccolte in 435 pagine, sono comunque devastanti per l'imputato.

«È acquisita la prova», scrivono i giudici, «che nel lontano 1980-81 Mannino aveva stipulato un accordo elettorale con un esponente della famiglia agrigentina di Cosa nostra, Antonio Vella». E in seguito anche con altri boss della vecchia mafia della città dei templi. Il Tribunale parla di «patto elettorale ferreo, avallato dall'intervento di un mafioso come Vella», che «costituisce una chiave interpretativa della personalità e consente di invalidare buona parte del capitolato difensivo, volto a rappresentare Mannino come un politico immune da contaminazioni coscienti con ambienti mafiosi o addirittura vittima di chissà quali complotti». Purtroppo – sostengono i giudici – «manca l'accertamento della controprestazione di Mannino [...]. Non c'è la prova che l'accordo elettorale abbia avuto ad oggetto la promessa di svolgere un'attività, anche lecita, anche sporadica, per il raggiungimento degli scopi di Cosa nostra». I principali pentiti portati in aula dai pm sono ritenuti attendibili: «È fuori discussione la credibilità di Gioacchino Pennino» quando descrive il suo incontro a casa Mannino (piazza Unità d'Italia, Palermo) con l'imputato e il boss Vella. Mannino ha ammesso di conoscere Vella, ma s'è giustificato dicendo che da lui acquistava libri. «La difesa non è credibile», sostiene il Tribunale: «È del tutto inverosimile che l'imputato avesse potuto fornire all'oscuro libraio finanche il numero telefonico della casa di abitazione dei suoceri di Porto Empedocle». La realtà è tutt'altra: «Vella e Mannino hanno intrattenuto un rapporto di natura elettorale».

Poi i rapporti con altri mafiosi: «È data per certa una vicinanza di Mannino ai vecchi componenti di Cosa nostra di Agrigento». Ma anche in questo caso, manca per i giudici la prova del «contributo offerto dall'imputato a Cosa nostra». A prescindere dalla sua consapevolezza del fatto che, alla cena di «ringraziamento» degli ufficiali medici alla Taverna Mosè, era presente il boss Giuseppe Settecasi, Mannino dimostrava «di non disdegnare incontri con mafiosi, o un'eventuale benevolenza politica di costoro nei suoi confronti». Lo stesso vale per le nozze del figlio del boss Leonardo Caruana: Mannino era lí per la sposa, figlia di un suo compagno di partito, ma «poteva essere in grado di sapere in che contesto sociale si muoveva la famiglia Caruana, famiglia di mafia».

Quanto ai rapporti con i cugini Salvo, i giudici ritengono accertato che Mannino, come assessore regionale alle Finanze, affidò loro la concessione dell'esattoria di Siracusa. E tanto basta per «inficiare la tesi difensiva secondo la quale Mannino avrebbe sempre combattuto i Salvo». Al contrario, l'allora assessore alle Finanze riuscí «a non creare un rischioso antagonismo con il potente gruppo degli esattori, riuscendo con essi a mantenere rapporti non pregiudizievoli per la sua carriera». Anche a costo di raccomandare ai Salvo tre persone da assumere. Episodio, anche questo, provato: «Comportamento deprecabile, ma nella logica dei rapporti istituzionali o nella prassi politica». Dunque anche questa volta Mannino ha mentito, ma non ha commesso reato.

Anche questa sentenza – cancellandone le motivazioni – diventa un ottimo pretesto per attaccare il pool di Palermo. Come se i gravi fatti accertati dai giudici non esistessero. L'imputato diventa una sorta di martire errante della «malagiustizia», ovviamente «politicizzata», succube dei «pentiti» e dedita ai «teoremi». Memorabili alcune sue comparsate a *Porta a Porta*, dove Bruno Vespa lo utilizza come corpo contundente contro Caselli e i suoi pm.

Non può mancare il contributo di Lino Jannuzzi, che nel suo libro sul processo Andreotti si scatena anche sul caso Mannino. Per esempio sostiene che, per indurre l'imputato a «pentirsi», la Procura di Palermo lo tenne in galera il piú a lungo possibile, nonostante i malanni e lo stress. Una bugia bella e buona, visto che tutti i provvedimenti sulla detenzione di Mannino non furono adottati dalla Procura, ma dal gip, dal Tribunale del riesame e dalla Cassazione. I ricorsi dei difensori furono respinti dal Riesame (tre giudici) il 21 marzo '95 e dalla Cassazione addirittura a sezioni unite (nove giudici) il 27 settembre '95. Poi Mannino addusse gravi motivi di salute per uscire, e questi furono oggetto di svariate consulenze e perizie medico-legali: tutte, ma proprio tutte, stabilirono l'assoluta compatibilità delle sue condizioni di salute con la custodia cautelare. Cosí anche la II sezione del Tribunale di Palermo (tre giudici), il 12 marzo '96, rigettò l'istanza di scarcerazione. Furono proprio i pm a farlo liberare anzitempo, rinunciando – durante il dibattimento – a chiedere la sospensione dei termini di custodia cautelare.

L'appello

Contro l'assoluzione la Procura ricorre in Corte d'appello, dove il processo inizia il 9 aprile 2003. L'accusa è sostenuta ancora una volta da Vittorio Teresi, nel frattempo passato alla Procura generale, che porta in aula l'ultimo pentito: Antonino Giuffrè. E chiede la condanna di Mannino a 10 anni. La difesa, con l'avvocato Grazia Volo subentrata a Taormina, chiede la conferma dell'assoluzione, possibilmente con la formula piú ampia. Ma l'11 maggio 2004 la III sezione della Corte d'appello (presidente Salvatore Virga, a latere Luciana Razete, estensore, e Marina Ingoglia) condanna Mannino a 5 anni e 4 mesi, oltre al «pagamento delle spese di entrambi i gradi del giudizio e di quelle del suo mantenimento in carcere durante la custodia cautelare», all'interdizione perpetua dai pubblici uffici, a un anno di libertà vigilata dopo l'esecuzione della pena detentiva e al risarcimento del danno al Comune di Palermo con una provvisionale di 50.000 euro.

I commenti politici (piuttosto scarsi) alla condanna sono identici a quelli all'assoluzione. Parlano di «complotto», «teoremi», «malagiustizia», «persecuzione», «calvario». Per il ministro Giovanardi, «Mannino è una vittima, come Andreotti». Nessuno chiede scusa ai pm, accusati di ogni nequizia dopo la pronuncia del Tribunale. Bruno Vespa, che aveva pianto infinite volte il «martirio» dell'«innocente», anziché allestire una puntata di *Porta a Porta* per comunicare che Mannino ora è colpevole, la sera del verdetto si occupa di calcioscommesse, con Maurizio Mosca e Aldo Biscardi. Vespa e Mannino verranno poi avvistati in vacanza al mare. Vespa si sdebiterà recensendo su *Panorama*, in termini encomiastici, il vino passito prodotto da Mannino nella sua azienda vinicola di Pantelleria. Un'ambrosia celestiale. Senonché, nel 2006, Mannino verrà indagato dalla Procura di Marsala anche per associazione a delinquere, frode in commercio e vendita di sostanze non genuine con l'accusa di aver diffuso partite di vino adulterato.

Le motivazioni della sentenza d'appello vengono depositate il 5 novembre 2004. I giudici contestano in radice la sentenza di primo grado, che ha «depotenziato e svalutato la valenza accusatoria di ogni singolo episodio». Un'opera di spezzettamento, polverizzazione, atomizzazione delle prove, come nel primo grado su Andreotti: «L'iter logico-ricostruttivo viene puntualmente interrotto nel momento in cui sono stati semplicemente analizzati i diversi episodi accertati, omettendo di effettuarne una valutazione globale». La Corte rimette insieme i cocci e giunge a conclusioni opposte:

> Il concorso eventuale in associazione mafiosa sussiste tutte le volte che un soggetto, pur agendo per finalità proprie «egoistiche» distinte da quelle dell'organizzazione criminosa [...] presta, con piena coscienza e volontà, la sua attività, anche in maniera occasionale, al servizio e per la realizzazione delle finalità proprie della consorteria mafiosa, collimanti, in quel determinato momento, con quelle proprie. E poiché per il politico siffatta condotta si realizza tutte le volte che tra i protagonisti del sinallagma si instaura un rapporto di scambio tra voti da un lato e favori dall'altro, non vi è dubbio, alla luce dell'imponente materiale probatorio raccolto, che l'attività svolta dal Mannino integri perfettamente gli elementi costitutivi della fattispecie criminosa contestata, il cui momento consumativo va individuato nel momento in cui si stipula il patto indipendentemente, poi, dai risultati conseguiti dallo stesso.

Il patto col diavolo – secondo la Corte – il politico lo stipula nella primavera del 1981 (un anno dopo l'omicidio Mattarella) con il medico mafioso Gioacchino Pennino, regista della corrente Ciancimino e poi supporter di Mannino. Che cosa dava il politico alla mafia in cambio dei voti? Nulla di dimostrato, secondo il Tribunale. Un'infinità di favori che, secondo la Corte d'appello, hanno rafforzato Cosa nostra. Fondamentale la testimonianza di Pennino, la cui «attendibilità non è posta in discussione anche per la genuinità del suo pentimento, avendo iniziato a collaborare all'approssimarsi della scadenza della misura cautelare» e che è rafforzata «dalla verosimiglianza della ricostruzione, dalla puntualità specifica nella descrizione dei fatti narrati, dalla mancanza di qualsiasi ragione di inimicizia». Non c'è dubbio che Mannino era «consapevole della affiliazione mafiosa del Pennino», eppure (anzi, proprio per questo) lo incontrò in un vertice organizzato da «un personaggio di sicuro spessore mafioso come il Vella, con il quale il Mannino era in rapporto di stretta colleganza».

Il vertice politico-mafioso del 1981 («cui seguiranno altri incontri») si tiene «nell'abitazione dell'imputato in piazza Unità d'Italia alla presenza del Vella». Mannino, dandogli del tu, esalta Vella come «amico», «grande elettore», «mio pilastro e punto di riferimento nell'agrigentino insieme agli amici». Mannino – racconta Pennino – «crea subito un'atmosfera molto confidenziale dicendo che dovevano darsi tutti del tu. Cosí Pennino cominciò a dare del tu sia a Mannino che al Vella». Mannino diventa «Lillo» e Pennino «Gino». Scrivono i giudici:

> Mannino dice al Pennino: «Sai, Gino, io vorrei avere un aiuto elettorale [...]». Pennino risponde: «Guarda, Lillo, [...] cercherò di fare per te tutto quello che è possibile, tieni conto che sono del gruppo Ciancimino e continuo a stare nel gruppo Ciancimino, quando ci saranno consultazioni elettorali io mi attiverò in questo senso e cercherò di farti votare perché tu possa arrivare sempre piú in alto e poter assumere una veste istituzionale sempre piú importante». [...] Il Pennino, all'espressa domanda se il Mannino abbia assunto impegni o promesso favori, risponde che il Mannino manifestò che «piú saliva nei vertici istituzionali, piú sarebbe stato disponibile».

Cosí Pennino diventa l'apripista dello sbarco di Mannino da Agrigento a Palermo. Tant'è che, dopo quel vertice, scatta

> l'incondizionata promozione elettorale del Mannino da parte delle «famiglie» palermitane di Brancaccio (Totò Greco) e Palermo Centro (Cecè Sorce e il suo referente Nino Mortillaro), oltre al risultato elettorale del cospicuo incre-

mento delle preferenze personali del Mannino su Palermo (dai 38.593 voti del 1979 ai 55.069 del 1983). [...] La gravità del momento politico – omicidio Mattarella (gennaio 80), omicidio Dalla Chiesa (3 settembre '82), la sanguinosa guerra di mafia dei corleonesi dei primi anni Ottanta [...] – induceva a emarginare quei soggetti che per il palese legame con Cosa nostra erano divenuti impresentabili all'opinione pubblica. [...] La defenestrazione del Ciancimino avrebbe determinato la ricerca di un altro referente per il gruppo in cui militavano anche persone rispettabili e la cui immagine pubblica non era contaminata [...]. Deve ritenersi che la condotta tenuta dal Mannino in occasione dell'incontro con il Pennino ed il Vella integri un patto politico-elettorale sicuramente riconducibile alla fattispecie del concorso esterno in associazione di tipo mafioso, anche a prescindere dalla concreta esecuzione delle controprestazioni. [...] La richiesta di appoggio elettorale rivolta a un esponente mafioso di primario rilievo come Pennino, beniamino dei Greco e del Di Maggio, accompagnata dalla manifestazione della propria disponibilità ad adoperarsi di essere a disposizione, assumeva certamente, nel caso concreto, una precisa valenza rafforzativa dell'illecito sodalizio.

All'epoca Mannino era

già da diverso tempo, unito da stretti vincoli di collaborazione a mafiosi come i Caruana, Settecasi, Colletti, Tony Vella (oltre ad aver sostenuto i Salvo, potenti esattori di Salemi) e aveva rivestito importanti incarichi istituzionali. [...] È naturale che le scelte criminali dell'organizzazione venissero rafforzate dalla convinzione di poter contare su una simile «interfaccia politica» per favorire i componenti dell'illecito sodalizio. Ed è agevole comprendere il senso di potenza e di sicurezza con cui il Pennino e gli altri «uomini d'onore» a lui vicini dovevano pensare al «patto di scambio» che era stato concluso su richiesta di un noto politico attivamente impegnato sul piano politico e istituzionale.

Uno dei tanti favori di Mannino alla mafia è «la vicenda Mortillaro, la cui richiesta di un posto di lavoro viene esaudita in tempi record». Il mafioso Nino Mortillaro, «gran collettore di voti», viene cooptato nel nuovo gruppo di ex cianciminiani fedeli a Mannino, fondato da Pennino. E subito Mannino, ministro dell'Agricoltura, gli trova un posto al ministero, mentre un altro «amico» mafioso gli procura un certificato di invalidità per consentirgli di lavorare a tempo pieno per l'onorevole. Mortillaro verrà condannato definitivamente per associazione mafiosa.

Il dott. Rizzuto, ufficiale sanitario e uomo d'onore [sarà condannato per mafia perché vaccinava i figli di Riina in clandestinità, *nda*], rilascia quindi il certificato a tamburo battente, il 12 luglio '83, Mortillaro diviene un fedelissimo del Mannino e fa votare Mannino nell'87 e nel '92 (e fa quel che può, nonostante la ristrettezza dei tempi, nell'83). Ed è sintomatica della sua valenza criminale la circostanza che la sua campagna, in aree elettorali ad alta tensione mafiosa, nelle competizioni dell'87, quando Cosa nostra aveva imposto di votare Psi o Radicale per punire la Dc, non sia stata contrastata.

Ricapitolando: Mannino è legato fin dagli anni Settanta alle famiglie mafiose agrigentine, dai Settecasi ai Cuntrera-Caruana. Nel 1981 stringe un patto con il palermitano Pennino, «seppur con l'*imprimatur* del Vella e il preventivo *affidavit* del Lattuca e del Di Maggio».

Tullio Cannella si incontra con Pennino che gli dice: «Siamo tutti uniti, anche Totò [Greco]», E proprio Totò Greco dice a Cannella (che aveva dei suoi amici candidati): «Non fare il rivoluzionario, fai quello che ti ha detto Gino [Pennino], votiamo per Mannino che è una persona alla quale ci teniamo». Cannella parla con Totò Greco in questi termini: «Zu Totò, il dott. Pennino ha fatto sapere che dobbiamo votare per l'onorevole», al che Totò Greco rispose: «Me ne sto interessando anch'io, ce ne interessiamo tutti perché è amico nostro al quale ci teniamo».

A quel punto Mannino, che diviene pure segretario della Dc siciliana, è potentissimo in vaste aree dell'isola. Poi Salvatore Cancemi e Calogero Ganci, boss pentiti di Palermo Centro, raccontano che

il Mannino era stato indicato dal Biondino, autista di Riina, come «nelle mani di Cosa nostra» e cosí pure dal La Barbera (nelle mani di Cosa nostra palermitana e trapanese). La Barbera si indigna quando nel '92 l'onorevole – che si sarebbe, a suo dire, impossessato dei soldi di una banca di Agrigento – alla televisione inveisce contro Cosa nostra; in definitiva il La Barbera si sarebbe indignato perché, nonostante le addotte ruberie a una banca di Agrigento, l'Onorevole «mangia e poi dice parolacce a Cosa nostra» (Cancemi).

La Corte riassume cosí i favori resi da Mannino a Cosa nostra dopo il patto d'acciaio stipulato con Pennino nel 1981:

a) Favori a esponenti mafiosi e appalti: vicenda Mortillaro, finanziamento per la cantina di Bono Pietro in Campobello di Mazara, frequenti contatti con personaggi del calibro di Siino [...], a parte il costante favore verso le imprese di Salamone e Micciché (entrambi condannati ex art. 416 bis c.p.), imposte quali imprese realizzatrici del complesso Sitas e di altre rilevanti opere pubbliche in Agrigento e Porto Empedocle; attribuzione di importanti posti di sottogoverno a personalità attinte da corposi sospetti di mafiosità: al Ferraro e al gruppo Inzerillo [...].
b) Appoggio politico diretto a esponenti attinti da corposi sospetti di mafiosità quali Inzerillo Enzo [...]; l'ambiguità del Mannino per la vicinanza a tali personaggi indurrà l'on. Orlando a sconsigliare al presidente Scalfaro, insediatosi alla prima carica dello Stato all'indomani delle stragi, di affidare un dicastero al Mannino [...].

c) Delega della gestione di diversi affari di natura politico-affaristica a un personaggio quale il notaio Ferraro, suo alter ego nel Trapanese e nel Palermitano (personaggio molto vicino alla famiglia mafiosa di Castelvetrano e ai Messina Denaro, condannato dal Tribunale di Caltanissetta ex artt. 110, 416 bis c.p. per il ruolo assunto nel tentativo di aggiustamento del processo Basile, contributo di massima rilevanza per l'organizzazione criminale).

Mannino continua a tenere contatti con la mafia anche dopo le stragi del 1992, sia pure con qualche cautela «di immagine» in piú:

Il sostegno politico all'Inzerillo indica la perdurante efficacia del patto politico-elettorale fino al '92 sul versante palermitano, ma il patto mantiene efficacia anche sul versante agrigentino (rapporti con il clan Grassonelli, Lattuca Enzo) mai abbandonato; qui tuttavia al Mannino deve essere apparsa maggiormente apprezzabile una certa filosofia della prudenza, nella gestione dei rapporti con personaggi vicini a Cosa nostra, dopo alcuni dirompenti avvenimenti storici: il violento attacco alle istituzioni con le stragi di Capaci (23 maggio '92) e via D'Amelio (19 luglio '92) e l'omicidio Guazzelli (6 aprile '92), da un lato, e gli eccidi di coloro che avevano tradito, omicidi di Lima e Ignazio Salvo (primo semestre '92) dall'altro, oltre agli episodi specifici degli attentati di Sciacca ed Agrigento e al fallito attentato alla segreteria di via Ventura ai quali appare consono e aderente alle emergenze processuali attribuire non la valenza del «depistaggio» accreditata dal primo giudice, ma quella del «tradimento» (La Barbera, Siino, Brusca, Giuffrè, sotto diversi profili già esaminati, riferiscono della indignazione degli uomini d'onore, delusi in genere dai politici per i disastrosi risultati del «maxi» che, nello specifico, mostrano risentimento per le pubbliche prese di posizione del Mannino contro Cosa nostra). Tali eventi turbavano il Mannino tanto da fargli pronunciare, rivolto al maresciallo Guazzelli, la fatidica e profetica frase: «O ammazzano me, o ammazzano Lima» (teste Riccardo Guazzelli, figlio del defunto maresciallo Guazzelli), ma non al punto da interrompere ogni contatto con il circuito clientelare che ruotava intorno a Cosa nostra e da rinnegare il patto elettorale mafioso [...]. La promessa derivante dal patto politico mafioso era sempre vitale ancorché non «a tutto campo», ma limitata alle sole attività affaristiche per il «brutto momento in cui si erano verificati degli arresti». [...] Non risulta che sia successivamente intervenuto un recesso del Mannino da tale atteggiamento di dichiarata disponibilità e vicinanza ai boss.

A questo punto i giudici d'appello traggono le inevitabili conclusioni di tutte le prove fin qui elencate.

In ultima analisi, dunque, l'intero materiale probatorio in atti dimostra come il Mannino quale referente politico della consorteria abbia favorito quella organizzazione mafiosa denominata Cosa nostra. In effetti, tutta la vicenda processuale costituisce un caso emblematico di un costume e di una mentalità corrente, specie in Sicilia ed in altre regioni meridionali, dove l'interlocutore principale – quasi una lobby – è molto spesso la potente ed onnipresente organizzazione criminale, che può controllare e condizionare il voto di un cospicuo numero di elettori: per di piú, con comportamenti, atteggiamenti, minacce, intimidazioni e vessazioni certamente ben piú convincenti di altri argomenti, e in un ambiente molto spesso incapace o impossibilitato – per ignoranza, necessità o timore, ataviche abitudini – a sfuggire alla prepotenza o prevaricazione. E nel caso concreto non si verte in ipotesi di astratte analisi o teoremi, bensí di prove concrete e riscontri specifici e massicci [...]. Per Cosa nostra, Mannino costituiva un sicuro punto di riferimento, trattandosi di autorevolissimo uomo delle istituzioni [...]. È del tutto inconcepibile che un'associazione criminosa della portata di Cosa nostra si attivi a favore del politico se non nella prospettazione di contropartite alle quali il candidato sostenuto non può sottrarsi, pena la vita, cosí come sarebbe mera ipotesi dell'irrealtà supporre che il politico che abbia chiesto l'appoggio di esponenti di rilievo del sodalizio sia tanto sprovveduto da non rendersi conto di aver stipulato un contratto sinallagmatico. Ed è per fatti del genere che la vita politica per decenni è stata avvelenata attraverso i «portatori» di voti in grado, per la forza intimidatrice, di sviare la coscienza degli elettori. Anche una semplice «raccomandazione» sollecitata dal referente mafioso costituisce contropartita del patto ed una maniera di concorrere al rafforzamento della consorteria essendo, agli occhi degli associati, concreta manifestazione della disponibilità dell'amico politico ad attivarsi, volente o nolente, ai loro «desiderata». Quel che conta per il rafforzamento del potere mafioso non è l'importanza dell'«aiuto» in un dato momento richiesto e dal politico prestato, bensí la consapevolezza dell'«amicizia». [...] Per cui ritiene la Corte realizzata la contestata imputazione di concorso esterno nel reato di cui all'articolo 416 bis.

I fatti vengono tradotti in sanzione penale, senz'attenuanti generiche:

Non non si ravvisano elementi positivi sui quali possano fondarsi le invocate circostanze generiche e pervenirsi alla mitigazione della pena, se non richiamandosi ad un atto di clemenza che però non risponde ai principi della proporzionalità della pena alla condotta illecita, per le sue gravi ripercussioni sulle competizioni elettorali, elemento cardine della vita democratica, inquinate dall'influenza mafiosa. [Condotta] che appare tanto piú grave ove si consideri l'elevata condizione sociale e culturale dell'imputato che gli offriva gli strumenti per affrancarsi da qualsiasi forma di influenza e condizionamento legati ad eventuali fattori ambientali o a retaggi familiari (questi ultimi assolutamente non riscontrabili) [...]. Nel retroterra culturale e sociale dell'imputato non vi sono certo quei fattori di rischio, disoccupazione, indigenza, emarginazione sociale, sottocultura, ed in particolare mancata educazione alla legalità, in una parola quelle condizioni di degrado sociale, morale, culturale ed economico che costituiscono l'*humus* favorevole alla crescita dei «valori» mafiosi, donde la condotta del Mannino, per le sue particolari condizioni di vita individuale che ben gli consentivano di superare eventuali condizionamenti degli ambienti mafiosi, appare ancor piú riprovevole. Si tratta di un uomo politico che ha rivestito importantissime cariche politiche ed istituzionali, fino addirittura ad incarichi di governo, e che ha manifestato una disponibilità costante nei confronti della pericolosissima organizzazione criminale, certo non circoscritta ad un arco temporale ristretto. E sarebbe superfluo soffermarsi sulla gravità della condotta sotto il profilo del danno prodotto alla società civile, tradita nel suo interno da un autorevole rappresentante delle istituzioni che ha pesantemente influenzato, con la sua potenza inquinante, la genuina espressione del consenso politico ed il flusso elettorale, per cui non appare assolutamente meritevole della concessione delle circostanze attenuanti generiche.

La Cassazione

I difensori di Mannino ricorrono in Cassazione, chiedendo l'annullamento senza rinvio – cioè la definitiva cancellazione – della condanna d'appello. Per l'occasione, Grazia Volo è affiancata da un nuovo avvocato, l'ex vicepresidente del Csm Carlo Federico Grosso. Ma i due legali ottengono soltanto un mezzo successo: il 12 luglio 2005 le sezioni unite della Cassazione annullano sí la sentenza, ma ordinano un nuovo processo dinanzi a un'altra sezione della Corte palermitana. E, dopo aver censurato gli errori logici commessi dai secondi giudici, delineano i confini della configurabilità del concorso esterno in caso di «patto di scambio politico-mafioso» a cui il nuovo processo d'appello dovrà uniformarsi. Poi concludono le motivazioni (depositate il 20 settembre 2005) con un durissimo giudizio su Mannino e i suoi rapporti con la mafia. Le condotte di Mannino dimostrano quantomeno l'«accertata "vicinanza" e "disponibilità" di un personaggio politico nei confronti di un sodalizio criminoso o di singoli esponenti del medesimo»: quanto basta per «ravvisare relazioni e contiguità sicuramente riprovevoli da un punto di vista etico e sociale». Per dimostrare che rientrano anche nell'«area penalmente rilevante del concorso esterno in associazione mafiosa», occorre una «rigorosa verifica probatoria, nel giudizio, degli elementi costitutivi del nesso di causalità e del dolo del concorrente». La Corte d'appello dunque, «uniformandosi ai principi di diritto precedentemente enunciati, dovrà rivalutare tutti gli elementi di prova legittimamente acquisiti ed utilizzabili» per «delineare la corretta qualificazione giuridica e l'eventuale rilevanza penale delle condotte ascritte al Mannino, in stretta correlazione con la specifica situazione probatoria e con l'identificazione dell'effettivo contributo materiale dallo stesso apportato alla conservazione o al rafforzamento di Cosa nostra».

Che cos'ha che non va la sentenza d'appello? Le sezioni unite non entrano nel merito dei fatti ritenuti dimostrati dai giudici palermitani. Ma censurano i ragionamenti con cui sono stati ritenuti sufficienti per far scattare il concorso esterno. La sentenza presenta una «palese farraginosità dei passaggi argomentativi (taluni temi vengono prima trattati, poi abbandonati per essere infine ripresi in contesti diversi e lontani)» e una «complessiva disorganicità, anche grafica, sia in fatto che in diritto». Non perché il concorso esterno in mafia non esista, anzi:

> Assume la veste di concorrente «esterno» il soggetto che, non inserito stabilmente nella struttura organizzativa dell'associazione mafiosa e privo dell'*affectio societatis* (che quindi non ne «fa parte»), fornisce tuttavia un concreto, specifico, consapevole e volontario contributo, sempre che questo abbia un'effettiva rilevanza causale ai fini della conservazione o del rafforzamento delle capacità operative dell'associazione (o, per quelle operanti su larga scala come Cosa nostra, di un suo particolare settore e ramo di attività o articolazione territoriale) e sia comunque diretto alla realizzazione, anche parziale, del programma criminoso della medesima.

Ma per dimostrare il concorso esterno, occorrono una serie di requisiti strutturali, compreso uno «essenziale»:

> che il concorrente esterno, pur sprovvisto dell'affectio societatis e cioè della volontà di far parte dell'associazione, sia altresí consapevole dei metodi e dei fini della stessa [...] e si renda compiutamente conto dell'efficacia causale della sua attività di sostegno, vantaggiosa per la conservazione o il rafforzamento dell'associazione: egli «sa» e «vuole» che il suo contributo sia diretto alla realizzazione, anche parziale, del programma criminoso del sodalizio».

Non basta dimostrare i rapporti e la disponibilità di Mannino nei confronti di vari mafiosi (fatti ormai assodati): bisogna provare che cos'ha fatto in concreto per favorire la mafia. Cioè il «patto di scambio politico-mafioso»:

> In forza dell'accordo, a fronte del richiesto appoggio dell'associazione mafiosa nelle competizioni elettorali succedutesi nel corso della sua carriera locale o nazionale, il personaggio politico, senza essere organicamente inserito come partecipe nelle logiche organizzatorie del sodalizio criminoso, s'impegna a strumentalizzare i poteri e le funzioni collegati alla posizione pubblica conseguente all'esito positivo dell'elezione a vantaggio dello stesso sodalizio, assicurandone cosí dall'esterno l'accesso ai circuiti finanziari e al controllo delle risorse economiche, ovvero rendendo una serie di favori quale corrispettivo del richiesto procacciamento di voti [...]. In linea di principio non può escludersi, per questa particolare tipologia di relazioni collusive con la mafia, che anche la

> promessa e l'impegno del politico di attivarsi, una volta eletto, a favore della cosca mafiosa possano già integrare, di per sé, gli estremi del contributo atipico del concorrente eventuale nel delitto associativo, a prescindere dalle successive condotte di esecuzione dell'accordo valutabili sotto il profilo probatorio [...]. [Ma] non basta certamente la mera «disponibilità» o «vicinanza», né appare sufficiente che gli impegni presi dal politico a favore dell'associazione mafiosa, per l'affidabilità e la caratura dei protagonisti dell'accordo, per i connotati strutturali del sodalizio criminoso, per il contesto storico di riferimento e per la specificità dei contenuti del patto, abbiano il carattere della serietà e della concretezza [...]. Una volta prospettata l'ipotesi di accusa in riferimento al patto elettorale politico-mafioso, si rivela quindi necessaria la ricerca e l'acquisizione probatoria di concreti elementi di fatto, dai quali si possa desumere con logica a posteriori che il patto ha prodotto risultati positivi, qualificabili in termini di reale rafforzamento o consolidamento dell'associazione mafiosa, sulla base di generalizzazioni del senso comune o di massime di esperienza dotate di empirica plausibilità.

Da questo punto di vista, la sentenza d'appello ricorre a «soluzioni ambigue», seguendo un «itinerario argomentativo dubbio e incerto» e ottenendone «un quadro espositivo graficamente e logicamente sconnesso, caratterizzato da percorsi frammentari e itinerari «carsici». La Corte di secondo grado infatti omette

> sia l'indagine sui contenuti oggettivi dell'accordo elettorale politico-mafioso, che è rimasto indefinito quanto alla natura degli specifici impegni assunti dal Mannino a sostegno di Cosa nostra, sia la verifica ex post della positiva rilevanza causale del promesso aiuto per la conservazione o il rafforzamento dell'associazione mafiosa, in termini di logica inferenza probatoria dell'effetto di potenziamento delle capacità e strategie operative della medesima.

C'è dunque un «difetto di motivazione» che va colmato nel nuovo processo d'appello: non perché le prove non ci siano, ma perché sono state mal valutate e ancor peggio illustrate. Questo chiedono le sezioni unite della Cassazione. Non sanno che, in agguato, c'è l'ennesima «riforma» della Casa delle libertà di cui l'imputato è un autorevole esponente: una riforma che cancellerà, forse per sempre, quel processo. È la legge Pecorella, fatta apposta per spazzare via il processo d'appello Sme-Ariosto a carico del premier Berlusconi. Ma, dopo la bocciatura del Quirinale, viene emendata addirittura in peggio su richiesta dell'Udc, facendovi rientrare una norma transitoria che smantella anche i processi nati dagli annullamenti con rinvio di rinvio in Cassazione di condanne in appello seguite ad assoluzioni in primo grado. Guardacaso, proprio come il processo Mannino. Lui naturalmente nega. Anzi –

mentre il pg Vittorio Teresi annuncia un'eccezione di incostituzionalità contro la Pecorella e sostiene che comunque il processo va rifatto, anche in base alle nuove accuse lanciate contro Mannino dal neopentito Francesco Campanella – l'imputato spudorato sostiene che «a me sarebbe convenuto proseguire il dibattimento». Strano, perché il 27 febbraio 2006, prim'ancora che la nuova versione della Pecorella venga approvata definitivamente dal Parlamento, i suoi legali chiedono di rinviare l'appello-bis in attesa del voto delle Camere. Ma, soprattutto, in attesa della sua elezione al Senato. Il 9-10 aprile, infatti, l'imputato di mafia Calogero Mannino, candidato numero 2 nella lista dell'Udc subito dietro il suo ex delfino, il governatore imputato Totò Cuffaro, torna trionfalmente in Senato. L'allievo e il maestro di nuovo insieme.

Vittorio Adolfo
Salvo appena in tempo

La prima richiesta di arresto piovuta sulla nuova Camera, inaugurata da appena quattro giorni, riguarda lui: il deputato neoeletto dell'Udc Vittorio Adolfo. Il sessantenne geometra di Imperia è accusato di turbativa d'asta, truffa aggravata e corruzione. L'inchiesta della Procura di Sanremo investe dieci anni di mercato dell'edilizia privata a Taggia e ha già portato dietro le sbarre il sindaco Lorenzo Barla (FI), l'imprenditore e presidente della Camera di Commercio di Imperia Giuseppe Bianchi, mentre l'ex sindaco ed ex assessore Piero Gilardino (sempre FI) è agli arresti domiciliari: il tutto per reati che vanno dalla corruzione alla concussione, dall'abuso d'ufficio all'usura, dalla turbativa d'asta alla truffa e all'evasione fiscale. Gli sventurati, diversamente da Adolfo, non sono deputati. Lui invece è scampato alle manette per quattro giorni. Ora che s'è rifugiato a Montecitorio, per arrestarlo occorre il via libera della Camera, che in questi casi risponde sempre di no. Infatti, raggiunto dall'Ansa, l'onorevole arrestando si è detto subito «molto sereno». Anche se le oltre cento pagine di ordinanza di custodia cautelare sono piene di intercettazioni telefoniche e ambientali sulle gare truccate e sui loro presunti truccatori. Si sente, per esempio, Bianchi che parla di certi lavori a Montegrosso con il futuro onorevole negli uffici della sua società di costruzioni, e poi gli dice: «Senti una cosa, il mio regalo di Natale sarà poi la campagna elettorale...». E Adolfo, cortese: «Sí, ho capito e ti ringrazio». Poi s'è trasferito a Montecitorio, al sicuro.

Vito Bonsignore
Il pregiudicato da esportazione

Siciliano di Bronte e torinese d'adozione, *ras* andreottiano in Piemonte negli ultimi anni della Prima Repubblica nonché imprenditore del ramo autostrade (è stato a lungo socio di Marcellino Gavio nella Milano-Torino), Vito Bonsignore ha una condanna definitiva a 2 anni per tentata corruzione nello scandalo delle tangenti per il nuovo ospedale di Asti. Tentata, perché non fece in tempo a incassare la mazzetta: arrivarono prima i giudici. Sentenza di primo grado datata 20 giugno 1994, poi confermata in appello e in Cassazione. L'accordo spartitorio scoperto dal pm subalpino Vittorio Corsi prevedeva il pagamento dell'1,5% del valore dell'appalto (250 miliardi di lire) al sistema dei partiti: parte al tesoriere nazionale della Dc Severino Citaristi (anche lui condannato), parte a «don» Vito, parte al leader socialista Giusy La Ganga (che ha patteggiato una volta per tutte le varie accuse contestategli a Torino; oggi sta nella Margherita). In un'altra inchiesta torinese, quella sulle mazzette per gli appalti all'istituto «Galileo Ferraris», Bonsignore viene tirato in ballo nel 1993 dall'allora direttore generale dell'Iri-Italstat Mario Alberto Zamorani. Il quale racconta di aver consegnato a «don Vito», in piazza Montecitorio, una tangente di 250 milioni nascosta in una scatola di cioccolatini. Ma questa *tranche* dell'indagine passa per competenza a Roma, dove finisce nel nulla. Dopo qualche anno di lontananza dalla politica e dall'Italia, Bonsignore rientra in patria di gran carriera. Affari d'oro nelle autostrade e porte aperte in politica, dove l'Udc di Pierferdinando Casini lo promuove coordinatore del partito a Torino e nel 2004 lo fa eleggere eurodeputato. Un altro pregiudicato da esportazione.

Giampiero Catone
Pannolini e miliardoni

Napoletano, 50 anni, democristiano da sempre, fedelissimo di Rocco Buttiglione, Giampiero Catone è una specie di gallina dalle uova d'oro. Infatti, dopo varie peripezie legali, è finito proprio nelle sue mani il pezzo piú pregiato della storia della Dc: la proprietà del glorioso marchio dello scudo crociato. Per questo Buttiglione non se ne separa mai. Lo promuove segretario dell'Udc in Abruzzo e direttore del settimanale «La Discussione», portato in eredità al partito di Casini insieme ai 3 milioni di euro di finanziamenti pubblici all'editoria che il giornale riceve ogni anno. Nel 2001 Catone tenta il grande salto al Parlamento: candidato nel Cdu in Veneto. Ma lo arrestano durante la campagna elettorale. Alle europee del 2004 ci riprova e raccoglie oltre 48 mila voti, quasi 3 mila in piú del suo capolista Rocco. Ma non bastano a procurargli il sospirato seggio. Cosí, nel 2005, Catone molla il suo spirito-guida e trasloca, con tanto di scudo crociato al seguito, nella Nuova Dc di Gianfranco Rotondi. E alle elezioni del 2006 strappa una piazza d'onore nelle liste di Forza Italia in Lombardia. E conquista finalmente un posto al sole alla Camera. Il coronamento di una carriera politica, ma anche un'ottima garanzia di immunità per chi, come lui, ha piú di un guaio con la giustizia.

Il 9 maggio 2001, l'abbiamo visto, in piena campagna elettorale, la Procura di Roma lo fa arrestare insieme al fratello e ad altre dodici persone: l'ipotesi di reato è associazione per delinquere finalizzata alla truffa aggravata, falso, false comunicazioni sociali e bancarotta fraudolenta pluriaggravata: due bancarotte da 25 miliardi di lire l'una e 12 miliardi di finanziamenti a fondo perduto ottenuti dal ministero dell'Industria – secondo l'accusa – con carte e perizie false, che consentivano alle società amministrate da Catone d'incassare piú volte lo stesso contributo per un fantomatico «polo tessile aquilano», mai esistito. Fra gli episodi contestati c'è il tentativo tragicomico del «gruppo Catone» di acquisire una società, la Iris Moda. Ma il titolare rifiuta. Catone & C. non si scoraggiano: seconda l'accusa, inventano un falso amministratore nella documentazione presentata per ottenere il finanziamento. E il ministero dell'Industria scuce 2 miliardi in contanti all'insaputa della società (quella vera).

Di Catone si occupa anche la Procura dell'Aquila, che l'ha indagato per bancarotta fraudolenta. Il fallimento è quello dell'Abatec, l'azienda di Chieti da lui stesso amministrata. Avrebbe dovuto produrre macchinari ad alta tecnologia per la lavorazione dei pannolini, ma viene dichiarata fallita dopo un aumento di capitale deliberato prim'ancora che fossero sottoscritte le quote sociali. Il tutto è condito col consueto tourbillon di spericolate operazioni finanziarie, con scatole cinesi e società off-shore, molte delle quali create da Francesco Iagher, il fiscalista monegasco condannato in Francia a 4 anni di reclusione per evasione fiscale. Sia l'inchiesta romana sia quella abruzzese sono già approdate al rinvio a giudizio. In quello dell'Aquila, il gup parla di un'«associazione a delinquere Catone». Il che non danneggia affatto la carriera politica dell'imputato post-democristiano. Anzi, gli giova.

Dopo averlo promosso alla guida della sua segreteria politica, Buttiglione lo nomina capo segreteria del ministero delle Politiche Comunitarie. Nel 2002 un decreto del governo Berlusconi firmato da Gianni Letta istituisce una «struttura di missione» tutta per Catone, con l'incarico di studiare il contenzioso tra governo italiano e Unione europea. Nel 2003, durante il semestre italiano di presidenza dell'Ue, Catone coordina l'azione dell'esecutivo. Poi Rocco lo porta con sé a Strasburgo quando pensa di diventare commissario europeo: ma viene subito rimpatriato, sia per le sue sparate contro le donne e i gay, sia perché si vengono a sapere le imputazioni penali sul capo del suo *factotum*. Il quale diventa pure presidente del Progetto comunitario «Pon/Atas» «per il corretto utilizzo dei fondi strutturali destinati alle Regioni», ente decisivo per ottenere finanziamenti dall'Unione europea. L'uomo giusto al posto giusto, a giudicare da come maneggia i fondi pubblici.

Per ulteriori informazioni, rivolgersi alla giornalista romana

Paola Severini, ex moglie del ministro del primo governo Berlusconi Antonio Guidi, che l'ha conosciuto da vicino. Nel 1996, infatti, la signora fonda la rivista di cultura sociale *Angeli*, che durante il Giubileo del 2000 supera le 150 mila copie di tiratura. Un trionfo. La rivista è espressione della cooperativa omonima, in cui lavorano soprattutto disabili. Nel 2001 un tragico incidente si porta via Attilio Bechelli, commercialista e socio della Severini, che curava tutte le pratiche di finanziamento della cooperativa. L'Ufficio editoria della presidenza del Consiglio, per sostituirlo, segnala il nome del commercialista Ugo Rossolillo. Peccato che non sia né un commercialista né un consulente del lavoro: non è neppure laureato, in compenso è un dipendente di Catone. Ma questo la Severini lo scoprirà soltanto piú tardi, a sue spese. Intanto *Angeli* va a gonfie vele, esce nove volte all'anno con ottime tirature e nel 2003 la direttrice progetta di trasformarlo in quotidiano, il *Quotidiano sociale*, per le famiglie con figli disabili a carico. I 91 mila euro annui di finanziamento non bastano piú. E le banche, nonostante le garanzie dello Stato, rifiutano i finanziamenti. Difficile trovare i fondi necessari per partire. Poi, ai primi del 2004, telefona un vecchio amico, Rocco Buttiglione: «Cara Paola, so che stai cercando finanziamenti. Ho un amico che produce pannolini e a cui farebbero comodo spazi pubblicitari su una pubblicazione come la tua e sarebbe interessato a investire».

L'amico, naturalmente, è Catone. E la ditta di pannolini è l'Abatec, quella della bancarotta e dell'arresto. Ma questo Buttiglione non lo dice. Dice invece che Catone «è un buon cattolico» e che può portare contributi pubblici, a patto che la fondatrice di «Angeli» si accontenti della direzione editoriale e della minoranza nella coop. La donna, ignara di tutto, accetta. È l'inizio della fine. La direzione editoriale dura dal 3 marzo al 6 maggio 2004. Poi la Severini viene licenziata senza giusta causa, sia dal suo nascente giornale, sia dalla sua cooperativa (anche come socio), mentre l'altro socio di minoranza viene caldamente «invitato» a dimettersi. Catone s'impossessa della testata *Quotidiano sociale* e, cacciata la fondatrice, non assume nemmeno i disabili: la redazione viene infarcita di amici degli amici, provenienti perlopiú dalla *Discussione*. Il *Quotidiano sociale* non vedrà mai la luce, ma un risultato Catone lo raggiunge comunque: incassa i contributi dello Stato. Paola Severini ha denunciato Catone, alcuni suoi uomini e la Angeli Editori in ben sei cause civili, in cui parla addirittura di minacce (pare anche di morte) ricevute negli ultimi anni.

La bella notizia è che il gruppo Angeli (quello vero) è risorto: continua la sua attività come agenzia di stampa del terzo settore per la Camera e il Senato e come portale online (www.angelipress.net). Della Rete nemmeno il neo onorevole Catone è in grado, per il momento, di impossessarsi.

Aldo Patriciello
L'eurocondannato da esportazione

Molisano, ex Dc, ex Ppi, ex Udeur, oggi Udc, Aldo Patriciello è stato condannato definitivamente dalla Cassazione a 4 mesi per un finanziamento illecito dei primi anni 90: 16 milioni di lire a un politico amico. Il 6 dicembre 2004 si è dovuto dimettere da vicepresidente della Regione Molise dopo aver ricevuto un avviso di garanzia nell'ambito di un'indagine su varie irregolarità in un appalto Anas per la costruzione della circonvallazione di Venafro, il paese di cui è stato a lungo vicesindaco. La stessa indagine ha portato all'arresto di suo fratello Gaetano, accusato di frode e truffa, e titolare di una delle imprese fornitrici. Secondo i magistrati della Direzione distrettuale antimafia, la costruzione della variante di Venafro (valore: 40 milioni di euro) sarebbe avvenuta utilizzando materiali di scarsissima qualità. Nella stessa inchiesta, denominata «Piedi d'argilla», a molti indagati è contestato il reato di associazione per delinquere di stampo mafioso. Nonostante tutto ciò Patriciello, molto legato a Paolo Cirino Pomicino, viene candidato dall'Udc alle elezioni europee del 2004 e ottiene un successo straordinario: 69.230 preferenze, raccogliendo in Molise piú voti dello stesso Berlusconi. Ma, per un soffio, manca l'elezione a Strasburgo. Delusione solo momentanea: nel 2006 subentra al posto del suo segretario Lorenzo Cesa, quando questi viene eletto al Parlamento nazionale.

Teresio Delfino
In vino veritas

Cuneese, democristiano, è indagato per associazione per delinquere e truffa aggravata ai danni dello Stato nell'inchiesta della Procura di Asti sull'Enoteca d'Italia, poi passata per competenza a Roma nel 2005. L'Enoteca nasce nel 2003 per iniziativa del ministero delle Risorse agricole, di cui Delfino è sottosegretario dal 2001, con 20 milioni di euro di finanziamenti pubblici. «Porteremo il vino italiano nel mondo», esulta il viceministro. E nomina presidente Pierdomenico Garrone, divenuto un suo fedelissimo dopo una fulminante e dispendiosa carriera come superconsulente per la «comunicazione» della giunta regionale piemontese del forzista Enzo Ghigo. Tra una spesa folle e un'improbabile missione internazionale con sottosegretario al seguito in giro per il mondo, però, le casse dell'Enoteca ben presto si svuotano. A questo punto interviene la magistratura astigiana, capitanata dal procuratore Sebastiano Sorbello, che sequestra montagne di carte e ipotizza fatture gonfiate per consulenze da favola. Garrone si dimette, Delfino prende le distanze dalla gestione dell'ente e, nel maggio 2005, il ministero lo mette in liquidazione. Intanto viene sentito come testimone il ministro Alemanno, visto che il suo dicastero aveva scoperto la gestione allegra dell'Enoteca già un anno prima di chiuderla, ma aveva continuato a pompare denaro pubblico per finanziarla, come se niente fosse. Qualche funzionario ministeriale protesta, ma Delfino ci tiene tanto. E Alemanno chiude un occhio, anzi due. Fino all'arrivo dei giudici. Nel 2006 l'indagato Delfino è stato rieletto deputato nell'Udc.

Giuseppe Drago
La cassa delle libertà

Figlio d'arte di un vecchio notabile andreottiano, titolare di un cospicuo pacchetto di voti nel Ragusano, Giuseppe Drago è stato per un anno presidente della Regione Sicilia prima di entrare in Parlamento con l'Udc. E, in veste di ex governatore, nel 2003 è stato condannato dal Tribunale di Palermo a 3 anni e 3 mesi per peculato e abuso d'ufficio, per avere svuotato nel '98, allo scadere del suo mandato, la cassa dei fondi riservati del presidente della Regione, portando via i 268 milioni di lire ivi contenuti. Lo stesso aveva fatto, con 321 milioni 323 mila lire, il suo predecessore Giuseppe Provenzano (Forza Italia), che aveva ricoperto l'incarico dal 18 luglio '96 al 29 gennaio '98, mentre Drago gli era succeduto fino al 21 novembre '98. Il nuovo governatore, il diessino Angelo Capodicasa, trovò le casse vuote. Se ne accorse appena insediato a Palazzo d'Orléans: dispose l'acquisto di lenzuola nuove per il suo appartamento, ma si sentí rispondere che non c'era piú una lira. E dovette metter mano al portafoglio. La Procura aprí un'inchiesta per peculato. «Spese istituzionali senza obbligo di rendicontazione», si difese Provenzano. «Quei soldi li ho spesi in beneficenza», balbettò Drago. E portò anche alcune pezze giustificative. Ma i giudici scoprirono che erano state fabbricate *a posteriori*. Cosí hanno dichiarato colpevoli entrambi gli ex presidenti: 3 anni e 3 mesi a testa. La Corte dei Conti li ha poi condannati a restituire il maltolto illecitamente sottratto e «usato arbitrariamente per spese personali»: 123 mila euro Drago, 103 mila Provenzano. Dopo la condanna in primo grado, Drago viene premiato dal partito di Casini con la carica di vicepresidente del gruppo parlamentare a Montecitorio. Poi con una poltrona di sottosegretario agli Esteri nel governo Berlusconi. Infine, nel 2006, con un posto sicuro nelle liste siciliane dell'Udc per la Camera. Rielezione garantita.

La Banda Tangentopoli

Giampiero Cantoni (FI)
Il banchiere bancarottiere

Milanese, classe 1939, presidente dell'Ibi (Cariplo) dall'83 all'89, consigliere della Saipem (Eni) e vicepresidente del Mediocredito Centrale, nel 1989 diventa presidente della Banca nazionale del lavoro in quota Psi dopo lo scandalo di Atlanta, fino al 1994, quando è costretto ad andarsene per via di due inchieste giudiziarie. Nel '95 verrà anche arrestato. E patteggerà due condanne, per corruzione e concorso in bancarotta: 2 anni in tutto di reclusione. Poi entrerà in Parlamento con Forza Italia. Il suo curriculum, infatti, è di tutto rispetto. Il 7 febbraio '94 si autosospende da presidente della Bnl in seguito a un'inchiesta penale per corruzione e per i rilievi che la Banca d'Italia, in un'ispezione, gli muove a proposito di certi finanziamenti concessi all'azienda meccanica Mandelli di Piacenza, da poco commissariata. La banca centrale segnala quell'operazione sospetta alle Procure di Roma e Piacenza, che aprono inchieste per conflitto d'interessi (articolo 2631 del codice civile) e bancarotta. «Non ho mai avuto – dichiara Cantoni – partecipazioni nella Mandelli, a livello di quota capitale o di presenza negli organi statutari della società». Ma, come vedremo, non dice tutta la verità. Il deputato missino Antonio Rastrelli chiede la sua testa in Parlamento, «non solo per la storia dei finanziamenti alla Mandelli, ma anche per aver coperto i precedenti vertici coinvolti nel caso Atlanta, non collaborando con la commissione d'inchiesta per spirito di corpo». Non sa che, di lí a poco, si ritroverà Cantoni come alleato in Forza Italia.

Intanto la Procura di Milano indaga su Cantoni per alcune vicende urbanistiche nel comune di Segrate, dove Cantoni risiede ed è proprietario di terreni. Si parla di tangenti pagate da soci di cooperative edilizie ad amministratori e funzionari del Comune per ottenere varianti alle concessioni edilizie. L'architetto Anchise Marcori, ex capogruppo socialista in consiglio, dice di essere stato corrotto da Cantoni con una mazzetta da 200 milioni di lire in cambio della concessione edilizia per costruire un complesso residenziale. Cantoni sostiene invece di essere stato costretto a pagargli 400 milioni, cioè di essere vittima di concussione. Ma secondo i pm di Milano Claudio Gittardi, Fabio Napoleone e Giovanni Rollero, Cantoni mente: è un corruttore. Nel dicembre '94 viene chiesto il suo rinvio a giudizio. Alla vigilia dell'udienza preliminare, Cantoni deposita 800 milioni di lire a titolo di risarcimento e chiede di patteggiare. Alla fine concorda una pena di 11 mesi di reclusione per corruzione.

Nel frattempo anche la Procura di Piacenza è andata avanti sul caso Mandelli. E il 12 maggio '95 chiede e ottiene un ordine di custodia cautelare per Cantoni: concorso in bancarotta fraudolenta. Cantoni è accusato di aver partecipato, con quattro amministratori della società decotta, alla distrazione di fondi in seguito al finanziamento da questa ottenuto dalla Bnl di cui era presidente, nonostante l'evidente stato di crisi. Del gruppo Mandelli faceva parte la Siti Srl, ai cui vertici sedeva dal 1990, prima come amministratore e poi come vicepresidente, Luca Ambrogio Cantoni, figlio del banchiere che, da presidente della Bnl, la finanziò. Di qui l'accusa di conflitto d'interessi a suo tempo mossa dalla Banca d'Italia. Ora però c'è di piú: la Procura di Piacenza sostiene che Cantoni senior contribuí alla bancarotta della Mandelli partecipando a una distrazione di quei finanziamenti, tramite società estere. Parte dei 52 miliardi erogati da Bnl sarebbero stati usati per acquisire le azioni della Siti detenute dal figlio. Il banchiere rimane latitante all'estero per una decina di giorni, poi il 22 maggio si costituisce davanti al pm piacentino Paolo Veneziani. Due giorni in carcere, poi gli arresti domiciliari. E il risarcimento: Cantoni mette a disposizione dei giudici una fidejussione di 15 miliardi. Il 28 gennaio '97 la Procura chiede il rinvio a giudizio di tutti gli imputati, lui compreso. E in udienza preliminare, assistito dagli avvocati Stella e Dinoia, l'ex banchiere decide di patteggiare un'altra volta la pena: 13 mesi per concorso in bancarotta fraudolenta. Ormai è pronto per la carriera parlamentare. Senatore di Forza Italia dal 2001, regolarmente rieletto nel 2006, Cantoni è il piú ascoltato consigliere di Berlusconi per le questioni finanziarie. Tanto che nel 2005 il Cavaliere tenta addirittura di metterlo al posto di Antonio Fazio come governatore di Bankitalia. L'uomo giusto al posto giusto.

Paolo Cirino Pomicino (Dc)
Mazzette alla pummarola

> Pomicino mi chiese di dare un contributo di circa 100 milioni, in rate da 10 milioni a Pasqua e 10 a Natale, per cinque anni, a don Salvatore D'Angelo, che ha il «Villaggio dei ragazzi» a Maddaloni. Pomicino mi fece questa richiesta dopo un suo viaggio a Houston, dove era stato sottoposto a un intervento al cuore e mi specificò che aveva fatto voto di aiutare questi ragazzi. Pertanto chiese a me di fare i pagamenti [...]. Io obiettai che mi sembrava singolare che io dovessi pagare di persona un voto fatto da lui. Ma lui replicò che dovevo pagare io.

Ecco: Paolo Cirino Pomicino, la cantatrice calva della Dc vecchia e «nuova» Dc, è tutto qui, in questa deposizione del suo amico costruttore e finanziatore Francesco Zecchina, il 7 maggio 1993, al processo per le mazzette sulla ricostruzione post-terremoto. Un processo drammatico, a una classe politica che non si peritava di arraffare a man salva anche su una disgrazia con migliaia di morti. Un processo che incredibilmente si è trascinato per anni e anni, davanti a un Tribunale – quello di Napoli – rimasto bloccato per un'eternità dai continui scioperi degli avvocati, fino all'inevitabile prescrizione. Ma ravvivato di tanto in tanto da qualche nuova scoperta sulle mazzette alla Pomicino: un modo gaio, spensierato, fors'anche geniale di rubare. Al punto di arrivare a truffare persino la Madonna di Pompei, destinataria del voto poi trasformato in mazzetta. Scrivono infatti i giudici nella richiesta di autorizzazione a procedere alla Camera:

> Se non fosse per la gravità delle imputazioni e per l'entità dell'esborso imposto, la vicenda sarebbe veramente grottesca, solo se si guarda alla motivazione con la quale l'imprenditore è stato indotto a versare la somma indicata [...].

Pomicino pretende di fare opere caritatevoli con il denaro altrui e questo appare francamente eccessivo.

Eccessivo, forse, per un tangentaro «normale». Ma non per Pomicino. Rieccolo all'opera, in una telefonata intercettata il 4 aprile '93. Da un capo del filo c'è Luigi Manco, già assessore Dc al Personale e alla Nettezza urbana; dall'altro, l'allora presidente della commissione Bilancio della Camera, Cirino Pomicino:

Cirino Pomicino – Oohh, ma questa è una cosa grande. Mi devi dare un miliardo se vuoi diventa' liquidatore de 'sta Indesit.
Manco – Un miliardo? Gesú, Gesú, e chi lo tiene un miliardo?
Cirino Pomicino – Tu si 'nu fetente, non vuoi bene alla Dc e non capisci niente. Con la prima vendita che farai, altro che miliardo. E poi ci saranno le altre...
Manco – Ma un miliardo è troppo.
Cirino Pomicino – Che troppo e troppo... Io me la dovrò vedere a livello nazionale con Renato [secondo Manco, è Altissimo, allora segretario del Pli, *nda*] e Francesco [De Lorenzo]. A Renato vanno 400 milioni e 100 a Francesco, ho altre cose con loro a livello nazionale...

Si potrebbe fare punto qui e passare a qualcun altro. Ma ci sono alcune sentenze altrettanto degne di nota. Perché Pomicino è ormai un pluripregiudicato per corruzione e finanziamento illecito, anche se va in giro a tirarsela da vittima della giustizia ingiusta e a vantare le sue «40 assoluzioni». Dimenticando ovviamente le condanne. Da Enimont ai fondi neri dell'Eni. Per non parlare delle prescrizioni, come quella di Napoli per le mazzette sul metrò e quelle di Roma per le tangenti ricevute dall'imprenditore barese Francesco Cavallari (l'abbiamo già incontrato nel capitolo su D'Alema). O dei processi saltati perché il Parlamento ha negato l'autorizzazione a procedere, o perché l'imputato si dava malato anche quando stava benone. O dell'inchiesta, prossima alla conclusione, per concorso nella bancarotta del gruppo Italgrani di Franco Ambrosio.

In qualunque paese civile, uno cosí sarebbe finito in galera per un pezzo. Invece lui ci è rimasto appena 16 giorni (dal 6 al 23 ottobre 1995), in custodia cautelare, durante i quali preannunciò via posta al direttore del *Corriere della sera* Paolo Mieli che si sarebbe lasciato morire (proposito rinfoderato subito dopo la pubblicazione della straziante missiva in prima pagina). Oggi passa da una festa mondana a un congresso di partito (ne ha girati una mezza dozzina in dieci anni, da Forza Italia al Ccd all'Udr all'Udeur all'Udc a Democrazia europea di D'Antoni e Andreotti; ultimo domicilio conosciuto: la Nuova Dc di Gianfranco Rotondi), da uno studio televisivo a una presentazione dei suoi libri di memorie, senza dimenticare il Parlamento europeo dove fu eletto nel 2004 col centrosinistra e la Camera dei deputati, dov'è trionfalmente rientrato col centrodestra il 10 aprile 2006.

Enimont, 6 miliardi per un sol uomo

Soltanto dal gruppo Ferruzzi-Montedison, l'allora proconsole andreottiano in terra partenopea incassò in meno di un anno (1991-92) almeno 6 miliardi. La piú grossa somma pagata dal gruppo di Ravenna a un non segretario di partito. La cosa fu possibile grazie alla sua veste di ministro del Bilancio e di presidente del Cipi (Comitato interministeriale per il coordinamento della politica industriale) e alla sua intima amicizia con il giornalista-faccendiere Luigi Bisignani, tessera P2, legatissimo al Vaticano, elemosiniere dei Ferruzzi per il clan Andreotti. Per quel po' po' di bustarelle. Pomicino ha riportato a Milano una condanna definitiva a 1 anno e 8 mesi per il solo finanziamento illecito. Ma in un'intervista s'è lasciato sfuggire la vera natura di quelle stecche: prendeva soldi da Gardini perché «altrimenti gli avremmo consentito di acquistare l'intera quota dell'Eni senza cacciare una lira» (*Liberal*, 13 agosto 1998). Roba da racket, linguaggio mafioso.

I capi d'imputazione a suo carico, nel processo istruito da Antonio Di Pietro e celebrato davanti alla V sezione penale del Tribunale di Milano, sono due. Il primo:

> Nella sua qualità di deputato della Repubblica riceveva a conclusione della vicenda Enimont, da Gardini Raul (presidente della Montedison), Sama Carlo (consigliere della Montedison), Cusani Sergio e Garofano Giuseppe (consigliere della Montedison), con piú azioni esecutive del medesimo disegno criminoso e in tempi diversi, quanto meno la somma di lire 5.000.000.000 per il tramite di Luigi Bisignani, in piú rate, tra luglio e settembre del 1991, senza che il relativo versamento fosse deliberato dall'organo sociale competente e fosse iscritto al bilancio della Montedison o società controllate.

Il secondo:

> Nella sua qualità di parlamentare ed esponente della Dc, riceveva da Bisignani, con il concorso di Cusani, Sama e Garofano, in occasione della campagna

elettorale per le elezioni politiche del 1992, la somma di lire 500.000.000 senza che il relativo versamento fosse deliberato dall'organo sociale.

La prima stecca si riferisce alla chiusura dell'operazione Enimont (Gardini rivende all'Eni la sua quota in Enimont e scioglie la joint venture pubblico-privata), come testimoniano i due «pagatori»: Garofano e Sama. Racconta Garofano che a pagare gli andreottiani (oltre a Pomicino, il ministro delle Partecipazioni statali Franco Piga, il *ras* del Lazio Vittorio Sbardella e altri) provvide materialmente Bisignani, dal 1992 direttore delle relazioni esterne del gruppo Ferruzzi. Sama racconta di aver fatto visita piú volte a Pomicino fra il 1990 e il '91. Nella prima metà del '91, poi, consegna a Bisignani pacchi di Cct provenienti dalla provvista occulta accantonata per conto della Ferruzzi dal costruttore romano Domenico Bonifaci (attuale editore de *Il Tempo*) e destinati a Pomicino. Bisignani conferma il ruolo di trait d'union fra Ravenna e Cirino: dal marzo 1991 consegnò a Pomicino dei plichi sigillati, che aveva «intuito» potessero contenere dei valori, direttamente nell'ufficio del ministro del Bilancio.

Anche Pomicino, sfrontatamente, conferma. Anzi, quando Di Pietro lo interroga per avere lumi su quei 3 miliardi e mezzo di titoli di Stato, *'o ministro* lo interrompe: «Giudice, guardi che i miliardi che ho preso sono 5, non 3 e mezzo. Cinque miliardi che poi ho redistribuito fra la mia corrente, quella andreottiana, per la campagna elettorale del 1992». Giusto per la precisione.

I fatti, a suo dire, si sarebbero svolti cosí. Il primo incontro con Sama risale all'estate '90. Poi, la mattina del 26 settembre, i due tornano a vedersi. L'indomani il Cipi (da lui presieduto) deve emanare una direttiva sulle procedure per risolvere i contrasti fra Eni e Montedison su Enimont: in pratica Cirino deve mettere nero su bianco i vincoli imposti a Montedison per acquisire dall'Eni il 40 per cento della joint venture chimica. I due si reincontrano a novembre, quando Sama informa Pomicino che Gardini ha cambiato idea e intende ritirarsi, cedendo tutto all'Eni. Poi di nuovo a metà del '91, e stavolta finalmente si parla di quattrini: Sama rivela al ministro la rottura fra Gardini e la famiglia Ferruzzi, poi gli offre un lauto contributo in vista delle elezioni. Queste non sono state neppure fissate e si può soltanto supporre che verranno anticipate alla primavera '92. Ma a Sama, *en passant*, scappa un'offerta di 5 miliardi. «Un anno prima delle elezioni?», domanda incredulo Di Pietro. E Cirino, serafico: «Sí, Sama mi disse che dovevo prepararmi per tempo». Scrivono i giudici:

> Cirino Pomicino ha ammesso di aver ricevuto da Sama, in violazione della legge sul finanziamento dei partiti, per il tramite del comune amico Bisignani, tre plichi contenenti Cct per un importo complessivo superiore ai 5.000.000.000 di lire, tra il luglio e il settembre 1991. Ha inoltre affermato di aver incontrato successivamente Sama nel periodo delle elezioni politiche dell'aprile 1992, allorché questi gli aveva fatto visita a casa di mattino presto unitamente ad Arturo Ferruzzi e a Bisignani, consentendogli cosí di mantenere fede all'impegno preso con lo stesso Sama nel corso dell'incontro nell'estate 1991 di conoscere Arturo Ferruzzi, che era subentrato a Gardini nella rappresentanza del gruppo, e di ringraziarli per il contributo.

La moltiplicazione dei pani e dei pesci

Che fine fanno tutti quei Cct? Cirino Pomicino dichiara di averne inizialmente consegnata una parte, prossima alla scadenza, per un controvalore di 3.400.000.000, all'amico Franco Ambrosio (il «re del grano», poi travolto anche lui da Tangentopoli), che aveva provveduto a rinnovarli restituendogli titoli della stessa specie, per un controvalore di circa 3.600.000.000 con scadenza successiva. Poi dice di averne girati un bel po', per un controvalore di circa 1,5 miliardi, a Salvo Lima e di averne distribuiti un altro po' nella campagna elettorale, e di aver monetizzato il resto (3,5 miliardi) attraverso Ambrosio e il commercialista Sandro Gelormini per finanziare la sua campagna elettorale e quella di altri candidati della sua corrente: Polizio, Iannuzzi, Forleo, Fantini, D'Angelo, Lombardo, Caroli, Di Giuseppe, Manti, Bisagno, Gottardo.

Dalle indagini della Finanza, risulta che una parte del denaro Pomicino lo usò per i fatti suoi: a titolo di

> compensi per merce venduta e attività svolte a favore dello stesso Cirino Pomicino [...], nella restituzione di precedenti prestiti [...], o finalizzate alla monetizzazione dei titoli per conto dell'esponente democristiano.

Resta da capire se Pomicino sapesse che quello era un finanziamento illecito, oppure – come dice lui – pensava a un gentile omaggio della famiglia Ferruzzi per sostenere le sue nobili idee politiche, insomma una donazione privata e quindi non punibile. Ma i giudici non hanno dubbi:

> Non può attribuirsi credito all'assunto secondo il quale il contributo di oltre 5.000.000.000 gli sarebbe stato offerto da Sama in nome della famiglia Fer-

ruzzi e sarebbe stato da questi espressamente motivato quale finanziamento per le elezioni politiche del 1992 [...]. Sul piano logico-temporale, la versione difensiva di Cirino Pomicino non è plausibile, giacché i versamenti in esame intervengono nei primi mesi del 1991, oltre un anno prima delle elezioni dell'aprile 1992.

Ma, per capire che Pomicino mente, basta il conto della serva:

Sotto il profilo quantitativo delle somme erogate, il denaro ricevuto da Cirino Pomicino nel 1991 è assimilabile, nella sua entità, alle somme versate dagli esponenti di Montedison per la conclusione della vicenda Enimont e non a quelle, ben minori, erogate per le elezioni del 1992. Se fosse esatta la versione dell'imputato, egli, in relazione alle elezioni dell'anno 1992, avrebbe percepito circa 1.500.000.000 di lire in piú di Craxi e circa 3.500.000.000 in piú di Forlani, circostanza non plausibile, se comparata con il ruolo politico-istituzionale di costoro [...]. L'importo dei versamenti [è] di ammontare cosí ingente da essere già di per sé difficilmente compatibile con un contributo proveniente da privati, seppure di grandi possibilità economiche.

Infine c'è l'emblematica «condotta tenuta da Cirino Pomicino successivamente alla ricezione, incaricando altri della monetizzazione dei titoli, [per] evitare che si potesse risalire a lui». *Ergo*,

non possono residuare dubbi in ordine alla circostanza che Cirino Pomicino abbia agito, nel contesto testé descritto, con la consapevolezza di ricevere finanziamenti in forma occulta da parte di Montedison.

Rimane da esaminare quel mezzo miliardo (stavolta in contanti) intascato alla vigilia delle elezioni dell'aprile '92. Tutti i protagonisti ne parlano come di cosa stranota e assodata, tranne Pomicino. Sama dice che

la somma destinata a Cirino Pomicino ammontava a 500-700 milioni di lire ed era stata materialmente consegnata da Bisignani. Sama ha precisato che siffatto versamento era del tutto distinto dai versamenti effettuati a Pomicino nel 1991 in occasione della fine di Enimont.

Dopodiché Sama ricorda la visita a casa Pomicino,

fatta nel periodo delle elezioni del 1992, successivamente alla consegna del finanziamento, verso le 8 e 30 del mattino, al fine di presentargli il nuovo presidente della Ferruzzi Finanziaria, Arturo Ferruzzi, che allo scopo lo aveva accompagnato unitamente a Bisignani.

Bisignani e Ferruzzi confermano tutto, stecca e visita all'alba. Pomicino rammenta la visita (l'ora era talmente antelucana, per lui, che non se la dimenticò tanto facilmente). Ma non la tangente. Che però, secondo il Tribunale, è «pienamente provata». Risultato: Pomicino viene condannato in primo grado a 2 anni e 6 mesi di reclusione e a 30 milioni di multa, poi ridotti in appello a 1 anno e 8 mesi. Sentenza confermata dalla Cassazione, dunque definitiva. Ma non è l'unica.

Infatti, il 29 gennaio 2001, dopo aver ripetuto per anni di non essere mai stato un corrotto, Pomicino patteggia la pena di 2 mesi (in continuazione con quella già rimediata per Enimont) al processo per i fondi neri dell'Eni. E cosí aggiunge al suo *palmarès* di reati conclamati anche la corruzione. Nella stessa sentenza, il gip Maurizio Grigo l'ha pure condannato a sborsare una parte del bottino: cioè a risarcire 25 milioni a ciascuna delle due parti civili, l'Eni e la Padana Assicurazioni (sempre del gruppo Eni).

La storia, in sintesi, è quella descritta nel chilometrico decreto di rinvio a giudizio emesso il 25 marzo '98 dal gup Grigo per gli altri 55 imputati del processo Eni (Pomicino era stato stralciato per motivi di salute). Protagonisti, oltre a Cirino, Giovanni Cicconi (direttore finanziario dell'Eni), Roberto Araldi (vicepresidente della Padana), Aldo Molino (potente broker assicurativo di area Dc) e Gianfranco Troielli (cassiere e prestanome di Craxi). In pratica, Molino scuce 600 milioni a Pomicino, nel 1989, per essere «favorito da parte dell'Eni e in particolare della Padana assicurazioni nella stipula di contratti di riassicurazioni». La trafila è questa: «Cirino Pomicino aveva invitato il Cicconi a favorire il Molino; Cicconi aveva invitato l'Araldi a favorire il Molino; Araldi aveva fatto presente al Molino che, per favorirlo», non bastava ungere Pomicino: «occorreva altresí versare somme di denaro al Psi e per esso al Craxi nella persona del Troielli, referente di tale partito per tutte le operazioni assicurative». Risultato: i dirigenti dell'Eni e della Padana, «compiendo atti contrari ai doveri d'ufficio e di imparzialità», affidano contratti plurimiliardari di riassicurazione del gruppo alla «Eurobrokers» di Molino.

> Il quale, secondo gli impegni assunti con Cirino Pomicino, Cicconi e Araldi, elargiva [...] a Cirino Pomicino nel 1989 lire 600.000.000 tramite Francesco Ambrosio, al quale versava sul conto presso la Lavoro Bank di Zurigo, intestato alla Sisa di Panama, la predetta somma che poi Ambrosio consegnava in contanti in Italia al Pomicino.

Quanto a Craxi, doveva accontentarsi di 300 milioni. Mica si chiamava Pomicino.

L'ultimo metrò, l'ennesima mazzetta

A Napoli Pomicino colleziona un'altra mezza dozzina di processi. Tutti finiti con prescrizioni o assoluzioni. Ma in primo grado viene condannato due volte: per le tangenti sul metrò collinare e per quelle sulla gestione del patrimonio pubblico.

La IV sezione del Tribunale partenopeo (presidente Carlo Spagna) si occupa del metrò, per il quale Pomicino è imputato insieme ad altre 16 persone: politici (Dc-Psi-Pci-Pds), imprenditori, pubblici funzionari del Comune. L'accusa riguarda le mazzette pagate da una serie di aziende, riunite nei tre raggruppamenti (Cefis, Comena e Metrosud) che componevano la Metropolitana Napoli (MN) Spa, concessionaria dei lavori, in cambio di «stati di avanzamento, varianti in corso d'opera, delibere relative ai flussi finanziari provenienti dallo Stato ispirati non esclusivamente all'interesse pubblico, ma a quello preminente della MN Spa e dunque atti contrari ai doveri d'ufficio». Non solo tangenti. Ma anche «assunzione, da parte delle imprese, di personale segnalato dagli esponenti politici e pubblici funzionari». Il tutto «da prima del 1980 fino al 1992».

Pomicino deve rispondere di corruzione aggravata, abuso in atti d'ufficio e illecito finanziamento dei partiti perché

> nella qualità di presidente della commissione Bilancio alla Camera dei deputati, anche in concorso con De Lorenzo Francesco, riceveva [...] dai dirigenti della MN Spa [...] e dalle imprese facenti capo ai tre raggruppamenti, somme di denaro nella misura di L. 4 miliardi affinché sostenesse, come effettivamente ha fatto, in sede di approvazione della legge finanziaria per l'anno 1986, lo stanziamento di fondi statali [500 miliardi] in favore della MN Spa, con ciò perseguendo il preminente interesse della MN Spa, invece dell'esclusivo interesse pubblico e pertanto compiendo atti contrari di doveri del suo ufficio.

Per i due reati piú gravi, corruzione pluriaggravata e abuso, Pomicino non verrà mai processato. «Gli atti – scrivono i giudici nella motivazione – sono stati inviati alla Camera dei deputati per la deliberazione»: in pratica, i giudici hanno dovuto chiedere al Parlamento se un ex parlamentare possa essere processato per aver intascato mazzette in cambio di leggi, oppure se vendersi qualche finanziaria rientri fra le «opinioni espresse e i voti dati nell'esercizio delle funzioni» parlamentari (insindacabili secondo l'articolo 68 della Costituzione). Scrive il gip Domenico Zeuli nella richiesta a Montecitorio il 13 novembre 1995:

> La corruzione ascritta al Pomicino fa espresso riferimento alla sua qualifica di presidente della commissione Bilancio della Camera (dal luglio 1983 all'aprile 1988), alla sua attività diretta a sostenere lo stanziamento di finanziamenti per la Metropolitana di Napoli in sede di approvazione della legge finanziaria per l'anno 1986 e alla ricezione della somma di 4 miliardi di lire in virtú di un preciso accordo stretto con l'imprenditore Italo Della Morte (accordo avvenuto proprio in occasione dell'approvazione della citata legge finanziaria e finalizzato appunto all'approvazione del citato stanziamento).

Idem per l'abuso d'ufficio:

> Tutte le persone interessate al (o comunque a conoscenza del) versamento di somme di denaro al Pomicino dichiarano concordemente che: al Pomicino furono versati circa 4 miliardi di lire nell'arco di 5 anni, dal 1987 al 1991 [...]: somma predeterminata con precisione dal Pomicino con Italo Della Morte nel 1987 in cambio della «spinta» pomiciniana ai finanziamenti della legge finanziaria per la Metropolitana di Napoli.

Il giudice non ha dubbi che fare leggi a pagamento non rientri nell'esercizio delle funzioni parlamentari (almeno in quelle lecite). L'articolo 357 del codice penale indica, fra i pubblici ufficiali soggetti alle norme penali sui reati contro la Pubblica amministrazione, «coloro i quali esercitano una pubblica funzione legislativa». Cioè i parlamentari. Sarebbe davvero paradossale se questi, dopo aver messo in vendita la propria funzione legislativa, riuscissero a farla franca grazie all'insindacabilità. Conclude il giudice Zeuli:

> Ripugna allo scrivente ipotizzare che sussista tutela costituzionale allorquando la libertà di decisione del parlamentare diventi oggetto di un *pactum sceleris*, in cui essa venga negoziata dietro corrispettivo: in questo caso si sarebbe lontani anni luce dalla *ratio* ispiratrice della norma costituzionale, diretta a garantire la libertà e la sovranità, nel piú alto significato della sua accezione, delle decisioni prese da un membro del Parlamento nell'esercizio delle sue funzioni.

Una lezione di logica e di sensibilità istituzionale. Che però, in Parlamento, non fa breccia alcuna. Il 31 luglio 1996 la giunta per le autorizzazioni a procedere, relatore il forzista avvocato Michele Saponara (difensore, fra l'altro, di Previti), vota per l'insindacabilità di Pomicino. Con le seguenti motivazioni, illustrate da Saponara:

> Il presunto accordo tra Pomicino e Della Morte risalirebbe al 1987, laddove la votazione della finanziaria 1986 risalirebbe al febbraio dello stesso anno [...]. Non si comprende il motivo per cui risulti indagato il solo Pomicino, laddove l'emendamento [...] risulta essere stato presentato dall'allora deputato Vignola e successivamente sottoscritto, oltre che dal Pomicino, anche dai deputati Sinesio, Conti, Orsini, Grippo, Calamida e Parlato. Peraltro non è dato di individuare alcun elemento oggettivo che evidenzi [...] una condotta abnorme o sintomatica da parte dell'on. Pomicino.

Il fatto che gli altri deputati non presiedessero la commissione Bilancio e non ci avessero guadagnato né 4 miliardi né 10 lire, è per Saponara un dettaglio irrilevante. Anzi il relatore nota «un certo *fumus persecutionis*» ai danni del povero Cirino, da parte di un giudice che pretende di «contestargli proprio quella attività tipica del parlamentare che consiste nell'emendare le proposte di legge e nel dirigere i lavori di una Commissione». Un inammissibile «sindacato sulle funzioni vere e proprie del parlamentare», che potrebbe provocare «conseguenze assai gravi, anche e soprattutto per l'affermazione del principio generale». L'unica condanna, insomma, la merita il giudice persecutore. Il quale, se avesse avuto una coscienza, appena saputo della stecca da 4 miliardi versata in cambio di una legge, avrebbe dovuto «archiviare direttamente il procedimento» senza nemmeno disturbare il Parlamento. L'aula di Montecitorio, esattamente un anno dopo (31 luglio 1997), ratifica a grande maggioranza l'incredibile tesi di Saponara e dunque l'assoluzione politica di Pomicino. I giudici devono accontentarsi del reato piú piccolo, l'illecito finanziamento: il piú facile da mandare in prescrizione. Che infatti arriverà puntualmente in appello.

Intanto, dopo il rinvio a giudizio (13 novembre '95), a Napoli il processo è iniziato (aprile '96). I pm Rosario Cantelmo e Nicola Quatrano raccontano la lunga storia del metrò delle tangenti. Una storia iniziata nei primi anni 70 con la nascita della MN Spa, inizialmente società unica, poi suddivisa nelle tre consortili Cefis (composta dalle ditte Della Morte, Lodigiani, Torno, Grassetto, Carola), Metrosud (Fondoedile, Vianini, Fiore, Manfredi) e Comena (De Lieto, Di Penta, Giustino e Astaldi).

Il primo a parlare è l'ex assessore Silvano Masciari (Psi), poi vari imprenditori. Riassume il Tribunale:

> Vi era un accordo economico ben preciso tra gli amministratori della metropolitana e vari partiti politici che facevano parte dell'amministrazione comunale (tutti a eccezione del Movimento sociale), in base al quale per ottenere favori consistenti nell'adozione di delibere favorevoli alla Metropolitana, principalmente delibere che approvassero varianti in corso d'opera e finanziamenti pubblici, il corrispettivo era il pagamento di tangenti di natura periodica, cioè pagate bimestralmente e con un ammontare fisso: inizialmente, dal 1974, di 150 milioni, che poi venivano ripartiti attraverso vari partiti in misura fissa: 40 milioni alla Democrazia cristiana, 40 milioni al Partito comunista, 40 milioni divisi tra il Partito repubblicano, Socialdemocratico e Liberale; 30 milioni al Partito socialista.

In seguito il sistema fu perfezionato. «Dal 1989 in poi, vi furono delle modifiche nelle modalità di esecuzione» e fu abbandonata la figura del «collettore unico» per tutti i partiti (il segretario cittadino Dc Ugo Grippo):

> questa forma di consociativismo nella gestione delle tangenti veniva ritenuta rischiosa, per cui a un certo punto gli esponenti dei partiti politici preferirono riscuotere personalmente e autonomamente le singole tangenti: i singoli politici locali, sempre su direttiva e su conoscenza, in base ad accordi con gli esponenti politici nazionali, raccoglievano la quota per il loro partito.

Finí anche la comoda prassi dei versamenti bimestrali fissi: da allora le mazzette furono «agganciate alle delibere da adottare», diventando insomma «pagamenti per prestazioni singole». E non solo da parte della MN Spa, ma anche «pagamenti personali da parte dei singoli imprenditori».

La spesa schizza da 50 a 1.300 miliardi

«Si accertò – spiega il pm – che Di Donato, Pomicino e De Lorenzo erano comunque parte certa del consueto accordo tra la metropolitana e i partiti politici, e che i pagamenti erano effettuati non solo a livello locale, ma anche nazionale». Intanto il Comune e il governo continuavano a deliberare prolungamenti del metrò e a stanziare centinaia di miliardi in sovrappiú, per un'opera che non smetteva di gonfiarsi di anno in anno, come la fabbrica di San Pietro. Un'opera faraonica, durata «venti anni e oltre», che nel progetto del 1972 doveva costare 49 miliardi e che dieci anni dopo era già lievitata a 1328. Dopodiché i lavori proseguirono per altri dieci anni. Anche il perito del Tribunale, ingegner Renzulli, conferma la spaventosa lievitazione, a suon di «revisioni prezzi» e «varianti in corso d'opera», dei costi ben oltre i 1300 miliardi del 1982. «Questa metodologia è andata avanti fino al 1995», quando «la MN e il Comune di Napoli hanno rielaborato la convenzione riducendo notevolmente i prezzi». Con la vecchia prassi della «revisione prezzi» automatica di anno in anno, il calcestruzzo prima del '95 costava 608 mila lire al metro cubo; dopo il 1995 (cioè dopo l'inchiesta) 325 mila lire. La metà. Inizialmente, la convenzione del 1976 prevedeva che l'opera fosse completata in cinque anni: ne durò venti, e anche «il mancato rispetto dei tempi ha influito sul meccanismo di individuazione e di revisione dei prezzi». Prezzi «artatamente incrementati»: le imprese se la prendevano comoda, in barba agli accordi col Comune, e anziché essere punite guadagnavano centinaia di miliardi proprio grazie ai loro ritardi. «I prezzi praticati sono di gran lunga superiori ai costi effettivamente sopportati, sicché gli utili di impresa non si giustificano», sostiene il perito. «Mai nella mia esperienza di quasi 50 anni nel settore lavori pubblici, avevo visto adottare un sistema di aggiornamento prezzi come quello verificato».

Nel bel mezzo del processo, arriva la riforma dell'articolo 513 del codice di procedura penale, votata da destra e sinistra tutte insieme appassionatamente, con relativa perdita di tempo e di prove: tutte le dichiarazioni degli imputati di reato connesso (quasi tutti imprenditori, che hanno patteggiato la pena e non sono tornati in aula a ripeterle) vanno cestinate. Solo Chitis, ex presidente della Fondoedile e capo-raggruppamento della Cefis, parla. E racconta:

> Nel 1986-87 ci fu portata dall'ing. Italo Della Morte [il capo-raggruppamento della Comena] una richiesta di contributo in denaro da parte di Cirino Pomicino, in quanto il Comune non aveva i soldi per pagarci le opere eseguite e quelle da eseguire. L'ing. Della Morte ci disse che c'era stato un incontro tra lui e l'on. Pomicino [in cui si era pattuito] che, ove mai fosse arrivato un finanziamento al comune di Napoli per la prosecuzione, ci sarebbe stato un contributo all'on. Pomicino di 4 miliardi [...] rateizzati in 5 anni [...]. L'on. Pomicino mi pare che fosse in commissione Bilancio o ministro [...] in potere di far arrivare i soldi al Comune di Napoli.

Pomicino, che per qualche mese era stato «stralciato» per i soliti «motivi di salute», torna in aula e rende spontanee dichiarazioni. Afferma – scrive il Tribunale – che

Chitis aveva mentito nel verificare e nel datare i finanziamenti che lo riguardavano, precisando di aver ricevuto dall'ing. Della Morte 500 milioni nel 1987, altrettanti nell'89, altri (che non quantificava) nel '90: somme tutte da lui devolute per spese elettorali sue e di altri candidati della sua corrente. Nessuna relazione, peraltro, sarebbe sussistita tra tali devoluzioni e la legge finanziaria del 1986 [che stanziava 750 miliardi in tre anni per la MN], dove l'emendamento per il finanziamento alla metropolitana di Napoli era stato proposto dall'allora Pci, rimanendone egli estraneo.

Insomma Della Morte foraggiava Pomicino per motivi ideologici, perché era un pomiciniano convinto e voleva scongiurare l'eventualità che il Parlamento restasse orbo della sua insostituibile presenza. Il fatto poi che Della Morte fosse anche uno dei capi della MN Spa era del tutto casuale.

Intanto, nel bel mezzo del processo, la Camera rifiuta l'autorizzazione a procedere per corruzione e abuso d'ufficio: grazie ai generosi colleghi di Montecitorio, Cirino la fa franca da entrambe le accuse, e rimane imputato per il solo finanziamento illecito. Per il quale il pm chiede di condannarlo a 1 anno e 6 mesi e 400 milioni di multa. Il suo difensore chiede invece l'assoluzione «perché il fatto non costituisce reato», o, in subordine, «per prescrizione».

I reati sono gravissimi: il Tribunale parlerà di «somme indebitamente erogate» dallo Stato alle imprese costruttrici in cambio di mazzette: quei 100-140 miliardi che il Comune di Napoli e lo Stato italiano non avrebbero mai dovuto sborsare furono, dunque, il prezzo della corruzione. «Somme cosí ampie da garantire il profitto d'impresa in margini ben piú ampi di quanto non fosse lecito» e anche «di quanto non sia emerso». Perché quanto è emerso è soltanto la punta di un iceberg. Per avere un'idea delle somme sottratte alla collettività, basta pensare al numero di «persone, strutture, apparati che di esse hanno indebitamente beneficiato, per circa 15 anni, in maniera continuativa, anzi a scadenza fissa, come se fosse una normale retribuzione, e ciò sia a livello locale che nazionale». Già perché le colpe riguardano anche le decisioni formalmente adottate in consiglio comunale, che quasi sempre venivano «assunte al di fuori delle sedi istituzionali, a livello di partito, e quindi ad esse possono aver partecipato tutti quelli che nel partito hanno rivestito un ruolo, essendo praticamente l'assenso di tutte le forze politiche». E il sistema corruttivo durò «almeno 15 anni».

E Pomicino? Secondo il Tribunale, sarebbe responsabile di tutti i reati ipotizzati: anche di corruzione. Ma per questa non si può condannarlo: «per la corruzione non è intervenuta l'autorizzazione a procedere». I 4 miliardi però li intascò eccome, in cambio del mega-finanziamento contenuto nella legge finanziaria 1986:

> La giustificazione addotta dai piú che la proposta di inserire nella legge il finanziamento della metropolitana napoletana fu avanzata da esponenti del Pci è inconferente, posto che appare provato non solo il coinvolgimento di tale partito, o almeno di un suo esponente [nel processo verrà condannato anche Berardo Impegno, capogruppo del Pci al Comune dal 1983 all'87, *nda*], ma altresí quello dei livelli nazionali dei partiti, tra i quali dunque ben potevano esservi anche il Pci (è emerso che Della Morte aveva versato contributi al Pci e che ciò aveva poi determinato il voto favorevole di tale partito alla legge finanziaria). La provenienza della iniziativa da parte di un gruppo politico non esclude la partecipazione ad essa di altro.

Ancora una volta il Tribunale censura l'incredibile assoluzione politica regalata dalla Camera a Pomicino:

> Se l'esito dell'attività legislativa è in qualsiasi modo legato a una contribuzione da parte di chi poi beneficerà delle erogazioni pubbliche, devono ritenersi violate le norme sulla imparzialità, lealtà, correttezza e trasparenza. [...] Ma è impossibile per il giudice ordinario (non per quello costituzionale, ovviamente) giudicare della contrarietà dell'atto ai doveri d'ufficio, anzi – prima ancora – di entrare nel merito dell'atto: [...] in merito ad esso non è stata concessa, per Cirino Pomicino, l'autorizzazione a procedere da parte del Parlamento, che ha ritenuto rientrare l'atto nelle prerogative politiche di un suo rappresentante e, in quanto tale, insindacabile.

La politica è l'arte del mentire

Le prove di colpevolezza abbondano. Il racconto di Masciari è pienamente «riscontrato». Anche a proposito di Pomicino:

> Rolandi parla di tangenti per 4 miliardi dall'87 al '91, «forse gennaio '92, bloccate dalle prime inchieste milanesi» [...]. Cirino Pomicino ammette le contribuzioni, ma solo fino al 1990, vale a dire nei limiti temporali coperti dalla legge di amnistia 75/90 o dalla prescrizione del reato del quale deve rispondere [il finanziamento illecito]. E tanto conferma il comune dire che «la politica è l'arte del mentire», e in questo Pomicino è senz'altro politico di primo piano.

Siamo alla parte piú dura della motivazione: quella in cui Pomicino viene definito, né piú né meno, un bugiardo matricolato. Perché? I giudici lo spiegano con un certo palpabile sdegno per il suo comportamento processuale ed extraprocessuale:

> L'imputato ricostruisce le contribuzioni definendole «sostegni per contributi elettorali», dando anche una scansione temporale di tali finanziamenti, ultimo prima del 1990; le cifre che egli cita restano però ben al di sotto dei 4 miliardi che tutti riferiscono, anche a volerle depurare di quella che andò a De Lorenzo, ed eventualmente ad altro politico di livello nazionale. La differenza, viceversa, giustifica le dazioni che si assumono fatte fino al 1992.

Chi lo dice? Una lunga serie di coimputati. Compreso Della Morte il quale

> ha dichiarato di aver appreso da suo fratello Italo che nel 1987 Pomicino gli avanzò una richiesta di denaro, lagnandosi del fatto che «un gruppo cosí importante non avesse pensato a lui». Nella circostanza Pomicino, peraltro con tono imperioso, chiese 4 miliardi.

Senza dimenticare «la intercettazione ambientale della conversazione tra Rolandi e Aversa», che parlano esplicitamente di un «fatto che poteva essere corruzione, e cioè quello di Cirino Pomicino». Insomma, «un quadro accusatorio composito e uniforme, tale da non dar adito a dubbi». Anche perché molti testimoni

> riferiscono che il livello nazionale era rappresentato da Cirino Pomicino, De Lorenzo e Di Donato (la cosiddetta «triade» o «comitato d'affari», cui però partecipava di diritto anche Alfredo Vito).

La linea difensiva di Pomicino è la solita litania: «Era la politica che si finanziava, non i singoli esponenti politici». Il Tribunale ribatte con una lezione di educazione civica:

> Non è vero: si finanziavano – per stessa ammissione dell'imputato – le campagne elettorali, e ciò privilegiava l'un candidato rispetto agli altri. La politica è la facoltà lasciata ai piú di accedere al comando della città. Qui invece il finanziamento è stato adoperato per perpetuare il potere di chi già lo deteneva.

Conclusione: Pomicino, come tutti gli altri imputati, può beneficiare delle attenuanti generiche, anche se i giudici denunciano

> l'estrema gravità dei fatti in causa, desunta anche dal protrarsi della condotta criminosa e dal danno erariale cagionato, nonché dal comportamento processuale, risoltosi nell'ammettere solo ciò che era già acquisito all'indagine, e a negare circostanze comunque di assoluta evidenza [...]. La gravità del reato e quindi l'entità della pena vanno desunte dal ruolo svolto quale ministro della Repubblica e dalla incidenza della sua condotta.

Perciò l'ex ministro viene condannato a 2 anni di reclusione (6 mesi in piú di quanto richiesto dal pm) e 300 milioni di multa per illecito finanziamento dei partiti. In piú deve rifondere alla presidenza del Consiglio (parte civile al processo) le spese legali e «i danni arrecati» al governo con il suo «grave» comportamento.

Il patrimonio del Comune e quello di Cirino

L'altro processo, quello per le tangenti sulla privatizzazione della gestione del patrimonio immobiliare del Comune di Napoli, si celebra fra il marzo '95 e il luglio '96 davanti alla VII sezione del Tribunale (presidente Raffaele Giordano). Qui Pomicino compare in compagnia di una ventina di coimputati, fra i quali gli inseparabili De Lorenzo e Di Donato, e una *new entry*: Alfredo Vito, il democristiano doroteo soprannominato «Mister 100 mila preferenze». Le accuse a Cirino vanno dall'abuso alla corruzione aggravata, dal finanziamento illecito alla ricettazione per avere, «in qualità di deputato al Parlamento, con abuso di pubblici uffici, favorito l'imprenditore Alfredo Romeo (amministratore delegato della ER Spa, impresa designata dal consorzio Gipi – Gestione Integrata Patrimoni Immobiliari per l'erogazione del servizio gestionale)». In che modo? Facendo adottare dai «competenti uffici comunali la scelta della privatizzazione dei servizi di ricognizione, inventariazione e gestione del patrimonio immobiliare del Comune di Napoli – scelta non indispensabile e indifferibile sotto il profilo dell'opportunità, della convenienza e della necessità»; e facendone affidare «la gestione in concessione al consorzio Gipi e per esso alla ER Spa». In cambio Pomicino avrebbe ricevuto oltre un miliardo di lire tramite Vito: prima 300 milioni in tre riprese, poi altri 800 in comode rate mensili da 50.

Il 17 luglio '96 il Tribunale condanna Pomicino a 3 anni di carcere e 10 milioni di multa per ricettazione per tutti e 1100 i milioni intascati: sia i 300 milioni che il pm considerava frutto della corruzione (reato non dimostrato), sia gli 800 già in origine contestati come ricettazione. I primi 300 furono «versati personalmente a Pomicino da Vito, in tre tranche da 100 milioni ciascuna». Gli altri 800 «in tranche di 50 milioni ciascuna, versate mensilmente, di provenienza illecita, in quanto oggetto di indebiti versamenti da parte di imprenditori in favore del Vito».

Dunque Vito, secondo i giudici di primo grado, versò per un paio d'anni un simpatico stipendio mensile di 50 milioni a Pomicino. Questi, in cambio, non doveva far nulla. Nemmeno uscire di casa per andare a ritirare la busta (alla bisogna provvedeva il fido galoppino Giovanni Pianese, che si «recava mensilmente da Vito per ricevere da lui, per conto di Pomicino, le varie tranche di 50 milioni»). Bastava che non disturbasse gli altri manovratori dell'appalto. Un appalto inutile, secondo i giudici, ma fatto apposta per far girare quattrini nelle tasche dei politici del «comitato d'affari» che spadroneggiava trasversalmente su Napoli. Un appalto, per giunta, truccato. Studiato ad arte, con termini brevissimi di 30 giorni per le offerte di gara e requisiti tagliati su misura per far vincere chi doveva vincere: il gruppo di Alfredo Romeo. Il quale ha confessato tutto. Come pure Alfredo Vito, il grande «pentito» della Tangentopoli napoletana. Il quale, come vedremo meglio nel capitolo a lui dedicato, fungeva spesso da collettore per conto degli altri politici di vari partiti del «comitato d'affari», e poi divideva equamente le mazzette.

Pomicino, in questo processo, viene condannato in primo grado «soltanto» per ricettazione proprio perché, nel caso del Patrimonio comunale, non si sporcò direttamente le dita con le stecche degli imprenditori: le riceveva, di seconda mano, da Vito.

Il patto tangentizio con Romeo, racconta Vito, risale all'ottobre '97. L'appalto valeva 100 miliardi: l'imprenditore gli avrebbe versato il 5 per cento, cioè 5 miliardi, in comode rate mensili di 200 milioni. Nel '92, quando scoppia Tangentopoli, è già arrivato a 4,2 miliardi. Scrive il Tribunale:

> Dei soldi ricevuti [Vito] indicava la destinazione: 900 milioni al De Michele, 1100 milioni alla corrente andreottiana e in particolare 300 direttamente al Pomicino e 800 allo stesso Pomicino tramite Pianese; 2.200 milioni rimasero nella sua disponibilità. [I primi 300 milioni] erano ripartiti in tre tranche di 100 milioni ciascuna, date dal Vito personalmente, due volte presso lo studio del Pomicino in via Sicilia, una terza al ministero del Bilancio; i rimanenti 800 milioni furono dati in tranche di 50 milioni ciascuna nelle mani del Pianese, presso lo studio di via Generale Orsini. Circa la motivazione del versamento al Pomicino [...], il Vito la riconduceva alla richiesta da parte di questi di restituzione delle quote che la corrente aveva versato per i tesseramenti annuali, senza che però avessero potuto utilizzare le strutture, le segreterie e le stanze del partito. Egli precisava di avere informato il Pomicino che egli non era in possesso di quei soldi, che aveva però i contributi che stava ricevendo dal Romeo e che pertanto poteva incominciare a dargli quelli. Quindi egli affermava che Pomicino era informato della provenienza dei sol-

di, ma che lo stesso non aveva svolto alcun ruolo nella vicenda Patrimonio. Cosí fu stabilito il versamento delle prime tre tranche e poi il Pomicino gli aveva detto che in futuro avrebbe mandato il Pianese, perché quei soldi servivano per la sua segreteria a Napoli.

Ricapitolando. La corrente andreottiana capitanata da Cirino è a corto di quattrini: ha pagato le tessere (al posto degli ignari tesserati) e non ne ha ricevuto adeguati ritorni. Dunque a chi accollare quelle spese correntizie? Ai contribuenti, si capisce: pescando dalle tangenti pagate dagli appaltatori comunali, i quali poi provvedevano a farsi rimborsare con denaro pubblico gonfiando i costi delle proprie prestazioni. Romeo, sulla strada dell'agognato appalto, incontra mille intoppi e difficoltà.

A questo punto il Romeo parlava di contatti con Pomicino, che aveva voluto vedere perché aveva saputo che era piú vicino alle imprese dell'altro raggruppamento, come la Fiat, il Risanamento [...]. Pertanto, dopo un discorso su questi aspetti, il Pomicino gli aveva dato una lista di cinque nomi di persone delle quali chiedeva la assunzione. Egli poi assunse due di queste persone [...]. Cirino Pomicino ammetteva di essere stato contattato dal Romeo nel 1991, e che questi gli aveva illustrato il suo progetto per il Patrimonio. Egli negava di aver ricevuto da Vito i 300 milioni a titolo di spartizione delle contribuzioni del Romeo, affermando di averli ricevuti a titolo di ristoro delle quote di tesseramento del gruppo andreottiano senza neppure essere a conoscenza del fatto che quella somma provenisse da Romeo e dalla vicenda del Patrimonio.

Dunque Pomicino non nega di aver preso soldi: «il fatto in sé della ricezione della somma non è contestato dal Pomicino». Quel che contesta è la causale: un contributo a titolo amichevole, senza secondi fini. La solita beneficenza politica, insomma. Tutt'altra musica suona Vito:

Egli ha detto di aver dato un miliardo e 100 milioni alla corrente andreottiana di cui il Pomicino e il Pianese erano esponenti e che quella somma complessiva era parte dei 4 miliardi e 200 milioni che aveva ricevuto in contanti da Romeo Alfredo per la questione del Patrimonio comunale.

Motivo?

Aveva raggiunto una sorta di accordo con il Pomicino per comporre sul piano locale la spaccatura tra dorotei e andreottiani, intendendo migliorare i rapporti tra le due correnti. Gli andreottiani si dolevano perché, mentre corrispondevano puntualmente alla Dc i proventi delle quote di tesseramento, erano esclusi dal godimento delle strutture, delle stanze e delle segreterie del partito, appannaggio esclusivo dei dorotei di Gava e Vito. Al culmine di una tale controversia, il Pomicino aveva chiesto la restituzione delle quote di tesseramento provenienti dalla sua corrente. In questo quadro, intendendo comporre la spaccatura, non essendo possibile la restituzione delle quote di tesseramento, il Vito si accordò con il Pomicino nel senso che gli avrebbe dato parte dei contributi che stava ricevendo da Romeo. Egli versò cosí a Pomicino tre contributi da 100 milioni ciascuno. Dopo di ciò, avendogli detto il Pomicino che gli avrebbe mandato mensilmente il Pianese, aveva versato a costui la restante somma di 800 milioni, in tranche di 50 milioni al mese, sempre provenienti dai contributi di Romeo relativi alla questione del Patrimonio del Comune. Il Pomicino, che pure non aveva svolto alcun ruolo nella vicenda del Patrimonio, era stato direttamente informato da lui che i soldi provenivano da Romeo e dall'affare Patrimonio.

I giudici non hanno dubbi:

Tutta la somma (1100 milioni) è stata versata al Pomicino nel quadro di un accordo di spartizione tra Vito e lo stesso Pomicino delle contribuzioni che sarebbero pervenute da Romeo Alfredo in relazione alla vicenda del Patrimonio; o, viceversa, quella somma è stata versata indipendentemente e al di fuori di un tale accordo, bensí nel solco di un altro rapporto [...] tendente alla composizione delle questioni, economiche o non, che ormai contrapponevano localmente la corrente dorotea e quella andreottiana della Dc.

I giudici propendono per la seconda spiegazione, visto che mancano «riscontri» alla prima. Dunque Pomicino viene assolto dall'abuso e dalla corruzione. Ma i 1100 milioni da Vito li ha presi, e dunque è colpevole di ricettazione perché sapeva di intascare denaro di provenienza illecita. Per diversi motivi:

1) Pomicino faceva parte, come e ancora piú del Vito, del «comitato di affari» [...]. Pomicino conosce bene il Vito, sa che è il collettore delle tangenti per la Dc a Napoli, sa, soprattutto, che sta gestendo l'«affare Patrimonio». Quando si rivolge a Vito per ottenere la restituzione delle quote di tesseramento della corrente andreottiana non può non sapere da dove Vito potrà prendere i soldi che gli darà, non essendo Vito certamente il tesoriere ufficiale della Dc o della corrente di maggioranza nella Dc, neppure a livello locale.
2) La stessa riservatezza con la quale le varie tranche venivano consegnate al Pomicino e al Pianese e il fatto che i versamenti dal Vito al Pomicino e dal Vito al Pianese avvenivano per tranche, sono circostanze le quali non potevano non determinare nel ricevente la certezza della provenienza delittuosa delle enormi somme che riceveva, evidentemente collegate a versamenti rateali effettuati da altri al Vito.
3) Pomicino seguiva attentamente l'«affare Patrimonio». Lo racconta l'ex assessore Luigi Manco: «Ne avremo discusso venti o trenta volte in giunta. Ogni volta questa delibera veniva all'esame e si cercava di forzare la mano». Continui rinvii dell'ordine del giorno in quanto si diceva che non vi era l'as-

senso di Pomicino, favorevole al Consorzio di imprese che concorreva in alternativa alla ER. In seguito a ciò gli risultava che vi era stato un incontro a Roma, fra Romeo e Pomicino, all'esito del quale i lavori consiliari improvvisamente si sbloccarono e fu giudicata piú favorevole l'offerta presentata dalla ER. Romeo ammetteva di aver incontrato il Pomicino nel 1990 a Roma.

E cosí Pomicino. Il che non prova la corruzione, ma un certo interesse per l'affare sí.

4) Pomicino non si rivolse al segretario amministrativo del partito, Citaristi, per ottenere la restituzione delle quote pagate per i tesseramenti dalla corrente andreottiana.

Insomma, fece tutto privatamente, come se l'affare della tessera fosse una questione privata con Vito. E non disse nulla agli altri capi-corrente. Conclusione:

Cirino Pomicino deve essere ritenuto responsabile del reato di ricettazione della somma di lire 1.100.000.000 [...]. Quanto alla determinazione della pena, premesso che in relazione alla enorme entità della somma ricevuta, alle modalità e alle circostanze del fatto e ai motivi a delinquere – riconducibili, oltreché agli interessi della corrente andreottiana, certamente a un preciso interesse di creazione di spazi sempre maggiori di influenza e di potere personale – non possono essere al Pomicino concesse le attenuanti generiche, [...] si ritiene conforme a giustizia irrogare la pena di anni 3 di reclusione e lire 10 milioni di multa.

Ma la Corte d'appello, il 2 ottobre 2001, ribalta il verdetto. Non perché i fatti non siano provati, anzi: lo stesso Pomicino ha sempre ammesso con orgoglio di aver ricevuto quei soldi. Semplicemente, riceverli non era ricettazione e non era neanche reato. Cosí scrivono i giudici d'appello, chiudendo definitivamente quella partita: «il fatto non costituisce reato».

Il malato intermittente

Se la prescrizione si abbatte con particolare frequenza sui processi a carico di Pomicino, non è soltanto una questione di fortuna, o di lentezza della giustizia. È che per oltre due anni, dal 1998 al 2000, quei dibattimenti si sono interrotti solo per lui su tutto il territorio nazionale, grazie a una serie di perizie mediche che attestavano le sue gravissime condizioni di salute: cosí gravi da renderlo «totalmente incompatibile» con lo *status* di imputato. Il suo cuore matto non gli impedisce di raccogliere le sue memorie in vari *best seller* Mondadori. Né di alluvionare *il Giornale*, *Panorama* e *Il Tempo* con puntuti commenti-denuncia firmati Geronimo o Yanez contro la finanza allegra di Ciampi e Amato. Né di organizzare partiti post o neodemocristiani. Né di materializzarsi fresco come una rosa a *Scherzi a parte* su Canale 5. Né di ravvivare eventi mondani nei salotti bene, chez Daniela Santanché e *chez* Pomicino medesimo: la sua villa con terrazza sul mare di Posillipo è sempre affollatissima di vip, dopo essere miracolosamente scampata al sequestro chiesto dall'Eni e disposto dal Tribunale di Milano per sette dimore pomiciniane da 8 miliardi (che *'o ministro* nega di aver mai posseduto). Nulla, in quei due anni, è impossibile a Cirino, fuorché rispondere alle convocazioni dei giudici di Milano per i fondi neri Eni, di Napoli per le piú svariate mazzette, di Foggia per quelle sui nastri trasportatori del porto di Manfredonia: «impedimento assoluto a comparire in udienza».

Poi, un giorno, arriva una nuova perizia, disposta dai giudici di Napoli che dall'aprile '95 tentano invano di chiudere il processo sulla malasanità, già costato pesanti condanne a De Lorenzo (7 anni e 5 mesi in appello), ma ancora in alto mare per Pomicino, a lungo assente «giustificato» per motivi di salute. La perizia, da un lato, rassicura i suoi *fans* sulla tempra ritrovata; dall'altro getta qualche schizzo di *pummarola* sulle precedenti analisi cliniche, preziose alleate della prescrizione. Il 2 maggio 2000, proprio mentre l'ultimo *bestseller* pomiciniano inonda le librerie, «Geronimo» manda gli avvocati in tribunale a chiedere l'ennesimo rinvio del processo, a causa del «permanere di una condizione di salute dell'imputato tale da costituire impedimento assoluto a essere presente in udienza».

Il presidente della V sezione Carlo Spagna non si fida e incarica tre nuovi periti – due primari del Cardarelli, il cardiologo Aldo Boccalatte e il medico legale Pietro Tarsitano, e uno psichiatra, Giuseppe Sciaudone – di tornare a visitarlo. I due primari riconfermano le vecchie analisi: l'imputato soffre di una «grave patologia cardiaca» e da due anni è in lista d'attesa per il trapianto. Tanto basta per «controindicare qualsiasi stress intenso quale quello scaturito dalla presenza a udienze dibattimentali». Ma il terzo perito, Sciaudone, si dissocia e il 13 giugno presenta una perizia a parte, in cui racconta piuttosto incredulo il quadretto a cui gli è toccato assistere al Cardarelli il 15 maggio, quando Pomicino si è sottoposto alle analisi:

> Si può notare un clima di cordialità tra i periti e l'onorevole: si danno del tu [...]. Pomicino è prima di tutto un medico. Il periziando risponde piú volte al cellulare. Ogni tanto nella stanza del prof. Boccalatte entra qualcuno che saluta Pomicino cordialmente [...]. Boccalatte chiede all'onorevole chiarimenti sulla attesa di trapianto, e l'onorevole spiega un po'. Ma quando Boccalatte insiste, Pomicino monta su tutte le furie: dice di voler andare via, non intende piú sottoporsi agli accertamenti, è veramente arrabbiato, alza la voce, è rosso in volto, mostra tutta la sua veemenza. Io non so che fare, per un momento mi sembra di assistere a un «dramma» in cui gli attori si scambiano i ruoli.

Il perito diventa imputato, e viceversa. Ma subito Geronimo ripone l'ascia di guerra. E si ricomincia:

> Saluta cordialmente i medici, che lo accolgono altrettanto cordialmente, si fanno commenti scherzosi su qualche chilo di troppo che l'onorevole ha messo su. Quindi sono eseguiti elettrocardiogramma ed ecografia.

Poi la processione dei *fans* riprende, inarrestabile: «Nel corridoio c'è confusione, tutti salutano l'onorevole». Sciaudone incontra il «paziente» due volte (la seconda, il 27 maggio, il moribondo lo riceve «al bar dell'Hotel Excelsior», fra un impegno politico e l'altro). E alla fine conclude che, sí, «l'onorevole ha un lieve stato ansioso», ma le sue

> capacità fisiche appaiono davvero sorprendenti [...]. Per dare un'idea sia pur minima delle risorse psicologiche, comportamentali, di personalità dell'on. Pomicino, e anche per la piacevolezza del racconto, mi si consenta di riportare alcuni brani tratti dal suo recentissimo libro, che riguardano il suo arresto...

Conclusione: «Pomicino ha capacità davvero eccezionali di adattamento, coraggio, forza d'animo, resistenza, entusiasmo e ottimismo». Pertanto «può partecipare alle udienze dibattimentali» anche se, rimanendo un «soggetto a rischio», sarà bene assicurargli «un'assistenza medica specialistica» in aula.

Cosí, l'11 luglio 2000, la V sezione del Tribunale respinge la richiesta degli avvocati di sospendere il processo e fissa un nuovo calendario di udienze. La pacchia è finita. Il presidente Spagna si toglie lo sfizio di far notare a Pomicino «il regime di vita sicuramente a rischio non compatibile con la malattia». E ricorda che la fonte dello stress «non è tanto la partecipazione all'udienza, quanto la stessa pendenza del procedimento penale, che è fatto ineludibile». Ancor piú sarcastici i pm della Procura, che attendono *'o ministro* al varco per il processo sulle tangenti farmaceutiche:

La perizia ha statuito che il Pomicino può partecipare alle udienze dibattimentali, preso atto che egli conduce un'esistenza improntata ad attivismo, come palesato dagli articoli di stampa relativi alla presentazione del suo libro, nonché dalla sua partecipazione alla trasmissione televisiva «Scherzi a parte»...

Rubavano anche sul terremoto

Dal terremoto del 23 novembre 1980 in Campania c'è chi è uscito morto: 6 mila persone. Chi ferito: 10 mila. Chi senza casa: 300 mila. E chi ricco sfondato: secondo i giudici, almeno 74 persone fra politici, pubblici amministratori e imprenditori campani, che si sarebbero spartiti una torta di appalti e investimenti da 60 mila miliardi (oggi, rivalutati, valgono almeno 40 miliardi di euro). Per l'area di Napoli, di cui si occupa il nostro processo, 15.200 miliardi di stanziamenti fra il 1981 e il 1992. In parte (minima) destinati a costruire nuove case. In parte (massima) a edificare cattedrali nel deserto e infrastrutture faraoniche, inutili, quasi mai completate, che c'entravano poco o niente con il terremoto, ma moltissimo con le tangenti, con lo scempio del territorio e del paesaggio, e talvolta pure con la camorra. Il processo ai 74 presunti ladri che avrebbero grassato su quella strage ricavandone un totale di 32 miliardi di lire di mazzette, inizia davanti all'XI sezione del Tribunale di Napoli (presidente Enzo Albano, pm Alfonso D'Avino) nel dicembre 1997. Alla sbarra, e in prima fila, non può mancare Paolo Cirino Pomicino, stavolta in compagnia dei suoi fratelli costruttori Lucio e Antonio, oltre al solito quartetto De Lorenzo-Di Donato-Scotti-Gava, allo storico patròn del Napoli Calcio, Corrado Ferlaino, all'ex ministro Carmelo Conte e a tanti altri protagonisti della politica e dell'imprenditoria partenopea. In totale Pomicino deve rispondere di circa 4 miliardi di mazzette (valore di vent'anni fa), ora da solo, ora in compagnia dei congiunti. Breve riepilogo del capo d'imputazione.

1) Le tangenti del costruttore Francesco Zecchina, quello dell'ex voto «trasferibile» alla Madonna. Questi «prometteva e successivamente consegnava a Cirino Pomicino Paolo somme di denaro ed altre utilità pari complessivamente a L. 1.800.000.000». E precisamente:

a) L. 300.000.000 circa, consegnate personalmente e in piú rate, in relazione ai lavori dell'Asse Mediano;

b) L. 50.000.000 circa, consegnate personalmente e in piú rate, in relazione ai lavori della Circumvallazione Lago Patria-Lufrano;
c) L. 450.000.000 circa, consegnate personalmente e in piú rate, in relazione ai lavori di «Sistemazione dell'Asta Valliva dei Regi Lagni»;
d) L. 220.000.000 circa, dal 1986 al 1990, per la sottoscrizione di abbonamenti, quale sostenitore, alla rivista *Itinerario*, riferibile a Cirino Pomicino Paolo, ispiratore di detta rivista e proprietario di fatto della Sevip, società editrice della medesima;
e) L. 100.000.000 circa, in 10 rate da L. 10.000.000 ciascuna, versate, dal 1984-85 al 1990, nelle mani del sacerdote Salvatore D'Angelo, responsabile del «Villaggio dei ragazzi» di Maddaloni, su richiesta e indicazione di Cirino Pomicino Paolo, in adempimento di un voto da questi fatto in occasione di un intervento chirurgico al cuore subíto dallo stesso negli Usa;
f) L. 40-50.000.000, quale importo dei lavori di ristrutturazione edilizia della chiesa S. Teresa di Gesú Bambino in Napoli;
g) L. 30-40.000.000, quale importo dei lavori di ristrutturazione edilizia della chiesa SS. Trinità in Napoli;
h) varie cene e manifestazioni elettorali, di cui una presso l'Hotel Vesuvio in Napoli, svoltasi in data 1.4.92, del costo complessivo di circa L. 29.000.000;
i) l'assunzione di 7-8 persone, quali operai e impiegati presso l'impresa Zecchina;
l) centinaia di milioni di lire, pari a 30-40.000.000 di lire per ognuna delle campagne elettorali cui erano interessati Cirino Pomicino Paolo ed esponenti della corrente politica del predetto, sino al 1992, consegnate materialmente, su richiesta e indicazione di Cirino Pomicino Paolo, ai suoi fratelli, Cirino Pomicino Lucio e Cirino Pomicino Antonio, dietro pressioni e sollecitazioni di costoro.

Tutto ciò era gratis? Naturalmente no:

Il tutto affinché Cirino Pomicino Paolo compisse atti contrari ai doveri del proprio ufficio, consistenti nel garantire indebitamente all'impresa di Zecchina un trattamento privilegiato in relazione a svariati lavori pubblici affidati alla citata impresa, nonché nell'intervenire indebitamente (sulla base di un accordo, intercorso fra esponenti di vari partiti politici, avente a oggetto un programma di spartizione delle opere della ricostruzione del post-terremoto in Campania tra imprese legate, a vario titolo, ai predetti partiti politici e a talune componenti interne di essi) su Fantini Antonio, presidente della Regione Campania e Commissario straordinario regionale di governo per la ricostruzione post-terremoto, nonché esponente della Dc, affinché Fantini, a sua volta, compisse atti contrari ai doveri del proprio ufficio, e segnatamente a quello dell'imparzialità, infilando indebitamente la Zecchina Costruzioni nei lavori della ricostruzione, e affidando ai consorzi Corin e Consfrag (di cui faceva parte l'impresa «amica») «ulteriori interventi e progetti» inutili e «comportanti spese aggiuntive». Secondo l'accusa, un cumulo di corruzioni (e finanziamenti illeciti) proseguite «fino al 1992».

2) Le mazzette di Aniello e Isidoro Balsamo. I due, titolari della Balsamo Costruzioni,

> promettevano e in piú riprese erogavano a favore di Cirino Pomicino Paolo somme di denaro pari a L 40.000.000 circa all'anno dal 1984 al 1990, per un totale complessivo di L. 250.000.000 circa, sotto forma di spese per la gestione della rivista *Itinerario*,

di cui avevano pure dovuto diventare soci. Una tangente-vitalizio, dunque, mascherata da contributo alla rivista pomiciniana fino al 1990. In cambio di che cosa? Dei soliti appalti pilotati attraverso l'apposito Fantini (oggi segretario regionale dell'Udeur del ministro della Giustizia Clemente Mastella).

3) Le tangenti di Cabib & C.

> Eugenio Cabib, titolare dell'impresa Icar Spa e presidente dei consorzi Corin e Cosno, in concorso con 6 costruttori (Dario Mazzi, Michele Di Penta, Mario Astaldi, Enrico Recchi, Antonio e Giuseppe Milone, Antonio Della Morte), dietro indicazione e consiglio di Cirino Pomicino Paolo, dapprima prometteva e successivamente consegnava a Brancaccio Mario (parlamentare Dc, esponente della corrente «andreottiana», deceduto), in piú rate, la somma complessiva di L. 300.000.000.

La tangente (completata da 600 milioni al tesoriere nazionale Severino Citaristi) doveva servire a propiziare

> l'indebito affidamento al predetto consorzio del «Raddoppio della linea ferroviaria Pomigliano-San Vitaliano» e l'indebito inserimento dell'impresa Della Morte Spa nel consorzio Cosno, in assenza dei presupposti per l'applicazione della normativa sulla ricostruzione del post-terremoto, nonché nell'indebita approvazione di progetti di ulteriori interventi [...] comportanti spese aggiuntive.

Anche qui, l'accusa è corruzione, «sino alla fine del 1988».

4) Le mazzette dell'Incisa Spa, inserita nel consorzio San Vitaliano. I soci dell'azienda (Aldo Viani, Dino Politi, Claudio Corini, Oddone Joboli e Cesare Porta)

> dapprima promettevano e successivamente consegnavano, in piú rate, la somma complessiva di circa L. 300.000.000 a Greco Vincenzo Maria [progettista, membro del Commissariato di governo per la Campania e amico intimo di Pomicino], il quale a sua volta la consegnava a Cirino Pomicino Paolo.

Questi doveva compiere i soliti «atti contrari ai doveri del proprio ufficio» per far vincere gli appalti al consorzio dei suoi foraggiatori, in barba alla legge. Ipotesi di corruzione «sino al 1985».

5) Il quintetto appena citato,

> dietro suggerimento di Cabib e indicazione e consiglio di Greco, dapprima prometteva e successivamente, in piú rate, dava 300.000.000 in contanti a Salerno Domenico (amministratore unico della Sevip, editrice di *Itinerario*), che li utilizzava per far fronte alle spese di gestione della rivista.

In cambio, Cirino avrebbe provveduto a rispettare la tradizione degli «atti contrari ai doveri del proprio ufficio», per far assegnare al consorzio vari appalti, piú i soliti progetti di opere «comportanti spese aggiuntive». Il tutto «sino alla fine del 1990».

6) Agostino Di Falco, titolare dell'impresa «Icla», foraggiava pure lui il Psi e la Dc. Occhio alle cifre: 400 milioni a Di Donato, 100 milioni a Balzamo, 100 milioni a Citaristi (su indicazione di Cirino Pomicino), e la bellezza di oltre 800 milioni a Cirino Pomicino. Precisamente:

> 700 milioni circa sotto forma di contributi alla rivista Itinerario, 20 milioni per il pagamento di cene elettorali organizzate nell'interesse di Cirino Pomicino, e 100 milioni di contributo erogato a favore di D'Angelo Salvatore (sacerdote, esponente della corrente andreottiana).

Come già per la «tangente ex voto», siamo alla corruzione a sfondo religioso. Il pio Cirino, come ogni buon democristiano che si rispetti, aveva il suo bravo cappellano. E lo pagava con le mazzette. In cambio, e in combutta con Di Donato, Balzamo e Citaristi, doveva

> compiere atti contrari ai doveri del proprio ufficio, consistenti nell'intervenire indebitamente su Fantini, affinché favorisse l'imprenditore pagatore secondo il solito programma di spartizione delle opere della ricostruzione del post-terremoto: inserendo indebitamente la Icla nel Consorzio Goi, affidatario dei lavori di Trasformazione in pressione dell'Acquedotto del Serino, in assenza dei presupposti per l'applicazione della normativa sulla ricostruzione del post-terremoto, e affidandole indebitamente progetti relativi a opere comportanti spese aggiuntive. In Napoli, fino al 1989.

7) La scena si ripete tale e quale con Giustino Vincenzo, titolare della Giustino Costruzioni. Il quale

> dapprima prometteva e successivamente consegnava a Cirino Pomicino Paolo (con il quale aveva già in corso un rapporto di illecite dazioni di denaro), somme indebite di denaro di importo piú rilevante rispetto alle abituali con-

> tribuzioni», perché facesse infilare pure la sua azienda, come la Icla, nelle opere appena citate, ovviamente «in violazione della normativa sulla ricostruzione post-terremoto; in Napoli, dal 1985 in poi.

8) Decisamente piú avari sono Mario e Vincenzo Lodigiani, titolari dell'omonima impresa di costruzioni, che per costruire la nuova linea ferroviaria a doppio binario San Giorgio-Volla non scuciono che poche decine di milioni: un loro emissario

> prometteva e successivamente consegnava 25 milioni a Fantini e 30 milioni a Cirino Pomicino, fino al 1989, in cambio dell'indebito inserimento, fra le opere della ricostruzione post-terremoto, della nuova linea S. Giorgio-Volla, affidata in concessione al Consorzio S. Giorgio-Volla, di cui faceva parte l'impresa Lodigiani Spa, in assenza dei presupposti per l'applicazione della normativa sulla ricostruzione del post-terremoto,

piú i soliti «progetti per opere aggiuntive, sostanzialmente inutili». Roba da poveracci.

Ma il 2 maggio 2002, sull'interminabile maxiprocesso per le ruberie del dopo-terremoto, passa inesorabile il colpo di spugna della prescrizione. Il Tribunale si arrende e dichiara prescritti la maggior parte dei capi di imputazione contestati agli imputati, che vengono assolti per i restanti reati. I giudici ritengono colpevoli polititi e imprenditori nella gran parte dei casi. Ma, un po' per l'effetto delle attenuanti generiche, un po' per la derubricazione della corruzione propria (per un atto contrario ai doveri d'ufficio) in corruzione impropria (per un atto dovuto) o in illecito finanziamento ai partiti, tutti fattori che abbreviano i tempi di prescrizione, li dichiarano non piú punibili per il decorrere del tempo. I fatti risalgono ai primi anni 80 e l'inchiesta era iniziata nel 1994. Fra i prescritti piú illustri, oltre a Pomicino, ci sono gli ex ministri Scotti e De Lorenzo, l'ex vicesegretario del Psi Di Donato e l'ex presidente della Regione Campania, Antonio Fantini. Gava e Conte invece vengono assolti.

Il pm Alfonso D'Avino però contesta la generosità dei giudici e propone appello contro molte prescrizioni e assoluzioni, chiedendo di processare 45 dei 75 imputati prosciolti in Tribunale (fra i quali Pomicino, Scotti, Di Donato e Fantini). E in 700 pagine di ricostruzione, conferma che le mazzette erano corruzione propria, essendo state versate per atti contrari ai doveri d'ufficio. Una ipotesi che, se riconosciuta, farebbe allungare i termini per la prescrizione. Il processo d'appello, nella primavera 2006, è ancora in corso. Anche se rischia di saltare per la legge Pecorella, che ha abolito l'appello del pm contro assoluzioni e prescrizioni.

Intanto, dall'alto delle sue condanne e delle sue prescrizioni, Pomicino è tornato non solo alla politica attiva, ma anche nelle istituzioni. Nel 2004, dopo una conversione (a U) ha lasciato il centrodestra per spostarsi nel centrosinistra (Udeur) giusto in tempo per acciuffare un posto sicuro al Parlamento europeo, sulla poltrona che gli ha gentilmente ceduto Clemente Mastella. Dopodiché è puntualmente rientrato all'ovile della Casa delle libertà, nelle file della Nuova Dc, per la quale s'è candidato ed è stato eletto nel 2006 al Parlamento nazionale, lasciando prontamente l'Europa. Il tutto, un mese dopo che il 3 marzo 2006 la Cassazione aveva respinto il suo ultimo ricorso contro la decisione della Procura della Corte dei conti della Campania, che gli chiedeva di pagare i danni inferti alla collettività per le mazzette prescritte sul metrò collinare: una multa di oltre un milione e mezzo di euro a titolo di risarcimento per il «danno all'immagine delle istituzioni dello Stato» causato dall'aver accettato «contributi illeciti» dal 1987 al 1992 dalle imprese della «Metropolitana di Napoli» quand'era deputato e presidente della commissione Bilancio. Il Cirino, con la consueta spudoratezza bertoldesca, contestava nel suo ricorso la «giurisdizione della Corte dei conti per richieste risarcitorie nei confronti di parlamentari in relazione all'attività espletata». A suo dire, incassare mazzette rientra nella normale e insindacabile attività parlamentare.

La Suprema Corte, con la sentenza 4582 pronunciata a sezioni unite, gli ha fatto garbatamente notare che i 4 miliardi di lire sgraffignati come «contributi indebiti» hanno prodotto un «irrimediabile danno in pregiudizio del prestigio e del decoro del Parlamento, cui apparteneva, e dello Stato-Comunità che rappresentava». Anche perché Cirino

> non ha posto in essere esclusivamente un comportamento doloso attivo – percezione di contributi illeciti – ma anche uno omissivo, gravemente colposo, per non aver denunciato i fatti penalmente rilevanti, di sua diretta conoscenza, poiché il dovere di denuncia si sarebbe risolto in autodenuncia.

In sostanza le «condotte» dell'ex ministro

> risultano gravemente trasgressive dei piú elementari doveri di fedeltà di ogni pubblico agente, di quel dovere ciò che piò di ogni altro fa capo ad un rappresentante eletto dal Popolo Italiano.

Ed è indiscutibile che ci sia stato un «rapporto di servizio tra il parlamentare e lo Stato»: dunque la Corte dei conti ha piena giurisdizione a giudicarlo e a pretendere i danni: il giudizio contabile a suo carico può a buon diritto proseguire. Ma l'indomani Pomicino insiste con un'altra dichiarazione sfrontata:

> Siamo giunti ormai al grottesco: la Procura della Corte dei conti della Campania mi fa il privilegio di essere l'unico in Italia ad aver danneggiato l'immagine del Parlamento per aver ricevuto finanziamenti al partito senza denunciarli. Credo si tratti di qualcosa piú importante della vicenda personale e cioè se l'immagine del Parlamento e quella dei singoli parlamentari debbano essere sottoposte al giudizio della Corte dei conti e non a quello dell'elettorato. Sarà la prossima presidenza della Camera dei deputati a valutare le iniziative da assumere per difendere la sovranità del partito e dell'elettorato.

Ecco: oltre a ospitare svariati tangentari pluripregiudicati, il Parlamento dovrà anche proteggerli dai giudici contabili, per il bene degli elettori che essi stessi hanno danneggiato. Oltre al danno, la beffa.

Gianni De Michelis (Psi)
L'avanzo di balera

Gianni De Michelis, già ministro degli Esteri e vicepresidente del Consiglio, intascava mazzette per «alimentare il suo principesco stile di vita sia pubblica sia privata». In barba a tutte le frottole sui «costi della politica», sul «finanziamento della democrazia», sui «contributi non registrati», i giudici del Tribunale di Venezia hanno voluto mettere i puntini sulle «i», come già i loro colleghi milanesi a proposito di Craxi e di tanti altri politici corrotti. Ora, non contento di aver saccheggiato la Prima Repubblica, De Michelis è tornato in pista nella Seconda, alleato di Berlusconi alla testa del «Nuovo Ps» (che non vuol dire Pubblica sicurezza, ma Partito socialista). Un pregiudicato in piú nella Casa della libertà Provvisoria. Un simbolo in piú di quella storia di ladri comuni dal colletto bianco che era ed è Tangentopoli. Bianco poi, nel caso di De Michelis, si fa per dire.

Di quel «principesco stile di vita» ha dato un immortale riassunto, carte alla mano, Gian Antonio Stella sul *Corriere della sera*, ricordando il conto che De Michelis lasciò in sospeso alla caduta dell'impero: un conto da 490 milioni per gli ultimi 29 mesi trascorsi all'Hotel Plaza di Roma, dove viveva in una sobria suite, con 373 mila lire al giorno di «extra»: pranzi, cene, tartine, champagne. E poi c'era lo staff del Satrapo, cosí descritto nel diario di Nadia Bolgan, la bella e giovane supersegretaria: «Una cinquantina di persone, molte delle quali donne incontrate di passaggio e senza alcuna preparazione professionale; erano lí solo perché gli piacevano, e ciascuna pensava di essere la favorita dell'harem». E poi l'affitto dell'intero Ippodromo di Tor di Valle per un indimenticabile compleanno. E poi la festa per 2 mila persone alla stazione marittima di Venezia. E poi la retta da un milione al mese pagata all'esclusivo collegio Saint George's per la figlia della Bolgan. E poi i contanti lasciati al ristorante per le abbuffate della «segreteria di corrente», composta da una cinquantina di persone a Roma e da un'altra decina a Venezia, tutte mantenute con denaro procurato dal portaborse Giorgio Casadei in banconote da 50 mila lire nuove di zecca. E poi i rimborsi-trasferta alle collaboratrici ingaggiate per la stesura dell'opera *Dove andiamo a ballare questa sera*, inarrivabile guida alle discoteche italiane. E poi il progetto, sfumato solo all'ultimo istante, di portare tutta la corte a Praga per un party al castello...

Ora sappiamo chi pagava quei baccanali da basso impero: i contribuenti italiani, attraverso le mazzette pagate dagli imprenditori che gonfiavano i prezzi delle opere pubbliche. In Italia e all'estero. Anche con la scusa della cooperazione con il Terzo mondo, passata alla storia – anche negli anni della gestione di De Michelis – per l'affare della metropolitana di Lima, costata allo Stato italiano 10.919 miliardi. Stanziati per donare infrastrutture ai paesi poveri, finiti per il 97 per cento a imprese italiane.

Le mazzette autostradali

Il primo processo a De Michelis si celebra nel 1995 davanti alla II sezione del Tribunale di Venezia (presidente Claudio Dodero): è quello per le mazzette sugli appalti autostradali, che lo vede imputato insieme all'altro *ras* del Veneto, Carlo Bernini, senatore democristiano della parrocchia dorotea, anche lui piú volte ministro, anche lui passato armi e bagagli con il centrodestra (nella parrocchia di Rocco Buttiglione). I due, secondo i giudici, si spartivano la torta degli appalti veneti e la facevano da padroni attraverso i loro segretari-portaborse-cassieri tuttofare: Franco Ferlin per Bernini e Giorgio Casadei per De Michelis. Due carneadi che, per la loro vicinanza ai big, erano entrati nientemeno che nel consiglio di amministrazione della Banca nazionale del lavoro. Entrambi i galoppini, condannati in primo grado nel '94 a 4 anni e mezzo e 3 anni e mezzo, hanno poi patteggiato pene inferiori in appello, nel '98, grazie anche alla prescrizione che ha cancellato gran parte dei loro reati.

Il capo d'imputazione per i due ex ministri, accusati di corruzione e finanziamento illecito ai partiti, riguarda due vicende distinte (la prima in condominio fra Bernini e De Michelis, la seconda riservata a De Michelis):

1) Corruzione:

Nell'ambito di un accordo che prevedeva la illecita spartizione di somme di denaro illecitamente corrisposte da vari imprenditori per l'aggiudicazione degli appalti relativi alla costruzione di opere pubbliche e nella provincia di Venezia, tra cui la realizzazione del raccordo autostradale con l'aeroporto Marco Polo di Tessera e dell'ampliamento di una terza corsia nell'autostrada tratto Venezia-Padova, Bernini e De Michelis richiedevano e percepivano, per tramite dei rispettivi fiduciari, illecite somme di denaro e piú precisamente: per il Bernini, il Ferlin richiedeva il 2% dell'importo dell'asta (L. 820 milioni) e ne riceveva circa 500 milioni da Maltauro Enrico e Maltauro Giuseppe; per De Michelis, Casadei richiedeva il 2% dell'importo d'asta (L. 440 milioni) dei quali riceveva L. 120 milioni rispettivamente da Origo Aldo e da Musso Giuseppe, nonché un acconto di L. 100 milioni da Paolo Merlo. Reati commessi in Venezia e provincia dal settembre 1989 a tutto l'anno 1991.

2) Finanziamento illecito:

In qualità di membro del Parlamento nazionale, in tempi diversi, in esecuzione del medesimo disegno criminoso, per il tramite di Casadei, De Michelis riceveva da Paolo Merlo (rappresentate della C.C.C. Cantieri Costruzioni Cemento) somme di denaro dell'ordine di L. 15 milioni, 20 milioni, 30 milioni, senza ottemperare alle procedure di legge. In Venezia Mestre dal 1990 al settembre 1991.

Insieme ai due ministri vengono processate due collaboratrici di De Michelis, Marina Caruso e Rosa Di Giacomo detta Diana. La Caruso, impiegata nella segreteria dell'onorevole, è imputata di falsa testimonianza: interrogata nel '93 sul conto di De Michelis, «rendeva dichiarazioni mendaci e in parte taceva quanto a sua conoscenza; in particolare riferiva di aver provveduto a effettuare personalmente i pagamenti presso l'Hotel Plaza di Roma per l'ammontare di L. 6-7 milioni in contanti ogni mese, laddove al contrario risultavano pagamenti in contanti in data 6.3.1992 [un mese prima delle elezioni politiche] per L. 40 milioni; taceva altresí sulle consegne di denaro in contanti da parte di Casadei, cosí come sui pagamenti, eseguiti sempre in contanti, nel corso di viaggi dell'onorevole e dei suoi numerosi accompagnatori, nonché per onorare i debiti dell'Istituto Meneghetti di Roma». La donna, in aula, cambierà versione e sarà assolta. Anche la responsabile dell'ufficio di Mestre, Diana Di Giacomo, segretaria addetta ai rapporti con la stampa locale, deve rispondere di aver reso «dichiarazioni mendaci, negando in particolare di avere mai ricevuto da Casadei somme di denaro in contanti per far fronte alle spese della segreteria comune di Mestre». Lei però non parlerà neanche in aula, e verrà condannata a 8 mesi. Il processo, insomma, promette bene: scene di vita vissuta all'ombra di quello che Enzo Biagi chiamava «l'Illustre Forforato» o «l'avanzo di balera» e dei suoi (numerosi) cari.

I Dogi di Tangentopoli

L'inchiesta nasce addirittura prima dell'arresto di Mario Chiesa: una soffiata anonima mette in moto la Procura di Venezia nell'estate '91. Intercettazioni e pedinamenti portano al conto aperto in Svizzera per le tangenti da una quindicina di imprese (il conto «Scopa», con un miliardo sempre a disposizione). Arrestati, gli imprenditori confessano. E raccontano il sistema degli appalti nel Veneto dei «due Dogi», Bernini e De Michelis. Funzionava pressappoco cosí. Ciascun partito di governo – cioè Dc e Psi (gli altri non contavano praticamente nulla) – aveva le sue imprese amiche, che poi erano quelle che piú finanziavano De Michelis e Bernini. Per evitare che la (presunta) opposizione del Pci-Pds desse noia, si infilavano negli appalti le cooperative rosse. Le percentuali dei lavori da assegnare a ciascuno erano calcolate in base ai suffragi elettorali dei partiti «amici». «Ciascuna impresa versava al proprio partito di riferimento la percentuale sull'importo dei lavori che era stata fissata», sia in sede locale sia in sede nazionale. C'erano le «tangenti spot», legate a questo o quell'appalto; e quelle in «abbonamento annuale», versate alle segreterie nazionali e regionali dei partiti, senza una causale specifica.

Spesso le imprese dovevano pagare prima di aver vinto gli appalti, sulla parola. Poi, se qualcosa andava storto, ottenevano un «conguaglio». «I soldi – rivela il costruttore Alessandro Merlo – li consegnammo a Casadei per essere presi in considerazione per gli appalti nel nostro interesse, salvo poi, quando fossero stati assegnati, andare a «scontare» queste corresponsioni sulle tangenti che ci sarebbero state chieste sulla base dell'importo dell'appalto». E il suo collega Vincenzo Ianna: «Casadei voleva che fosse presentato un programma dei lavori per l'anno 1991 che interessavano alla società C.C.C. Spa e che venisse corrisposto un anticipo del 2.50 per cento, prima ancora che venissero assegnati i lavori, salvo la possibilità di successivi conguagli». L'anticipo del 2.5 per cento veniva scaglionato in rate fisse mensili per tutto l'anno, per garantire la continuità delle mazzette, indipendentemente da eventuali intoppi imprevisti: 15-20 milioni di finanziamento illecito ogni mese solo dalla C.C.C. del socialistissimo Paolo Merlo.

Le due opere incriminate – bretella Mestre-aeroporto e terza corsia della Venezia-Padova – fanno parte di quella gran poppatoia che fu la legge speciale per i Mondiali di Italia '90. La massima urgenza forní l'alibi per la trattativa privata e per l'apposita Conferenza dei servizi che, quando raggiungeva l'unanimità, poteva aggirare tutte le autorizzazioni e i controlli normali. Visto che si era nel 1989 e ai Mondiali mancava solo un anno, bastava un nonnulla per far saltare tutto. Nella Conferenza dei servizi – scrive il Tribunale – «ogni singola forza politica poteva di fatto bloccare il progetto facendo mancare l'unanimità». Un sistema subito «sfruttato dai partiti per mercanteggiare il proprio consenso».

Il sistema architettato dai partiti è addirittura sfrontato: gli industriali veneti costituiscono nel 1987 la società «Iniziativa Spa» e preparano un progetto di bretella. Poi passa la legge e il progetto viene subito fatto proprio dalla società Autostrade Venezia-Padova, presieduta da Gianfranco Cremonese, doroteo, ex presidente della Regione. In Conferenza dei servizi – raccontano i giudici – c'è «un improvviso intoppo: nella seduta del 23.5.89 la prescritta unanimità venne impedita dall'opposizione del sindaco di Mira, Bacchin [Pci]. Tale opposizione peraltro ebbe breve durata, in quanto fu ritirata nella successiva seduta del 30.5.89». Tra il No e il Sí del compagno Bacchin è accaduto un fatto importante: «in quella settimana la cooperativa Argenta aveva visto accolte le sue richieste», cioè «la percentuale dei lavori stabilita in sede di accordo spartitorio».

Racconta Piergiorgio Baita, già segretario di Cremonese e direttore di Iniziativa:

> Mi telefonò il rag. Donigaglia, presidente della Argenta, e mi chiese subito in modo violento di essere inserito nei lavori. Ci incontrammo all'Hotel Plaza di Roma. Tornato in Veneto, poco dopo mi chiamò l'allora capogruppo del Pci in Regione, Luciano Gallinaro, chiedendomi di inserire pure le cooperative nei nostri lavori, perché in caso contrario sarebbero intervenuti come Pci sia in comune che in regione a fare «casino» [...]. Alla fine fu l'Italstat a garantire, sacrificando la propria quota.

Il voltafaccia del sindaco comunista di Mira dimostra – secondo i giudici – «cosa realmente intendessero Donigaglia e Gallinaro quando minacciavano di fare "casino"».

Ma il bello deve ancora venire. La lista delle ditte da invitare a presentare l'offerta la preparano esse stesse, tramite la Iniziativa, gentilmente incaricata dalla Autostrade. Cremonese si giustifica cosí:

> Io non sapevo da dove cominciare, la società non aveva un ufficio tecnico, a parte un geometra. Non ero esperto di questa materia, non conoscevo. Cosí ho [...] dato l'incarico a Iniziativa di prepararmi un'ipotesi di ditte che fossero all'altezza.

Inutile dire che l'elenco comprende esattamente le ditte gradite a Bernini e De Michelis (e al Pci-Pds). Scrivono i giudici:

> Il presidente del Cda non ha nemmeno fatto la trattativa privata: si è preso a forfait il pacchetto di imprese che gli era stato presentato da Iniziativa e che era il frutto di un accordo, stipulato nell'esclusivo interesse dei privati che dovevano essere aggiudicatari dell'appalto e dei politici che dovevano incassare le relative tangenti. E il Cda ha recepito in toto, senza neppure un accenno di discussione.

Bernini nel paese delle meraviglie

Come si difendono i due imputati? Bernini sembra appena piovuto da Marte. «Nessun patto spartitorio con De Michelis». Mai visto una lira men che lecita, anzi, mai saputo nulla dei finanziamento illegali incassati dai partiti. E la corrente dorotea, gigantesca macchina da voti e da appalti, con sedi, uffici, dipendenti, giornali e strutture da finanziare? Niente di tutto questo, risponde il Doge democristiano:

> La corrente dorotea in Veneto non ha mai avuto strutture proprie (giornali, uffici, dipendenti). Si autofinanziava con l'apporto degli amici del partito, che ne condividevano l'impostazione e la politica culturale. Per discutere le questioni che interessavano la corrente ci si poteva riunire in quattro o cinque, magari a colazione, e quando si doveva andare a una riunione ci si metteva d'accordo come andare in automobile dividendosi le relative spese. Soltanto qualche volta veniva organizzato un incontro allargato a un certo numero di persone (non certo un convegno vero e proprio) e in tale occasione ci si tassava per affittare una sala.

E i rapporti fra partiti e imprese? «Questa asserita contiguità è assolutamente fantasiosa». E Ferlin, suo braccio destro, regista degli appalti nel Veneto? «Non mi risulta nemmeno che sia iscritto alla Dc. In ogni caso, se qualche imprenditore gli ha dato dei soldi, non l'ha fatto certo perché Ferlin fosse mio rappresentante...». E Tangentopoli? «Non so come la Dc provveda alle sue esigenze di bilancio. Direi col provento delle tessere...». Nemmeno Forlani con la bava alla bocca al processo Cusani era riuscito a far di meglio.

De Michelis invece qualcosa ammette. Almeno per pudore, almeno in tema di finanziamento illecito:

> I partiti vivevano al di sopra delle loro possibilità e sono ricorsi a forme di finanziamento illecito, non potendo vivere con le sole risorse «legali».

Poi si assume anche «la responsabilità politica e giuridica» dei fatti addebitati a Casadei e agli altri collaboratori, dicendo di aver sempre saputo (anche se non nei dettagli) del flusso di denaro gestito dal suo portaborse e non registrato sui bilanci del partito. Precisa di aver raccomandato a Casadei di «accettare solamente contributi a titolo personale, cioè da amici, oppure da simpatizzanti del Psi». Ma qui si ferma. E nega recisamente qualunque corruzione e «patto spartitorio» con Bernini per le tangenti sugli appalti veneti. Identica la linea di Casadei, quello che andava in giro a minacciare gli imprenditori («Dí a tuo cognato che non faccia il furbo») e riceveva i collettori con le buste imbottite di banconote all'Hotel Michelangelo di Mestre, per poi precipitarsi alla «segreteria comune» dove lo spettavano impiegate e vice-portaborse in perenne agitazione per gli stipendi e le bollette da pagare. I giudici gli chiedono che cosa lo spingesse a violare la legge per compiacere De Michelis. E lui: «Se posso usare una battuta, almeno per come lo intendo io, era un investimento a reddito differito...». Poi ripete la solita filastrocca: nessuna corruzione, nessuna tangente legata a questo o quell'appalto, solo «erogazioni in nero» per finanziare l'attività di De Michelis e, a Roma, le spese del partito.

Strano – osservano i giudici – perché quel «patto spartitorio» tutti gli imprenditori non solo lo conoscevano a menadito, ma lo rispettavano pure scrupolosamente. «Non vi era appalto per il quale non venissero pagate tangenti alle segreterie nazionali e agli esponenti locali dei partiti», che «finanziavano gran parte della loro attività illegalmente». Tutti i grandi partiti, compreso il Pci-Pds. Come racconta Carlo Olivieri, cassiere della sinistra Dc veneta: «Se in Emilia Romagna, dove il Pci-Pds svolgeva un ruolo diretto di potere, il 50-70% dei lavori viene dato al sistema delle cooperative, in Veneto la quota-Lega è intorno al 15%». Cremonese ha il dono della sintesi:

Lasciar fuori le cooperative rosse voleva dire mettere due dita negli occhi a un partito di opposizione che mi avrebbe rotto l'anima, e io non avevo alcun interesse che qualcuno facesse azioni di interdizione, perché avevo i giorni contati.

Anche Alberto Zamorani, supermanager dell'Iri-Italstat, è prodigo di particolari:

Noi avevamo un rapporto diretto con il presidente della Lega delle cooperative, l'on. Gianfranco Turci, per cui il dialogo sostanziale sulla scelta delle cooperative da inserire era fatto al massimo livello. Il presidente Turci delegava i suoi ingegneri o amministratori delle cooperative, i quali dialogavano con i nostri responsabili della società concessionarie, e dicevano: «Allora, siccome voi potete affidare all'esterno il 100% dei lavori a trattativa privata, a noi ce ne date il 20%. Noi preferiamo avere questa volta Ragusa, piuttosto che Forlí, Ravenna piuttosto che Novara».

Turci, lasciata la Lega Coop, sarà deputato Ds per quattro legislature. Poi, nel 2006, scaricato dal Botteghino dopo i suoi no alla scalata Unipol-Bnl, si farà rieleggere nella Rosa nel pugno.

Quattro gatti

Scrive il Tribunale di Venezia:

Gli schieramenti politici ufficiali erano del tutto irrilevanti, nel senso che i partiti di governo e opposizione, mentre si battono accanitamente in Parlamento o nei vari consigli regionali, provinciali ecc., collaborano tranquillamente nello spartirsi le tangenti [...]. In Veneto il 15% dei lavori era assegnato all'opposizione e il restante 85% riservato ai socialisti e democristiani.

A un certo punto, le spese aumentarono vertiginosamente perché – spiega Pandolfo, presidente dell'autostrada Padova-Brescia, doroteo pure lui – «da metà anni 80 sorsero le segreterie di correnti, estremamente onerose: con la differenza che la sede ufficiale, quella provinciale, del partito era sempre senza una lira, mentre le sedi correntizie avevano un certa prosperità». Soprattutto quella dorotea, da sempre padrona del Veneto: «Apparati, telefoni, macchine, tutta una serie di rapporti, tirapiedi, riferimenti nelle varie zone della provincia, una organizzazione formidabile per produrre voti e consensi».

L'ironia dei giudici sulle frottole di Bernini è spietata:

Risibile la sua tesi secondo la quale la corrente dorotea non era altro che «quattro amici al bar», una visione assolutamente fantasiosa che non ha alcun aggancio con la realtà». [Roba da] Alice nel paese delle meraviglie [...]. In realtà il coinvolgimento di Bernini nel sistema delle tangenti fu attivo e importante.

Il sistema gestito da De Michelis e Bernini tramite Ferlin e Casadei procurava tangenti «obbligatorie» su ogni appalto: «traversine ferroviarie, depuratori di Fusine e di Marghera, depurazione delle acque dall'atrazina, la «vasca» di Chioggia, strada Transpolesana, alta velocità, autostrade per i mondiali '90». Poi però, come accade nelle migliori famiglie, i due ras iniziarono a litigare. «*De Michelis ga fato questiòn co Carlo Bernini*», dicono fra loro gli imprenditori intercettati nel settembre '91. E ancora: «Loro [De Michelis e Casadei] in questo momento non sono in torta». Dialoghi da baruffe chiozzotte in salsa tangentizia. Casadei si vanta: «Sto vincendo io perché sto tenendo tutto fermo da due anni». Merlo tenta di spiegargli che lui fa l'imprenditore: «Noi facciamo un altro mestiere e non possiamo star fermi». Ma Casadei non ci vuole sentire: «Tu hai ragione, ma sul piano politico io non posso accettare che tutta la torta degli appalti nel Veneto la gestisca Baita». Poi le cose si sistemano, ma poco dopo scattano le indagini della magistratura. E la festa finisce, per un po'. Spiegano i giudici:

È proprio nel quadro del patto spartitorio che assume il suo esatto significato il contrasto politico tra Bernini e De Michelis circa l'individuazione delle attribuzioni del Consorzio Venezia Nuova e del consorzio Venezia Disinquinamento.

Si trattava dei piani straordinari per Venezia: un fiume di denaro pubblico da investire. Una torta troppo grossa per non suscitare gli appetiti dei due Dogi, che sponsorizzavano ciascuno il proprio consorzio. Racconta Alessandro Merlo:

Il contrasto insorse quando fu costituito il consorzio Venezia Disinquinamento, che secondo la voce comune era una creatura di Bernini e Cremonese. In un secondo tempo il contrasto si acuí perché, a quanto si sentiva, De Michelis aveva costituito il consorzio di imprese a partecipazione statale Progetto Venezia Nuova.

Ed ecco la chiosa del Tribunale:

In realtà si capisce benissimo che era in gioco il controllo degli appalti connessi al progetto e quindi il controllo delle tangenti, tant'è vero che il contra-

> sto si risolse quando i due «grandi capi» convennero di assegnare al consorzio Venezia Nuova tutta una serie di lavori dell'importo di circa 4 mila miliardi attraverso il meccanismo dell'interconnessione e si accordarono circa la spartizione della relativa tangente.

Significativo il racconto di Baita:

> Dopo l'accordo tra Bernini e De Michelis in ordine alle attribuzioni e alle sfere di influenza dei due consorzi, si cercò a livello locale di trovare un accordo piú specifico a livello politico. Cercammo anzitutto di vedere se Casadei era d'accordo sul metodo di lavoro al fine di individuare i lavori da assegnare a Venezia Nuova. Casadei mi rispose: «A me va bene, purché i lavori abbiano un valore di 1.500 miliardi». [Intendeva dire] «1.500 miliardi al Psi [cioè alle imprese di area socialista] e 2.500 miliardi per tutti gli altri partiti».

Al momento di tirare le somme, i giudici spazzano via la tesi difensiva secondo cui «non è emersa alcuna prova che, ammesso che Ferlin e Casadei abbiano ricevuto denaro per appalti, questo sia finito nelle mani di Bernini e De Michelis». L'idea che tutti gli imprenditori del Veneto siano rimasti vittime di un lungo e gigantesco abbaglio collettivo e abbiano pagato tangenti per dieci anni a due millantatori che dicevano di rappresentare i due ministri, ma in realtà incassavano a titolo personale, è poco piú di una barzelletta. Anche perché

> Casadei è stato capo della segreteria particolare di De Michelis quale ministro delle Partecipazioni statali. Quando De Michelis divenne ministro del Lavoro, ricevette l'incarico retribuito di suo consulente per le relazioni industriali. Tornò capo della segreteria particolare quando De Michelis divenne vicepresidente del Consiglio, mantenendo tale incarico (1989-92) quando De Michelis venne nominato ministro degli Esteri.

Come diceva Zamorani, «Casadei è una specie di protesi di De Michelis: se non ci si mette d'accordo con lui, non si batte chiodo». Una bella carriera, per un millantatore. Idem per Ferlin,

> per anni funzionario all'assessorato regionale dell'Agricoltura, presidente dello Zooprofilattico delle Venezie e del mercato Ortofrutticolo di Ferrara, e dal 1989, quando Bernini viene nominato ministro dei Trasporti, consulente al piano generale dei trasporti.

I due, è vero, «come persone non contavano nulla. Ma agivano in nome e per conto di Bernini e De Michelis, con il preciso incarico di "cassieri", e per anni hanno gestito nel Veneziano il sistema delle tangenti». Senza che queste passassero necessariamente per le mani dei grandi capi: a incassare e a spendere per conto loro provvedevano le due «protesi». Il pm Carlo Nordio (che ha rilevato la pubblica accusa dal collega Nelson Salvarani, protagonista della prima fase di indagini), usa in aula un paragone che i giudici ritengono «efficace» e calzante: «I generali in battaglia possono anche non esplodere nemmeno un colpo di pistola, ma sono responsabili delle singole azioni belliche compiute dai loro uomini secondo i piani operativi da essi predisposti».

A nulla vale l'argomento di Bernini, che sfida gli inquirenti a dimostrare quale porzione del suo patrimonio sarebbe frutto di tangenti: «A parte il fatto – ribattono i giudici – che i cespiti da tangenti ben potrebbero essere stati occultati, è stato ampiamente dimostrato che le tangenti dovevano servire fondamentalmente al finanziamento dei partiti, a livello sia nazionale sia locale, pur se una certa parte è sicuramente rimasta, in molti casi, attaccata alle mani di coloro che materialmente le gestivano». E questo, per i giudici, è il caso di De Michelis, che usò le mazzette «per alimentare il suo principesco stile di vita».

Il processo mette a fuoco il gineceo di segretarie tuttofare che si alternano nell'amministrazione dei quattrini destinati alle spese faraoniche dell'Illustre Forforato, che viveva come un satrapo nella suite del Plaza, in via del Corso. Nadia Bolgan – la giovane segretaria-addetta stampa, che ha avuto una figlia da Casadei e voleva denunciare De Michelis per molestie sessuali – racconta che «Casadei consegnava il denaro a Roma a Barbara Ceolin [la segretaria per gli «affari romani», quella che restò a lungo latitante in Svizzera, inseguita da due mandati di cattura] e a Venezia a Diana Di Giacomo, le quali a loro volta pagavano quel che c'era da pagare». E non era poco: c'erano – scrivono i giudici – «i viaggi dell'onorevole e dei suoi numerosi accompagnatori»; c'era da «onorare i debiti dell'Istituto Meneghetti» di Roma, dove lavoravano ufficialmente la Bolgan e altre signore del giro del ministro; poi c'era la suite al Plaza, piuttosto onerosa (40 milioni al mese, esclusi gli extra).

Illuminanti, al riguardo, le confessioni di Marinella Caruso, anche lei detentrice di un pezzo del portafoglio di De Michelis. Ricorda il Tribunale:

> La Caruso ha ammesso che disponeva di somme di denaro che riceveva o direttamente (in contanti o in assegni) da De Michelis o che prelevava dal fondo riservato del ministero degli Esteri; che con tale denaro provvedeva alle

spese pubbliche e istituzionali del ministro e ai suoi viaggi all'estero; che provvedeva altresí a pagamenti per l'Istituto Meneghetti di Roma, tra cui lo stipendio alla Boccabella [un'altra delle sue «favorite», *nda*] e le bollette del telefono; che provvedeva a pagare anche i conti personali dell'onorevole; che provvedeva a pagare altresí i conti di De Michelis presso l'Hotel Plaza, riconoscendo in particolare di aver versato al predetto albergo in data 21.11.91 la somma di 30 milioni e in data 6.3.92 la somma di 40 milioni.

Secondo i giudici, De Michelis e Bernini sono entrambi «responsabili del reato di corruzione». E De Michelis non merita neppure – come aveva chiesto il pm – un premio per la sua «collaborazione». Egli, infatti, ha fatto «ammissioni unicamente sul finanziamento illecito ai partiti, non facendo altro che confermare quanto ampiamente emergeva dagli atti. Nulla ha detto invece sul fenomeno delle tangenti». Dunque viene condannato a 4 anni e Bernini a 3 anni e 7 mesi. La sentenza, datata 7 luglio '95 e motivata il 20 settembre, porterebbe entrambi i condannati in carcere (sempreché venisse confermata nei successivi gradi di giudizio). Cosí, il 2 luglio '97, i due decidono di patteggiare la pena in appello: De Michelis 1 anno e 6 mesi, Bernini 1 anno e 4 mesi. De Michelis, non contento, ricorre in Cassazione. Ricorso respinto: la pena il 22 maggio 1998 diventa definitiva anche per lui: un anno e mezzo di reclusione e di interdizione dai pubblici uffici.

«Con Sama parlavamo di basket»

Ma l'Avanzo di Balera ha in cantiere un altro bel po' di processi. In due la fa franca grazie alla prescrizione: quello a Roma per le tangenti sulla «cooperazione» con il Terzo mondo; e quello di Milano per i fondi neri dell'Eni (l'accusa, in entrambi i casi, è di finanziamento illecito). Ma in un altro, a Milano, per i finanziamenti illeciti della Ferruzzi-Montedison, colleziona un'altra condanna: 6 mesi patteggiati davanti alla V sezione del Tribunale il 27 ottobre 1995. E divenuti definitivi il 26 novembre 1997, dopo un disperato quanto inammissibile ricorso in Cassazione (anche Casadei e la Ceolin ammettono i fatti e patteggiano). L'accusa, formulata da Di Pietro, è chiara:

In occasione della campagna elettorale per le elezioni politiche del 1992, De Michelis riceveva con l'ausilio di Barbara Ceolin e Casadei Giorgio, da Cusani, Sama e Garofano (materialmente da Marcello Portesi, responsabile delle relazioni esterne Montedison) la somma di lire 100 milioni, senza che il relativo versamento fosse iscritto al bilancio. In Milano tra gennaio e aprile 1992.

Il Tribunale la sposa in pieno:

> La prova del fatto è costituita dalle dichiarazioni dei protagonisti [...]. Sama ha dichiarato di avere, in accordo con Garofano e Cusani, incaricato Portesi di consegnare la somma di lire 100.000.000 in contanti a Gianni De Michelis. Portesi ha confermato che, dopo aver raccolto richieste di contributi da vari esponenti politici, aveva fornito a Sama l'elenco di coloro ai quali, anche in ragione dei rapporti che avevano con il gruppo, era opportuno destinare contributi, ed era stato incaricato da Sama di occuparsi dei versamenti [...]. Egli ha confermato altresí che tra gli esponenti politici ai quali, in quell'occasione, erano stati destinati finanziamenti figurava De Michelis, con il quale Sama, nuovo rappresentante di Montedison, aveva deciso di riallacciare i rapporti dopo la frattura che si era creata all'epoca della vicenda Enimont, quando questo politico aveva preso posizione contraria alla privatizzazione dell'ente.

Dunque Portesi chiama Casadei, ma questi gli dice che «non si occupa piú di queste cose» e lo passa alla Ceolin, fissandogli un appuntamento con lei al bar Rosati in piazza del Popolo a Roma. Qui Portesi si presenta con la valigetta e trova ad attenderlo sia la Ceolin sia Casadei. Quest'ultimo gli presenta la segretaria e poi, forse per non arrossire di fronte al denaro, «si allontana subito insieme a una terza persona». Finalmente solo con la Ceolin, Portesi le consegna «il plico». Non prima di aver ottenuto da lei la garanzia che, molto gentilmente, «era disponibile ad accettare il versamento». Bontà sua.

La Ceolin conferma tutto:

> Portesi mi consegnò una busta dicendomi che si trattava di «una busta superriservata per De Michelis da parte del dott. Sama della Montedison». Poiché in quei giorni De Michelis era all'estero, aveva provveduto, come le era stato indicato da Casadei, a depositare la busta nella cassetta di sicurezza di De Michelis presso l'Hotel Plaza. Ha aggiunto che aveva provveduto a informarne sia Casadei sia, al suo ritorno in Italia, De Michelis, che le aveva confermato di averla ricevuta.

De Michelis, esattamente come al processo di Venezia, ammette di aver sempre saputo che tutti i partiti si finanziavano illegalmente, senza mai registrare i contributi, «soprattutto per la volontà degli imprenditori di non far conoscere i contributi erogati ai vari partiti». E aggiunge: «Con l'andare del tempo, e cioè dal 1974 in poi, era tanto diffusa la prassi di non denunziare le contribuzioni, che era quasi impossibile ipotizzare una denunzia formale». Per anni, a gestire questi fondi occulti, c'era Casadei. Lui se ne fidava a tal punto da perdere di vista i dettagli, pur «essendo informato dei finanziamenti piú importanti». Poi Casadei, in piena campagna elettorale del '92, ricevette il primo avviso di garanzia da Venezia. Cosí lasciò la segreteria e l'incarico di «cassiere», che passò alla Ceolin, la quale pure ricevette «finanziamenti illeciti». Dei 100 milioni di Montedison De Michelis non ha memoria: una goccia nel mare. «Non so – dice a Di Pietro – se la mia segretaria abbia preso quei soldi: non me l'ha detto. Se l'ha fatto, me ne assumo tutta la responsabilità». Di Pietro obietta: «Ma poteva intascare una cifra del genere senza avvertire lei?». De Michelis: «C'era un rapporto di fiducia. In certi casi me lo diceva, in questo no». Di Pietro: «È vero che nell'ottobre '90 lei ha incontrato Carlo Sama a Venezia?». De Michelis: «Può darsi, non ricordo, allora Sama non era importante. Avrò parlato con lui un paio di volte, ma di basket...». Di Pietro non ci vede piú: «Lei è imputato e può dirci quel che vuole, ma non farci credere che in quel periodo cruciale per Enimont lei con Sama parlava di pallacanestro...». Alla fine il Tribunale ritiene «provata la responsabilità di Casadei e De Michelis». È vero che l'ex ministro dice di aver saputo della «stecca» soltanto dopo la consegna. Ma,

> secondo quanto emerge dalle sue stesse dichiarazioni, l'agire di Casadei e della Ceolin nella ricezione di versamenti anche in violazione della legge aveva quale presupposto l'accordo in tal senso intervenuto con De Michelis e costituiva, nella sostanza, esecuzione di un incarico fiduciario loro conferito dallo stesso De Michelis, che li esonerava anche dall'interpellarlo ogni volta prima di accettare finanziamenti.

Il Tribunale apprezza comunque «il comportamento processuale dell'imputato, improntato a un atteggiamento di lealtà e di contributo alla ricostruzione del contesto storico nel quale si sono svolti i fatti». E acconsente alla richiesta di patteggiamento: «6 mesi di reclusione e 1.600.000 di multa, con sospensione condizionale della pena».

Per la cronaca, Gianni De Michelis, già europarlamentare dal 2004, è tornato alla Camera come deputato alle elezioni del 2006. È il leader del Nuovo Psi. Nuovo, si fa per dire.

Giorgio La Malfa (FI)
Avvinto (ai milioni) come l'Edera

> La vicenda Enimont e il suo epilogo ci aveva fatto capire che col sistema dei partiti bisognava «dialogare» e allora, allorché si avvicinavano le elezioni politiche del 1992 e i rappresentati del sistema dei partiti si fecero avanti per chiedere denaro, io, Cusani e Sama ci riunimmo per decidere il da farsi. Convenimmo che era opportuno essere presenti nella campagna elettorale con opportune dazioni di denaro a quei soggetti che ce lo avessero chiesto e che potevano dare garanzia di sostenere le nostre strategie imprenditoriali, o quantomeno speravamo che cosí facendo avrebbero attenuato azioni di ostacolo alla nostra attività. Ricordo che fu stilato anche un elenco su un foglio di carta dei soggetti politici cui avremmo versato delle contribuzioni in denaro al di fuori delle norme sul finanziamento pubblico ai partiti...

Giuseppe Garofano, amministratore delegato di Montedison, la Grande Elemosina la racconta cosí. Partendo da una riunione avvenuta poche settimane prima dell'arresto di Mario Chiesa e da un foglietto sul quale campeggiavano in nomi dei segretari del pentapartito: Bettino Craxi, Arnaldo Forlani, Carlo Vizzini, Renato Altissimo e Giorgio La Malfa. Ma sí, anche Giorgio, che in piena bufera di Tangentopoli sventolava le sue «mani pulite». Invece anche lui, il segretario del già glorioso Partito repubblicano (passato nel gennaio 2001 nella Casa delle libertà), non si era fatto troppi scrupoli a incassare 300 milioni in nero targati Montedison.

Una mazzettona di banconote che gli è costata una condanna definitiva a 6 mesi. Anche La Malfa, dunque, è un pregiudicato per violazione della legge sul finanziamento ai partiti. La sua vicenda esemplare dimostra come piú o meno tutti i partiti violassero allegramente le leggi che essi stessi approvavano in Parlamento. È infatti La Malfa a chiedere a Sama un contributo quando lo incontra per esporgli «la posizione politica del Pri». Quel giorno «constata l'apprezzamento [di Sama] alle idee del suo partito». E cosí batte cassa. Sama ci pensa su, poi si rifà vivo. In un altro meeting a Roma, scuce 300 milioni e dice: «Abbiamo deciso di dare il nostro contributo». «È ufficiale? Cioè è un contributo da voi deliberato che possiamo registrare?», chiede La Malfa. E Sama: «Noi preferiamo mantenerlo riservato». Detto, fatto. Il segretario del Pri annuisce, accetta la somma, e la versa – scrivono i giudici – «all'amministrazione del suo partito sotto forma di versamenti d'importo inferiore ciascuno ai 5 milioni di lire, agendo cosí in violazione delle norme sul finanziamento ai partiti».

Quando Di Pietro lo chiama alla sbarra, La Malfa spiega in una dichiarazione spontanea di aver «considerato il contributo di Sama come un sostegno offerto a titolo personale». La legge infatti, come abbiamo già visto, prevede che la mancata registrazione di finanziamenti provenienti da privati venga punita solo con una sanzione amministrativa. E non fa obbligo di registrazione per i contributi inferiori ai 5 milioni. Ma i giudici di Milano non gli credono. E nella sentenza di primo grado scrivono:

> La prova che La Malfa avesse piena consapevolezza della provenienza del finanziamento dal gruppo economico rappresentato da Sama e della sua erogazione in violazione delle regole prescritte dalle leggi emerge pacificamente dalle ammissioni rese dall'imputato nel processo Cusani. In tal senso sono poi univocamente significative le circostanze in cui è stato erogato il finanziamento, a seguito di una richiesta di sostegno economico formulata da La Malfa a Sama non certo come privato, ma come esponente di un gruppo industriale, e l'elevata entità di esso, non plausibile come esborso dal patrimonio personale di Sama. Sono altresí significative le forme e le modalità del versamento: in contanti, nonostante l'elevato ammontare, e in forma occulta. Tanto che La Malfa ha dichiarato di averlo versato all'amministrazione del partito facendolo figurare come pluralità di contribuzioni, ciascuna di ammontare inferiore al limite di 5 milioni di lire.

La sentenza verrà confermata in appello e in Cassazione, in tempo per evitare la prescrizione. La Malfa rientrerà in Parlamento nel 2001. Nel governo Berlusconi 2-bis, nato nel 2005, tornerà a fare il ministro: dei Rapporti comunitari. Perché l'Italia i suoi politici migliori li esporta in Europa.

Antonio Del Pennino (FI)
Patteggiate, qualcosa resterà

Milanese, piú volte deputato repubblicano, per anni vicesegretario nazionale del Pri, vent'anni fa finisce di striscio in un'inchiesta sulle bische clandestine gestite da Angelo Epaminonda. Una testimone racconta che a fine anni 70 le frequentava anche lui, nome in codice «Del Pennazzo». Il 13 maggio 1992, quand'è capogruppo del Pri alla Camera, gli arriva il primo avviso di garanzia. Il primo di una lunga serie. Lui decide di patteggiare. Tre volte. A luglio '94 2 mesi e 20 giorni per una mazzettina di 10 milioni di lire da Enimont. A ottobre '94 1 anno, 8 mesi e 20 giorni per le tangenti sugli appalti della Metropolitana milanese, ai quali si aggiungono pochi mesi per i finanziamenti illeciti dall'Assolombarda. Il 25 gennaio 2000 chiede di patteggiare anche per le tangenti sulle forniture di autobus all'Atm, ma il Tribunale respinge la richiesta perché la pena proposta è troppo bassa: cosí i giudici lo processano per corruzione e alla fine lo salva la prescrizione. Per ottenere i consensi della Procura ai patteggiamenti, «Del Pennazzo» giura solennemente: «Abbandono per sempre la politica, mi dedicherò esclusivamente all'editoria». Poi naturalmente cambia idea. Alla fine del 2000 torna alla politica nel Pri di La Malfa, giusto in tempo per accompagnarlo nella trasvolata da sinistra a destra. Nel 2001 viene eletto senatore con Forza Italia. Nel 2006 viene trombato: primo dei non eletti azzurri in Lombardia. Un condannato in meno al Parlamento, s'illude qualcuno. Uomini di poca fede. A fine giugno il neosenatore Roberto Fomigoni rinuncia al seggio per restare governatore della Lombardia. E chi gli subentra? Del Pennino, il patteggiatore a raffica. Tutto è bene quel che finisce bene.

Egidio Sterpa (FI)
Il giornalista multiuso

Milanese, giornalista, ex parlamentare del Pli, già ministro nell'ultimo governo Andreotti, dal '94 Egidio Sterpa milita in Forza Italia. Nel 1998 è stato condannato a 6 mesi definitivi per finanziamento illecito nel processo sulla maxitangente Enimont: nel '92 incassò 50 milioni di lire da Carlo Sama. Nel '94 uscí dal Parlamento, dove è rientrato nel 2001. Nel 2006 è stato rieletto senatore.

Alfredo Vito (FI)
Mister Cinque Per Cento

A Napoli, nella Prima Repubblica, lo chiamavano «*'o Prevete*», per le sue movenze felpatamente pretesche. Oppure «Mister Centomila Preferenze», per la sua formidabile macchina clientelare ed elettorale. Ex impiegato dell'Enel, Alfredo Vito si butta in politica nella Dc sullo scorcio degli anni 70. Corrente dorotea, che ha il suo *ras* nel Golfo in Antonio Gava. Lui cresce alla sua ombra. Si dice che nel suo ufficio elettorale, uno sportello sempre aperto in Santa Lucia, in centro città, riesca a ricevere piú di 200 persone al giorno. Una fiumana incessante di postulanti in cerca di un favore, di una raccomandazione, di una parola buona, di un appalto. E i risultati non tardano ad arrivare. Nel 1985, quand'è ancora un Carneade, Vito viene eletto al Consiglio regionale con 120 mila voti. Nel 1987 il gran balzo alla Camera: 160 mila preferenze. Nel 1992 la preferenza unica non lo scalfisce piú di tanto: 104 mila napoletani votano ancora per lui. Poi arriva Mani pulite: viene indagato, arrestato e processato per tangenti. E la Dda di Napoli chiede al Parlamento l'autorizzazione a procedere contro di lui anche per concorso esterno in associazione mafiosa, sospettandolo di rapporti con la camorra. Da quest'accusa verrà prosciolto. Dall'altra invece no, anche perché decide di confessare, inguaiando decine di politici campani, a livello locale e nazionale.

Vito ammette ben 22 episodi di corruzione, dice di aver intascato mazzette per qualsiasi appalto: dalla nettezza urbana, alla linea tramviaria, alla gestione del patrimonio comunale. E restituisce il maltolto: quasi 5 miliardi di lire, subito impiegati dalla giunta Bassolino nella costruzione di un parco verde, che la fantasia popolare ribattezza «Parco Mazzetta». In cambio, Alfredo *'o Prevete* ottiene di patteggiare 2 anni di reclusione, evitando di tornare in carcere. Ma, per ottenere il consenso del pm e del giudice al patteggiamento, indossa il saio del pentimento e promette di lasciare per sempre la politica: «Torno alla mia famiglia, con la politica ho chiuso», dichiara. E lancia un appello strappalacrime ai colleghi di partito:

> Lascio il mio vecchio partito, la Dc, e invito tutti i parlamentari inquisiti a seguire il mio esempio: fatevi da parte, perché solo cosí si potrà procedere al rinnovamento dei partiti e della classe politica.

Pietose bugie: appena uscito dal processo, Vito riallaccia i contatti di un tempo, riapre un ufficio a Roma e uno a Napoli, e torna in politica. Rieletto alla Camera nel 2001 e nel 2006 con la sempre accogliente Casa delle libertà. Tanto che nel maggio del 2006, dopo le vittoriose elezioni politiche, è fra i *supporter* piú incisivi della campagna elettorale del candidato sindaco berlisconiano di Napoli, l'indagato Franco Malvano. E infiamma le piazze con accorate reprimende agli avversari dell'Unione per la loro «scarsa legalità».

Lui, della legalità, ha un concetto piuttosto elastico, come emerge dalla sentenza che meglio di tutte ha lumeggiato il suo ruolo di collettore delle mazzette partenopee nella Prima Repubblica: quella del Tribunale di Napoli nel processo sulla gestione patrimonio comunale (di cui abbiamo parlato nel capitolo su Pomicino). La sentenza racconta per filo e per segno il «comitato d'affari composto dai maggiorenti politici» che «operava in modo consociativo e gestiva i grandi appalti e le grandi opere». Un comitato di cui, con la sua precisione certosina nel calcolo delle tangenti da assegnare ai vari partiti, alle correnti interne e ai singoli politici, Vito era l'architrave.

> Per esempio, il settore delle Nettezza urbana del Comune era stato riservato al Psi, in particolare alla corrente Di Donato, mentre il settore della privatizzazione del patrimonio comunale era stato riservato alla Dc, corrente dorotea, in particolare al Vito [i liberali si accontentavano della piú modesta ristrutturazione di piazzale Tecchio, *nda*]. In sede di conferimento delle deleghe assessorili, quella relativa a ciascun settore era stata conferita al partito al quale il settore relativo era riservato.

I consigli comunali erano null'altro che teatrini dei pupi manovrati dall'esterno: cioè dal quartetto De Lorenzo-Di Donato-Pomicino-

Vito, con l'aggiunta ogni tanto dei Dc Enzo Scotti, Ugo Grippo (gullottiano) e Raffaele Russo (altro galoppino di Gava), del socialdemocratico Alberto Ciampaglia e del repubblicano Giuseppe Galasso.

> I singoli consiglieri comunali venivano convinti a rispettare gli accordi stipulati in sede extra-istituzionale con il ricatto della non ricandidatura alle successive elezioni [...]. Ciascuno si uniformava supinamente alle decisioni del comitato d'affari.

Il comitato s'inventava appalti inutili per far girare i soldi: commissionava giacche solo per vendere i bottoni. È il caso dell'inventariazione del patrimonio comunale, affidata all'esterno con gran dispendio di denaro (100 miliardi di lire), sebbene le apposite strutture municipali (con ben 216 dipendenti) potessero benissimo provvedervi da sole. Ma, oltre che inutile, l'appalto era pure truccato: il vincitore designato, Alfredo Romeo, amministratore della ER Spa confessa tutto. Come pure Vito, che rivela:

> Erano i parlamentari che si occupavano delle questioni di maggior importanza per la città, cercando di convogliare i finanziamenti che venivano stanziati in sede nazionale per la realizzazione delle grandi opere [fino a imporre, in cambio dei finanziamenti strappati a Roma dalla lobby parlamentare napoletana] le società e i consorzi che dovevano realizzarle.

Vito il comitato d'affari preferisce chiamarlo «l'Interpartitico»:

> Nella sede dell'Interpartitico, che aveva creato la prima giunta Lezzi (nel 1987), si era stabilito che la riforma del patrimonio sarebbe stata gestita dalla Dc. Quindi quella delega fu attribuita alla Dc. Mentre la riforma della nettezza urbana sarebbe stata gestita dal Psi.

Vincenzo De Michele, assessore al Patrimonio e «postino» di Vito, conferma:

> La prima giunta Lezzi fu varata sulla base di un accordo del comitato d'affari composto da Pomicino, De Lorenzo, Di Donato, Galasso, Scotti, Ciampaglia e Gava – che talvolta vi partecipava di persona, talaltra attraverso Vito, Raffaele Russo e Meo. Era Vito che si rendeva interprete per la Dc delle decisioni del comitato, in quanto controllava il maggior numero di consiglieri [...]. Allorché la seconda giunta Lezzi sostituí la prima [nel 1989], furono sostituiti tutti e 9 gli assessori Dc, e ciò – mi disse Vito – per volere di Gava, che aveva cosí inteso punire alcuni atteggiamenti di eccessiva indipendenza da alcuni dimostrata, in particolare per quel che concerne Perrotta, che non aveva adeguatamente favorito Corsicato per lavori al cimitero.

Casa Vito, succursale del Comune

Luigi Manco, ex assessore alla Nettezza urbana e al Personale, racconta:

> Vito dirigeva il consiglio comunale dal suo ufficio di Santa Lucia, che distava 300-400 metri dal municipio di Napoli. Anche le delibere minori, tutto ciò che accadeva [...]. Vi erano dei momenti in cui si diceva: «Bisogna andare da Vito!». C'erano addirittura delibere che passavano per Vito [deputato, ma non consigliere comunale, *nda*]: lui valutava, dava indirizzi, diceva ciò che doveva essere fatto. Vito aveva il consenso di tutti, era il regista e l'arbitro dei fatti napoletani. Il consiglio comunale era zero, e anche la giunta non contava niente.

È quello che hanno anche appurato i giudici:

> L'approvazione di una delibera importante durava 3,4,5 mesi, e nel caso del Patrimonio e della Nettezza urbana addirittura qualche anno. Gli aggiustamenti e le scelte richiedevano decine e decine di incontri.

Naturalmente fuori dal municipio. A Roma, dove si riuniva il comitato d'affari dei parlamentari partenopei. Oppure a Napoli, *chez* Vito, che rappresentava degnamente tutti gli altri *ras*. Nemmeno gli assessori potevano dissentire: De Michele «non aveva piú fatto l'assessore, proprio per il dissenso manifestato a proposito delle privatizzazioni». L'assessore Silvano Masciari – ricorda il Tribunale – è ancor piú esplicito:

> Affermava che nella città di Napoli, dal 1975 – quindi dalla prima amministrazione di sinistra – fino alla giunta Lezzi di centrosinistra, i partiti tutti, ad esclusione del Movimento sociale che contava molto poco, hanno operato sempre con identità di obiettivi. Fino al 1983 i democristiani facevano l'opposizione e garantivano comunque ogni anno il numero sufficiente per approvare il bilancio; mentre dal 1983 in poi si è verificato esattamente il contrario: i comunisti all'opposizione garantivano la sopravvivenza della giunta [...]. Riferiva ad esempio che allorquando «noi trattammo la Ltr [Linea tramviaria rapida] in sede interpartitica, il Partito comunista pretese una percentuale del 29%, dal momento che tale era la sua rappresentanza quando fu preso l'accordo» [...]. Nell'ambito di quanto detto, si inquadra la necessità del finanziamento diretto ai partiti o alle singole componenti dei partiti, che si è realizzato in forme diverse quali la percezione diretta, il pagamento tramite i giornali o la pubblicità, o ancora attraverso le cooperative, che ha sempre reso necessario un accordo tra le forze politiche [...]. Per cui nella città di Napoli non si è mai realizzata nessuna importante opera senza che ciò passasse attraverso il filtro dei partiti [...] e nell'ottica del finanziamento dei partiti.

Tutti gli appalti funzionavano cosí. Dal metrò allo stadio («approvato con 28 sí e 26 no all'1,30 della notte, quando bastava l'uscita dall'aula dei comunisti per impedirne l'approvazione»), dalla linea tramviaria rapida (Ltr) alle opere per i Mondiali di calcio: «Il finanziamento illecito avveniva mediante l'assegnazione degli appalti a imprenditori di riferimento dei partiti». Comprese

> le imprese collegate con il Partito comunista, direttamente o indirettamente, tramite il vaglio della Lega delle cooperative. [Masciari] precisava che chiunque dovesse realizzare un affare al quale era interessata la Dc si rivolgeva a Vito, ma questo «non voleva dire aver chiuso con tutti gli altri». Quindi occorreva avere referenti anche negli altri partiti.

Questi incassavano due tipi di finanziamenti: «parte al partito centrale di Roma, parte a Napoli». Vito molto spesso raccoglieva il grano per tutti, poi divideva equamente a seconda dei voti e degli appetiti del momento. Federico Scalzone, tesoriere del Psi napoletano, racconta:

> Un giorno Di Donato gli aveva dato dei fogli con indicazioni di finanziamenti da ricevere, che dovevano essere recapitati al Vito, il quale doveva occuparsi di quanto necessario. In seguito aveva avuto dal Vito una busta per il Di Donato, contenente soldi.

E cosí avveniva per i vari boss democristiani. Scrive il Tribunale:

> Si è raggiunta la prova dell'esistenza del «comitato d'affari», inteso come centro di determinazione delle scelte politiche della amministrazione cittadina in funzione degli interessi finanziari dei singoli partiti: esso risulta composto dai principali esponenti parlamentari napoletani dei diversi partiti della maggioranza dell'epoca e in particolare: per la Dc Gava con i suoi luogotenenti Vito e Russo in rappresentanza della corrente dorotea; Pomicino per la corrente andreottiana, e ancora Scotti e Grippo; per il Psi Di Donato; per il Pli De Lorenzo; per il Pri Galasso; per il Psdi Alberto Ciampaglia. In particolare il loro compito era quello di raccogliere – grazie al potere derivante dall'esercizio delle loro funzioni a livello nazionale o addirittura attraverso incarichi ministeriali – finanziamenti per la città di Napoli per la realizzazione di opere dalle quali trarre, oltre che prestigio personale, anche un ritorno in termini di finanziamenti per sé e per il partito.

Per far ciò era necessario che in consiglio comunale, poi, le loro scelte venissero ratificate senza stormir di fronda. Perciò si procedeva alla «assegnazione degli assessorati al partito cui era stata delegata la gestione dell'affare», e si garantiva la cieca obbedienza e il «totale appiattimento» di tutti i consiglieri

> con vere e proprie minacce nei confronti dei dissenzienti di impedire una loro ricandidatura, della cessazione dagli incarichi, o addirittura di scioglimento del consiglio, ben possibile se l'amministrazione in carica non rispettava le determinazioni del comitato d'affari. Ciò realmente si verificava. [...] Il comitato d'affari è una sorte di societas che affascia e lega i principali esponenti politici napoletani, il cui intento comune, che li muove e li unisce, è quello di ottenere contribuzioni in denaro: non certo il rilancio della città attraverso il compimento di grandi opere pubbliche, o la privatizzazione di essenziali servizi, ma piuttosto il «ritorno» che deriverà in termini economici dalla realizzazione dell'opera o dalla gestione del servizio [...]. Un modo profondamente inquinato di svolgere un'azione *latu sensu* politica, non diretta al perseguimento di fini generali, ma strumentalizzata a un fine particolare, personale o di partito».

Un episodio emblematico del ruolo insostituibile di Alfredo *'o Prevete* è il patto tangentizio dell'ottobre '87 con Alfredo Romeo, per l'appalto del patrimonio comunale: l'imprenditore gli versò il 5 per cento, cioè 5 miliardi, in comode rate mensili di 200 milioni. Quando stavano per finire, scoppiò Tangentopoli.

> Dei soldi ricevuti, Vito indicava la destinazione: 900 milioni al De Michele, 1100 milioni alla corrente andreottiana e in particolare 300 direttamente al Pomicino e 800 allo stesso Pomicino tramite Pianese; 2.200 milioni rimasero nella sua disponibilità.

Quel gesto con due dita

Il racconto dell'incontro con Vito, dalla viva voce di Romeo, è un poema:

> Vito lo aveva accolto con parole elogiative, pertanto egli aveva esposto il suo programma piú generale. Al termine dell'esposizione, il Vito gli aveva fatto un gesto con le mani, simile a un segno di vittoria, da lui non compreso subito.

Sulle prime Romeo pensa che l'onorevole gli voglia comunicare che è tutto a posto, che vincerà la gara. Niente da fare. Che voglia andare alla toilette? Neppure. Quel gesto

> in realtà era una richiesta del 2 per cento sul valore dell'appalto: il Vito aveva chiarito che la sua società non era conosciuta dal partito, e che pertanto mai

avrebbe potuto, senza appoggio, vincere la gara nei confronti degli altri concorrenti, fra i quali vi erano gli «amici» Corsicato e Ferlaino. A questo punto Romeo aveva detto di voler riflettere e pertanto il Vito aveva fissato un nuovo appuntamento per le ore 16 del giorno seguente [...] in uno sfarzoso ufficio di via Santa Lucia. All'esito del primo incontro, Romeo aveva contattato un esponente del Pci e suo vecchio amico, al quale aveva chiesto informazioni sul Vito: e, avendo saputo che Vito era una persona capace di fargli perdere la gara, si era determinato ad aderire alle sue richieste e gliel'aveva comunicato.

Dopodiché non l'aveva piú sentito per qualche mese, finché nell'estate del 1988 Vito l'aveva riconvocato per

spingerlo ad accordarsi con Corsicato per frazionare l'appalto. Alle rimostranze del Romeo, che sottolineava l'impossibilità di un simile frazionamento [...], il Vito aveva risposto che allora il 2 per cento era poco, non essendo egli conosciuto, e pertanto ci voleva almeno il 4.

La delibera definitiva fu approvata nell'aprile '89 e poi annullata dal Coreco. Poi però il Tar ribaltò la decisione del Coreco, e a quel punto «Romeo si convinse di avere vinto e di non avere piú bisogno di pagare nessuno». Ma si sbagliava, perché al Tar arrivò un nuovo ricorso del Consorzio Città di Napoli. E subito dopo, nel gennaio '90,

fu convocato direttamente dal Vito, che gli faceva presente che il ricorso al Tar era la conseguenza del fatto che aveva «voluto fare di testa sua» e non si era voluto accordare con gli altri. Il Vito aveva chiaramente detto che non avrebbe mai potuto vincere al Tar, in quanto i rilievi del Coreco erano corretti. La nuova richiesta del Vito era il 7% (50% al nero e 50% ufficiale), poi sceso tramite contrattazione al 5,6 per cento (lire 5.600.000.000). Vito gli disse che doveva vedersi anche con gli altri rappresentanti delle forze politiche, e pertanto si era incontrato con Ciampaglia, De Lorenzo, Galasso e Di Donato [...]. Il Vito gli aveva anche indicato Berardo Impegno per il Pci [...]. Nel marzo 1990 Romeo aveva firmato la convenzione con il Comune. È questo il momento dal quale dice di aver cominciato, su richiesta del Vito, le prime contribuzioni per lire 200 milioni al mese.

Ma alla fine del '90 ricominciano gli intoppi dei tribunali amministrativi, finché il Tar annulla la fatidica delibera.

Tutti questi accadimenti dal Romeo vengono ricondotti alla volontà del Vito, che attraverso tali «incidenti di percorso» riusciva a compulsare la sua volontà, spingendolo a promesse di somme sempre maggiori.

Le mazzette sono un ottimo lubrificante per il meccanismo,

che infatti si rimette in moto e la giunta comunale vara una nuova delibera per «riaffidare l'appalto al Gipi e per esso alla ER» di Romeo. Intanto le elezioni politiche del '92 si avvicinano, e con esse «le richieste di contribuzione», anche dal sindaco e da alcuni assessori. Romeo è costretto a soddisfare tutti gli altri partiti e/o uomini politici con mazzette, finanziamenti a giornali, assunzioni di raccomandati e gentili omaggi.

Ma, sul piú bello, arrivano i giudici. Vito fa il pentito e inguaia tutti quanti. Poi, dopo breve quarantena, torna in attività. Prima con la Nuova Dc, fondata nel 2000 con il vecchio segretario Flaminio Piccoli. Poi, nel 2001, viene accolto a braccia aperte nella Casa delle libertà, che lo riporta trionfalmente in Parlamento. Deputato di Forza Italia e membro della commissione d'inchiesta sulla Telekom Serbia, a indagare sulle tangenti (inventate) del centrosinistra. In veste di intenditore.

Carlo Vizzini (FI)
Miracolato e riciclato

Palermitano, ex segretario del Psdi, ex ministro della Marina e poi delle Poste e Telecomunicazioni, Carlo Vizzini nel 1993 rimane coinvolto nello scandalo Enimont, per aver ricevuto un finanziamento illecito di 300 milioni. Condannato in primo grado, in appello strappa la prescrizione. Intanto il Tribunale dei ministri lo assolve dall'accusa di aver intascato mazzette alle Poste. Il boss pentito Giovanni Brusca ha incluso il suo nome nella lista dei politici «traditori» che la mafia voleva eliminare dopo le stragi di Capaci e via D'Amelio. Negli anni 90 Vizzini, amico di Berlusconi e di Dell'Utri, aderisce a Forza Italia, entra nel Consiglio di presidenza del partito e torna in Parlamento. Nel 2006 viene rieletto senatore.

Il resto delle quote marron

Gabriele Albertini (FI)
Un sindaco in bianco

Sindaco di Milano per la Cdl fino al 2006, Gabriele Albertini ha traslocato al Parlamento europeo con Forza Italia. È imputato al Tribunale di Milano insieme al suo ex vicesindaco Riccardo De Corato e ad alcuni consiglieri e funzionari comunali per lo scandalo degli «emendamenti in bianco». La Procura aveva chiesto il proscioglimento in udienza preliminare. Ma il 4 maggio 2005 gup Bruno Giordano ha disposto il rinvio a giudizio per falso ideologico, tentato falso materiale e tentato abuso d'ufficio. Al centro del processo ci sono 92 emendamenti alla delibera di bilancio presentati in bianco nel marzo 2003 per neutralizzare quelli dell'opposizione che mettevano in pericolo l'approvazione dei conti del Comune.

Nelle 13 pagine dell'ordinanza di rinvio a giudizio, il giudice sottolinea il «ruolo centrale svolto dal sindaco e dal vicesindaco» e «la piena adesione concordata da parte dei capigruppo ora imputati» nell'«operazione architettata e non portata a compimento» perché scoperta dal consigliere Ds Marilena Adamo. «In primo luogo, vi era un indubbio dolo volto a violare il regolamento comunale», per danneggiare «direttamente» l'opposizione, impedendole di portare in discussione i propri emendamenti. E c'è il danno all'intero consiglio comunale: «L'ingiustizia di tale danno non emerge soltanto come violazione del diritto della minoranza, ma come violazione del diritto-dovere di tutto il Consiglio (quindi anche dei consiglieri di maggioranza estranei alla manovra) di discutere gli emendamenti da qualsiasi parte presentati (...). La dialettica democratica impone ed è sostanzialmente fondata sul diritto di tutti i consiglieri a discutere ciò che viene ritualmente proposto».

Giulio Andreotti (Gruppo Misto)
Il prescritto a vita

Quanti italiani sanno com'è finito il «processo del secolo» a Giulio Andreotti? Quanti credono alla maxi-bufala della completa assoluzione del senatore a vita? Quanti conoscono la verità, e cioè che il verdetto definitivo della Cassazione ha riconosciuto il sette volte presidente del Consiglio colpevole del reato di associazione per delinquere con Cosa nostra fino al 1980, reato «commesso» ma «prescritto»? E che paese è quello in cui i cittadini non possono conoscere, perché nessuna televisione e pochi giornali gliel'hanno spiegato compiutamente, l'esito del processo al piú importante e longevo uomo politico del dopoguerra?

Il fatto è che quella sentenza «non può» essere raccontata per quella che è. Perché lumeggia mezzo secolo di rapporti fra mafia e politica, con i crismi di definitività della Suprema Corte. Una verità processuale inappellabile che, piú la si conosce, piú se ne comprende l'indicibilità. Giulio Andreotti è il simbolo del Potere in Italia, amato e stimato piú o meno dichiaratamente da tutti i politici e gli uomini di potere. Di destra, di centro e di sinistra. Ancor oggi si ascoltano elogi al suo mirabile equilibrio, alla sua sopraffina intelligenza. Ancor oggi si sentono financo uomini della sinistra estrema come Oliviero Diliberto, leader dei Comunisti italiani, auspicare la sua nomina a ministro degli Esteri. Ancor oggi importanti multinazionali come quella dei telefonini «Tre» gli affidano il ruolo di *testimonial* per una campagna pubblicitaria in televisione: un ruolo impensabile, controproducente per il prodotto da pubblicizzare, in un paese che conoscesse il vero esito di quel processo, e cioè la dichiarazione di mafiosità fino al 1980.

Com'è cominciata

Non solo gli italiani non possono sapere com'è finito il processo Andreotti. Ma neppure come è cominciato. Narra infatti la leggenda nera che, all'origine, ci sia l'orrendo connubio rosso Violante-Caselli. Il primo avrebbe convocato appositamente Tommaso Buscetta davanti alla commissione Antimafia che presiedeva per farlo parlare di Andreotti e cosí servire su un piatto d'argento il senatore a vita alla Procura di Palermo, dove stava per insediarsi il suo amico Caselli. Naturalmente è tutto falso, come dimostra la cronologia di quei mesi cruciali (ma anche l'episodio di un forte dissidio fra Caselli e Violante, quest'ultimo convinto che la Procura di Palermo dovesse chiedere l'archiviazione delle accuse raccolte contro Andreotti).

I primi elementi la Procura di Palermo li raccoglie nell'estate del 1992, sei mesi prima dell'arrivo di Caselli, subito dopo la strage di Via d'Amelio costata la vita a Paolo Borsellino e agli uomini della sua scorta. E proprio Borsellino, con una rogatoria per sentire Buscetta in America sul delitto Lima, dà il via all'indagine che poi porterà all'incriminazione di Andreotti. Il 12 marzo 1992 Cosa nostra elimina a colpi di kalashnikov il capo degli andreottiani in Sicilia, l'eurodeputato Salvo Lima, falciato sul litorale di Mondello. Il 14 e il 17 marzo 1992 Borsellino, procuratore aggiunto a Palermo, chiede alle autorità federali americane di poter interrogare Tommaso Buscetta per rogatoria internazionale. Buscetta risponde di non aver nulla di nuovo da dire. Poi l'estate delle stragi. Capaci. Via D'Amelio. A fine luglio le autorità americane trasmettono ai pm palermitani una lettera di Buscetta, che ha cambiato idea: ora vuole rispondere alla rogatoria di Borsellino, sul delitto Lima e su altro. Purtroppo Borsellino non c'è piú.

L'appuntamento è fissato per l'11 settembre '92 a Washington. Intanto però, il 12 agosto, un altro collaboratore, Leonardo Messina, parla di Andreotti come referente di Lima «per le necessità della mafia siciliana». Mentre i pm Guido Lo Forte e Gioacchino Natoli lo interrogano sul delitto Lima, Messina spiega che l'uomo politico siciliano è stato assassinato perché non era riuscito a garantire l'annullamento del maxiprocesso in Cassazione, nel gennaio '92. Dopo di lui, nello stesso contesto, anche Gaspare Mutolo (28 agosto e 1° settembre) e Giuseppe Marchese (7 settembre) accennano al referente romano di Lima. Buscetta dunque arriva quarto: dopo Messina, Mutolo e Marchese.

Dopo l'estate, con quei verbali esplosivi nella borsa, Lo Forte e Natoli volano a Washington per interrogare il pentito piú famoso di Cosa nostra. È l'11 settembre. Buscetta spiega di aver deciso di parlare finalmente di mafia e politica perché lo ritiene un «dovere morale» dopo gli assassinii di Falcone e Borsellino e perché pensa che il suo contributo alle indagini su Lima «sarebbe stato considerato giusto dal dottore Falcone». Parla di Lima, dei cugini Salvo, di trent'anni di rapporti fra Cosa nostra e le istituzioni. Poi aggiunge: «Mi risulta personalmente che esponenti di primo piano di Cosa nostra hanno avuto contatti politici a Roma, usando come ponte i Salvo, ma fuori dall'intervento di Lima». È il primo accenno ai presunti incontri fra Andreotti e Badalamenti, di cui parlerà nel dettaglio in seguito. Quel giorno non c'è tempo di approfondire, perché i «Marshall» che si occupano della sua «gestione» per conto delle autorità americane devono riaccompagnarlo subito in Florida. Viene cosí fissato un secondo incontro, a Palermo.

Dunque Buscetta viene sentito dai pm molto prima che l'Antimafia si attivi. Lí il presidente Violante presenta il suo programma di lavoro soltanto il 15 ottobre. E nella sua relazione non c'è una sola parola su mafia e politica. Aggiungerà quel capitolo solo dopo le insistenze di tre deputati – Nino Buttitta del Psi, Enzo Scotti della Dc e Giuseppe Ayala del Pri – che gli chiedono di colmare la lacuna (riprendendo peraltro un'attività investigativa su mafia e politica già iniziata dall'Antimafia di Gerardo Chiaromonte e dalle altre precedenti, fin dai primi anni 70). E dopo che, il 20 ottobre, vengono arrestati i presunti assassini di Lima, con un mandato di cattura del gip di Palermo che parla esplicitamente di rapporti fra mafia e politica. A novembre Buscetta viene tradotto a Palermo. E il giorno 12 incontra di nuovo Lo Forte e Natoli. Comunica che l'ha convocato la commissione parlamentare Antimafia per il 16 e lui ha accettato. Lí, secondo i teorici del complotto (Jannuzzi, Ferrara, Pera, Del Turco e lo stesso Andreotti), inizia la macchinazione fra Violante e la Procura di Palermo. Leggenda pura. La Procura di Palermo è molto preoccupata che le parole di Buscetta, in una sede politica e non giudiziaria, finiscano sui giornali, con gravi danni per la riservatezza delle indagini. Per questo il procuratore aggiunto Spallitta scrive alla commissione Antimafia che Buscetta sta collaborando con i pm e suggerisce di rinviare la sua audizione per evitare sovrapposizioni. La commissione invece decide di sentire ugualmente il collaboratore.

Il 16 novembre 1992 Buscetta spiega all'Antimafia il delitto Lima con l'ipotesi che «Lima non abbia mantenuto un impegno» e con la volontà di Cosa nostra di «denigrare Andreotti» per «privarlo di voti» nella corsa al Quirinale. Tutto qui. Per il resto, il pentito non collega direttamente la mafia con Andreotti: cita solo Lima e i suoi «agganci a Roma». Poi, il 26 novembre, torna davanti ai pm di Palermo e, a poco a poco, si scioglie. E fa per la prima volta il nome di Andreotti a proposito del delitto Pecorelli. Ma non come mandante, perché Buscetta negli anni non ha mai accusato Andreotti di aver conferito ai vertici di Cosa nostra il mandato a uccidere. Ha sempre ripetuto quel che disse quel giorno ai pm di Palermo, senza rettificare né ritrattare alcunché: e cioè che Bontate e Badalamenti gli avevano confidato di aver organizzato il delitto Pecorelli su richiesta dei Salvo, ai quali a sua volta l'aveva chiesto Andreotti.

L'inchiesta Pecorelli passa da Palermo a Roma, per competenza territoriale, visto che il giornalista era stato assassinato nella capitale. In seguito, quando i pentiti della banda della Magliana coinvolgeranno anche il giudice andreottiano Claudio Vitalone, il fascicolo verrà trasferito a Perugia, sede competente per giudicare i magistrati romani. Lí Andreotti sarà assolto in primo grado, condannato in appello a 25 anni e assolto in Cassazione (come tutti gli altri imputati). A quel punto partirà il processo politico-mediatico ai magistrati di Perugia e di Palermo che avevano raccolto le prime dichiarazioni di Buscetta: si comincerà a dire che i processi ad Andreotti non sarebbero dovuti neppure iniziare. Come se la Costituzione italiana non prevedesse l'obbligatorietà dell'azione penale, cioè l'obbligo di procedere in presenza di notizie di reato: e nell'inchiesta sul delitto Lima le notizie di reato a carico di Andreotti erano numerose e gigantesche. Impossibile ignorarle, senza violare la legge e la Costituzione. «Stavamo indagando – dirà Lo Forte – su uno dei piú clamorosi delitti politico-mafiosi della storia d'Italia. In quell'indagine vennero fuori una serie di indicazioni su Andreotti. Che dovevamo fare? Tappare la bocca ai collaboratori? Nascondere le loro dichiarazioni? Non indagare su un caso di omicidio?».

Cosí, quando il 15 gennaio 1993 si insedia alla Procura di Palermo Gian Carlo Caselli, per Andreotti il piú è fatto. Il nuovo procuratore studia le carte raccolte dai colleghi, ne fa propria l'impostazione, legge il primo verbale reso da Balduccio Di Maggio dinanzi ai carabinieri che l'hanno appena arrestato e utilizzato per catturare Riina. Il 4 marzo, come prevede la legge, iscrive Andreotti sul registro degli indagati. Il 27 marzo chiede l'autorizzazione a procedere. Il 6 aprile vola a Miami da Buscetta. Che per la prima volta spiega come e perché Andreotti era il garante nazionale di Cosa nostra. Ma ormai è un segreto di Pulcinella. Lo stesso giorno l'Antimafia approva a gran maggioranza (tutti i partiti eccetto Taradash e l'Msi, che chiedono toni ancor piú forti contro Andreotti) la relazione Violante su mafia e politica. Una relazione, tutto sommato, blanda. L'unico passaggio sul senatore a vita è questo:

> Risultano certi i collegamenti di Lima con uomini di Cosa nostra. Egli era il massimo esponente in Sicilia della corrente democristiana che fa capo ad Andreotti. Sull'eventuale responsabilità politica del senatore Andreotti, dovrà pronunciarsi il Parlamento.

Tutto qui. Racconterà ancora Lo Forte:

> Dopo le accuse piú circostanziate ad Andreotti da parte di Mutolo, iscrivemmo il senatore a vita sul registro degli indagati il 4 marzo '93. La legge imponeva di inoltrare al Parlamento, entro un mese dall'iscrizione, la richiesta di autorizzazione a procedere. Cosa che facemmo il 27 marzo. Il Senato la concesse a larghissima maggioranza. Poi Caselli, Natoli e io partimmo per gli Stati Uniti, per sentire il 3 aprile un altro collaboratore storico, Francesco Marino Mannoia (che, per essere ancora piú credibile, rinunciò all'immunità di cui godeva in America, e ci parlò degli incontri fra Andreotti e Bontate). E per risentire, il 6 aprile, Buscetta. Quest'ultimo, per la prima volta, ci indicò esplicitamente Andreotti come presunto referente di Cosa nostra.

Il 16 aprile i pm sentono Di Maggio, che amplia le rivelazioni già fatte il 18 gennaio ai carabinieri e racconta il presunto incontro fra Riina e Andreotti (quello del bacio). Quel clamoroso verbale viene raccolto dai sostituti Giuseppe Pignatone e Franco Lo Voi, che seguono la posizione del nuovo pentito, e non dai titolari dell'inchiesta sul senatore a vita. Negli stessi giorni Violante riceve la telefonata di un certo Patrizio, sedicente collaboratore di Pecorelli, che dice di sapere molte cose sul delitto. Non fa alcun cenno ad Andreotti come mandante dell'omicidio: parla della famosa copertina della rivista «OP» sugli assegni del petroliere Nino Rovelli al senatore, che il giornalista non pubblicò. Il 5 aprile Violante informa doverosamente per iscritto le Procure di Roma e di Palermo, che si occupano delle dichiarazioni di Buscetta. Su questa circostanza Andreotti e i suoi cari ricameranno per suffragare l'ipotesi del complotto Violante-Caselli. Ma è tutto assolutamente trasparente: l'appunto di Violante lo riceve il pm Roberto Scarpinato, mentre Caselli, Lo Forte e Natoli sono in America; e lo inserisce fra le decine di altri «anonimi» ricevuti in quei mesi sul conto di Andreotti, tutti doverosamente ignorati in quanto irrilevanti e processualmente inutilizzabili. La Procura ha in mano diverse dichiarazioni firmate dai collaboratori con nome e cognome, da vagliare e riscontrare: perché mai dovrebbe inseguire gli anonimi? In quella segnalazione, poi, non c'è alcuna accusa ad Andreotti.

Dunque, come abbiamo visto, la commissione Antimafia non ha avuto alcuna influenza nel processo Andreotti. Tutte le notizie di rilevanza penale Buscetta le rivela alla Procura, non alla commissione Violante. E dopo che altri tre collaboratori han già parlato del senatore a vita. Per la verità, Buscetta aveva già fatto il nome di Andreotti nel lontano 1985, davanti al procuratore federale di Manhattan Richard Martin, che collaborava con Falcone nell'indagine sul riciclaggio «Pizza connection». Lo racconterà lo stesso Martin al processo di Palermo. A una sua domanda sul «livello politico di Cosa nostra» in Italia, a patto che la risposta restasse segreta, Buscetta rispose: «Io dico un solo nome: Andreotti». Anthony Petrucci, responsabile della squadra della Dea incaricata della sicurezza di Buscetta, anche lui sentito come teste a Palermo, ha confermato tutto. Buscetta era forse cosí preveggente da precostituirsi nel 1985 un elemento per suffragare il complotto che avrebbe ordito del 1992-93 in combutta con Violante e Caselli? Impossibile. Del resto, non è vero che nel 1984, quando iniziò a collaborare con Falcone, don Masino avesse taciuto sui rapporti fra mafia e politica, o che li avesse addirittura esclusi. A Falcone, Buscetta confidò anzi di conoscere «fatti molto gravi» su diversi politici locali e nazionali, ma poi aggiunse che non era ancora tempo di parlarne, per «evitare che un turbamento troppo drammatico possa determinare una battuta di arresto gravissima nell'attività degli inquirenti contro la mafia». A chi poteva mai riferirsi, parlando di fatti molto gravi che potevano provocare drammatici turbamenti degli equilibri politici nazionali, se non a politici del calibro di Andreotti?

Insomma, osserva Lo Forte,

> il processo ad Andreotti per mafia si sarebbe fatto anche senza Violante all'Antimafia e Caselli procuratore capo. Quando si mosse l'Antimafia, in novembre, l'inchiesta era avviata da tre mesi. E da sei quando arrivò Caselli a Palermo. In quelle circostanze, con quelle notizie di reato, era obbligatorio

iscrivere Andreotti, chiedere l'autorizzazione a procedere e, ottenutala, andare avanti. Il nostro lavoro fu poi vagliato dal gip, che dispose il rinvio a giudizio. Un iter dovuto, qualunque fosse il procuratore capo. Sempreché, s'intende, si volesse applicare la legge.

Oltretutto, a carico di Andreotti, non ci sono soltanto le accuse dei pentiti. Ma anche le testimonianze di vari testimoni assolutamente incensurati. E persino di alcuni fedelissimi del senatore. Come per esempio Franco Evangelisti, sentito dai pm poco prima di morire a proposito del passaggio di Salvo Lima dalla corrente fanfaniana a quella andreottiana, alla fine degli anni 60: «Parlammo con Lima tre giorni di fila. Mi disse: "Vengo con i miei luogotenenti, i colonnelli, la fanteria, le fanfare e le bandiere"...». Poi, nell'ufficio di Andreotti, Lima arrivò alla testa di un vero esercito. Sapevano i suoi referenti romani dei suoi legami organici con Cosa nostra? Evangelisti non ha dubbi: racconta che un giorno Lima gli confidò di conoscere benissimo un pezzo da novanta di Cosa nostra come Tommaso Buscetta: «È un mio amico, uno che conta». E quando la mafia, nel gennaio 1980, assassinò Piersanti Mattarella, Lima gli sussurrò: «I patti, quando si fanno, poi si rispettano». Chi fosse Lima lo sapevano tutti fin dagli anni Sessanta, visto che in Sicilia era noto come figlio di un uomo d'onore, protagonista con Vito Ciancimino del «sacco di Palermo», legato al clan La Barbera, piú volte citato dalle relazioni dell'Antimafia per i suoi incontri con Buscetta (testimoniati da un costruttore al giudice Terranova) e oggetto di varie indagini giudiziarie.

Sapeva tutto, trent'anni fa, persino un non politico come l'economista Paolo Sylos Labini: era membro del comitato tecnico-scientifico di Programmazione del ministero del Bilancio quando, nel 1974, Lima fu promosso sottosegretario di quel ministero. Sylos chiese, con una lettera aperta al *Corriere della sera*, la revoca di quella nomina, minacciando in caso contrario le dimissioni. E, quando la richiesta fu respinta, se ne andò per «un dovere di coscienza» di fronte «all'operato dell'onorevole Lima nella gestione del Comune di Palermo, tale da attirare ripetutamente le attenzioni del giudice penale e da indurre la Camera ad accordare per quattro volte le autorizzazioni a procedere». Parole di trent'anni fa.

Fin dal 1971 l'allora colonnello Carlo Alberto Dalla Chiesa, mandato a Palermo a comandare la legione dei carabinieri, scopre e denuncia le collusioni mafiose di Lima e Ciancimino, compresi i loro rapporti con altri esponenti andreottiani come il futuro presidente della Regione Mario D'Acquisto. E quando ci torna nel 1982 come prefetto, solo e abbandonato, senza poteri reali, prima di essere ammazzato riesce a scrivere sul suo diario parole piú dure e indelebili di qualsiasi condanna. Ecco un brano delle sue note manoscritte il 6 aprile, quattro giorni dopo la sua nomina:

> Ieri anche l'on. Andreotti mi ha chiesto di andare [da lui] e, naturalmente, date le sue presenze elettorali in Sicilia, si è manifestato per via indiretta interessato al problema; sono stato molto chiaro e gli ho dato però la certezza che non avrò riguardi per quella parte di elettorato alla quale attingono i suoi grandi elettori; sono convinto che la mancata conoscenza del fenomeno [...] lo ha condotto e lo conduce ad errori di valutazione di uomini e di circostanze; il fatto di raccontarmi che intorno al fatto Sindona un certo Inzerillo morto in America è giunto in una bara e con un biglietto da 10 dollari in bocca, depone nel senso: prevale ancora il folklore e non se ne comprendono i messaggi.

Quattro anni dopo, il 12 novembre 1986, sentito al maxiprocesso come teste sul delitto Dalla Chiesa, Andreotti smentirà di aver mai chiesto di incontrare il generale: in pratica, Dalla Chiesa avrebbe mentito al suo diario privato. Secondo il senatore, fu il generale a rendergli visita (ma in quel momento Andreotti era solo presidente della commissione Esteri) di propria iniziativa, e mai gli fece cenno a uomini della sua corrente compromessi con la mafia. Il senatore nega persino di avergli parlato del mafioso Inzerillo. Peccato che il generale abbia raccontato quel colloquio, aneddoto su Inzerillo compreso, al figlio Nando. Che ne conserva un ricordo indelebile e l'ha trasmesso al Tribunale di Palermo: suo padre gli disse di aver comunicato ad Andreotti che non avrebbe guardato in faccia nessuno, nemmeno gli andreottiani, e che l'uomo politico «era sbiancato in volto». D'altronde il neoprefetto, il 2 aprile 1982, scrisse cose pesantissime anche in una lettera a Giovanni Spadolini: «I messaggi già fatti pervenire a qualche organo di stampa da parte della "famiglia politica" piú inquinata del luogo hanno già fatto presa là dove si voleva». E il 30 aprile, giorno del delitto La Torre, annotò nel diario:

> La Dc a Palermo vive con l'espressione peggiore del suo attivismo mafioso, oltre che politico [...]. Lo Stato affida la tranquillità della sua esistenza non già alla volontà di combattere e debellare la mafia e una politica mafiosa, ma allo sfruttamento del mio nome per tacitare l'irritazione dei partiti [...] pronti a buttarmi al vento non appena determinati interessi saranno o dovranno essere toccati o compresi.

Quattro mesi dopo, la lugubre profezia si avverò con una raffica di mitra in via Isidoro Carini.

Un altro testimone postumo delle *liaisons dangereuses* andreottiane fu Paolo Borsellino, che nei primi anni Ottanta seppe di un altro episodio emblematico: un giorno Salvo Lima convocò Rocco Chinnici per contestargli le indagini sui Costanzo, i cavalieri del lavoro catanesi legati a Cosa nostra, a Lima e ad Andreotti.

Che fair play, senatore!

Quante volte abbiamo sentito elogiare Andreotti per il fair play e la correttezza dimostrati in tanti anni di processi (o, direbbe qualcuno, di «martirio»)? Sul fair play, niente da eccepire, anche se è grottesco soffermarsi sullo stile di un imputato per non dover parlare dei gravissimi fatti ritenuti provati in tutti e tre i gradi di giudizio. Quanto alla correttezza, Andreotti ha spudoratamente mentito un'infinità di volte al Tribunale. Ora, mentire in udienza, in Italia, è consentito (all'estero no: negli Usa si finisce in carcere per oltraggio alla Corte). Ma spacciare le menzogne per correttezza è troppo.

Andreotti assicura di non aver mai fatto nulla per Michele Sindona. Invece l'avvocato di Sindona, Rodolfo Guzzi, racconta al processo i numerosi incontri con Andreotti per organizzare il salvataggio del finanziere piduista e mafioso: e questo fino al 1980, cioè anche dopo che Sindona aveva finto un rapimento e si era rifugiato in Sicilia, ospite della mafia e della P2.

Andreotti dice di aver incontrato Licio Gelli soltanto alla cerimonia di insediamento di Juan Domingo Perón, a Buenos Aires. Ma al processo sfilano fior di testimoni – dall'ex amante di Gelli a vari capi massoni – che raccontano di una frequentazione ben piú assidua e affettuosa. Piú d'uno giura addirittura che Andreotti sia lui stesso, in segreto, un massone.

Poi ci sono alcune strane lettere inviate da Andreotti a Claudio Martelli, a Giorgio La Malfa e all'ex questore di Milano Francesco Forleo, per rinfrescare loro la memoria. A quest'ultimo il senatore consigliava di «prendere atto» che lui non aveva mai conosciuto i Salvo. Che bisogno c'era di rammentare a tre importanti testimoni del processo quel che dovevano dire? E poi c'è il misterioso «caso Ganci», l'avvocato che avrebbe avvicinato Di Maggio per fargli ritrattare il racconto dell'incontro con Riina, in cambio di 6 miliardi e forti protezioni in alto loco.

Quanto poi al «martirio», al «calvario» del processo infinito, gli 11 anni occorsi per le indagini, l'udienza preliminare e i tre gradi di giudizio sono certamente tanti, soprattutto per un imputato cosí anziano. «I pm speravano che io non arrivassi vivo alla fine», insinua spesso Andreotti. Ma i pm, come i giudici, c'entrano poco o nulla. Anzitutto perché i tempi del processo non sono dipesi dalla Procura. L'indagine preliminare poteva durare, codice alla mano, fino a due anni e sei mesi. Durò un solo anno, record mondiale di brevità per un processo cosí complesso: l'autorizzazione a procedere del Senato è del maggio 1993, la richiesta di rinvio a giudizio del maggio '94. Il gip fissò l'udienza preliminare il 12 ottobre '94, ma la difesa chiese sei mesi di rinvio. L'udienza partí il 1° febbraio '95 e durò appena due mesi. Il 2 aprile Andreotti fu rinviato a giudizio (per Previti non bastò un anno e mezzo). Il 26 settembre 1995, prima udienza del dibattimento: il Tribunale era disposto a procedere al ritmo di tre udienze alla settimana, ma la difesa – per altri impegni – chiese che una settimana al mese restasse totalmente libera. Cosí si persero tre udienze al mese, una trentina all'anno. Il 10 gennaio '96 si ammalò uno dei tre giudici e il processo ripartí da zero. Otto mesi perduti. La sentenza era prevista nel luglio '99, ma, quando mancavano le ultime tre udienze di arringhe difensive, gli avvocati di Andreotti aderirono all'ennesimo sciopero delle Camere penali (gli altri, dal '95 al '98, avevano già fatto perdere almeno cinque mesi) e tutto si bloccò. Il processo slittò a metà settembre e si concluse il 23 ottobre '99.

Quattro anni per un dibattimento che sarebbe tranquillamente potuto durare la metà. Chissà per colpa di chi. I giudizi di appello e di Cassazione, poi, sono durati pochissimo rispetto alle medie della giustizia italiana. La seconda sentenza è del 2 maggio 2003, l'ultima del 15 ottobre 2004, con motivazioni depositate il 28 dicembre dello stesso anno.

Molto inchiostro s'è sprecato anche per denunciare gli spaventosi «costi» dell'inchiesta e del processo. Altra leggenda: raramente s'è visto un procedimento meno dispendioso. La fonte è ufficiale: il ministero della Giustizia. Rispondendo a un'interrogazione parlamentare di Tiziana Maiolo, il sottosegretario alla Giustizia Marianna Li Calzi (governo Amato), il 27 giugno 2000, riferí che processare Andreotti era costato appena 325.761.000 lire: quasi tutti spesi per le trasferte effettuate dal Tribunale per interrogare i pentiti in giro per l'Italia (i difensori del senatore si opponevano alla videoconferenza). Nemmeno una lira per le intercettazioni (tutte tratte da altri procedimenti).

Teoremi e pentiti

Altra leggenda: il processo Andreotti era basato su teoremi e parole di pentiti, non su prove. Dunque la Procura, finite le indagini, avrebbe dovuto chiedere l'archiviazione. Strano: per due volte, nel 1993, il Senato pullulante di inquisiti e di amici di Andreotti ritenne gli elementi fino ad allora raccolti dalle Procure di Palermo e di Roma, per quanto infinitamente piú labili e incompleti di quelli portati al dibattimento, sufficienti per concedere due autorizzazioni a procedere contro Andreotti, per mafia e omicidio. Due gip, uno di Palermo e uno di Perugia, ritennero quegli indizi sufficienti per disporre due distinti dibattimenti. Tutti schiavi del partito delle Procure, tutti «appiattiti»? In realtà, come è emerso dalle sentenze di Perugia e di Palermo, di segno opposto ma piuttosto univoche sull'esistenza di fatti concreti e gravissimi, entrambi i processi andavano fatti.

Ancora, si è detto che i pm non avevano nient'altro che le parole dei pentiti: 39 collaboratori che parlano per sentito dire, possono mettersi d'accordo fra loro e comunque fanno di tutto per compiacere la tesi accusatoria in cambio di soldi e protezione. In realtà, è nota la difficoltà con cui pentiti si decidono a parlare degli intoccabili. Ma c'è di piú. Pochi sanno che, contro Andreotti, c'erano anche diversi testimoni oculari. Il senatore era accusato di aver incontrato vari boss mafiosi. Sei di questi incontri sono testimoniati da altrettante persone che affermano di avervi assistito personalmente: tre sono mafiosi «pentiti» (Federico Corniglia per l'incontro con Frank Coppola, Balduccio Di Maggio per l'incontro con Riina, Francesco Marino Mannoia per il secondo incontro con Bontate); e tre sono semplici testimoni, cittadini perbene (e anche un tantino coraggiosi, visto l'ambiente) che hanno riferito alla magistratura notizie utili alle indagini.

Il primo testimone, normale e incensurato, è Vito Di Maggio, ristoratore siciliano soltanto omonimo del pentito. Un giorno si reca dal questore di Palermo Arnaldo La Barbera per raccontare che nel 1979, quand'era barista all'hotel Nettuno di Catania, vide Andreotti salire su un'auto dei cavalieri Costanzo in compagnia del boss Nitto Santapaola. Il questore lo manda subito in Procura. Per la sua testimonianza, Di Maggio non ha ricevuto una lira, né altri vantaggi. Anzi: ha dovuto vendere il suo locale a Catania, abbandonare la Sicilia, trasferirsi al Nord e rinunciare persino al telefono (squillava a ogni ora del giorno e della notte per chiamate di insulti e minacce). Non ha piú trovato un lavoro. Sua moglie voleva chiedere il divorzio. Bruno Vespa, in tv, lo ha screditato come «uno che forse è un pentito o forse no, non si capisce bene...».

Il secondo testimone normale e incensurato è il sovrintendente capo della Polizia Francesco Stramandino, che nel 1985 presta servizio durante una visita di Andreotti a Mazara del Vallo e lo vede incontrarsi a tu per tu, in una saletta riservata dell'hotel Hopps, con il giovane boss mafioso Andrea Manciaracina.

La terza testimone normale e incensurata è Rosalba Lojacono, vedova dell'ex sindaco pidiessino di Bari Pietro La Forgia. Si presenta spontaneamente in Procura per parlare del vassoio d'argento che – secondo quattro pentiti – Andreotti regalò nel 1976 per le nozze fra la figlia di Nino Salvo, Angela e il medico mafioso Gaetano Sangiorgi. Il senatore nega di aver mai visto né conosciuto gli esattori Salvo. «Nell'agosto '93», lo smentisce la signora, «io e mio marito eravamo in vacanza a Stresa, nello stesso albergo dove alloggiavano Sangiorgi e Angela Salvo. Qualche giorno dopo, mio marito mi raccontò che Sangiorgi gli aveva detto di conoscere Andreotti e che il senatore gli aveva inviato in dono alle nozze un vassoio d'argento».

Un'altra testimone normale e incensurata è la gallerista Angela Sassu, figlia del grande pittore Aligi: racconta che ricevette da un sacerdote, inviato da Franco Evangelisti, l'incarico di trattare l'acquisto di una tela del pittore Gino Rossi, ma poi non seppe piú nulla della cosa. Anche Mannoia parla di un quadro che «faceva impazzire Andreotti»: il senatore non dovette neppure acquistarlo, perché gli fu regalato dai boss Stefano Bontate e Pippo Calò.

Un altro testimone normale e incensurato è il cardiologo palermitano Gaspare Messina: ricorda che Andreotti telefonò in ospedale per avere notizie sulla salute di un socio dei Salvo ricoverato, Giuseppe Cambria.

Un altro testimone normale e incensurato, e piuttosto qualificato, è il giudice Mario Almerighi: ha raccontato le pressioni di Andreotti su un collega per far archiviare un procedimento disciplinare contro Corrado Carnevale, con la nobile motivazione che «Carnevale non si tocca».

Un altro testimone normale e incensurato è Richard Martin, che ha testimoniato come Buscetta gli avesse parlato di Andreotti colluso con la mafia fin dal 1985.

Un'altra testimone normale e incensurata è Letizia Battaglia, la coraggiosa fotografa che immortalò Andreotti in compagnia di Nino Salvo durante un ricevimento nella hall dell'hotel Zagarella di Palermo, di proprietà degli esattori di Salemi.

Né i giudici del Tribunale, né quelli d'appello, né quelli di Cassazione hanno mai chiesto alla Procura di perseguire per calunnia uno solo dei 39 pentiti e degli svariati testimoni d'accusa. Dunque non li hanno giudicati bugiardi, ma attendibili per i fatti precedenti alla primavera del 1980; e, per il periodo successivo, non abbastanza riscontrati o comunque insufficienti a giustificare una condanna per associazione mafiosa. Il che non significa che abbiano mentito. Anche perché, in caso contrario, saremmo di fronte al piú spaventoso e inspiegabile complotto della storia dell'universo.

La prima sentenza

Il 23 ottobre 1999 la V sezione del Tribunale di Palermo (presidente Francesco Ingargiola, giudici a latere Antonio Balsamo e Salvatore Barresi) assolve Andreotti dall'accusa di associazione mafiosa in base all'articolo 530 del comma 2: la vecchia insufficienza di prove, come dimostrano le 5 mila pagine di motivazioni. I giudici ritengono provate numerosissime accuse portate in aula dai pm, ma non le considerano sufficienti per integrare il reato di partecipazione all'associazione mafiosa, e nemmeno di concorso esterno. Andreotti – concludono – era in contatto con alcuni mafiosi; incontrò il giovane boss Andrea Manciaracina a quattr'occhi in una saletta d'albergo; visitò Michele Sindona mentre quest'ultimo era latitante; aveva intensi rapporti con Licio Gelli; è addirittura «possibile» il suo incontro del 1980 con il boss Stefano Bontate narrato da Mannoia; è un mentitore professionale, avendo raccontato almeno 23 bugie su aspetti decisivi delle accuse. In particolare: sei menzogne sull'affettuosa amicizia (sempre sdegnosamente negata) con i cugini Salvo; due sul generale Dalla Chiesa (le stesse testimoniate sotto giuramento al maxiprocesso); una sull'andreottiano mafioso Bevilacqua; due su Ciancimino; dieci su Sindona; due sull'incontro con Manciaracina. Ma le prove contro di lui, alla fine, vengono giudicate contraddittorie o insufficienti per condannarlo.

Naturalmente, anziché leggere la lunga sentenza, devastante almeno per le responsabilità morali e politiche, la classe politica la trasforma in una beatificazione, e promuove Andreotti a martire della malagiustizia. Bruno Vespa allestisce un triduo di festeggiamenti a *Porta a Porta*, con uno studio sormontato dalla gigantesca scritta «Assolto» (ma dopo l'appello e la Cassazione si guarderà bene dal correggere il tiro, con la scritta «Colpevole, ma prescritto»). Basta un breve promemoria dei fatti ritenuti provati dai giudici che hanno assolto Andreotti, per comprendere la portata della montatura.

I cugini Salvo, amici e mafiosi

A proposito dei cugini Salvo, democristiani e mafiosi,

> l'asserzione dell'imputato di non avere intrattenuto alcun rapporto con i cugini Salvo è inequivocabilmente contraddetta dalle risultanze probatorie [...]. Buscetta incontrò frequentemente i Salvo, i quali, conversando con lui, gli parlarono piú volte in termini amichevoli del sen. Andreotti. Diversi esponenti di Cosa nostra si rivolsero ai Salvo per cercare di ottenere una favorevole soluzione di vicende processuali; i Salvo, nei loro colloqui con diversi esponenti mafiosi, evidenziavano i loro rapporti con il sen. Andreotti.

E molti oppositori dei Salvo sono finiti maluccio: Mattarella, La Torre, Cassarà, Dalla Chiesa, Chinnici. Tutti morti ammazzati. Ma il Tribunale ritiene pure dimostrato che, «in occasione delle nozze [...] della figlia di Antonino Salvo, il sen. Andreotti inviò agli sposi un vassoio d'argento». Andreotti, poi, incontrò ripetutamente i Salvo, dentro e fuori dal loro hotel Zagarella. Ed era talmente amico dei Salvo che, «per i propri spostamenti in Sicilia, utilizzò in piú occasioni, e anche per periodi di diversi giorni, un'autovettura blindata intestata alla Satris Spa [la società dei Salvo, *nda*], concessa in prestito all'on. Lima da Antonino Salvo».

Altra prova: Francesco Accordino, già capo della squadra Omicidi a Palermo, racconta che, subito dopo l'arresto dei Salvo, Ninni Cassarà della squadra Mobile gli mostrò una grossa agendina tascabile marrone scuro. C'erano annotati, alla lettera G, il nome «Giulio» e «un numero lungo, privo di prefisso».

Il teste [Accordino] comprese che si trattava del sen. Andreotti, in quanto Cassarà, nel mostrargli l'agendina, gli chiese: «Hai visto Giulio?». Al dott. Cassarà, che gli domandava «secondo te, chi è questo Giulio?», il dott. Accordino replicò: «è il noto?», facendo riferimento al sen. Andreotti. Il dott. Cassarà gli rispose di sí e aggiunse: «ora vediamo». Quest'ultima affermazione riguardava gli accertamenti che sarebbero conseguiti al ritrovamento del numero telefonico del sen. Andreotti nella suddetta agendina. In seguito [...] in piú occasioni il dott. Cassarà, parlando con lui, gli «fece capire che quel Giulio era quello». Anche la moglie di Cassarà «ha confermato di avere appreso dal dott. Cassarà che i Salvo avevano la disponibilità del numero telefonico diretto del sen. Andreotti». Francesco Forleo, dirigente della Polizia, rivela che Cassarà ne parlò anche a lui «per evidenziare quale fosse il potere dei cugini Salvo».

L'unico che non può confermare è Cassarà: è morto ammazzato dalla mafia nel 1985. Per il Tribunale,

gli elementi probatori raccolti dimostrano la disponibilità, da parte di Ignazio Salvo, del numero telefonico diretto del sen. Andreotti. Tale fatto assume uno specifico e univoco rilievo indiziante in ordine all'esistenza di rapporti personali che consentivano a Ignazio Salvo di rivolgersi direttamente all'imputato contattandolo per mezzo del telefono. Non può quindi ritenersi attendibile la versione dei fatti esposta dall'imputato [...] inequivocabilmente contraddetta dalle risultanze processuali.

Lima, amico e mafioso

Salvo Lima era un mafioso e un figlio d'arte:

Suo padre, Vincenzo Lima, era un «uomo d'onore» della famiglia di Palermo Centro, che faceva capo ai fratelli Angelo e Salvatore La Barbera. Nel 1968 aderí alla corrente andreottiana, ma già prima aveva instaurato un rapporto di stabile collaborazione con Cosa nostra [...], che gli assicurava il proprio sostegno elettorale e riceveva da lui molteplici favori attraverso illecite condotte di condizionamento dell'operato della pubblica amministrazione [...]. Stefano Bontate (al pari di Gaetano Badalamenti, Girolamo Teresi, Giacomo Vitale, Rosario Riccobono) espletava, nell'interesse di Cosa nostra, il compito di mantenere i contatti con l'on. Lima anche per trasmettergli le istanze provenienti da altri «uomini d'onore»; dopo l'uccisione di Bontate, questo compito venne assunto dai cugini Salvo, ferma restando la possibilità che taluni esponenti di vertice di Cosa nostra come Salvatore Riina conferissero direttamente con il predetto uomo politico.

Ovviamente, anche «dopo il suo ingresso nella corrente andreottiana, diversi elementi di prova» dimostrano condotte idonee a rafforzare l'organizzazione mafiosa poste in essere dall'on. Lima [...]. Attraverso un sistema di illecito controllo degli appalti pubblici, nel quale assumeva un ruolo determinante l'on. Lima, si realizzò quindi una significativa interazione tra Cosa nostra e la corrente andreottiana nella provincia di Palermo, attivamente cooperanti nella realizzazione di un accordo criminoso che assicurava loro ingenti disponibilità finanziarie.

Insomma, la corrente andreottiana in Sicilia era una «struttura di servizio di Cosa nostra». Alle elezioni regionali del 1991 Lima si attiva «per ottenere la candidatura nella lista della Dc, per la circoscrizione elettorale di Enna, di un soggetto affiliato a Cosa nostra: l'avv. Raffaele Bevilacqua», descritto da Leonardo Messina come «uomo d'onore e sottocapo della provincia mafiosa di Enna». Bevilacqua ottiene il festoso «appoggio di tutta la provincia di Cosa nostra», anche se per un soffio non viene eletto. E Andreotti sa tutto. Anzi, secondo il pentito Messina, ritenuto «intrinsecamente attendibile» dai giudici, il sen. Andreotti aveva fatto avere allo stesso Bevilacqua un contributo di 300 milioni di lire per le spese elettorali, dopo averlo incontrato a Roma per discutere di argomenti politici legati alla sua mancata elezione.

Dalla Chiesa, morto che parla

Un altro servitore dello Stato era convinto che Lima e gli altri amici siciliani di Andreotti fossero mafiosi: il generale Dalla Chiesa, «promosso» prefetto di Palermo nel 1982. E non faceva mistero che se ne sarebbe occupato, senza guardare in faccia nessuno. Lo preannunciò al ministro degli Interni Rognoni. E lo ripeté ad Andreotti checché ne dica quest'ultimo:

Il resoconto della conversazione esposto dal gen. Dalla Chiesa nel suo diario (che deve ritenersi pienamente attendibile per la natura di tale documento, redatto con assoluta sincerità nell'immediatezza dei fatti e destinato a un uso esclusivamente personale) evidenzia come il problema dei rapporti esistenti tra la corrente andreottiana siciliana e l'organizzazione mafiosa fosse stato portato all'attenzione del sen. Andreotti, il quale, tuttavia, non manifestò alcuna significativa reazione volta a prendere le distanze dai soggetti collusi con Cosa nostra. [...] Palesemente inverosimile è la ricostruzione dell'incontro offerta da Andreotti nella deposizione testimoniale da lui resa nell'ambito del «maxiprocesso», all'udienza del 12 novembre 1986.

E qui i giudici di Palermo non riescono a trattenere un moto di indignazione:

> Per cogliere la inattendibilità della ricostruzione del colloquio fornita dall'imputato è sufficiente rilevare che non si comprende per quale ragione il gen. Dalla Chiesa avrebbe dovuto inserire «passi assolutamente fantastici» in un diario che raccontava con dettagliata precisione e completa sincerità alcune vicende della sua vita, alle quali egli attribuiva particolare importanza. A ciò si aggiunga che il contenuto del diario è perfettamente coerente con le affermazioni compiute dal gen. Dalla Chiesa sia nel successivo colloquio con il proprio figlio Fernando, sia nei suoi contatti con altri rappresentanti delle Istituzioni. Compreso l'allora presidente del Consiglio Giovanni Spadolini, al quale Dalla Chiesa preannunciò la sua battaglia contro «la famiglia politica piú inquinata del luogo». Con quell'espressione, scrive il Tribunale, Dalla Chiesa intendeva riferirsi alla corrente andreottiana in Sicilia [...]. Nella seconda metà dell'agosto 1982, parlando con il figlio Fernando, gli indicò la corrente andreottiana come quella che esercitava una maggiore pressione tra i gruppi politici che lo osteggiavano. Spiegò le ragioni di tale opposizione con la frase: «ci sono dentro fino al collo». E aggiunse che il sen. Andreotti «faceva il doppio gioco» [...]. Egli, infatti, lo stesso giorno in cui assunse l'incarico di prefetto di Palermo, annotò nel proprio diario (30 aprile) che in questa città la Dc viveva «con l'espressione peggiore del suo attivismo mafioso, oltre che di potere politico». [...] Può dunque affermarsi con certezza che il gen. Dalla Chiesa individuava nella corrente andreottiana il gruppo politico che, in Sicilia, presentava le piú gravi collusioni con la mafia.

Ciancimino, amico e mafioso

Anche con l'altro ex sindaco di Palermo, Vito Ciancimino, mafioso sino al midollo, Andreotti intrattenne un'affettuosa amicizia.

> Andreotti incontrò a Roma tre volte (intorno al 1976, il 20 settembre 1978 e nel 1983) Vito Ciancimino, il quale aveva instaurato da lungo tempo un rapporto di stabile collaborazione con lo schieramento «corleonese» di Cosa nostra. La partecipazione del Ciancimino all'associazione mafiosa Cosa nostra è stata accertata con la sentenza emessa il 17 gennaio 1992 dal Tribunale di Palermo. [...] Ciancimino aderí alla corrente andreottiana intorno al 1976, rimanendo comunque a capo di un gruppo autonomo [...]. Nell'agenda del 1978 del sen. Andreotti, alla data del 20 settembre, si rinviene l'annotazione: «12 – Cianc». [...] Nel 1980, il gruppo facente capo al Ciancimino passò da una posizione di autonoma collaborazione con la corrente andreottiana a un formale inserimento nella stessa corrente.

Andreotti provvede a finanziare Ciancimino tramite l'amico Gaetano Caltagirone: 40 milioni di lire dell'epoca.

Non può ritenersi credibile la riduttiva versione dei fatti prospettata dal sen. Andreotti [...]. Il Ciancimino, in un periodo in cui era stato raggiunto da pesanti accuse in sede politica e in cui era ampiamente nota la sua vicinanza con ambienti mafiosi, instaurò rapporti di collaborazione con la corrente andreottiana, sfociati poi in un formale inserimento in tale gruppo politico, e i medesimi rapporti ricevettero, su richiesta dello stesso Ciancimino, l'assenso di Andreotti nel corso di un incontro appositamente organizzato. [...] Il complessivo contegno tenuto dal sen. Andreotti nei confronti del Ciancimino denota certamente la indifferenza ripetutamente mostrata dall'imputato rispetto ai legami che notoriamente univano il suo interlocutore alla struttura criminale.

Tête-à-tête con il boss

Il 19 agosto 1985 Andreotti, allora ministro degli Esteri, si reca in visita ufficiale a Mazara del Vallo. E, all'hotel Hopps, incontra Andrea Manciaracina. Cioè il futuro boss di Mazara del Vallo, figlio ventitreenne del capomafia Vito nonché pupillo e prestanome di Totò Riina. Purtroppo per lui, c'è un testimone oculare: il sovrintendente capo della Polizia Francesco Stramandino, che quel giorno presta servizio nell'albergo. E, al processo, racconta:

Ricordo che rimasi un po' sorpreso di ciò, poiché pensai che l'on. Andreotti trattava cortesemente una persona del tipo di Manciaracina, e magari poi a noi della polizia neanche ci guardava. Dopo la presentazione, l'on. Andreotti e Manciaracina Andrea entrarono nella saletta di cui ho detto, e chiusero la porta. Il sindaco Zaccaria rimase invece fuori della stanza, davanti alla porta chiusa, senza muoversi [...]. Dopo 10 minuti circa, quindi, la porta si riaprí, il giovane Manciaracina uscí e si introdusse nella stanza il sindaco Zaccaria, che richiuse la porta dietro di sé.

Dal racconto di «intrinseca attendibilità» di Stramandino, i giudici desumono che l'incontro tra il sen. Andreotti e Manciaracina era assolutamente top secret.

Le particolari modalità dell'incontro con il sen. Andreotti sono perfettamente spiegabili se si tiene conto dello stretto rapporto fiduciario che già allora intercorreva tra Manciaracina e Riina [...]. Della circostanza che lo Stramandino avesse assistito a un incontro suscettibile di connotare negativamente la posizione del sen. Andreotti divennero successivamente consapevoli sia la moglie di Vincenzo Sinacori (divenuto nel frattempo reggente del mandamento di Mazara unitamente a Manciaracina), sia lo stesso imputato. Il povero Stramandino ha assistito a una scena che non avrebbe dovuto vedere. Come dimostrano gli avvenimenti successivi.

L'avventura del poliziotto morente

A Roma c'è una parrocchia di periferia dedicata a Cristo Re, con un parroco tutto speciale: don Baldassarre Pernice, siciliano, zio del boss (poi pentito) di Mazara Vincenzo Sinacori. Guarda caso, alla consacrazione della chiesa, il 27 novembre 1987, partecipa il pio Giulio Andreotti. Quando la Procura di Palermo lo scopre, nella primavera del '93, succede di tutto. Anche perché gli inquirenti collegano subito quella presenza con il *tête-à-tête* fra Andreotti e l'altro boss di Mazara. La moglie di Sinacori, Nuccia, telefona in quei giorni al sacerdote, lo avverte che l'agente Stramandino è molto malato (tant'è che morirà poco dopo) e gli raccomanda di dirlo ad Andreotti. Ma perché la moglie del boss era cosí interessata alla salute del poliziotto morente? Perché – scrivono i giudici – temeva «che lo Stramandino avrebbe potuto testimoniare qualche cosa e chiese al Pernice di riferire ciò al sen. Andreotti». Insomma: c'era il rischio che l'agente parlasse. Ma, se tutto andava per il verso giusto, sarebbe presto passato a miglior vita, portandosi nella tomba l'imbarazzante segreto.

Don Pernice, scrupolosamente, riferisce al senatore, che gli assicura di parlarne con i suoi avvocati. Poi, sempre nel maggio 1993 Andreotti avverte il prete che il telefono della sua parrocchia «è sotto controllo». Che significa tutto ciò?

> L'attivo interessamento esplicato dalla moglie del Sinacori al fine di trasmettere al sen. Andreotti la notizia del probabile futuro decesso dello Stramandino, e dell'eventualità che costui rendesse la propria deposizione, presuppone necessariamente la chiara consapevolezza delle conseguenze pregiudizievoli che sarebbero potute scaturire dalla stessa deposizione con riguardo alle vicende processuali del sen. Andreotti. [...] Pienamente consapevole della portata delle dichiarazioni dello Stramandino, e delle ragioni dell'interessamento spiegato dalla moglie del Sinacori, era il sen. Andreotti, il quale, pochi giorni dopo avere appreso dal Pernice le suesposte notizie, lo avvertí dell'attività di intercettazione in corso sull'utenza telefonica della sua parrocchia, all'evidente scopo di indurlo a mantenere la massima cautela in eventuali successive conversazioni telefoniche aventi analogo oggetto.

È il tipico comportamento di chi ha qualcosa da nascondere. Ma al processo, anche su questo punto, Andreotti racconta frottole: il suo rapporto col parroco – assicura – è di pura «natura religiosa e sociale». Quanto all'incontro con Manciaracina, «era per me naturale ascoltare le persone che desideravano parlare con me in occasione di queste mie visite pubbliche [...]. Nessuno dei presenti ufficiali, autorità locali eccetera mi sconsigliò l'incontro con il Mangiaracina [*sic*]». I giudici non credono a una sola parola:

Appare del tutto inattendibile la versione dell'episodio prospettata dall'imputato [...]. L'imputato ha esposto una versione dell'episodio non veridica nell'intento di sminuire la valenza indiziaria dell'incontro con Manciaracina, svoltosi con modalità del tutto diverse rispetto a quelle che caratterizzano i normali contatti degli esponenti politici con le persone interessate a rivolgere loro le proprie istanze e da essi occasionalmente conosciute [...]. Le peculiari modalità del colloquio [...] erano certamente tali da accordarsi soltanto con la trattazione di questioni assai rilevanti, delicate, e circondate dalla massima segretezza [...]. È ben possibile che, nel corso del suddetto incontro, siano stati trattati argomenti che in qualche modo rientravano nella sfera di interessi dell'organizzazione mafiosa.

Celle granturismo

I giudici ritengono provato, poi, che Andreotti si attivò nel 1983 per trasferire alcuni boss mafiosi da un carcere duro a uno piú «morbido»:

Il collaboratore di giustizia Gaetano Costa ha riferito di avere appreso da Leoluca Bagarella di un interessamento esplicato dal sen. Andreotti e dall'on. Lima per consentire il trasferimento di un gruppo di detenuti siciliani dal penitenziario di Pianosa a quello di Novara [...]; nel corso, o comunque in prossimità, delle festività natalizie del 1983 presso il carcere di Pianosa, alcuni detenuti, che stavano organizzando una rivolta per far cessare i soprusi cui erano sottoposti, invitarono il Costa ad aderirvi. Egli parlò dell'argomento con il Bagarella, il quale gli consigliò di non attivarsi in tal senso, in quanto i detenuti siciliani presto sarebbero stati trasferiti in un altro penitenziario.

Racconta Costa:

Io incredulamente gli ho dato dell'ingenuo, a Luchino Bagarella [...]. E lui è stato molto piú dettagliato, dicendomi espressamente che da fuori si stavano interessando per questo nostro trasferimento [...]. C'era dietro l'on. Lima, mi ha detto, «c'è anche il Gobbo, quindi siamo coperti» [...]. E io: «Chi è il Gobbo?». Dice: «Andreotti» [...]. In quel periodo i corleonesi non vedevano di buon occhio Andreotti, perché lo sapevano vicino alla famiglia Bontate. Poi, man mano che questo rapporto si sarà anche consolidato, si parlava dello «Zú» Giulio Andreotti.

Guardacaso, osserva il Tribunale,

dopo uno o due mesi, dieci o quindici detenuti siciliani vennero trasferiti nel carcere di Novara [...]. Dopo il trasferimento, il Bagarella invitò il Costa a comunicare all'esterno dell'ambiente carcerario che a Messina occorreva indirizzare il consenso elettorale verso la Dc e in particolare verso la corrente andreottiana.

Sindona, amico e mafioso

A sentire Andreotti, il finanziere Michele Sindona era per lui uno sconosciuto, un estraneo. Sí, lui l'aveva definito «il salvatore della lira», ma nel lontano 1973, quando lo osannavano tutti e nessuno sapeva dei suoi legami mafiosi. Poi basta, fine delle trasmissioni. La sentenza del Tribunale di Palermo scrive, anche su questo capitolo, tutt'altra storia. Una storia di legami strettissimi che vanno ben al di là della data-limite del 24 ottobre 1974, quando la magistratura italiana spiccò il primo mandato di cattura contro Sindona per bancarotta fraudolenta. I giudici confermano «l'attività di riciclaggio svolta dal Sindona per conto di esponenti di primaria importanza di Cosa nostra». E ricordano che lo stesso avvocato di Sindona, Rodolfo Guzzi,

ha specificato di avere compreso che il Sindona era in contatto con ambienti mafiosi dopo un incontro a Zurigo con Enrico Cuccia e Pier Sandro Magnoni, il quale aveva esibito una lettera con la quale il Sindona comunicava a Cuccia: «La comunità italo-americana ti ha condannato».

Il solo a ignorare le amicizie e i metodi mafiosi di Sindona era, evidentemente, il candido Andreotti. Il quale fece di tutto fino all'ultimo per salvare l'impero di cartapesta del bancarottiere piduista e mafioso. Proprio mentre Cosa nostra e la P2 si adoperavano per lo stesso obiettivo: «Particolarmente significativi furono gli interventi esplicati alla fine del 1978 e nel 1979 in favore del Sindona da soggetti legati a Cosa nostra». Lo dimostrano le telefonate minatorie ricevute da Giorgio Ambrosoli, commissario liquidatore della Banca Privata Italiana di Sindona, fra il 28 dicembre 1978 e il 12 gennaio 1979. Il 9 gennaio 1979 l'anonimo siciliano, che Ambrosoli chiamava «picciotto», gli telefona per ben due volte. Scriverà Ambrosoli nella denuncia:

Oggetto delle telefonate è ancora il viaggio a New York per depositare documenti di cui disporrebbe Michele Sindona, ma soprattutto l'avvertimento che ambienti di Roma imputavano al sottoscritto la mancata chiusura della vicenda Sindona. In particolare l'anonimo affermava che l'on. Andreotti aveva telefonato direttamente a New York dicendo a Sindona che il sottoscritto non voleva collaborare alla sistemazione del suo caso. Ha affermato pure che il direttore generale della Banca d'Italia – dott. Ciampi – avrebbe dovuto telefonare al sottoscritto, e si meravigliava che tale telefonata non fosse qui pervenuta. Concludeva ripetendo che a Roma e Milano diversi amici di Sindona – compreso il dott. Cuccia – attribuivano al sottoscritto la colpa della mancata definizione del caso Sindona, ed aggiungeva che – [se] fosse stata sistemata la cosa – si sarebbe presentato con una bella busta.

Prima telefonata:

Ambrosoli – Pronto?
Picciotto – Pronto, l'avvocato?
Ambrosoli – Sí [...].
Picciotto – Senta avvocato, se le può fare piacere gli volevo dire questo, dato che lei domani ha quell'appuntamento.
Ambrosoli – Sí.
Picciotto – Guardi che puntano il dito soprattutto sopra di lei. Io adesso lo sto chiamando da Roma [...] e puntano il dito tutti su di lei, come se è lei che non vorrebbe collaborare.
Ambrosoli – Ma chi questo?
Picciotto – Mi sono spiegato? Io lo voglio mettere... perché tutti sono pronti a buttare la colpa su di lei.
Ambrosoli – Buttino la bomba che vogliono, ma...
Picciotto – Sia dal capo grande...
Ambrosoli – Sí.
Picciotto – Mi sono spiegato?
Ambrosoli – Chi è il capo grande?
Picciotto – Lei mi capisce. Sia il capo grande che a finire al piccolo, il signor Cuccia e compagni, danno tutta la colpa a lei in modo che lei si... perché mi creda veramente, io lo vedo e vedo che lei è una brava persona. Mi dispiacerebbe... perché loro puntano il dito tutti su di lei.
Ambrosoli – Va bene, ma puntano per che cosa, me lo spiega?
Picciotto – Perché dice che lei non vuole collaborare a aiutare quella persona [Sindona]. Capisce? Il grande, che lei sa chi è?
Ambrosoli – Sí.
Picciotto – Ha detto che praticamente ha fatto telefonare a quello mentre, come mi ha detto lei, non è vero.
Ambrosoli – Qui non ha telefonato Ciampi.
Picciotto – E quello perché questo, il grande, ha telefonato a Nuova York. Capisci?
Ambrosoli – Sí.
Picciotto – E ha detto che aveva sistemato tutto e la colpa la dava solo a lei. Capisce? Ora lei, io lo sto avvisando in modo che lei si sappia calcolare.
Ambrosoli – Io le dico: Ciampi non lo conosco e non posso neanche telefonargli.
Picciotto – Ma il grande, il grande mi ha capito chi è, no?

Ambrosoli – Il grande immagino sia Sindona.
Picciotto – Eh no, il signor Andreotti.
Ambrosoli – Chi, Andreotti?
Picciotto – Sí.
Ambrosoli – Ah!
Picciotto – Ha telefonato e ha detto che aveva sistemato tutto, ma che la causa è sua.
Ambrosoli – Ah, sono io contro Andreotti?
Picciotto – Esatto. Perciò ci dico si stia a guardare che lo vogliono mettere a lei nei guai. Va bene? Mi dispiace che non ho piú gettoni. La chiamo domani dalle 12 e mezzo all'una.

Seconda telefonata:

Picciotto – Pronto, avvocato?
Ambrosoli – Sí.
Picciotto – Mi sono spiegato bene oppure no, avvocato?
Ambrosoli – Lei mi dice che Andreotti dice che la colpa è mia e io le ho risposto...
Picciotto – Esatto, ma... ha telefonato là... di sopra, no?
Ambrosoli – Sí.
Picciotto – Dicendo che aveva telefonato a quello e che lei non è... non voleva collaborare per niente, mi sono spiegato?
Ambrosoli – Sí, ma scusi, io cosa ci posso fare? Telefono al presidente del Consiglio? Guardi che lei si sbaglia.
Picciotto – No, per carità [...]. Insomma ci voglio dimostrare [...] quello che tramano dietro le sue spalle, forse, per questo l'ho richiamato, capisce? Perché praticamente tutti puntano il dito su di lei...
Ambrosoli – Ma possono puntare quello che vogliono, ma io vorrei sapere, perché sono estremamente generici i suoi discorsi, Andreotti dice che io non voglio collaborare per cosa, per andare a New York?
Picciotto – Sí.
Ambrosoli – E come fa a inventarselo il presidente del Consiglio?
Picciotto – E perciò... perciò glielo sto dicendo io, guardi che lei, ha visto, ieri sera ci abbiamo telefonato... perché quello non sapeva niente, quello di sopra, no? Lui gli ha telefonato direttamente a quello, dicendo io ti ho fatto telefonare da quel signore là – che ci ho fatto il nome – però non sono...
Ambrosoli – Ma il dottor Ciampi mi avrebbe telefonato, secondo Andreotti?
Picciotto – Esatto... esatto, questo è tutto il... mi sono spiegato?
Ambrosoli – E lei chiede in Banca d'Italia se il dottor Ciampi mi ha telefonato...
Picciotto – No, io non chiedo a nessuno, siccome noialtri siamo qua giustamente per... per potere sistemare questa faccenda, loro puntano tutti il dito su di lei, per dire la colpa come se fosse lei e vogliono, insomma... mi sono spiegato? Voglio che lei, insomma, si rende conto della situazione, solo per questo io... che io lo vedo, insomma... anche lo guard... guardandolo, vedo che lei è una persona a posto, per cui io non... non mi sento, diciamo noialtri, di potere fare del male, se prima non sono sicuro... mi sono spiegato... capi-

sce?... E allora vedo, che dato che tutti sono amici suoi e puntano il dito su di lei...
Ambrosoli – No, amici miei non sono, guardi, Andreotti non è mio amico proprio.
Picciotto – Lo voglio avvisare... ma c'è quell'altro di Milano, signor Cuccia invece pure?
Ambrosoli – Ma Cuccia non lo conosco neanche lui, pensi un po'...
Picciotto – E comunque puntano il dito tutti su di lei.
Ambrosoli – Possono puntare quello che vogliono, ma se non mi chiedono niente e io non gli faccio niente e non ci conosciamo, non vedo cosa possono...

L'indomani, 10 gennaio 1979, verso le 12, Ambrosoli riceve la visita dell'avvocato Guzzi. Che gli domanda se ha ricevuto una telefonata di Ciampi.

Ambrosoli gli contestò che la stessa domanda era stata formulata il giorno precedente dall'autore delle telefonate anonime, e gli fece ascoltare la registrazione della relativa conversazione telefonica [...]. Il 12 gennaio l'anonimo interlocutore telefonò per l'ultima volta all'avv. Ambrosoli.

Ecco la trascrizione:

Picciotto – Pronto, avvocato!
Ambrosoli – Buongiorno.
Picciotto – Buongiorno. L'altro giorno ha voluto fare il furbo, ha fatto registrare tutta la telefonata!
Ambrosoli – Chi glielo ha detto?
Picciotto – Eh, sono fatti miei chi me lo ha detto. Io la volevo salvare, ma da questo momento non la salvo piú.
Ambrosoli – Non mi salva piú?
Picciotto – Non la salvo piú, perché lei è degno solo di morire ammazzato come un cornuto! Lei è un cornuto e bastardo!

I giudici sono convinti che «l'autore delle suesposte telefonate intimidatorie può essere identificato in Giacomo Vitale», uomo d'onore, cognato di Bontate, massone «coperto» della loggia Camea legata alla P2.

Pur non essendo rimasto dimostrato con certezza che il Sindona abbia telefonato all'imputato, non vi è dubbio [...] che il sen. Andreotti fosse uno dei destinatari del disegno ricattatorio coltivato dal finanziere. Questo disegno si poneva in correlazione con la necessità di assicurare il recupero di ingenti capitali agli esponenti dello schieramento «moderato» di Cosa nostra che in precedenza si erano avvalsi dell'opera del Sindona per il riciclaggio dei proventi del narcotraffico. È proprio questa correlazione che spiega il costante sostegno offerto al Sindona in tutta la vicenda relativa al suo finto rapimento [in Sicilia], al suo viaggio in Europa e al suo ritorno negli Usa, da una pluralità di soggetti strettamente legati all'organizzazione mafiosa. [...] Andreotti rappresentò, per Michele Sindona, un costante punto di riferimento anche durante il periodo della sua latitanza, e il raccordo tra i due soggetti era noto a settori di Cosa nostra i quali, contestualmente, operavano in modo illecito a favore del finanziere siciliano [...]. È emerso inequivocabilmente che Sindona considerava il sen. Andreotti un importantissimo punto di riferimento politico, cui potevano essere rivolte le proprie istanze attinenti alla sistemazione della Banca Privata Italiana e ai procedimenti penali che il finanziere siciliano doveva affrontare in Italia e negli Usa [...]. A questo atteggiamento del Sindona fece riscontro un continuativo interessamento del sen. Andreotti, proprio in un periodo in cui egli ricopriva importantissime cariche governative.

Che cosa fece, in concreto, Andreotti per Sindona?

Particolarmente numerosi furono i contatti intercorsi tra l'imputato e una pluralità di persone che si rivolgevano a lui per rappresentargli le istanze del Sindona. Nei colloqui con costoro, il sen. Andreotti, oltre a manifestare in via generale un vivo interesse per la situazione del Sindona, non di rado assicurò [...] il proprio attivo impegno per agevolare la soluzione dei suoi problemi di ordine economico-finanziario e giudiziario [...]. Andreotti, inoltre, realizzò alcuni specifici comportamenti che apparivano concretamente idonei ex ante [...] ad avvantaggiare il Sindona nel suo disegno di sottrarsi alle conseguenze delle proprie condotte, e inequivocabilmente rivolti a questo fine.

Andreotti nega di aver mai mosso un dito per salvare Sindona. Ma, secondo il Tribunale, mente. Fu proprio lui a sguinzagliare a protezione del bancarottiere il ministro piduista Gaetano Stammati e il fido Evangelisti. E fece anche di piú: «incontrò il direttore generale del Banco Ambrosiano, Roberto Calvi, in data 6 aprile 1977». Poi volò in America per incontrare personalmente Sindona, già latitante.

Un ulteriore elemento che denota inequivocabilmente la disponibilità mostrata dal sen. Andreotti nei confronti del Sindona è costituito dall'incontro tra i due soggetti, avvenuto – secondo quanto l'avv. Guzzi apprese dal proprio cliente – a Washington tra il 1976 ed il 1977 [...]. Nel periodo in esame il sen. Andreotti era investito di incarichi governativi di primaria importanza (Ministro del Bilancio e della Programmazione economica nel IV e nel V governo Moro, e poi, dal 29 luglio 1976, presidente del Consiglio), mentre il Sindona era latitante e destinatario di una richiesta di estradizione [...]. Ben diverso era stato il modus operandi dell'ambasciatore italiano a New York, Roberto Gaja, il quale, intorno al 1975-76 era stato invitato da una organizzazione di italo-americani a una celebrazione in onore del Sindona, ma aveva rifiutato di prendervi parte [...] e aveva inviato un rapporto al Ministero degli

> Esteri italiano, spiegando le ragioni per cui non aveva partecipato a quella manifestazione e non intendeva partecipare a nessun'altra cosa che riguardasse Sindona, ritenendolo in contatto stretto con ambienti di natura mafiosa.

Per l'ambasciatore, incontrare Sindona era sconveniente. Per il presidente del Consiglio, invece, era un onore. Ecco perché, con quel po' po' di scheletri nell'armadio, Andreotti arriva quasi a negare di aver conosciuto Sindona:

> Molti aspetti essenziali della ricostruzione dell'accaduto esposta dall'imputato [...] sono inequivocabilmente contraddetti dalle risultanze probatorie. [...] Il sen. Andreotti adottò reiteratamente iniziative idonee ad agevolare la realizzazione degli interessi del Sindona nel periodo successivo al 1973; tra tali iniziative assunsero particolare rilevanza – anche se non conseguirono il risultato voluto – quelle aventi come destinatari finali i vertici della Banca d'Italia e il commissario liquidatore della Banca Privata Italiana [Ambrosoli], i quali si opponevano ai progetti di «sistemazione»; se gli interessi del Sindona non prevalsero, ciò dipese, in larga misura, dal senso del dovere, dall'onestà e dal coraggio dell'avv. Ambrosoli, il quale fu ucciso, su mandato del Sindona, proprio a causa della sua ferma opposizione ai progetti di salvataggio elaborati dall'entourage del finanziere siciliano, a favore dei quali, invece, si mobilitarono il sen. Andreotti, taluni altri esponenti politici, ambienti mafiosi e rappresentanti della loggia massonica P2. [...] Ed è sicuramente dimostrata una approfondita conoscenza, da parte del sen. Andreotti, del collegamento del Sindona con lo schieramento mafioso «moderato».

I punti deboli della sentenza

Possibile che, con tutte queste prove, il Tribunale abbia assolto Andreotti? Secondo la Procura, i giudici hanno «sistematicamente destoricizzato, decontestualizzato e destrutturato il materiale probatorio». Qualche esempio tratto dall'atto di appello contro l'assoluzione di Andreotti:

Anzitutto, la spiegazione minimalista delle bugie sui cugini Salvo. Per il Tribunale, sarebbero un semplice atto di pudore: Andreotti nega di aver mai conosciuto gli esattori soltanto per «evitare ogni appannamento della propria immagine di uomo politico e [...] impedire che nell'opinione pubblica si formasse la certezza dell'esistenza dei suoi rapporti personali con soggetti quali i cugini Salvo, organicamente inseriti in Cosa nostra e indicati da Giovanni Brusca come coinvolti nel disegno di uccidere Rocco Chinnici». Ma Andreotti nega il suo rapporto con i Salvo fin dagli albori dell'inchiesta, cioè dal marzo 1993. E Brusca viene arrestato solo il 20 maggio 1996. Come faceva Andreotti a sapere con tre anni d'anticipo quel che avrebbe poi detto Brusca, e cioè che i Salvo erano coinvolti nel delitto Chinnici? Doveva avere ottime fonti...

Altro punto debole. L'accusa sostiene che Andreotti, alla fine degli anni 70, fece intervenire i suoi amici mafiosi per bloccare un'estorsione della 'ndrangheta ai danni di un petroliere laziale suo amico, Bruno Nardini. Ne parla – come vedremo – il boss pentito Antonino Mammoliti e lo dimostrano svariati riscontri. Ma per il Tribunale «la vicenda è stata radicalmente smentita dalla deposizione degli altri protagonisti e in particolare dall'imputato». E tanto basta. Ora, a parte la stranezza di un imputato elevato al rango di testimone inattaccabile, depositario di tali verità da scardinare da sole i risultati di un'inchiesta giudiziaria, qui c'è un dato piuttosto insormontabile: Andreotti, in sette anni di indagini e processi, non ha mai detto una sola parola sulla vicenda Nardini. La sua «radicale smentita» non esiste.

Non basta. Per sei anni i vertici di Cosa nostra sono rimasti convinti che Lima e i Salvo, tramite Andreotti e Carnevale, avrebbero «aggiustato» il maxiprocesso in Cassazione. Poi qualcosa andò storto: Falcone, dal ministero, indusse Antonio Brancaccio, primo presidente della Corte a sostituire Vincenzo Molinari, il presidente designato da Carnevale. E le condanne furono confermate. Subito dopo si scatenò l'ira di Riina contro i «traditori»: Lima assassinato, Ignazio Salvo assassinato, Andreotti e i suoi figli nel mirino, poi due anni di stragi. Ma per il Tribunale quella strategia di Cosa nostra si fondava su «una ridda incontrollata di voci, notizie, indiscrezioni, aspettative di ogni genere». Insomma, su un colossale equivoco. Cosa nostra, in preda a un'allucinazione collettiva, progettò e cominciò ad ammazzare tutti i propri referenti politici senza un perché? Tra Andreotti e Carnevale infatti, secondo il Tribunale, non c'era praticamente nessun rapporto. La prova? «L'affermazione di Andreotti e Carnevale della assoluta inesistenza di rapporti, al di là di una superficiale e occasionale conoscenza». Due imputati (uno dei quali ha già raccontato un sacco di frottole) negano le accuse, dunque le accuse sono false: una prova davvero granitica. Se le cose funzionassero cosí, in Italia non si processerebbe mai nessuno, tranne i rei confessi.

Infine, il presunto incontro (quello del bacio) fra Andreotti e Riina nel 1987, in casa di Ignazio Salvo. Non ne parla soltanto Balduccio Di Maggio. Ne parlano ben otto collaboratori di giustizia, solitamente considerati attendibili: gli altri sono Enzo ed Emanuele Brusca, Calvaruso, Cannella, Cancemi, La Barbera e Camarda. Ma per il Tribunale sono tutti inattendibili. Enzo Brusca lo è perché «la sua collaborazione è stata preceduta da reticenze, menzogne e persino progetti, concordati col fratello Giovanni, di inquinamento di processi e falsi pentimenti». Quali? Il Tribunale non lo dice. Per la semplice ragione che ha clamorosamente sbagliato persona: quelle condotte disdicevoli le commise il fratello Giovanni. Non Enzo, che anzi aiutò gli inquirenti a smascherarle.

Il 20 settembre 1987, giorno del presunto incontro con Riina in casa Salvo, Andreotti si trovava a Palermo per la Festa dell'Amicizia. E, secondo unanimi testimonianze, scomparve dall'hotel Villa Igiea dall'ora di pranzo fino quasi alle 18, quando parlò alla Festa. Dunque avrebbe avuto tutto il tempo di raggiungere casa Salvo, parlare con Riina e tornare in albergo. Brutto affare, per il senatore. Gli serve un alibi per quella data. Cosí manda avanti tre «testimoni» a giurare di averlo visto ben prima delle 18, per riempire quell'imbarazzante buco di cinque-sei ore: un regista Rai, il segretario di un ex onorevole Dc e l'amico giornalista Alberto Sensini (che risultava nelle liste della P2). Peccato che si rivelino tutti e tre bugiardi, o perlomeno «smemorati».

Il caso di Sensini è davvero avvincente: l'allora inviato del *Corriere della sera* assicura di aver intervistato Andreotti, quel pomeriggio, poco prima del comizio del premier alla Festa dell'Amicizia, che secondo la cronaca del «Popolo» si era svolto alle 16. Dunque, par di capire, l'intervista si svolse intorno alle 15. Ma poi i pm scoprono che all'ultimo momento il comizio era stato spostato, per il caldo, alle 18. E Andreotti era giunto stranamente in ritardo: dopo le 18,30. Dunque, se Sensini ricorda di averlo intervistato poco prima del comizio, il colloquio era iniziato verso le 17,30. E prima, dalle 14 alle 17,30, Andreotti aveva avuto tutto il tempo per incontrare segretamente chi gli pareva. Fa fede la chiusura dell'intervista di Sensini, uscita l'indomani sul *Corriere*: «Cosí Andreotti Belzebú si congeda e va a parlare sotto i terribili tendoni del festival...». La falla temporale che Sensini doveva tamponare si riapre. Come la risolvono, a questo punto, i giudici? Semplice: «Il Sensini ha espressamente affermato che si trattò di un "artificio letterario"». Ma non è vero: Sensini ha confermato che Andreotti, subito dopo l'intervista, si congedò da lui per iniziare il comizio. L'artificio letterario non era la frase «Andreotti si congeda», ma la definizione di «Andreotti Belzebú».

L'appello

Il 2 maggio 2003 i giudici della I sezione della Corte d'appello di Palermo (presidente Salvatore Scaduti, giudici a latere Mario Fontana e Gioacchino Mitra) ribaltano la sentenza di primo grado con questo dispositivo:

> La Corte, visti gli articoli 416, 416-bis, 157 e seguenti, codice penale; 531 e 605 codice di procedura penale; in parziale riforma della sentenza resa il 23 ottobre 1999 dal Tribunale di Palermo nei confronti di Andreotti Giulio e appellata dal procuratore della Repubblica e dal procuratore generale, dichiara non doversi procedere nei confronti dello stesso Andreotti in ordine al reato di associazione per delinquere a lui ascritto al capo A della rubrica, commesso fino alla primavera del 1980, per essere lo stesso reato estinto per prescrizione; conferma, nel resto, la appellata sentenza.

Dunque Andreotti ha «commesso» il reato di associazione per delinquere con Cosa nostra sino alla primavera del 1980, ma il reato è coperto da prescrizione; per gli anni successivi i giudici confermano l'assoluzione, sempre con la formula dubitativa dell'articolo 530 comma 2. E la prescrizione è appena scattata, nel dicembre 2002: 22 anni e mezzo dopo i fatti (primavera del 1980) e pochi mesi prima della sentenza. E soltanto perché, essendo incensurato, Andreotti ottiene le attenuanti generiche prevalenti. E soltanto perché nel 1980 non esisteva ancora il reato di associazione per delinquere di stampo mafioso, introdotto nel 1982: per l'associazione «semplice» le pene sono piú basse e i termini di prescrizione piú brevi.

La data della primavera 1980 è quella dell'incontro a Palermo (pienamente accertato) fra Andreotti e il boss Stefano Bontate, all'indomani del delitto Mattarella. Ma i giudici ritengono provati anche altri vertici fra il senatore a vita e diversi boss di prima grandezza: con lo stesso Bontate (nella primavera-estate 1979, a Catania), con Badalamenti (nel 1979, a Roma), con Manciaracina (nel 1985, a Mazara), mentre non ritengono sufficienti le prove per suffragare il presunto incontro con Riina nel 1987.

Una sentenza coraggiosa, quella dei giudici di appello (tutt'altro che «comunisti»: il presidente Scaduti è un esponente storico della corrente conservatrice di Magistratura indipendente). Essa riscatta il lavoro della Procura. E dimostra che il processo si fonda su fatti concreti e gravissimi, dunque andava celebrato, in nome dei principi costituzionali dell'obbligatorietà dell'azione penale e dell'uguaglianza di tutti i cittadini di fronte alla legge.

1980, incontro con Bontate

Vediamo le motivazioni d'appello, depositate il 25 luglio 2003. Anzitutto la Corte «ritiene essenziale l'incontro con il boss Stefano Bontate ed altri mafiosi avvenuto in Palermo nella primavera del 1980, qualche mese dopo l'assassinio del presidente della Regione Siciliana, on. Piersanti Mattarella (risalente al 6 gennaio 1980)». Incontro rivelato da un testimone oculare: Francesco Marino Mannoia. Alle sue dichiarazioni la Corte attribuisce

> piena attendibilità [...]. Sono frutto del sincero e notevole sforzo di superare la atavica remora a parlare di rapporti fra Cosa nostra e personaggi politici, oggettivamente suscettibile di esporre il propalante e gli stessi inquirenti alle insidie multiformi degli sbarramenti che sarebbero stati opposti da ancora potenti soggetti. Il complessivo tenore delle dichiarazioni del Mannoia non denuncia affatto intenti persecutori nei confronti dell'imputato [...]. Egli non ha riferito, in realtà, di alcuno specifico favore che l'imputato avrebbe fatto al sodalizio mafioso [...]. Si è lealmente limitato a rassegnare quanto a sua conoscenza, senza aggiungere (come sarebbe stato agevole e anche incontrollabile), neppure in termini generici, riferimenti a favori [...]. Nessuna inclinazione a compiacere gli inquirenti [...]. Né il Marino Mannoia è ragionevolmente sospettabile dell'intento di guadagnare benefici, posto che la sua figura di collaboratore serio e prestigioso era ormai consolidata, cosí come erano consolidate le sue condizioni di vita, peraltro assicurate non dagli inquirenti italiani, ma dalla competente autorità statunitense: semmai, nell'ambito della deposizione del 3 e 4 aprile 1993, egli ha esposto la sua personale posizione a possibile aggravamento, avendo per la prima volta confessato la partecipazione a numerosi omicidi.

E qui la Corte d'appello critica a fondo la sentenza del Tribunale:

> Non sembra alla Corte che le argomentazioni del Tribunale possano sorreggere un negativo convincimento circa la attendibilità delle dichiarazioni del Marino Mannoia concernenti lo specifico episodio in trattazione [...]. [Mannoia], soggetto particolarmente vicino al Bontate, del quale raccoglieva qualche confidenza, circoscrive gli incontri personali fra il Bontate medesimo e Andreotti alla questione Mattarella.

A questo punto la Corte riassume le rivelazioni dei «dichiaranti» (non pienamente «pentiti»), come Pino Lipari, e dei collaboratori di giustizia Nino Giuffrè, Tommaso Buscetta, Giovanni Brusca e Antonino Mammoliti sui rapporti fra Andreotti e Cosa nostra fino al 1980. Giuffrè seppe da Michele Greco di incontri fra Andreotti e Bontate. Buscetta racconta un vertice Andreotti-Badalamenti a Roma per discutere dell'«aggiustamento» del processo a Filippo Rimi, cognato di don Tano. Brusca parla di una generica vicinanza fra Andreotti e il clan Bontate-Badalamenti. Antonino Mammoliti, il boss pentito della 'ndrangheta, rivela un intervento di Andreotti presso la mafia per alleggerire le pressioni della malavita calabrese ai danni di un imprenditore suo amico, il petroliere ciociaro Bruno Nardini. Andreotti – secondo Mammoliti – chiese e ottenne che Bontate convincesse l'amico boss Girolamo Piromalli a far cessare un'estorsione delle cosche calabresi contro Nardini (finanziatore e portatore di voti della corrente andreottiana nel Lazio) nei suoi stabilimenti in Calabria. Anche questo fatto, con buona pace del Tribunale, è per la Corte d'appello pienamente dimostrato. Conclusione:

> Il pregnante significato delle attendibili indicazioni del Giuffrè, del Lipari, del Buscetta, del Brusca e del Mammoliti costituisce, ad avviso della Corte, elemento di valutazione sufficiente a confermare le relazioni del sen. Andreotti con gli esponenti di spicco della c.d. ala moderata di Cosa nostra ed a riscontrare le dichiarazioni del Marino Mannoia concernenti l'incontro della primavera del 1980 al quale egli aveva personalmente assistito. Del resto, sarebbe davvero impossibile attribuire la diffusa e tramandata consapevolezza dei mafiosi circa le relazioni dell'imputato con Cosa nostra ed i piú specifici apporti appena esaminati ad una mera coincidenza di fatti, di vanterie e di millanterie del tutto privi del benché minimo fondamento, ai quali si sono aggiunte alcune innegabili reticenze dell'imputato – quali, per esempio, quella, risalente ad epoca ben anteriore alla inchiesta a suo carico, concernente il suo colloquio con il gen. Dalla Chiesa del 5 aprile 1982 – che non trovano adeguata spiegazione al di fuori della coscienza di pregresse, non ineccepibili e inconfessabili condotte. Del pari, limitandosi al sintomatico rapporto del sen. Andreotti con i cugini Salvo, si può aggiungere che, al di fuori del quadro delineato, rimarrebbe, in qualche misura, inspiegabile come il medesimo sia costantemente rimasto del tutto estraneo ai pacifici, piú o meno intensi, rapporti intrattenuti con gli stessi Salvo da Salvo Lima, da Claudio Vitalone e da Franco Evangelisti, tutte persone legate all'imputato da intime relazioni. [...] La vicenda riferita dal Mammoliti, l'incontro di Andreotti con il Badalamenti in relazione al processo Rimi e il colloquio dello stesso Andreotti con il Bontate e altri mafiosi nella primavera 1980 si possono considerare sufficientemente provati.

1979, incontro con Bontate

E l'altro vertice Andreotti-Bontate, quello raccontato sempre da Mannoia e collocato nella primavera-estate del 1979 (qualche mese prima del delitto Mattarella) nella tenuta «La Scia» dei Costanzo a Catania? Questa volta Mannoia non ha assistito personalmente alla scena: gliel'ha raccontata Bontate. Ma ne parla anche Angelo Siino, che accompagnò Bontate in auto da Palermo a Catania e poi lo riportò a Palermo dopo il vertice: durante l'incontro – al quale non partecipò – s'intrattenne a chiacchierare fuori dalla tenuta con il guardiano, soprannominato *U Cchiu*. Questi gli disse di aver appena visto entrare Andreotti. Per i giudici d'appello, il racconto di Siino è assolutamente credibile. Avendo fatto da autista a Bontate, avrebbe potuto rafforzare le sue accuse raccontando che il boss gli aveva parlato di Andreotti in auto: Bontate è morto e non avrebbe mai potuto smentirlo. Avrebbe anche potuto dire di aver visto con i propri occhi Andreotti incontrare Bontate. Invece non lo fa. Dice solo quel poco che sa: ciò che, appunto, gli ha riferito *U Cchiu*.

> Se il Siino fosse stato ispirato da maligni intenti persecutori o avesse voluto compiacere gli inquirenti apportando un falso contributo alla investigazione, è assolutamente ragionevole pensare che le sue affermazioni sul punto essenziale in considerazione sarebbero state assai piú nette ed esplicite. [...] La complessiva valutazione degli elementi di prova rassegnati induce, dunque, a concludere che sia stata acquisita valida dimostrazione anche dell'episodio costituito dall'incontro presso «La Scia».

Il movente

Ma perché Andreotti intratteneva affettuosi rapporti con i boss di Cosa nostra? La risposta dei giudici d'appello è agghiacciante:

> I benefici che l'imputato traeva o sperava di ricavare coltivando personalmente rapporti con i mafiosi [...] rivelano che era piuttosto il predetto a servirsi di costoro. In primo luogo possono considerarsi i benefici elettorali, dipendenti dall'appoggio concesso dai mafiosi agli esponenti siciliani della corrente andreottiana.

Ma i voti dei mafiosi non bastano. C'è dell'altro:

> Nel tentativo di spiegare la propensione dell'imputato a intrattenere personali, amichevoli relazioni con esponenti di vertice di Cosa nostra, relazioni cer-

tamente propiziate dagli intimi rapporti già intrattenuti dal Lima, appare piú interessante considerare la spinta determinata dalla possibilità di utilizzare la struttura mafiosa per interventi che potrebbero definirsi extra ordinem, ovvero per arrivare, in taluni, peculiari casi, a soluzioni difficilmente raggiungibili seguendo canali ortodossi. In questo quadro si inserisce a pieno titolo la illustrata vicenda Nardini [...], ma potrebbe includersi, altresí, il tentativo di interessare il Bontate al salvataggio dell'on. Moro, che viene prospettato – in termini espliciti, ancorché in via deduttiva – dal Buscetta.

Secondo i giudici, Andreotti chiese aiuto alla mafia per salvare Moro prigioniero delle Br. Buscetta racconta di quando, nel carcere di Cuneo, fu contattato da alcuni intermediari della malavita milanese perché avvicinasse alcuni brigatisti detenuti, anche se poi la richiesta fu lasciata cadere e lui si fece l'idea che il salvataggio di Moro non interessasse piú. E – ricordano i giudici – «una indicazione analoga è stata fornita dal Marino Mannoia». Qualcosa di simile emerge persino dalla testimonianza di un ex capo dello Stato: Francesco Cossiga.

Il sen. Francesco Cossiga, che all'epoca del sequestro dell'on. Moro rivestiva la carica di ministro dell'Interno, [...] ha riferito che si parlò, in quei drammatici e concitati giorni, anche di avvalersi della mafia per tentare di liberare il rapito, precisando che l'idea era stata da lui recisamente bocciata e che egli, probabilmente, ne aveva parlato all'imputato (allora presidente del Consiglio). [...] Se le indicazioni fornite dal sen. Cossiga si mettono in relazione con gli amichevoli rapporti che a quell'epoca l'imputato intratteneva con i mafiosi e con la richiesta di aiuto (già sperimentata con successo) rivolta ai medesimi mafiosi in occasione della vicenda Nardini, si dovrà ammettere che le stesse conferiscono all'originaria affermazione del Buscetta notevole plausibilità.

Il caso Nardini, come il caso Moro, dimostra che Andreotti considerava Cosa nostra un *instrumentum regni*, un'arma in piú per accrescere il suo potere (ma, di conseguenza, anche il potere della mafia).

Si è in presenza, in buona sostanza, del ricorso a forme di intervento paralegale, che conferisce, a chi sia in possesso dei canali che gli consentano di sperimentarle, un surplus di potere rispetto a chi si attenga rigorosamente ai mezzi legali, surplus di potere che mette in grado di ottenere, talora, risultati, di per sé non necessariamente riprovevoli, anche laddove essi non possano essere raggiunti con metodi ortodossi: una situazione, in altri termini, suscettibile di affascinare qualsiasi uomo di governo. Insomma, anche al di là delle riflessioni da ultimo esposte, può considerarsi ragionevole un'interpretazione secondo cui, anche senza arrecare al sodalizio mafioso contributi concretizzatisi in consistenti ed effettivi interventi agevolativi – ma si vedrà come per nulla trascurabile sia stato l'apporto rafforzativo assicurato ai mafiosi dall'amicizia di Andreotti –, l'imputato si sia conquistato, con il tramite del Lima e dei Salvo, l'amicizia degli «uomini d'onore», ottenendone notevoli benefici. Tutto ciò l'imputato ha fatto ritenendo di poter controllare a piacimento gli «uomini d'onore», forte del convincimento che essi fossero individui di non eccelsa levatura, che subivano l'ascendente di un illustre uomo politico ed erano, in definitiva, ispirati da un assoluto rispetto per la istituzione pubblica e per i suoi esponenti, specie per quelli piú prestigiosi. [...] Le certezze dell'imputato si infrangono fra la seconda parte del 1979 e l'inizio del 1980.

Mattarella, delitto annunciato

A questo punto, finalmente, Andreotti capisce che usare la mafia significa giocare col fuoco. Anzi, con la vita degli altri: nella fattispecie, di Piersanti Mattarella, assassinato da Cosa nostra il 6 gennaio 1980, qualche mese dopo il primo incontro Andreotti-Bontate e poco prima del secondo. Anche questo passo della sentenza mette i brividi:

Chiamato a interessarsi della questione Mattarella, l'imputato indica nella mediazione politica la possibile soluzione, che tuttavia, dopo alcuni mesi, viene del tutto disattesa dai mafiosi, che perpetrano l'assassinio del coraggioso presidente della Regione. La scelta sanguinaria sgomenta Andreotti, il cui realismo politico (abusando di un luogo comune si potrebbe piú propriamente parlare di cinismo) non si spinge certo fino a contemplare l'omicidio del possibile avversario. [...] Tenuto conto che la breve puntata in Sicilia [nel 1979] è stata presumibilmente attuata in un periodo in cui Andreotti ricopriva ancora la carica di presidente del Consiglio e in cui, pertanto, un breve viaggio riservato implicava la necessità di superare quella oggettiva serie di (comunque non insormontabili) difficoltà, [...] si deve ritenere che l'imputato considerò che fosse piuttosto urgente incontrare personalmente i mafiosi.

Nel 1979 Andreotti viene informato dagli amici siciliani che Mattarella, ormai sulla lista nera dei cugini Salvo per la sua politica antimafia, è nel mirino di Cosa nostra. Dunque, da presidente del Consiglio, scende a Catania per incontrare Bontate e comporre «amichevolmente» la questione:

Agevole è immaginare che qualche intimo sodale dell'imputato [...], al corrente dei pesanti e crescenti malumori dei mafiosi nei confronti del presidente Mattarella, gli prospetta una situazione di pericolo per la stessa incolumità del presidente della Regione, reo agli occhi degli «uomini d'onore» non tanto di voler scompaginare l'assetto locale del potere democristiano [...], ma, secondo quanto riferito dall'on. Evangelisti proprio per averlo appreso dal Lima, di aver tradito aspettative che, a torto o a ragione, gli stessi mafiosi coltivavano. Preoccupato per tale evenienza, l'imputato, dunque, avverte la necessità di intervenire urgentemente e personalmente presso i mafiosi e si determina ad incontrarli: in occasione della riunione presso «La Scia», ne frena l'impeto, prende tempo, li rassicura additando una soluzione «politica», elude (almeno nell'immediato) ogni iniziativa cruenta, tanto che il Bontate rimane in attesa e confida al Marino Mannoia: «Staremo a vedere».

Non fu Cosa nostra a convocare Andreotti. Fu l'allora premier a fissare l'incontro con Bontate:

La genesi dell'incontro a «La Scia» induce ad escludere che siano stati i mafiosi a sollecitare l'incontro con Andreotti per discutere della questione Mattarella. [...] Con un peccato di presunzione, Andreotti erroneamente ha reputato che la mancanza di risultati della indicata via «politica», che ben presto sarebbe apparsa chiara, non avrebbe determinato alcuna conseguenza negativa per la incolumità del presidente Mattarella, inesattamente ritenendo che i suoi solidi legami con i mafiosi e il suo autorevole intervento che la aveva inequivocabilmente respinta avrebbero bloccato qualsivoglia soluzione cruenta.

Tornato a Roma, Andreotti non fa nulla. Non denuncia i mafiosi. E neppure avverte Mattarella del pericolo incombente. Cosí, il 6 gennaio 1980, Mattarella viene assassinato. Pochi mesi dopo, nella primavera 1980, Andreotti torna in Sicilia, stavolta a Palermo, per chiedere spiegazioni a Bontate. Ma Bontate lo tratta in malo modo, lo strapazza, volano parole grosse. La situazione, ormai, è definitivamente sfuggita di mano all'uomo politico che si credeva piú furbo e piú forte di tutti.

La drammatica disillusione, la emozione suscitata dall'estrema gravità del tragico assassinio del presidente Mattarella, soppresso alla presenza dei familiari, e lo smacco provato nell'aver visto la sua indicazione disattesa spiegano la decisione di «scendere» a Palermo e di incontrare nuovamente gli interlocutori mafiosi per chiedere chiarimenti e non certo per felicitarsi di una soluzione che pure era stata, in definitiva, foriera di rimarchevoli vantaggi per il suo gruppo politico locale e per i suoi amici Salvo. [...] Si può agevolmente immaginare quale sia stato l'ulteriore impatto sull'eminente uomo politico, già scosso dall'assassinio del presidente Mattarella, del tono arrogante con cui il Bontate aveva respinto le sue insistite richieste di chiarimenti: era stato un grave errore minimizzare la pericolosità della mafia; era stato un grave errore immaginare di poter agevolmente disporre dei mafiosi e di guidarne le scelte imponendo, con la propria autorevolezza ed il proprio prestigio, soluzioni incruente e «politiche» ai problemi insorti; era stato erroneo il convincimento, del resto già scalfito da alcuni, recenti e gravissimi fatti di sangue [...] (gli omicidi del comm. Boris Giuliano, perpetrato nel luglio del 1979, del giudice Cesare Terranova, consumato nel settembre del 1979 e anche del cap. Emanuele Basile, risalente all'inizio di maggio 1980), circa il rispetto assoluto dei mafiosi verso gli esponenti delle istituzioni pubbliche; era stato un abbaglio assegnare alla mafia il riduttivo ruolo di strumento di ordine e di controllo della criminalità, [...] attuato attraverso qualche ricorso alla violenza che, tutto sommato, la società civile poteva tollerare. [...] Era stato, in definitiva, un grave errore intrattenere buone relazioni con i mafiosi, chiedere loro qualche favore, indurre in essi il convincimento di poter contare sulla sua amicizia, convincimento che aveva probabilmente pesato sulla baldanzosa previsione dei medesimi di non subire negative, tangibili conseguenze per la decisione di sopprimere un esponente cosí in vista del partito di maggioranza relativa.

1980-'81, divorzio dalla mafia

Andreotti potrebbe trarre le conseguenze dal tragico e sanguinoso epilogo della sua lunga convivenza con Cosa nostra. Potrebbe denunciare, direttemente o indirettamente (magari tramite i servizi segreti), quello che ha visto e saputo per assicurare alla giustizia gli assassini del suo compagno di partito. Invece no. Non muove un dito. Rimane gelido, impassibile, silente. Si limita ad allentare progressivamente quei rapporti che non riusciva piú a controllare. Tantopiú dopo la cruenta uscita di scena del clan Bontate e l'avvento, nella truculenta guerra di mafia del 1981-'82, dei corleonesi:

> Le inevitabili riflessioni di Andreotti lo rendono conscio della inadeguatezza della propria analisi del fenomeno mafioso, rimasta indietro rispetto allo sviluppo e alla pericolosità ormai assunti dallo stesso. [...] Ma, al di là della possibile revisione critica della moralità di incaute scelte pregresse che lo avevano indotto – non certo senza tornaconto – a palesare apprezzamento e amichevole disponibilità verso i mafiosi, le stesse riflessioni e la consapevolezza della impossibilità di mantenere il controllo sulle azioni di Cosa nostra, definitivamente maturata dopo il colloquio con il Bontate, non possono che spingerlo a rivedere radicalmente i propri rapporti con gli «uomini d'onore» e ad allontanarsene, non senza lasciarsi dietro un pesante retaggio che ha alimentato le aspettative o la immaginazione degli stessi. Gli avvenimenti della seconda parte del 1979, l'assassinio del presidente Mattarella e il burrascoso chiarimento con il Bontate segnano, dunque, la crisi degli amichevoli rapporti di Andreotti con gli esponenti di Cosa nostra, rapporti che egli fondava sui ricordati convincimenti, rivelatisi drammaticamente illusori, e, si ribadisce, sulla sottovalutazione della pericolosità dei mafiosi.

È, si capisce, un'interpretazione dei giudici. Che però appare quantomai ragionevole, oltre a sposarsi perfettamente con i fatti accertati nel processo:

Quella esposta, pur sondando le difficili sfere della psiche umana, è un'interpretazione di quanto avvenuto assolutamente ragionevole, strettamente ancorata ai fatti acquisiti e lontana da una riflessione puramente soggettiva ed opinabile ed, in qualche modo, «politica». Per averne conferma si possono ricordare, oltre che le dichiarazioni con cui il Mannoia ha parlato delle difficoltà incontrate dai «corleonesi» (che di lí a poco avrebbero preso il comando incontrastato di Cosa nostra) a ottenere la «disponibilità» dell'imputato, quelle convergenti del Giuffrè, il quale ha espressamente indicato [...] la morte del Bontate (aprile 1981) come il momento in cui iniziano a incrinarsi i rapporti tra politica e mafia. [...] Di fatto, alla stregua degli elementi acquisiti, rimane confermato che, dopo quel burrascoso colloquio della primavera 1980, si esauriscono le, in precedenza piuttosto ricche, indicazioni (non sempre traducibili in prove piene) concernenti episodi sintomatici delle relazioni di Andreotti con i suoi tradizionali referenti mafiosi (Bontate e Badalamenti).

Naturalmente i nuovi capi di Cosa nostra sanno benissimo quali rapporti Andreotti aveva intrattenuto con il vecchio vertice della Cupola. Tentano piú volte di riallacciarli. E alla fine, nel 1991-92, dopo la sentenza definitiva del maxiprocesso e le leggi antimafia, si scatenano con inusitata violenza contro gli uomini di Andreotti, considerati «traditori»:

L'accanimento che, all'esito del maxiprocesso, il Riina e i suoi mostreranno nei confronti dell'imputato e di coloro che gli erano stati vicini troverà adeguata spiegazione nel solerte impegno antimafia progressivamente manifestato da Andreotti, estrinsecatosi anche in particolarmente incisivi provvedimenti adottati dagli ultimi governi da lui guidati [...], ma anche nelle deluse aspettative – magari fino a un certo punto strumentalmente alimentate da chi aveva interesse a mantenerle vive – che i pregressi, risalenti atteggiamenti dell'uomo politico avevano ingenerato nei mafiosi.

Per la verità, dopo il 1980, Andreotti almeno un mafioso «corleonese» lo incontra. È, l'abbiamo visto, il giovane Andrea Manciaracina, astro nascente di Cosa nostra a Mazara del Vallo, legatissimo a Riina. Un lungo colloquio a quattr'occhi, nell'ottobre 1985, in un albergo. Anche la Corte d'appello lo ritiene provato. Ma non trova elementi sufficienti per affermare che Andreotti conoscesse in anticipo la caratura criminale del suo interlocutore. Qualunque cosa gli abbia chiesto il boss, l'avrebbe lasciato parlare, senza poi dar seguito alle sue richieste, sempre nell'ambito di quel percorso di «ritirata» *soft* dal suo passato mafioso. Nel 1985, per la mafia, Andreotti rimane un soggetto ancora largamente «avvicinabile». Come dimostra anche «l'episodio del trasferimento di Bagarella dal carcere di Pianosa a quello di Novara».

Non deve trascurarsi il peso della consapevolezza degli errori passati, che, in qualche modo, esponevano l'imputato a sollecitazioni del genere, errori dai quali era consigliabile, per il medesimo, uscire percorrendo una, a lui congeniale, via «politica» e, dunque, non con bruschi e anche pericolosi strappi, ma attraverso comportamenti concludenti, che gradualmente avrebbero indotto nei mafiosi la consapevolezza del venir meno della sua, ormai datata, disponibilità.

«Reato commesso»

Alla fine i giudici tirano le somme:

La Corte ritiene che un'autentica, stabile ed amichevole disponibilità dell'imputato verso i mafiosi non si sia protratta oltre la primavera del 1980. [...] Eventuali – non compiutamente dimostrate – manifestazioni di disponibilità personale del sen. Andreotti successive a tale periodo sono state semplicemente strumentali e fittizie [...]. Ne deriva che, in relazione al periodo in questione, la impugnata statuizione assolutoria, che ha negato la sussistenza della contestata condotta associativa, deve essere senz'altro confermata.

Quanto agli anni 70, fino alla primavera 1980,

i convincimenti cui sono pervenuti i primi giudici sono stati, come si è visto, ampiamente rettificati dalla Corte, che ha ritenuto la sussistenza:
– di amichevoli ed anche dirette relazioni del sen. Andreotti con gli esponenti di spicco della c.d. ala moderata di Cosa nostra, Stefano Bontate e Gaetano Badalamenti, propiziate dal legame del predetto con l'on. Salvo Lima, ma anche con i cugini Antonino ed Ignazio Salvo, essi pure peraltro organicamente inseriti in Cosa nostra;
– di rapporti di scambio che dette amichevoli relazioni hanno determinato: il generico appoggio elettorale alla corrente andreottiana, peraltro non esclusivo e non esattamente riconducibile a un'esplicitata negoziazione e, comunque, non riferibile precisamente alla persona dell'imputato; il solerte attivarsi dei mafiosi per soddisfare, ricorrendo ai loro metodi, talora anche cruenti, possibili esigenze – di per sé, non sempre di contenuto illecito – dell'imputato o di amici del medesimo; la palesata disponibilità e il manifestato buon apprezzamento del ruolo dei mafiosi da parte dell'imputato, frutto non solo di un autentico interesse personale a mantenere buone relazioni con essi, ma anche di un'effettiva sottovalutazione del fenomeno mafioso [...];
– della travagliata, ma non per questo meno sintomatica ai fini che qui interessano, interazione dell'imputato con i mafiosi nella vicenda Mattarella, risoltasi, peraltro, nel drammatico fallimento del disegno del predetto di mettere sotto il suo autorevole controllo l'azione dei suoi interlocutori ovvero, dopo la scelta sanguinaria di costoro, di tentare di recuperarne il controllo, promuovendo un definitivo, duro chiarimento, rimasto infruttuoso per l'atteggiamento arrogante assunto dal Bontate.

Come si traducono questi comportamenti alla luce del codice penale?

> Si tratta [...] di valutare giuridicamente i comportamenti dell'imputato al fine di verificare se gli stessi integrino o meno la contestata partecipazione all'associazione criminale. [...] Il delitto di associazione per delinquere (capo A della rubrica) è ormai estinto per prescrizione, essendo decorso, dalla primavera del 1980, un termine ampiamente superiore ai necessari 22 anni e 6 mesi. [...]

In realtà i 22 anni e mezzo dalla primavera del 1980 sono scaduti nel dicembre 2002: in pieno processo di appello, appena cinque mesi prima del verdetto.

> Il sen. Andreotti ha avuto piena consapevolezza che suoi sodali siciliani intrattenevano amichevoli rapporti con alcuni boss mafiosi; ha quindi, a sua volta, coltivato amichevoli relazioni con gli stessi boss; ha palesato agli stessi una disponibilità non meramente fittizia, ancorché non necessariamente seguita da concreti, consistenti interventi agevolativi; ha loro chiesto favori; li ha incontrati; ha interagito con essi; ha loro indicato il comportamento da tenere in relazione alla delicatissima questione Mattarella, sia pure senza riuscire, in definitiva, a ottenere che le stesse indicazioni venissero seguite; ha indotto i medesimi a fidarsi di lui e a parlargli anche di fatti gravissimi (come l'assassinio del presidente Mattarella) nella sicura consapevolezza di non correre il rischio di essere denunciati; ha omesso di denunciare le loro responsabilità, in particolare in relazione all'omicidio del presidente Mattarella, malgrado potesse, al riguardo, offrire utilissimi elementi di conoscenza.

Qui i giudici tagliano corto con le litanie sulle responsabilità soltanto politico-morali, e non penali, del senatore a vita. Dovendo esprimere una valutazione giuridica sugli stessi fatti, la Corte ritiene che essi

> non possano interpretarsi come una semplice manifestazione di un comportamento solo moralmente scorretto e di una vicinanza penalmente irrilevante, ma indichino una vera e propria partecipazione all'associazione mafiosa, apprezzabilmente protrattasi nel tempo.

Qualche minimalista peloso ipotizza che Andreotti facesse finta di assecondare la mafia per «tenerla buona». Ma per i giudici non è cosí:

> Si deve ritenere, in primo luogo, che la manifestazione di amichevole disponibilità verso i mafiosi sia stata consapevole ed autentica e non meramente fittizia. [...] Fino alla primavera del 1980 [...], non vi è traccia nell'attività politi-

co-istituzionale di Andreotti di un impegno antimafia che possa giustificare il convincimento che la amicizia palesata ai mafiosi fosse soltanto simulata. Del resto, ad ultimativo conforto dell'assunto, basta considerare proprio la assolutamente indicativa vicenda che ruota attorno all'assassinio dell'on. Piersanti Mattarella. Anche ammettendo la prospettata possibilità che l'imputato sia personalmente intervenuto allo scopo di evitare una soluzione cruenta della questione Mattarella, alla quale era certamente e nettamente contrario, appare alla Corte evidente che egli nell'occasione non si è mosso secondo logiche istituzionali, che potevano suggerirgli di respingere la minaccia alla incolumità del presidente della Regione facendo in modo che intervenissero per tutelarlo gli organi a ciò preposti e, per altro verso, allontanandosi definitivamente dai mafiosi, anche denunciando a chi di dovere le loro identità ed i loro disegni: il predetto invece ha, sí, agito per assumere il controllo della situazione critica e preservare la incolumità dell'on. Mattarella, che non era certo un suo sodale, ma lo ha fatto dialogando con i mafiosi e palesando pertanto la volontà di conservare le amichevoli, pregresse e fruttuose relazioni con costoro, che, in quel contesto, non possono interpretarsi come meramente fittizie e strumentali. A seguito del tragico epilogo della vicenda, poi, Andreotti non si è limitato a prendere atto, sgomento, che le sue autorevoli indicazioni erano state inaspettatamente disattese dai mafiosi e ad allontanarsi senz'altro dagli stessi, ma è «sceso» in Sicilia per chiedere al Bontate conto della scelta di sopprimere il presidente della Regione: anche tale atteggiamento deve considerarsi incompatibile con una pregressa disponibilità soltanto strumentale e fittizia e, come già si è evidenziato, non può che leggersi come espressione dell'intento (fallito) [...] di verificare, sia pure attraverso un duro chiarimento, la possibilità di recuperare il controllo sull'azione dei mafiosi riportandola entro i tradizionali canali di rispetto per la istituzione pubblica e di salvaguardare le buone relazioni con gli stessi, nel quadro dell'aspirazione alla continuità delle stesse. Sotto altro profilo, si deve rimarcare come la manifestazione di amichevole disponibilità verso i mafiosi, proveniente da una personalità politica cosí eminente e cosí influente, non potesse, di per sé, non implicare la consapevole adduzione all'associazione di un rilevante contributo rafforzativo.

E qui la Corte elenca le prove del rafforzamento portato a Cosa nostra dall'amicizia di Andreotti:

– la «prosopopea», fastidiosa per i suoi avversari, mostrata dal Bontate nel parlare delle sue amichevoli relazioni con l'imputato, segno inequivoco del fatto che il capomafia riteneva di trarne forza e prestigio;
– la opinione, non importa se giustificata o meno, che inevitabilmente si diffondeva fra gli «uomini d'onore», secondo cui l'amicizia di Andreotti assicurava al sodalizio una protezione al massimo livello politico, tradotta, sia pure con un procedimento piuttosto grossolano, in una sostanziale «impunità» [...];
– il sentimento della forza dell'organizzazione indotto in Giovanni Brusca dalla notizia, riferitagli da Nino Salvo, che l'imputato era intervenuto nel processo Rimi: [...] «Dopo che io sento le parole di Nino Salvo, cioè in me stesso dissi: «Mizzica, qua a posto sono», cioè mi sono sentito importante, perché in

quel periodo io avevo 22, 23 anni. Al che dissi: «Qua se succede qualche cosa c'è la possibilità di potere intervenire, personaggi di un certo livello, quali a livello dell'onorevole Andreotti, per potere eventualmente aggiustare o intervenire in qualche problema» [...];
– il valore sintomatico, ancora una volta, della vicenda Mattarella: [...] è condivisibile il rilievo che i mafiosi si siano determinati ad alzare il tiro su un cosí eminente esponente del partito di maggioranza relativa anche perché supponevano di non incorrere in conseguenze pregiudizievoli in quanto contavano sull'appoggio di ancora piú importanti personaggi politici. In questo quadro si può legittimamente ritenere che la crescente irritazione manifestata dal Bontate in occasione dell'incontro della primavera 1980 scaturí anche dalla constatazione della inattesa, dura e intransigente protesta dell'imputato, che lasciava intravedere l'abbandono da parte di quest'ultimo del pregresso atteggiamento di disponibilità, al quale il capomafia ha ritenuto di dover prontamente porre un rimedio assumendo un atteggiamento apertamente minaccioso, suscettibile di dissuadere il suo interlocutore e, piú in generale, la classe politica dall'adozione di provvedimenti legislativi contro la mafia.

I giudici scolpiscono cosí, in poche righe, la storia dei rapporti fra Andreotti e Cosa nostra:

L'imputato ha, non senza personale tornaconto, consapevolmente e deliberatamente coltivato una stabile relazione con il sodalizio criminale ed arrecato, comunque, allo stesso un contributo rafforzativo manifestando la sua disponibilità a favorire i mafiosi. In definitiva, la Corte ritiene che sia ravvisabile il reato di partecipazione all'associazione per delinquere nella condotta di un eminentissimo personaggio politico nazionale, di spiccatissima influenza nella politica generale del paese ed estraneo all'ambiente siciliano, il quale, nell'arco di un congruo lasso di tempo, anche al di fuori di un'esplicitata negoziazione di appoggi elettorali in cambio di propri interventi in favore di un'organizzazione mafiosa di rilevantissimo radicamento territoriale nell'Isola:
a) chieda e ottenga, per conto di suoi sodali, a esponenti di spicco dell'associazione interventi paralegali, ancorché per finalità non riprovevoli;
b) incontri ripetutamente esponenti di vertice della stessa associazione;
c) intrattenga con gli stessi relazioni amichevoli, rafforzandone la influenza anche rispetto ad altre componenti dello stesso sodalizio tagliate fuori da tali rapporti;
d) appalesi autentico interessamento in relazione a vicende particolarmente delicate per la vita del sodalizio mafioso;
e) indichi ai mafiosi, in relazione a tali vicende, le strade da seguire e discuta con i medesimi anche di fatti criminali gravissimi da loro perpetrati in connessione con le medesime vicende, senza destare in essi la preoccupazione di venire denunciati;
f) ometta di denunciare elementi utili a far luce su fatti di particolarissima gravità, di cui sia venuto a conoscenza in dipendenza di diretti contatti con i mafiosi;
g) dia, in buona sostanza, a detti esponenti mafiosi segni autentici – e non meramente fittizi – di amichevole disponibilità, idonei, anche al di fuori [...]

di specifici ed effettivi interventi agevolativi, a contribuire al rafforzamento dell'organizzazione criminale, inducendo negli affiliati, anche per la sua autorevolezza politica, il sentimento di essere protetti al piú alto livello del potere legale.

E allora, fino al 1980, niente assoluzione, ma prescrizione del reato «commesso», e solo grazie alla concessione delle attenuanti generiche prevalenti, che la accorciano:

Alla stregua dell'esposto convincimento, si deve concludere che ricorrono le condizioni per ribaltare, sia pure nei limiti del periodo in considerazione, il giudizio negativo espresso dal Tribunale in ordine alla sussistenza del reato e che, conseguentemente, siano nel merito fondate le censure dei pm appellanti. Non resta allora che confermare, anche sotto il profilo considerato, il già precisato orientamento ed emettere, pertanto, la statuizione di non luogo a procedere per essere il reato concretamente ravvisabile a carico del sen. Andreotti estinto per prescrizione.

Come ti cancello la sentenza

Le motivazioni d'appello «riabilitano» l'indagine del pool di Caselli, almeno agli occhi di chi ignorava quelle di primo grado. Dunque non possono piacere alla casta trasversale degli intoccabili. I quali non trovano di meglio che riscrivere la sentenza a loro piacimento, trasformando la prescrizione in assoluzione. Per processare un'altra volta i magistrati. Politici di destra, di centro e di sinistra – con rarissime eccezioni – ripartono all'attacco di Caselli e dei suoi uomini, linciati prima in tv e sui giornali, poi addirittura in Parlamento. Il 30 luglio 2003 il presidente dell'Antimafia Roberto Centaro, un ex magistrato siciliano eletto in Forza Italia, verga una surreale relazione – approvata a maggioranza dal centrodestra – che cancella la sentenza d'appello e conclude: «Il dibattito mediatico sulla vicenda Andreotti si è sovrapposto e ha sostituito il processo, seguendo i ritmi dell'"analisi politica" e pervenendo a un tentativo di condanna, o di attribuzione di mafiosità malamente sbugiardato dalle pronunce giurisdizionali». E questo – prosegue la relazione – ha comportato «l'insinuarsi di ombre e veleni il cui unico risultato è stata una crescente confusione nei cittadini ed un senso di sfiducia nelle istituzioni, a fronte di affermazioni perentorie poi rivelatesi infondate in corso d'opera». La relazione mette pure una pietra tombale sulle indagini per cercare i «mandanti esterni» delle stragi del 1992-93, riconosciuti come reali da varie sentenze, ma liquidati da Centaro come «stereotipi» e «teoremi precostituiti». Il presidente dell'Antimafia rincara poi la dose in una serie di dichiarazioni: a suo avviso, la sentenza d'appello è «contraddittoria perché dice che fino a un certo punto sono credibili le parole dei pentiti e dopo una certa data non lo sono piú. Forse si è voluto dare un colpo al cerchio e uno alla botte. Ma cosí dov'è la credibilità?». Segno evidente che non l'ha letta. O non l'ha capita.

La pesantissima entrata a piedi giunti di un organismo politico in una sentenza, manipolata *ad hoc*, non suscita alcuna reazione apprezzabile (un paio di dichiarazioni di esponenti del centrosinistra, come Beppe Lumia e Giannicola Sinisi, e nient'altro). Salvo quelle, incredule, dei pm e dei giudici del processo. Si muove perfino un uomo prudente e taciturno come il presidente della Corte d'appello, Salvatore Scaduti, con una durissima nota di replica:

> Rimango sinceramente incredulo ed amareggiato nel leggere taluni commenti espressi dalla relazione annuale della Commissione Antimafia a proposito della recente sentenza sul Sen. Andreotti, come pure nel prendere visione di talune dichiarazioni rese in sede di intervista dal suo presidente on. Roberto Centaro [...]. Senza volere minimamente entrare in polemica con l'estensore di tale brano, risulta di tutta evidenza che costui non ha letto le motivazioni della sentenza d'appello sul Sen. Andreotti (d'altra parte lo stesso On. Centaro afferma candidamente che copia della sentenza non è stata ancora acquisita dalla Commissione e che anzi essa dovrà essere ponderatamente esaminata con la dovuta cautela); altrimenti non si comprenderebbe proprio come si sarebbe potuto affermare che la sentenza ha «sbugiardato» le accuse di mafiosità e le connivenze mafiose tra Cosa nostra (fino alla primavera dell'anno 1980) ed il Sen. Andreotti, accuse di mafiosità e connivenze, che, a torto o a ragione, la sentenza si è data carico di dimostrare puntualmente nel rispetto delle risultanze processuali e nella scrupolosa osservanza delle regole imposte dall'art. 192 del codice di procedura penale [quello che regola le dichiarazioni «incrociate» di vari collaboratori di giustizia, *nda*]. Non meno incredulo ed amareggiato mi lasciano le dichiarazioni del presidente della stessa Commissione Antimafia on. Roberto Centaro, il quale, benché mio buon amico, non ha sentito il dovere di esaminare attentamente le motivazioni della sentenza, come ho precedentemente rilevato. Egli, poi, da squisito magistrato ed ex collega, mi insegna che le sentenze, quali atti giurisdizionali, non si commentano (soprattutto quando non si sono ancora lette), ma si impugnano nelle sedi competenti e da parte dei soggetti a ciò legittimati. Infine nessuna contraddizione esiste nello svolgimento della motivazione della sentenza contrariamente a quanto asserito dall'on. Centaro secondo cui «fino ad un certo punto sono credibili le dichiarazioni dei pentiti e dopo una certa data non lo sono piú, è evidente che c'è una contraddizione. Si è voluto dare un colpo al cerchio ed uno alla botte. Ma cosí dov'è la credibilità?...». Se questo è il fraintendimento nel quale inconsapevolmente è incorso l'amico On. Centaro

> è facile fargli rilevare che la Corte non ha mai parlato dello stesso collaborante come credibile fino ad una certa data e non credibile dopo quella detta data. Essa ha fatto riferimento ad una miriade di collaboratori che hanno riferito con riguardo a periodi temporalmente diversi e che sono stati ora creduti ora disattesi nel piú rigoroso rispetto delle regole processuali ed in particolare del disposto dell'art. 192 c.p.p.

Ma non c'è peggior sordo di chi non vuol sentire. Il premier Berlusconi parte proprio dalle motivazioni d'appello su Andreotti per sferrare, in un'intervista alla rivista inglese *Spectator*, il suo attacco piú violento alla magistratura tutta:

> Andreotti non è mio amico. Lui è di sinistra [*sic*]. Ma hanno creato questa menzogna per dimostrare che la Dc non era un partito etico, ma vicino alla criminalità. Non è vero. È una follia! Questi giudici sono doppiamente matti! Per prima cosa, perché lo sono politicamente. Secondo, sono matti comunque. Per fare quel lavoro devi essere mentalmente disturbato, devi avere delle turbe psichiche. Se fanno quel lavoro è perché sono antropologicamente diversi dal resto della razza umana.

In Senato, il 6 novembre 2003, si replica. Andreotti – appena assolto dalla Cassazione nel processo perugino sul delitto Pecorelli – pronuncia una spudorata requisitoria contro i suoi giudici, con i piú vieti e falsi luoghi comuni sul «complotto» Violante-Caselli, sulla presunta «manipolazione» dei verbali di Buscetta e altre corbellerie. Il presidente Marcello Pera osserva compiaciuto lo spettacolo, mentre anche dai banchi dell'opposizione – specialmente della Margherita, dello Sdi e dell'Udeur – si levano altri attacchi al pool di Palermo e attestati di stima e solidarietà al senatore a vita «perseguitato». Il solito Del Turco sostiene che fu l'Antimafia di Violante «a dare il via al processo Andreotti» con l'audizione di Buscetta. E che il pentito non andava neppure convocato, essendo «un pluriomicida con una cinquantina di delitti sulle spalle». Ma l'ex presidente dell'Antimafia non sa quel che dice: Buscetta non è mai stato condannato per omicidio. A questo punto, a fine dicembre, i pm Caselli, Lo Forte, Natoli e Scarpinato si rivolgono con una memoria scritta ai vertici del Csm – il presidente Ciampi e il vicepresidente Virginio Rognoni – per essere tutelati e ristabilire la verità dei fatti, con una minuziosa ricostruzione delle tappe del processo. Ma i fatti non interessano a nessuno. Il memoriale, come la sentenza, resterà lettera morta.

Andreotti, almeno lui, la sentenza l'ha letta. Infatti i suoi avvocati Franco Coppi e Giulia Bongiorno scrivono 530 pagine per chiedere alla Cassazione di annullare senza rinvio il verdetto d'appello e di cancellare le macchie sulla carriera del loro cliente contenute nella prescrizione fino al 1980. La Procura generale, invece, ricorre alla Suprema Corte perché annulli l'assoluzione post-1980. Il 15 ottobre 2004 la II sezione penale della Cassazione (presidente Giuseppe Cosentino) accoglie la richiesta della pubblica accusa e respinge quella della difesa, confermando la sentenza d'appello e condannando l'imputato Andreotti al pagamento delle spese processuali.

Insomma, le macchie restano. E, questa volta, diventano indelebili. Ma ancora una volta la politica, la televisione e la grande stampa quasi unanimi manipolano la sentenza, facendola apparire per quello che non è. Anzi, per il suo contrario: un'assoluzione piena, una riabilitazione dell'imputato, una beatificazione *urbi et orbi*. Bruno Vespa, a «Porta a Porta», preferisce sorvolare: in quei giorni si occupa del nuovo film della coppia Boldi-De Sica.

Berlusconi, grande esperto in prescrizioni, si dice «molto felice per Andreotti». Pera si rallegra per la «fine del calvario di Andreotti». Casini addirittura esulta per la «sentenza liberatoria per le istituzioni», come se ci fosse qualcosa di liberatorio nell'apprendere che, fino al 1980, un sette volte presidente del Consiglio fu alleato di Cosa nostra. Il Vaticano esprime «grande soddisfazione», mentre il cardinale Fiorenzo Angelini pontifica: «Volevano colpire la Dc» (come se non fosse della Dc anche il povero Mattarella). Il diessino Emanuele Macaluso pubblica sul «Riformista» un commento dal titolo *Andreotti assolto, il Teorema è finito. Ma ora cancelleranno anche l'infamia?*, in cui parla di «Procura battuta», di «vicenda politicogiudiziaria iniziata male, molto male dalla Procura di Palermo e chiusa da un verdetto che certamente assolve Andreotti dal reato di associazione mafiosa». Francesco D'Onofrio (Udc) intima agli «avvoltoi pusillanimi» di «chiedere scusa ad Andreotti». Romano Prodi parla di «bella notizia», mentre Giuseppe Fioroni della Margherita si spinge addirittura oltre: «Andreotti esce a testa alta da accuse infamanti contro le quali ha usato solo la forza della verità». Non male, per un imputato che già secondo il Tribunale aveva mentito 23 volte.

L'avvocatessa Bongiorno, un minuto dopo aver perso la battaglia, strilla: «Assolto! Assolto! È andata benissimo!», come se il suo ricorso non fosse stato respinto al mittente. Andreotti appare in tv a reti unificate, assiso come un papa su un trono dorato con cuscini cremisi, benedicendo l'«ottimo verdetto». Parla di «manipolazione dei pentiti» (ma nemmeno uno dei 39 che l'accusano è stato denunciato dai giudici per calunnia). Sostiene che la Cassazione non poteva far altro perché, per annullare la prescrizione, «avrebbe dovuto entrare nel merito e ordinare un nuovo processo» (ma se non condivideva la sentenza d'appello, la Cassazione poteva annullarla senza rinvio, come chiedevano i suoi difensori e com'era già accaduto per Carnevale e per lo stesso Andreotti nel caso Pecorelli). Poi conclude: «Sono felice di esser arrivato vivo fin qui». Purtroppo, Piersanti Mattarella non può dire altrettanto.

Di fronte all'ennesima ondata di menzogne, Gian Carlo Caselli prende carta e penna e scrive un articolo sulla «Stampa», intitolato *Ma Andreotti è stato mafioso*, per ricordare il contenuto della sentenza appena confermata. Apriti cielo. Attacchi forsennati da destra e da sinistra, mentre il Csm apre una procedura per trasferire Caselli (da Torino!) per «incompatibilità ambientale».

Purtroppo per questi commentatori di sentenze mai lette, il 28 dicembre 2004 arrivano le motivazioni della Cassazione, eccezionalmente firmate da tutti e cinque i membri del collegio: il presidente Giuseppe Cosentino e i giudici Maurizio Massera (estensore), Antonio Morgigni, Francesco De Chiara e Carla Podo. Per la Suprema Corte, la sentenza d'appello è «logica», «razionale», «esaustiva», «conseguente», «ineccepibile», «non censurabile». Anche se alcuni punti, a livello «teorico», possono non convincere, la ricostruzione dei fatti risulta poi persuasiva e supera quelle perplessità.

Anche la Cassazione parte dall'incontro Andreotti-Bontate della primavera 1980, «il secondo avente ad oggetto il problema rappresentato da Piersanti Mattarella» dopo quello di Catania all'inizio dell'estate 1979. E scrive che il summit del 1980

> da un lato concorre a provare la partecipazione dell'imputato al sodalizio mafioso, ma dall'altro segna il momento di crisi, quindi di distacco, stante il totale e grave disaccordo tra i due interlocutori, l'asprezza dei toni usati da Bontate e, soprattutto, le considerazioni e le reazioni che l'omicidio Mattarella avrebbero indotte nell'imputato. La valutazione della Corte di appello, circa il valore dell'episodio ai fini del processo, è basata su apprezzamenti di merito che rispondono ai canoni logici e che, quindi, non sono censurabili nel giudizio di legittimità.

I supremi giudici riassumono la tesi della Corte d'appello:

> Ha affermato essere intercorsi rapporti di scambio, consistiti, da una parte, in un generico appoggio elettorale alla corrente andreottiana e nel solerte attivarsi dei mafiosi per soddisfare possibili esigenze, non necessariamente illecite, dell'imputato e dei suoi amici e, dall'altra parte, nella palesata disponibilità e nell'asserito apprezzamento del ruolo dei mafiosi, frutto non solo di buone relazioni ma anche di una effettiva sottovalutazione del fenomeno mafioso, oltre che nella travagliata interazione dell'imputato con i mafiosi nella vicenda Mattarella, pur risoltasi con il fallimento del disegno andreottiano.
> Piú analiticamente, la Corte territoriale ha affermato che il sen. Andreotti ha avuto piena consapevolezza che i suoi referenti siciliani (Lima, i Salvo, Ciancimino) intrattenevano amichevoli rapporti con alcuni boss mafiosi; che egli aveva, quindi, a sua volta, coltivato amichevoli relazioni con gli stessi boss; che aveva palesato ai medesimi una disponibilità non necessariamente seguita da concreti, consistenti interventi agevolativi; che aveva loro chiesto favori; che li aveva incontrati; che aveva interagito con essi; che aveva loro indicato il comportamento da tenere in relazione alla delicatissima questione Mattarella, sia pure senza riuscire ad ottenere, in definitiva, che le stesse indicazioni venissero seguite; che aveva conquistato la loro fiducia tanto da discutere insieme anche di fatti gravissimi (come l'assassinio del presidente Mattarella) nella sicura consapevolezza di non correre il rischio di essere denunciati; che aveva omesso di denunciare le loro responsabilità, in particolare in relazione all'omicidio Mattarella, malgrado potesse, al riguardo, offrire utilissimi elementi di conoscenza.
> La Corte di appello, in esito a imprescindibili e quindi incensurabili valutazioni di merito, ha valutato questi fatti come processualmente rilevanti e significativi ai fini della configurabilità del reato contestato. Per questa ragione, in presenza dell'assoluzione dubitativa pronunciata dal Tribunale, ha applicato la causa estintiva della pena – la prescrizione – nel frattempo maturata, assumendo non essere evidente la prova dell'innocenza dell'imputato [...]. Va quindi ribadito che [...] non può ritenersi palesemente viziata – sotto il profilo logico – la conclusione cui la medesima è pervenuta in ordine all'intera vicenda Mattarella.

Interessante quell'inciso sulla «assoluzione dubitativa pronunciata dal Tribunale»: l'ennesima dimostrazione che, in primo grado, Andreotti s'era salvato per insufficienza di prove. Poi la Cassazione esamina i rapporti con Badalamenti, dimostrati dall'incontro del 1978 a Roma:

> Indubbiamente rilevante è l'incontro che vi sarebbe stato tra Andreotti e Badalamenti allo scopo di aggiustare il processo penale a carico di Filippo e Vincenzo Rimi, ritenuto utile dalla sentenza impugnata a provare l'esistenza di un patto di scambio tra Andreotti ed i vertici mafiosi ed a confermare indirettamente il rapporto – quindi gli incontri – tra il primo e Bontate [...]. La Corte territoriale ha espresso una motivazione contestabile fin che si vuole

quanto agli apprezzamenti di merito, ma non affetta né da omissioni di elementi fattuali rilevanti ai fini della decisione, né da fratture logiche nella ricostruzione dei medesimi e nell'espressione delle conseguenti valutazioni [...]. Ha cioè ritenuto indubitabile che, sfrondate delle parti inficiate dalle incertezze, le dichiarazioni di Buscetta attestino comunque che egli ebbe ad apprendere dai piú importanti capi dello schieramento moderato di Cosa nostra – Bontate e Badalamenti – che costoro avevano intrattenuto rapporti, quanto meno indiretti, con Andreotti e che in una occasione, in relazione al processo Rimi, lo stesso Badalamenti avesse personalmente incontrato l'imputato in compagnia del proprio cognato, Filippo Rimi, e di uno dei cugini Salvo.

Idem per l'intervento di Andreotti su Cosa nostra perché alleggerisse le pressioni della 'ndrangheta su Nardini. E cosí per i rapporti con i Salvo, sempre negati dal bugiardissimo senatore:

Risponde ai comuni criteri logici la motivazione della sentenza nella parte in cui ha ritenuto esistenti i rapporti tra Giulio Andreotti ed i cugini Antonino e Ignazio Salvo. Infatti, la relativa affermazione è stata fondata su una serie di indizi che, essendo sufficientemente gravi, precisi e concordanti, considerati con valutazione unitaria, costituiscono una solida e razionale piattaforma probatoria.

La Cassazione, semmai, nutre qualche dubbio sul «recesso» di Andreotti dall'associazione mafiosa dopo il 1980, che sarebbe dimostrabile solo in presenza di un «fatto positivo», di una «concreta condotta», che dagli atti non risulta: non basta un generico, progressivo disamoramento. Però, se l'impostazione teorica dell'appello su questo punto è debole (troppo generosa con Andreotti), la ricostruzione dei fatti risulta poi convincente. Dunque la sentenza viene confermata anche su questo punto («la partecipazione di Andreotti nel reato associativo è cessata nel 1980») perché «non è inficiato da manifesta irrazionalità e non merita censura». Anche per la Cassazione sono provati i rapporti fra Andreotti e i mafiosi dopo il 1980, dall'«incontro con Manciaracina» a «tutti gli altri successivi al 1980»: che dunque sono

idonei a confermare la correttezza dell'assoluzione ai sensi del comma 2 dell'art. 530 c.p. in quanto, pur rivestendo, in alcuni casi, possibile valore indiziario, ma non potendo piú essere collegati – in virtú del ritenuto recesso – a quelli anteriori a detta epoca [...], non risultano piú sufficienti per una pronuncia di condanna.

L'ennesima conferma del fatto che, per il periodo post-1980, Andreotti è stato assolto soltanto per insufficienza di prove.

> La formula assolutoria perché il fatto non sussiste presuppone che nessuno tra gli elementi integrativi della fattispecie criminosa risulti provato [...] e l'assenza della condotta travolge in radice la configurabilità del reato. Ma ciò non è accaduto nella specie. La sentenza impugnata non ha ritenuto positivamente accertata la dissociazione, ma ha giudicato carente e non significativa la prova di comportamenti agevolativi in epoca successiva al 1980.

Ultimo punto: la prescrizione è scattata dopo 22 anni e mezzo dai fatti, proprio nel dicembre 2002, cioè pochi mesi prima del verdetto d'appello. Cosa che non sarebbe avvenuta se la Corte d'appello non avesse concesso all'imputato le attenuanti generiche. E, per concederle, bisogna prima accertare la colpevolezza dell'imputato. Le attenuanti non si danno agli innocenti, ma ai colpevoli:

> Per effetto dell'impugnazione del pm, la Corte di appello ha applicato la prescrizione dopo avere compiuto una disamina tesa anche ad accertare la data di cessazione della ritenuta attività criminosa, la sussistenza delle contestate circostanze aggravanti, da essa escluse, e in definitiva anche con riferimento alla ritenuta concedibilità delle circostanze attenuanti generiche. Pertanto, all'epoca della pronuncia, l'effetto estintivo non era automaticamente operante, ma esso è conseguito all'accertamento della data di ritenuta consumazione del reato e all'esclusione delle circostanze aggravanti che avrebbero prolungato il termine di prescrizione, per cui il giudizio sulla sussistenza del reato ha costituito un prius logico e giuridico rispetto alla statuizione che ne ha dichiarato l'estinzione.

Altro che prescrizione concessa senza entrare nel merito delle accuse, come raccontano avvocati, politici e presunti «esperti»:

> Quindi la sentenza impugnata, al di là delle sue affermazioni teoriche, ha ravvisato la partecipazione nel reato associativo non nei termini riduttivi di una mera disponibilità, ma in quelli piú ampi e giuridicamente significativi di una concreta collaborazione.

Punto e fine. Ora, un uomo politico normale, dotato di una dose minima di dignità, si sceglierebbe un tombino e vi scomparirebbe per sempre. Invece il senatore a vita Giulio Andreotti, mafioso fino al 1980, se ne va in giro a testa alta (compatibilmente con la sua conformazione fisica) fingendosi assolto.

Alle elezioni del 9-10 aprile 2006, fa una dichiarazione di voto per An alla Camera (dov'è candidata la sua avvocatessa, Giulia Bongiorno, che continua a fingere di aver vinto il processo perso) e per la Nuova Dc al Senato (gli piace molto il candidato Pippo Franco, l'attore del Bagaglino). All'indomani del voto la Casa delle libertà lo candida addirittura alla presidenza del Senato. Giornali e telegiornali (salvo rarissime eccezioni) tornano a parlare del senatore «assolto da tutto», mentre Berlusconi e i suoi cari dicono di considerare quella candidatura un parziale «risarcimento» per i tanti tormenti giudiziari subíti dal sant'uomo per mano delle toghe rosse palermitane. Alla fine il senatore ex mafioso perde la partita contro il margheritico Franco Marini per un soffio (156 voti contro 165). Ma subito Prodi gli offre la presidenza della commissione Esteri del Senato. E Anna Finocchiaro, capogruppo dell'Ulivo, bacchetta di chi «perde tempo a discutere le vicissitudini processuali di Andreotti», quando esistono «ben altri argomenti a suo sfavore: per esempio l'età». Ecco, giusto: meglio mafiosi che vecchi.

Alfredo Biondi (FI)
Un ministro evasivo

Mentre faceva il ministro di Grazia e Giustizia nel primo governo Berlusconi, dando fra l'altro i natali al formidabile decreto «salvaladri», Alfredo Biondi frodava il fisco. «Dimenticandosi» di dichiarare parcelle per «oltre 207 milioni». Ma parlare di semplice distrazione sarebbe improprio. Perché il celebre avvocato pisano-genovese, prima liberale e poi berlusconiano, promosso nell'ultima legislatura nientemeno che vicepresidente della Camera dei deputati, aveva già fatto lo stesso nei tre anni precedenti. Accumulando quasi un miliardo di evasione fiscale. Per questi reati, il 2 maggio 1998, Biondi ha patteggiato davanti al Tribunale di Genova la pena di 2 mesi di arresto e 6 milioni di ammenda per quattro violazioni della legge 516/1982, la cosiddetta «manette agli evasori». Sentenza passata in giudicato (definitiva per mancanza di ricorso in Cassazione) il 23 maggio dello stesso anno. Da allora Alfredo è un evasore fiscale conclamato.

Difeso dal presidente dell'Ordine forense di Genova Umberto Garaventa e dal figlio Carlo, Biondi finisce sotto inchiesta nel 1996 per iniziativa del pm Carlo Monetti. Il capo d'imputazione parla chiaro: nel 1991 Biondi, «avendo effettuato prestazioni di servizi nella sua qualità di avvocato, annotava i relativi corrispettivi nelle scritture contabili obbligatorie ai fini delle imposte sui redditi e dell'Iva in misura diversa da quella reale». E mai che sbagliasse per eccesso. In quell'anno «l'ammontare dei corrispettivi non annotati [era] pari a oltre L. 329.000.000, somma superiore al 2 per cento dell'ammontare dei corrispettivi risultanti dall'ultima dichiarazione presentata». E quindi penalmente punibile. La scena si ripete pari pari nei tre anni seguenti, con «corrispettivi non annotati» nelle dichiarazioni dei redditi pari a: «oltre L. 123.000.000» per il 1992; «oltre L. 262.000.000» per il 1993; «oltre L. 207.000.000» per il 1994, l'anno della grande ascesa al ministero di Grazia e Giustizia. Totale: oltre 921 milioni non dichiarati, con «varie condotte criminose» unite «dal vincolo della continuazione».

Dopo la richiesta di rinvio a giudizio, Biondi chiede di patteggiare la pena in udienza preliminare. Il pm dà il suo consenso. E il gup Giorgio Ricci emette la sentenza «in nome del Popolo Italiano», dopo aver precisato che Biondi è colpevole: «La prova della responsabilità dell'imputato emerge dagli accertamenti di P.T. (Polizia tributaria)» ed «è corretta la qualificazione giuridica del fatto» (cioè il reato di evasione fiscale). Dunque «non deve essere pronunciata sentenza di proscioglimento». Biondi beneficia delle attenuanti generiche, «per la sua incensuratezza». E anche per questo ottiene pure «la sostituzione della pena detentiva con la pena pecuniaria corrispondente». Cosí, in base al generoso tariffario previsto dalla legge italiana, l'evasore condannato può trasformare i 2 mesi di arresto in una comoda multa di 1.500.000 lire. Che si aggiunge all'ammenda di 6 milioni. E gli consente di cavarsela, per un'evasione fiscale miliardaria, con un modico esborso di 7 milioni e mezzo.

Quando, nel 2003, Beppe Grillo pubblica sul suo blog l'elenco dei condannati in Parlamento e i ragazzi dei suoi «meetup» lo diffondono volantinando nelle piazze, il «liberale» Biondi, protesta vibratamente minacciando fuoco e fiamme contro il «noto comico-moralista» e le sue «infamie». Perché mai, visto che è stato lui a patteggiare la pena? Perché, sostiene, nel frattempo il suo reato «è stato depenalizzato». Il che è vero: il decreto legislativo 74/2000 ha abrogato quella fattispecie di evasione soavemente denominata «erronea redazione della dichiarazione dei redditi». Cosí Biondi è tornato in Tribunale e il 28 settembre 2001 ha ottenuto la revoca della sentenza e la relativa cancellazione dal casellario giudiziale. Sicché, spiega Biondi, «sono del tutto incensurato».

Bel modo di difendersi. Uno commette un reato, viene riconosciuto colpevole, patteggia, poi il Parlamento di cui fa parte vota una legge che depenalizza il suo reato. Reato che esisteva eccome, quando lui l'ha commesso. Ma lui si sente innocente e, soprattutto, pretende che non si dica piú che l'ha commesso. La gente non lo deve sapere. Altrimenti potrebbe farsi strane idee. Soprattutto alla vigilia delle elezioni del 2006, in cui Biondi verrà eletto senatore e tornerà in Parlamento per la sua nona legislatura.

Franco Brusco (FI)
L'uomo della tangenziale-fantasma

Ex Psi, ex Udc, ora forzista, Franco Brusco da Salerno di partiti ne ha frequentati parecchi. Almeno quanti guai ha avuto con la giustizia. Nel '93 l'hanno arrestato a Sala Consilina, come ex assessore provinciale, per alcuni progetti-fantasma per l'occupazione giovanile finanziati con fondi pubblici per 2 miliardi di lire al Comune di Vibonati. In un'altra indagine della Procura di Salerno, Brusco è stato rinviato a giudizio insieme agli ex presidenti della Provincia Andrea De Simone (Ds) ed Ettore Liguori (Dc), futuro senatore della Margherita, non rieletto, però, nel 2006. L'inchiesta riguarda gli appalti da 85 miliardi di lire assegnati nei primi anni 90 per il prolungamento della tangenziale Est di Salerno, che avrebbe dovuto collegare Pontecagnano e Agropoli. Un'opera-fantasma, finanziata con i fondi straordinari per il Mezzogiorno, sebbene il progetto fosse una mezza burla: se realizzato, avrebbe attraversato una decina di palazzi. Le accuse per gl'imputati vanno, a vario titolo, dall'abuso al falso, dalla concussione alla turbativa d'asta. Dei reati piú gravi deve rispondere Brusco, mentre i due ex presidenti si son visti contestare «soltanto» l'abuso e il falso. Il processo di primo grado, a Salerno, si trascina da cinque anni, ma pare in dirittura d'arrivo. Intanto Brusco, nel 2006, è stato eletto alla Camera con Forza Italia.

Francesco Caruso (Rifondazione comunista)
Il disobbendiente che non obbedisce

Eletto deputato nel partito di Bertinotti nel 2006, il leader dei «disobbedienti» napoletani Francesco Caruso è stato arrestato a Cosenza nel novembre 2003 insieme a una ventina di compagni per reati politici gravissimi (che paiono francamente eccessivi), come l'associazione eversiva finalizzata alla sovversione dell'ordine democratico ed economico del paese, per il ruolo avuto durante le manifestazioni «no global» di Napoli nel 2000 e durante il G8 di Genova nel 2001 alla guida della «Rete Meridionale del Sud Ribelle». Il Tribunale del Riesame annulla poi quelle ordinanze, ma nel luglio 2004 Caruso viene rinviato a giudizio dinanzi alla Corte d'assise di Cosenza per associazione sovversiva, cospirazione politica e attentato agli organi costituzionali dello Stato. È anche imputato ad Acerra per estorsione aggravata per aver organizzato un'azione dimostrativa in un supermercato, bloccando le casse e ottenendo dalla direzione un quintale di pasta da distribuire gratis alla povera gente. Comunque si vogliano qualificare questi comportamenti, si può parlare una volta tanto di reati con finalità politiche.

Stefano Cusumano (Udeur)
L'imputato capogruppo

Democristiano agrigentino di Sciacca, parlamentare alla quarta legislatura, Stefano Cusumano detto «Nuccio» è uno dei fedelissimi del neoministro della Giustizia Clemente Mastella. Nel '98 lo seguí nella grande traversata dal Polo (militava nel Cdu di Buttiglione) all'Ulivo e fu ricompensato con un incarico di sottosegretario al Tesoro nel governo D'Alema, numero due dell'allora ministro Carlo Azeglio Ciampi. Ma il 26 aprile 1999, non essendo parlamentare, fu arrestato su richiesta della Procura di Catania per le tangenti e gli appalti truccati da 120 miliardi di lire per il nuovo ospedale etneo, con le accuse di concorso esterno in associazione mafiosa e turbativa d'asta. Secondo i pm Nicolò Marino e Francesco Puleio, Cusumano e altri politici amici avrebbero «favorito illecitamente l'aggiudicazione di appalti pubblici a imprese contigue» alle cosche catanesi. Al centro dell'inchiesta c'è un incontro avvenuto nell'ottobre '97 in un albergo di Roma tra Giulio Romagnoli, titolare dell'impresa «Cgp» e «importanti esponenti dell'allora Cdu» per «trovare un accordo» sugli appalti del Garibaldi e delle «Case per gli studenti» in contrada Tavoliere.

È lo stesso Romagnoli a parlarne ai magistrati, dicendo di essere rimasto «enormemente sorpreso» perché pensava di dover incontrare solo tre politici catanesi – Pino Firrarello, Giuseppe Castiglione e Nuccio Cusumano (tutti all'epoca del Cdu di Buttiglione) – invece «si presentò anche Vincenzo Randazzo, titolare della Cogeco. Il sen. Firrarello si allontanò quasi subito, dicendo di parlare tra noi. Castiglione introdusse il discorso riferendo che, avendo la Cgp vinto la gara del Garibaldi, potevamo rinunciare al ricorso presentato al Tar contro l'esclusione del Cgp dall'appalto del Tavoliere» che sarebbe cosí andato alla Cogeco. Ma, secondo Romagnoli, Randazzo lo aggredí accusandolo di «avere truccato la gara del Garibaldi sostituendo le buste». Romagnoli rimase sconcertato dalle dichiarazioni di Randazzo perché non capiva come «potesse essere a conoscenza di quei particolari accaduti effettivamente». A quel punto, a «fare da paciere», intervenne Cusumano: «Mi disse che loro chiedevano un favore per fare lavorare Randazzo al quale tenevano e che, in contraccambio, il partito al quale appartenevano Cusumano, Castiglione e Firrarello, avrebbe dimostrato riconoscenza alla mia impresa aiutandola in occasioni future di lavoro».

A parlare a Romagnoli di Firrarello era stato Giuseppe Mirenna, faccendiere vicino alla cosca Santapaola: «Mirenna, che sosteneva la mia impresa – rivela Romagnoli – mi disse che, poiché la Cgp era poco conosciuta in Sicilia, ci voleva un intervento forte, come quello del sen. Firarrello, che avrebbe certamente giovato a sostenere gli affari da intraprendere, perché costituiva l'anello di congiunzione tra gli affari siciliani e la politica romana». Successivamente Mirenna si definirà come «l'anello di congiunzione tra mafia e politica». Per il suo «interessamento» Mirenna chiese 320 milioni di lire, che Romagnoli «intese destinati al senatore Firrarello, almeno in parte...».

In un primo tempo, davanti ai pm, Cusumano nega di aver mai partecipato al vertice romano. Poi gli torna la memoria, ma smentisce che quel giorno si sia parlato di appalti. Infine ammette che si parlò di appalti, ma solo per chiarire i contenziosi fra le varie aziende che si disputavano i lavori per il nuovo ospedale. Anche Cusumano, come gli altri coimputati, viene rinviato a giudizio per concorso esterno, turbativa d'asta e corruzione. La sua posizione viene però stralciata dal processo di Catania e trasferita per competenza a Palermo, dove il dibattimento è tuttora in corso. Il che non ha impedito all'imputato Cusumano di tornare in Parlamento nel 2001. Anzi, Mastella l'ha promosso capogruppo dell'Udeur alla Camera, e nel 2006 l'ha ricandidato in Campania, facendolo eleggere al Senato.

Sergio D'Elia (Rosa nel pugno)
Il mitra nel pugno

La sua scheda sul sito della Camera non farebbe sospettare nulla: «Nato a Pontecorvo (Frosinone) il 5 gennaio 1952. Liceo classico. Dirigente di partito. Eletto nella circoscrizione XIX (Campania 1). Lista di elezione: Rosa nel pugno». Chissà quanti napoletani che han votato Rosa nel pugno sapevano che, dietro il nome del candidato D'Elia, famoso animatore delle battaglie radicali contro la pena di morte con l'associazione «Nessuno tocchi Caino», si celava uno dei personaggi chiave degli anni di piombo, reparto Prima Linea, condannato definitivamente a 25 anni per banda armata e concorso in omicidio. Prima Linea nasce nel 1976 e muore nel 1983, dopo aver lasciato sul terreno almeno undici morti (ammazzati, solo per gli «omicidi politici»). Fra questi, i giudici Galli e Alessandrini, i dirigenti aziendali Ghiglieno e Paoletti. Poi ci sono gli otto fra agenti e carabinieri uccisi nei conflitti a fuoco: fra questi Fausto Dionisi. Senza contare gli attentati, i ferimenti, le rapine, i sequestri. E Sergio D'Elia, membro del vertice fiorentino e di quello nazionale di Pl, partecipava anche alle azioni militari. A Bergamo viene condannato in primo grado a 16 anni per aver preso parte a quattro tentati omicidi del direttore del carcere. A Torino, nel processo per otto omicidi e oltre cento ferimenti, incendi e rapine, viene condannato in appello a 19 anni e 6 mesi. Intanto s'è «dissociato» dalla lotta armata. A Firenze è imputato, insieme a tutto il gruppo di fuoco toscano, di una trentina fra attentati e irruzioni armate in sezioni Dc, caserme delle forze dell'ordine, agenzie immobiliari e uffici pubblici, oltre a dieci rapine e all'assalto al carcere delle Murate per far evadere quattro detenuti. Fu nel corso di quell'attacco che, il 20 gennaio '78, fu ucciso con una raffica di mitra l'agente Fausto Dionisi, 23 anni, che lasciò la moglie Mariella di 22 e la figlia Jessica di 2. L'anno seguente D'Elia fu arrestato e poi condannato definitivamente a 25 anni per banda armata e concorso in omicidio, anche se – grazie alla sua dissociazione – ne scontò solo 12.

Mariella Magi, la vedova di Dionisi, ha fondato un'associazione che si chiama «Memoria» e mantiene i rapporti con le famiglie di altre vittime. Quando scopre che uno dei responsabili della morte del marito è stato eletto deputato della Repubblica, e addirittura promosso segretario della Presidenza della Camera, protesta con voce flebile. Ma ben presto le polemiche si placano e i giornali parlano d'altro. D'Elia, senza nemmeno una parola di dolore per le vittime, rivendica il suo impegno con «Nessuno tocchi Caino» (già, ma nessuno dovrebbe toccare neppure Abele). Sostiene di non aver «mai sparato a nessuno». Poi definisce la sua elezione «la parabola felice di una storia, che è storia di cittadinanza democratica e di accoglienza umana e civile, di cui non solo Marco Pannella, ma anche lo Stato italiano può andare fiero, se ha un senso l'articolo 27 della nostra Costituzione, se hanno senso le parole lí scritte sulla rieducazione e il reinserimento sociale del condannato». Ma cade in un enorme e tragico equivoco. Nessuno ha chiesto di rigettarlo in galera. Nessuno l'ha proposto per la morte civile. Semplicemente, qualcuno ancora si domanda in quale paese un ex terrorista che ha seminato morte potrebbe sedere in Parlamento e farsi chiamare «onorevole». A parte l'Italia, si capisce.

Paolo Del Mese (Udeur)
Un onorevole poco potabile

Salernitano di Pontecagnano, andreottiano doc, piú volte sottosegretario Dc nei governi della Prima Repubblica, ora deputato e presidente regionale dell'Udeur (il partito del ministro della Giustizia Mastella), Paolo Del Mese è imputato al Tribunale di Salerno per concussione, finanziamento illecito e turbativa d'asta con altri politici della vecchia guardia: dal socialista Carmelo Conte, all'ex presidente Dc della Regione Carmelo Russo, ad alcuni costruttori. L'accusa riguarda i lavori di costruzione di un impianto di potabilizzazione effettuati nei primi anni 90 a Vallo della Lucania, per i quali sarebbero state pagate tangenti in cambio di gare truccate. Sempre insieme a Conte, Del Mese era stato indagato 13 anni fa per concorso esterno in associazione mafiosa, per i suoi presunti rapporti con alcuni clan camorristici, ma da questa accusa era stato prosciolto, anche perché si era scoperto che la sua iscrizione sul registro degli indagati era avvenuta alcuni giorni dopo (e non prima) l'inoltro in Parlamento della richiesta di autorizzazione a procedere. Conte, invece, accusato di fatti analoghi, era stato rinviato a giudizio ed è tuttora sotto processo a Salerno per concorso in camorra. Rieletto deputato nel 2006, l'imputato Del Mese è stato promosso presidente della commissione Finanze della Camera.

Roberto Di Mauro (Movimento per l'autonomia) Com'era grigia la sua valle

Già sindaco di Agrigento nel '90 e poi deputato della Dc nel '92, Roberto Di Mauro ha vagato a lungo nei partiti post-democristiani come deputato regionale, per approdare nel 2006 nel Movimento per l'autonomia (Mpa) di Raffaele Lombardo. Come ex sindaco è finito varie volte in tribunale, rimediando alcune condanne non definitive.

Il primo processo, nel 1998, è per abuso d'ufficio, con l'accusa di aver favorito l'abusivismo edilizio nella splendida Valle dei Templi, non abbattendo le costruzioni illegali sorte dal 1986 nelle zone sottoposte a vincolo archeologico, in violazione delle leggi urbanistiche e di varie sentenze di demolizione ormai esecutive. Ma il reato cade in prescrizione. Nel 2001, altro rinvio a giudizio per l'appalto delle opere di urbanizzazione a Favara Ovest. Secondo l'accusa, nata dalle denunce dell'infaticabile leader di Legambiente Peppe Arnone, il Comune di Agrigento avrebbe addirittura inventato un inesistente piano fognario, mai realizzato, che però era il presupposto indispensabile per ottenere i finanziamenti regionali. Il 17 maggio 2003 il Tribunale condanna Di Mauro (insieme all'altro ex sindaco plurinquisito e pluricondannato, Calogero Sodano dell'Udc) a 2 anni di reclusione per truffa, abuso e falso. L'appello è in corso. Intanto l'imputato Di Mauro è tornato deputato.

Daniele Farina (Rifondazione comunista)
L'uomo giusto al posto sbagliato

Milanese, classe 1964, volto-simbolo del centro Leoncavallo, un passato burrascoso di denunce, condanne e qualche arresto come si conviene ai «disobbedienti», Daniele Farina è stato eletto deputato con Rifondazione nel 2006. E, fin qui, non si comprendono gli alti lai del centrodestra: c'è ben di peggio in Parlamento. Per chi ama le graduatorie dei reati, i suoi non sono fra i piú indecenti: non ha rubato, né ammazzato. Diciamo, con un luogo comune, che i suoi sono delitti legati a una «certa stagione politica». O magari, vista l'epoca, «peccati di gioventú». Il problema – segnalato con giusto scandalo da *Libero* – è che Farina è diventato vicepresidente della commissione Giustizia della Camera, unico vicepresidente del centrosinistra (dunque gli capiterà spesso di presiedere i lavori quando il presidente Pino Pisicchio, dell'Italia dei Valori, sarà assente). E qui la questione cambia. Perché Farina risulta avere scontato 10 mesi di affidamento al servizio sociale, in seguito a tre condanne definitive. La prima, del 1989, a 1 anno e 6 mesi per fabbricazione, detenzione e porto abusivo di una bomba molotov e resistenza a pubblico ufficiale (reati amnistiati nel '90). La seconda, del 1998, a 10 mesi per lesioni volontarie gravi commesse nel 1991. La terza, del 2001, a 4 mesi e 20 giorni per inosservanza degli ordini dell'autorità durante le occupazioni del «Leonka» tra il 1994 e il '97. Ripetiamo: il centrodestra nella scorsa legislatura piazzò alla vicepresidenza della commissione Giustizia un indagato per mafia, l'avvocato palermitano Nino Mormino (poi prosciolto). Dunque non ha titoli per protestare per Farina. Ma i cittadini sí.

Giuseppe Firrarello (FI)
Forza Garibaldi

Catanese di Bronte, democristiano e andreottiano di lungo corso poi trasmigrato nell'Udeur di Mastella, viene indagato nel 1999 per concorso esterno in associazione mafiosa, turbativa d'asta e corruzione nell'inchiesta sulle tangenti e gli appalti truccati del nuovo ospedale Garibaldi. È la stessa inchiesta che vede imputato Cusumano. I giudici chiedono di poterlo arrestare insieme ai suoi coindagati, ma tanto per cambiare il Senato nega l'autorizzazione a procedere. Nel 2001 Firrarello passa dall'Udeur a Forza Italia e viene rieletto senatore. Intanto è stato rinviato a giudizio per tutte e tre le accuse, insieme al genero Giuseppe Castiglione (Forza Italia, condannato per turbativa in primo grado e assolto in appello), e a Cusumano (Udeur). Nel 2005 la Cdl lo candida a sindaco di Bronte, dove viene puntualmente eletto. Poco dopo il Ros e la Procura catanese chiudono un'inchiesta antimafia e depositano le intercettazioni del boss Giuseppe Mangion, che nel 10 dicembre 2001 parla con un amico dei suoi rapporti con Firrarello, definito «cavallo vincente», ma rimproverato perchè, malgrado i «favori ricevuti», ostenta in pubblico un eccessivo distacco dagli amici degli amici. Quali favori? I giudici parlano della «risoluzione di alcuni problemi causati dalla criminalità comune» e delle «pressioni fatte nei confronti del noto dichiarante Giuseppe Mirenna per «alleggerire» la posizione di Firrarello nell'ambito del procedimento, ancora in corso, relativo all'appalto dell'ospedale Garibaldi». Pertanto, insoddisfatto per la condotta del senatore, il boss «Mangion proponeva al suo interlocutore un incontro con il parlamentare nel corso del quale avrebbe perentoriamente richiesto a Firrarello, tra l'altro, la scarcerazione del padre». Perché – aggiunge il capoclan – «la mafia è il direttore d'orchestra, e la politica un semplice strumento». Ce n'è abbastanza per ricandidare Firrarello in un posto sicuro alle elezioni politiche del 2006 e per farlo rieleggere al Senato nel gruppo di Forza Italia.

Raffaele Fitto (FI)
Il detenuto in Parlamento

Giovane e rampante forzista, pupillo del Cavaliere, governatore uscente della Puglia e subito promosso deputato con un seggio sicuro alle elezioni del 2006, Raffaele Fitto è stato raggiunto, due mesi dopo la sua elezione, da un'ordinanza di arresti domiciliari emessa dai giudici di Bari per corruzione, falso e finanziamento illecito. Ordinanza non eseguita perché si attende l'eventuale autorizzazione a procedere della Camera (che, visti i precedenti, non verrà mai). Fitto è accusato, insieme ad altri politici, di presunte tangenti per un totale di 500 mila euro versate dalla Tosinvest del «re delle cliniche» Giampaolo Angelucci per l'appalto da 198 milioni di euro per la gestione di undici Residenze sanitarie assistite (Rsa) in Puglia. Le mazzette sarebbero finite – secondo l'accusa – alla lista creata da Fitto per le regionali del 2005, «La Puglia prima di tutto», quando il governatore fu battuto dal rifondatore comunista Nichi Vendola. L'inchiesta dei pm baresi Roberto Rossi, Lorenzo Nicastro e Renato Nitti e convalidata da dal gip Giuseppe De Benedictis si avvale di intercettazioni telefoniche e del sequestro di vari documenti. I giudici hanno anche fatto sequestrare beni immobili, quote societarie, autoveicoli e conti correnti bancari per 55 milioni di euro, di proprietà di Angelucci, del neo onorevole Fitto e di quattro società del gruppo Tosinvest.

Pietro Franzoso (FI)
Voto di scambio, scambio di persona

Nato a Taranto nel 1950, coordinatore provinciale di Forza Italia nella sua città ed ex assessore forzista ai Trasporti nella giunta regionale capitanata da Raffaele Fitto, nel dicembre 2004 è finito in carcere a Lecce per una settimana per voto di scambio (ordinanza poi annullata dal Riesame), e un anno dopo è stato rinviato a giudizio. Secondo l'accusa della Dda leccese, alle elezioni regionali del 2000 Franzoso favorí il clan malavitoso tarantino capeggiato da Angelo e Sergio Soloperto in cambio di appoggi elettorali: appena eletto, infatti, assunse nell'azienda di famiglia il fratello (incensurato) dei due capiclan. Lui si difende sostenendo che quel nominativo gli fu indicato dall'ufficio di collocamento. In attesa che si pronuncino i giudici, comunque, Franzoso s'è fatto eleggere deputato.

Franco Antonio Girfatti (FI)
Due arresti, due elezioni

Casertano, ex Dc, ex assessore al Bilancio, ex vicepresidente della giunta regionale della Campania, viene arrestato per ben due volte (nel 1997 e nel '99) per gli scandali legati al crac della Banca Massicana di Sessa Aurunca (fondata dal padre), di cui è direttore e amministratore. La prima inchiesta ipotizza il peculato pluriaggravato e continuato (poi derubricato in abuso). La seconda l'associazione per delinquere, il falso in bilancio e la bancarotta per il crac di due società, dalle quali Girfatti, insieme a due soci occulti, avrebbe sottratto diversi miliardi. Accuse poi approdate al rinvio a giudizio per bancarotta fraudolenta della Banca Massicana: Girfatti, da amministratore, avrebbe elargito crediti a società di cui era socio occulto. Per questa accusa, il pm di Napoli Enzo Piscitelli ha chiesto al Tribunale la sua condanna. La sentenza è imminente. Intanto, nel 2001, l'imputato Girfatti è diventato senatore di Forza Italia. Riconfermato nel 2006.

Gaspare Giudice (FI)
Il Giudice che piace al Cavaliere

Per la Procura di Palermo, l'onorevole Gaspare Giudice da Canicattí, classe 1943, già funzionario della Sicilcassa «l'espressione politica di Bernardo Provenzano». Per Forza Italia, è il deputato ideale, tant'è che viene candidato ed eletto in Parlamento dal 1996. Dipende dai punti di vista. Quell'accusa pesantissima che lo dipinge come una *longa manus* del boss dei boss a Montecitorio, i pm decidono di formularla nella seconda metà degli anni 90, dopo aver esaminato un'enorme mole di filmati, fotografie e intercettazioni telefoniche da cui emergono continui rapporti tra il deputato siciliano, vicecoordinatore regionale di Forza Italia, e vari capimafia di ogni ordine e grado. Il 16 luglio 1998 Giudice, accusato di otto diversi capi d'imputazione tra i quali spiccano l'associazione mafiosa, la bancarotta fraudolenta e il riciclaggio, viene salvato dall'arresto dal solito voto trasversale della Camera. Destra-sinistra, come da copione. Ma meno di un anno dopo, il 15 aprile 1999, il gup Renato Gullo lo rinvia a giudizio. Per i magistrati antimafia, Giudice ha svolto il ruolo d'intermediario tra i clan di Caccamo, che fanno capo a Giuseppe Panzeca, e quelli palermitani diretti da Carlo Greco, Lorenzo Tinirrello e Pietro Vernengo. Grazie alla sua esperienza di ex direttore di banca, avrebbe poi permesso al «gruppo Panzeca» di investire denaro in società che si occupavano di barche a vela e a motore. E avrebbe pure ricevuto da Cosa nostra un cospicuo appoggio elettorale.

Nell'ordinanza di custodia cautelare trasmessa alla Camera dei deputati (e da questa respinta), il gip ripercorre l'amicizia «piú che ventennale tra l'onorevole Giudice e il Panzeca».

Estremamente sintomatici dell'appartenenza dell'onorevole Giudice alla consorteria mafiosa appaiono anzitutto gli aiuti forniti al tempo in cui l'indagato era direttore dell'agenzia della Cassa di risparmio di Termini Imerese a vari esponenti di spicco delle famiglie mafiose di Termini Imerese e di Caccamo (i cui territori confinano). Si tratta di aiuti soprattutto nel settore del riciclaggio, con cui di volta in volta sono stati interessati Di Gesú Lorenzo (oggi deceduto), Calò Pippo (il cosiddetto cassiere della mafia) e i fratelli Gaeta [...]. Secondo le propalazioni accusatorie di Barbagallo Salvatore (ex autista di Di Gesú all'epoca dei fatti), l'odierno indagato, avvalendosi proprio del suo delicatissimo ruolo di direttore di agenzia, ha fatto in modo che per anni lo stesso Di Gesú, i fratelli Gaeta e Calò effettuassero le piú svariate operazioni nel reimpiego di capitali di provenienza illecita.

Racconta il pentito Salvatore Barbagallo:

Gaspare Giudice era la persona di fiducia della quale Di Gesú si serviva per compiere operazioni di riciclaggio di denaro sporco appartenente a Pippo Calò. Ricordo che, nel periodo in cui operava a Termini Imerese, io ero solito portargli circa due volte al mese contanti per cinquanta milioni di lire. Questi soldi l'onorevole Giudice me li cambiava subito con altri biglietti di taglio diverso, ovvero li depositava in libretti al portatore aventi nomi di fiori (Margherita, Ortensia e Rosmarina). Dopo il suo trasferimento a Palermo, io non ho piú avuto rapporti con l'onorevole Giudice, ma so che ha continuato ad avervi rapporti Giuseppe Panzeca. So anche che l'onorevole Giudice aveva fatto acquistare il Salpancore [una società nautica, *nda*] a Panzeca.

Per i magistrati, Barbagallo non mente. Lo dimostrano, secondo il gip, diversi riscontri oggettivi:

Una serie di elementi, peraltro di natura documentale, induce a ritenere corretta l'impostazione accusatoria dal momento che, conformemente a quanto dichiarato dal Barbagallo, la maggior parte dei libretti bancari rinvenuti dai carabinieri risultano intestati a nomi di fiori: si tratta di libretti bancari di deposito aperti nel periodo in cui l'onorevole Giudice era direttore della Cassa di risparmio di Termini; l'epoca coincide con quanto dichiarato dal collaborante, cosí come le cifre iniziali di deposito. La maggior parte delle operazioni relative all'inizio del deposito risultano rigorosamente anonime (per evitare di risalire all'identità del soggetto che aveva aperto il conto) e in qualche caso, come è dato di evincere da un raffronto tra firme depositate e le firme adoperate per le operazioni relative a tali libretti, risultano firme di Gaeta Giuseppe, Calò Salvatore (fratello di Pippo), Cinà Giacomo (incaricato dal Calò) e Paolillo Giuseppe (amministratore della Calcestruzzi Termini, società inquinata dalla presenza mafiosa di soci occulti quali Gaeta e lo stesso Calò).

Anche l'architetto Salvatore Lanzalaco parla di Gaspare Giudice. A lui il futuro vicecoordinatore regionale di Forza Italia ha raccontato di essere stato abilissimo nel «sovraintendere, se non organizzare, operazioni illecite». Ma non basta. Pure il pentito Angelo Siino «parla diffusamente e con cognizione di causa dell'amicizia di Giudice con i due capimafia» fatti arrestare e condannare da Giovanni Falcone: Di Gesú e Gaeta. E

> in proposito alla «antica e solida amicizia» tra l'onorevole Giudice e il Di Gesú, contratta nei primi anni 80, agli atti c'è anche una lettera manoscritta (sequestrata nel domicilio di Panzeca Giuseppe) inviata dall'onorevole Giudice al Panzeca in occasione dei contrasti sorti per l'allegra gestione della società «Marina 1» tra lui, lo stesso Panzeca e il Lanzalaco [...]. Qui mette conto di rilevare che è proprio l'onorevole Giudice a rivolgersi al Panzeca in nome di quella «profonda amicizia» che legava esso Giudice al Di Gesú, avallando in modo definitivo le notizie riferite dal Barbagallo su tali rapporti [...]. È estremamente indicativa anche la condotta tenuta dall'onorevole Giudice volta all'ingresso del «gruppo Panzeca» nelle società nautiche Marina 1, Il Salpancore e Gente di Mare, non solo per le modalità con le quali l'operazione viene condotta e gestita, ma anche per inquietanti cointeressenze mafiose, peraltro occulte, ma non per questo sconosciute all'onorevole Giudice, nella gestione delle società nautiche suddette [...]. Secondo la prospettazione dei pm (che questo giudice condivide nei termini in cui essa risulta formulata) la condotta dell'indagato onorevole Giudice in questa vicenda sarebbe stata caratterizzata dalla finalità di favorire gli interessi economici di mafiosi del calibro di Tinnirello Lorenzo, D'Agati Giovanni, Greco Carlo e Vernengo Pietro, cointeressati con l'onorevole Giudice alla gestione delle società nautiche, facendo sí che il patrimonio aziendale di tali società non andasse disperso. E che soprattutto fosse collocato al di fuori della portata dei creditori di Bazan Gaspare (già titolare di tali società), il quale se ne era disfatto alla vigilia del concordato preventivo, con il malcelato proposito di sottrarre garanzie personali ai creditori inseriti nel piano di ripartizione predisposto alla richiesta di concordato. Di ciò è ampia traccia nelle dichiarazione del Lanzalaco, ma soprattutto nei riscontri di tipo documentale conseguiti agli accertamenti della Guardia di finanza, relativi alle presenze di tali soggetti nelle società sopra menzionate nel periodo in cui anche il Giudice vi operava.

Dunque, per il gip, Gaspare Giudice è un mafioso fatto e finito. Tra gli episodi che lo dimostrano, l'ordinanza di custodia bloccata dalla Camera ne ricorda uno in particolare: «La convocazione di Lanzalaco (all'epoca unico proprietario della società Marina 1) nei locali di Villa Giuditta da parte dell'onorevole Giudice, al cospetto di Carlo Greco». Un incontro deciso

> per indurre lo stesso Lanzalaco a piú miti consigli (leggasi il rientro della decisione di estromettere l'onorevole Giudice dalla Marina 1) e la conseguente imposizione che lo stesso subiva, tanto da dover rinunciare all'azienda, impossibilitato com'era a rifondere il Greco e l'onorevole Giudice della somma di 500 milioni [...]. Giudice non ha esitato a ricorre ad amicizie «influenti»

> nel tentativo (sostanzialmente riuscito) di estromettere a sua volta Lanzalaco dalla società, senza dire che il Lanzalaco, vistosi alle strette, aveva a sua volta «scomodato» un altro illustre personaggio mafioso delle Madonie (Biondolillo Giuseppe) per cercare di addivenire a un accordo con il Greco, risultato impossibile – a detta dello stesso Biondolillo – per timore di gravi conseguenze future. Una vera e propria guerra tra clan, in cui l'onorevole Giudice non partecipa da semplice spettatore, ma da autentico protagonista nella prospettiva di salvaguardare un interesse altrui (Greco) e uno proprio.

Se questi erano gli amici di Giudice, secondo l'accusa, non ci si deve stupire dei suoi successi elettorali dovuti, secondo i pentiti e le intercettazioni,

> al sostegno di numerosi esponenti mafiosi di varie famiglie in collegamento tra loro, collettori di voti nel collegio di Bagheria. Ci si intende riferire a personaggi orbitanti nel territorio bagherese del calibro di Scaina Giacinto, Giammanco e i fratelli Guttadauro, tutti riconducibili al noto Bernardo Provenzano.

Per questo la magistratura palermitana aveva chiesto inutilmente alla Camera l'arresto di Giudice. Il rischio di reiterazione del reato e inquinamento delle prove era altissimo e

> l'appartenenza dell'onorevole Giudice ai massimi livelli istituzionali dello Stato accentua tale pericolo. Infatti è innegabile che l'indagato costituisce per gli uomini d'onore, con i quali ha via via instaurato i rapporti, una importante garanzia per potere continuare a realizzare i propri interessi criminali con la consapevolezza che lo stesso si attiverà, cosí come ha dimostrato di fare sino a ora, non esitando anche a strumentalizzare le sue altissime prerogative, per venire incontro alle loro aspettative e comunque per impedire che vengano accertate le loro gravissime responsabilità penali.

Traduzione: per la Procura di Palermo, Cosa nostra con Gaspare Giudice ha messo due piedi in Parlamento. E lí il suo partito ha deciso di lasciarlo fino al termine della legislatura, di farlo rieleggere in un collegio blindato (quello di Villagrazia) nel 2001 e, per non farsi e non farci mancare nulla, di rimetterlo in lista perché fosse certamente eletto anche nel 2006. La qual cosa è prontamente avvenuta. A Palermo, il suo interminabile processo avanza lentamente con rivelazioni sempre nuove, come quelle recentissime dell'ultimo pentito, Francesco Campanella. Pare che il primo grado si concluderà entro il 2007. Intanto, mentre il Giudice rientrava per la terza volta in Parlamento, a Corleone veniva arrestato Bernardo Provenzano. E tutti, angosciati, si domandavano chi fossero mai i suoi protettori politici, in spasmodica attesa della decrittazione dei *pizzini* del vecchio boss, alla ricerca di segreti inconfessabili. Qualche idea in proposito era già contenuta nelle rivelazioni dei mafiosi pentiti su Gaspare Giudice e nelle parole del gip che aveva chiesto il suo arresto e l'aveva rinviato a giudizio. Ma politici e giornalisti, nel frattempo, le hanno già dimenticate. Misurando lo spazio dedicato al suo processo, si scopre che è di poco inferiore a quello che i giornalisti hanno dedicato a un altro scandalo, decisamente piú veniale, che l'ha investito: quando s'è scoperto che l'onorevole Giudice aveva attestato alla Camera di essere laureato. Ma non era vero.

Luigi Grillo (FI)
Il fazista da combattimento

Senatore ligure di Forza Italia, presidente nel 2001 della commissione Trasporti e Telecomunicazioni di Palazzo Madama, Luigi Grillo sale alla ribalta nel 1994 quando passa dal Ppi al movimento di Berlusconi, diventa sottosegretario al Bilancio e col suo voto permette al Cavaliere di ottenere la fiducia al Senato. Oggi è indagato a Milano per concorso in aggiotaggio nell'ambito dell'inchiesta sulle scalate bancarie dell'estate del 2005. L'ex numero uno della Banca Popolare di Lodi Gianpiero Fiorani sostiene, tra l'altro, di avergli versato 200 mila euro, poi divisi con Marcello Dell'Utri, per premiare i suoi interventi volti a creare una lobby parlamentare favorevole alle iniziative della Lodi e al mantenimento del mandato a vita del governatore Fazio.

Il 6 febbraio 2006 il gup di Genova Roberto Fucina ha dichiarato il non luogo a procedere per prescrizione nei confronti di Grillo in un altro processo: quello per una presunta truffa aggravata commessa durante la progettazione dell'alta velocità ferroviaria sulla tratta Milano-Genova. Oltre a Grillo, erano imputati l'ex amministratore delegato della Tav, Ercole Incalza, gli imprenditori Marcellino Gavio e Bruno Binasco, e altre tre persone. Secondo l'accusa Grillo, nella sua qualità di sottosegretario al Bilancio nel primo governo Berlusconi con delega agli accordi di programma, avrebbe firmato una lettera nella quale patrocinava studi geologici del costo di un centinaio di miliardi di lire. Studi considerati superflui e dal costo eccessivo. Gli interventi riguardavano la realizzazione di tre cunicoli esplorativi, in pratica tre gallerie, sul fianco di una montagna dell'Appennino ligure. Contro Grillo e gli altri imputati si era costituito parte civile anche il Wwf. Nel ricorso del movimento ambientalista, si sosteneva che l'intera vicenda rappresentava una «grave aggressione all'ambiente, attraverso la realizzazione dei cunicoli ed indagini geodiagnostiche del tutto inutili e funzionali solo alla artificiosa, indebita ed illecita anticipazione dei lavori inerenti alla costruenda Galleria Flavia». Anche i periti di ufficio erano dello stesso parere: l'opera non andava realizzata perché non inserita nell'accordo Stato-Regioni, senza contare l'impatto ambientale devastante delle gallerie. Una tesi respinta da Grillo e dagli altri imputati, che però hanno deciso di non rinunciare alla prescrizione per tentare di essere prosciolti nel merito.

Lino Jannuzzi (FI)
Senatore per grazia ricevuta

Vecchio giornalista d'inchiesta, nato nell'avellinese nel 1928, Raffaele Jannuzzi detto «Lino» si scottò le mani per la prima volta, quando lavorava all'*Espresso*, per le sue *liaisons dangereuses* con Michele Sindona. Poi, negli anni 80, divenne direttore de *Il Giornale di Napoli*, legato al socialista Carmelo Conte ed espressione del clan politico-affaristico che soffocava la città. E lí si segnalò per attacchi forsennati ai migliori magistrati d'Italia. Prima a Giovanni Falcone, poi, in altri giornali (*il Sabato* vicino a Comunione e Liberazione, *il Giornale*, *Il Foglio* e la sua agenzia, *Il Velino*), alla Procura di Palermo retta da Caselli e al pool di Milano, rimediando innumerevoli condanne per diffamazione. Nel 2002 diventano definitive quelle per la campagna scatenata contro i giudici del primo maxiprocesso alla camorra (quello in cui rimase impigliato anche Enzo Tortora): 2 anni e mezzo di reclusione, cumulo di ben tre condanne (due di 1 anno ciascuna in seguito alle querele sporte da un giudice del caso Tortora e dall'ex direttore del *Mattino*, Pasquale Nonno, e una terza di 5 mesi mesi e 10 giorni). Nel frattempo però Jannuzzi è tornato in Parlamento, dov'era già stato per una legislatura col Psi ai tempi dello scoop sul «Piano Solo» del generale De Lorenzo. L'immunità però non copre i parlamentari per le condanne definitive e il Tribunale di Sorveglianza di Napoli dispone il suo arresto, respingendo la richiesta di misure alternative al carcere perchè «l'attività giornalistica che Jannuzzi continuerebbe a svolgere è da ritenere inidonea a favorire il processo rieducativo del condannato e a preservare con efficacia il pericolo di recidiva».

Com'è noto, infatti, sui giornali berlusconiani Jannuzzi continua imperterrito a diffamare con false accuse i magistrati di Palermo e di Milano (i boss Guttadauro e Aragona lo adorano; il boss Pippo Calò gli aveva addirittura offerto 5 milioni di lire per una prefazione a un libro contro Tommaso Buscetta). Lui però s'è fatto nominare rappresentante italiano al Consiglio d'Europa e dell'Unione Europea Occidentale. Sostiene che quegli incarichi gli conferiscono un'immunità rafforzata anche per le pene definitive, spalleggiato dall'ineffabile presidente del Senato Marcello Pera. Il 2 dicembre 2002 la Procura generale della Corte di Appello di Napoli sospende l'esecuzione della pena e revoca gli ordini di carcerazione in conseguenza degli incarichi diplomatici ricoperti da Jannuzzi con relativa «immunità assoluta dalla giurisdizione». Intanto Jannuzzi rientra in Italia e torna a chiedere la pena alternativa. Ma il 10 giugno 2004 il Tribunale di Sorveglianza respinge l'istanza e ribadisce che il senatore pregiudicato deve scontare 2 anni e 5 mesi di reclusione. Anche stavolta la notizia lo raggiunge all'estero, a Parigi, dove si trova di nuovo per «improrogabili impegni» col Consiglio d'Europa. Ora però torna subito in patria, presenta domanda di grazia e riesce a far spostare il suo caso da Napoli a Milano. Qui, il 19 luglio, ottiene gli arresti domiciliari, col permesso di abbandonarli dalle ore 8 alle 19 per le «esigenze di vita e di cura» e anche per recarsi in Senato. La *pochade* va avanti per qualche mese, finchè il 16 febbraio 2005 il presidente Ciampi gli concede la grazia. Intanto però gli altri processi per diffamazione procedono, e se qualche condanna dovesse diventare definitiva, il problema si riproporrebbe tale e quale. La grazia, infatti, non è retroattiva. Non copre le condanne subite dopo che è stata concessa. Cosí, a scanso di equivoci, il senatore Jannuzzi si ricandida in Forza Italia. E nel 2006 viene rieletto senatore.

Franco Malvano (FI)
Il questore indagato

Napoletano, classe 1945, poliziotto in carriera, già capo della squadra mobile, dal 2002 al 2004 questore della sua città e poi dirigente interregionale della Polizia a Napoli (competente su Basilicata, Molise, Puglia e Campania), Franco Malvano si dà alla politica all'improvviso nel 2006, quand'è contemporaneamente candidato per Forza Italia alle elezioni politiche e alla carica di sindaco di Napoli. Il tutto sebbene sia sotto inchiesta per concorso esterno in associazione camorristica. L'inchiesta dei pm napoletani Giuseppe Narducci, Aldo Policastro e Filippo Beatrice parte dalle dichiarazioni del boss pentito Luigi Giuliano. Il camorrista di Forcella accusa Malvano di essere stato «nelle mani della camorra». Il racconto di Giuliano parte dall'inchiesta sul sequestro del gioielliere Luigi Presta: Malvano, secondo il pentito, evitò di indagare sui vertici del clan e agevolò la fuga in Brasile di tre colpevoli. «Ma il fatto piú eclatante – racconta il boss nei verbali depositati in commissione Antimafia – fu la fuga di mio fratello Carmine Giuliano dalle camere di sicurezza della Questura di Napoli. Malvano ci preavvertí del blitz e io insieme ad altri mi ero dileguato. Carmine cercò di scappare ma fu preso. Qualche ora dopo, Malvano si presentò da me, in vico Pace». Secondo il boss pentito, gli incontri col capo della Mobile non erano un'eccezione, anzi: «Con Malvano avevamo concordato che in caso di necessità io avrei potuto telefonare a un numero della questura dicendo che doveva essere avvertito subito il dottor Malvano e lui si presentava nel giro di pochi minuti a vico? Pace. Cosí feci dopo l'arresto di mio fratello».

Giuliano e Malvano avrebbero architettato addirittura «uno scambio di persona: liberando mio fratello al posto di un altro». Carmine fu messo in cella con un altro arrestato innocente che gli somigliava, soprannominato *O' fringuello*. Al suo posto uscí il boss. «A Malvano – racconta Giuliano – versammo 250 milioni di lire che devono aggiungersi a quelle che lui ha sempre preso». Parole di un pentito, s'intende, ancora tutte da verificare. Malvano risponde che è tutta una vendetta per fargli pagare le sue indagini anticamorra. Ma non è la prima volta che viene accusato di metodi *border line*: nel 1991 fu assolto per falso e calunnia, nel '97 fu sospettato di aver simulato una finta operazione antidroga (accusa poi archiviata, anche se il gip scrisse che «Malvano ha mentito circa i suoi rapporti» con un avvocato legato ai clan). Decideranno i giudici che fine faranno le rivelazioni di Giuliano. Intanto, fallito l'assalto al Comune di Napoli dopo la rivincita di Rosa Russo Jervolino, l'ex questore indagato per camorra si accontenta del suo nuovo seggio di senatore. Meglio che niente.

Giovanni Mauro (FI)
Quattro condanne, due elezioni

Da presidente della Provincia di Ragusa, il forzista Giovanni Mauro fu arrestato per due mesi nell'estate del '98 e costretto alle dimissioni. Cosí, come si fa in questi casi, nel 2001 si fece eleggere deputato. Nel frattempo ha collezionato quattro condanne, di cui una definitiva (quella per il reato piú lieve: la diffamazione). Il primo processo è per falso e truffa, per essersi raddoppiato l'indennità di carica con un trucco: secondo l'accusa, il 15 dicembre 1995, lo stesso giorno in cui si insediò alla Provincia, Mauro si fece assumere dalla società Guido Muccio Sas, un'azienda-fantasma per il commercio di mobili mai diventata operativa e senza altri dipendenti, e nata proprio quel giorno. E, sempre quello stesso giorno, ottenne l'aspettativa per ottemperare al mandato elettivo. Cosí si procurò il doppio emolumento. Per questo, il 7 giugno 2001, appena entrato alla Camera con Forza Italia, viene condannato in primo grado a 1 anno e 2 mesi di reclusione per truffa ai danni della Provincia, insieme al titolare dell'azienda-fantasma in cui fingeva di lavorare.

Nel secondo processo Mauro deve rispondere di associazione per delinquere finalizzata alla corruzione, con l'accusa di aver intascato tangenti da cinque progettisti e tecnici della Provincia, ai quali in cambio assegnava lucrosi incarichi professionali. Il 22 luglio 2003 arriva la condanna in Tribunale: 4 anni e 6 mesi di reclusione, con interdizione per 5 anni dai pubblici uffici. «È una sentenza amarissima, che accetto cristianamente», commenta l'onorevole condannato.

Nel terzo processo, il 13 dicembre 2005, il Tribunale lo condanna ad altri 4 anni per bancarotta fraudolenta, a proposito del fallimento della società Ceramiche Sud di cui Mauro era amministratore unico dal 1993 al '95. In tutti e tre i casi, Mauro ha fatto ricorso in appello. Intanto però nel 2005 è divenuta definitiva la sua condanna piú veniale: quella per diffamazione, inflittagli dai giudici di primo e secondo grado per aver dato del «compagno di merende» (espressione che rievoca i complici del mostro di Firenze) a un avversario politico, Gino Spadaro, consigliere provinciale del centrosinistra, nel bel mezzo di una conferenza stampa, accusandolo di aver complottato con altri per farlo arrestare. Secondo la Cassazione, l'espressione «compagni di merende» è un «suggestivo ed ironico sinonimo di persone di malaffare che tramano di nascosto». *Ergo* gli ermellini rigettano il ricorso dell'onorevole e lo condannano definitivamente a 400 euro di multa, oltre alle spese processuali. Lui intanto, nel 2006, è tornato a Montecitorio.

Pasquale Nessa (FI)
Arrestato? No senatore

Imprenditore di Martina Franca (Taranto), eletto senatore dal 2001 nelle file di Forza Italia, il 18 luglio 2005 Pasquale Nessa è scampato all'arresto nella sua città solo perché era parlamentare. Invece il suo presunto complice in una storia di presunte tangenti, l'ingegner Camillo Dell'Anno (dirigente del settore urbanistico del Comune di Martina Franca), è stato subito incarcerato con la stessa accusa: concussione. Il pm Antonella Montanaro e il gip Ciro Fiore del Tribunale di Taranto accusano entrambi di essersi spartiti nel dicembre 2003 una mazzetta di circa 100 mila euro per un'autorizzazione edilizia, dall'Itacasa Immobiliare Srl, società che aveva chiesto di realizzare a Martina Franca un fabbricato per abitazioni civili e locali commerciali. Gli stessi amministratori della ditta denunciarono a suo tempo di essere stati costretti a pagare la tangente per ottenere le necessarie autorizzazioni dal Comune. Il gip Fiore ha subito chiesto al Senato l'autorizzazione ad arrestare anche Nessa, ma non ha mai ricevuto risposta. L'indagine è ancora in corso. Intanto, nel 2006, il senatore è stato ricandidato e rieletto in Forza Italia.

Gaetano Pecorella (FI)
L'avvocato tuttofare

Avvocato milanese, docente universitario, un tempo vicino all'estrema sinistra, Gaetano Pecorella è da anni il difensore di Silvio Berlusconi, che l'ha portato con sé in Parlamento. Dal 2001 al 2006 è stato presidente della commissione Giustizia della Camera, da dove ha sovrinteso al varo di numerose leggi *ad personam* che hanno salvato il suo illustre cliente da vari processi. Dal 2002 è indagato dalla Procura di Brescia con l'accusa di aver corrotto un pentito di Ordine Nuovo, Martino Siciliano, testimone-chiave nei processi per le stragi di Piazza Fontana a Milano e di Piazza della Loggia a Brescia, perché ritrattasse le sue accuse contro Delfo Zorzi, indicato come l'autore materiale del primo eccidio e coinvolto anche nel secondo. Ad accusare Pecorella è lo stesso Siciliano, il quale sostiene che Zorzi gli avrebbe versato 115 mila dollari tramite il suo ex difensore Fausto Maniaci, dopo un presunto accordo con Pecorella, legale di Zorzi (all'epoca latitante in Giappone). Perciò i due avvocati, che smentiscono ogni addebito, sono indagati per favoreggiamento.

Siciliano viene arrestato il 10 giugno 2002 con l'accusa di aver intascato 5 mila dollari – primo anticipo dei «500 mila promessi» – in cambio della ritrattazione. E racconta:

> Nell'ottobre '97 io e Maniaci prendemmo in considerazione la possibilità di ottenere un contributo da Zorzi, attraverso i suoi legali. Maniaci mi disse che ne avrebbe parlato a Pecorella. Mai mi ha parlato di contatti con altri. A fine gennaio del '98 Maniaci mi spiegò che Pecorella si era recato in Giappone per parlare della cosa a Zorzi.

Allora il presunto terrorista nero avrebbe stanziato «200 milioni di lire»:

> Accettai la proposta e Maniaci mi consegnò i primi 15 mila dollari. Dopo la Pasqua del '98 Maniaci mi chiese di tacere nell'incidente probatorio di Milano. Il giorno stesso l'ho chiamato da Chiasso, dove mi ha raggiunto e consegnato 12 mila dollari in una busta bianca.

Nel settembre '98, il pentito sostiene di aver ricevuto altri

> bonifici su tre conti esteri, dall'Italia e dalla Svizzera (...). Si è concordato che i versamenti di Zorzi sarebbero continuati fino al pagamento di 115 mila dollari per complessive 53 mensilità. Questa è la somma che mi è stata effettivamente versata fino al marzo 2002.

E l'11 marzo di quell'anno Siciliano, tramite il suo legale, consegna un memoriale senza data ai difensori di Zorzi, che il 10 aprile lo depositano a Brescia. Nel documento, il pentito smentisce tutte le accuse precedenti, dichiarandosi «assalito dai rimorsi per aver fatto condannare persone innocenti» e conferma a sorpresa l'alibi di Zorzi per piazza Fontana, sostenendo che il giorno della strage non era a Milano: «Gli ho telefonato ed era a Napoli». I pm bresciani sospettano un depistaggio in cambio di soldi, anche perché non sarebbe la prima volta: già nel 1994 Zorzi aveva cercato di «comprare» Siciliano offrendogli denaro, casa e lavoro a San Pietroburgo. Del resto, nel 1997, davanti al giudice milanese Guido Salvini, era stato proprio Siciliano a smentire l'alibi napoletano di Zorzi. E poi, nei giorni del memoriale, l'ex neofascista Giuseppe Fisanotti racconta ai carabinieri di aver rivisto il suo vecchio amico Siciliano il 20 marzo 2002: quel giorno Martino gli avrebbe confidato di aver «contattato Zorzi» e di avergli «chiesto soldi per ritrattare».

Cosí, ai primi di aprile, quando Siciliano (che da anni vive in Colombia con la moglie) rientra in Italia, la Procura di Brescia lo fa intercettare. E manda Fisanotti a incontrarlo con un registratore nascosto nella giacca. La classica esca. Parlando con lui – scriveranno i giudici – Siciliano «trasforma i dubbi in certezze: ammette esplicitamente di aver ricevuto da Zorzi 5 mila dollari per il memoriale», come anticipo su una «promessa di 500 mila dollari [oltre mezzo milione di euro, *nda*] da versare su un conto svizzero». La trattativa, a quel che risulta dalle intercettazioni, sarebbe stata gestita «dagli avvocati di Zorzi e di Siciliano». Quest'ultimo si lascia pure sfuggire che «la telefonata l'ho fatta, ma per costruire l'alibi» a Zorzi: in realtà, il giorno della strage di Piazza Fontana, a Napoli «non c'era nessuno».

Il 10 giugno i giudici di Brescia ordinano l'arresto del pentito, che all'arrivo dei carabinieri tenta di lanciarsi dalla finestra dell'albergo. Poi, interrogato in carcere, fa i nomi degli avvocati a suo dire coinvolti: Pecorella e Maniaci. Ora l'indagine bresciana pare agli sgoccioli: sia sul versante della presunta compravendita del pentito, sia per la strage di Piazza della Loggia, che vede fra gli imputati Delfo Zorzi. Questi è stato nel frattempo condannato in primo grado, ma poi assolto in appello e in Cassazione, per Piazza Fontana. Le motivazioni parlano chiaramente di insufficienza di prove a suo carico, e concludono che la strage fu opera di Ordine Nuovo. Nella sentenza d'appello poi confermata in via definitiva, i giudici considerano pure pienamente provato che il supertestimone Siciliano ha detto la verità anche sui soldi versatigli da Zorzi. Insomma, che qualcuno abbia pagato il pentito perché ritrattasse le accuse a Zorzi è praticamente certo: si tratta solo di stabilire chi fece da tramite: i due legali, solo uno, o chi altro? In attesa che i giudici sciolgano il dilemma, l'avvocato indagato Pecorella è stato rieletto alla Camera per Forza Italia.

Antonio Tomassini (FI)
Il medico falsario

Medico chirurgo, amico personale di Silvio Berlusconi, è stato condannato in via definitiva dalla Cassazione a 3 anni di reclusione per falso. Durante un parto, una bambina sua paziente nacque cerebrolesa, ma lui contraffece e soppresse il partogramma. Nel 2001 Forza Italia lo candidò subito al Parlamento e lo nominò responsabile per la Sanità del partito e presidente commissione Sanità del Senato. Dove, nel 2006, è stato puntualmente rieletto.

Roberto Tortoli (FI)
Il deputato multisala

Romano di nascita e fiorentino d'adozione, classe 1943, prima coordinatore regionale di Forza Italia, poi deputato e, nell'ultima legislatura, sottosegretario all'Ambiente del governo Berlusconi, Roberto Tortoli è indagato dalla Procura di Arezzo per concorso in estorsione. La vicenda ruota intorno alla costruzione di una multisala cinematografica ad Arezzo. L'idea, nel 2000, viene a due diverse imprese: una è la Novalis di Pescara che fa capo a Mario Mariottini, già dirigente dell'Inter, che progetta di costruire la struttura in località Ca' dei Pascioni, in periferia, su terreni destinati al verde pubblico; l'altra è una società di Stefano Bertini, giovane imprenditore di Forza Italia, che ha ottenuto una concessione edilizia per erigere il complesso nei locali dell'ex Centro Affari aretino. Le due aziende, ovviamente, si pestano i piedi. Una delle due deve rinunciare. Bertini è disposto a lasciare campo libero ai rivali, ma dietro congruo indennizzo. Cosí, secondo l'accusa, avverte senza tanti complimenti i concorrenti che, se non pagano, avranno i loro guai con l'amministrazione comunale, che lui è in grado di influenzare perchè amico di Tortoli e del capogruppo forzista in Regione, Lorenzo Zirri. Infatti Tortoli, all'epoca coordinatore forzista per la Toscana, nell'estate del 2000 riunisce i consiglieri azzurri di Arezzo chiedendo di bloccare il progetto Novalis finchè non si sarà risolto il contenzioso, e invita tutti alla disciplina di partito. Chi sgarra non verrà ricandidato alle imminenti elezioni amministrative.

Fin qui l'accusa. Il 14 settembre dello stesso anno i due contendenti firmano una scrittura privata in cui i responsabili della Novalis si impegnano a versare a Bertini 2 miliardi di lire (poi ridotti a 1 miliardo e 200 milioni) in cambio del suo ritiro. L'annuncio viene incredibilmente dato in consiglio comunale, dove – come per incanto – la pratica si blocca. Poi però sembra che, di quell'«indennizzo», sia stata versata solo una parte e che Bertini abbia fatto causa civile alla Novalis. Ce n'è abbastanza, per gli inquirenti, per ipotizzare una bella estorsione, visto che non si capisce a quale titolo personaggi politici influenti si siano infilati nel contenzioso fra due privati per una multisala. Nel 2005 il pm aretino Roberto Rossi invia tre avvisi di garanzia per concorso in estorsione a Bertini, Zirri e Tortoli. Il quale, nel 2006, viene rieletto deputato con Forza Italia.

Denis Verdini (FI)
L'onorevole Lingualunga

Toscano di Fivizzano, patria di Sandro Bondi in Lunignana (Massa), di professione commercialista, amministratore de *Il Foglio* di Giuliano Ferrara nonchè presidente del Credito Cooperativo Fiorentino, l'onorevole forzista Denis Verdini è imputato a Firenze per rivelazione di notizie coperte dal segreto bancario, violazione della legge sulla privacy e diffamazione. Il gup di Firenze l'ha rinviato a giudizio il 18 maggio 2005 per alcune affermazioni fatte durante una conferenza stampa, convocata nel luglio 2001 per difendersi dall'accusa di aver molestato una cliente del Credito Cooperativo (il processo per violenza sessuale si concluse con l'assoluzione). La cliente che l'aveva già denunciato per molestie lo querelò anche per aver rivelato, in quell'incontro con la stampa, notizie riservate sulla sua situazione patrimoniale e per averla accusata di essersi inventata tutto allo scopo di ricattarlo. La Procura di Firenze aveva chiesto l'archiviazione, ma il gip ha imposto l'imputazione coatta. Di qui il rinvio a giudizio. In attesa del processo, Verdini è stato rieletto deputato nel 2006.

Editing e impaginazione Spell srl - Roma
Finito di stampare nel mese di giugno 2006
per conto di The Media Factory srl
da Lito Terrazzi srl - Firenze